# 植民地帝国日本とグローバルな知の連環

——日本の朝鮮・台湾・満洲統治と欧米の知

責任編集　松田利彦・陳姃湲
編集委員　通堂あゆみ・やまだあつし・鄭駿永

思文閣出版

目次◆植民地帝国日本とグローバルな知の連環
――日本の朝鮮・台湾・満洲統治と欧米の知

## 第Ⅵ部　植民地現地の知と被支配民族

# 植民地帝国日本とグローバルな知の連環

## ――日本の朝鮮・台湾・満洲統治と欧米の知

# 序

松田利彦

本書『植民地帝国日本とグローバルな知の連環——日本の朝鮮・台湾・満洲統治と欧米の知』は、日本本国とそれを同心円状に取りまく植民地・勢力圏（台湾・朝鮮・満洲など）で形成された帝国の知を、欧米の知との連関性のなかで捉えることをめざしている。ここでいう知とは、自然科学や社会・人文諸科学などの学問的知識、いわゆる学知を中心としつつ、統治技術など幅広い知識群を想定している。

近代アジアと西欧の知という問題は、中国史や朝鮮史研究では開港以後の西洋文明の導入という文脈において、あまりにもなじみの深いテーマである。近代転換期の朝鮮史についていえば、一七世紀以降の漢訳西学書の流入と実学の形成、開国後の開化派知識人の思想と行動、大韓帝国の「光武改革」における近代化の評価などは、開港期の重要な問題群をなしている。あるいは、第二次世界大戦後における帝国日本の知からアメリカ的・冷戦的知への転換という問題も近年注目を集めつつある。しかし、そのはざまの時期である植民地期については、帝国の知が欧米との関係で論じられることはずっと少ない。植民地帝国日本の外側を囲繞していた欧米列強との関係は、朝鮮独立運動をめぐる国際関係や日本の朝鮮統治に対する列強の認識という文脈で取り扱われることはあっても、[1]必ずしも知や思想の相互作用という側面は意識されてこなかった。

そのことは、一九八〇年代に提唱され、今や植民地史研究のキーワードとなった「帝国史」という言葉の使われ方にも表れているように思われる。「帝国（史）」を掲げた論文や専門書は今日あまた現れているが、多くは、日本と台湾、日本と朝鮮という二国・地域関係を扱うものである。「帝国史」の概念の導入によって、近代東アジアの歴史像が豊かになったことは否定しない。けれども反面で、一国史を超えた歴史像を提示することを目指してきたはずの「帝国史」的研究は、本来の意図とは逆に、帝国内に閉じた歴史像を描いてしまっているかのようにも見える。(2)「帝国史」という言葉の氾濫とともに、本来「帝国史」の目指した一国史を超える歴史像の構築という意図は後景に退いてしまっているのではないだろうか。本書が、植民地帝国日本を描くにあたって、西欧世界との関係を意識するよう努めた根底には、このように閉塞した「帝国史」研究を外部世界に開きなおしたいという問題意識もある。

本書の問題関心を理解していただくために、ほんの一つの事例として、戸田正三と戸田貞三という二人の知識人の知的遍歴を植民地帝国日本との関係から述べるところから筆を起こしたい。

戸田正三と貞三は明治半ばに兵庫県但馬の地主に生まれた兄弟である。いずれも長じて、第一次世界大戦前後の時期に帝国大学の教授となった。兄の戸田正三（一八八五～一九六一）は一九一六年に京都帝国大学医科大学衛生学講座教授に就任した。生活環境に注目し、実用的な衛生学の樹立をめざした。弟の戸田貞三（一八八七～一九五五）は、一九二二年に東京帝国大学文学部助教授、ついで一九二九年に同教授に就任して社会学講座を担当した。戦前戦後にまたがり実証的社会学の確立に貢献した社会学者である。

戸田兄弟それぞれの事績については、医学史と社会学の分野ではよく知られており、ここで網羅的に述べることはしない。ただ、二人の専門分野はまったく異なっていたにもかかわらず、その知の形成と伝播にはいくつもの共通点を見出すことができるところに興味を引かれる。

第一は、多くの日本人研究者と同様、若い時期に欧米に留学し、その経験が自らの学問形成の基盤になったという点である。戸田正三は一九一三〜一六年にドイツ、イギリス、フランスに留学し、第一次世界大戦下のヨーロッパで科学技術の軍事活用を目の当たりにした。そのことは生活環境に関する衛生学の応用への志向を生みだし、ひいては戦時における軍事目的の実用的研究の意義を認識する契機となったとされる。(3) 戸田貞三の方は、東京帝大の助教授になる前に、世界で最初に社会学科を設置したシカゴ大学に留学して統計的調査方法を学び、帰国後、国勢調査を用いた家族構成の研究をはじめ、日本の社会学において社会調査という実証的方法を確立することになった。(4)

第二に、その学知は植民地帝国日本に広がりをもっていた。戸田正三は、「内地」と著しく気候環境の異なる植民地・占領地への適応という課題に取り組むために、衣食住を改良する生活科学を唱え、一九三九年、京都帝国大学に興亜民族生活科学研究所を設立した。(5) 第二次世界大戦中に関東軍の七三一部隊に京都帝大から医学者を送りこんだキーパーソンだったこともよく知られた事実だろう。かたや戸田貞三は、家族研究の外延として、台湾（一九二九年）や満洲（一九三二年）で現地調査を行った。(6) 自身が設立に尽力した日本社会学会（一九二四年創設）では、一九三九年大会のテーマを「殖民社会」とし、一九四〇年、四三年の大会を「外地」の植民地大学――台北帝国大学、京城帝国大学――で開催している。(7)

第三に、彼らの問題関心は弟子へと引き継がれ、その学問的系譜は植民地朝鮮・台湾にも広がっている。戸田正三の環境衛生学の思想を受け継いだ弟子の富士貞吉は台北帝国大学につとめ、軍との関わりで熱帯被服の研究を行ったり、皇民化運動とリンクしながら台湾人の服飾改良を唱えたりした。(8) また、同じく門下の三浦運一（満洲医科大学衛生学教室教授）は、満洲において南満洲鉄道株式会社や関東局の支援を受けながら現地の視察を行い、日本人移民の「満洲」の気候風土への適応を研究した。(9)

他方、戸田貞三についてはその学統を継ぎながら植民地で研究を進めた人物として鈴木栄太郎がいる。鈴木は、一九四二年に京城帝国大学に赴任、朝鮮の農村社会を日本と比較しながら調査し、『朝鮮農村社会踏査記』（大阪屋号書店、一九四四年）にまとめたことで知られる。鈴木は、戸田貞三の調査に同行したことが自身の研究を方向づけるひとつの契機となったと語っている[10]。また、戸田貞三研究室が輩出した社会学者には、朝鮮人として最も早い時期に社会学を学んだ申鎮均、李萬甲らがいる。植民地期における学知の生産が日本人を主体としていたことは紛れもない事実であるが、本国と植民地の間に形成されていた知のヘゲモニーは植民地の知識人も巻きこむことになった。

そのことは、戸田兄弟やその弟子たちの学知の波紋が、戦前で完結せず、解放後の旧植民地にまで及んでいることとも関わる。最後に、ポストコロニアルな文脈について触れておきたい。たとえば、先述の戸田貞三門下の李萬甲は、一九五〇年代にロックフェラー財団の援助によりコーネル大学で学び、解放後韓国における第一世代の社会学者として活躍した。李萬甲自身は、戦前の東京帝大で学んだ社会学は科学的検証手続きが欠如していたのに対し、戦後アメリカで修得した社会調査は現実社会を実証的に分析するツールとなったと、解放後に語っている。一見すると、ここには日本帝国の知と解放後韓国を席巻したアメリカの知の断絶が示されているように見えるかもしれない。しかし、そもそも戦前の東京帝大の社会学自体がアメリカの学知と結びつきながら形成されたことは、戸田貞三の留学に即して言及したとおりである。そして、李萬甲の研究者としての自己形成についても東京帝大で身につけた方法論がむしろ基盤になっていたことが、今日の研究では明らかにされている[11]。欧米の知と帝国日本の知、解放前と解放後の植民地知識人の学問的営為は容易に二分できるものではなく、連続／断絶が絡み合ったものだった。李萬甲のように、それを表だって語ることができなかったこと自体が、植民地支配の残した傷跡のひとつであったとも言えるだろう。

このように、戸田正三と貞三は衛生学と社会学というまったく異なる学問分野にたずさわったが、その歴史的展開を掘り起こしていくと、そこからは西欧の知と帝国の知の交錯、知のコロニアリズムとポストコロニアリズムといった問題を共通して見いだすことができる。

こうした植民地帝国日本の知の背後にあった西欧の知の歴史的意味をあぶり出す作業は、日本帝国と欧米の研究成果に目配りをしつつ、学問分野を越境する研究によってしかなしえないだろう。本書の基盤となった国際日本文化研究センター共同研究「植民地帝国日本とグローバルな知の連環」(二〇二〇~二〇二四年度)は、このような問題意識を基底に置きながら行われた。本書は、その足かけ五年にわたる研究の成果報告書である。

しかし、このような本論集の視角に対してはいくつかの批判もあり得るだろう。あらかじめ二点について応答しておきたい。

第一に、西欧知と日本—日本植民地の連関性を追求しようとする本論集の方向性が、西欧近代を中心的起源に据えながら、日本植民地帝国という周辺への伝播を描こうとしているのではないか、という疑問は生じうるだろう。たしかに、植民地の獲得とその経営という近代帝国のシステム自体が欧米列強から受容したものであり、西欧知が欧米と日本、日本本国と植民地の関係性のなかでヘゲモニーを形成したことは歴史の一面であろう。ただ、本論集は、そのような近代的な知のヘゲモニーの再確認に終始しようというものではない。本書第Ⅰ部に収めた松田と陳姃湲の論考において多面的に論じるように、植民地における知識人による欧米の新思想の受容と利用、植民地大学の学知生産と現地社会の関係、西洋人宣教師の医療と教育活動、解放後における知の再編などの営みは、たんに中心と周辺、発信と受容という関係で割り切れるものではない。

第二に、帝国における学知に関わる研究は往々にして、日本人の研究者・知識人を主体とした語りに終始しがちであるという点である。台湾人・朝鮮人の知的営みについては本論集においてもいくつかの論文が精緻な議論を展開しつつも、全体としてみると十分に論じ尽くしたとは言いがたい。責任編集にあたった松田と陳姃湲は、その点を意識して先述の二論文において、「帝国の知」のヘゲモニーのなかでの被支配民族の主体性、彼らによる知的生産という問題に紙幅を割いた。

しかし、さらに一歩を進め、日本人であれ、台湾人・朝鮮人であれ、学者やインテリゲンチャの所為が植民地社会・植民地民衆にいかほどの接点をもっていたかという批判もあり得るだろう。たしかに、知性史や学知研究は植民地の現実の一部しか切りとりえない。ただ、すでにあげた例を引くならば、戸田正三の弟子の富士貞吉が台湾皇民化運動に加担し戦時期の民衆の生活指導に関わったこと、戸田貞三の弟子の李萬甲の代表作が『韓国農村의 社会構造』（一九六〇年）[12]であり産業化・都市化のなかでの韓国農村社会の変化を析出しようとした研究であったことなど、よかれ悪しかれ学者の研究が民衆世界と無縁であるとは限らない。このような事例を集積して帝国―知識人―植民地社会を貫く枠組みを構想しうるならば、それはそれで魅力的には違いない。とはいえ、すべての研究者・知識人の研究テーマが現地社会と直接的な接点をもっていたわけではない以上、この枠組みによって研究を規定してしまうことは必ずしも豊かな研究成果には結びつかないのではないか。本書はこうした自問と苦悩の所産であることをご理解いただければと思う。

最後に、本書の構成を示しておこう。

第Ⅰ部「研究の現状と本書の梗概」では、松田利彦「植民地期朝鮮とグローバルな知の連環――研究の現状」と陳姃湲「「知」で台湾を世界と結ぶ――近年台湾史の研究成果を手掛かりに」を収録した。両論文によって、これまでの研究のレビューを行い、本論集が全体としてどのような先行研究を意識し、いかなる議論を対置しようとしているかを提示した。なお、第Ⅰ部末尾には、本論にあたる以下の第Ⅱ～Ⅵ部の要旨を収め、読者が全体を見渡せるようにした。

以下、本論は、第Ⅱ部「日本本国における知の形成と植民地」、第Ⅲ部「科学と帝国主義」、第Ⅳ部「植民地医学の形成と展開」、第Ⅴ部「植民地大学における知の生産」、第Ⅵ部「植民地現地の知と被支配民族」の五つのパートに分けている。これらの論考によって、日本本国―植民地という二項だけではなく、影の主役であった西欧的近代知を取りこみながら、西欧世界を淵源とする日本人の知と被支配民族の知の対抗／協調／変奏関係に目を向けることで、日本帝国における知の歴史をいわば世界史のなかに開くことが、本書の基本的なモチーフである。

（1）長田彰文『日本の朝鮮統治と国際関係――朝鮮独立運動とアメリカ　一九一〇―一九二二』（平凡社、二〇〇五年）、梶居佳広『「植民地」支配の史的研究――戦間期日本に関する英国外交報告からの検証』（法律文化社、二〇〇六年）、Yong-Chool Ha ed., *International Impact of Colonial Rule in Korea, 1910–1945*, University of Washington Press, 2019, Ku Daeyeol, *Korea 1905–1945: From Japanese Colonialism to Liberation and Independence*, Renaissance Books, 2021.

（2）「帝国史」をめぐる筆者の問題意識は、松田「「帝国史」研究の課題――台湾史研究と朝鮮史研究の「相互参照」を中心として」（春山明哲編『台湾の歴史・大全』藤原書店、二〇二五年刊行予定）でも論じた。あわせて参照されたい。

（3）末永恵子「第一次世界大戦下における日本人衛生学者の軍事研究――戸田正三の欧州留学に注目して」（『日本医史学雑誌』第六八巻第四号、二〇二二年）。

（4）以下、戸田貞三に関しては特記なき限り、三浦直子「戸田貞三――家族社会学の創始者」（川合隆男・竹村英樹『近代日本社会学者小伝――書誌的考察』勁草書房、一九九八年）、河合隆男『戸田貞三――家族研究・実証社会学の軌跡』（東信堂、二〇〇三年）による。

（5）末永恵子「戸田正三と興亜民族生活科学研究所」（上）（下）（『一五年戦争と日本の医学医療研究会会誌』第一八巻第一号、二〇一七年、同第一八巻第二号、二〇一八年）。

（6）戸田貞三「台湾の人と社会」（『社会学雑誌』第六八号、一九二九年）、同「満洲の社会」（『講演』第二二七輯、一九

三三年)。いずれも、川合隆男監修『戸田貞三著作集』第九巻(大空社、一九九三年)所収。

(7)新明正道『社会学辞典』(河出書房、一九四四年)一三三〜一三四頁。

(8)本書所収、顔杏如「風土と科学——富士貞吉に見る衛生学と植民地台湾の服装改良」参照。

(9)John Z. and Akiko K. Bowers, "Japanese Medicine in Manchuria: The South Manchuria Medical College", *Clio Medica. Acta Academiae Internationalis Historiae Medicinae.* 12(1)(1977), p.9. 江田いづみ「満州医科大学と「開拓衛生」」(『三田学会雑誌』第九七巻第二号、二〇〇四年)。

(10)鈴木栄太郎『日本農村社会学原理』(時潮社、一九四〇年)四頁。

(11)鄭鍾賢「植民과 冷戰의 (不) 協和로서의 社会学—一世代社会学者李萬甲의 教育과 学問的履歴을 中心으로」(『사이間SAI』第二九号、二〇二〇年)、同『帝国大学の朝鮮人——大韓民国エリートの起源』(邦訳、慶應義塾大学出版会、二〇二一年)二一二〜二一四頁。

(12)李萬甲『韓国農村의 社会構造——京畿道六個村落의 社会学的研究』(韓国研究図書館、一九六〇年)。

# 第Ⅰ部

# 研究の現状と本書の梗概

# 植民地期朝鮮とグローバルな知の連環——研究の現状

松田利彦

## はじめに

近代世界において欧米を淵源とする「知」がグローバルな還流を成すなか、植民地朝鮮において、それは支配者・被支配者の思考や行動をどのように規定し影響していたのか。以下、研究状況について概観したい。とはいえ、本書「序」で述べたように、こうした問題関心は現在の植民地期朝鮮史研究において主流的な位置にはなく、直接的に答えを与えてくれる研究は乏しい。他方で、従来個別的に論じられてきた、植民地朝鮮における研究調査機関の活動や、植民地大学による知のヘゲモニーの形成、宣教師による医療・教育活動、植民地医学と帝国医療の展開、朝鮮人知識人の日本や欧米への留学等々、本書の問題意識に何らかのかたちで関わる研究はけっして少なくない。「植民地期朝鮮とグローバルな知の連関」という視角から、これらの研究を縫合し俯瞰したとき、どのような問題群が浮かびあがってくるだろうか。

以下では、「帝国」「知」「グローバルな連環」をキーワードにした研究史の整理を試みる。ただ三つのキーワードの重みは異なる。「帝国」「知」についての研究は上記の研究潮流のなかで少なからず現れている。しかし、そこでは、日本帝国の知と朝鮮社会という枠組みが措定されてはいても、その背後にあった欧米の知を取りあげ「グローバルな連環」を意識的に問題化しようとした研究は多くはない。したがって、以下は、「帝国」「知」に関わる研究成果を取りあげつつ、その議論のなかから「グローバルな連環」を見いだすという、変則的なレビューとなるだろうことをあらかじめお断りしておきたい。

さて、日本植民地研究において、「知」に目が向けられる大きな契機となったのは、『岩波講座「帝国」日本の学知』全八巻の刊行であった〔酒井哲哉ほか編二〇〇六〕。同講座は、帝国日本における政治学・法学・植民政策学・経済学・「東洋学」・地理学などの学問分野の成立過程と植民地・占領地への波及、ポストコロニアルな状況への影響などを学問領域横断的に論じた画期的成果であった。しかし、日本の学問的ディシプリンの形成をたどる系譜学的な問題関心が強く、日本の「学知」に対して、植民地帝国内の被支配民族がどのように競合・共存・反発したのかを解明しようとする視点は、必ずしも全体的な問題意識として共有されているとはいえない。そのために、日本における諸ディシプリンの形成過程における欧米の「学知」の影響については多様な議論を提出しつつも、欧米の知が植民地の場でどのようなかたちで発現し展開したかという問題は、後景に退いている。

また、かつて筆者自身が主宰した国際日本文化研究センター共同研究「植民地帝国日本における知と権力」（二〇一三〜一六年度）とその成果報告書として上梓した論集〔松田編二〇一九〕も同講座に学びつつ、植民地における「知」を論じようとした。しかし、日本本国―植民地における「知」の布置を西欧的近代知も視野に入れながら考究するという課題については、問題の所在を萌芽的に提示するにとどまった。

さらに、日本の朝鮮・台湾支配を知の側面から切開しようとする試みは、二〇〇〇年代以降の韓国や台湾の歴史学界における「植民地近代性論」（colonial modernity）の文脈でも、注目されつつある。植民地近代性論は、一九九〇年代における「植民地近代化論」と「植民地収奪論」の論争がいずれも近代化を無条件に肯定する発想を免れていないことを批判し、解放後韓国の近代化の否定的側面を見すえ、その抑圧的側面の淵源を植民地期に探ろうとした。それは、近代を支えた「知」を重要な考察対象の一つに据えることにつながった。しかし、「文化的領域における〔日本と西欧列強の〕二つの近代性の併存という現象」を把握すべきだとの初期の提言〔金晋均・鄭根植一九九七、一九頁〕は必ずしも活かされていない。これまでの植民地近代性論に連なる研究の多くは、日本―朝鮮に閉じた議論であり、近代の否定的・抑圧的側面の淵源だった欧米的近代を取りこんだ議論には発展していない。

しかし、「帝国史」の潮流を見るとき、このような帝国内部に閉じた議論を開き、複数の帝国間の交渉関係を視野に入れる段階に来ていることも感じさせられる。近年、「帝国史」を「一帝国史」（「イギリス帝国史」「日本帝国史」等）の枠組みから解放し、より世界史的な視座からそれらの問いを追求する「間―帝国史」の概念が提唱されている〔水谷二〇一八〕。複数の「帝国」が〝争いつつ手を結ぶ「競存」体制〟という視角も、徐々に日本植民地研究に取りいれられつつある〔山室二〇〇三、駒込二〇一五、一三頁〕。本書が、とくに知の連環という側面から、日本帝国と欧米帝国との「競存」を見いだそうとしているのも、以上のような昨今の潮流を念頭に置いているためである。

## 一．植民地における科学的調査と研究機関

植民地の領有にともない（あるいはそれに先立って）支配者側の科学者によるさまざまな調査が展開される。ルイス・パイエンソン〔Pyenson 1985〕以来、精密科学（exact science）と文化帝国主義の関係は大きな争点となっており、山室〔二〇〇六〕が指摘するように、日本帝国においても、その拡張地域と地質・資源調査地域は重なり合っていた。具体的には、植物学者による生態調査〔本書所収、石川論文、通堂論文〕、地質学者による資源調査

［鈴木二〇一五a、b］、気象学者による帝国各地域の気候研究［미야가와二〇一三、山本二〇二〇］などが行われた。科学的研究のための研究所・試験所も早い段階で設立される。大連の満鉄中央試験所（前身の関東都督府中央試験所は一九〇七年に設立）や上海自然科学研究所（一九三一年）などは比較的よく取りあげられる例だろう。こうした帝国の科学が西欧の科学知識あるいはコスモポリタン・サイエンスとの連関でどのように形成され展開したかについては、塚原［二〇一八］、加藤茂生［二〇一九］などいくつかの俯瞰的研究がある。

ただ、朝鮮の場合は、総督府中央試験所（一九一二年設立）のような研究機関についての研究は多くはなく、西欧の最先端の知との関係も現状では考察の対象外となっている。これは、朝鮮に導入された科学技術の性格にも関わっているのかもしれない。金根培［二〇〇二］は、パイエンソンの議論を参照しながら、精密科学が、宗主国の文明的優位性を示す「文化帝国主義」の機能をもっていた西欧近代国家の植民地支配とは異なり、植民地朝鮮における科学技術の導入は、「科学」よりも実用的な「技術」を重視したと指摘する。この見立てにしたがえば、植民地朝鮮においては、宗主国の先進性を誇示するための先端的科学知識の流入は限定的なものにならざるを得なかったのだろう(1)。

なお、このような「植民地科学」は自然科学に限定されるものではない。人文科学においても、たとえば西欧の近代的考古学・近代的歴史学の手法がどのようにヨーロッパから継受され、植民地史記述に転用されたかという問題は研究対象となり得る。現段階ではやや印象論的な指摘しか提示されていないが、李泰鎮［二〇一二］は、「日帝植民史学」の学問的淵源が西洋式歴史学を受容した那珂通世らによって制度化された近代的学問分野としての「東洋史」にあったと見なす。その後、朝鮮総督府は、朝鮮古蹟調査委員会（一九一六年）や朝鮮史編修会（一九二五年）によって体系的な台湾・朝鮮の歴史編纂事業を展開するが、李成市［二〇〇四］は、これらに深く関与した黒板勝美の欧米視察（一九〇八〜一九一〇年）を取りあげ、黒板が列強の植民地考古学を通じて、植民地権力による被支配民族の古文化財の保存・展示がもつ表象効果を学んだと論じている。また、総督府の植民地史編纂について台湾や朝鮮それ自体を対象としたというよりも、その地を支配した統治者の統治史として描かれる傾向が、フランスの植民地史編纂と共通しているとの指摘もある［ナンタ二〇一八］。

## 二　朝鮮人留学生と欧米の新思想流入

次に、朝鮮人側に目を移し、植民地期における朝鮮人知識人による欧米の知の受容について見てみよう。김미지［二〇一九］は、朝鮮王朝後期から植民地期に至る長いスパンを対象としながら朝鮮人とヨーロッパとの接触を扱い、植民地期については、新聞・雑誌記事から、英仏独など各国の民族性に対するイメージがどのように形成され変容していったかを追っている。多くの朝鮮人知識人にとっては、メディアの言説から西洋観が作りあげられたことがうかがわれるが、ここでは、日本や欧米で、より直接的に近代的知に触れた留学生と彼らによってもたらされた新知識・新思想について見ておきたい。

植民地期初期の「武断政治」期にあっては、極度の言論抑圧のため、前後の時期に比べ、欧米から新思想が朝鮮に流入する回路は狭まった。そのなかで新思想紹介の有力な担い手となったのが、朝鮮人の日本留学生・留学経験者だった。一九〇〇年前後から一九二〇年代にかけての「青年」論の形成と変容を追った소영현［二〇〇八］は、崔南善の刊行した『少年』『青春』や東京留学生の機関誌『学之光』を分析し、キリスト教はもちろん、トルストイ思想やスマイルズの『自助論』、エマソンの超越主義思想など多様な欧米の新思想が受容されていたことを指摘する。また、日本留学生の間では、大韓帝国末期以来、スペンサーらの社会進化論が強い影響力をもっていたが、それが植民地期には実力養成論と結びつく。朝鮮独立よりも民族の実力養成を重視するこの議論は、第一次世界大戦期にはウィルソン米大統領の民族自決主義を踏まえた独立運動志向と対抗しつつ、一九二〇年代

以降の新知識人層の一つの思想潮流として生き残っていく〔朴賛勝一九九六〕。

第一次世界大戦期は、新思想の受容における大きな転換点となった。ヨーロッパでは、大戦を契機に近代文明への懐疑やさまざまな改造論が広まったが、それらは三・一運動後に新たな思想を模索していた朝鮮にも流れこみ、一九二〇年代の民族運動の展開に影響を与えた〔장규식二〇〇九〕。허수〔二〇〇八〕は、雑誌『開闢』（一九二〇年創刊）における西洋近代思想紹介の記事を分析し、一九二〇～二一年頃は改造論が主に紹介され、二三年頃からはマルクス主義思想の紹介に重点が移っていったと指摘する。初期の改造論の紹介と受容については、バートランド・ラッセルの社会改造論の朝鮮への流入を検討した研究〔류시현二〇〇六〕、『東亜日報』グループの新知識人層である李相允における思想変化をたどった論考〔최선웅二〇〇九〕、ラッセルの議論を紹介しつつ天道教の近代化とマルクス主義批判を目指した李敦化を中心とした『開闢』主導層の研究〔허수二〇〇九〕などがある。

一九二〇年代前半の朝鮮では改造論に次いでマルクス主義が一世を風靡するが、マルクス主義の流入を新思想・理論の朝鮮への流入という観点から検討した研究としては、まず小野〔二〇一三〕が参照されるべきだろう。三・一運動後に刊行された朝鮮語雑誌においては、日本言論界と歩調を合わせつつ、第一次世界大戦後の世界的な思想潮流となっていた社会の「改造」が呼号されたこと、そして、それに続いて新聞・雑誌ではマルクス主義学説が、日本の出版物からの翻訳を媒介として本格的に紹介されるようになったことを明らかにしている。小野には、一九二〇年代初期、大杉栄に依拠しつつクロポトキンをはじめとするアナーキズム思想が朝鮮に紹介される過程を扱った研究もある〔小野二〇二四〕。

朝鮮における社会主義については、海外独立運動家による運動組織の形成、その離合集散など運動史的側面に関心が集中してきた。他方、朝鮮における社会主義流入には、植民地という現実的条件に基づく選択的受容という面もあったことをいくつかの思想史研究は示唆する。たとえば、宗教（キリスト教）に対する朝鮮社会主義者

の独自の考え方である。一九二〇年代前半においては、朝鮮社会主義者は、オーソドックスなマルクス・レーニン主義の影響を受け、宗教を共産主義社会の建設の障害と見なし、反キリスト教運動を展開したが、一九二〇年代後半になると民族共同戦線論のなかではキリスト教運動勢力が民族解放運動の同志となりうるという見方も強まった［김흥수 一九九二、李俊植 一九九三］。また、キリスト教運動家側からの社会主義への接近を検討し、フェビアン社会主義の影響を検討した김재현［二〇一〇］もある。

こうした新思想の担い手となった海外留学生は、三・一運動以降、朝鮮総督府の規制緩和も相まって激増した。日本に留学した朝鮮人については多くの研究があるが、(2) 日本を経由した欧米の知との接触・受容という問題に論及している研究のみに限定してとりあげたい。東京帝大・京都帝大の朝鮮人留学生については、鄭鍾賢［二〇二二］が広範な調査を行っている。イギリス理想主義を吸収し社会政策研究を行った河合栄治郎（東京帝大経済学部）に学んだ李東華、マルクス主義経済学者の河上肇（京都帝大経済学部）の影響を受けた朝鮮人経済学徒など、帝大留学によって欧米の学知を吸収した例についても随所で触れている。個別の学問分野では、이상균［二〇一六］は、戦前日本の地理教育方法論がフランスの地理学の影響を強く受けており、その朝鮮への導入の一端を朝鮮人留学生が担ったとしている。社会学分野では、金弼東［二〇一七］が、申鎮均の東京帝大（一九三七年入学）・同大学院でのアメリカ社会学、ドイツ社会学の吸収を克明に再現する。また、朴宣美［二〇〇五］は、一九世紀アメリカで形成された、家庭内における女性の役割を科学的に位置づけようとする家政学が、女性の日本留学生を通じて朝鮮内に伝播したとする。朝鮮人留学生は文科系が多かったが、植民地期の技術者について調査した金根培［一九九八］は、植民地期の工学・医学系の大学卒業者が四〇〇名程度で、留学先が日本や米国に分布していたとして、理科系・技術系の留学生の重要性にも注意を促している。

留学先は日本だけではなかった。少数ながら、自ら欧米に留学することで日本本国を経由せずに西欧近代知識

に接し、そこから植民地支配体制に対峙するスタンスを定めることのできた知識人もいた。홍선표［二〇〇六］によれば、総督府が公式的に把握していた日本以外への外国留学生は、一九一〇年代には年間一〇名以下だったが、一九二〇年代から三〇年代初にかけては五〇名前後になった。日本以外の留学先としてはアメリカが最多であり、ヨーロッパではドイツ留学生が多かった[3]。

日本留学生よりも帰国後の社会運動の参与に積極的だったとされるアメリカ留学生については、留学生の全体的な規模が統計的に把握され［홍선표二〇〇一］、個別の留学生についても、在米朝鮮人運動の中心となった李大偉、キリスト教系民族主義者の申興雨、朝鮮農業経済研究を行った李勲求、朝鮮人初の公衆衛生医学者だった金昌世らの研究が蓄積されている［김성은二〇二三、一八～一九頁、朴潤栽二〇〇六］。在朝鮮宣教師系の私立学校教育を経由して米国に留学した女性が多かったことも米国留学生の特徴であり、김성은［二〇二三］が女子留学生の近代文明認識や帰国後の教育活動・農村活動を包括的に考察している。男性留学生も含めた朝鮮人の米国留学については同書が行き届いた研究史整理をしているので詳細はそちらに譲る。

ドイツはヨーロッパ諸国のなかでは同時代の朝鮮人の関心が高く、留学生研究も一定の蓄積がある。한해정［二〇一九］は、朝鮮人のドイツ留学・滞在者の網羅的な名簿を作成し、全体的なドイツ（人）観として、ワイマール共和国期には経済的危機を克服しようとするドイツ人の国民性への共感が見られたこと、ナチスに対しては当初の否定的反応が徐々に変化したことを指摘する。Hoffmann［2015］は植民地期にベルリンで活動した一二人の朝鮮人を取りあげる。第一次世界大戦後のヨーロッパにおける共産主義・デモクラシー・無政府主義に刺激を受けながら朝鮮独立運動に関わった李克魯、金俊淵、李康国らから、ドイツで学位を取りナチスドイツの優生学研究にも関与した金伯枰にいたるまで、幅広いスペクトラムのなかで朝鮮人知識人のドイツ滞在経験と彼らの日本への態度を描き出す。第二次世界大戦中の音楽家・安益泰（韓国の国歌・愛国歌の作曲者）の足跡をたどり、

日本・ナチスの主導した日独協会との関係をあぶり出した이경분［二〇〇七］もある。

また、留学より短期の欧米周遊記の分析も、独立運動家や親日派人士、「新女性」などの手記を素材になされている。김경일［二〇〇六］は、自身の「新女性」研究の一環として、一九二〇〜三〇年代に米国での滞在ないし居住経験をもつ金マリア、朴仁徳、許貞淑の三人を取りあげる。民族主義者でありキリスト教徒でもあった金マリアと朴仁徳、社会主義者の許貞淑が、それぞれにバッググラウンドを異にしつつも、自らの朝鮮・朝鮮民族への見方と朝鮮社会の改革方法を仮託しながら、米国文明の一部分を選択的に強調したと指摘する。アメリカ留学を経て、戦時期には親日活動にも関与した朴仁徳については、その著書『世界一周記』（一九四一年）におけるコスモポリタン的意識を分析した김성은［二〇一二］もある。

## 三　京城帝国大学の学知生産

一九二〇年代に生じた大きな知の変動を考えるとき、一九二六年に法文学部と医学部を開設した京城帝国大学が、植民地朝鮮における学問知識の生産・受容・伝達の場としてどのように機能したかという問題は避けて通れない（植民地大学全般の研究状況については松田［二〇一四］参照）。ほとんどが日本人で占められた京城帝大の教員がどのように欧米の知と格闘したかを論ずる研究は比較的蓄積がある。植民地大学や内地大学で朝鮮に関わる研究をしていた研究者が西欧知をどのように自身の学問に活用し、「帝国の知」を構築したかについての研究をあげておこう。

法学分野では、石川健治［二〇〇六、二〇一四］が、京城帝大の公法学者（尾高朝雄、清宮四郎ら）の学問的営みを検討し、ヨーロッパの法学研究と渡り合う力量をもったその学問を「京城学派」と名づける。また、長沢［二〇一九］は、鵜飼信成（憲法、行政法）のアメリカ留学（一九三九〜四一年）経験を跡づけ、鵜飼がニューディール

期米国のリアリズム法学に接し、それが戦後にアメリカ法研究のパイオニアとなる素地として活かされたとする。哲学分野では、김태진［二〇二三］が、植民地朝鮮における倫理学の展開を、イギリスの哲学者トーマス・グリーンの自我実現論が中島力造（東京帝大）を経て島本愛之助（京城帝大哲学科倫理学講座）に受容・変奏されていく思想連鎖のなかに描く。

自然科学に目を移すと、とくに医学は「学知」のグローバルな連関という問題に親和的な分野の一つだろう。植民地朝鮮において日本が伝統医学に代替させようとした近代医学は、西洋なかんずくドイツから学んだものであった［Hoi-eun Kim2014］。とくに第一次世界大戦後は、ロックフェラー財団（一九一三年設立）や国際連盟保健機関（一九二三年常設化）などにより国際的医療保健ネットワークの整備が進み、各国の医学者・医療行政官の交流が活発化した。

こうした医学の知と国際的医療衛生ネットワークのグローバルな広がりを、植民地期朝鮮史の枠組みのなかで検討した研究としては、松田［二〇一九b］・朴智瑩［二〇一九］が、京城帝国大学医学部長・志賀潔がロックフェラー財団に対して、公衆衛生研究施設の整備やアメリカへの人材派遣などの援助を求めていた事実を発掘し、第一次世界大戦後におけるアメリカ医学の台頭と植民地朝鮮への波及を明らかにした。このときのロックフェラー財団との交渉によってアメリカ留学を果たした水島治夫（公衆衛生学、人口統計学）については、その研究が植民地的条件に規定されていたことを指摘する愼蒼健［二〇〇九、二〇一〇］があり、京城帝大に導入されたアメリカ式公衆衛生学の限界の一端を明らかにしている。

このように京城帝国大学に在籍した研究者のなかには特定の国から強い影響を受けたケースが見受けられるが、欧米留学の影響や海外の理論の吸収を過度に強調せぬよう留意しなければならない。たとえば、秋葉隆（京城帝大社会学講座）は京城帝大着任直前のロンドン留学でマリノフスキーの影響を受けたと戦後語っていることはよく知られているが、マリノフスキーの評価が戦後高まったことで自らの研究を位置づけ直そうとしたのではないかと見る研究が現れている［全京秀二〇〇六、中生二〇一六、一四四～一四五頁］。あるいは、京城帝大医学部の研究者についても、たしかに主流のドイツ医学以外にフランス医学派（小林晴治郎ら）、アメリカ医学派（志賀潔ら）と目される医学者がいたものの、彼らの参考文献や発表言語は多言語的であり、安易にフランス学派、アメリカ学派等と名づけることは危険だろう［李賢一二〇〇九］(4)。

ところで、こうした京城帝国大学の知的生産は植民地権力との関係においてどのように理解・評価したらよいのか。植民地における学知が統治政策と折り重なりながら、全体として支配のための知として作用したとしても、その関係は一様ではなかった。一方では、鄭駿永［二〇一二］が示しているように、西欧の医学理論を応用した研究者の学問的成果が統治イデオロギーを側面から支える場合も無論あった。すなわち、京城帝国大学医学部法医学教室は、一九三〇年代、朝鮮人および「満洲」・内蒙古地域の東アジア諸民族における血液型分布状況について体系的な調査を実施したが、それは、人種ないし民族の差別的状況を科学的に正当化する人種科学の性格を帯びていた、とされる(5)。

しかし他方、植民地大学の知が常に帝国の統治を強化していたと見るのも一面的だろう。尹秀安［二〇一四］は、京城帝大法文学部英文学科主任教授だった佐藤清がイギリス帝国主義を批判したアイルランド詩人のイェーツに共感し、自身の詩作において、植民地朝鮮の悲惨さと日本人としての罪悪感を描いたと指摘する。

さらに、京城帝国大学の教員が日本人によって独占されていたとしても、その指導のもとに朝鮮人学生も学知を吸収したことは見落とせない。そこでは「日本人教授、朝鮮人学生」［朴潤栽二〇二四］という知のヘゲモニーが構造化していたことを忘れてはならないが、その一方で、朝鮮人の研究に独自の性格を見いだせるのか否か検討の余地があるだろう。たとえば、先述の水島治夫が担当教授となった京城帝国大学衛生学予防医学教室において朝鮮人学生が行った結核統計研究、児童の身体計測研究には、日本人研究者と異なる視角があったことを、朴智瑩［二〇一九］は指摘する。植民地現地知識人が西欧知の伝搬に対して、どのような学問を形成したかという問題は、科学史研究の分野では、西欧から植民地への科学が一方向的に伝播すると見なす「拡散論モデル」に対する批判というかたちで既に論争の歴史がある。支配者側の科学だけでなく被支配者側の科学の発達、相互作用を考えるべきだという見方は――被支配者側の営みを実証的に裏づけることは往々にして困難であるとしても――植民地科学史研究者のなかでは問題意識として共有されつつある［愼蒼健一九九六、加藤茂生二〇〇二］。

他方、京城帝国大学による知のヘゲモニー形成に対抗する学知が京城帝大外部の朝鮮人知識人のなかでも形成されていく。一九二〇年代以降、マルクス主義が朝鮮解放運動の一つの理論的主柱として受容されたことは前述したが、他方で学術的理論として朝鮮史の歴史的把握にも応用された。その旗手であった経済学者・白南雲（延禧専門学校教授）については方基中［一九九四、二〇〇一］が、東京商科大学留学時代におけるマルクス主義の受容と一九二〇年代半ば以降の唯物史観に基づく朝鮮史の再構成の営みを明らかにした。辛珠柏［二〇一四］は、これら京城帝大の官学アカデミズムやマルクス主義学派、あるいは、一九三〇年代の朝鮮学運動などを視野に入れ、それぞれの学問集団がどのように朝鮮を学問対象として設定したかを検討し、この時期の学問状況――「学術場」――に大きな見取り図を与えようとしている。

## 四．統治技術の知

本論集では、アカデミズムの場で生産された「学知」に限定せず、植民地統治に関わる官僚の知や思想も射程に入れたいと考えている。その場合、念頭に置いておくべきは、西欧の統治技術的な知は常に日本帝国の模範あるいは学習対象であったわけではなく、そのイメージは揺れ動いていたという点である。杉田［一九九五］による明治期日本人の中東認識についての研究が明らかにしているように、自由民権運動の時代においては、日本人はエジプトのウラービー運動などに同じ被抑圧民族としての共感を示したが、日清・日露戦争を経ると、英仏の中東植民地支配を日本の台湾・朝鮮統治のモデルと見なすようになった。さらに時期が下ると、列強の植民地統治は、学習対象から反面教師へと位置づけを変えていく。これに関しては、加藤道也［二〇一九］が日本の植民地官僚による西欧植民地統治調査やアメリカ出張報告などを素材に、詳細な研究を行っている。それによれば、列強の植民地統治に対する日本の植民地官僚の視線は、アジア主義に基づく批判的参照を経て、欧米植民地政策の否定的参照と日本的植民地政策の全面的肯定にいたる流れがあったとされている。

統治の実践の場で植民地官僚が西欧の経験を参照している具体的事例についても、いくつかの研究が現れている。松田［二〇〇九］は、韓国併合を前に、韓国内部警務局の日本人文官官僚がイギリス占領下エジプトの警察制度を反面教師と見なし、憲兵警察制度の創設を批判しようとしたことを示した。また、一九二〇年代の「文化政治」における統治政策の形成過程を「生え抜き官僚」と内務省出身官僚の対立という枠組みで描く李炯植［二〇一三］は、「生え抜き官僚」の朝鮮議会設置構想の背景に、英領インドや英領エジプトの独立運動対策についての見聞があったことを指摘する。植民地期の土木官僚について研究した広瀬［二〇二三］も、榛葉孝平ら高級土木官僚が英国のインド・エジプト支配と土木工事の関係に注目していたことに言及している。

また、欧米の統治技術が帝国の管理に活用された事例として、高野［二〇一六］は、指紋による住民管理のシステムを幅広い時空の広がりで描きだした。一九世紀末の英領インドで生まれた生体認証技術である指紋法が、日本内地を経由して満洲国において中国人労働者の移動を管理する統治のツールとして伝播した、とされている。김금동［二〇一三］はドイツから植民地朝鮮に輸入された衛生活動写真（映画）が、一九二〇年代以降、植民地当局による朝鮮人向けの宣伝に活用されるとともに、衛生知識と映画技術の誇示によって日本の近代性・先進性を

朝鮮人に認識させたとする。映画に関しては、日中戦争期朝鮮の親日映画や当時期の総督府による映画統制政策にナチス・ドイツの映画・映画政策の影響を見いだす김금동・우석대［二〇〇七］もある。(6)

## 五．西洋人宣教師の医療と教育

植民地における欧米の知の媒介者・エージェントとして、西洋人宣教師についても触れておきたい。宣教師組織は、世界各地に拠点をもつ巨大なグローバルネットワークであり、植民地朝鮮の知にも大きな影響を及ぼした。(7)宣教師とコロニアリズムの関係をどのように規定するかは、宣教史研究の根底的な争点である。ダナ・ロバートの整理によれば、欧米の宣教師研究においては、キリスト教的価値観に立って植民地伝道を称賛するか、あるいは西洋人の宣教が植民地支配の一環をなしオリエンタリズムの構築に加担したとみるか、という二分的思考法が長く見られ、一九九〇年代以降になって過度の一般化を超えた視角が模索されつつある［Robert2008, pp.1-4］。

近代朝鮮史においても、帝国日本との共謀者というイメージと、植民地の枠内で現地民族と共存し時には抵抗運動を支援した参与者というイメージは研究者によってかなり明瞭に分かれている。開港期以降、朝鮮半島には北米を中心とするプロテスタント系諸宗派が根を下ろし、教育と医療を通じた間接宣教を行った。宣教医療については、開港期から植民地末期までを通観して北米系宣教師の医療宣教の全体像を描き出そうとした李萬烈［二〇〇三］の場合、基本的な視角としては、朝鮮人医師や看護師などの医療人材の育成を中心とした医療の近代化に宣教医療が大きく貢献したとみる。しかし、対照的に、黄尚翼［二〇一七］のように、宣教師がむしろ開港以後の朝鮮の医療の自立を阻害したことを強調する見解もある。

また、宣教師の教育や社会事業についても、朝鮮の教育の近代化への貢献を強調する見解が多いものの、評価は一様ではない。宣教師による教育機関の設立、看護婦や女子指導者の育成、実業教育や授産事業、慈善活動、

西洋音楽の導入など研究は少なくない［李省展二〇〇六、朴貞蘭二〇〇七、이영분二〇一五、이방원二〇一八など］。朝鮮人の社会的指導者を育成した北米系女性宣教師に米国で登場しはじめた近代的フェミニズムの影響があったこと［강선미二〇〇四］、また宣教師に育成された朝鮮人知識人指導者がメディアによって朝鮮社会でロールモデルとして喧伝されたことも指摘されている［허지연二〇一九］。さらに、ミッションスクールは、朝鮮総督府との間に知のヘゲモニー競争を生じさせ、植民地統治政策を一定規定した［鄭駿永二〇〇六、二〇一〇］。他方で、アジアの各派宣教師が、高等教育のための拠点を日本と考え、朝鮮（および中国）は初等教育中心の事業の場と見なすという植民地主義的な階層構造を是認していたとの指摘もある［朴宣美二〇一五］。また、基本的に政教分離の立場をとる欧米人宣教師の植民地権力との関係は両義的であり、一九三〇年代の神社参拝問題をめぐって、ミッションスクール存続派と閉校派に分裂したり、現地住民との思惑の違いが表面化したりしたことも知られている［駒込二〇〇七、二〇一五、李省展二〇〇七］。

## 六．解放後における知の再編

解放後、日本帝国の知の遺産はどのように解体・再編され、解放後の南北朝鮮においていかにして新たな知のパラダイムが作られていったのか。南の国立ソウル大学校（前身の京城大学を含む）、北の金日成総合大学とも植民地期の教育の清算を目標としつつも、教授陣は京城帝大をはじめとする日本の帝国大学出身者が中心を占めたため、解放前後の連続／断絶は複雑な性格を帯びることになった［김기석二〇〇一、鄭鐘賢二〇二二］。辛珠柏編［二〇一四］は、植民地期、京城帝大の講座制のもとで形成された学問体系が一九四五年の解放以後、いかに継続・変容していったかを幅広く論じている(8)。

植民地期と解放後を通観する事例研究は各学問分野で進められている。南朝鮮、韓国に関する研究から見よう。

松田編［二〇一九］に収録した論考では、植民地期に日本的近代を受容しつつ、解放後韓国で興士団系の自由主義理念を追究した医学者・白麟濟［朴潤栽二〇一九］、アジア的停滞論を朝鮮史上に見出す構想を植民地期につくり解放後もそれを変質させつつ追究した経済学者・崔虎鎮［宋炳巻二〇一九］らが取りあげられている。他にも、国際政治学の分野では、韓国の第一世代の研究者だった李用熙が取りあげられ、たんにアメリカ式の国際政治理論の輸入にとどまらず韓国の現実との接合を模索した研究姿勢の背景に、植民地期の読書を通じた比較言語学や人類学の知識の吸収があったとされる［옥창준二〇一八］。その他、韓国語学・文学における事例についても、松田［二〇一九ａ］が整理しているので参照されたい。

　解放後におけるアメリカの知の流入と冷戦的知識体系の形成については、近年、研究が活発化しつつあるが、解放後韓国におけるアメリカの国際協力プログラムとしてよく知られるミネソタ・プロジェクトに触れておこう。同プロジェクトでは、一九五四～六二年にかけて、米国ＦＯＡ（対外活動本部）の援助により、農学・医学・工学などの各分野のソウル大学校教員二〇〇名以上がミネソタ大学で中長期の研修を受けた。이왕준［二〇〇六］は、豊富な一次資料とインタビューをもとに、医学における同プロジェクトの立案から推進過程にいたる全容を描いた。同論文は、従来の講義形式から臨床重視へと変わった医学教育によって、理論中心の日本式医学から臨床中心のアメリカ式医学への転換がなされたとし、戦後の医学教育・研究を牽引する人材が育成されたことを評価する。同プロジェクトにおける看護教育については、DiMoia［2017］も参照されたい。浅野［二〇一四］は、同プロジェクトの農学分野を検討し、アメリカの開拓農業に淵源をもつ農業技術が輸入されたことで日本統治時代の学知が一掃されたと指摘する。土木分野についても、同プロジェクトが戦後韓国でアメリカの土木技術が主流となる契機になったとされている［広瀬二〇二三］。

　ただし、個別の学問分野や研究者を見ると、帝国の知の組み替えは必ずしも単純には語れない。本論集の序文

でも言及したが、鄭鐘賢［二〇二〇、二〇二一］の調査した韓国社会学者の第一世代たる李萬甲の言動は示唆的である。李萬甲自身は、解放後の回想記において、自らの解放後韓国における農村社会調査研究の淵源をアメリカ社会学（一九五〇年代にコーネル大学に留学）に求めた。しかし、植民地期に李萬甲が学んだ東京帝国大学社会学科（一九四一年入学）の社会調査という手法自体がアメリカ（シカゴ大学）から導入されたものであり、李萬甲がアメリカ的知を過度に強調する背景には、アメリカの「文化冷戦」の文脈があったことを考慮しなければならない。アメリカの学術援助が解放後韓国の社会学に与えた影響については、김인수［二〇一六］も指摘するところである。

北部朝鮮、朝鮮民主主義人民共和国（北朝鮮）に移ろう。北においてもソ連の影響を受けつつ知の組み替えが進んだ。洪宗郁［二〇一九］は北朝鮮のマルクス主義経済学の重鎮となった金洸鎮の知的遍歴を跡づける。金洸鎮は、植民地期、東京商科大学に学び京城帝国大学助手をつとめた。解放後北朝鮮では、アジア的停滞性論に立脚した朝鮮の特殊性（奴隷制の欠如）を強調する植民地期以来の自説を徐々に転換させ、世界史の発展法則が朝鮮にも貫徹しているとする立場をとるようになったとされる。板垣［二〇二一］が発掘した言語学者・金壽卿の京城帝大から北朝鮮にいたる軌跡は、知識人が植民地時代の抑圧と北朝鮮の政治闘争をともに生き抜くことの困難を見せてくれる。金壽卿は、京城帝大時代に小林英夫を介して構造言語学を学び、解放後もその立場を守っていた。他方でスターリンが発表したマルクス主義言語理論の中心的な紹介者となるが、一九五〇年代後半スターリン批判を契機とした北朝鮮の宗派闘争のなかで批判の対象となる。

植民地期に学問形成をした学者が北朝鮮の政治闘争の当事者となる場面は、さまざまな学問分野で起こっている。歴史学では、一九三〇年代に講座派的なアジア特殊性の影響を受けた李清源が、一九五〇年代に粛清されたこともその一例だろう［広瀬二〇〇四］。人類学については、一九三〇年代にウィーン大学民族学研究所でともに学び、解放後は建国初期北朝鮮の考古学・人類学界で活躍しやがて論敵となった都宥浩と韓興洙の事例が知られている。Schirmer ed. [2018] は、両者のヨーロッパ留学時代と解放後をあわせ見る論集を編んでいる。全京秀 [二〇一五] は、韓興洙の側からこの問題にアプローチし、戦前鳥居龍蔵に学びウィーン大学で学究生活を送った韓興洙が、解放後の北朝鮮でウィーン学派の攻撃に転じる様相と背景を考察している。

## おわりに

すでに三〇年以上も前になるが、日本における朝鮮史研究を段階論的に整理しその方向を考察した並木真人は、一九六〇年代に現れた内在的発展論の克服を主張した。内在的発展論が「一国史の発展」の過程において「西欧的近代をひとつの到達とする普遍的な合法則性が貫徹すること」を主張するものとして、その近代至上主義的発想を批判し、「朝鮮における固有なもの、伝統的なものの中に近代克服の契機を見出」すことに今後の研究の方向性を見いだしたのである〔並木一九九〇、一八、二六頁〕。「朝鮮における固有なもの」を追究する志向は今日にいたる朝鮮史研究で一定の位置を占めていることは事実であり、こうした視角を否定する必要もない。ただ、このような議論に見られる「一国史的発展段階論」を批判しつつ、さらに「朝鮮における固有なもの」に沈潜しようとする姿勢は、たとえば戦後台湾史研究――「世界各地との多元的な関係性から台湾史を世界史の文脈に載せる」特徴をもった研究（本論集所収、陳姃湲論文）――とは大きく異なる方向に朝鮮史研究を進ませた一つの契機になっただろうとは思う。

西欧的資本主義化をモデルとする「世界史の普遍的法則」を朝鮮史に見いだそうとする内在的発展論への批判を基盤とした今日の朝鮮史学が、近代主義批判とともに、朝鮮（史）と欧米世界との連環性を問う問題意識を希薄化させてしまった、といっては言い過ぎだろうか。しかし、内在的発展論に対して、今日、「一国史を越える認識枠組みを提起した」点に着目する議論も起こっていることを思えば［戸邊二〇一三、三四〜三五頁］、戦後朝鮮史の展開のなかで置き忘れられた「世界史」との関係性の再構築はあらためて取りあげられてよい問題だろう。無論、それは、かつての内在的発展論のように西欧的近代を至上価値と見るものではありえない。本稿で多面的に検討したように、西欧知と植民地朝鮮の関係はたんに起源とその受容という関係で割り切れるものではなく、植民地権力による受容と変奏、現地知識人らによる再利用などさまざまな側面を含みもつ。筆者の能力の限界上、フォローできなかった著書や論文も多々あるが、そのような問題意識を素描した試論と理解いただければ幸いである。

（1）総督府中央試験所も戦時期を除くと大規模工業の育成より家内制手工業への寄与に照準を合わせていたとされる［이태희二〇〇九］。もちろん「科学」と「技術」を単純に二分化はできない。植民地朝鮮の温泉調査を跡づけた金凡性［二〇一八］は、実用的なローカルデータを収集して植民地経営に役立てる技術的視点と、データを加工して世界的に通用する理論を構築し西洋の知に対抗しようとする科学観とが交錯していたことを指摘する。

（2）松田［二〇一九a］で論じたことがあるので詳細はそちらに譲る。

（3）このほか、中国（北京大学、民国大学等）で西洋の学問を学んだり新文化運動の影響を受けたりした朝鮮人留学生については、이재령［二〇二三、第四章］参照。

（4）この点は、セブランス医学専門学校や、日本の大学、京城帝大、京城医専などで西洋医学のトレーニングを受けた朝鮮人医学者にも当てはまる。一九三〇年に朝鮮人医学者の創設した朝鮮医師協会の機関誌『朝鮮医報』から、執筆者の学位取得国、論文発表言語、参考文献の刊行国などを分析した성희혜［二〇二一］を参照。

（5）京城帝大のみならず内地の帝国大学が生み出した学知についても、植民地主義との関係は当然問題化しうる。一例として、ナンタ［二〇一〇］は、京都帝国大学の形質人類学者・清野謙次が、「日鮮同祖論」と親和性の高い日本民族混血論のバックボーンにフランスのギュスターヴ・ル＝ボンが提唱した人種概念の影響を見いだしている。

（6）植民地朝鮮における外国映画の受容については、김승구［二〇一〇］参照。

（7）さらにいえば、制度としての教会に依拠しない無教会主義者にも、デンマークの農民修養施設に目を向けた朝鮮人キリスト教信者のように、西欧の思想的影響は及んでいた［김이경二〇一八］。

（8）詳細は、松田の書評［松田二〇一六］を参照。

**［文献目録］**

本章で取りあげた論著を、発表言語によって日本語・韓国語・英語に分けた。日本語文献については執筆者名の五〇音順としている（なお、韓国人名は現地音読み、中国人名は漢字の日本語音読みにしたがっている）。韓国語文献は、執筆者名の가나다라順で配列している。日本の読者の便宜を考え著者名や論文名・書名の一部を漢字表記した場合がある。

**日本語文献**


浅野豊美二〇一四「京城帝国大学からソウル大学へ――ランドグラント大学としてのミネソタ大学の関与と米韓関係から見た帝国的遺産」（酒井哲哉・松田利彦編『帝国日本と植民地大学』ゆまに書房）

石川健治二〇〇六「コスモス――京城学派公法学の光芒」（酒井哲哉編『帝国日本の学知』第一巻、岩波書店）

――二〇一四「「京城」の清宮四郎――『外地法序説』への道」（酒井哲哉・松田利彦編『帝国日本と植民地大学』ゆまに書房）

李成市《イ・ソンシ》二〇〇四「コロニアリズムと近代歴史学――植民地統治下の朝鮮史編修と古蹟調査を中心に」（寺内威太郎ほか『植民地主義と歴史学――そのまなざしが残したもの』刀水書房）

李省展《イ・ソンジョン》二〇〇六『アメリカ人宣教師と朝鮮の近代――ミッションスクールの生成と植民地下の葛藤』（社会評論社）

――二〇〇七「帝国・近代・ミッションスクール――ピョンヤンにおける「帝国内帝国」と崇実学校」（駒込武・橋本伸也編『帝国と学校』昭和堂）

板垣竜太二〇二一『北に渡った言語学者　金壽卿一九一八～二〇〇〇』（人文書院）

李賢一《イ・ヒョニル》二〇〇九「京城帝国大学医学部の研究活動――その学術誌の分析を中心に」（『アジア太平洋研究科論集』一七）

李炯植《イ・ヒョンシク》二〇一三『朝鮮総督府官僚の統治構想』（吉川弘文館）

小野容照二〇一三『朝鮮独立運動と東アジア　一九一〇―一九二五』（思文閣出版）

――二〇二四「植民地朝鮮におけるアナーキズム伝播――朝鮮共産主義運動と大杉栄」（田中ひかる編『国境を越える日本アナーキズム――一九世紀末から二〇世紀半ばまで』水声社）
加藤茂生二〇〇一「科学の外延――植民地科学史の視点から」（『現代思想』第二九巻一〇号）
――二〇一九「戦時期日本の科学と植民地・帝国」（『歴史評論』第八三二号）
加藤道也二〇一九「植民地官僚の統治認識――知と権力の観点から」（松田利彦編『植民地帝国日本における知と権力』思文閣出版）
金凡性《キム・ボムソン》二〇一八「植民地朝鮮における温泉調査――知のヒエラルキーをめぐって」（坂野徹・塚原東吾編『帝国日本の科学思想史』勁草書房）
駒込武二〇〇七「帝国と「文明の理想」――比較帝国史研究というアリーナで考える」（駒込武・橋本伸也編『帝国と学校』昭和堂）
――二〇一五『世界史のなかの台湾植民地支配――台南長老教中学校からの視座』（岩波書店）
愼蒼健《シン・チャンゴン》一九九六「植民地を生きた科学者・技術者――植民地期朝鮮科学運動の論理とナショナリズム」（『現代思想』一九九六年五月号）
――二〇〇九「京城帝国大学医学部の「植民地性」とは何か？――衛生学教室の社会医学研究について」（『科学史研究』四八）
――二〇一〇「植民地衛生学に包摂されない朝鮮人――一九三〇年代朝鮮社会の「謎」から」（坂野徹・愼蒼健編著『帝国の視角／死角〈昭和期〉日本の知とメディア』青弓社）
杉田英明一九九五『日本人の中東発見』（東京大学出版会）
鈴木理二〇一五a「日本地質学の軌跡四　巨智部忠承と神保小虎――日清戦争と地質学」（『GSJ 地質ニュース』四（三））
――二〇一五b「日本地質学の軌跡六　井上禧之助と小川琢治――日露戦争下の地質調査」（『GSJ 地質ニュース』四（五））
宋炳巻《ソン・ビョングウォン》二〇一九「崔虎鎮の韓国経済史研究と東洋社会論」（松田利彦編『植民地帝国日本における知と権力』思文閣出版）

高野麻子二〇一六『指紋と近代　移動する身体の管理と統治の技法』（みすず書房）
全京秀《チョン・ギョンス》二〇〇六「植民地の帝国大学における人類学的研究」（岸本美緒編『「帝国」日本の学知』第三巻（東洋学の磁場））
鄭鍾賢《チョン・ジョンヒョン》二〇二二『帝国大学の朝鮮人――大韓民国エリートの起源』（邦訳、慶應義塾大学出版会）
塚原東吾二〇一八「帝国のローカル・サイエンティスト――気象学者・中村精男、小笠原和夫、藤原咲平」（坂野徹・塚原東吾編『帝国日本の科学思想史』勁草書房）
戸邉秀明二〇一三「日本「戦後歴史学」の展開と未完の梶村史学――国家と民衆はいかに（再）発見されたか」（『社会科学』四二（四））
中生勝美二〇一六『近代日本の人類学史――帝国と植民地の記憶』（風響社）
長沢一恵二〇一九「戦前期における法学者・鵜飼信成の法学研究についての一試論――資本主義発達期の社会をめぐる政治と法の問題を中心に」（松田利彦編『植民地帝国日本における知と権力』思文閣出版）
並木真人一九九〇「戦後日本における朝鮮近代史研究の現段階――「内在的発展論」再考」（『歴史評論』四八二）
ナンタ、アルノ二〇一〇「大日本帝国の形質人類学を問い直す――清野謙次の日本民族混血論」（坂野徹・愼蒼健編著『帝国の視角／死角〈昭和期〉日本の知とメディア』青弓社）
――二〇一八「帝国日本と台湾・朝鮮における植民地歴史学」（坂野徹・塚原東吾編『帝国日本の科学思想史』勁草書房）
朴宣美《パク・ソンミ》二〇〇五『朝鮮女性の知の回遊――植民地文化支配と日本留学』（山川出版社）
――二〇一五「朝鮮におけるアメリカ・プロテスタント宣教師による女子教育――米国南長老教会朝鮮ミッションを中心に」（『歴史人類』四三）
朴貞蘭《パク・チョンラン》二〇〇七『韓国社会事業史――成立と展開』（ミネルヴァ書房）
朴潤栽《パク・ユンチェ》二〇一九「白麟濟の近代認識と自由主義」（松田利彦編『植民地帝国日本における知と権力』思文閣出版）
広瀬貞三二〇〇四「李清源の政治活動と朝鮮史研究」（『新潟国際情報大学情報文化学部紀要』七）
――二〇二三『朝鮮総督府の土木官僚』（明石書店）
黄尚翼《ファン・サンイク》二〇一七『歴史が医学に出会う時――医学史から見る韓国社会』（関西学院大学出版会）
洪宗郁《ホン・ジョンウク》二〇一九「普成専門学校から金日成綜合大学へ――植民地知識人・金洸鎮の生涯と経済史研究」（松田利彦編『植民地帝国日本における知と権力』思文閣出版）

松田利彦二〇〇九「韓国併合前夜のエジプト警察制度調査——韓国内部警務局長松井茂の構想に関連して」(同『日本の朝鮮植民地支配と警察——一九〇五～一九四五年』校倉書房、所収)
——二〇一四「植民地大学比較史研究の可能性と課題——京城帝国大学と台北帝国大学の比較を軸として」(酒井哲哉・松田利彦共編著『帝国日本と植民地大学』ゆまに書房)
——二〇一六「[書評] 辛珠柏編『韓国近現代人文学の制度化——一九一〇～一九五九年』」(『日本研究』五三)
——編二〇一九『植民地帝国日本における知と権力』(思文閣出版)
——二〇一九a「「知と権力」から見た植民地帝国——朝鮮史研究における成果と課題」(同編『植民地帝国日本における知と権力』思文閣出版)
——二〇一九b「志賀潔とロックフェラー財団——京城帝国大学医学部長時代の植民地朝鮮の医療衛生改革構想を中心に」(同編『植民地帝国日本における知と権力』思文閣出版)
水谷智二〇一八「「間—帝国史 trans-imperial history」論」(日本植民地研究会編『日本植民地研究の論点』岩波書店)
山室信一二〇〇三「「国民帝国」論の射程」(山本有造編『帝国の研究』名古屋大学出版会)
——二〇〇六「国民帝国・日本の形成と空間知」(同ほか編『岩波講座「帝国」日本の学知』第八巻(空間形成と世界認識))
山本晴彦二〇二〇『帝国日本の気象観測ネットワーク』Ⅶ(朝鮮総督府)(農林統計出版)

**韓国語文献**

강선미二〇〇四「近代初期 朝鮮派遣 女宣教師의 페미니즘——朝鮮 〝新女性〟의 特殊性 究明을 위한 基礎研究」(『神学思想』一二五)
김경일二〇〇六「植民地時期 新女性의 美国体験과 文化受容——金瑪利亜、朴仁徳、許貞淑을 中心으로」(『韓国文化研究』一一)
金根培一九九八「植民地時期科学技術者의 成長과 制約——印度・中国・日本과 比較하여」(『韓国近代史研究』八)
——二〇〇一「二〇世紀植民地朝鮮의 科学과 技術——開発의 씨앗?」(『歴史批評』五六)
김금동二〇一三「独逸 衛生映画의 受容과 順応하는 植民地主体 形成——푸코의 生体権力을 中心으로」(『映画研究』五五)
——・우석대二〇〇七「日帝強占期 親日映画에 나타난 独逸나치映画의 影響」(『文学과 映像』二〇〇七年夏号)

김기석二〇〇一『一卵性双生児의 誕生、一九四六―国立서울大学校와 金日成総合大学의 創設』（教育科学社）
김미지二〇一九『우리 안의 유럽―起源과 始作』（생각의힘）
김성은二〇一二「日帝時期 朴仁徳의 世界認識―『世界一周記』（一九四一）를 中心으로」（『女性과 歴史』一五）
――二〇二三『近代韓国 新女性의 成長과 米国留学』（선인）
김승구二〇一〇「植民地時代 独逸映画의 受容様相 研究―一九二〇年代 映画들을 中心으로」（『人文論争』六四）
김이경二〇一八「一九二〇―三〇年代 덴마크 폴케호이스콜레（Folkehøjskole）의 韓国・日本 流入과 分化・変容」（『東아시아文化研究』七五）
김인수二〇一六「儂石李海英의 社会学―'韓国社会調査'의 側面에서」（『韓国社会学』五〇（四））
김재현二〇一〇「咸錫憲의 初期 思想形成에서 基督教와 社会主義」（『시대와 철학』二一（一））
金晋均・鄭根植一九九七『近代主体와 植民地規律権力』（文化科学社）
김태진二〇二三「帝国日本／植民地朝鮮에서 倫理学의 受容과 展開―京城帝国大学倫理学講座의 思想連鎖」（『概念과 疎通』三二）
金弼東二〇一七「日帝末期 한 젊은 社会学者의 肖像―申鎭均論（一）」（『韓国社会学』五一（一））
김흥수一九九二『日帝下 韓国社会主義와 基督教』（韓国基督教歴史研究所）
류시현二〇〇六「日帝強占期 러셀 著作의 翻訳과 批判」（『歴史教育』一〇〇）
미야가와 타쿠야（宮川卓也）二〇一三「帝国日本의 気象観測網構築：清日・露日戦争과 植民地気象事業、一八九四―一九三〇」（『歴史와 文化』二五）
朴潤栽二〇〇六「金昌世의 生涯와 公衆衛生活動」（『医史学』一五（二））
――二〇二四『日帝의 医療政策과 朝鮮支配』（東北亜歴史財団）
朴智瑩二〇一九『帝国의 生命力―京城帝国大学医学部衛生学予防医学教室의 人口統計研究、一九二六―一九四五』（서울大学校大学院協同課程 科学史科学哲学専攻博士論文）
朴賛勝一九九六「韓末日帝時期 社会進化論의 性格과 影響」（『歴史批評』三四）
方基中一九九四『韓国近現代思想史研究―一九三〇・四〇年代 白南雲의 学問과 政治経済思想』（歴史批評社）
――二〇〇一「白南雲과 韓国 맑스主義 知性史의 源流」（『批評』五）

성희혜二〇二一『朝鮮醫報의 書誌的研究』（淑明女子大学校大学院文献情報学科碩士論文）
소영현二〇〇八『文学青年의 誕生——近代青年의 文化政治学』（푸른역사）
辛珠柏二〇一四「〝朝鮮学〟学術場의 再構成」（『韓国近現代人文学의 制度化——一九一〇～一九五九』혜안）
——編二〇一四『韓国近現代人文学의 制度化——一九一〇～一九五九』（혜안）
옥창준二〇一八「李用熙의 知識体系 形成과 韓国 国際政治学의 再構成」（辛珠柏編『近代化論과 冷戦 知識体系』혜안）
尹秀安二〇一四『〝帝国日本〟과 英語・英語学』（소명）
이경분二〇〇七『잃어버린 時間 一九三八～一九四四』（휴머니스트）
李萬烈二〇〇三『韓国基督教医療史』（아카넷）
이방원二〇一八『박에스더』（梨花女子大学校出版文化院）
이상균二〇一六「日帝強占期 프랑스 地理知識의 韓国伝来」（『文化歴史地理』二八（二））
이영분二〇一五「近代韓国 미션스쿨의 女性教育과 韓国女性의 삶의 変化——初期梨花学堂과 貞信女学校를 中心으로」（梨花女子大学進学大学院碩士論文）
이왕준二〇〇六『미네소타 프로젝트가 韓国 医学教育에 미친 影響』（서울大学校大学院医学科医史学専攻博士論文）
이재령二〇二三『東아시아 近代知性의 誕生——二〇世紀初 韓中留学生의 軌跡』（신서원）
李俊植一九九三「韓国近現代에서의 帝国主義와 知識人——日帝強占期 基督教知識人의 対外認識과 反基督教運動」（『歴史와 現実』一〇）
李泰鎮二〇二二『日本帝国의 〝東洋史〟開発과 天皇制 파시즘』（사회평론아카데미）
이태희二〇〇九「一九三〇年代 朝鮮総督府中央試験所의 位相変化」（『韓国科学史学会誌』三一（一））
장규식二〇〇九「一九二〇年代 改造論의 拡散과 基督教社会主義의 受容・定着」（『歴史問題研究』二一）
全京秀二〇一五「平壌政権이 粛清한 人類学者 韓興洙（一九〇九～？）——屈折과 跛行의 〝高麗人類学〟」（『近代書誌』一一）
鄭鐘賢二〇二〇「植民과 冷戦의 （不）協和로서의 社会学——一世代社会学者李萬甲의 教育과 学問的履歴을 中心으로」（『사이間SAI』二九）
鄭駿永二〇〇六「一九一〇年代 朝鮮総督府植民地教育政策과 미션스쿨——中・高等教育의 경우」（『社会와 歴史』七一）

——二〇一〇「植民地医学教育과 헤게모니競争——京城帝大医学部의 設立過程과 制度的特徴을 中心으로」（『社会와 歴史』八五）
——二〇一二「피의 人種主義와 植民地医学——京城帝大 法医学教室의 血液型人類学」（『医史学』四二）
최선웅二〇〇九「一九一〇～二〇年代 玄相允의 資本主義 近代文明論과 改造」（『歴史批評』二一）
한해정二〇一九「日帝強占期 独逸留学韓人들의 独逸認識」（『独逸研究——歴史・社会・文化』四二）
허수二〇〇八「一九二〇年代初『開闢』主導層의 近代思想 紹介様相——形態的分析을 中心으로」（『歴史와 現実』六七）
——二〇〇九「러셀 思想의 受容과『開闢』의 社会改造論形成」（『歴史批評』二一）
허지연二〇一九『帝国 속의 帝国——美国의 海外宣教와 韓国의 音楽教育』（民俗苑）
홍선표二〇〇一「日帝下 米国留学 研究」（『国史館論叢』九六）
——二〇〇六「一九二〇年代 유럽에서의 韓国独立運動」（『韓国独立運動史研究』二七）

**英語文献**

DiMoia, John P. 2017, "Placing Image and Practice in Tension: South Korean Nurses, Medical Pedagogy, and the Indiana University Bloomington Nursing Program, 1958–1962", *East Asian Science, Technology and Society: An International Journal* 11(4).

Hoffmann, Frank 2015, "The Berlin Koreans, 1909–1940s", Frank Hoffmann ed., *Berlin Koreans and Pictured Koreans* (Vienna: Praesens Verlag).

Hoi-eun Kim［金會恩］, 2014, *Doctors of Empire: Medical and Cultural Encounters between Imperial Germany and Meiji Japan* (Tronto: University of Toronto Press)

Pyenson, Lewis 1985, *Cultural Imperialism and Exact Sciences: German Expansion Overseas 1900–1930* (New York: Peter Lang).

Robert, Dana L. ed., 2008, *Converting Colonialism: Visions and Realities in Mission History, 1706–1914* (Grand Rapids, Mich.: William B. Eerdmans Publishing Co).

Schirmer, Andreas ed. 2018, *Koreans in Central Europe: To Yu-ho, Han Hung-su, and Others* (Vienna: Praesens Verlag).

# 「知」で台湾を世界と結ぶ——近年台湾史の研究成果を手掛かりに

陳　姃　湲

## はじめに

地政学的に東アジア最大の戦略的要衝とされる台湾は、一七世紀中盤から一九四五年まで明清や日本など隣接する大国の支配のもとに置かれていたため、公式的な外交関係はむろん、外部世界との交流の大半をながらく中国や日本に委ねざるをえなかった。戦後しばらく台湾は「中華民国」として国際舞台における自立的位置を認められたものの、七〇年代以降強まる中国の脅威のもとで再び外交的孤立状態に追い込まれると、国際社会から政治的自立を確保しようとする台湾政府の努力は、主に民間交流や経済援助に限定されてきた。一方、八〇年代後半から九〇年代にかけて台湾社会の民主化と自由化が大きく前進すると、主権国家としての政治的自立を守ろうとする意識が社会全般に広がり、ちょうど時を同じくして形作られた台湾史研究の方向性にも大きく影響を及ぼした。

それまで台湾の歴史は台湾の内外を問わず、たとえば、明清帝国の一地方史、あるいは日本帝国の一外地史などとして、一般に中国史や日本史の一部であるという前提に立ち、台湾を主体とする一貫した流れは軽視されてきた。九〇年代以降、自由化と民主化のもとで成熟した台湾意識に後押しされ、台湾史研究は新たな学問領域となり、かつての中国や日本を中心とする歴史認識とは一線を画したうえで、ようやく台湾の立場から台湾史独自の文脈を前面に押し出すようになったのである。一方、このような試みは、これまで中国や日本の立場を反映して中国史や日本史のなかに組み込まれていた関連史実を解き放し、台湾の立場から内部的に台湾史を編み直すことだけでは完結せず、外部とのかかわりから台湾史の自律的な独立性をひも解くことをも同時に必要とする。かつて中国や日本が媒介する従属的かつ付随的関係からなる台湾の対外関係認識から脱却し、外部世界とのあいだで台湾が享有していた多元的かつ自主的なつながりを実証することで、外縁から台湾史の地域的な広がりを回復させなければならないからである。

比較的近年の研究成果から取りあげるならば、古くは一七世紀オランダの支配下で台湾を取り巻いて行なわれた海上貿易の数々から始まって〔陳宗仁二〇〇五、康培德二〇〇九、Cheng2017、2018、鄭維中二〇一八、二〇二一、二〇二三、林逸帆二〇二二〕、明清帝国のもとで台湾商人が日本、琉球や東南アジア各地とのあいだで有していた各種金融ネットワークと貿易ルート〔松浦二〇〇四、方真真二〇〇六、林玉茹二〇〇七、二〇一六、二〇一九、李佩蓁二〇一五、二〇一九、陳計堯二〇二〇〕、さらに日本帝国という異なる体制に組み込まれた台湾商人たちが模索していた新たな活路の具体的様相など〔朱德蘭一九九五、一九九六、二〇一二、林玉茹二〇二〇、二〇二二〕、各時代の交易状況から台湾が有していた海上ネットワークを描き出す研究が脚光を浴びている。交易史がモノやカネの流れから台湾史の外縁を広げるならば、ヒトの動きをめぐっても、日本帝国のもとで台湾人医師たちが果たした海外進出や、満州国に新天地を求めようとした台湾人たちの経験など、とりわけ日本植民地時代の台湾人の海外活動に注目して台湾史の範疇が拡大されつつある〔許雪姬二〇〇四、二〇一二、二〇二一、二〇二三、陳力航二〇一二a、二〇一二b、二〇二四〕。「人流」、「物流」、「金流」など台湾をとりまく「流れ」に着目することで、台湾が周辺世界とのあいだで実際に結んでいた多様なつながりから台湾史の連続性と主体性を裏づけようとする試みが、九〇年代以降時代や分野を問わず、新しい台湾史叙述を特徴づけてきたのである［蔣竹山二〇一八］。

一方、異なる地域と社会のあいだを結び流れるのは、ヒト、モノ、カネなど有形の存在だけではない。目には見えないにせよ、技術と情報、学問と概念、さらには制度と言語にいたるまで、「知」を介して行われるあらゆる人間の営みもなお、異なる時代と地域のあいだを伝承・移動し、相互をつなげる。近年台湾の歴史学界においても「知」の中身そのものがみせる変容以上に、それが異なる地域を結ぶネットワークを辿ることで繰り広げられてきたさまざまな側面に着目する研究手法が、学術史、概念史、思想史、技術史、制度史、法律史など、テーマを問わず顕著になりつつある［林文凱二〇二二］。では、台湾史研究の場合はどうであろうか。

注目に値する点は、ヒト、モノ、カネ以上に、「知」はとりわけその流れと影響の方向性を、権力の磁場において主導権を握る側に委ねがちであるのみならず、それ自体としてもヘゲモニーを創出することにあろう［林二〇〇四］。このような知の地域へゲモニーにおいて、台湾が繰り返し他者化されつづけたことは、台湾が一貫した歴史的文脈を有することを妨げてきた背景の一つでもある。つまり、ヒト、モノ、カネとは異なり、知の流れは台湾を中心とした地域ネットワークを浮かびあがらせるうえで、必ずしも有効な媒介になるとは限らない。台湾が帝国システムの周縁に組み込まれ、より強靭な文化へゲモニーのもとに置かれた日本植民地時代となれば、その懸念はさらに強まる。

日本植民地支配が始まると、それまで主に台湾語や客家語など漢語を用いていた漢人は言うまでもなく、部族ごとに異なることばを使っていた原住民まで、台湾人たちは公用語として日本語の使用を強いられると同時に、それを介して西欧由来の近代知も受容することとなった。言い換えれば、植民地時代に台湾は、直接近代知のグローバルネットワークに組み込まれたわけではない。むしろ、日本語と植民地主義という二重の壁によって自らを囲い込む日本帝国のバウンダリーを越えなければ、台湾は西欧につながる知のグローバルネットワークにはたどりつけなかった。

植民地統治だけが問題ではなかった。同じ日本植民地でも、自らのことばと文字を有していた朝鮮の人々は、朝鮮語メディアを使って「対抗知」を生成することで、日本が持ち出した近代知と立ち向かえただけでなく、植民地支配以前に築かれた宣教活動や通商条約、外交関係のルートをつかって欧米への亡命や留学に挑み、日本の介入なく知のグローバルネットワークに直接飛び込むものも少なくなかった。対して、統一した記録システムを有さず、主権も築けないまま、日本によって受動的に知のグローバルネットワークに織り込まれた台湾にとって、近代知——西欧知はより手が届きづらく、それゆえに近代知に立ちむかうためには多くのハードルを乗り越えなければならなかったのである(1)。

知のグローバルネットワークに対して植民地台湾が経験した行き詰まりは、今日台湾史研究がナショナルヒストリーとしてそれを再構成する難しさにつながる。では、日本植民地時期に台湾が経験した近代知——西欧知とかかわって、台湾史研究はこれまでどのように外部世界との関係性からその主体性を体現させるという課題と向き合ってきたのだろうか。本章はこのような困難に対して、台湾史研究が自らを取り巻いていた歴史事実と向き合いつつ、そこからどのような歴史記述を導き出してきたかという問いに挑むものである(2)。

## 一．台湾を対象とした調査事業と「学知」——人類学と植物学

民主化以降の台湾における新しい歴史学を代表する学術ジャーナル——『新史学』は、二〇二二年「近代東アジアにおける学知の交流とアイデンティティの変移（東亞近代學知交會與認同流動）」という特集を組んだ。特集号発刊に寄せられた主旨説明では［林文凱二〇二二］、「知」の交流と移動が、東アジア各国で歴史学のテーマとし

て注目されるまでの経緯にも触れていた。「学知」という中国語ではなじみのない日本語の語彙が全面に打ち出されていることからも示唆されるように、そのような研究トレンドを生み出した直接的な要因として当誌は、『近代日本と植民地』（一九九二年～一九九三年）から『「帝国」日本の学知』（二〇〇六年）へと続く「シリーズ岩波講座」の刊行に代表される日本学界の動向を取りあげている。

一方、台湾史研究――とりわけ日本統治時代の台湾史――に限っていうならば、「知」の交流と移動というテーマに関心が集まったのは、昨今に始まったことではない。日本植民地支配を台湾社会の近代化の起点として認める歴史認識のもとで、(3) 日本統治者がもたらした各種近代知の内容やそれが台湾社会と人々に及ぼした影響は、それ自体として台湾の近代化プロセスを論じるうえで欠かせないテーマの一つであり、台湾史研究が始まった当初から盛んに取りあげられてきた。『「帝国」日本の学知』において表明された問題意識との違いを指摘するならば、台湾史研究は「欧米の学問を移入する形で出発し日本の「帝国」化の過程で構築されていった日本の諸学の形成過程に改めて焦点をあてる」より［酒井編二〇〇六、ｖ頁］、むしろそれ自体を既知の事実――あるいは議論の前提ととらえ、「総合的交渉の場」となった台湾を舞台に繰り広げられた知の展開により焦点を当ててきた点にあろう。

近代知を媒介した日本を乗り越えて、その元を辿って西欧まで研究視野が広げられたのは、二〇一〇年代以降のことである。たとえば、統計技術から農業技術や工業技術、さらには医薬にいたるまで、植民地統治者によって台湾でも実践された近代知の数々について、それがどのような西洋の知に基づいていたかまでさかのぼって言及されるようになった［呂紹理二〇一五、二〇一六、顧雅文二〇一一、林蘭芳二〇一〇］。他方、日本は欧米から受け継いだ近代知を、たんに台湾に移植しただけではなかった。持ち込まれた近代知のなかには、台湾を対象にさらなる学問的展開と発展を遂げたものもある。台湾をフィールドに各種調査を行ない、台湾に対する近代的科学知を形成した人類学や植物学がそれである。

とりわけ、人類学については、清代から清朝官僚だけでなく、一八六〇年台湾開港以降は欧米から訪れた宣教師、商人、冒険家や博物学者までが加わり、台湾山岳地帯の原住民を対象とした各種調査報告を行ってきた長い前史がある［林素珍二〇一五］。植民地統治と同時にその担い手が日本人にとってかわると、近代西欧の自然史や博物学知識をその基盤に、清代の先行調査に対する批判が行われた［Kao2023］。そのために、植民地時代に台湾で成し遂げられた人類学的知をめぐる研究では――鳥居龍蔵、伊能嘉矩や森丑之助など個別の人類学者に焦点を当てるにせよ、あるいは個々の部族に関する学知の形成過程を論じるにせよ――、多かれ少なかれ博物学や近代人類学など西欧知の中身までさかのぼって言及がなされている。なかでも陳偉智は、伊能嘉矩、鳥居龍蔵、田代安定など植民地統治初期に活躍した研究者から戦後台湾に留用された国分直一にいたるまで、個々の人類学者たちが台湾のそとで残した足跡や、その学問が依拠する西欧人類学の具体的典拠まで踏まえて、日本の媒介した近代人類学が台湾原住民に対する近代知を形成するプロセスを追ってきた［陳偉智二〇一四、二〇一七、二〇一八、二〇二〇］。とりわけ「自然史、人類学と近代台湾の「人種」知識の形成（自然史、人類學與臺灣近代「種族」知識的建構）」は、清代に台湾で活躍したイギリス出身海関職員のタイラー（George Tayler）や、カナダ出身宣教師のマカイ（George Leslie Mackay）に始まり、植民地初期に台湾で調査活動を行った伊能嘉矩、田代安定、森丑之助にいたるまで、台湾原住民を対象とした人類学調査とその著作を渉猟し、西欧の博物学と自然史の伝統が日本近代人類学の媒介を経て、どのように原住民をめぐる「台湾知」へとつながったかを系譜的に再構成した［陳偉智二〇〇九］。

他方、植民地初期に台湾で行われた科学的調査事業の対象は原住民だけではない。台湾に自生する各種熱帯植物も近代科学のまなざしのもとで調査探求の対象となると、人類学とともに近代の「台湾知」を形成したことが、近年学問史研究のなかでとりわけ脚光を浴びている。たとえば、一九一七年と一九二五年にそれぞれ『台湾樹木誌』と『熱帯有用植物誌』を上梓したことで知られる金平亮三が、アメリカやイギリスだけでなく、フランスやドイツまで足を延ばして林学を学び、台湾調査にあたってはイギリスの植物採集家のアーネスト・ヘンリー・ウィルソン（Ernest Henry Wilson）やアメリカの植物学者エルマー・ドリュー・メリル（Elmer Drew Merrill）と緊密な情報交換を行った事実は、西欧由来の科学知が台湾で実践されただけでなく、それをもとに形成された「台湾知」がどのように西欧学界に流通したかを語る事例として、研究者の注目を浴びてきた〔呉明勇二〇二一、蔡思薇二〇一九、葉爾建二〇一八〕。このように「植物学史」が台湾知の形成過程として関心を集めると、近代植物学や林学の学知が台湾で実践される以前の前史として、東大を中心にかかる西欧知が受容される段階にはじまり、一九一〇年に『台湾植物目録』が完成されるまで、植物を軸に台湾をめぐる近代的学知が形成されるプロセスが論じられたり〔蔡思薇二〇一六、二〇二二〕、さらには一八九六年イギリス出身のヘンリー・オーガスティン（Henry Augustine）の完成した*A List of Plants from Formosa*が一九一〇年代に刊行された『台湾歳時記』の編纂に及ぼした影響を考察したりすることで、台湾をめぐる西欧科学知が日本文学へ転用されるといった——、学際的かつ国際的な研究視野まであらわれるなどしている〔顏杏如二〇一六〕。

科学をめぐる西欧諸国の知が、日本統治初期においても台湾に影響力を発揮しつづけていたことは、人類学や植物学だけにかぎらず、科学一般に対してみとめられる〔林紋沛二〇一六、二〇二〇〕。とりわけドイツの影響力に対しての関心は強く〔ホーファー宇治二〇一九、謝宜甄二〇二一〕、近代日本の科学知識の源流ともなったドイツの学知に対して、台湾史研究からも注目が集まっていることがうかがえよう。(4)

## 二　台湾を拠点とする「学知」のさらなる展開——台北帝国大学と熱帯医学

一九二八年三月台北帝国大学が開校した。戦前台湾唯一の大学であり、京城帝国大学に次いで二番目に外地に設けられた帝国大学でもある。一方、台北帝国大学の成立は植民地台湾にはじめて高等教育機関ができたことだけを意味するわけではない。それ以上に、人類学にせよ植物学にせよ、植民地初期に日本を媒介に台湾を対象として調査事業で実践され、台湾に対する近代知を形成した西欧知の数々が、ここでようやくその成長と発展の拠点にしうるアカデミアとして総合研究機関を備えるにいたったことも意味する。総合研究機関としての台北帝国大学はそれ以降、「国策大学としての特殊な学術的使命」に合わせて、南洋研究に特化されたアカデミアとなり［松田二〇一四］(5)、それに見合う学知を生産していくこととなる。注目に値するのは、台湾に対する知の生産に寄与したとはいえ、人類学や植物学など、前節で取りあげた調査事業を裏づけた学知が生産されるネットワークにおいて、台湾は被写体に過ぎなかった点にある。対して、台北帝国大学の設立を見たことで、植民地台湾をめぐる知的ネットワークは台湾を新たな学知の生産を担う拠点として、新たなフェーズへと動き出したのである。このように台北帝国大学が拠点となって生み出した学知については、文政学部の南洋史講座、理農学部の農学・熱帯農学講座、製糖化学講座など、分野ごとに少なくない研究の蓄積がある(6)。

一方、台北帝国大学が日本帝国のアカデミアにとって南洋研究のメッカとしての地位を有していたことは指摘されているものの、その学知を南洋研究として成り立たせるうえで、どのような学知の受容と移植のプロセスがあったかについては、研究が始まってまだ日が浅い。とりわけ、母国日本と植民地台湾という二つの軸を繰り返し往復する振り子運動の軌道から脱し、その先に広がる西欧知とのかかわりにまで目を配って台北帝国大学の学知を考えるようになったのは、ごく最近のことである。

一九二八年創立当時より設けられた文政学部と理農学部のうち、比較的早くから議論が始まったのは、西洋文学や南洋史学など西欧アカデミアに直接影響された文系講座である。なかでも、南洋史学講座は今日の台湾史研究そのものにも少なからぬ影響を及ぼしており、多くの注目を集めた。日本統治初期にすでにある程度その原型が形成されつつあった欧米の台湾史の記述が［林欣宜二〇一八］、東京帝国大学の歴史学研究によってランケやリースなどドイツ史学に触発されつつアカデミアとして受け継がれると、台北帝国大学の村上直次郎と岩生成一を経て、戦後曹永和につながる台湾史研究の文脈を形成したことが論じられた［藍弘岳二〇二二、松田、陳瑜二〇一四］。対して、西欧文学講座については、それを受講した台湾人学生の西欧文化経験が議論されたりするなか［王智明二〇二〇］、とりわけ台北帝国大学英国文学科で教鞭をとりながら、アイルランドやアルジェリアなどの植民地文学論を展開していた島田謹二が［橋本二〇一二、二〇一四］、黄得時の文学精神の形成にどのように影響したかに関心が寄せられた［呉叡人二〇〇九、二〇二〇］。

同じく一九二八年の創立と同時に設置されていたものの、文政学部と比べると理農学部が議論されるようになったのは、ごく最近である。それらは、たとえば、野副鉄男、荒勝文策、市島吉太郎など、イギリス、ドイツやアメリカで学んでから、台北帝国大学の教授陣に加わった個別の研究者の研究内容に注目することで、台北帝国大学の科学研究の前提となった西欧知の詳細に触れたり［蔡蘊明二〇二三、劉煥彦、張慶瑞二〇二三、謝兆樞二〇二三］、あるいはウォルフガング・クロール（Wolfgang Kroll）のように直接台北帝国大学で教壇にたった西洋出身の研究者に注目したりしているものの［林夏玉、陳美燕二〇二三］、そのいずれも台湾大学が自校史として企画したプロジェクトの出版物に掲載されたことに鑑みると、歴史研究というよりは、それぞれの領域の学問的なりたちを振り返る――、いわば学問の自分史とも言うべき論考であり、歴史学としての十分な展開は今後の研究を待たざるを得ない。

他方、理農学部や文政学部より一〇年ほど遅く立ちあげられたものの、今日より多くの歴史研究者を惹きつけているだけでなく、台北帝国大学というバウンダリーを越えて台湾を拠点に花開いた独特な学知としてその内容に注目が集まっているのが、一九三六年に増設された医学部で展開された熱帯医学の近代知である。設置こそは文政学部や理農学部に遅れをとっていたとはいえ、医学部の熱帯医学は、台湾で植民地統治が始まって以来、台湾総督府医学校、総督府医院、衛戍病院などの各種医療施設はむろん、さらには軍陣医学までを具体的な拠点として独自に形成していた学知を受け継いだものであり、長い研究史を有する［蔣竹山二〇一七］。たとえば、肺結核、ハンセン病、脚気など、それまで世界各地の医学界を巻き込んで病理や治療法に対する研究が盛んに行われていた病気に対して、台湾の熱帯医学が成し遂げた独自の成果と展開が注目されてきた［巫潔濡二〇〇六、王文基、王珮瑩二〇〇九、范燕秋二〇一八、二〇二〇］。とりわけ熱帯病でもあるマラリアについては、台湾で得られた学知がどのように国際医療ネットワークを経由して、世界舞台へと影響を及ぼしたかが論じられるなど、日本帝国の熱帯医学を担うメッカとして台湾医学界が担った役割にスポットが当てられた［容世明二〇一七］。

## 三　知が導く世界との巡り合い——台湾知識人の知的世界と留学経験

他方、同じくエリート教育機関であったとしても、その学問的達成に関心が集まった台北帝国大学とは異なり、一九二二年に設置された台北高等学校に対しては、主に西欧知に基づいて行われた教育内容に研究が集まってきた。たとえば、日本語以外に設けられた西欧諸語の講座やそこで教壇にたっていた外国人教師の面々を通して、台湾人を含めて植民地で学ぶ学生たちが、どのような世界認識と西欧知を身に着けていたかが主な問題意識となっており［徐聖凱二〇〇九、二〇一二］、植民地で展開される西欧知を考えるうえで、アカデミア以外にもう一つの視点が必要であることを示唆する。

植民地統治初期に日本が媒介した西欧知が台湾に持ち込まれると、台北帝国大学の設置に象徴されるように、一九二〇年代以降台湾は新たな知を生成する学知の拠点としても機能したことは、第二節で既述したとおりである。他方、このような学知そのものが台湾で展開した流れは、一見それをとりまく知の環境が成熟したことで、台湾が知を体験させられる客体からそれを生産する主体へと変わったプロセスのように見えるものの、その変化を導いた主体が植民統治者の日本人であり、知の生産プロセスから絶対多数の台湾人は疎外されていた。台湾史の主体として台湾人を想定する場合、台湾における学知の生産が主に日本人を担い手としていた以上、台湾が知識生産と流通の拠点になったことのみでは、台湾社会や台湾人の経験と看做す十分条件にはならない。どちらかといえば、西欧知が展開する新たな局面が台湾人と台湾社会にとってどのようなものであったか、ひいては、少数ではあるにせよ、知の生産に直接関わった台湾人たちの経験がどのようなものであったかにより着目する必要があろう。二〇一〇年代以降、西欧知の台湾における受容、成長と転換というプロセスを、台湾人の立場から考えなおそうとする問題意識も現れるようになった。

台湾知識人の立場から西欧知がどのように受け入れられ、また実践されたかという問題意識は、たとえば、キリスト教、社会主義、エスペランティシズムなど西欧から伝来した新思潮が台湾知識人たちに受け入れられ、彼らの台湾社会を変革しようとする社会運動の思想的基盤となった背景に対する研究とつながった［王昭文二〇〇九、鄧慧恩二〇一一、呂美親二〇一三、二〇一五、二〇一八、二〇二四、蔡石山二〇一七］。また、植民地統治下ではあったにせよ、台湾知識人が西欧知と接しうるルートが日本語や母国日本に限られたわけではなかった点も、台湾社会が経験した近代化の特徴として強調されるようになった。たとえば、一九二〇年代に台湾社会運動を牽引したとされる媒体——『台湾青年』や『台湾民報』において西欧知が翻訳されたルートが詳しく分析されたり［羅詩雲二〇一三、二〇一六、二〇二一、莊勝全二〇一九］、台湾知識人の読書内容を検討したりすることで［王惠珍二〇一〇、荘勝全二〇一六〕、日本語だけでなく、中国新文化運動のもとでの各種中国語媒体もなお、台湾知識人が西欧知を接し世界観を形成する主なルートとなっていたことが明らかにされた。他方、台湾知識人の知的世界をめぐる研究者の問題関心は、たんにそれを形成させたルートや媒体に止まらず、その指向に対してまで一歩踏み込んだ議論が行われるようになった。たとえば、陳偉智は一九二〇年代台湾社会のガンディーブームといった具体的な事例を取りあげることで、たとえ日本語の媒体によって輸入された西欧知であるにせよ、台湾知識人の視線が真に向かっていたのは、異なる帝国システムの下で同じく被支配者の立場に追いやられていたインドなどの植民地であり、そこから帝国のバウンダリーを越えた世界連帯の可能性が模索されていたことを論じた〔陳偉智二〇一二〕。

いうまでもなく、台湾が迎え入れた西欧知は知識人のみに対して開かれていたわけではなく、台湾社会全体が経験した知識世界の変容にも注意が向けられるようになると、分析対象は知識人から台湾社会一般に広がり、たとえば、栄養知識など、西欧文明の受容により実用知が具体的にどのように台湾社会の生活感覚を変貌させていたかが論じられるようになった〔李力庸二〇一三、王文昕二〇一七〕。

一方、日本語にしろ、中国語にしろ、台湾人が西欧知に接するうえで必ずしも翻訳を必要としたわけではない。日本帝国や中華圏といった東アジア地域世界を飛び越えて、直接西欧に飛び込み、身をもって西欧知を体験した台湾人の存在も少数ながら知られており、(7) 彼らの体験を追うことで台湾人みずからの活動範囲から台湾史の知的範疇を広げようとする試みが二〇一〇年を前後して顕著となりつつある。なかでも比較的早くから研究者の関心が向けられたのは、台湾屈指の民族指導者として知られる林献堂が一九二七年から一九二八年まで一年以上をかけた世界旅行と、その記録として『台湾民報』に連載した「環球一週遊記」である〔徐千慧二〇〇一、尤静嫺二〇〇四、林淑慧二〇〇八、二〇一五b、黄郁升二〇〇八、二〇一一、許雪姫二〇一一〕。ほかにも、林献堂よりも早い一九二五年三月から欧米視察に向かったとされる顔国年の未刊行旅行記「最近歐美旅行記」や鶏籠生という筆名で知られる漫画家――、陳炳煌が一九三三年に『台湾新民報』上で連載した「海外見聞録」が発掘されると、その旅行記録をもとにして彼らがどのように西欧の文明と社会を観察し、そこからどのようなアイデンティティを見いだしていたかが議論されるようになった［許雪姫二〇一一、林淑慧二〇一四、二〇一五b］。

他方、同じく一年以上を費やした世界旅行の経験ではあるとはいえ、杜聡明の世界紀行はあらゆる意味で林献堂のそれとは異なる重みを持っていた。一九二五年一二月から一九二八年四月までおよそ二年半を費やした杜聡明の欧米視察は、アメリカとフランスがそれぞれ半年、イギリスが四か月、ドイツにいたっては一年を要しており、旅行というより研修に近いものであっただけでなく、日本政府による公式派遣であったため［杜淑純二〇一二、林淑慧二〇一五a］、杜聡明の世界体験から得た見聞そのものよりも、そこで得た知見が彼のその後の研究の方向性にどのように影響したかを考えることで、台湾知識人として杜聡明が西欧で直接触れた科学知の内容をどのように内面化し、さらには内なる古い知の価値の再発見へとつながったかが論じられた［雷祥麟二〇一〇、二〇二〇］。

視察よりもさらに本格的に――渡航先の学知を相手の言葉と制度のもとで直接体験するだけでなく、学び取った成果を相手から公認してもらうという――留学を目的に欧米へ旅立った台湾知識人として欠かすことができないのが廖文奎である。一九〇五年雲林で生まれた廖文奎は、日本の同志社と南京の金陵大学を経て、一九三一年シカゴ大学より博士号を取得すると、さらにドイツやフランスに滞在するなど、国際的な学術経験と稀に見る言語能力を兼ね備えた政治哲学者として知られる。戦前まで彼はシカゴ学派のプラグマティズムを用いて三民主義を再定義するなど、中国を活動舞台として東西哲学を融合した独自の政治理論を展開していた。しかし、歴史学にしろ、哲学にしろ、今日台湾学界が注目するのは、政治哲学者としての廖文奎の知的活動であるというより、戦後彼が展開した台湾民族主義の内容である。つまり、アメリカに学び中国を舞台として活躍したことで養われた彼の弱小民族としての自覚こそが、彼の戦後台湾独立運動をささえる思想的根幹であったとみなし、台湾アイデンティティにつながる多元的かつ普遍的なルーツが議論されたのである〔呉叡人一九九九、二〇一六a、二〇一六b、二〇二一、陳嘉銘二〇二一、呉叡人、呉冠緯編二〇二一、蔡政宏二〇一八〕。

## 四．知が切り開く台湾史のグローバルな広がり――王泰升と駒込武

台湾が日本帝国の一部になると、それ以来台湾は東アジア域外とのあいだに立ちふさがる帝国権力と地域へゲモニーに直面し、西欧を含む世界各地との直接的なかかわりを持つことは容易ではなかった。グローバルな見地から台湾史を再定位するという課題は、それゆえに現今の台湾史研究にとってもっとも緊要な使命のひとつでありつづけた。では、なかでも知をめぐるグローバルネットワークに対して、台湾史研究はどのように向き合って――あるいは向き合えずに――きたのだろうか。

これまで本章は、台湾は日本植民地統治によってはじめて西欧知のグローバルネットワークに組み込まれたという認識のもとで、台湾という新開地で試された西欧知の諸相（第一節）、台湾を拠点としたアカデミアの展開（第二節）、そして、西欧知の薫陶のもとにおける台湾知識人の世界経験（第三節）という三つの側面から、かかるテーマに対して台湾史研究が示した主な関心と成果を整理した。それを踏まえると、世界史とのつながりを享受できなかったという台湾史の成り立ちと、世界史とのつながりを模索するという台湾史研究の指向とのあいだに立ちふさがる壁を取り壊すうえで、知をめぐる問題群が有効な答えを導き出しうる手がかりとなっているとは言いがたい現状が見えてくる。

たとえば、台湾と西欧知とのそもそもの邂逅として――、課題の序章ともいうべき第一節はさておくとしても――、第二節で論じた台北帝国大学などのアカデミアの場合、それが台湾を拠点とする学知生産の幕開けになっ

たとはいえ、その生産の担い手となったのが主に日本人だったり、そこで生産される知が仕える対象としても、日本――あるいは南洋へ広がる日本帝国が設定されていたりしていた。そのために、台湾を拠点としたことが、その学知にとって台湾人や台湾社会とのかかわりを保障する十分条件にはならず、今日歴史研究がそれを手掛かりに台湾の主体的な世界とのかかわり方を導き出すことは容易ではない。一方、第三節のように、台湾人みずからの西欧体験を歴史記述の拠り所としても、問題はまだ残る。

第一に、台湾をめぐる今日の政治状況が示唆するように、世界史とのかかわりから台湾を再定位するとは、台湾人の世界経験を追うことだけでは完成せず、それ以上に、そのような接触を通して世界がどのように台湾を認識したかという――、世界史の台湾経験をも浮き彫りにする必要がある。第二に、西欧知に直接触れた台湾人の見聞は、それが今日につながる台湾社会に及ぼした影響と結びつかないかぎり、単なる個人的な体験に止まりかねない。台湾や日本帝国のバウンダリーを飛び出して西欧に直接旅立った数少ない台湾知識人の経験にフォーカスしても、それが台湾史の世界史との積極的なかかわりを確保したり、あるいはそのまま台湾社会の世界経験に還元されたりするとは限らないのである。

とはいえ、本章の目的は、知のグローバルネットワークと関連して台湾史研究が直面してきた行き詰まりを再確認したり、あるいは、台湾史研究がかかる問題意識に挑むことを否定したりすることではない。むしろ、このような困難と立ち向かってから数十年を経たいま、台湾史研究がどのような答えを導き出しつつあるのかについて、以下の二点の大作から新たな知見を示すことで、今後の研究に期待をかけたい。

一つは二〇一五年に出版された駒込武『世界史のなかの台湾植民地支配――台南長老教中学校からの視座（以下世界史のなかの台湾植民地支配と略記）』（岩波書店）であり［駒込二〇一五］、もう一つは二〇二二年に上梓されてまだまもない王泰升『台湾法学の構築――欧米日中の経験の彙集・整理（建構台灣法學：歐美日中知識的彙整）』（國立

臺灣大學出版中心、以下建構台灣法學と略記）である〔王泰升二〇二二〕。二冊ともに、本文だけでそれぞれ七〇〇頁と六〇〇頁を超える超大作であるだけでなく、教育史と法律史という――まさしく「知」の在りようという問題系を台湾史の領域で長らく探求してきた大家のこれまでの研究の集大成でもあり、出版と同時に学界から大きい反響が寄せられた。前者に対しては、五年を費やして二〇一九年に中国語バージョンが上梓され〔駒込二〇一九〕、これまで日本語のみならず、中国語、韓国語、さらには英文にいたるまで、学術ジャーナル上で公刊された書評や紹介、あるいはリプライだけで三〇本に及ぶなど〔高井ヘラー二〇一六、東山二〇一六、米谷二〇一七、戸邉二〇一七、三原二〇一七、水谷二〇一七、二〇一八a、二〇一八b、二〇一八c、二〇一八d、清水二〇一七、駒込二〇一七、二〇一八、Mizutani2017、並河二〇一八、森本二〇一八、田中二〇一八、二〇一九、山内二〇一八、二〇二〇a、二〇二〇b、弘谷二〇一八、고마고메 다케시二〇一九、문명기二〇一九、李鎧揚二〇二二〕、同書の及ぼした影響の深度と規模は目を見張るものがあった。出版からまだ日が浅く学界の本格的な評価は今後を待たれるものの、それが出版直後から学界に巻き起こしたインパクトに関しては、後者も前者に勝るとも劣らない。とりわけ書評活動の活発ではない台湾学界の状況に鑑みれば、前例をみないほどの巨編でありながら、出版から一年にも満たない時点でメジャーなジャーナルで書評特集が組まれたことは〔張嘉尹二〇二三、顏厥安二〇二三、陳宛妤二〇二三、陳忠五二〇二三、李建良二〇二三〕、諸言語への全訳をふくめて(8)、今後同書に対するより本格的な反響を予見させているといって過言ではなかろう。

ただし、本章がこの二作をもって、知の問題と立ち向かってきた台湾史研究の今後を託そうとする所以は、それが学界に巻き起こした即時的な反響にあるわけではない。むしろ、これほどの大作となったこと自体が、両作のかかる問題軸や歴史文脈の豊富さを物語っており、学際的な議論を引き起こしたのはある意味当然ともいえよう。そのように諸分野の関心に沿って提出された多岐にわたる個々の評価の細部に目を配ることは、本章の議論の範囲を超える。注目したいのは、この二作が「法学」と「教育学」という——どちらも日本植民地時代に台湾にもたらされた近代知であるだけでなく、それが転機となって台湾社会のいまに続く変革が導かれた実践知でもある——西欧知を議論するうえで、どのように台湾史を世界史の俎上に載せえたかという方法論的な側面である。とりわけ法学という学知を議論の縦軸にするという点で、『建構台灣法學』が本章の第二節で取り上げた台湾を拠点とするアカデミアとかかわって具体的な成功例を提示しているとすれば、『世界史のなかの台湾植民地支配』は林茂生というひとりの個人史を掘り下げるという点から、第三節で取りあげた台湾知識人の知的経験というテーマに対して多くを示唆する。以下では、台湾を拠点とするアカデミアと台湾知識人の知的経験という二つの問題意識に即して、『建構台灣法學』と『世界史のなかの台湾植民地支配』がそれぞれどのように台湾史が逢着させられてきた難題と向き合い、新たな方向性を提示しえたかを示したい。

### (1)『建構台灣法學』と台湾を拠点とするアカデミア

まず、法学という西欧由来の近代知が台湾で成し遂げた知的変遷に関しては、王泰升だけでなく、彼に触発された研究者たちによってこれまでも少なからぬ成果が蓄積されていることに触れなければならない(9)。とりわけそのような一連の研究が、度重なる植民地支配によって断絶を経験したとされる台湾史をして主体性と連続性を回復させるうえで、「法の継受」という——統治者によって法概念を「受け入れさせられた」という〔王泰升二〇〇八〕——一見するに台湾史の受動性と非連続性を代表するかのようなプロセスを逆手にとって挑んできたことに注目したい。つまり、日本植民地統治下で、また中華民国として、台湾は戦前と戦後でそれぞれ異なる径路からヨーロッパ大陸法を「受け入れさせられた」ものの、そのような経験は民主化のもとで進められた独自の法体系を形成するにいたると、台湾はヨーロッパ大陸法を継受させた日本とも中国とも異なる独自性を持つ——、自主的に成熟した大陸法系の国家となったとするのである〔王泰升二〇一七〕。このような主張は、王泰升の台湾法学史研究をつらぬく基本テーゼであり続けてきた〔王泰升二〇二四〕。

タイトルからもわかるように、『建構台灣法學』は「台湾を主体として近代法学の歴史を考えなおす」という著者がこれまで三〇年以上を堅持してきた研究理念の集大成でもある。上下の両編からなる同書はそれぞれ三章に分かれており、上編では法学知識が台湾を拠点に成し遂げた変遷を、日本植民地統治下における近代法の継受、戦後初期中国経験の移植、そして戒厳令時代から民主化を経て台湾が自主的な法学知識を形成するまでを、それぞれ第一章から第三章までで論じている。上編が台湾現地化を経た台湾独自の法学の源流を日本植民地統治下の植民地法学と、戦後初期に継受した民国中国法学の合流にあったとする一方、後編で強調されているのは、そのような台湾法学形成の具体的なプロセスを、法学緒論、成文法、法解釈など、異なる法律典拠から検証することである。

細部に踏み込む紹介は省くが、同書が「台湾人の立場から出発して、法学の知が形成される「場」として台湾に注目する」ことで〔王泰升二〇二二、一八～一九頁〕、法律という西欧由来の学知の継受をもって、台湾の主体性を展開させえたことに注目したい。一方、同書において台湾にはじめてヨーロッパ大陸法という近代知と出逢わせた日本植民地統治のために費やされている分量は、実際には六章のうち第一章だけであり、単純計算で全体構成の六分の一にすぎない。それだけではない。その第一章は日本植民地統治のもとで台湾に移植されたヨーロッパ大陸法に対して、それが「日本法学の支流」であるのみならず、「日本統治下の台湾は日本帝国の最高利益を優先させざるを得ないという植民地主義構造の限界のもとでのみ、近代的法学を経験できたため、その法の学知は植民地近代性の性格を帯びざるをえなかった」と結論づけており〔王泰升二〇二二、八五～八六頁〕、第一章だけを見るかぎり、同書は台湾が形成した主体的な法学知の独自性を主張するどころか、むしろそれが日本法学に従属していたために乗り越えることのできなかった限界を指摘しているかのようにすら見える。

同書は日本によって継受されたヨーロッパ大陸法が台湾で独自の法学形成を成し遂げえたのは、それが民国中国をもう一つの媒介とするさらなる継受を経て、さらには戒厳と民主化という台湾独自の歴史経験を経たからであると結論づける。日本植民地統治と戦後国民党の独裁政治という度重なる支配のもとで押し付けられた学知の継受という受動的経験を、同書は民主化後の台湾独自の展開とつなげることで、結果的に戦前日本が媒介した西欧知だけではなく、戦後国民党が介入したもうひとつの西欧知までが、台湾を拠点に「合流」し「統合」されたとし、そこに台湾を主体軸とする学知の形成を見るのである。二度の植民地支配によって一見喪失させられたかのように見える台湾の近代体験は、民主化という台湾社会の主体的転換を経てこそ、今日台湾が見いだしえた独自な学知を支える基礎へと変換できたと主張するところに、同書の方法論的特徴があるといえよう。植民地支配下で台湾を拠点に展開されたアカデミアを、台湾社会と台湾人にかかわるという意味での台湾の学知の一部となしうるかという本章の課題に対して、同書は「われわれ台湾人がいま現在経験する法学は、なぜこのようなものになったのだろうか」という現時点に立脚点を定めた問題意識をつらぬくことで［顔厥安二〇二三、一三七〜一三八頁］、答えを導き出せたと言えよう。台湾の主体性を構成するという台湾史研究の学問的使命そのものが、今日の台湾社会の現状から発せられていることを鑑みると、このような方法論的帰結は偶然ではなかろう。

### (2)『世界史のなかの台湾植民地支配』と台湾知識人の世界経験

『建構台灣法學』が台湾という歴史の現場に足場を置くことで、外来の知が統合される合流の場として台湾の主体性を再構築したならば、同じく世界との接点を追及するとはいえ、『世界史のなかの台湾植民地支配』で繰り広げられるのは、タイトルからも示唆されるように「世界」——とりわけ欧米——へ視野を広げることで、世界史の文脈から台湾史を再構成することであり、西欧知をめぐって台湾史を再構成するという共通の問題意識に対して、ちょうど相反する方向性を設定しているともいえよう。ただし、『世界史のなかの台湾植民地支配』の「世界史」が意味するところは、台湾という具体的な地名に対して概念的でかつ包括的に示される「台湾外の地域すべて」という意味でもなければ、近代東アジアに対して示される先進的でかつ異質的な欧米世界一般でもない。

注目に値するのは、同書が「世界史のなか」によっていくつもの異なる層位における台湾の対外関係と域外経験をつなげて、台湾近代史を編み直している点であろう。最初の層位はいわゆる「間—帝国史研究（トランスインペリアルヒストリー）」という視座から示される異なる帝国を結ぶ関係性であり〔水谷二〇一七、二〇一八b〕、単一帝国を完結した歴史の場と見るかわりに、帝国をまたいで相互が影響し合う世界像である。このような視角から見る場合、植民地台湾は日本帝国の一部であると同時に、「世界的な帝国主義体制」あるいは「帝国主義的世界の構造的特質」のもとで、欧米帝国の影響からも自由ではなかった。

一方、このような「欧米列強、日本、台湾」からなる三者関係について、これまでも台湾史研究はたとえば、欧米列強が台湾に対してまだ影響力を保持していた領有初期を中心に議論が行われてきた。対して同書が注目するのは、イングランド長老教会が台湾に派遣した宣教師の活動と、それによって設立され一九三〇年代まで存続した台南長老教中学校である。注目に値するのは、同書が当校を「台湾人の学校」として位置付けしていることからも察せられるように、台南長老教中学校に着目することで、同書は間—帝国史という——一見地域社会とはかけ離れた国際関係を、台湾地域社会——ひいては一人一人の台湾人の「夢」という次元にまで掘り下げ、植民地統治下の台湾人の体験を世界史の範疇で再構成することに成功した点にある。

同書が世界史の俎上に台湾を乗せるうえで用いたもう一つの層位——そして知のネットワークという本章の

テーマにより深い意味を持つ層位――は、上記の台南長老教中学校の教頭であると同時に、台湾人としてアメリカではじめて博士号を取得したことで知られる林茂生の個人史によって媒介される台湾と世界史とのかかわりである。注目したいのは、そこで論じられる「世界」が「特定の国家史には収斂しない時空の広がり」として想定された点にあろう〔駒込二〇一五、一一頁〕。戦前から前後まで続く林茂生の個人史を通して議論が展開されることによって、台湾と世界とのかかわり方は日本時代から戦後へと続く時間軸において、日本あるいは中華民国といった単一な国家体制には収まりきれないものとなった。それだけではない。植民地出身の林茂生が「二等国民とされた人々が国家との関係のうちに軋み」を抱え、「本国のみならず、これと協調関係にある諸帝国にも対峙しなければならなかった」点を浮き彫りにしたことで〔駒込二〇一五、一三頁〕、同書は国際政治史や外交史とは異なる――つまり、帝国日本とイギリス帝国のどちらにも抵抗しなければならなかった――植民地人の視点を確保しえたのである。

他方、本章の第三節で見たとおり、これまで知をめぐる台湾人の西欧経験として取りあげられてきた知識人たちは、その絶対数が少なすぎるだけでなく、その知的体験と遍歴を個人の学問的成就を越え〔黃柏誠二〇一八、洪子偉二〇一六、張政遠二〇一六、葉純芳、橋本二〇一六、鄭力軒二〇二二〕、台湾社会全体の歴史記憶として位置づけなおすことに困難を抱えてきた。それは同じく林茂生を取りあげる他の論考に対してもしかりで〔鄭喜恒二〇一八、黃崇修二〇一六、祝若穎二〇一六〕、林の哲学的業績のみに着目するかぎり、その西欧知の体験は台湾哲学の遍歴ではあっても、台湾社会の西欧体験とは言いがたい。対して駒込〔二〇一五〕は、社会全体あるいは歴史一般には必ずしも還元されえない個人史という射程を逆手にとって、台南長老教中学校に代表される台湾地域社会とのかかわりに着目することで、林茂生の経験をして台湾史を世界知へと結びつけるつなぎ役とならしめたのである。

さらに、林茂生の西欧知との出会いは戦前植民地統治下にあっただけでなく、戦後の国民党体制における林の運命の「前史」でもあったという指摘からも読み取れるように〔駒込二〇一五、一一頁〕、同書は西欧知をめぐる林茂生の経験を戦前から戦後へと続くタイムスパンで追うことで、林茂生の個人の次元を越え——さらには日本時代という帝国システムの枠組みにも落とし込むことなく——、戦後体制を経て今に続く台湾近現代史の文脈のなかにその知の体験を編み直すことに成功したのである。

## おわりに

いまから時をさかのぼること三〇年、一九九三年当時の日本のアジア論を代表してシリーズ『アジアから考える』が東京大学出版会より企画された。当シリーズ全七巻のうち唯一台湾史の論考として収録されたのが、呉密察の「台湾史の成立とその課題」である。ときはちょうどアカデミアにおける台湾史研究の幕開けともなった台湾中央研究院台湾史研究所の成立と重なっており、台湾史はそれを学問として改めて定義しなければならないという必要に迫られていた。そこで呉密察は「世界史のなかの台湾史」を描くことを「台湾史の課題」の一つとして挙げている。

台湾を支配してきた政治勢力は幾度も代わったため、異なる歴史時期において台湾はさまざまな地域範囲に組み込まれてきた。台湾史を理解するには、異なる時期に、台湾に影響を与えてきた諸外地の情況を一つ一つ理解する必要がある。すなわち、台湾史はこれを台湾島内のみに局限して考えることはできず、世界史の背景から捉えねばならないのである〔呉密察一九九四、二三九頁〕。

台湾史が学問として産声を上げた当時からこれまでの三〇年間、世界各地との多元的な関係性から台湾史を世界史の文脈に載せることが、台湾史研究の特徴と言えるまでに重要な問題意識の一つとなってきたことは、本章でもすでに述べたとおりである。他方、台湾史の背景となるべき世界地図の具体的な版図が、政治的な要因によって変動しうることについても、呉密察は指摘を加えていた。

地球儀の上から抜き取った地図にはさまざまな方式、すなわち無限に多くの描き方があり、さらに生活者の空間感覚をより真実に近い形で反映することのある心理地図もある。〔中略〕。日本統治期になると、植民政府は政治的手段を用いて十九世紀中期から活躍していた西洋資本を排除し、台湾に日本の財閥資本を植えつけ、台湾を日本帝国の作業・経済分業システムの中に組み込んでいった。〔中略〕日本植民時代から日本とのパイプを除けば、台湾の経済的・文化的交流、とりわけ台湾人の世界地図はアメリカ中心のものとなり、これは現在も変わっていない。世界地図における台湾の在り方は政治的要因によって強力に規定されてきたことがはっきりと理解されるであろう〔呉密察一九九四、二三五～二三九頁〕。

なるほど、その学問的成立に対する台湾社会の要請によって、世界史とのかかわりを求めることが、台湾史研究の学問的使命の一つになってきたとはいえ、その具体的なかかわりようは台湾が歴史的に置かれてきた地域へゲモニーと無関係ではなく、それは実際には無限な広がりを見せ得るものではない。本章で取りあげた台湾の経験した知――とくに西欧知をめぐるグローバルネットワークもそれを物語る一つの例になるであろう。

台湾は日本帝国の一部となると、たちまち統治者によって西欧知を持ち込まれ、本格的な近代化を経験させられることとなった。台湾に持ち込まれた西欧知は、たんに台湾という新天地を調査し、台湾に対する知を構築する利器であったり、統治上の便宜を図るべく台湾に適用された新技術であったりするだけではなかった。それ以上に、一九二〇年代を境に台湾に拠点を置くアカデミアが登場すると、台湾は特定分野の西欧知を生産する知識ネットワークのハブとなっただけでなく、台湾――、さらには日本帝国のバウンダリーを飛び出して、欧米で直接西欧知と触れ合う台湾人も登場した。しかし、台湾を拠点とするアカデミアに直接加わった台湾人はごくまれだっただけでなく、その具体的な内容においても、熱帯医学や南洋史学など、日本帝国に仕えることを目的とする学知に限定されていたため、それが今日の台湾社会の体験とどのようにつながったかを明らかにすることは難しい。台湾人自身の西欧知の経験においても地域へゲモニーが阻害要因となったことは明らかであり、台湾史研究は、三桁にも及ばない少数の台湾人の経験を、どのように台湾社会全体の歴史記憶として再構成しうるかという課題に常に直面させられてきた。呉密察が意味深長にも「心理地図」という巧みな表現で示唆したように、(10)これまで台湾社会はそれが経験した知的世界の広がりと関連しても、非連続的な断絶を強いられてきており、そのために台湾の歴史的経験を無視したまま、今日の視点や問題意識を安易に投影したところで、台湾がグローバルネットワークの俎上に載せられるわけではなかった。

本章は西欧知というグローバルネットワークから台湾の世界史における文脈を考えるうえで、台湾史研究に突き付けられてきた困難と、その克服を可能にした方法論的試みを提示した。注目に値するのは、日本時代から戦後を経て今日に至る長いタイムスパンに気を配ることで、王泰升が「われわれ台湾人がいま現在経験する法学は、なぜこのようなものになったのだろうか」という問題提起に有効な答えを見いだし〔顏厥安二〇二三、二三七～二三八頁〕、駒込が「日本植民地支配期を主眼」としつつも、それが「台湾における脱植民地化への願いとその挫折の経緯」の「前史」でもあることを認識し〔駒込二〇一五、一一頁〕、現代台湾社会に出発点を設定したうえで、台湾知識人の西欧知の経験と屈折を台湾地域社会との関係性のもとで描き出すなど、近年台湾史がこのような困難に対する突破口として見つけた視点にあろう。現在につながる研究視野においてのみ、知のグローバルネットワークという問題意識が台湾史における着地点を見いだせたのは、台湾史がその成立から現代台湾社会の要求を背負っている実践的な学問であるという本質とも無縁ではなかろう。

（1）　植民地時代のアメリカ留学生数を台湾と朝鮮で比較すれば、事態はより一目瞭然になる。日本時代に日本帝国外で就

学した台湾人に関する公式統計は存在しないものの、台湾欧米同学会が一九四一年に作成した名簿によると、卒業生と在学生を含めて二二名の台湾人がアメリカで学んだとするほか、楊杏庭は一九五〇年に戦前のアメリカに留学した台湾人は六〇名ほどいたとし、五〇年の植民地支配期間を通してアメリカで学んだ台湾人は数十人程度だったことがわかる［臺灣歐美同學會編一九四一、楊杏庭一九五〇］。対して、『朝鮮総督府統計年報』の公式統計によると、一九一〇年から一九三六年までの二六年間アメリカに留学した朝鮮人は延べ四五六名であるほか、朝鮮人の在米留学生組織によると、一九二九年現在の会員数だけで二九二名に達した［홍선표二〇〇一、張圭植二〇〇六］。一九四〇年時点で台湾が五八〇万、朝鮮が二四〇〇万だった人口規模の相違を考慮しても、その違いは歴然である。

（2）日本植民地時代の台湾史研究は、世界認識、統治技術、各種制度をはじめとして、西欧からの刺激のもとで日本があらかじめ経験した近代的転換の内容を台湾に持ち込んだことで繰り広げられるあらゆる局面を対象とする点において、そのすべてが近代知のグローバルネットワークの範疇内にあるといって過言ではない。本章はなかでもとりわけ西欧を中心に日本が媒介した近代知の源流に直接言及しているもののみに分析対象を限定して議論を進めていく。たとえば、「世界」や「全球（グローバル）」を論点として掲げている論考でも、具体的な議論がそれを媒介した母国日本との関係性や台湾における展開に止まり、その先にある西欧と日本との関係性――さらには台湾と西欧との直接的な接触までに論究していない場合には、議論の対象としない。分析対象となる先行研究のリストアップに際しては、中央研究院台湾史研究所が毎年関連研究を網羅し提供している『臺灣史研究文獻類目各年度』の内容をデータベース化した検索ツール「書目資料庫（https://www.ith.sinica.edu.tw/publish-data_Advanced_search.php）」を参照した。

（3）今日まで台湾史研究のもっとも基本的な入門書とされる『台灣歷史圖說――史前至一九四五年』が「台湾は、日本統治下で、近代化と植民地化の二重の歴史過程を経験した」［周婉窈二〇一三、一二三頁］と明言しているように、台湾の近代化は植民地化の過程で成し遂げられたとする認識に対して、経済史領域からの力強い裏づけにも支えられ［呉聰敏二〇二三、二六六～二八三頁］、現段階の台湾史研究はほぼ異説を唱えていない［周婉窈一九九七、一三八頁］。対して「植民地近代化論」が示唆するように、朝鮮史研究においては植民地化が近代化を妨げたかどうかがいまなお議論の焦点にあり、近代化の原動力となった知的源流が母国日本に限られるわけではないとする認識が見てとれる。前節で述べた歴史文脈そのものの相違だけでなく、台湾史と朝鮮史において近代化と植民地化をめぐるこのような歴史認識の違いもなお、近代知をめぐる歴史記述において両者が見せる空間的広がりのズレと無関係ではなかろう。

（4）ちなみに、近代知をめぐってドイツと台湾とが展開した交流は、日本統治初期の一九世紀までドイツが台湾で近代知を築いていたというドイツ側の事情だけにかぎらない。一九二〇年代以降台湾人のなかでも欧米へ留学するものが現れるようになると、ドイツに留学した台湾人は八名にものぼり、ドイツはアメリカを除けば台湾人が留学先としてもっとも多く選んだ国でもあった［呉文星二〇〇八、一一二～一一三頁］。

（5）台北帝国大学という機関そのものに対する研究も二〇一〇年代以降続けられている［葉碧苓二〇〇七、二〇一〇、欧素瑛二〇二〇］。

（6）かかる近年の研究成果とトレンドについては、松田［二〇一四］のほかに、呂紹理［二〇一八］が学部や研究項目ごとに整理を試みている。それ以降の研究成果として特記すべきは、台北帝国大学の後身である台湾大学が、二〇二八年の創立一〇〇周年に向けて文政学部と理農学部に関して企画出版した論文集が、それぞれ二〇二〇年と二〇二三年に上梓されたことである［蔡祝青編二〇二〇、林秀美編二〇二三］。

（7）戦前に欧米諸国へ留学した台湾人に関する明確な統計は存在しないものの、多く見込んでも五〇名ほどであることは既述のとおりである。商用視察や旅行などの理由での渡航を含めても事情は変わらない。戦前台湾総督府より発行された旅券をデータベース化した臺灣總督府旅券系統（https://passport.ith.sinica.edu.tw）を手掛かりにしてみても、一八九七年から一九四四年までの四八年間のうち、ドイツ、イギリス、フランス、アメリカへの渡航を目的に旅券を申請した台湾人はそれぞれ一六、一五、九、七名に過ぎず、日本や中国など第三地を経由したり密航したりする場合を考慮しても、欧米への渡航者がいかに少なかったかが見てとれる。一方、留学にせよ視察にせよ、あるいはそれをきっかけとした移民にせよ、欧米へ向かった台湾人のなかにとりわけ医療関係者が多かったことが知られている。朱真一によると［朱真一二〇〇四］、戦前に欧米に留学した台湾人として、一九一〇年代の李延禧（米国）、周再賜（米国）、劉主龍（米国）、一九二〇年代の陳棋煌、劉清風（米国）、陳炘と謝綺蘭夫妻（米国）、黄朝琴（米国）、林柏壽（米国）、林攀龍（イギリス、フランスなど）、王振明（James D. King、米国）、許乃昌（ロシア）、謝廉清（ロシア）、謝雪紅（ロシア）、林木順（ロシア）、王受禄（ドイツ）、杜聰明（欧米）、李萬居（フランス）、李昆玉、郭馬西（米国）、羅萬俥（米国）、林南山、李宴（フランス）、林茂生（米国）、廖文奎（米国）、陳炳煌（米国）、王通明（ドイツ）、一九三〇年代から一九四五終戦までの廖文毅（米国）、郭松根（フランス）、高敬遠（ドイツ）、林烱東（米国）、劉子安（米国）、劉青和、蔡阿信（米国、カナダ）、顏春輝（カナダ）、黄彰輝（イギリス）などを挙げているが、うち王振明、劉清風、王受禄、杜聡明、蔡阿信、林炯東、顔春輝、高敬遠、王通明など九名が医者である。

（8）出版に先だって、二〇二〇年に同書の第四章だけが坂口一成によって和訳され公刊された［王泰升二〇二〇a、二〇二〇b、二〇二〇c］。

（9）近代法の継受という側面から植民地台湾の体験に関する基本的な概念については、王泰升［二〇一二］が参考になる。一方、このような影響のもとで、議論の下限をポストコロニアルの台湾へとまで掘り下げ、各時代に異なる法律継受があったという一見非連続的で受動的な経験を用いて、台湾史の主体性を体現しようとする試みが、台湾法律史研究の主流となって久しい［王泰升、劉恆妏編二〇〇七］。とりわけ本章とかかわるヨーロッパ大陸法の植民地台湾への影響を扱った成果としては Ishikawa［2017］がある。

（10）ちなみに、このような認識が台湾史研究者に広く共有されつづけてきたことをも指摘しておきたい。たとえば、本章でも取り上げた『建構台灣法學』の表紙として用いられているのは、「台湾を中心にすえ世界各地をつなげることで、欧米と日中の学知の台湾現地化を追求するという本書の論旨を表す」べく（王泰升二〇二一、扉頁）、歴史社会学者の葉高華が台湾を中心に描き直した世界地図である。

［文献目録］

本章で取りあげた論著を、発表言語によって日本語、中国語、韓国語と英語に分けた。日本語文献については執筆者名の五〇音順としている（なお、台湾人名は漢字の日本語音読みにしたがっている）。中国語文献については執筆者名の画順に、韓国語文献は執筆者名の가나다라順で配列している。また、中国語文献における繁体字や韓国語文献における著者名、タイトル、掲載誌名、出版元名など、書誌情報に関わる漢字は常用漢字に改めず、出版時に用いられた表記に従った。訳文や訳書の場合は、訳者名を省略した。

**日本語文献**

王泰升二〇〇八「台湾の法律継受と東アジアの法律発展」（今井弘道編『発展する東アジアと法学の課題』成文堂）
——二〇一二「日本統治時代の台湾における近代司法との接触および継承」（『中国二一』三六）
——二〇一七「台湾のヨーロッパ大陸民法の継受について——日中両国を経て自主採択へ」（『名城法学』六七（二））

――二〇二〇a「翻訳東アジアにおける法学の伝播経路（一）――日本・中国の「法学通論」から：台湾の「法学緒論」へ」（『阪大法学』六九（五））
――二〇二〇b「翻訳東アジアにおける法学の伝播経路（二）――日本・中国の「法学通論」から：台湾の「法学緒論」へ」（『阪大法学』六九（六））
――二〇二〇c「翻訳東アジアにおける法学の伝播経路（三・完）――日本・中国の「法学通論」から台湾の「法学緒論」へ」（『阪大法学』七〇（一））
許雪姫二〇一二「日本統治期における台湾人の中国での活動：満洲国と汪精衛政権にいた人々を例として」（『中国二一』三六）
――二〇二一『離散と回歸――「滿州国」の台湾人の記録』（東方書店）
駒込武二〇一五『世界史のなかの台湾植民地支配――台南長老教中学校からの視座』（岩波書店）
――二〇一七「「帝国のはざま」を思考すること――書評への応答」（『Quadrante: Areas, Cultures and Positions』一九）
――二〇一八「イギリス史との対話の中で考える台湾植民地支配」（『社会科学』四八（一））
呉密察一九九四「台湾史の成立とその課題」溝口雄三、浜下武志、平石直昭、宮嶋博史編『アジアから考える（三）――周縁からの歴史』（東京大学出版会）
酒井哲哉編二〇〇六『岩波講座「帝国」日本の学知第一巻――「帝国」編成の系譜』（岩波書店）
周婉窈二〇一三『図説台湾の歴史』（平凡社）
清水美里二〇一七「台湾史研究からの考察」（『Quadrante: Areas, Cultures and Positions』一九）
高井ヘラー由紀二〇一六「書評：駒込武著『世界史のなかの台湾植民地支配――台南長老教中学校からの視座』」（『キリスト教史学』七〇）
田中智子二〇一八「書評：駒込武著『世界史のなかの台湾植民地支配――台南長老教中学校からの視座』（一）」（『教育史フォーラム』一三）
――二〇一九「書評：駒込武著『世界史のなかの台湾植民地支配――台南長老教中学校からの視座』（二）」（『教育史フォーラム』一四）
陳偉智二〇一二「台湾における「顔智（ガンジー）」――一九二〇年代台湾反植民運動における国際主義の契機」（『中国二

一』三六）
戸邉秀明二〇一七「史学史、あるいは歴史学の同時代史の観点から読む」（『Quadrante: Areas, Cultures and Positions』一九）
並河葉子二〇一八「イギリス帝国史とミッション史の文脈から読む『世界史のなかの台湾植民地支配』」（『社会科学』四八（一））
橋本恭子二〇一二『『華麗島文学志』とその時代――比較文学者島田謹二の台湾体験』（三元社）
林亮二〇〇四「全地球化と知識情報革命時代の国際関係論――経済のアジア・シフトと米国主導の知識情報革命は二一世紀の国際関係にいかなる影響を与えるか?」（『ソシオロジカ』二八（二））
弘谷多喜夫二〇一八「書評：駒込武著『世界史のなかの台湾植民地支配――台南長老教中学校からの視座』」（『日本の教育史学――教育史学会紀要』六一）
東山京子二〇一六「書評と紹介：駒込武著『世界のなかの台湾植民地支配――台南長老教中学校からの視座』」（『日本歴史』八二三）
ホーファー宇治ファビエン（Hofer-Uji, Fabienne）二〇一九「一九世紀後半のドイツ帝国における知識人層の台湾原住民認識について――地理学、民族学雑誌の調査に基づいて」（『現代台湾研究』四九）
松田利彦二〇一四「植民地大学比較史研究の可能性と課題――京城帝国大学と台北帝国大学の比較を軸として」（酒井哲哉、松田利彦編『帝国日本と植民地大学』ゆまに書房）
松田吉郎、陳瑜二〇一四「台北帝国大学文政学部南洋史学の成立と展開」（酒井哲哉、松田利彦編『帝国日本と植民地大学』ゆまに書房）
水谷智二〇一七「駒込史学が広げる間帝国的な視座の可能性」（『Quadrante: Areas, Cultures and Positions』一九）
――二〇一八a「特集にあたって」（『社会科学』四八（一））
――二〇一八b「日英の二つの帝国の〈はざま〉から考える植民地教育と現地エリートの「夢」」（『社会科学』四八（一））
――二〇一八c「『世界史のなかの台湾植民地支配』をどう読むか――木畑洋一・廉雲玉・田中智子の視点を中心に」（『社会科学』四八（一））
――二〇一八d「記録：『世界史のなかの台湾植民地支配』をどう読むか――木畑洋一、廉雲玉、田中智子の視点を中心に」

（『社会科学』四八（一））
三原芳秋二〇一七「生命在焉――駒込武著『世界史のなかの台湾植民地支配』を文弱の徒が読んでみる、ならば」（『Quadrante: Areas, Cultures and Positions』一九）
森本真美二〇一八「長老教中学校の子どもたちは何を夢見たか？――子ども期研究の視点から」（『社会科学』四八（一））
山内文登二〇一八「書評：駒込武著『世界史のなかの台湾植民地支配――台南長老教中学校からの視座』「帝国のはざま」に描く「構造的弱者」の主体性――台湾人の「夢」をめぐる実証的物語」（『日本台湾学会報』二〇）
――二〇二〇ａ「帝国・植民地研究の基軸概念と争点――駒込武の理論構成を手がかりに（前編）」（『東洋文化研究所紀要』一七六）
――二〇二〇ｂ「帝国・植民地研究の基軸概念と争点――駒込武の理論構成を手がかりに（後編）」（『東洋文化研究所紀要』一七七）
米谷匡史二〇一七「特集：書評コロキアム――駒込武著『世界史のなかの台湾植民地支配――台南長老教中学校からの視座』」（『Quadrante: Areas, Cultures and Positions』一九）
呂美親二〇一五「日本統治下における台湾エスペラント運動研究」（一橋大学言語社会研究科博士論文）
――二〇二四「日本統治期の台湾エスペラント運動は何を果たしてきたか？――社会運動家連温卿の役割を中心に」（『植民地文化研究：資料と分析』二二）

### 中国語文献

尤静嫺二〇〇四「遊目歐美遊心臺灣――試論林獻堂《環球遊記》中的現代性」封德屏編『二〇〇四年青年文學會議論文集』（國家臺灣文學館）
方真真二〇〇六『明末清初臺灣與馬尼拉的帆船貿易（一六六四～一六八四）』（稻鄉）
王文昕二〇一七「日治時期臺灣媒體中的營養知識――以蛋白質為中心」（國立臺灣大學歷史學系碩士論文）
王文基、王珮瑩二〇〇九「隔離與調査――樂生院與日治臺灣的癩病醫學研究」（『新史學』二〇（一））
王昭文二〇〇九「日治時期臺灣基督徒知識分子與社會運動（一九二〇～一九三〇年代）」（國立成功大學歷史學系博士論文）
王泰升二〇〇二『建構台灣法學――歐美日中知識的彙整』（國立臺灣大學出版中心）

――二〇二四「台灣的法學需「出師」：歐美日中學術知識的在地化」（『台灣法律人』三七）
王泰升、劉恆妏編二〇〇七『以臺灣為主體的法律史研究』（元照）
王惠珍二〇一〇「戰前臺灣知識份子閱讀私史――以臺灣日語作家為中心」（『臺灣文學學報』一六）
王智明二〇二〇「帝國大學時代的西洋文學講座」蔡祝青編『迎向臺大百年學術傳承講座Ⅰ――臺北帝大文政學部論文集』（國立臺灣大學校友雙月刊）
朱真一二〇〇四『台灣早期留學歐美的醫界人士』（望春風文化）
朱德蘭一九九五「明治時期長崎華商泰昌號和泰益號國際貿易網路之展開」（『人文及社會科學集刊』七（二））
――一九九六「有關近代旅日華商泰益號關係檔案和研究之課題」（『史匯』一）
――二〇一二「長崎華商泰益號與臺南地區商號之貿易活動（一九〇一～一九三八）」海洋史叢書編輯委員會編『港口城市與貿易網絡』（中央研究院人文社會科學研究中心海洋史專題中心）
――二〇一六「公私領域之間――長崎僑領陳世望（一九〇一～一九四〇）」（『國史館館刊』五〇）
吳文星二〇〇八『日治時期臺灣的社會領導階層』（五南）
吳明勇二〇一二「殖民地林學的舵手――金平亮三與近代臺灣林業學術的發展」（『臺灣學研究』一三）
吳叡人一九九九「祖國的辨證――廖文奎台灣民族主義思想初探」（『思與言』三七（秋季））
――二〇〇九「重層土著化下的歷史意識――日治後期黃得時與島田謹二的文學史論述之初步比較分析」（『臺灣史研究』一六（三））
――二〇一六a「祖國的辯證――廖文奎（一九〇五～一九五二）臺灣民族主義思想初探」洪子偉編『存在交涉――日治時期的臺灣哲學』（中央研究院、聯經）
――二〇一六b「祖國的辯證――廖文奎（一九〇五～一九五二）臺灣民族主義思想初探」洪子偉編『存在交涉――日治時期的臺灣哲學』（中央研究院、聯經）
――二〇二〇「重層土著化下的歷史意識――日治後期黃得時與島田謹二的文學史論述之初步比較分析」蔡祝青編『迎向臺大百年學術傳承講座Ⅰ――臺北帝大文政學部論文集』（國立臺灣大學校友雙月刊）
――二〇二一「祖國的辯證――廖文奎台灣民族主義思想初探」吳叡人、吳冠緯編『廖文奎文獻選輯』（國立臺灣大學出版中心）

吳叡人、吳冠緯編二〇二一『廖文奎文獻選輯』（國立臺灣大學出版中心）
吳聰敏二〇二三『台灣經濟四百年』（春山出版）
呂美親二〇一三「日本時代臺灣世界語運動的開展與連溫卿」陳翠蓮、川島真、星名宏修編『跨域青年學者臺灣史研究（第五集）』（國立政治大學臺灣史研究所）
——二〇一八「論析台灣世界語雜誌《La Verda Ombro》中的愛羅先珂作品」（『臺灣文學研究學報』二六）
呂紹理二〇一五「從螟蛉到螟害——近代臺灣的農業蟲害及其防治」（『臺大歷史學報』五六）
——二〇一六「從螟蛉到螟害——近代臺灣的農業蟲害及其防治」史書美、梅家玲、廖朝陽、陳東升編『知識臺灣——臺灣理論的可能性』（麥田出版股份有限公司）
——二〇一八「附錄：近三〇年臺北帝國大學與戰後初期臺灣大學研究書目初篇」（『臺大歷史學報』六一）
巫潔濡二〇〇六「「肺癆」與「肺結核」——日治時期 Consumption 與 Tuberculosis 在臺灣的交會」（臺北醫學大學醫學人文研究所碩士論文）
李力庸二〇一三「食物與維他命——日記史料中的臺灣人營養知識與運用」李力庸、張素玢、陳鴻圖、林蘭芳編『新眼光——臺灣史研究面面觀』（稻鄉）
李佩蓁二〇一五「國際貿易與臺灣糖商的轉型——以打狗陳福謙家族為例、一八六〇～一九〇五」（『Translocal Chinese: East Asian Perspectives』九）
——二〇一九「制度變遷與商業利益——以中英商人在臺灣樟腦貿易的行動為中心（一八五〇～一八六八）」（『新史學』三〇（一））
李建良二〇二三「語言、法源與法系——『建構臺灣法學』的知識論與方法論」（『中研院法學期刊』三三）
李鎧揚二〇二二「評介駒込武著『「臺灣人的學校」之夢——從世界史的視角看日本的臺灣殖民統治（上）（下）』（國立臺灣大學出版社、二〇一九）」（『臺灣學研究』二八）
杜淑純二〇一二『杜聰明博士世界旅遊記』（財團法人杜聰明博士獎學基金會）
周婉窈一九九七『台灣歷史圖說——史前至一九四五年』（中央研究院台灣史研究所籌備處）
松浦章二〇〇四「清末及日治初期臺灣與福州之間的帆船貿易」（『臺北文獻』一四七）
林文凱二〇二二「東亞近代學知交會與認同流動專號導言」（『新史學』三三（一））

林玉茹二〇〇七「商業網絡與委託貿易制度的形成――十九世紀末鹿港泉郊商人與中國內地的帆船貿易」(『新史學』一八(二))
――二〇一六「通訊與貿易――十九世紀末臺灣與寧波郊商的訊息傳遞」(『臺大歷史學報』五八)
――二〇一九「政治、族群與貿易――十八世紀海商團體郊在臺灣的出現」(『國史館館刊』六二)
――二〇二〇「跨國貿易與文化仲介――跨政權下臺南第一富紳王雪農的出現」(『臺灣史研究』二七(四))
――二〇二二「家在彼店在此」――清、日跨政權下臺南郊商許藏春的抉擇」(『臺灣史研究』二九(一))
林秀美編二〇二三『迎向臺大百年學術傳承講座Ⅱ――臺北帝國大學理農學部論文集』(國立臺灣大學校友雙月刊)
林欣宜二〇一八「禮密臣的臺灣歷史書寫及其影響之考察」(『新史學』二九(三))
林夏玉、陳美燕二〇二三「重啟時光寶盒――再入克洛爾教授的心流大海」林秀美編『迎向臺大百年學術傳承講座Ⅱ――臺北帝國大學理農學部論文集』(國立臺灣大學校友雙月刊)
林紋沛二〇一六「清末至日治初期來臺西方人建構的臺灣知識――以李仙得與達飛聲為中心」(國立臺灣大學歷史學系碩士論文)
――二〇二〇『行旅致知――李仙得、達飛聲等西方人建構的臺灣知識(一八六〇―一九〇五)』(財團法人曹永和文教基金會、南天書局有限公司)
林素珍二〇一五「明清時代與原住民相關文獻和其史觀」(『原住民族文獻』二四)
林淑慧二〇〇八「敘事、再現、啟蒙――林獻堂一九二七年日記及『環球遊記』的文化意義」(『臺灣文學學報』一三)
――二〇一四『旅人心境:台灣日治時期漢文旅遊書寫』(萬卷樓圖書公司)
――二〇一五a「醫學訪查的記憶――日治時期杜聰明歐美之旅的敘事策略」(『台灣文學研究學報』二一)
――二〇一五b『旅行文學與文化』(五南)
林逸帆二〇二一「近代初期東亞貿易網絡下的臺灣」(國立政治大學台灣史研究所博士論文)
林蘭芳二〇一〇「電力技術者的知識來源與實踐――以『臺電社報』為主的探討(一九一九―一九四四)」(『中央大學人文學報』四三)
洪子偉二〇一六「日治時期臺灣哲學系譜與分期」洪子偉編『存在交涉:日治時期的臺灣哲學』(中央研究院、聯經)
范燕秋二〇一八「在帝國醫學與殖民醫學的夾縫之中――日治時期臺灣人腳氣病問題」(『臺灣史研究』二五(四))

――二〇二〇「在帝國醫學與殖民醫學的夾縫之中――日治時期台灣人的腳氣病問題」范燕秋編『台灣史論叢　醫學公衛篇：現代醫學在台灣』（國立臺灣大學出版中心）
容世明二〇一七「熱帶醫學的知識流通與國際網絡――臺灣瘧疾研究、遠東熱帶醫學會及其他國際交流平臺」（『臺灣史研究』二四（三））
徐千慧二〇〇一「日治時期臺人旅外遊記析論――以李春生、連橫、林獻堂、吳濁流遊記為分析場域」（國立師範大學國文研究所碩士論文）
徐聖凱二〇〇九「日治時期臺北高等學校之研究」（國立臺灣師範大學臺灣史研究所碩士論文）
――二〇一二『日治時期臺北高等學校與菁英養成』（國立臺灣師範大學出版中心）
學之軌跡：林茂生的西方近代教育思想之探究」洪子偉編『存在交涉：日治時期的臺灣哲學』（中央研究院、聯經）
康培德二〇〇九「荷蘭時代臺灣各港之間的貿易變遷」黃富三編『海、河與臺灣聚落變遷――比較觀點』（中央研究院臺灣史研究所）
張政遠二〇一六「陳紹馨的哲學思想」洪子偉編『存在交涉――日治時期的臺灣哲學』（中央研究院、聯經）
張嘉尹二〇二三「打開臺灣法學史的月光寶盒――對『建構臺灣法學』一書的幾點反思」（『中研院法學期刊』三三）
莊勝全二〇一六「紅塵中有閒日月――一九二〇年代黃旺成的社會觀察、政治參與及思想資源」（『臺灣史研究』二三（二））
――二〇一九「『臺灣民報』的報導取材與新聞採訪――以黃旺成的記者生涯為例」（『臺灣史研究』二六（一））
許雪姬二〇〇四「日治時期臺灣人的海外活動――在「滿州」的臺灣醫生」（『臺灣史研究』一一（二））
――二〇一一「林獻堂『環球遊記』與顏國年『最近歐美記』『旅行日記』的比較」（『臺灣文獻』六二（四））
――二〇二三『離散與回歸――在滿洲的臺灣人（一九〇五～一九四八）』（左岸文化）
陳力航二〇一二a「日治時期在中國的臺灣醫師（一八九五～一九四五）」（國立政治大學臺灣史研究所碩士論文）
――二〇一二b「日治時期在廈門的臺灣醫師與日本醫療勢力的發展（一八九五～一九四五）」（『臺灣史料研究』三九）
――二〇二四『慢船向西――日本時代臺灣人醫師在中國』（前衛）
陳宗仁二〇〇五「一六二二年前後荷蘭東印度公司有關東亞貿易策略的轉變：兼論荷蘭文獻中的 Lamang 傳聞」（『臺大歷史學報』三五）
陳宛妤二〇二三「歷史思維法學的美麗與哀愁――評王泰升教授『建構臺灣法學：歐美日中知識的彙整』」（『中研院法學期刊』

三三）
陳忠五二〇二三「臺灣法學的未來――評王泰升著『建構臺灣法學――歐美日中知識的彙整』」（『中研院法學期刊』三三）
陳計堯二〇二〇「臺灣白銀流動與貿易表現（一八六五～一八九五）」（『臺大歷史學報』六五）
陳偉智二〇〇九「自然史、人類學與臺灣近代「種族」知識的建構――一個全球概念的地方歷史分析」（『臺灣史研究』一六（四））
――二〇一四『伊能嘉矩――臺灣歷史民族誌的展開』（國立臺灣大學出版中心）
――二〇一七「攝影作為民族誌方法――日治臺灣殖民地人類學的寫真檔案」（『現代美術學報』三三）
――二〇一八「知識的接收――國分直一與戰後初期的臺灣研究」（『臺大歷史學報』六一）
――二〇二〇「田代安定――博物學、田野技藝與殖民發展論」（國立臺灣大學歷史學系博士論文）
陳嘉銘二〇二一「廖文奎的台灣民族主義的道德性」吳叡人、吳冠緯編『廖文奎文獻選輯』（國立臺灣大學出版中心）
黃郁升二〇〇八「文明世界的接軌――以林獻堂『環球遊記』中博物館參觀經驗為探討內容」（『臺灣史料研究』三一）
――二〇一一「林獻堂『環球遊記』及其現代性論述」國立臺灣師範大學臺灣文化及語言文學研究所碩士論文
黃柏誠二〇一八「陳紹馨的「黑格爾市民社會理論的成立」一文與「作為中國社會文化研究實驗室的臺灣」之概念」洪子偉、鄧敦民編『啟蒙與反叛――臺灣哲學的百年浪潮』（國立臺灣大學出版中心）
黃崇修二〇一六「日本陽明學發展氛圍下的臺灣思想家林茂生」洪子偉編『存在交涉：日治時期的臺灣哲學』（中央研究院、聯經）
楊杏庭一九五〇「台灣青年白皮書」（手稿）
葉純芳、橋本秀美二〇一六「郭明昆對西方人類學理論的接受與利用」洪子偉編『存在交涉――日治時期的臺灣哲學』（中央研究院、聯經）
葉爾建二〇一八「帝國日本熱帶植物知識的形成――以金平亮三與Elmer Drew Merrill之學術網絡為中心」（『地理研究』六八）
葉碧苓二〇〇七「臺北帝國大學與日本南進政策之研究」（中國文化大學史學研究所博士論文）
――二〇一〇『學術先鋒――臺北帝國大學與日本南進政策之研究』（稻鄉）
雷祥麟二〇一〇「杜聰明的漢醫藥研究之謎――兼論創造價值的整合醫學研究」（『科技、醫療與社會』一一）

——二〇二〇「杜聰明的漢醫藥研究之謎——兼論創造價值的整合醫學研究」范燕秋編『台灣史論叢　醫學公衛篇：現代醫學在台灣』（國立臺灣大學出版中心）
臺灣歐美同學會編一九四一『臺灣歐美同學會名簿』（臺灣歐美同學會）
劉煥彥、張慶瑞二〇二三「日本核物理的先驅——與二戰原子彈擦身而過的荒勝文策」林秀美編『迎向臺大百年學術傳承講座Ⅱ——臺北帝國大學理農學部論文集』（國立臺灣大學校友雙月刊）
歐素瑛二〇二〇『臺北帝國大學與近代臺灣學術的奠定』（國立臺灣師範大學出版中心）
蔡石山二〇一七「一九二〇年代全球社會主義的興起與臺灣的農民運動」財團法人臺灣研究基金會策劃『三代臺灣人——百年追求的現實與理想』（遠足文化事業有限公司）
蔡思薇二〇一六「日治前期臺灣的植物調査（一八九五～一九二一）」（國立政治大學臺灣史研究所博士論文）
——二〇一九「植物知識、保存與流轉——兼論金平亮三與威理森的臺灣記憶」（『歷史臺灣：國立臺灣歷史博物館館刊』一七）
——二〇二二「治理殖民地自然——臺灣有用植物調査之展開」（『臺灣史研究』二九（二））
蔡政宏二〇一八「廖文奎的道德直覺主義」洪子偉、鄧敦民編『啟蒙與反叛：臺灣哲學的百年浪潮』（國立臺灣大學出版中心）
蔡祝青編二〇二〇『迎向臺大百年學術傳承講座Ⅰ——臺北帝大文政學部論文集』（國立臺灣大學校友雙月刊）
蔡蘊明二〇二三「野副鐵男教授在臺北帝大及臺灣大學的研究」林秀美編『迎向臺大百年學術傳承講座Ⅱ——臺北帝國大學理農學部論文集』（國立臺灣大學校友雙月刊）
蔣竹山二〇一七「文化轉向與全球視野——近代臺灣醫療史研究的再思考」（『漢學研究通訊』三六（四））
——二〇一八「長時段的回歸與公眾歷史——近來臺灣出版市場的「全球史熱」」（『思與言』五六（三））
鄧慧恩二〇一一「日治時期臺灣知識份子對於「世界主義」的實踐——以基督教受容為中心」（國立成功大學臺灣文學系博士論文）
鄭力軒二〇二二『不待黃昏的貓頭鷹——陳紹馨的學術生命與臺灣研究』（國立臺灣大學出版中心）
鄭喜恒二〇一八「杜威的教育哲學與林茂生的哲學實踐」洪子偉、鄧敦民編『啟蒙與反叛——臺灣哲學的百年浪潮』（國立臺灣大學出版中心）
鄭維中二〇一八「烏魚、土魠、虱目魚——多元脈絡下荷治至清領初期臺灣三種特色海產的確立」（『臺灣史研究』二五（二））

――二〇二一『海上傭兵――十七世紀東亞海域的戰爭、貿易與海上劫掠一六二二～一六八三』（衛城出版社）
――二〇二三『島嶼歷史超展開――十七世紀東亞海域的人們與臺灣』（春山出版社）
駒込武二〇一九『「臺灣人的學校」之夢：從世界史的視角看日本的臺灣殖民統治（上）（下）』（國立臺灣大學出版中心）
橋本恭子二〇一四『島田謹二――華麗島文學的體驗與解讀』（國立臺灣大學出版中心）
謝兆樞二〇二三「磯小屋半段殘夢――市島吉太郎的四倍體水稻研究」林秀美編『迎向臺大百年學術傳承講座Ⅱ――臺北帝國大學理農學部論文集』（國立臺灣大學校友雙月刊）
謝宜甄二〇二一「德意志與臺灣的交涉――近代德語世界臺灣知識的形成（一八二八～一八九八）」（國立政治大學台灣史研究所碩士論文）
藍弘岳二〇二〇「世界史、日本帝國史與臺灣史研究：評『「臺灣人的學校」之夢――從世界史的視角看日本的臺灣殖民統治』」（『政治與社會哲學評論』七二）
――二〇二二「近代日本帝國大學「新史學」的發展與臺灣史研究」（『新史學』三三（一））
顏杏如二〇一六「俳文學、知識與殖民治理的交錯――『臺灣歲時記』的編纂及其植物知識系譜」（『臺灣風物』六六（三））
顏厥安二〇二三「在這些神聖殿堂內」（『中研院法學期刊』三三）
羅詩雲二〇一三「臺灣近代知識建構的可能――論一九二〇年代『臺灣青年』的翻譯篇章與思想轉譯」（『臺灣學研究』一六）
――二〇一六「臺灣日治時期知識分子的中國敘事」（國立政治大學臺灣文學研究所博士論文）
――二〇二二『重寫中國――臺灣日治時期知識分子的中國敘事（一九二〇～一九四五）』（翰蘆圖書出版有限公司）
顧雅文二〇一一「日治時期臺灣的金雞納樹栽培與奎寧製藥」（『臺灣史研究』一八（三））

**韓国語文献**

고마고메 다케시（駒込武）二〇一九「저작소개：『세계사 속의 대만식민지배·대남장로교중학교로부터의 시점』」（『東方學志』一八八）
문명기二〇一九「제국주의 연구와 제국사 연구를 잇는다는 것：駒込武、『世界史のなかの臺灣植民地支配：臺南長老教中學校からの視座』（岩波書店、二〇一五）를 읽고」（『東方學志』一八八）
張圭植二〇〇六「일제하 미국유학생의 서구 근대체험과 미국문명 인식」（『韓國史研究』一三三）

홍선표二〇〇一「일제하미국유학연구」（『國史館論叢』九六）

## 英語文献

Cheng, Weichung［鄭維中］, 2017, "Emergence of Deerskin Exports from Taiwan under the VOC (1624–1642)" (*Taiwan Historical Research* 24(3))

—— 2018, "Putchock of India and Radix China: Herbal Exchange around Maritime Asia via the VOC during the 17th and 18th Centuries" (*Journal of Social Sciences and Philosophy* 30(1))

Kao, Chia-li［高嘉勵］, 2023, "Mountains of Taiwan, Japanese Colonization, and Western Science," Hsinya Huang and Chia-hua Lin eds., *Pacific Literatures as World History* (Bloomsbury Academic)

Ishikawa, Tadashi［石川匡］, 2017, "Human Trafficking and Intra-Imperial Knowledge: Adopted Daughters, Households, and Law in Imperial Japan and Colonial Taiwan, 1919–1935" (*Journal of Women's History* 29(3))

Mizutani, Satoshi［水谷智］, 2017, "Recovering the Subject in the Shadows of Empires: Colonial Violence and Resistance in Taiwan" (*CROSS-CURRENTS-EAST ASIAN HISTORY AND CULTURE REVIEW* 23)

# 要旨

松田利彦・陳姃湲・通堂あゆみ・やまだあつし・鄭駿永

この「要旨」では、第Ⅱ～Ⅵ部の各論文の梗概を載せている。本書編者による要約によって、読者があらかじめ論集の全体像を俯瞰できるようにした。各部の区分はやや便宜的なものであり、それぞれの論文が複数のパートの論点に関わっている場合も少なくないことをあらかじめお断りしておく。

**第Ⅱ部「日本本国における知の形成と植民地」**

ここでは、植民地統治において活用された知が、そもそも本国でどのように形成されたかに遡って論じた論文を配置した。

光平有希「近代日本精神医学にみる音楽療法の諸相と連環」は、近代日本と植民地台湾の精神医療における音楽療法の歩みをたどる。近代日本の音楽療法の萌芽期を牽引した巣鴨病院（一八九七年開設。後の松沢病院）では、呉秀三がヨーロッパ留学での知見をもとに、精神疾患治療に音楽弾奏と音楽鑑賞を導入した。次世代の榊保三郎九州帝大教授は音楽愛好家として知られるが、留学先で独・仏の精神科医が治療に音楽を活用する様子を目の当たりにし、精神疾患をもつ児童の治療教育に童歌や国歌を推奨した。大正期から昭和期にかけての松沢病院では、音楽が精神疾患患者の治療に「慰安」として位置づけられた。その潮流は、九州・東北帝大などの精神医学教室における音楽療法にも見られたが、九州帝大の中脩三（榊の孫弟子）が植民地台湾の官立精神病院・養神院（一九三四年設立）に医長として赴任したことで、「外地」にも拡大していった。

香西豊子「近代日本における衛生統計の射程――東亜研究所『東亜諸民族の死亡に関する衛生統計的調査』（一九四三年）の成立背景」は、欧米の制度にならって始まった明治日本の衛生統計の展開を跡づけ、その帰結の一つとして、日本帝国の再末期に作成された『東亜諸民族死亡調査』について論ずる。一八七六年以降取られはじめた死亡者統計は、呉文聰による死亡データの衛生政策への応用という提言から、内閣統計局による人口・衛生データの一元的収集管理体制の形成や、二階堂保則による計量の緻密化などを経て、明治後期までに整備された。大正期には、国際比較に基づく現状把握と衛生政策への応用が進む。この延長線上に、東亜研究所の研究員・濱井生三により一九四三年に作成された『東亜諸民族死亡調査』は、日本人が植民地・中国・東南アジアなどの勢力圏に入植する際、適応できず死に至る場合の要因を「科学的」に分析したものだった。

**第Ⅲ部「科学と帝国主義」**

このパートでは、人類学、植物学、林学など、西洋の学問体系を基盤に作られたディシプリンが、植民地統治の開始においてどのように活用されたかを論じた論文を収録している。

中生勝美「鳥居龍蔵の民族誌と学知の発信」は、一九世紀末から二〇世紀にかけて東アジア全域で精力的な調査活動を行った人類学者、鳥居龍蔵を取りあげることで、彼が日本内外で行った民族調査の集大成として提唱した日本固有民族論の背景に、フランス人類学との多角的な交流と関係性があることを示した。本稿はひとまず鳥居の行った人類学調査の詳細を、満洲、台湾、中国西南部、モンゴルと朝鮮など、地域ごとに概観し、それが最終的にどのような独自の学説として形成されたかを、鳥居とフランス人類学とのかかわり方から把握した。鳥居がフランス人類学から一方的に薫陶を受けただけではなく、自らの調査内容や論著をフランス語に翻訳するなど、フランス人類学にむけての学知のアウトプットにも積極的であったことは、知をめぐって日本帝国が西洋とのあいだで結んでいたさまざまな関係性のなかで、とりわけ注目に値しよう。

石川亮太「帝国の藻類学――岡村金太郎の朝鮮産海藻研究」は、藻類学者・岡村金太郎とその人的ネットワークについて、歴史学的検討を行った論考である。帝国大学植物学科出身（一八八九年卒）の岡村は欧米の植物学のトレーニングを受け、農商務省水産講習所で水産技術者の教育や日本産海藻の研究に従事した。一八九〇年代には、日本帝国の拡張とともに、朝鮮における海藻の分類学研究や養殖調査も視野に入れるようになった。韓国併合後、一九一〇年代にも、公私のネットワークによって標本を収集し、朝鮮産海藻の分類学研究を進めている。岡村の研究論文からは、海流の影響をもとに海藻の分布を考えるという自身の提唱した日本海藻相モデルを、朝鮮にも適用しようとしていたことが分かる。また、その研究は、朝鮮の水産資源開発という政策とも関連するものであった。このような岡村の藻類学は戦後の韓国では批判的に継承されていった。

やまだあつし「日本統治期台湾林業と植物学――ドイツ林学とアメリカ・ロシア植物学の交錯を中心に」は、植民地期の台湾林業に流れこんでいた欧米の植物学の学知を、台湾総督府殖産官僚の系譜をたどりながら探究する。東京帝国大学林学科出身者におけるドイツ林学のバックグラウンドを強調する従来の見解に対し、実際には台湾総督府の林業経営が、アメリカやロシアで学んだ植物学者による新種導入や開発、調査にも同時に支えられていたことを提示する。ロシア人植物学者の指導を受けた田代安定、アメリカとロシアの植物学に影響を受けた宮部金吾、宮部の弟子にあたる川上瀧彌、川上らの学知を引き継いだ金平亮三などの調査・研究を取りあげ、植民地台湾林業のもつ学知的ルーツのグローバルな多元性を明らかにしようと試みている。

第Ⅳ部「植民地医学の形成と展開」

日本帝国は、ドイツをはじめとする欧米の医学知識に常に関心を払い続けており、グローバルな知の還流という本論集の主題と親和性の高い分野である。この部では、とくに植民地医学に焦点を合わせた四編を収めた。

石原あえか「蛇毒と寄生虫——北島多一、高木友枝とその周辺」は、北里柴三郎と繋がりが深く、有能な「補佐役」と認識されているにもかかわらず、他の門弟と比べて参考文献が少ない北島多一と高木友枝に注目し、彼らの医学および衛生学の歴史における研究の意義や役割を論じる。北島は北里研究所長を継いだ北里の事実上の後継者である。ドイツ留学中はベーリングの研究所で結核菌について研究していたが、帰国後は奄美大島におけるハブ毒研究で学位をとり、彼がつくった血清は多くの人を救った。彼の後継者たちもハブ毒や寄生虫のフィラリアなど奄美大島の人々を苦しめた病の研究を行った。高木は北里の研究所で、ジフテリア血清の製造や阪神地区のペスト撲滅に力をふるった。日清戦争後の検疫所での上司だった後藤新平によって台湾に呼ばれてからは、台湾総督府の医学や衛生面での責任者となった。高木の後継者たちも、寄生虫や毒蛇の毒とその対策に取り組んだ。

松田利彦「帝国日本と脚気研究——植民地朝鮮における軍医・佐藤恒丸の研究を中心に」は、従来の帝国史的医療研究において、その埒外に置かれてきた朝鮮を脚気に注目することにより議論に組み込む。脚気患者は日本本国では大量に見られ、疾病原因をめぐる論争もおこっていたが、植民地現地住民には稀であったゆえに日本人医学者の関心を引いた。本論文では佐藤恒丸を中心としながら志賀潔をも取りあげて朝鮮で独自かつ継続的に進められた研究を詳述する。両者は実態調査から伝染病原因説を退け、佐藤は伝統医学との接近からも疾病と食事との関係を疑う。朝鮮人を対象とする調査や実験を重ねて佐藤・志賀ともに栄養障害という原因理解にたどり着く。植民地での研究成果が本国にフィードバックされる「帝国の脚気研究」の成立過程を明らかにし、植民地特有の疾病についての学知が蓄積されていった西欧型の植民地医学＝熱帯医学モデルとは異なる日本の植民地医学の特徴を際立たせて、帝国史研究の新しい地平を開いている。

高野麻子「日本帝国における血液型と指紋をめぐる人類学的関心――法医学者・古畑種基による研究を手がかりに」は人種分類の指標とされた血液型・指紋研究を取りあげる。二〇世紀初、血液型を人種分類に利用する試みが始まり、「生化学的民族示数」が示されると帝国内人種の分類やヒエラルキー形成の根拠として注目された。日本でその中心的研究者となったのが古畑種基であった。古畑は血液型研究に加えて指紋の類型や遺伝に注目し、「指紋示数」を算出して人種の分類に応用していく。そもそもは親子関係の調査・個人の識別方法追究から始まった研究であったが、「日本民族」形成過程へと関心が移り、血液型と指紋の相互関係を考察することで人類学的な応用が進められ、古畑の影響を受けた研究が広まっていく過程を跡づける。日本国内の諸民族から植民地へと研究拠点や調査範囲を拡大させていく研究が帝国の周辺住民を劣位に位置づけつつも民族的な連続性を強調することで、支配の「科学的」正当化に寄与したことを論じる。

福士由紀「満洲移民と栄養研究――安部淺吉と紫藤貞一郎による主食研究を手がかりに」は、満洲や関東州など帝国の北辺で蓄積された開拓医学および開拓衛生学のもとで行われていた栄養研究と食糧改良研究に着目し、植民地開発において栄養学という学知の果たした役割にフォーカスして、「世界や日本における栄養研究」と一九三〇年代以来の満洲移民政策との関連性を考察したものである。同論文が注目するのは、栄養研究者として一九三〇年代当時の学知を引き継ぎ、満洲移民の主食問題を調査研究していた安部淺吉と紫藤貞一郎である。彼らの調査研究の内容だけでなく、それがどのように各機関の訓練教育過程のなかで試され、さらには実際に移民に実践可能なプログラムとしてまとめられたかも検討している。

検討した。

## 第Ⅴ部「植民地大学における知の生産」

第Ⅴ部では京城帝国大学（一九二六年開学）、台北帝国大学（一九二八年創設）における研究者の学問的営為を検討した。

通堂あゆみ「京城帝国大学予科・ふたりの自然科学者――森為三と竹中要にみる近代日本植物学研究の進展と「帝国」の学知」は、京城帝国大学の予科教授として朝鮮で活躍した植物学者・森為三と竹中要が、西洋から日本につながる近代日本植物学の流れのなかでどのような知的系譜を辿ったのか、そして「朝鮮」を対象とした彼らの学問的活動が日本統治下の朝鮮のアカデミズムと連動してどのような特徴を示したのか、それぞれの履歴を丹念に追跡しながら明らかにしている。従来の研究が、主に朝鮮人植物学者と帝国中心部の日本人植物学者とのあいだの「媒介的」存在として、森為三や石戸谷勉のような朝鮮で活動した日本人植物学者を扱うに留まっていたのに対し、本論文は、朝鮮で活動した日本人植物学者の学問的系譜を、当時西洋植物学との交流を通じて形成されていた近代日本植物学の流れのなかに位置づけている点、これまであまり注目されてこなかった遺伝細胞学者である竹中要の知的遍歴や、植民地の予科教授に就任することになった経緯などが検討されている点が特徴的である。また、彼らが予科教授であったことに着目し、理学部が不在であった植民地帝国大学の状況において、彼らの研究活動が大学予科で求められる教育の専門性とどのような関係があったのかについても検討している。

周雨霏「戦前・戦時期のアジア社会論と日本社会科学者の植民地経験――京城帝国大学時代の森谷克己を中心に」は、一九三〇年代、いわゆる「アジア的生産様式論争」の精力的な論客として知られた森谷克己の学問的軌跡をたどりながら、とくに戦時中に盛んに論じられたアジア社会論の行方について探求を試みている。周知のように、森谷はウィットフォーゲルの『支那の経済と社会』を日本語に翻訳する一方で、『支那社会経済史』などの著書を通じて、ウィットフォーゲルの理論である東洋的専制主義を中国や朝鮮など当時の東アジア社会の分析に適用した。このような文脈において、本論文で扱う森谷の知的軌跡は、平野義太郎を媒介として、フランクフルト大学のマルクス主義経済学を経て、ウィットフォーゲルにつながる知の連環を一つの軸とし、また彼の理論である東洋的専制主義を媒介として、日本に留学経験のある中国社会経済史の研究者たちとつながる知の連環をもう一つの軸とする複合的な形をとることになった。

顔杏如「風土と科学――富士貞吉に見る衛生学と植民地台湾の服装改良」は、熱帯医学者の富士貞吉に注目し、戦争期台湾に現れた国民服をめぐる学際的背景を追っている。これまで日本植民地時代の台湾史研究において服装に関わるテーマは、台湾人の服装に表れるファッションと植民地権力との関係や、台湾人の衣服が実際にたどった変化のプロセスを描くことに、主な焦点が置かれてきた。対して本稿は、戦争期台湾において熱帯国民服試作の背景となった学問的源流について、それが一九二〇年代におきた日本の生活改善運動にまでさかのぼるだけでなく、さらにはドイツ医学に由来する衣服衛生学にも影響されていたことを明らかにし、これまで植民地権力とそれに対抗する台湾人の文化を軸に二項対立的に描かれがちだった台湾衣服史の視点を、医学史というグローバルな次元まで広げ、熱帯医学――とりわけ環境衛生学という西欧知が戦時下の台湾でどのように取り組まれていたかを論じた。

**第Ⅵ部「植民地現地の知と被支配民族」**

第Ⅵ部では、官学アカデミズムの生産した学知とは異なる位置にあった植民地在留日本人民間人や植民地官僚、欧米人宣教師の知を扱った。それとともに、台湾人・朝鮮人知識人が欧米の知を獲得しながらどのように帝国の知と対抗しようとしたか、また、そのポストコロニアルな文脈における役割はどのようなものだったかについて考察した論考も収めた。

森岡優紀「裏面の近代史——日朝における閔妃の伝記」は、朝鮮植民地期に書かれた閔妃（明成皇后）の伝記を取りあげる。朝鮮においては、愛国運動啓蒙期、中国（梁啓超）経由で日本の伝記の翻訳が紹介され、西洋式の伝記という概念が広まった。植民地期に多くの伝記を執筆した張道斌は『大院君과 明成皇后』（一九二七年）において大院君と閔妃の対立を描きつつ、閔妃の私利私欲を強調する。このような叙述は、朝鮮人の民族性を権力欲にとらわれた党派性にみた菊池謙譲『朝鮮最近外交史——大院君伝 附王妃の一生』（一九一〇年）の歴史観に影響を受けている。このような歴史観は明治期のアジア主義者に淵源をもつ「解釈」というべきものであり必ずしも史実に即していないが、植民地期には「史実」と見なされて定着していくことになった、と論じている。

加藤道也「「植民地」官僚の統治認識——樺太と南洋」は、戦前期樺太と南洋群島に勤務した植民地官僚の統治認識を検討している。樺太については、樺太民政署民政長官（一九〇五～〇八年）をつとめた熊谷喜一郎を取りあげ、樺太に先立つ台湾総督府勤務時代に英仏独の植民地制度調査にたずさわったことにも触れる。南洋群島については、南洋庁長官（一九二三～三一年）の横田郷助、および、ほぼ同じ時期（一九二四～三二年）に南洋庁幹部を担った堀口満貞を考察対象としている。それぞれの経歴を見ると、熊谷は北海道庁・拓務省・台湾総督府などを歴任、横田は熊谷樺太民政長官の下で事務官をつとめ、堀口の場合は沖縄県での勤務経験があったなど、いずれも外地行政経験の経験を考慮されて配属されたと考えられる。彼らは主として日本人移住民を統治対象として意識し、現地住民に対しては保護・啓蒙の対象と見ていたことが指摘されている。

駒込武「林茂生における「帝国主義」と「植民地」——言説上の同盟—対抗関係に着目して」は、台湾人として初めてアメリカで博士号を取得したことで知られる林茂生の博士論文を手掛かりに、そこで取りあげられている参考文献を緻密に追うことで、植民地台湾の知識人たちが現実を乗り越え、「知」を通して世界各地とのあいだで築いた同盟関係や対抗関係に関する整理を試みる。日本植民地時代の台湾人が、日本帝国の範疇を乗り越えてグローバルな視野から果たしてどのような知に触れ、またそこからどのような自己認識を形成させていたかについては、台湾史研究はこれまで明確な答えを見いだせずにきた。対して、本稿は帝国のバウンダリーに閉じ込められたきらいのある植民地知識人論を、グローバルな知の連環における「日本帝国の知」という本共同研究の問題意識のなかで解き放しただけでなく、植民地の次元へと掘り下げることで新たな地平を見いだしている。

李省展「ウイリアム・E・グリフィスの植民地主義と朝鮮――キリスト教ネットワークと知の連関」は、「お雇い外国人」として知られるグリフィスの植民地朝鮮観とその揺らぎについて、ラトガース大学所蔵グリフィス・コレクションの調査をもとに考察する。グリフィスが韓国併合直後に発表した文章では、日本の朝鮮統治に対する手放しの賞賛が見られた。しかし、三・一運動が起こると、日本の統治を非人道的と批判し、アメリカのフィリピン統治と日本の朝鮮統治が異なるものと考えるにいたった。この変化をもたらしたのは、アペンゼラー二世やマッキューンなど在朝鮮宣教師からの書簡のようなキリスト教ネットワークを基盤とした「知の連鎖」であり、また、李承晩ら朝鮮人独立運動家との交流であった。しかし、文化政治期において朝鮮総督府が宣教師に対する融和政策を進めるとグリフィスの朝鮮統治観には再び植民地主義的色彩が濃厚になっていった、とされる。

鄭駿永「コロニアリズム教育に対する批判としての民主主義教育？――呉天錫のコロンビア大学博士論文と民主主義教育論のグローバルな連環」は教育学者・呉天錫を扱う。呉天錫は、解放後南朝鮮において、高等教育機関の国立総合大学への統合を強行した「国大案」を主導したことで知られるが、その淵源を、呉が一九三一年にコロンビア大学に提出した博士論文の分析を通じて考察する。アメリカ留学で呉に決定的な影響を与えたのは、デューイの進歩主義教育運動だった。専制政治と独裁主義を日本の植民地教育に見いだし、その問題点を民主主義の問題として把握することが、呉の博論の中心的課題となっている。民主主義を軸に日本の教育政策を批判する近代主義者だった呉は、他方で、朝鮮人の伝統的民族性に対しては批判的であり教育による改変の対象と目した。解放後の呉天錫にとっては教育こそ民主主義確立のための喫緊の課題であり、そこに国大案事態への介入の理由があったのではないかと結論づける。

# 第Ⅱ部

# 日本本国における知の形成と植民地

# 近代日本精神医学にみる音楽療法の諸相と連環

光平有希

## はじめに

「音や音楽を治療や健康促進、維持する手段として用いる」という広い意味での「音楽療法」の歴史は、東西において古代まで遡る。とりわけ、日本の医学分野において体系的に音楽の効能が論じられるようになったのは江戸中期以降であり、そこでは「養生論」という予防医学のなかで音楽が価値づけられ、詠歌舞踏が気血を促し健康を促進するとして重用された。幕末には蘭学の翻訳本を通じて、内科や精神疾患への音楽効能が紹介されている。続く明治前期は、国楽創成を念頭に音楽の意義・価値を広く伝える必要性があった音楽取調掛の関係者らによって音楽効用論が盛んに論じられ、明治後期には東京帝国大学医科大学の精神病学科が治療にあたった東京府巣鴨病院で本格的な音楽療法実践が始まった(1)。

実践萌芽期を牽引した巣鴨病院(のちに松沢病院に改称)は現存する日本最古の公立精神病院であり、明治初期の創設以来、近現代の日本精神医療を導いた。そのなかで明治後期から昭和初期にかけ院長として手腕を振るった呉秀三は、留学先のオーストリア・ドイツ・フランスで見聞した神経学的精神療法と人道的な医療を定着させる過程で、一九〇二（明治三五）年から治療に音楽を導入した。巣鴨病院での音楽療法実践が継続的・体系的に行われたことを皮切りに、明治三〇年代には東西精神医療現場での音楽療法を紹介する雑誌や新聞記事が多く見られるようになる。一九〇六年には、音楽教育家の山崎恒吉（頼有膓）が編著者を務めた『音楽と其の趣味』（私家版）の一項目に「音楽療法」という用語が初出し、そこでは数年前から取り組まれた精神科領域での音楽活用が紹介されている。

巣鴨病院における音楽療法の発展形として、各地の旧帝国大学精神病学教室で治療としての「音楽」が根付くなか、呉のもとで精神医療の研鑽を積み、のちに九州帝国大学で教鞭をとった榊保三郎は「教育病理学」「治療教育学」という障がい児を対象とした精神病学領域のなかに音楽の価値を見出し、そこでは古くから伝承された歌曲の有効性が強調され、付随的あるいは補完的な音楽効能が重視された。呉や榊は西洋音楽療法理論を受容しつつも、日本の文化土壌に配慮した「日本型」実践論を模索しており、こうした日本における音楽療法の息吹は、次第に日本統治下の台湾精神医療にも影響を与えていく。本論では、西洋から流入した音楽療法の知識が日本に定着し、さまざまな形で発展しつつ「外地」にも影響を及ぼす、その形成・発展の諸相を追ってみたい。

## 一　明治末期「巣鴨病院」にみる音楽療法実践の萌芽

### （1）　呉秀三の来歴と音楽療法導入の背景

巣鴨病院は、現在の東京都立松沢病院の前身として一八七九（明治一二）年に開設した。開設時の名称は東京府癲狂院であったが、一八八九年に東京府巣鴨病院と改称。同病院は創設以来、試行錯誤しつつ種々の新しい治療法を導入し、近現代の日本精神医療を牽引した。治療の一つに音楽が導入されたのは一九〇二年、このとき巣鴨病院で音楽療法実践を推奨したのは当時、院長を務めていた呉秀三であった。呉は、広島藩医で蘭方医であった呉黄石の三男として江戸・青山に生まれた。母のせきも洋学者の箕作阮甫の長女であることから、呉は洋学の家に育ったということになる。しかし、洋学に偏らず東洋の思想知識も軽視するべきではないと考えていた父による指導の下、彼は幼き頃から漢学にも励んだ。帝国大学医科大学卒業後は大学院に進み精神病学を専攻、一八九一年に巣鴨病院医員となり、一八九七年から四年間、オーストリア・ドイツ・フランスに留学した。

留学先で呉は、ウィーン大学のクラフトエービング Richard von Kraft-Ebing やオーバーシュタイナー Heinrich Obersteiner から精神医学、神経解剖学、神経病理学を学ぶ。その後、ドイツのハイデルベルク大学でクレペリン Emil Kraepelin から疾病学的精神病理学、エルプ Wilhelm Heinrich Erb から神経学、ニッスル Franz Nissl から神経病理学の新技法を習得した。その後、ベルリンに移った呉は、フンボルト大学医学部のシャリテ附属病院でヨリー Friedrich Jolly やチーヘン Theodor Ziehen の精神医学に接し、オッペンハイム Hermann Oppenheim からは臨床神経学を学んだ。ドイツ滞在中には、アルト・シェルビッツ精神病院の見学も行っており、当時のアルト・シェルビッツ精神病院で徹底して行われていた、患者の尊厳を守る姿勢と信愛仁慈の精神、また開放的空間での治療に感銘を受けた。さらに留学期間を一年延長した彼はフランスにも渡り、パリのサルペトリエール病院でマリー Pierre Marie のもとで臨床神経学を学びつつ、ピネル以来の精神医学の人道主義を体得して帰国するに至る。

帰国後、呉は日本の精神科病院における非人道性を問題視し、精神疾患患者に対する監禁・繋鎖の廃止を訴え、看護法の整備に努めた。呉は巣鴨病院院長、初代東京府立松沢病院長等を歴任するなかで、前述の人道主義的精神医学・看護法の整備のほか、フンボルト大学シャリテ附属病院で学んだ精神および神経疾患治療の普及にも積極的に取り組んだ。また、クレペリン、クラフトエービング等の理論を踏襲し、とくに精神分類学および病理学においては、クレペリンの体系を導入して、日本の精神病学を一新した。明治後期から昭和初期にかけ、巣鴨

（松沢）病院の院長として手腕を振るった呉秀三は、自身の留学先で見聞した神経学的精神療法と人道的な医療を松沢病院に定着させる過程で一九〇二年より治療に音・音楽を導入した。

## （2） 西洋型理論の受容と日本型音楽療法確立への模索

音楽療法をはじめるにあたり、呉はまず「作業療法」に「音楽弾奏」を含めた。(2)「作業療法」とは、患者自らが規則的かつ訓練的な作業を行うことで、精神の不安を招く観念や衝動を意識外に追いやり、本来の精神的活動を再開させる治療法である。関係脳部の休養にも直結するほか自信と意志の強化や不眠にも有益な治療法として、明治後期より巣鴨病院で重視された。「作業療法」では、「紙袋貼り」や「裁縫」といった手先を使ったいくつかの作業内容から、患者の嗜好や状態によって作業が選択され、その一つに患者自らが楽器を用いて単音を継続的に奏でる、あるいは音階を繰り返し演奏する「音楽弾奏」が含まれた。単音や音階を繰り返すことからも分かるように、「音楽弾奏」は患者が好きな楽曲を自由に演奏するというよりも、連続的に「奏でる」という行為自体に力点が置かれる。これは、規則的・断続的な音の聴取や演奏、楽譜の記号を読むという作業行為が、患者の注意を喚起することに効果的だと考えられたためである。呉は、主としてドイツで学んだ理論および状況を模範として、院長を務める巣鴨病院において「作業療法」のなかに能動的音楽療法を取り入れた。

同じころ、「慰楽」の一環として「遺散療法」に「音楽鑑賞」が取り入れられた。「遺散療法」とは、患者の精神的嗜好に基づく何らかのきっかけにより、患者の固定観念が他のことに移誘するよう導くことを目的とする治療法である。移誘が成功すると情緒が良好になり、脳髄の疲労をも徐々に回復していくと考えられていた。明治後期には、「慰安会」「演芸会」「園遊会」と称し、平均で年八～一〇回ほど集団での「音楽鑑賞」が行われた。そこでは、音楽を聴くことによって慰安をはかることを目的に三味線や琵琶の演奏、浄瑠璃、浪花節などが披露された。そして、病院関係者はその時々の患者の反応や様子を随時、挙動帳（看護日誌）などに記載し、治療観察に役立てた。呉が「音楽鑑賞」を治療に含めたことの背景には、呉の留学先、とりわけアルト・シェルビッツ精神病院やサルペトリエール病院などの人道的精神医療に導入された音楽鑑賞会からの影響があると考えられる。ただし、使用する楽器や音楽に関しては、西洋音楽から徐々に邦楽へと移行し、日本文化土壌に根差した音楽療法の在り方が模索された。このように、すでに近代精神医療確立期には、患者が能動的に音楽を奏でる、そして受動的に聴くといった二種類の音楽療法が、西洋からの理論受容を経て、さらに日本型を模索するまでに発展している。呉秀三に師事し、巣鴨病院での音楽療法に最初期からかかわった医師・榊保三郎は、赴任先の九州で「治療教育」のなかに音楽療法を根付かせていく。次節ではその様相を探ってみたい。

## 二．日露戦争後「治療教育」に根付いた音楽

### （1）日本における「教育病理学」「治療教育」の形成

#### ①教育病理学と治療教育の相関性

榊保三郎は、精神障がいや身体障がいを持つ児童の治療教育に音楽を勧め、『異常児ノ病理及教育法――教育病理及治療学』（上巻：一九〇九年、下巻：一九一〇年）のなかで紙幅を割いて音楽の効能に言及している。[3]ここでは同書をもとに榊の考える音楽療法論について概観する。教育病理学（pädagogische pathologie）は、児童心理学や精神病理学を基礎として、神経系統や精神生活に異常のみられる児童を医学と教育の両方面から研究する学問である。[4]ドイツで児童の不良性質を矯正するため、その精神病的状態に注目が集まったことが始まりとされる。[5]名称は、一九世紀末にヘルバルト学派の教育学者シュトリュンペル Ludwig Adolf Strümpell が著した『教育病理学――児童欠損の学』に由来している。[6]一九〇二年発刊の『神経学雑誌』創刊号に掲載された序文には、「精

神薄弱は教育家に論戒する所あり、為に近時教育病理学の声漸く高きを聞く。児童の神経作用を究めて之を宜きに導かんとするには教育病理学あり」という記述が認められ、日本における精神病学研究が確立する初期段階より「教育病理学」が一つの研究分野として位置づけられていたことが窺える。(7) 精神病学研究確立期から児童問題をも視野に含めて取り組まれていたことは、同時期に結成された日本児童研究会の幹事や評議員、専科委員に呉秀三や榊保三郎などの精神科医が名を連ねていたことからも明らかである。

時期を同じくして、榊や呉らによる関連著作が相次いで刊行された。いずれも、同時代のドイツ語原著の紹介が骨子となっている。翻訳を中心とした理論の研究段階では、何らかの病気あるいは異常があると思われる子どもについて、教育病理学による知見を基に障がいの定義・分類を行い、そのうえで「治療」を目的とした「教育」が重要と考えられた。それが、治療教育学（heilpadägogik）である。治療教育学は、障がい児に対して適切な処置を施すため、教育病理学を基礎としつつ精神病学的な知見を取り入れた学際的な学問として誕生し、特殊教育学、児童研究活動の一分野として発展した。これは、精神・神経的に何らかの障がいが認められる子どもに対して、狭い意味での医学的治療は限界があり、その症状の改善をはかるために、病理学に基づきつつ治療教育というアプローチを試みたともいえる。

二〇世紀初頭、日本の治療教育学は教育病理学と同様に精神科や神経科に通じた医者が主軸となり、ドイツを中心とする欧米の理論が受容された。一九一〇年代以降、精神薄弱児や精神異常児など障がい児への治療教育が実践化されるにしたがい、教育病理学は障がいの病理学的究明のための学問として治療教育学に包括されるようになった。そして、とりわけ榊の著作においては、音楽もその「治療」と「教育」に有効なアプローチとして、複数の言及が認められる。

②二〇世紀初期の日本における「治療教育」の実践化

基礎研究が進展するとともに、明治末期から大正期にかけてはその実践化が模索された。一九〇九年、巣鴨病院で入院中の精神低格児や精神薄弱児を主な対象とした「修養学院」が開設した。この施設は、院長の呉が命じて設立したものである。先駆的なドイツの理論研究成果の摂取や事例紹介が積極的に行われたことを背景に、精神科医による特殊児童調査、治療教育実践の試行、障がい児問題の実態調査を行う場として創られた。「修養学院」の開設は、日本の治療教育学研究が欧米からの理論を摂取するだけでなく、児童の実態に応じて実践化された一つの契機として位置づけられる。施設内では、八歳から一九歳までの未就学児を対象に、尋常小学校と同程度の教育のほか、造花・編物・麻つなぎなど患者の興味関心のある手工を中心にした教育的な治療が推奨された。しかしながらこの施設は、大正期に病院が巣鴨から上北沢に移転、松沢病院と改名後は成人のみを対象患者としたことから閉鎖され、それに伴い巣鴨（松沢）病院では治療教育自体も影を潜めた。その後、実践化の取り組みは、感化教育事業を対象とした不良少年実態調査研究への着手に繋がった。この調査も呉主導によるものであり、一九〇八年から三年にわたって東京府と埼玉県下の保護学校や感化院など複数施設を対象に、入所児童実態調査が実施された。また、アメリカで障がい児教育や保護を見聞し、日本初の障がい児入所施設「滝乃川学園」を創設した石井良一は、運動訓練や読み書き算訓練などを通じた治療教育に取り組み、呉はその様子を『精神病学集要』に写真付きで紹介している。(8)

大正期に入るとデモクラシーの影響を受け、児童の権利論が擡頭する。この時代は、特殊教育および児童保護事業を行う必要性が、文部・内務行政からも教育・社会事業関係者からも主張された。同時に、治療教育学は精神薄弱児や性格異常児などを主な対象としたため、少年不良化防止・矯正のための感化教育事業や精神衛生問題、犯罪防止など社会政策とも緊密に関係し発展していった。そのとき、内科医でありながら教育病理学や児童心理学にも精通していた富士川游と弟子の三田谷啓は、机上の理論としてではなく、実践現場での治療教育や児童保護の必要性を声高に訴えている(9)。

### ③榊保三郎の治療教育論

『異常児ノ病理及教育法――教育病理及治療学』（以後、『教育病理及治療学』と記す）の筆者、榊保三郎は蘭学者の榊令輔を父にもち、長兄の榊俶は精神科医、次兄の榊順次郎は産婦人科医として明治期の近代医療を牽引した。とりわけ榊俶は、一八八〇年に東京大学を卒業後、ベルリン大学留学を経て帝国大学医科大学教授に就任し、精神病学教室を開設した。帝国大学医科大学草創期において精神病、精神衛生、小児精神論、看護法を講じつつ、剖検、司法精神鑑定相馬事件など幅広い活動を行った人物としてその名を知られている。日本の近代精神医学を確立した長兄・榊俶と呉秀三に次ぐ世代の医師として、精神科領域の研鑽を積むこととなる榊保三郎は、東京帝国大学医科大学を卒業後、高等師範学校「病理的教育学研究科」担当となり、「教育病理学」の講義を受け持った。一九〇二年には、医員として巣鴨病院で医療に従事するほか、東京帝国大学医科大学助教授にも着任している。一九〇三年からは三年にわたって、文部省留学生としてドイツのベルリン大学で研鑽を積み、留学中は主にチーヘンのもとで精神医学を学びながら、神経症患者の知覚や進行性麻痺者の脳研究など精神病学全般にわたる研究に取り組んだ。並行して、学校衛生や教育病理学、治療教育関係の調査も行うなど、留学中は幅広い学びの機会を得ていた。帰国後は、京都帝国大学福岡医科大学（一九一一年より九州帝国大学医科大学）の教授に転じ、以来、同大学で精神病学を講じるほか、新設された精神病学教室主任を兼務した。榊は無類の音楽愛好者であり、九大フィルハーモニー創立に深く関わった人物としてもその名を知られる。前述したように、音楽に造詣が深かった榊は、巣鴨病院で音楽療法が開始した際、中心メンバーとしてかかわっており、当時の『読売新聞』（「瘋癲者に音楽を試む」一九〇二年一月一四日付朝刊）からは彼が楽曲や音色、編成に対する患者の興味、関心を聴取後即時に尋ね、楽曲選択の試行や治療への活用を模索している様子が窺える。

榊は『教育病理及治療学』で、児童の精神発達や教育上の欠陥を矯正するには、実験的・観察的に原因や治療法を追究することが必要と主張する。彼の議論は、その方法が「陶冶、訓錬、教授等ノ手段」と位置づけ、純粋な医療との違いを強調する向きがあるものの、精神科医という立場から、治療を通して社会的に矯正することを目指す姿勢が顕著に認められる。また、教育病理学は身体および精神に異常を抱える子どもたちを対象として医学・科学的に研究を行い、その意義を教育学に応用したものと捉え、精神薄弱児や急性あるいは慢性疾患回復後も精神的な異常状態が続いている児童、ヒステリーや神経衰弱など機能的神経病を患う児童、さらに器官疾患によって知的、道徳的陶冶に欠陥が生じる児童を治療、教育することを目指している。その過程で病理の原因と症状の特徴を理解することにより、子どもが「危険児童」や「犯罪児童」になること、あるいは「陶冶低弱」のまま放置されることを防止すること、さらにはそのような事態が生じた場合の「矯正教育」を効果的に実施することを使命として研究に取り組んだ。その手順としては、教育病理学によって何らかの病気あるいは異常がある患者の症状を観察し、病因を研究していくという作業上に、医学と教育学との折衷領域である治療教育を用いて適切な処置を講ずるというプロセスを常に念頭に置いていた[10]。『教育病理及治療学』では、福岡県立女子師範学校付属小学校生徒を対象に実施した調査報告も含まれるものの、上下巻を通じて西洋の著作や医学理論の紹介が主である。なお、榊が紹介する医学理論は同時代のドイツで刊行された著作が多いが、英語やフランス語原著に関してもドイツ語に翻訳されたものを用いており、いずれも原文に沿って忠実に抄訳や解釈が行われている。では、具体的に治療教育のなかで音楽はどのような役割を果たすのだろうか。

## （2）『教育病理及治療学』における音楽の役割

### ①榊の音楽療法論にみる「歌唱」「演奏聴取」の意義

榊は『教育病理及治療学』第一四章「治療教育学的教授法」のなかで、劣等児（学業不振児）や重度の知的障がい児への治療として音楽に着目している[11]。ここでは、対象とする児童が精神面だけでなく四肢の麻痺など身体面にも支障をきたすことが指摘され、その打開策として体操教授など「運動的習練」の必然性が説かれる。いくつかある「運動的習練」のなかに「音楽体操」という項目が設けられており、そこではオクターブ中の各音の高さを正確に楽器や歌唱で表現できるよう、児童自らが能動的に伴奏付きで訓練を積むことの重要性が論じられる。出典として、榊はベルギーの医師デモア Jean Demoor『異常児に対する家庭・学校の教育的処理法』を挙げ[12]、当時すでにドイツではこうした治療が病院などで定着していることに触れる。その後、榊は歩行訓練や手指マッサージといった各種の訓練を解説し、身体訓練の有効性を強調する反面、こうした訓練は児童の疲労感や恐怖状態を煽ることにも繋がりかねないと懸念を示す。その緩和策として遊戯の有効性、とりわけ歌唱の効能に触れる。具体的には、音楽によって児童が沈静化し、韻律と旋律が織りなす歌唱という行為がその他の運動練習を誘発して、精神的覚醒にも繋がることから治療に多大なる貢献をすると論じるに至る[13]。

また、「唱歌ノ言語治療上ノ価値」という項目では、イギリスの神経学者バスティアン Henry Charlton Bastian やドイツの精神科医クノブラウフ August Knoblauch の研究をひきながら、失語症への発声、歌唱の有効性を説いている[14]。榊はバスティアンの著作について、英語で書かれた原著ではなく一九〇二年にドイツ語翻訳で出版されたものを参照しており、やはりここでも自身の留学先であったドイツ経由で当時の西洋精神医学や神経医学に触れていたことが窺える。一八四〇年代以降のドイツ精神医学は、各地に大学病院が増設されるのに伴い、心理主義者に代わって身体主義者へと実権の移行が見られた。そのなかで、神経学の発展により「神経精神医学」が開花する。時期を同じくして、フランスでも神経学の抬頭が見受けられ、ドイツおよびフランスの精神・神経科医は、メロディー、リズムなどがどのように失語症の治療に影響を与えるのかを検証するため、音楽のさまざまな側面を調査し始めた。榊がドイツ留学を経験したのは、そうした調査が最も盛んに行われていた時期に相当する。

ここで着目したいのが、榊が師事したフンボルト大学附属シャリテ附属病院のチーヘンや同病院で精力的に音楽実験を行ったオッペンハイムの取り組みである。シャリテ附属病院では、失語症患者に対して音楽形態や組織の暗記、さらに忘却過程に関する調査を継続的に施行した。具体的には、定期的に歌曲の暗唱や、器楽曲の表記法および暗譜の技術、音価と和声への理解を測定するために聴音訓練を行うというものであった。この訓練は、脳の言語機能中枢（言語野）の損傷によって、音声に関わる機能や文字に関わる機能に障がいをきたす失語症患者の症状を好転させると考えられた。榊はこうした自身が見聞したドイツにおける音楽療法実践や実験をも背景とし、なかでも「歌唱」に焦点を当てたうえで、失語症だけでなく障がい児への応用に言及した。その後、シャリテ附属病院での音楽療法実践は、榊が先に触れたハイデルベルク大学のクノブラウフやヴァラステック Richard Wallaschek といった次世代の神経科医が、音楽認識処理が言語認識処理に対応することを認めることに伴ってドイツの精神および神経医学上に広く根付いていく[15]。

『教育病理及治療学』では理論紹介に留まっているものの、榊の記述からは留学先で体験をもって得た音楽の効能に対する知識を、実践を念頭に模索しているかのような部分が散見される。実際、彼は実践現場で推奨する歌唱教材について次のように言及する[16]。

歌材ヲ選択スルニ際シテハ、児童ノ趣味ヲ商量スルヲ要ス。サレバ技術品《アート》トシテノ歌ヲ唱セシムルヨリ、爽快活発ナル童歌、若クハ国歌ヲ採ルベク。高尚ナル詩歌ハ児童精神能力ニ適セズシテ、時トシテハマタ不適切ナル歌詞ヲ含有ス。おー、くわん氏ハ『独逸学校雑誌』千八百九十九年号ニ、「童歌ニ於ケル非児童的分子」ト題シテ多クノ童歌ノ不適切ナル点ヲ指摘セルガ、如斯キ研究ハ大ニ必要ニシテ、我国ニ行ハレツアル児童唱歌に就テモ論難スベキ点少ナシトセズ。

右では治療教育にふさわしいものとして爽快活発な「童歌」や「国歌」が挙げられ、歌詞の適合性が選択上の重要な要素に位置づけられる。引用文後半に目を向けてみると、西洋では「童歌」が不適切と目されるとして、ドイツ人教育家クンツ O. Kuntz の論文が挙げられている。論文題目で榊が訳した「童歌」は、クンツ論文の原語では「Kinderlieder」となっている。これは一八世紀ドイツで民謡運動の広まりに伴い、古くから伝わる民謡のように単純で親しみやすく短い旋律を持ちながらも、著名な作曲家らにより教育目的に作られた、いわゆる「子どもの歌」を指している。(17) クンツは、この教育を主眼に据えて近代以降生み出された機能的な楽曲が児童の成長や心理的側面に適していないと論じ、種々の「子どもの歌」を例に挙げながら、とりわけ歌詞の不適合性を強調する。(18) クンツと同様に榊も「高尚ナル詩歌ハ児童精神能力ニ適セズシテ」と歌詞に着目していることから、前後の脈絡は同時代ドイツ音楽教育の知見に依拠し、榊が論を展開していることが分かる。また、クンツは「子どもの歌」について、教訓的かつ道徳的な色彩の強い歌とも捉えている。(19) 榊はこれを日本の「児童唱歌」に置き換え「論難スベキ点少ナシトセズ」とした。「児童唱歌」、すなわち明治期に文部省が編纂した学校教育用の「唱歌」は、徳育・情操教育を目的として、主として文語体の歌詞をもつ。多くは日本の風景・風俗・訓話などを歌ったものである。この「唱歌」について榊は懐疑的な視線を向け、「アート」とルビを振った「技術品」としての音楽、言い換えるならば意図して機能的に作られた教育歌曲の不適合性を追及する。

引用文前半に目を移すと、「唱歌」に対比するものとして、榊はここでも「童歌」を挙げていることに気づく。しかしながらここでの「童歌」は、前後の脈絡からも判断できるとおり、教育目的に創作されたドイツの「子どもの歌」に対応する語ではなく、子どもが遊びながら口ずさむ、昔から伝えられ歌い継がれてきたもの、すなわち文字通り「童歌（わらべうた）」を指すと考えられる。クンツも古くから口伝いに伝承された民謡（Volkslied）や優れた民衆詩は「子どもの歌」に勝る教育的意義を持つと考えていることから、口承によって受け継がれた歌への着眼は双方に共通する。しかしながら、とりわけ子どもが歌い継いできた「童歌」を榊は強調し、さらに「爽快活発な」ものが良いとしていることや「国歌」の推奨はクンツ論には認められず、榊は自身の意見も付加させながら治療教育に適した楽曲の紹介を試みていると考えられる。

歌唱のような能動的音楽療法だけではなく、榊は音楽を聴くことによって効果を見出す受容的音楽療法にも言及している。彼は治療教育の方法には、精神・神経的側面に焦点を当てた「感覚練習法」と「選択法」の二種があるとする。「感覚練習法」とは視覚、聴覚、味覚など感覚を使った反復練習を行うものであり、そのなかでさまざまな高低音や音色の異なる音響を児童の傍で演奏することが聴覚の習練に繫がると説明する。他方「選択法」とは、たとえばいくつかの物体を児童の前に置いて形状などを観察させることによって行う、そうした直観作用に働きかける教授法だという[20]。具体的には、児童に物体の名前を伝えたうえで、一定時間経過した後にそれが何なのか答えさせるほか、位置変更をしたり、その変更を口に出すことで直観の対象を選択させ、そのことが児童の注意を物体の特異点に集中させることに繫がると述べる[21]。榊は「感覚練習法」と「選択法」の二種を相互に織りなすことで、とりわけ精神面において効果的な治療が図れるとし、聴覚習練には、音・音楽を聴くことの重要性を示した[22]。

さらに福岡県立女子師範学校附属小学校の一部児童を対象とした、治療教育実践例や教授法についても言及し、集中力を養う訓練中のオルガン（風琴）の演奏、とりわけ音楽の拍子にあわせた学習の有効性を論じている。また、演奏聴取が児童の意欲や活動の敏速さを促すことにも着目し、治療教育のなかに含めている[23]。これらの記述からは「音楽を聴く」というそのままの行為自体が効果を発するというよりも、音楽を伴った身体活動、すなわち付随的な受動的音楽療法の価値を榊が強調していると捉えることができよう。次項では榊による音楽療法論の独自性を、日本音楽療法実践第一世代ともいうべき巣鴨病院での実践内容と比較することにより確認してみたい。

②榊による音楽療法論の独自性

能動的音楽療法に関して巣鴨病院では、精神療法の一環として琴や三味線など主に邦楽器を用いて単音を継続的に奏でる、あるいは音階を繰り返し演奏する「音楽弾奏」が勧められた。一方、榊はオクターブ中の各音の高さを正確に楽器や歌唱で表現できるよう、伴奏付きで訓練を積む「音律的操練」に効果を見出している。ここではおそらくオルガンやピアノなど西洋楽器を念頭に置いていたと考えられる。同時に、榊は音楽によって児童が沈静化すること、韻律と旋律が織りなす「歌唱」がその他の運動練習をも誘発し、精神的覚醒に繋がるとも示唆する。彼の音楽療法論の特徴の一つとして、言葉の要素を含む「歌唱」の直接的、間接的な有効性を強調するところに呉秀三との違いが認められる。「歌唱」は発語や吃音矯正にも好影響を与え、なかでも「童歌」や「国歌」など児童の身近な存在でありながら、歌詞に留意されたものが治療教育には適していると考えている。

他方、受動的音楽療法に目を向けると、巣鴨病院では患者の趣味嗜好に基づいた行為により固定観念を他に移誘することを目的として「遺散療法」に「音楽鑑賞」が取り入れられていた。最初期こそ西洋楽器や楽曲の聴取が試みられたが、患者の反応に鑑み、すぐさま三味線や琵琶の演奏、浄瑠璃などが主軸となった。そこでは、歌詞への配慮というものは認められず、また、その後の巣鴨（松沢）病院における音楽療法実践にもいえることだが、同病院では古くから伝わる楽曲だけではなく、同時代に流行している音楽をいち早く治療に取り入れ、病院の外（社会）との連関性も重視する傾向が見られる。他方、榊は児童の治療教育において「感覚練習法」と「選択法」を導入するなかで、単一楽器の音高や異なる音色を持つ複数の楽器演奏を聴くことが効果をもたらすと考えた。また、集中力を要する作業を推進するためには、オルガン演奏の聴取が功を奏し、これが児童の意欲や活動の敏速さを促すとも言及する。

呉が「音楽を聴く」こと自体が治療であり「慰め」となると考えたのに対し、榊は、演奏聴取が目的を達するための訓練を補完するものであり、付随的な効果をもたらすものとして受動的音楽療法を捉えている。榊は児童に対してだけでなく、成人の精神疾患患者にも演奏聴取の必要性を示しており、大正期に入って発刊された『福岡日日新聞』によると、榊が初代教授として着任した九州帝国大学医学部附属医院の精神科病棟で、音楽による患者の慰安を念頭に、巣鴨病院と同じく定期的な音楽会を行っていた様子が報じられている。そこでは、榊を筆頭に助手やその他の医療従事者が率先して西洋由来の器楽曲や歌曲を演奏した。榊はここでも、音楽聴取は直接的に患者を慰めるのみならず、薬物療法や持続浴、精神療法など当時用いられていたその他の治療効果を推進し得るもの、つまり音楽を補完的に用いる意義をも念頭に置いていた。

このように呉秀三が推進した音楽療法では、能動・受動的音楽療法において邦楽器演奏が中心であったのに対して、榊は主として洋楽器を伴奏的に用いつつ、能動的な音楽療法については「歌唱」の有効性、とりわけ歌詞の適合性を見極めることを強調する。巣鴨病院では同時代に巷で流行っていた楽曲も取り入れる一方、榊は古くから伝承された歌曲を重んじるという、ここにも差異が認められる。また、受動的音楽療法に関して榊は、直接的な「慰め」への効能も踏まえつつ、それ以上に付随的、補完的な音楽効能を重視する姿勢が顕著である。

榊の展開した能動・受動的音楽療法論や医学思想的背景には、自身の留学体験を主軸とした一八九〇～一九〇〇年代のドイツ精神医療ならびに教育病理学が大きくかかわる。ここだけ見ると、榊は同時代の西洋音楽療法理論の紹介に徹していたかのようにも感じるが、具体的な使用音楽に言及する際には、「童歌（わらべうた）」や

「国歌」を推奨するなど、日本の文化土壌にも配慮した論を付け加えている。彼は「唱歌」に懐疑的な目を向けるなど、治療教育の現場では、教育目的に新たに作られた楽曲を排している。あくまでも治療用の音楽は、対象とする児童のための歌であり、子どもによって古くから自然に歌い継がれてきた「童歌」を推奨する。榊の雑記録や各種楽譜へのメモ書きからは、彼が『教育病理及治療学』にも出てきた福岡県立女子師範学校附属小学校児童を対象に定期的な音楽会を開き、そこでも「童歌」を演奏していたことが窺える(24)。児童による口伝承ではないものの、歌詞を重視する榊にとっては『古今和歌集』に起点を持つ歌詞が、時代とともに物語や戯作のなかに取り込まれ、長きにわたって庶民層に広く普及した「国歌」（ここでは〈君が代〉と考えられる(25)）も治療教育に効能を有すものとして捉えられた。〈君が代〉の旋律もまた、当時の児童にとっては既に耳馴染みあるものだったと思われる。

## 三　大正〜昭和初期「慰安」「娯楽」としての音楽

### （1）　松沢病院における音楽療法

#### ①慰安会にみる音楽の役割

大正期の松沢病院では、持続浴療法やごく簡単な薬物療法を除き、治療の中心は先にも触れた「作業療法」であった。病院が移転するにあたって呉秀三が「患者一人当たり百坪の土地」を東京府に要求したのは、広大な土地での屋外作業療法を推進し、病院自体の開放化を重視したためである。同時代の作業療法担当医師・加藤普佐次郎は、身体を十分に動かしながら行う作業療法こそが病室内蟄居の状態から患者を病棟の外へと連れだし、それはいずれ病院外や一般社会での生活に順応できるまでの回復に繋がる手段となり得ると考え、解放病棟の患者を中心に畑づくりや草木の手入れ、養豚、井戸掘りなどを励行した。また、屋外作業が難しい患者に対しても、廊下の掃除、配膳の補助など、複数人で行う作業を割り当てた。加藤の考えた「作業療法」とは、たんに患者を働かせるものではなく、開放的な環境のなかで労働の楽しみ、作っていく喜びを体験させる「開放治療」でもあった。大正期に推奨された「作業療法」は、身体を活発に動かすことともに、協調性やその先の社会性も考慮の対象になっていた。また、患者の退院に伴う社会復帰の糧となることをも目指し、作業内容には患者の収益となるものが推奨された。そうしたなかで、各人が個別に「音」と対峙する目的で明治期には「作業療法」に含まれていた「音楽弾奏」が、この時期の作業項目として削除されるに至る。同時に開放治療の推進を受け、これまで以上に患者が楽しむ、喜びを感じることが重視されるようになった院内では、集団での「音楽鑑賞」のみに注目が集まるようになる。ちょうどその頃、院内では「作業療法」とならび、音楽に限らず定期的な「慰安会」を推奨する動きが加速する。そこで「作業療法」や「慰安会」を総じて管轄する担当部所の必要性が提案され、一九二九（昭和四）年より「教育治療部」主催の「病者慰安会」が開始する。

慰安会の記録を綴った『病者慰安書類綴』には、一九二九年から一九三一年にかけて年に一・二回だった慰安会が、一九三二年から増加傾向にあり、一九三四年からは年一五回開催されたとの記載がある。全慰安会のうち、歌留多会や盆踊会といった時季に関連する慰安会、野球大会、相撲大会のような運動に関連する慰安会、そして、映画会や演劇・演芸会、音楽会、レコードコンサートといった音楽関連の慰安会が行われた。これらの音楽関連慰安会では、プログラム構成に留意しつつ和洋の楽器や楽曲を用いながら総じて明るい題材を選択し、過度な刺激を与える演目は排除するといった病院側の傾向が認められた。また、患者の感情と同質の音楽がまず用いられ、感情の発散を促す情動に訴える音楽の使用、カタルシスが行われたあとにその気持ちをクールダウンさせる楽曲を最後に用いるなど、現代さながらの音楽療法が行われていた。これら音楽関連慰安会の開催は医療関係者が主軸となりつつも、「音」「音楽」が介在する空間を共有する相手、あるいは演じ手という立ち位置で患者自身も能動的に関わっていた。その意味においては、通常の病院空間であるような「医師」「看護人」「患者」という関係性とは異なる、共同体のなかの自立した立ち位置や役割といったものが、慰安会を通じて新たに確立されていたようにも感じる[26]。

## ②「教育治療所」の誕生

昭和初期の松沢病院では、薬物・化学的治療と並行して、教育治療、作業療法、栄養療法、精神療法が実施され、音楽関連慰安会は先に触れたとおり「教育治療」の一環として定期的に実施された。その頃、同じく「教育治療」の試みとして蓄音機、オルガン、ハーモニカ、ヴァイオリン、月琴、琴、三味線などが揃えられ、院内の「教育治療所」で自由に演奏することができるようになっている。同所では必ずしも一人で楽器を使用したり蓄音機から聴こえる音色に耳を傾けなければならないわけではなく、患者同士連れ立って楽しく憩うこともできた。この頃、病院ではとりわけ自由な音や音楽を介在した活動が患者の「慰安」に寄与し、医薬投与の補完療法として治療促進に繋がると考えられ、「教育治療所」での楽器整備が急加速で進められた。

当時、蓄音機から頻繁に流れていた〈さくら音頭〉は、佐伯孝夫が作詞、中山晋平が作曲を担当し、ビクターレコードから発売された大ヒット作品であった。あまりの人気ぶりに、慰安会を担当していた医師の小泉真吉が替詞をつけ、五番仕立ての替え歌〈松沢音頭〉まで誕生した。小泉は当時を振り返り、「私は少しでも患者の閉ざされた心を開放する目的で、患者の慰安娯楽方面の仕事に着手した。（中略）流行歌やポピュラー音楽のレコードを集めてコンサートを催し、あとは希望により病室へレコードを貸し出したり、あまり刺激の強くない小型無声映画を借りた。（中略）昭和九年、私も大分馴れたので松沢音頭を作った。東京音頭に続いて流行した〈さくら音頭〉の替え歌である。それを運動会で踊らせるために清水耕一看護長の助力で財界のW氏からそろいの浴衣を寄贈された」と述べている[27]。その後〈松沢音頭〉は、病院行事では必ずといって良いほど用いられるようになり、患者・看護人・医師たち総出で歌い踊り、楽しみを皆で分かち合う共有の「場」として長きに亘って継承された。それは、個々の内にこもりがちな各患者が、音頭を共有することで患者同士や医療関係者と繋がり、さらには病院外でも大流行した〈さくら音頭〉というツールを通して実社会とも繋がる大切な「場」として、徐々に病院内で定着していった。

このように大正期から昭和初期にかけての松沢病院では、とりわけ「慰安」として音楽が患者の治療や日常に位置づけられていった。その潮流は、松沢病院に関連ある医師の赴任に伴い、同時期の九州帝国大学のみならず東北帝国大学や北海道帝国大学精神病学教室における音楽療法にも影響を及ぼした。そこで重視された「慰安」あるいは「娯楽」のなかに価値づけられた音楽は、幅広い療養・療育に活用する、いわゆる「レクリエーション活動」としての音楽の役割に光があたることにも繋がっていく。榊保三郎の後任として九州帝国大学精神病学教室で教授を引き継いだ下田光造もまた、呉秀三のもとで精神医療を学んだ一人であった。榊以上に呉の直系門下生であり、そして精神療法、心理社会的治療学、教育病理学に精通していた下田は、むろん榊の強調した障がい児における「治療教育」としての音楽活用を継承しつつも、成人の患者に対しては松沢病院での動向に呼応するかのように、「慰安」あるいは「娯楽」に着眼し、そのなかに音楽活動を位置づけた。その九州帝国大学での取り組みは、下田に師事した中脩三（第三代九州大学医学部精神病学教室教授）を通じて日本統治下の台湾精神医療に影響を及ぼしていくこととなる。次項では中が初代院長についた台湾初の官立精神病院「養神院」の成立背景とそこで根付いた「娯楽」としての音楽について概観してみたい。

### （2）「養神院」にみる「娯楽」としての音楽

一九三四年、台湾総督府は日本の旧「外地」としては初の官立精神病院を開設し、同院を「養神院」と名付けた。その背景には当時、台湾の精神病者数は三〇〇〇人あまりに達していたが、「之が収容治療機関としては、社会事業団体の経営する小規模なる設備数箇所と私立医院一箇所とあるのみ」で、「完全なる精神病院の設備は焦眉の急務」という差し迫る窮状があった。その打開策として、一九三一年度からのおよそ二年間で台北市の東方郊外の台北州七星郡松山庄五分埔に収容定員一〇〇人の精神病院建設を進め、一九三四年一〇月に竣工した。[28]

養神院の設立は、一九三〇年代から台湾総督府が取り組んだ医療施策の一環にあり、とりわけ総督府は、ハンセン病、精神病、結核の患者を収容すべき「三大特種療養機関」の整備に関心を向けた。[29] ことに近代精神病院に関しては当時、一九世紀末に創設されたドイツのアルト・シェルビッツ精神病院が、最新のパビリオン（分棟）様式の病棟と広大な作業用農地を有する理想的な施設として世界的に著名だった。この病院が、前述の松沢病院のモデルだったことはよく知られている。しかし、呉秀三も指摘したように、日本全体の精神病者の入院治療施設の整備は欧米諸国の後塵を拝していることは明らかだった。それは「外地」も同様であり、それゆえ新設される養神院には、戦前日本の「内地」と同様に立ち遅れた日本統治下台湾の精神医療を打開し、先端的な医療を施す病院としての期待がかけられた。この意味では、「アルト・シェルビッツ精神病院―松沢病院―養神院」は、成立年代の時間差こそあれ、近代的な精神医学の実践という思想を共有していたようにも思える。[30]

ただ、一九二六年に九州帝国大学医学部を卒業後、同大医学部助手を経て、一九三四年一〇月三一日付で「台湾総督府精神病院医長兼台湾総督府台北医学専門学校教授」に任ぜられた中脩三は、養神院設立の際「主として模範としたと考へられる最新の」病院として、一九三一年に精神病院法にもとづき建設された福岡県立筑紫保養院を挙げている。[31] 養神院の模範と目される福岡県立筑紫保養院は開放的な近代精神病院として当時、大きな注目を集めており、同院でも精神医療の一環として「慰安」「娯楽」が重視されていた。[32] 同院の第二代院長には、中とおなじく下田門下に在籍していた岩田太郎が就任していることからも分かるように、福岡県立筑紫保養院は九州帝大とも関係が深く、中も比較的同病院の情報を得やすかった可能性が高い。こうした繋がりも素地としつつ、中は急加速的に養神院の設備、治療環境や内容を整えていった。

『養神院概況』によると、院内は院長室、研究室、薬局、外来診療室などが入る二階建ての本館に加えて、「神経衰弱、ひすてりい等内科的及ビ恢復期患者」の安静療養に適した第一・第二病棟)、そのほかの患者のためには第三から第六病棟が設けられた。六つの病棟あわせて八〇人ほどが収容でき、各病棟には診察室、看護員室、面会室、持続浴室、便所などが備えられていた。院内は空気清澄広闊で療養や運動に適し、敷地の周囲には広汎な作業地もあった。さらに特筆すべきは娯楽室がつくられ、そのことを『概況』では「娯楽室は本館と病棟との間に介在し五〇畳敷あり、演芸、活動写真映写、其の他の娯楽を為し得るの構造なり」と伝えている[33]。

松沢病院や「内地」の精神病院でも時期を同じくして、院内の講堂や娯楽室で大神楽や奇術、娘手踊のほか、落語や滑稽話など演芸が定期的に披露されていた。また、実録動物映画や紀行もの、時おり海外の喜劇作品や日本の時代劇が映写され、それらは総じて音楽関連娯楽会、あるいは慰安会と称され、患者たちの慰めや療養、気晴らしに一躍かった。こうした「内地」の動きに連動し、統治下で西洋音楽あるいは邦楽の受容が大幅に進んでいた台湾においても同様に、患者の関心や地域文化を考慮しつつ演目や作品、音楽の選択が行われていたものと考えられる。管見の限りでは、娯楽に用いられた具体的な音楽の情報は残念ながら少ないが、プログラム構成についても「内地」での実践と同様、和漢洋の楽器や楽曲を用いながら総じて明るい題材を選択し、過度な刺激を与える演目は排除する傾向にあったことは想像に難くない。なお、娯楽は病院関連慈善団体のもとで催されており、慈善団体主導で「慰安」や「娯楽」を推進するという手法は、松沢（巣鴨）病院や九州帝国大学でも同様に見られる体制であった[34]。この点を見ても、松沢病院、九州帝国大学、そして養神院との体制面そして治療内容での連環が窺える。中は後に著した『神経精神病診断と治療の手引』でも「音楽療法」という言葉を用いて精神療法への音楽の効能について言及するなど、[35] 治療への音楽導入については一貫して前向きな姿勢をとった。なお、今回は言及できなかった日本統治下における「外地」での具体的な音楽療法実践内容については、症例誌などの一次史料をもとに考察を深め、次稿の課題としたい。

## おわりに

本論では、明治から昭和戦前期の主として官立精神病院で導入された音楽療法の一端を紹介した。明治末期に精神療法の一環として巣鴨病院で能動的・受動的音楽療法が導入されたことを皮切りに、治療としての音楽は、巣鴨病院（その後の松沢病院）関係者の赴任先である旧帝国大学を中心に全国に拡がりをみせた。とりわけ、大正期には音楽の間接的・代替的な効能に光が当てられ、それらは「治療教育」という分野のなかで発展的に息づいた。その後、「慰安」「娯楽」として音楽療法実践は広く精神医療現場に受け入れられるようになる。その過程からは、西洋から受容した知識をもとに、それらを咀嚼して日本独自の形を模索し、その後、柔軟な形をもちつつ東アジアへ伝播・継受されていく、そうした精神科医たちの取り組み、そして他の分野にも見られる連環の諸相が音楽療法分野にもいえることが明らかとなったのではないだろうか。

（1）　光平有希『「いやし」としての音楽――江戸期・明治期における日本音楽療法思想史』（臨川書店、二〇一八年）。

（2）　呉秀三の精神療法ならびに音楽療法については左記の文献を参照のこと。
呉秀三「精神療法」（青山胤通他編撰『日本内科全書』第二巻第三冊、吐鳳堂書店、一九一六年）六二～七二頁。

光平有希「呉秀三の音楽療法とその思想的背景」（『日本研究』第五六集、二〇一七年）九五～一一九頁。

（3）　榊保三郎編『異常児ノ病理及教育法――教育病理及治療学』（上巻：一九〇九年、下巻：一九一〇年、南江堂書店）。
なお、榊保三郎の人物像や治療理論については左記の文献を適宜参照した。

九大フィルハーモニー『九大フィルハーモニー・オーケストラ五〇年史』（九大フィルハーモニー会、一九六三年）。

高仁淑「帝国大学におけるオーケストラ育成運動――榊保三郎の九州帝国大学フィルハーモニー会活動を中心に」（『九州大学大学院教育学研究紀要』第六集、二〇〇四年）九五～一一四頁。

半沢周三『光芒の序曲――榊保三郎と九大フィル』（葦書房、二〇〇一年）。

南真紀子「榊保三郎と『優等児』研究――明治・大正期の優秀児教育論解明への一端」（『慶應義塾大学大学院社会学研究科紀要：社会学心理学教育学』第六三集、二〇〇六年）一九～三六頁。

（4）岡田英己子・津曲裕次「ドイツ Heilpädagogik 研究の我国への導入過程について」（『心身障害学研究』第九巻第二号、一九八五年）三一～三八頁。
（5）富士川游「教育病理学総論」（富士川游・呉秀三・三宅鑛一『教育病理学』同文館、一九一〇年）三～四頁。
（6）Strumpell, Ludwig Adolf. *Die Padagogische Pathologie: Oder Die Lehre Von Den Fehlern Der Kinder* (Leipzig: Böhme. 1892).
（7）筆者未詳「序」（『神經學雜誌』第一巻第一号、一九〇二年）三頁。
（8）呉秀三『精神病学集要』後篇第一冊（吐鳳堂書店、一九一八年）。
（9）伊藤由可里『戦前期治療教育思想の研究』（名古屋大学博士論文、二〇〇〇年）。
山崎由可里「戦前期日本の精神病学領域における教育病理学・治療教育学の形成に関する研究」（『和歌山大学教育学部紀要　教育科学』第五四号、二〇〇四年）一九～三六頁。
（10）榊、前掲書（一九〇九年）六～一八頁。
（11）『教育病理及治療学』では「劣等児（学業不振児）」を「低能児」、重度の障がい児について「白痴」などと表記している。当該用語は現在用いられることはなく、また差別的表現も含まれるが、本稿では歴史的研究の観点から、本文ならびに註において原文で記載されているままの表記を用いることとする。
（12）Demoor, Jean. *Die anormalen Kinder und ihre erziehliche Behandlung in Haus und Schule* (Altenburg: O. Bonde. 1901).
（13）榊、前掲書（一九一〇年）三八一～三八四頁。
（14）同右、三八五頁。

(15) Graziano, A. B. and Johnson, J. K. "Music as a Tool in the development of Nineteenth- Century Neurology", *Music and the Nerves 1660–1945* (London: Palgrave Macmillan. 2014) pp. 159–160.
Graziano, A. B., Pech, A., Hou, C. and Johnson, J. K. "Hermann Oppenheim's Observations about Music in Aphasia" (*Journal of the History of the Neurosciences*. Vol. 21, 2012) pp. 1-16.
(16) 榊、前掲書（一九一〇年）三八六頁。
(17) 関口博子「一八世紀後半のドイツにおける子どもの歌の創始――J．A．ヒラー『子どものための歌曲集』（一七六九）の分析を通して」（『幼児教育史研究』第九集、二〇一四年）一七～三一頁。
(18) Kuntz, O. 1899. "Unkindliches im Kinderliede," Die Deutsche Schule. Vol. 3. pp. 223-231.
(19) Ibid., p. 295.
(20) 榊、前掲書（一九一〇年）三六三頁。
(21) 教育史上、「直観教授 Anschauungsunterricht」とは、言語や文字や概念による教授に対して、教材としての事物や事象を直接観察させたり、その感覚的代理物である絵や標本、模型などを提示したりすることによって、児童・生徒に具体的に学習させる教育を指す。近代教授理論史における直観教授の提唱者コメニウス Johann Amos Comenius は、教授は事物からの感覚内容を学習者に与えることから始めなければならない、という「感覚論的直観教授論」を展開した。それを発展させたペスタロッチ Johann Heinrich Pestalozzi は、直観を全認識の基礎と定義することで教授理論の構築を模索し、「数・形・語」という認識発展の基礎的原理を発見したことによって、感覚的直観から明瞭な概念へ至る直観の術を確立した。
(22) 榊、前掲書（一九一〇年）三六六～三六七頁。
(23) 同右、七二四頁。
(24) 榊が所持した楽譜や資料群については、九州大学大学文書館のほか、東京藝術大学附属図書館で「オーケストラ創始者榊保三郎氏旧蔵楽譜」として所蔵されている。
(25)〈君が代〉は、江戸時代には祝いの歌や相手を思う歌として、小唄・長唄・地歌・浄瑠璃・仮名草子・浮世草子・読本・祭礼歌・盆踊り・舟歌・薩摩琵琶・門付などに用いられ、あるときはそのままの形で、またあるときは歌詞をかえて庶民層に広く普及した。一八八〇（明治一三）年の誕生後、正式に法制化されたのは平成に入ってのことだが、一八九三年に文部省文部大臣・井上毅の告示以降、儀式に使用され徐々に国歌として定着した。本作は『小学唱歌集 初編』にも含まれるが、榊が重視する長年伝承されてきた「歌詞」という側面において、近代に教育目的を主眼に新たに作られた「唱歌」（榊が述べるところの「児童唱歌」）とは一線を画すものであったと考えられる。

(26) 光平有希「昭和前期の松沢病院にみる「慰楽」——治療と日常のあいだに響く音」（細川周平編『音と耳から考える 歴史・身体・テクノロジー』アルテスパブリッシング、二〇二一年）二二六〜二四一頁。

(27) 小泉真吉「松沢音頭の頃」（『宇医会報』一九七七年）。

(28) 台湾総督府養神院「台湾総督府精神病院 養神院概況」（一九三八年）。なお、この文中の引用、およびこれ以降の本文中、注においても、必要に応じてオリジナルの漢字カナ表記から漢字かな表記へ、旧字体から新字体に変更している。また、一部の歴史的な用語は、原文のまま記載している。なお、台湾精神医療史ならびに養神院については左記の文献を適宜参照した。

陳永興『飛入杜鵑窩——一個精神科醫生的反省與呼喚』（一九八一年）。

新自然主義『台灣醫療發展史』（二〇〇三年）。

橋本明「養神院の誕生——台湾総督府の精神医療プロジェクト」（『社会福祉研究』第二三集、二〇二一年）三五〜四六頁。

(29) 高橋秀人「年頭の辞」（『社会事業の友』第五〇号、一九三三年）一頁。

(30) 橋本、前掲書（二〇二一年）三五〜三六頁。

(31) 中脩三「社会事業としての国立精神病院の意義」（『社会事業の友』、第八五号、一九三五年）六六〜七三頁。のちに筑紫保養院は「当時としては近代建築の粋を集めて作られ（中略）浴場、便所共に患者用としてはもったない程立派で、ホテルにしても恥かしくない程」と評されている（福岡県立太宰府病院『創立五十周年記念誌』一九八二年、五三〜五四頁）。

(32) 岩田太郎「精神分裂病の作業療法」（『病院精神医学』第六集、一九六三年）七三〜一〇〇頁。

(33) 台湾総督府養神院、前掲書（一九三八年）。

(34) 中は養神院の院長就任と同時期に台北医学専門学校教授に任ぜられた。専門学校での職務については、一九二八年に理農と文政の二学部でスタートした台北帝国大学に、医学部が新設されることが予定されており、それまでのつなぎのポストという含意もあったろう。その後、一九三六年に台北帝大に医学部が新設され、台北医学専門学校は台北帝大附属医学専門部として存続した。一九三八年には台北帝大医学部に精神病学講座の増設が決まり、台北医学専門学校教授を経て台北帝大附属医学専門部教授になっていた中は、一九三九年、台北帝大医学部の精神科教授に正式に就任している。ここでも「娯楽」は治療のなかに位置づけられており、この点においては養神院での治療方針が引き継がれているという見方もできる。

(35)　中脩三・松本啓『精神医学の臨床ならびに精神衛生的ソシアルワークに必要な神経精神病診断と治療の手引』(慶應通信、一九六九年)七三頁。

# 近代日本における衛生統計の射程
## ――東亜研究所『東亜諸民族の死亡に関する衛生統計的調査』（一九四三年）の成立背景

香西豊子

### はじめに

植民地研究の対象には、周知のとおり、いくつもの局面がある。国や地域が接触する局面、一方が他方を収奪する局面、植民地に本国の人間が入植する局面、植民地が統治・経営される局面、植民地を基点にあらたな植民地が拡大する局面、植民地が独立する局面などである。このうち、科学的な知と経験の体系としての医学が表立って関わってくるのは、おもに入植・統治・経営の局面であろう。

大日本帝国の植民地研究を概観しても、植民地の統治・経営に医学がいかに関わっていたかという問題は、重要なテーマでありつづけている。これは、近代の植民地獲得の動きが、たんなる軍事的な版図の拡大ではなく、現地の鉱物・動植物等の資源や人間の労働力・購買力をも当て込んだ経済的な活動でもあったことによる。現地での人間の生命・生活は、植民地の統治・経営の一つの要だったのである。

しかし一方、植民地の統治・経営ではなく、植民地への入植という局面において、医学がどのような役割を担っていたかとなると、さほど注目がなされていない(1)。植民地への本国人の入植の成否は、のちの植民地の統治・

経営の前提となる重要な事項である。一九三八（昭和一三）年設立の国策調査機関「東亜研究所」においても、自然環境や食料・文化の異なる地への移民・移住を円滑にすすめるため、衛生統計を駆使してその基礎資料を作成する動きがいくつか見られた。

そこで本稿は、従来ほとんど顧みられることのなかった植民地への入植の局面における医学の援用の問題を考察し、近代日本の衛生統計の射程を測りたい。具体的に取りあげるのは、東亜研究所の研究成果物の一つである一九四三年作成『東亜諸民族の死亡に関する衛生統計的調査』[2]（以下、『東亜諸民族死亡調査』）である。

構成としては、まず前半部（第一節）で、日本本国における昭和戦前期までの衛生統計の展開を追う。これは、そもそも『東亜諸民族死亡調査』というテキストの学術的基盤が、近代日本においてどのように成立したかという、既存の学問の空白を埋める作業も兼ねており、本稿の紙数の大半を占める。『東亜諸民族死亡調査』では、衛生に関連する種々の統計のなかでも、とくに「死亡」が重視されたが、この、死亡データから当該国・地域の人口の規模（人口静態）のみならず人口の推移（人口動態）、さらには生存者らの生活実態を把握する（死因分析）という営みが、日本でいかに始まり方法論的に精緻化され政策へと応用されていったかを、最初に確認する。

そのうえで、あらためて後半部（第二節）で『東亜諸民族死亡調査』の内容を検討する。同書の中で言及される各国・地域の衛生統計に関しては、日本本国のものと同様に、学説史の研究の蓄積がすすんでいない。そのため、原資料がテキストにどう加工されたかを、現時点で本格的に比較・分析することはできない。だが、今後の研究の道しるべとして、本稿では、一九四三年に東亜研究所で『東亜諸民族死亡調査』なるテキストが編まれていたという事実から出発し、逆に、日本本国や各国・地域で培われた死亡データ分析の知見と技術が、戦中期に国策調査機関でどう援用され、植民地政策に参照されようとしていたかを跡づける。

『東亜諸民族死亡調査』は一九九九（平成一一）年に復刻されるが、その際、「かつて戦略目的で作成された本資料」に「解説」を寄せた金子俊は、「本書のような科学的資料を見た限りでは、現在巷間で言われているように、日本は無謀な非科学的精神主義のもとに戦争をやっていた、とはとうてい思えない[3]」という感慨を表明している。たしかに、『東亜諸民族死亡調査』の記述は非常に厳格で科学的であり、本稿では、それが近代日本の衛生統計の歴史のうえにどのように位置づくかを見きわめたい。

## 一．昭和戦前期までの日本における衛生統計の展開

### （1）日本における衛生統計のはじまり――明治初年～一八七九（明治一二）年

#### ①内務省衛生局と衛生統計事業

現代から日本近代の人口統計を振り返るとき、もっとも混乱するのは、それが目的ごとに別の部署で別の集計方法により作成されていた点であろう。近代日本の衛生統計に関する研究が、これまでほとんどなされてこなかったのも、統計学・人口学・政治学・医学（衛生学）など多岐の学問分野にかかわる、この対象の見通しの悪さによる。明治三〇年代前半に整理・統合されるまで、人口全体の把握は、一八七二（明治五）年のいわゆる「壬申戸籍」以降、戸籍によって代替されていた。他方、ひとびとの生死や疾病の関わる人口統計の一部（以下、「衛生統計」）は、それまでの間、衛生行政を担う当局（当初は文部省医務課、一八七三年三月に同医務局へと昇格のち一八七五年七月に新設の内務省新設衛生局に移管）により別途作成された。

衛生当局（文部省医務課）が最初に衛生統計に関する方針を明確にしたのは、一八七四年八月制定の「医制」においてである。この七六ヶ条にわたる医事衛生制度の指針は、まず東京・京都・大阪の三府に公布された。その第四五条および第四六条に、以下のとおり、医師の届出にもとづき死亡データを収集するとともに悪性流行病の蔓延実態を把握することが打ちだされた。

第四五条　施治ノ患者死去スル時ハ医師三日内ニ其病名経過ノ日数及ヒ死スル所以ノ原由ヲ記シ〔虚脱痙攣窒息等ノ類ヲ謂フ〕医師ノ姓名年月日ヲ附シ印ヲ押シテ医務取締ニ出スヘシ

第四六条　医師悪性流行病〔第扶私虎列剌天然痘麻疹ノ類ヲ謂フ〕アルコトヲ察セハ急速医務取締及区戸長ニ届クヘシ〔流行病豫防法別冊アリ〕(4)

これら「医制」の条文の文言からは、「死亡」や「悪性流行病」のデータを収集する目的を読みとることはできない。だが、当局の同年一一月作成の文書によれば、データの比較・参攷を通じて「治術」を研究し「予防方法」を設けることが企図されていたようである。(5) 文部省では同年同月、「医制」にもとづき、京都・大阪両府に対して、「死亡者表表式」(表式不明)(6)を定めるので、毎月データを取りまとめ、年に二度、二月と七月に提出するよう達を出している。

ただし、衛生統計事業は日本で前例のなかったことであり、滑りだしは順調ではなかった。一八七五年三月、医務局は文部省へ、東京府・大阪府に医制第四五条・第四六条に倣うよう再度通達を出すよう促している。そこには、「死亡届」および「悪性伝染病届」の制度は、ひとびとの衛生という側面からだけでなく、医学という学問の発展にも寄与するという事由が記されていた。

死亡届并悪性伝染病届等ノ儀ハ衛生上重要ノ件ニテ啻一般病者ノ為ノミナラス自然医生ノ学術ヲ誘導スル一端ニテ其裨益不少儀ニ付医制中ノ二条ヲ摘ミ左案相添東京府大阪府へ御達相成度御決議相伺候也。(7)

文部省ではこれをうけて、同月中に東京府・大阪府に、「医師施治ノ患者死去スル時ハ七日内ニ其病名・経過ノ日数及ヒ死スル所以ノ原由ヲ記シ〔虚脱・痙攣・窒息等ノ類ヲ云フ〕医師ノ姓名年月日ヲ附シ印ヲ押シテ医務取締ニ出スヘシ」という通達を出した。(8) このように、当局は、医師の届出にもとづくデータが、郡町村の医務取締を経由し、各府より年に二度中央に上がってくる制度を構築しようとしたのだった。

この試みは、一八七五年七月に衛生行政の所轄が文部省医務局から内務省衛生局へと移ったあとも引継がれた。一八七六年二月には、各県に内務省達（乙第一三号）が出され、医師による患者死亡届の制度（「死亡申牒の制」）[9]は全国的に展開されることとなる。施治の患者が死亡したときに医師が医務取締に提出する届出様式は、つぎに引用するように定められた。これまで記載項目とされていた診察期間（「経過ノ日数」）と虚脱・痙攣・窒息等の死亡の直接的な契機（「死スル所以ノ原由」）は割愛され、「病名」のみを記すこととされた。また、「死亡者表表式」「死亡届」「死去届」と一定しなかった様式の名称も、「死亡届」に落ち着いた。

死亡届　料紙半紙二ツ折

何〔県・府〕何大区何小区何〔町・村〕
何某父母兄弟妻子

病名　年号月日　死何業何職　姓　名
年齢

右ハ私施治ノ患者ニ候処死去候間此段御届申上候也

何〔県・府〕何大区何小区何〔町・村〕番地
医師　姓　名　印

年号月日
何県〔令・参事〕何某殿[10]

衛生局に上がってきたデータは、製表・売薬・種痘・庶務・出納という局内の五課のうち、製表課（「製表」は今日の「統計」を意味する用語の一つ）で処理され、毎年刊行される年報で公開された。たとえば、一八七七年一二月発行の『衛生局第一第二報告（自明治八年七月至明治十年六月）』は、死亡データを県ごとに、性別・年齢別（一五歳以下・四五歳以下・四六歳以上・年齢不詳の四区分）・病名別（熱性病・呼吸器病・血行器病・消化器病・神経系諸病・泌尿及生殖器病・皮膚病・雑病・黴毒・外科的病、の一〇分類）に整理し、その一覧表を「死亡表」として掲載している。

### ②データの収集・処理上の課題

このように、一八七六年二月に全国に敷かれた「死亡申牒の制」ではあったが、データの収集・処理の実務面では改善すべき点が多々あった。

第一に問題となったのは、データの重複・遺漏である。当時、病人は病院ではなく自宅で医師の往診をうけるのが主流であり、複数の医師に診察をうけることも少なくなかった。そのため、病人が複数の医師にかかっていた場合、死亡届が重複して出されたり、医師らが互いに譲り合って結局死亡届が提出されなかったりする事案の発生するおそれがあった。そこで、衛生局は早くも同年四月に、すべての医師に死亡届を提出させるのではなく、主任の医師が死亡患者家族に死亡届を渡し、それを死亡患者家族が区戸長あるいは医務取締に提出するよう制度を改正している（内務省達乙第四四号）[11]。

第二は、医師に看取られず死亡した者があった場合のデータの欠損である。これについては、頓死や急死により医者の施治をうけぬまま死亡した場合でもデータが上がるよう、同年九月、死亡患者家族に医師（各地区で定める当番医ないしはかかりつけ医）による検案を義務づけ、あらためて医師に作成してもらった届書を区務所に提出するよう定められた（東京府布達甲第百号「死亡届差出方順序」）[12]。

第三は、死亡届の記載不備である。とりわけ、職業欄には記載の漏れや誤りが往々にあったとみえ、内務省は同年一〇月、府県に「元来死亡届ハ土地ト職業ニ原ツケル疾病ニ異同多少アルヲ査出シ豫防法講究ノ用ニ供候條向後例ヘハ大工ハ大工鍛冶ハ鍛冶其他総テ本人ノ職業ヲ記載スヘク此旨更ニ相達候事」（内務省達乙第一二四号）[13]と通達している。死亡の場所と死亡者本人の職業は、疾病と密接に結びつくものであり、たとえ本人が無業であっても「無業」と記載されることに意味があったのだった。

第四は、医師に記載される「病名」の不統一である。これには日本特有の事情も関連していた。日本の医学は、明治元年より西洋医術を採用するものとされ、医制においても医師はゆくゆく西洋近代医学を修めた者のみとする方針が打ち出されていた。だが、当面のあいだ、代々家業として医術をおこなってきた者にも開業が許されていたため、患者に従来どおりの医術を施す者が八割を超す状況であった。結果的に、死亡届の病名欄には、病いの俗称や漢名がそのまま記載されることとなった。

こうした事態に対処するため、東京府では一八七九年六月、死亡届を作成する医師らにむけて、一〇分類した病類「流行病・全身病・神経系諸病・血行器諸病・呼吸器諸病・消化器諸病・碑尿生殖器諸病（附婦人病）・小児病・外科的諸病（附外傷及ヒ変死）・皮膚病（附黴毒）」と「病名」との対照表を配布している（東京府達丙第七四号）[14]。対照表では、たとえば最初の「流行病」に対しては、「傷寒・瘟疫・熱病（太陽症・厥陰症・太陰症・陽明症）・神経熱・丹毒・瘧疾・馬脾風・喉痺・黄熱・発疹熱・伝染疫・腐敗熱・充血熱・腸胃熱・時疫（疫痢・熱痢）・暴瀉病（痧病）・遷延熱（又稽留熱）等ノ諸病」が配された。死亡届の「病名」欄に俗称・漢名・洋名が混在していても統計処理ができるよう便宜が図られたのだった。

かくて「治術」や「予防方法」を考案する目的で始められた衛生統計事業ではあったが、立ち上げ当初は、データが当局に遺漏なく上がってくるという前提の段階から制度を設計する必要があった。「死亡」に関する統計も、年を追って衛生局年報に種々載るようになったが、毎号、データの精度がいまだ欧米諸国に比して低いことが指摘された。統計に付された解題も、表中の数値をなぞる程度だった。

## (2) 衛生統計の改良——一八八〇(明治一三)年～一八九八(明治三一)年

### ①衛生統計事業の拡充

例年数十頁程度の薄冊であった衛生局年報が、各種統計とその解題を載せる背幅の厚い冊子へと刷新されるのは、『衛生局第六次年報』(一八八〇年七月からの一年間の衛生事業を総攬)以降である。その背景には、年報の編集方針の変更もあろうが、一八八〇年四月より衛生局内で統計事業をおこなう体制が増強されたことが大きい[15]。このとき、衛生局は庶務・医事・統計・計算の四課へと再編され、統計課には編纂・製表の二掛が置かれた。

同年一一月には、統計課課長・永井久一郎に請われて、統計家の呉文聰《くれあやとし》が太政官政表課から統計課へと移った。呉は今日、日本の統計学の先駆者として杉亨二《こうじ》と並び称され[16]、「日本の統計理論のパイオニアで国勢調査創始の功労者[17]」と記憶される人物である。この当時は、まだ統計家としてのキャリアを歩みはじめて間もなかったが、日本の統計学の第一人者である杉亨二の薫陶を受けていた[18]。前職の太政官政表課では、課長の杉のもとで「甲斐国人別調」に実地に携わり、ある地域の全人口の男女比・婚姻・出生・死亡などのデータを収集・処理して、当該人口の静態を総合的に把握する一連の経験を積んでいた。その点を買われ、五等官として衛生局に入った呉は、一八八二年六月に依願免職するまで、衛生統計事業の整備や府県に作成させる各種様式の作成に尽力したのだった。

一八八〇年に、組織と人材の面で衛生統計事業が拡充された結果、衛生局年報に収載される衛生統計は、質・量ともに一挙に拡充された。たとえば、従来は衛生事務の第一項に「死亡」統計しか載らなかったところ、『衛生局第六次年報』以降は、「出産婚姻死亡」の統計が掲載されるようになった。当局でも以前より、「死亡」のデータ単独で読み取れる意味には限りがあり、「出産」・「婚姻」のデータと突き合わせてはじめて一国の衛生状態が推知できると認識されてはいた[19]。しかし、局内でも各府県においても体制が整わず、調査が先延ばしにされていたのだった。

一国の衛生概況がすがたを顕しはじめたことにより、『衛生局第六次年報』以降、統計の解説文には欧州各国への簡単な言及・比較もみられるようになる。日本の衛生統計は、こうした逐次の改変を経て、時間的・空間的な比較に供されうるものになっていった。

### ②呉文聰の「衛生統計論」――衛生統計における「死亡」の意味

ここで、明治一〇年代半ばに、日本の衛生統計（とりわけ死亡統計）に関して何が議論されていたかを、呉の著述に見てみよう。着目するのは、呉が衛生局統計課を免官する前後に、東京統計協会の機関誌『統計集誌』上に四回に分けて発表した「衛生統計論」である。これは、各国の衛生統計書の翻訳ならびに数年にわたる衛生統計作成の実務経験をもとに、衛生の現況を把握するための方法論を説いたもので、衛生統計の総論としては日本で最初の文章であった。

一九世紀前半にヨーロッパで体系化された近代的統計学は、三つの源流をもつといわれる[20]。いずれも一七世紀半ば頃より盛んとなった、ドイツの国家の現状を把握する国勢学（国状学）、イギリスの人口と社会状況との関係性を追究する「政治算術」、フランスの事象の生起する確度をとらえる確率論である。このうち、呉の「衛生統計論」にもっとも影響を与えていたのは、直接言及こそされていないものの、第二のイギリスで興った学術研究であったろう。婚姻・出生・死亡などの大量のデータにみえる数量的な規則性を、政治・文化・経済・自然・疫病流行などの状況と対照させて解釈するのである。呉は「衛生統計論」において、衛生統計の使途が、医学的な「治術」や「予防方法」の発見に限定されるものではなく、より広範に、社会の存立における脆弱な部分をあぶりだすという効用ももつことを示唆した。

呉は、まず論考の冒頭で、出生・死亡・婚姻のデータから人口の静態をとらえ、その経年比較によって人口の動態を把握するには、なにより「出生」・「死亡」・「婚姻」等の各データが精密でなければならない点を強調した。データに少しでも疎漏なところがあれば、その統計は全く用をなさない。したがって、全国ならびに各地の人口の特性をあぶりだし「救済ノ方法等」を講究するには、データを扱う者（「事実ヲ蒐集スル者」・「方案様式ヲ起草スル者」・「総括体成スル者」の三者）が細心の注意を払わねばならないとした[21]。

そのうえで呉は、「婚姻」・「出生」・「死亡」の各データが、何の変数として理解できるかを順に説いた。まず「結婚（婚姻）」は、飢餓や戦争・物価沸騰などの妨害がなく福祉が行きわたっていれば件数が増加するため、「民力ノ盛衰」を表徴する指標としている。ついで、「出生」は、同年齢人口のうちのどの程度の割合が「成長ノ後一身ヲ営養シ一家ヲ保続シ家族ヲ扶持養育シ国家有益ノ人ト成リ資産事功等ヲ後世ニ遺スヤヲ追究探討」するための材料であり、夭折者が多ければ「国家ノ衰頽」を表すとした。

最後に、本稿の注目する「死亡」のデータである。呉は「衛生統計論」で、「死亡」調査の意義を、つぎのように説明していた。

死亡調査ヲ為ス所以ハ死亡者ノ罹リタル病患ノ性質原因又之ヲ発生シタル状況等ニ就キ完全精悍ナル事実ヲ蒐集シ以テ衛生上ノ進歩ヲ図ルニアリ

第一　流行病アルニ当リテハ現時流行スル地方ヲ指定シ之カ豫防ヲ施ス事

第二　死亡ニ関スル事実ヲ集メ病患ヲ発生セシ百般ノ原因ヲ討究スル事

衛生統計ノ統計報告ハ完全精悍ニシテ且ツ神速ナランコトヲ要ス。疾病ノ原因ヲ討究シ之カ豫防ヲ実施スルハ極メテ急速ヲ要スレバナリ。故ニ死亡ノ登記ハ衛生局ノ直轄ナルカ若シ然ラサルモ必ズ衛生局ニ密接ナル

ヲ要ス。(22)

ここで説かれているのは、衛生統計における「死亡」の特異な位置である。「死亡」調査の目的は、「衛生上ノ進歩ヲ図ル」ことにあると、呉はいう。「死亡」は、「婚姻」や「出生」のデータとは異なり、生者の衛生の状態を間接的に映しだす指標となる。死亡データを、生前に罹患していた病気の性質や罹患理由、死亡時の状況などの観点から分析すれば、翻って、生者をより生き長らえさせる方策の考案に活かせるというわけである。

日本の衛生統計は当初、医学の枠組みのなかで、ひとを死に至らしめる疾病の「治法」および「予防方法」を知るために集計されはじめた。したがって、その焦点は、流行病をふくむ疾病と「死亡」との関係性を読み解くことにあった。しかし、呉の「衛生統計論」は「死亡」を、そうした直接的な原因により引きおこされたものではなく、より広義に、複数の要因が絡まり合い疾病等へとつながった結果、最終的に発生するものとして捉えていた。衛生統計における「死亡」とは、つまりは、それが顕現するまでの因果律を読み解く起点なのだった。

「死亡」の原因が流行病だと判明していれば、すぐさま流行地域を特定して予防策を打つ。流行病ほど因果律が明瞭に見てとれなければ、関連する事実を収集し、「死亡」に帰結しかねない百般の要因を追究する。「出生」の項でも触れられていたように、「死亡」の原因は一身上の虚弱に帰されるとは限らず、養育者の不知無学やそこからくる撫育の悪習弊慣もふくめた生存状況全般が関与している。「死亡」に関する事実は、さまざまなデータと突き合わせることで意味をもつようになるのだった。

ひとの生死に直結するが複合的な分析を必要とする死亡データは、したがって、迅速に政策へと展開できるよう、すみやかに衛生当局に届けられねばならなかった。「死亡ノ年月日、姓名、男女ノ別、既婚未婚或ハ鰥寡、年齢、住所、職業、産地又ハ原籍、死亡ノ病症又ハ其他原因、埋葬地、届出年月日」(23)の各項である。これらを、生存者のデータと対照させてゆく。すると、「男女・年齢・地方・職業等ノ異動アルガ為ニ生ズル各種ノ死亡比例ヲ示シ、以テ其健康ノ状況何如ヲシラシメ、又ハ其異同ノ為ニ生ズル病患・病候ヲ指示シ、以テ致死的ノ病患ノ原因ト予防トニ就キテ大ニ発明スル所アラシム」と、呉はいう。死亡データを分析することで、死者の生前の健康状態とそこに潜む「死亡」につながる要因とを推測し、逆にそれら要因を生者から遠ざける政策を打つという算段である。

とはいえ、すでに現実の問題となっていたとおり、従来の死亡届制度では、事実を収集する局面で届出・記載の不備があり、十全な死亡データが揃わない状況がつづいていた。とりわけ、ひとびとの「死亡」を予防・遅延させる鍵となる「死亡ノ原因」が判然としないのは致命的であった。

この点に関し、呉は、現行の死者を最終的に施治した医師にその病質を死亡証明書に記入させる方式にくわえ、理想的には、その証明書がない場合には埋葬を公認しないよう規定すれば、死亡データ自体は確実に収集できるとの見通しを説いている。もちろん、その場合でも、死亡データの質の問題は依然としてのこる。だが、当面は現実的な対策として、未熟懈怠の医師でも完全な死亡証書を作成できるよう、あらかじめ類別に使用する病患を指定しておき、かつ死亡後に戸主か施治の医師が定期に死亡届を役所に出すよう義務づけることを提案したのだった。

### ③内務省衛生局への死亡データ届出制度の改良

呉が「衛生統計論」で説いた提案が衛生統計制度に具体的に現れるのは、一八八三年以降である。一八八三年六月、衛生局は、「出産婚姻死亡」の項に関する統計をより厳密にするため、戸籍局のデータを転用するのではなく、直接府県庁から毎月報告をうける制度を創設した（内務省乙第二八号達）[24]。そして、このあらたな表様式・調書式（死亡に関しては「死亡者土地区別表」・「死亡者職業区別表」の二種）にもとづき、衛生局において計一六種の表が調製されることとなった。

前者の「死亡者土地区別表」は、当該月に何府県・何国・何郡区において、男女、月齢・年齢、未婚・既婚の別により、それぞれどのような病類を患った結果亡くなっているかを一覧表にしたものである。病類は、「原因不詳」を含め一二分類「伝染性病・発育及栄養的病・皮膚及筋病・骨及関節病・血行器病・神経及五管病・呼吸器病・消化器病・泌尿及生殖器病・外襲性変死・中毒症・原因不詳」とされた。死亡届に記載の病類の取りまとめについては、別途、内務省より各府県に、いかなる疾患を各病類に分類すべきかまとめた「病類細目要領」[25]が通知され、下位の郡区の役所レベルでも病類が類推・記入できるよう図られた。たとえば、「病類細目要領」の第一類「伝染性病」には、「(一)腸窒扶私(二)発疹窒扶私(三)赤痢(四)亜細亜虎列刺(五)実布的里亜・格魯布〔義膜炎〕(六)痘瘡(変痘・水痘)(七)麻疹(八)猩紅熱(九)脚気(十)間歇熱(十一)羅斯(十二)膿毒症・敗血症(十三)病院脱疽(十四)百日咳(十五)産褥熱(十六)流行性耳下腺炎(悪性唾腺炎)(十七)流行性脳脊髄膜炎(十八)急性関節僂麻質斯(急性レウマチス・レウマチス熱)(十九)花柳病(麻病・梅毒・便毒・下疳)(二十)動物性病(恐水病・炭疽熱・馬鼻疽)(二十一)其他伝染性疾患」が例示されており、ここに載らない病名が死亡届に記入されていた場合には、それをそのまま付記して当局に上げる仕組みであった[26]。

後者の「死亡者職業区別表」は、当該月に何府県・何国・何郡区において、職業(公務・学術・医事・農耕・商賈・其他諸業)別・病類別・本人家族の別にしたがい、死亡人数がどれほどあったかを整理した表である。職業は最終的に六種にまとめられたが、別途内務省より各府県に通知された「死亡表中職業細目要領」[27]では、「公務・学術・医事・農耕・商賈」のほか、「製造工作(諸職工、其他製造工作ニ関スル業務等ノ類)・漁楫採藻(漁夫・海苔採等ノ類)・舟労(船長以下水火夫及船中ニテ事業ヲ執ル者・渡守・筏乗等ノ類)・採鉱(採掘夫・溶鉱夫等ノ類)・力役(人力車及荷車挽、土方、米搗、人足等ノ類)」の業種も報告することとなっていた。

翌一八八四年一〇月には、内務省の働きかけにより、全国に葬送の事務手続きを定めた最初の統一的規定となる「墓地及埋葬取締規則」（太政官布達第二五号）が出され、死亡の届出と埋葬とがひもづけられた。同規則では、第三条で「死体ハ死後二十四時間ヲ経過スルニ非サレハ埋葬又ハ火葬ヲナスコトヲ得ス」と規定されたが、これは貧民らが死後すぐさま遺体を埋葬するのを常習としていたためであった（「早桶」等と称された(28)）。すべての死亡事案につき死亡届書ないしは検案書が役所に提出されるよう、第四条には「区長若クハ戸長ノ認許証ヲ得ルニ非サレハ埋葬又ハ火葬ヲナスコトヲ得ス」とも定められた。

こうして、呉が「衛生統計論」で描いていた、「死亡」に関する「完全精悍ナル事実」が当局にすみやかに報告される体制は、ほぼ整えられた。ただし、死者の生前わずらっていた疾病や生前の職業のデータをもとに、生者の衛生を「進歩」させるような動きは、この間、一部の伝染病をのぞいて見られなかった。

### （3）　国際比較を見越した死亡統計の整備――一八九九（明治三二）年〜大正期

#### ①内閣統計局の『日本帝国人口動態統計』製表と死亡原因類別の新設

日本において、「死亡」調査が「衛生ノ進歩」を図る手段として積極的に活用されるようになるのは、明治三〇年代初頭以降である。そこには、二つの契機があった。

一つは、一八九八年七月以降、内務省内で分掌されていた人口統計に関する事務が、内閣統計局（太政官政表課の後継組織）に移管され、そこで戸籍簿にもとづく人口静態の推計にくわえ、人口動態の調査（死亡届書にもとづく死因統計表の調製も含む）、生命表の作成、国勢調査実施の準備等がおこなわれるようになったことである。人口の規模と衛生・生活状態が、一局で直接集査・把握される仕組みが構築されることとなったのだった。

内務省は、内閣統計局での人口動態調査の開始に合わせて、一八九九年九月に省令「死亡診断書死体検案書並死産証書死胎検案書記載事項ノ件」（内務省令第四一号）を発出し、役所に「死亡」を届け出る際の書類の様式を変更した[29]。死亡診断書および死体検案書では「一、死亡者ノ氏名、其ノ職業及其ノ出生ノ年月日／二、病死者ニ在テハ其ノ病名、自殺者ニ在テハ其ノ手段、自殺以外ノ変死者及中毒者ニ在テハ其ノ種類／三、発病ノ年月日／四、死亡ノ年月日時及其ノ場所」が、また死産証書および死胎検案書では「一、父ノ氏名、職業、私生児ニ在テハ母ノ氏名、職業及父母ノ出生ノ年月日／二、死胎ノ嫡出子庶子私生子別及男女別／三、妊娠ノ月数／四、分娩ノ年月日時及其ノ場所」が記載されるものとされた。従来のように病死に照準したデータではなく、人口動態の把握に資する、病死以外の自殺・変死・中毒死・死産なども含めたあらゆる死亡データが収集されることとなったのだった。

いま一つは、一八九九年より『日本帝国人口動態統計』を製表するにあたり、そこに用いる疾病および死因の分類が新設されことである。一八七五年以来、内務省で用いられてきた一二病類（以下「旧分類」）とは別に、「死亡原因新類別」（以下「新分類」）として重要な死因四六項目（別途、特記すべき七項目を「再掲」）が規定されたのだった[30]。

内閣統計局長・花房直三郎の命をうけ考案にあたった内務技師・宮入慶之助と内務技手・二階堂菊太郎（保則）は、以下、二つの指針に沿って新分類を策定したという。

第一　死亡原因ニ依リテ類別シタル死亡統計ハ公衆衛生上至要ナル疾患ニ因ル死亡数ヲ表章スヘク類別スル事

第二　同上ノ統計ハ成ルヘク海外諸国ノ同シ統計ト比較対照シ得ヘク類別シ及ビ従来本邦ニ慣行セル一二病類別ト比較ノ便ヲ保持スヘキ事[31]

第一の指針は、新分類を、旧分類のごとく病類に振り分けるのではなく、疾病それ自体を見えるかたちで表章するという方針である。というのも、「公衆衛生上知ルコトヲ要スルモノハ、病ニ侵サレタル臓器ノ解剖的部位ニアラスシテ、之ヲ侵シタル疾病ニ在レバナリ」という理由からであった。旧分類は、無数にある「死亡原因」を統合し人体の解剖的系統に配した分かりやすいものではあったが、個々の疾患名が総称に埋没してしまい、結局は公衆衛生の施策立案に活用しきれていなかった。公衆衛生の観点からすれば、数ある「死亡原因」のなかから特殊で重要なものをあぶり出すには、疾病はより細かにかつ具体的に表章されている必要があったのだった。

第二の指針は、新分類を、共時的にも通時的にも比較・対照に堪えうるものにするという方針である。新分類の策定された一八九九年当時、欧米諸国のあいだには、すでに死因および疾病の万国共通類別（一八九三年に万国統計協会が創定）があり、これを今後も改訂しつつ採用する協定が結ばれようとしていた（翌一九〇〇年に第一次万国共通死因類別が締結され、戦後の国際的な分類「疾病、傷害及び死因の統計分類〔ICD〕」につづく）。日本はこのとき協定には加盟せず、まずは日本人に特異な「死亡原因」を網羅することを第一としたが、データを比較することの重要性は理解されていた。そのため、宮入・二階堂は新分類を策定するにあたり、旧分類はもちろん万国共通死亡原因類別とも比較可能なように項目を選定したのだった。

こうして、明治三〇年代以降、内閣統計局において人口統計が一元的に作成されるようになり、死亡データも全数とその原因とがいっそう緻密に計量されるようになった。一九〇六年からは、『日本帝国人口動態統計』のなかの「死因」関連の統計が切りだされ、より詳細なデータの載る『日本帝国死因統計』が公刊されるようになった。

### ②「死因」分析からみる公衆衛生上の課題――統計家・二階堂保則の業績から

かくて死亡データの解像度が向上した結果、これまで不可視化されていたいくつかの公衆衛生上の事実が、統計的に露わになった。たとえば、結核をはじめとする慢性伝染病の蔓延や、世界的にみても高率な乳幼児の死亡率、特定の地域や職業にみられる高率の死亡率などである。明治末期には、死亡データの統計的分析により現下の公衆衛生の問題点を浮き彫りにする報告書も、いくつか刊行されるようになった。

なかでも出色だったのは、統計家・二階堂保則の業績である。新潟で代々医業を営む家に生まれた二階堂は、医学を修めたのち統計学に転じ、一八九九年からは、前述のとおり内閣統計局の嘱託をうけて「死因」の新分類策定の任に当たった。[32] 新分類が成った後も、二階堂は内閣統計局長・花房からの委嘱により、今度は単独で、新類別四六項目の下位に一五二項目を選定した。[33] これは、公衆衛生の向上に資する統計的研究をおこなうには、より細密な「死因」分類にもとづくデータが必要とされたためであった。二階堂は、万国共通死亡原因類別が、大分類である第一分類の下に、細目にあたる第二分類を用意していることにならい、この第二分類と比較対照できるよう下位分類一五二項目を創案した。

このように第一線で「死因」の統計・分類作業に携わるかたわら、二階堂は花房からの別命に応じ、死亡データの分析・研究にも着手した。その最初の成果は、当時、死亡や労働不能の原因として知られ、直近の日露戦役でも多数の患者をだして問題となっていた「脚気」を取りあげた報告書であり、一九〇六年に『分量的ニ観察シタル脚気』として公刊された。[34] 脚気に関しては、その原因と発症機序をめぐり、ながく医学者らのあいだで論争があったが、統計的データをもとに死者・罹患者の像を具体的に捉えた研究は皆無であった。そこへ、脚気と年齢・性別・職業・季節・人口の疎密・気温・降水日数等との相関性を分量的に調べあげて刊行された同報告書は、脚気を伝染病とする学説への反証ともなりうるものであり、医学者らの論争に一石を投じた。二階堂は、この成果をもって、一九〇九年一一月に「臨時脚気病調査会」(脚気防遏をめざし前年に陸軍省内に設立)から統計事務を嘱託された。

その後も二階堂は、「死亡」に関する統計的事実を公衆衛生政策へと接続させる重要な仕事をいくつもおこなった。ここでは二つ特記すると、第一は、一八九八年に内閣統計局が人口統計を扱うようになって以降蓄積された死亡データを、死因ごとに編纂し刊行したことである。従来の公衆衛生政策が力点をおいていた急性伝染病一二種のみならず、周産期や慢性伝染病（癩・黴毒）なども万遍なく対象とし、のちの研究に供したのだった。[35][36]

第二は、死亡データの国際比較を早くよりおこない、日本人の「死亡」の特徴、とりわけ高率な乳幼児の死亡率を統計的に示したことである。これをうけて、内務省では一九三〇（昭和五）年六月、衛生局に「保健衛生調査会」を発足させた。[37]「（一）乳児・幼児及学齢児童、（二）結核、（三）花柳病、（四）癩、（五）精神病、（六）衣食住、（七）農村衛生状態、（八）統計」[38]の八部会で構成された同会で、二階堂は第八部会の委員に属し、乳幼児死亡ならびに結核死亡の調査に当たった。

これら二階堂らの貢献により、明治三〇年代には公衆衛生の実用に資する衛生統計が日本でも作製されることとなり、さらには、統計的にあぶりだされた公衆衛生の課題が政策にも反映されるようになった。死者の統計を、生者の衛生上の問題を照射する材料として活用する途は、こうして拓けていったのだった。

### （4）衛生統計の政策への応用——大正期〜昭和戦前期

明治後期に一通り整備された衛生統計は、大正期から昭和戦前期にかけて、国際比較にもとづく現状把握と衛生政策への応用という二つの側面をより深めてゆく。

現下の「死因」の構造から日本固有の公衆衛生の課題を把握することが可能となったのは、一九〇九年に、日本も万国共通死因類別の協定に加盟したことが背景にある。死亡データを国際的に比較することにより、他国では克服されている「死因」（すなわち何らかの効果的な対策を打てる「死因」）がなぜ日本では依然として問題となっているのか、その差異は伝染性の疾患によるものか、それとも体質か風土か衣食住か教育か衛生施設かと、公衆衛生の議論を進められるようになったのである。

万国共通死因類別は、元来、一〇年ごとに改訂されることになっていたが、同年にそれが改められた。これに合わせて、日本でも同第二次類別を採用し、従来の死因分類を廃することとなった。内閣統計局では、万国共通死因類別の大分類一二項・中分類（従来の「第一分類」）六一項・小分類（従来の「第二分類」）二一七項それぞれに従来の分類の「死因」を充て、一九〇九年以降のデータに適用していった[39]。

万国共通死因類別（大正期より公文書では「国際死因分類」）は、その後、一九二〇年には第三次分類（大分類一五項・中分類三八項・小分類二〇五項）へ、そして一九二九年には第四次分類（大分類一八項・中分類八五項・小分類二〇〇項）へと改訂された。日本でも、内閣統計局がその都度、従来の日本の分類に新項目や「再掲」・「細目」を付し、相互にデータを比較対照できるよう加工したうえでデータへと適用した（一九二三年内閣訓令第一号、ならびに一九三二年・内閣訓令第二号）[40]。

こうして二〇数年間、データが蓄積されるなかで、慢性伝染病の蔓延や高い乳幼児死亡という日本の「死因」の構造があらためて確認されただけでなく、特定の地域、たとえば都市のなかの細民居住区域や農村地帯などの劣悪な衛生状態があらたに調査・改良されるべき課題として見いだされたり、ヨーロッパ諸国では減少傾向にある疾病（とりわけ肺結核）が日本では依然として高率で推移していることが発見されたりした。紙数の関係から詳細は割愛するが、その調査・分析・対策の立案の中心的組織となったのは、前述の内務省衛生局に設けられた保健衛生調査会だった。

統計的に捉えた「死因」の構造から、逆にその地に生きる者の生のかたちを推測し、政策的に介入してゆく。そうした死亡統計を応用した統治術は、日本においては大正期以降、具体的に姿をあらわした。民族や社会の衛生を実現させるために、優生思想をおびた手段が発議されるようになるのも、同時代以降である。医学的な「治術」や「予防方法」の研究という衛生統計の当初の目的は、しだいにその射程を拡大し、一国の公衆衛生的な課題の「治術」や「予防方法」の模索にまで及んだ。そして、衛生統計の比較の対象も、ヨーロッパ諸国のみならず、アジアの国や地域へと広がったのだった。

## 二　植民地活動における衛生統計の活用

### （1）『東亜諸民族死亡調査』の位置づけ

#### ①国策調査機関としての東亜研究所

さて、一九四三（昭和一八）年に東亜研究所により作成された『東亜諸民族死亡調査』の成立背景を確認すべく、まずは近代日本における衛生統計の歴史を整理したが、大正期から徐々に日本で拡大した衛生統計の政策への応用の一事例と位置づけられることは了解されよう（より正確には、政策立案のための衛生統計の活用という次なる段階の一事例である）。『東亜諸民族死亡調査』の広汎かつ詳細な分析は、日本を含む各国・地域の衛生統計が十分に整備され、その分析・読解の技術がある程度蓄積されていたからこそ成立しえた。同調査報告を執筆した東亜研究所研究員・濱井生三が、日本にいながら、一人でこの三〇〇頁を越す報告書を書き上げられたのは、彼の有能さにばかりは帰されない。

ここで、『東亜諸民族死亡調査』の調査が実施された東亜研究所について、基本的な事項を確認しておこう。財団法人「東亜研究所」は、一九三九年九月に、内閣企画院の外郭団体として設立された。その目的は「帝国の海外発展に資するため、東亜の人文及び自然に関する総合的調査研究を行ふ」と謳われており、[41] 国策樹立に有用な科学的研究をおこなう専門調査機関という位置づけであった。

組織としては、五つの調査部門（それぞれがさらに班編成）が擁されていた。第一部（企画班・業務班・自然科学班・統計班・翻訳班）、第二部（ソ連班・外蒙青海班・回教班・満洲班）、第三部（支那政治班・支那社会班・第一支那経済班・第二支那経済班）、第四部（南洋第一班・南洋第二班・大洋班・列国班）、第五部（印度ビルマ班・英国班）である。[42]研究課題ごとに必要に応じて、精鋭な学徒が動員され、解散までの七年七ヵ月のあいだに都合一〇〇〇名以上が集められたという。東亜地域の研究機関としては、満鉄調査部とならぶ規模であった。

東亜研究所では、『東亜研究所報』・『東亜日誌』・『東研叢書』・『東研統計叢書』などの定期刊行物を発刊したが、まとまった調査研究報告は「東亜研究資料」として冊子体にされた。これには、「甲・乙・丙・丁・外乙・ソ」の六分類があり、「甲」が研究課題ごとの調査委員会報告、「乙」が研究所員による調査報告、「丙」が各種調査研究の中間報告、翻訳ないし部分的成果資料など、「丁」が研究所外に委託されていた研究調査の報告書、「外乙」が研究所で開催された講演の速記録、「ソ」がソ聯関係調査資料（乙・丙・丁の三種あり）という符丁であった。

『東亜諸民族死亡調査』には、「資料乙第六十六号C」の標識が付されているが、これは執筆者の濱井が東亜研究所所員であったことによる。第一部の自然科学班で、濱井は、各国・地域で作成された衛生統計を比較・分析し、移民・移住政策の基礎資料とすることを念頭に、外地に居住する「日本内地人」（以下、「日本人」）の適応状態を推定・評価したのだった。

### ②執筆者・濱井生三の東亜研究所での業績

一九一〇（明治四三）年九月に広島に生まれ、東北帝国大学理学部生物学科に学んだ動物生態学者が東亜研究所に入所したのは、研究所設立当時から第一部自然科学班で研究をおこなっていた学科の先輩の柘植秀臣の紹介をうけてのようである。[43]一九三四年に同学部を卒業後、生物学教室にとどまり研究を続けていた濱井が、いつの時点で東亜研究所に入所したかには諸説ある。だが、濱井の東亜研究所での最初の業績（『東亜諸地域ニ在住スル日本人ノ人口動態ニ関スル一・三の考察』〔資料丙第八三号C〕）が一九四〇年に刊行されていることからすると、濱井もまた設立後の早い時点で入所していたものと考えられる。

濱井の東亜研究所における業績は、四点、確認される。第一は、前述のものであり、『東亜諸民族死亡調査』につながる萌芽的研究と言える。[44] 第二は、一九四〇年刊行の『海南島ノ植物』である。[45] 第三は、一九四二年に『東亜研究所報』一四号に掲載された「(文献紹介) シャピロ著『移民と環境――ハワイに於ける日本人移民の身体形質とその子孫に対する環境の影響に関する研究』」である。[46] そして、第四が、一九四三年の『東亜諸民族死亡調査』である。

こう羅列すれば明らかなように、大学にて動物生態学や生物統計学を修めていた濱井は、東亜研究所に入所後、その科学的な知見とスキルを人間へと応用するよう求められた。そこで濱井は、人体（この場合は日本人）が移住した先でどのようにその環境に適応するのか、あるいはうまく適応できず特異な疾病ひいては「死亡」へとつながるのかを、死亡データから読みだそうとしたのである。

『東亜諸民族死亡調査』で、濱井は一二〇を超す文献を参照しているが、それらは大別して三つのカテゴリーから成った。第一群は、各国・地域で作成された人口や自然環境に関する一次データである。内閣統計局作成の内地のデータのほか、外務省調査部作成の在外本邦人のデータや、朝鮮総督府・台湾総督府・関東局（満州国日本大使館）にくわえ国民政府・フィリピン等の当局が作成した各種データが利用された。第二群は、各地における感染症の流行状況や衛生関連の制度、衛生施設の整備状況等に関するデータである。第三群は、身体計測データや死亡データを分析し、人間の移住先の環境に対する馴化・適応の度合いを考察した論考である。前出のシャピロの著書のほか、一九二八年の三浦運一「満州日本人死亡統計の衛生学的考察」や、一九三六年の崔羲楹「朝鮮に於ける内地人の死亡に関する衛生統計的考察」などが挙がる。濱井は、この第三群の先行研究から得られた着想をより広汎な民族間・居住地間との比較に適用し、前二群のデータを援用しつつ、報告書を作成した。その意味では、『東亜諸民族死亡調査』は、日本が国際的な潮流を加味しつつ培った、死亡データ分析の知見と技術の所産であった。

（２）『東亜諸民族死亡調査』の内容

では、その『東亜諸民族死亡調査』の内容を、簡単に確認しておこう。(47) 同調査報告は、序および七章からなる本文、参考文献・統計資料で構成されている。調査の対象は、「大東亜戦争勃発以前に於て日本内地人が最も多数入植してゐた地域」、すなわち、支那・朝鮮・台湾・関東州・南満洲鉄道附属地・南洋群島・比律賓・旧蘭領東印度・馬来などであった。

各地の自然環境ならびに政治・経済・文化等の社会的環境に対する日本人の馴化・適応をみるにあたり、濱井は、「死亡」に濃密に現れる因果や相関に着目した。そして、日本の衛生統計で当時用いられていた一九三二年改訂の標準死因分類（第四次国際死因分類に対応）の大分類一八項「①伝染病・寄生虫病、②癌・その他の腫瘍、③レウマチス性疾患・栄養障碍・内分泌腺の疾患・その他の全身病、④血液および造血臓器の疾患、⑤アルコール中毒・その他の慢性中毒、⑥神経および感覚器の疾患、⑦血行器の疾患、⑧呼吸器の疾患、⑨消化器の疾患、⑩泌尿・生殖器の疾患、⑪妊娠および産における疾患、⑫皮膚および皮下結節組織の疾患、⑬骨および運動器の疾患、⑭先天性畸形、⑮乳児固有の疾患、⑯老衰、⑰外因死、⑱不明の診断および不詳の原因」を援用し、データを分析している（以上、第一章「緒言」）。

第二章「死亡比による概観」では、東亜諸地域および主要一七か国の「死亡比」（全死亡数に占める各死因の割合）を比較し、いずれの国・地域においても死因の首位は①であること、しかし第二位に何がくるかによって三つのパターン（「死因相」、当該地域における当該集団の衛生状態を反映）が存在することを確認している。衛生学の知見からすれば、死因の第二位に⑦がくる死因相（Ⅶ群）はもっとも衛生状態が良く、⑨がくるもの（Ⅸ群）がやや劣悪、⑧がくるもの（Ⅷ群）がもっとも劣悪と判断されるが、日本人の死因相は、いずれの国・地域においてもⅧ群かⅨ群であった。これは、外地在住の日本人が内地在住の日本人よりも衛生状態が良くないことを示唆するものであった。

第三章「年齢別死亡率」では、外地在住日本人の衛生状態・健康状態をより詳細に把握するため、内地在住日本人と外地在住日本人の年齢別死亡率の比較が試みられている。すなわち、同じ体質をもつと推測される日本人同士を居住場所別および年齢別に比較し、自然環境や社会・経済的要因が「死亡」におよぼす影響を析出するのである。その結果、死因①の内外の差を生みだすもっとも重要な疾病は「結核」であり、日本人が都市に集中する満州・台湾で特徴的な年齢別死亡率のカーブを描くことなどが見いだされている。総じて、外地在住日本人は健康状態が良くない実態があらためて明らかとなったが、南方諸地域のような例外もみられたため、移住先ごとに対策をとる必要性があることが確認されたのだった。

第四章「死亡率の民族差」では、環境要因が各民族の「死亡」にあたえる影響を捉えるべく、日本人と各地の原住民・先住民との死亡率が比較されている。分析の結果、日本人は、原住民・先住民よりもはるかに環境への耐性があることが判明し、濱井は「内地人はどこにあっても東亜における最も健康な民族」と評している。そして、現時点では外地在住者は内地在住者に比して健康状態は劣るものの、将来的には同等になりうるとの展望を述べる。

第五章「乳児死亡率」では、東亜各地の諸民族の、下痢・腸炎・肺炎・先天性弱質などの乳児期固有の疾患による死亡率を比較している。東亜の乳児死亡率は、欧米諸国よりも全体的に高率で、とりわけ東亜の人口の大部分を占める支那・印度において高くなっている。濱井は、世界における東亜の衛生状態の地位を上げるために、この乳児死亡率および幼児・学齢期死亡率を低下させること、ならびに日本でも青年期に患者の多い結核を撲滅することの二点を提言している。

第六章「死亡率の季節変化」では、死亡率が環境的要素とどれほど相関しているかを測定している。死亡率の季節変化には、気候帯によって四つの型、すなわち「消化器系の疾患」の型、「呼吸器系の疾患」の型、一年で右記二つの周期を有する型、季節変化がほとんど見られない型が現れるが、これに照らせば、外地在住日本人の死亡率は熱帯への適応をしめしていると濱井は分析する。日本人の死亡率は、内地のそれを基準にすると、外地の温帯諸地域で非常に高く、逆に熱帯諸地域では著しく低いのだった。そして、最後に第七章「結語」で、各章を総括している。

このように、『東亜諸民族死亡調査』で貫かれていたのは、各地の日本人の適応実態に関する予断を排した記述であった。データの飛躍的な解釈やそれから乖離した提言は一切なされず、データの質が担保されない場合は、言い得ることのみを言った。金子が同書を評して「科学的資料」と言ったのも、うなずけるところである。濱井は、日本人が海外に移住するには、体質云々よりも移住のための準備、たとえば生活様式（栄養・衣服・住居など）を各地の環境に順応させたり、衛生施設を完備したりすることが重要だと説いた。はたして、この調査報告がその後、政策立案にどのように活用されたかは不明である。だが、植民地の統治・経営とは別の入植という局面でも、こうした科学的調査が展開されていたことは、記憶されておかねばなるまい。

## おわりに

以上、本稿では、『東亜諸民族死亡調査』という、植民地への入植という局面において作成された稀有なテキストをめぐり、それが近代日本の衛生統計の歴史のうえにどのように位置づくかを考察してきた。

まずは、明治期に欧米の制度にならってはじまった日本の衛生統計が、終戦までの間にどのように展開されたかを追った。そして、呉文聰や二階堂保則ら実務に長けた統計家により、思想的にも技術的にも鍛えられた衛生統計は、明治後期以降、しだいに一国の人口の衛生状態・社会環境とその問題点を把握する手段として活用されるようになったことを確認した。地域別・職業（経済階層）別の調査報告書も種々に編まれ、大正期には、「死因」の構造の解析にもとづき生者の生活へと介入する統治術が見られはじめた。より望ましい生のかたち、より望ましい民族や社会の衛生を構想することの下準備は、「死亡」という事象の分析にならんで遂行されていたのだった。近代日本の衛生統計の射程は、ヨーロッパ諸国さらにはアジアの国や地域へと比較の対象を拡大する方向にのみならず、医学（衛生学）から公衆衛生学さらには社会を構想する方向へと拡大していたのだった。

そうしたなか、一九四三（昭和一八）年に刊行された『東亜諸民族死亡調査』は、その一つの応用事例として見ることができるだろう。同調査報告は、衛生統計を人口資源の把握・管理や治安維持、伝染病の監視・防疫などといった統治術に直接援用するのではなく、体質や衛生状態の優劣、環境への馴化・適応の程度の測定という入植の科学の材料データとして利用した。それは、戦時下という時局において見いだされた、衛生統計のあらたな活用方法であった。

(1)　入植後に、衛生学や統計技術が植民地の統治に活かされる局面に関しては、研究の蓄積がすすんでいる。たとえば、芹澤良子「統計書から見た植民地台湾における医療政策——ハンセン病療養所創設以前の時期を対象として」（『人間文化創成科学論叢』第一一号、二〇〇九年）、愼蒼健「植民地衛生学に包摂されない朝鮮人——一九三〇年代朝鮮社会の「謎」から」（坂野徹・愼蒼健編『帝国の視角／死角——〈昭和期〉日本の知とメディア』青弓社、二〇一〇年）、佐藤正広『帝国日本と統計調査——統治初期台湾の専門家集団』（岩波書店、二〇一二年）、林佩欣『支配と統計——台湾の統計システム（一九四五～一九六七）・総督府から国民党へ』（ゆまに書房、二〇二二年）など。

(2) 濱井生三『東亜諸民族の死亡に関する衛生統計的調査――特に日本人の死亡統計を中心として』(東亜研究所、一九四三年、架蔵)。
(3) 金子俊「『東亜諸民族の死亡に関する衛生統計的調査』解説」(金子俊編『(十五年戦争極秘資料集補巻一二) 東亜諸民族の死亡に関する衛生統計的調査』不二出版、一九九九年) 五頁。
(4) 厚生省医務局編『医制百年史 (資料編)』(ぎょうせい、一九七六年) 四二頁。
(5) 内閣記録局編『法規分類大全』第一編 (衛生門一 衛生総・医事 附・獣医) (内閣記録局、一八九一年) 九〇頁。衛生局より内務省への伺中に「患者表ノ儀ハ医制ニモ御掲載有之、病者ノ増減、死亡ノ多寡、風土病流行等ヲ比較参攷シテ治術ヲ研究シ豫防法設クル衛生ノ要件ニ候 (後略)」とある。
(6) 内閣記録局編、前掲書、九〇頁。
(7) 内閣記録局編、前掲書、四八四頁。
(8) 内閣記録局編、前掲書、四八四頁。京都府にも、追って同じ通達が出された。
(9) 内務省衛生局編『衛生局第一第二報告 (自明治八年七月至明治十年六月)』(内務省衛生局、一八七七年) 一三頁。
(10) 内閣記録局編、前掲書、四八五頁。
(11) 内閣記録局編、前掲書、四八六頁。
(12) 内閣記録局編、前掲書、四八七～四八九頁。
(13) 内閣記録局編、前掲書、四八九頁。
(14) 内閣記録局編、前掲書、四九三～四九七頁。
(15) 内務省衛生局編『衛生局第五次年報』(内務省衛生局、一八八〇年) 一〇～一一頁。
(16) 薮内武司「日本統計学史における呉文聰」(『関西大学』経済論集』第二八巻第一～四号、一九七九年)。
(17) 宮川公男『統計学の日本史――治国経世への願い』(東京大学出版会、二〇一七年) 四二頁。
(18) 呉の、適塾早期退塾ならびに慶應義塾早期退塾という学問歴を勘案すると、その統計学に関する知識はほぼすべて、幕末期よりヨーロッパの統計学を研究しその日本への移入に尽力した杉から授かったものと思われる。
(19) 内務省衛生局編『衛生局第三次年報』(内務省衛生局、一八七八年) 一〇～一一頁。
(20) 宮川の前掲書のほか、オリヴィエ・レイ『統計の歴史』(原書房、二〇二〇年) などを参照。なお、日本でグラント

『死亡表に関する自然的及政治的考察（一六六二年）』の翻訳がはじめて単行本として刊行されたのは、一九四一（昭和一六）年である（『統計学古典選集』第三巻、大原社会問題研究所編・久留間鮫造訳、栗田書店）。
(21) 呉文聰「衛生統計論（二）」（『統計集誌』第一九号、一八八三年）九一頁。
(22) 呉文聰「衛生統計論（三）」（『統計集誌』第二三号、一八八三年）二三一頁。
(23) この段落の引用は、すべて呉文聰「衛生統計論（四）」（『統計集誌』第二五号、一八八三年）三〇〇～三〇一頁、による。
(24) 内閣記録局編、前掲書、一五五～一六八頁。
(25) 内閣記録局編、前掲書、一八五～一八九頁。
(26) 死亡届に記入する病名については、現場の医師や医務取締のあいだで混乱があったようである。一八八四（明治一七）年六月には、死亡届の記載に特化した『病名便覧』というマニュアル本が刊行されている（黒沢惟則編、静水堂）。同書は、既存の落合泰三編『漢洋病名対照録』（落合泰三、一八八三年）を参考に、「病類細目要領」収載の番号と病名（「普通病名」）、「異名」、「俗称」を表形式で一覧にしたものだった。
(27) 内閣記録局編、前掲書、一八四頁。
(28) 「墓地及ヒ埋葬取締規則ヲ定ム（起業理由）」（『公文類聚』第八編第四六巻、一八八四年、国立公文書館蔵〔2A―11―類211〕）。
(29) 厚生省医務局編、前掲書、六五頁。
(30) 内閣統計局編『明治三二年　日本帝国人口動態統計（原表ノ部）』（内閣統計局、一九〇二年）一頁。
(31) 内閣統計局編『死亡原因類別調査報告書』（内閣統計局、一九〇三年）三頁。
(32) 二階堂保則『そのおもかげ』（二階堂つる、一九二六年）。
(33) はじめ『医海時報』に掲載され、のち一九〇七（明治四〇）年一〇月に、内閣統計局臨時刊行物の一つとして冊子体で刊行された。内閣統計局編『死亡原因第二類別調査報告』（内閣統計局、一九〇七年）。
(34) 内閣統計局編『分量的ニ観察シタル脚気』（忠愛社、一九〇六年）。
(35) 「腸窒扶斯、発疹窒扶斯、麻剌利亜、痘瘡、麻疹、猩紅熱、百日咳、実布垤利亜及格魯布、流行性感冒、虎列剌、赤痢、百斯篤」の一二種。内閣統計局編『急性伝染病ニ因ル死亡統計』（内閣統計局、一九一三年）。

(36)『呼吸器疾患ニ因ル死亡統計』・『胃腸病ニ因ル死亡統計』・『腎臓炎ニ因ル死亡統計』・『妊娠及産ニ因ル死亡統計』・『癌ニ因ル死亡統計』・『慢性伝染病ニ因ル死亡統計（其一　癩ニ因ル死亡統計）』『慢性伝染病ニ因ル死亡統計（其二　黴毒ニ因ル死亡統計）』の七種。すべて内閣統計局編（内閣統計局、一九一四年）。

(37) 中馬愛「保健衛生調査会発足への道——乳児死亡率問題の視点から」（『歴史学研究』第七八八号、二〇〇四年）一六～二六頁。

(38) 保健衛生調査会編『保健衛生調査会報告書　第二』（保健衛生調査会、一九一七年）二七～二八頁。

(39) 内閣統計局編『死因及疾病分類要旨』（内閣統計局、一九二五年）。

(40)「死因」分類は、医学に進展を鑑みて随時改訂されたが、あわせて、データ処理場の問題も解消を図られた。（内閣統計局編、一九二五年、前掲書、一～二頁）。死亡診断書に記載する「死因」や「職業」については、複雑さが増したため、専用の手引書も刊行された。内閣統計局編『死亡診断書の死亡原因及職業記入方に就て』（東京統計協会、一九三三年）。

(41) 柘植秀臣『東亜研究所と私——戦中知識人の証言』（勁草書房、一九七九年）三〇～三二頁。「東亜研究所寄付行為」（第一章「名称」第二条）にも、「本財団法人ハ東亜ノ人文及自然ニ関スル綜合的調査及研究ヲ行フヲ以テ目的トス」と書かれている（国立公文書館蔵）。なお、同研究所は一九四六（昭和二一）年に解散され、「政治経済研究所」に改組された。

(42) 本稿では以下、東亜研究所に関しては、柘植秀臣『東亜研究所と私——戦中知識人の証言』（勁草書房、一九七九年）、渡辺新「東亜研究所小史」（『政経研究時報』第一三号、二〇一〇年）を参照。

(43) 人事興信所編『人事興信録』第一五巻下（人事興信所、一九四八年）、八二〇頁二／四段。

(44) 濱井生三『東亜諸地域ニ在住スル日本人ノ人口動態ニ関スル二・三の考察（資料丙第八三号C）』（東亜研究所、一九四〇年、架蔵）。

(45) 濱井生三『海南島ノ植物』（東亜研究所、一九四〇年、非買品）。本稿は未見。

(46) 濱井生三「（文献紹介）シャピロ著『移民と環境——ハワイに於ける日本人移民の身体形質とその子孫に対する環境の影響に関する研究』」（『東亜研究所報』第一四号、一九四二年、一四〇～一五一頁、架蔵）。

(47) 以下、『東亜諸民族死亡調査』については、濱井生三、前掲書、一九四三年、を参照。

# 第Ⅲ部

# 科学と帝国主義

# 鳥居龍蔵の民族誌と学知の発信

中生勝美

## はじめに

鳥居龍蔵は、一九世紀末から二〇世紀中ごろまで、日本周辺の植民地をはじめ、満洲、西南中国と実際にフィールドワークを行い、貴重な資料を残してきた。彼の調査地とその時期が、下関条約締結後の遼東半島、台湾、そして日露戦争後の蒙古地帯、シベリア出兵に同行した東シベリアと、日本の植民地・勢力圏の拡大にともなって、現地でも、台湾総督府の嘱託として台湾調査を行ったり、海軍の軍艦に便乗して千島を調査したりするなど、国家の支援なくして調査ができない時期と場所を回っているため、日本の帝国主義的膨張に加担したという評価も見られる(1)。しかしそれは、彼が東京帝国大学に奉職していた研究環境の結果であり、必ずしも彼の研究内容が当時の政治状況に影響されて歪曲されたわけではない。

また鳥居の研究分野も、二〇世紀初期の人類学で主流であった形質人類学だけでなく、考古学、民族誌、歴史学などを統合する総合人類学であった。これは、鳥居が師事した坪井正五郎が、イギリスのタイラーを模範とした総合人類学を標榜したからである。鳥居が所属した東京大学理科大学の人類学教室は、坪井正五郎の指導的な役割により、一九世紀末から二〇世紀初頭の世界の人類学の学知を忠実に導入していた。かつ日本が台湾・遼東半島を皮切りに、日本帝国の領土を拡張した時期とも重なり、東京帝国大学が新しい領土の学術調査を実施する任務が課せられたことも、鳥居の初期の学術調査に反映されていた。

鳥居が、日本の領土拡大初期に各地へ実地調査に行ったことは、先行研究がない地域を最初にフィールドワークをしたパイオニアとして評価されている。その反面、調査地域の広大さと、専門分野の複合性などから、鳥居の研究は、それぞれの地域に腑分けされて、その地域専門の研究者が、鳥居の記録した写真、調査日誌、紀行記録などを調査データとして活用している。一方で、鳥居が地域を跨いで見ていた比較の視点や、鳥居の扱ったテーマを全体として見る研究は少ない。

鳥居は外地調査と並行して、日本国内での調査を継続しており、日本国内と日本の周辺地域との対比をした。そして自身が外地で行った個々の民族調査を結びつけて日本固有民族論を構想しており、その後の日本文化の多元論的アプローチに大きな影響を与えた。

鳥居は、フィールドワークの成果を民族誌として発表したが、調査を終えた直後は日本語で発表し、その後一定の時間をかけて内容を加筆補充したうえで、フランス語に翻訳した民族誌を発表している。それは鳥居が海外の人類学、とりわけフランスの人類学を模範とし、初期の鳥居の研究に大きく影響を与えていたからである。それと同時に、フランス語で民族誌を発表することにより、日本から東アジアの研究を世界に発信している。これはたんに西欧の学知導入だけでなく、西欧基準の方法論で研究した成果を海外に知らしめたという意味で、インプット型の民族調査だけでなく、フィールドを重ねるごとに調査の性質を自然科学系から人文系に変えていき、自らの収集データに加えて、日本の文献、考古学資料を加えた民族誌をフランス語に翻訳して、独自の民族誌を海外に発信するようになったアウトプット型に変遷した稀有な事例である。本稿はその経緯を、鳥居の外地調査のちの全体像から分析することを目指している。そこで、まず鳥居の研究を、時系列に並べて学知の形成を概観したのち、鳥居が最終的に独自の学説を形成したことを、地域別の研究ではなく、彼の目指した全体像から把握することを目的としたい。

## 一．鳥居龍蔵の評価

中川徳治は、鳥居の研究を三期に分けて、初期は日本周辺の民族を主とする人類学的研究、中期は国内の考古学研究、後期は遼の歴史考古学としている。(2) しかし、『鳥居龍蔵著作集』別巻に収録された「著作目録・年譜」をみると、鳥居は外地調査をしている期間も、一貫して日本国内の調査報告を発表している。むしろ『有史以前の日本』（磯部甲陽堂、一九二五年）(3)が、日本国内の考古学的研究を、日本周辺民族の調査資料から比較の観点で分析しており、中川が鳥居の関心が日本国内の考古学に向かったと時期区分する意味はある。しかし、その前後の著作を通読すると、第一期に分類される日本周辺の報告に、日本の事例がかなり言及されており、第二期の国内考古学も、周辺民族からの解釈が大半を占めているので、重点の置き方の変化としておきたい。(4)

また、鳥居にとって、坪井正五郎のもとでの形質人類学の修業時代と、西南中国の苗族調査による文科系への転向は、研究の転機になっている。寺田和夫は、坪井正五郎の研究スタイルが、人文科学的な多くの業績があるにも関わらず、本質的に自然科学的人類学、つまり形質人類学であり、鳥居もその影響で、西南中国調査までは自然科学としての人類学を目指していたと指摘する。(5) 鳥居が西南中国研究に取り組む過程で、後述するように白鳥庫吉の東洋史を受講し、漢籍を使った人文系の研究に質的変化をしたことは、その後の研究から形質人類学的研究が減少することからもわかる。

一九二八年に東方文化学院東京研究所が設立され、鳥居は研究員となった。このとき彼が研究題目として挙げたのは、第一期「満蒙の有史以前と契丹人の文化」、第二期「遼の中京及び東京と高麗朝について」、第三期「遼の南京と西京について」であった。この時は『有史以前の日本』を発表し、日本周辺諸民族の研究を総括したうえで、次の東蒙古の遼代研究を中心テーマにした。このように、鳥居の研究内容からは、前期にあった形質人類学の研究が、後期になると全くなくなり、人文系の歴史、考古学に比重を移しており、前後期と二分するのが適当ではないかと思われる。

寺田和夫は、鳥居の海外調査を、彼の思想や行動と無縁であったけれど、日本の帝国主義的侵略と密接な関係があると指摘している。そして、パイオニアとしての意味を持っているが、「鳥瞰的な大まかさ」とも評され、学術的というよりも探検の臭いが付きまとっている、とも評している(6)。

鳥居龍蔵研究に関しては、徳島県立鳥居龍蔵記念博物館が中心となって、収集品や遺稿の整理を行い、鳥居研究を支えている(7)。一九七〇年代に刊行された全一一巻の著作集に続き、一九九〇年代に公表されたガラス乾板の写真の公表、および中園英助の伝記は、鳥居龍蔵の再評価に大きな影響を及ぼした。

## 二　鳥居の日本周辺地域調査

次に、鳥居龍蔵のフィールドワークと、その成果報告の関係を見ていこう。鳥居は自伝『ある老学徒の手記』で、自らのフィールドワークを年次的に回想しているので、その記述をもとに、主要な著作の出版を重ね合わせ、以下に時系列順に記載した。

遼東半島調査（一八九五年）
台湾調査（一八九六〜一八九九年）
北千島調査（一八九九年）

『紅頭嶼土俗調査報告』（一九〇二年）

『千島アイヌ』（一九〇三年）

西南支那調査（一九〇二〜一九〇三年）

沖縄諸島（一八九六年、一九〇三年）

満洲調査（一九〇五年）

『苗族調査報告』（一九〇七年）

蒙古旅行（一九〇六〜一九〇八年）

第三回満洲行と漢代遺跡（一九〇九年）

『南満洲調査報告』（一九一〇年）

第一回朝鮮調査（一九一〇〜一九一一年）

『蒙古旅行』（一九一一年）

南樺太調査（一九一一年）

Etudes Anthropogiques, Les Aborigènes de Formose（一九一二年）

Etudes Archéologie de Ethnologiques. Populations Primitives de la Mongolie Orientale（一九一四年）

Etudes Anthropogiques, Les Mandchox（一九一四年）

Etudes Archéologie de Ethnologiques. Populations préhistoriques de la Mandchourie méridionale（一九一五年）

第二〜六回朝鮮調査（一九一二〜一九一六年）

『有史以前乃日本』（一九一八年）

第一回東部シベリヤ調査（一九一九年）
Etudes Archéologie de Ethnologiques. Les Aïnou des Iles Kouriles（一九一九年）
北樺太サハレン州調査（一九二一年）
第二回アムール河（黒龍江）とキジ湖調査（一九二一年）
『北満洲及び東部西伯利亜調査報告』（一九二二年）
『人類学及人種学上より見たる北東亜細亜』（一九二四年）
『人類学より見たる西南支那』（一九二六年）
山東省調査（一九二八年）(8)
金の上京と渤海故址調査（一九二七年）
第三回シベリヤ・満洲調査（一九二八年）
『満蒙の探査』（一九二八年）
『西比利亜から満蒙へ』（一九二九年）
第三回蒙古旅行・遼代陵墓調査（一九三〇年）
満鮮調査（一九三二年）
『満蒙を再び探る』（一九三二年）
医巫閭山と画像石墓（一九三三年）
第四回蒙古調査・遼の三陵と中京城（一九三三年）
『満蒙に於ける契丹の遺跡に就て』（一九三五年）
『考古学上より見たる遼之文化図譜』一～四冊（一九三六年）

『満蒙其他の思ひ出』（一九三六年）
『遼文化を探る』（一九三七年）

鳥居は、外地調査を日本の考古学研究と対比させて、『有史以前の日本』のなかで位置づけている。この本の序文で、日本を主軸に周辺地域の朝鮮・満洲・蒙古・中国（原文ではシナ）・シベリアの有史以前を対比して記述し、日本内地の「固有日本人」およびアイヌの遺跡・遺物についての見解を述べ、さらに銅鐸と弥生式土器、南部中国のミャオ族との比較をくわえて、日本とその周辺の広域で有史以前のアウトラインを示し、有史以前の民族・性格・文化・地理学的分布を、同時代における周囲地域の民衆の人類学的・考古学的な位置づけを暗示したと述べている(9)。

最初に指摘したように、鳥居は外地の調査と同時に、日本国内の調査も行っているが、その成果の出版は、フィールドワークの時期の順序ではなく、錯綜している。さらに外地の場合、フィールドワークを実践した直後に報告書を出したうえで、かなり時間が経過して、個別論文やフランス語の民族誌を出版しているので、調査当時とは問題意識が変化したり、調査した後に出版された参考文献を付け加えたりしている。そうして鳥居は、調査が終了した後にも、他の外地調査の経験や、日本の考古学の出土品との対比も加えることで、長い期間研究を成熟させている。

ラファエル・アバは、鳥居の「固有日本人説」が、一九〇〇年から一九一〇年代前半の満洲、蒙古、朝鮮半島で鳥居が実施した調査によって形成されたと指摘している。とくに、一九一五年の岡山の備前で、日本人の新石器時代遺跡が発見されたが、そこの遺物の形態や幾何学文様から、鳥居は朝鮮北部、南満洲、老哈河河岸で発見した遺物と共通点があることを見出したと指摘している(10)。そこから、鳥居は、日本列島の先史文化にアイヌ、インドネシア系グループ、ツングース系に属する二つのグループの四つの主要要素があると考え、新石器文化の担い手で先住民となったアイヌ、続いて大陸から新石器文化の担い手であるツングース系のグループと措定し、前者の所産が縄文土器、後者が弥生土器であったと考えた。そして次に金属文化の段階のインドネシア系グループとツングース系グループが到来し、後者が君主制の基礎を築いた大和人とする仮説を打ち出した[11]。

では日本周辺の調査がどのように企画されて実施されたのかをまとめたうえで、その成果を鳥居がいかにして『有史以前の日本』に位置づけていったのかを見ていこう。ラファエル・アバの整理を参照しつつ[12]、「固有日本人説」が、日本周辺の民族研究から、どのように形成されたのか、その生成プロセスを追っていく。

### (1) 満洲

満洲調査は、最初の報告として『南満洲調査報告』(一九一〇年)にまとめられている。第一回の調査実施は一八九五年八月から一二月の五か月で、日清戦争の終了後、東京人類学会より派遣され、日本軍の占領地全体を回っている。第二回は一九〇五年に日露戦争終了後、東京帝国大学が各専門家を派遣することになり、建築、歴史調査とともに人類学の調査を嘱託された。第三回は一九〇九年に東京帝国大学、および関東都督府の委嘱で、満鉄沿線、東蒙古を調査した。

いずれも有史以前の遺跡、考古学、土俗調査をしているのだが、一回と二回のあいだは、次に述べる台湾調査に従事しており、二回と三回のあいだは、東蒙古のハラチン旗滞在から、二年に及ぶ蒙古の大旅行を経たうえでの調査であり、関心の持続性は驚異的である。この報告書では、シャヴァンヌの『中国北部における考古学的調査(Mission archéologique dans la Chine septentrionale)』に言及している。この本は一九〇九〜一九一五年の出版で、満洲報告を書く時に参照され、調査時に参照したものではない。鳥居は、遼東半島調査の前にロシア語を学び、東北方面の人類学を研究しており[13]、満洲の遺跡を解釈するうえで、シベリアのチェクチェ族の民族誌を対比している。[14]

その後、一九一四年にフランス語で出版された『考古学民族学研究・南満洲の先史時代人』では、四章の土器に付された注釈が、その後の「有史以前論」の着想を最初に展開している。これには、日本の新石器時代が、次の連続する三期を含んでいると立論する。[15]

①蝦夷＝アイヌ期として、紀元前三、四〇〇〇年ころに、中国南西部か北部からやってきた未開族が日本列島に住み着き、土器の装飾文様は渦文で幾何学文様はなく、日本の最初の住民としてのアイヌである。

②紀元前二〇〇〇年ころ、南海の諸島あるいは中国南部海岸から到来した多数のインドネシア系の人々が来襲し、襲撃されたアイヌは琉球や九州から追われ、本土の東や北に押しやられた。インドネシア人を、日本人は熊襲とか服従熊襲の隼人と呼んだ。

③次にやってきたのが朝鮮北部や満洲から、日本海沿岸、ことに出雲の海岸に進出した北ツングース系満州族を主とするモンゴロイドで、彼らは少数種族や氏族集団として各地に分散し、未開状態で生活した。そして紀元前一一、二世紀に中国から来た文明度の高い集団が、他の氏族集団を服従させ、朝廷を樹立し、日本民族を形成した。

日本語で書いた最初の報告書『南満洲調査報告』（一九一〇年）でも、石器に関して、日本で発見される石棒、石釼はなく、また日本では出土しない磨製の石鏃が満洲にはあるとして、日本と満洲の出土品の違いを指摘しているが、両者の共通性も多いと指摘する。たとえば、石庖刀の形式は日本と同じであること、石斧の形上、材質などは日本の石器時代とまったく同一として、ロシア沿海州のアムールスキー湾貝塚発見の石斧との対比をしている。[16]この結論として、鳥居は、アムールスキー湾と満洲の遺物の類似性から、両者が関係を有するとしたうえで、日本の弥生式とする遺物も類似しており、その関係性を示唆している。[17]ラファエル・アバは、鳥居が一九一五年はじめに、岡山県南東部の備前で発見された新石器時代の遺跡から出た土器、石斧、石鏃が、朝鮮北部、南満洲、老哈河河岸で発見した遺物と全く同じだと認識してから「固有日本人説」を確信したと指摘している。[18]

## (2)　台湾原住民

鳥居にとって、一八九六年から一八九九年にかけて、台湾原住民調査に四回出かけた経験は、鳥居の学問の基礎を作った。この時から普及した写真を使った現地調査は、現在の鳥居の評価を不動なものにした。[19]

台湾領有が決まった時、東京帝国大学理科大学は、教授会で、動物、植物、地質、人類の四教授を台湾に派遣して調査するよう決議した。そこで坪井正五郎の要請で鳥居龍蔵が一八九六年一〇月から一二月まで派遣された。[20]これが鳥居にとって初の台湾調査であったが、第二次では一八九六年に花蓮から東部を調査し、一八九七年には七〇日間に及び蘭嶼（当時の名称は紅頭嶼）に滞在し、第三次は一八九八年に南部、第四次は一八九九年に一〇か月に及び台湾全土の原住民を調査した。[21]第四次調査では、通訳兼測定の助手として森丑之助が同行し、森はその後も継続して原住民居住区を調査し、数多くの論文を発表した。鳥居の第二次以降の調査は、坪井が台湾総督府へ「台湾蕃族の科学的調査」をすべきとの意見書を提出し、それが受理された[22]ことで、総督府の全面的な協力を得て調査を実施できた。

台湾の本報告は、台湾原住民の概況と、ヤミ族（現在の名称ではタオ族）の形質人類学の報告として、日本語版では出版されず、フランス語に翻訳されて出版されている。台湾の研究に関しては、フランス人類学の手法を直接的に採用したものとして後述する。

台湾の報告書は、もう一冊、ヤミ族の民族誌『紅頭嶼土俗調査報告』（一九〇二年）[23]として出版されている。台湾の他の民族については、数日の滞在で調査を繰り返していたのだが、離島である蘭嶼は、交通の便が悪いことと、この民族は首狩りの習慣がなく安全であるというので、七〇日間滞在した。フランス民族誌に見られる物質文化中心に記述している。さらに、台湾の他の原住民や東南アジアの民族誌と比較した記述が多い。それは現地語の通訳がいないうえ、調査中に中島藤太助手の死亡事故などもあり、参与観察の記述が少なくなったことも関係していると思われる。この報告書では、鳥居が調査した台湾の他の原住民の事例や、東南アジアの民族誌（フィリピン、マレーシア、インドネシア、太平洋諸島）との対比が比較的多くなっている。[24] この民族誌は、共同研究をしていたドイツ人研究者によってドイツ語に翻訳されている。[25]

### （3） 千島アイヌ

鳥居のアイヌについての関心は、海外調査をする前の時期に、大学院課程で開講されたアイヌ語の授業を傍聴し、講義の補助として呼んだアイヌの人を自宅に宿泊させたことに始まる。[26] その後、台湾調査に四年を費やし、帰国後は東南アジアや太平洋の航海日誌や民族誌を読んでいた。一八九九年に北千島の占守島の在住者が坪井正五郎を訪ねてきて、占守島で発見した竪穴が、坪井の主張するアイヌに追われたコロボックルの遺跡ではないか調査してほしいと申し出があった。坪井は講義があるので、鳥居に調査を再三依頼し、当初鳥居は坪井からの依頼を固辞したが、最終的に引き受けて調査することになった。[27]

鳥居は、千島アイヌについて、調査直後の一九〇三年に日本語で『千島アイヌ』を出版し、その後、一九一九年にフランス語で全体の報告書を出版している。その目次の対照表を、表1に示したが、これを見ると、一九〇三年の報告で未発表の予告編は、千島巡回日記以外、ほぼ一九一九年のフランス語版で補われており、後者を完成版とみていいだろう。

後者の序文には、この千島調査の目的を、次のように説明している。一八八四年の樺太千島交換条約で領有す

**表1**　千島アイヌ 比較表

| 『千島アイヌ』（1903年） | |
|---|---|
| 総　論 | 千島アイヌ |
| 第1章 | 千島アイヌに就ての参考書 |
| 第2章 | 千島地名解 |
| 第3章 | 東察加半島及び其島嶼の土室と高小舎 |
| 第4章 | 千島土人の移転、及び人口、住居場と漁場 |
| 第5章 | 人名 |
| 第6章 | 千島アイヌの言語 |
| 第7章 | 千島アイヌの土俗（序論） |
| 第8章 | 北千島に存在する石器時代遺跡遺物は抑何種族の残せし者歟 |
| 第9章 | 北千島以外に内耳土器の種類は存在する乎 |
| 第10章 | オンキロン人種 |

| 未発表の予告 | |
|---|---|
| （1） | 千島アイヌの神話、口碑 |
| （2） | 千島アイヌの宗教、妄信、昔話 |
| （3） | 千島アイヌの衣食住、その他の土俗 |
| （4） | 千島アイヌの残せし古物、遺跡 |
| （5） | 千島アイヌの残せし石器時代の遺物と南千島及び北海道の石器時代遺物との関係 |
| （6） | コロボックル説に就て |
| （7） | 千島アイヌの体質 |
| （8） | 結論 |
| （9） | 千島巡回日記※ |

| 『考古学民族学研究・千島アイヌ（Etudes Archeologique et Ethnologiques. Les Ainou des Iles Kouriles）』（1919年） | |
|---|---|
| 緒言、序文 | |
| 第1章 | 千島列島の地理的位置 |
| 第2章 | 千島アイヌの形質的特徴 |

第３章　千島列島の現在人口
第４章　千島アイヌの人名
第５章　居住地と狩猟、漁猟場
第６章　千島アイヌの年間移住
第７章　千島人の地図
第８章　北千島アイヌの名称
第９章　千島の島々
第10章　千島アイヌの言語
第11章　千島アイヌおよび蝦夷アイヌにみられる方言比較
第12章　アッシリア語およびアイヌ語
第13章　千島の長さの単位
第14章　一般アイヌとその隣接諸族
第15章　蝦夷アイヌの小人
第16章　小人伝説に関する諸見解
第17章　無言取引
第18章　蝦夷へ渡ったアイヌの第二次移住
第19章　アイヌの文明
第20章　千島クシ＝アイヌの習俗
第21章　千島アイヌの伝説と神話
第22章　北千島における新石器時代遺跡
結　論
付　録

※鳥居龍蔵『鳥居龍蔵著作集』第７巻、３、５頁、および同第５巻、313〜315頁（朝日新聞、1976年）

ることになった千島列島の住民を、絶滅から救う目的で色丹島（シコタン島）へ移住させたが、新しい居住環境に適合できず、人口が色丹島移住時の九七人から六〇人に減ったので、そのなかの六人に幌筵島（パラムシル島）へ戻ることを許可した。東京帝国大学は、彼らの境遇に同情し、完全に絶滅する前に民族学、および考古学の資料収集をすると書かれている(28)。いわゆるサルベージ人類学の一環として調査が実施されたように記されているが、実情は、鳥居の自伝に記載されているように、コロボックル説の立証を期待して派遣された。

鳥居は、調査助手兼通訳としてアイヌ人のグレゴリーを雇い、占守島（シュムシュ島）や幌筵島で貝塚や住居跡から石器・骨器・土器を収集した。鳥居は、千島アイヌが北海道アイヌと異なり、草小舎ではなく、土地を掘って柱を立て、屋根を組んで入り口を開き、その他は土で覆う竪穴の住居を使用していたことを確認し、また古い竪穴も発掘した(29)。当時、坪井は蝦夷アイヌの、コロボックルという不可解な種族がいたという伝承に基づき、彼らがアイヌ以前に居住した種族で、古くは日本列島に居住し、そののち新来の種族に追われて北海道へ渡り、さらにアイヌに追われて北進し、グリーンランドに至ったエスキモーであるという仮説を立てていた。坪井の仮説に反対する小金井良精とのあいだで論争になっていた。鳥居の報告から、北千島アイヌが石器を使用し、土偶を制作し、木偶を彫刻し、竪穴に居住した事実が判明し(30)、コロボックル否定論者の小金井良精が論拠とした。

鳥居は、日本在住の外国人学者である、バチュラー、地質学者のジョン・ミルンなどの先行研究以外に、ロシア人学者クラシェニンニコフの『シベリア旅行記』（一七六八年）や北海道開拓使の報告、千島に渡航した船長の航海日記、二〇世紀初頭に行われたボアズの組織した国際共同研究のアメリカのジュサップ北太平洋探検隊の報告のような海外の調査記録に加え、江戸時代に北方民族を記録した文献を網羅して、実地に収集した資料とともに、物質文化を分析している。とくに一九一九年報告の第二〇章の「千島クシ＝アイヌの習俗」では、装身具（髪型・刺青・耳輪・櫛）、服装（衣服・針と針入れ・アイヌの織物・帽子・短刀・腰帯・履物）、日用道具（橇・スキー・

船・頭陀復路・円形籠・調理用具・土器・斧・石器・火切り器)、信仰(仮面と土偶・神)、儀式(酒・死・埋葬・結婚)、生業(食事・狩猟と漁撈・武器)、居住(堡塁・住居小屋)などを、実地調査の写真、収集品の写真、および日本国内、北海道アイヌ、チェクチェ族との対比などから説明している[31]。

この報告書には、アメリカのジュサップ北太平洋調査隊が反応を示し、この論文を引用して、『カムチャッカの石器時代』を発表し、北千島の石器・土器・骨器と、彼らの調査を比較した論文を出した[32]。

鳥居は北千島アイヌ調査で、坪井正五郎のコロボックル説と小金井良精のアイヌ説の論争に距離を取りながら、一九〇五年ころからアイヌ＝石器時代人説を支持するようになったと述べている。一九〇三年に帰国した直後に出版した『千島アイヌ』に比べて、一九一九年に刊行されたフランス語の『考古学民族学研究・千島アイヌ』は、質、量ともに向上している。

このなかで、日本人の起源について、日本各地に分布する先史時代の遺跡を、鳥居は次のように推定している。①新石器時代の遺跡は、すべて確実にアイヌの特徴を備えており、アイヌの古い新石器時代の遺跡として紀元前三〇〇〇年ないし四〇〇〇年にさかのぼることができる。②アイヌの遺跡に続く紀元前二〇〇〇年ないし一〇〇〇年頃に現れた新石器時代の遺跡はツングースのものである。③紀元前一〇〇〇年から二〇〇〇年にかけて、アイヌおよびツングースの特徴が混合した遺跡の時代がある。④紀元前一二世紀から前七、八世紀は、ツングース遺跡、混合遺跡、インドネシア人との接触により純粋な新石器時代から金属文化併用の新石器時代に入っていく。次いで紀元前六、七世紀に金属器時代に入った新たなヤマトツングースが朝鮮の中央権力により送り込まれ、『古事記』『日本書紀』の時代に至ると、独自の起源論を展開している[33]。

『有史以前の日本』では、日本列島の石器時代の遺跡はアイヌと日本人の先祖が残した遺跡の二種類があるとしている。そしてアイヌの遺物は朝鮮・満洲・蒙古で類似したものが見つからず、日本人の祖先が遺した石器時代の遺跡は、朝鮮・満洲・蒙古でも存在しているとして、アイヌがいたところに、「固有日本人」が大陸より移住し、アイヌと衝突して徐々に居住範囲を広げたと想定している。(34)

## (4) 西南中国

鳥居は、満洲、台湾、千島と東京帝国大学人類学教室からの派遣で調査に赴いている。鳥居の西南中国の調査は、それまでの坪井、あるいは人類学教室からの依頼ではなく、鳥居自らの発案で計画されたものだった。そのきっかけは、鳥居が台湾原住民の先行研究を精査していた時、台湾のタイヤル族の文様などが西南中国の少数民族のミャオ族とヤオ族の文様と類似していることに着目し、台湾原住民が西南中国と間接的に関係しているとする論文を読んだことに始まる。その論文の内容を検証したいと希望したことが台湾から西南中国の少数民族を調査する直接の動機となった。(35) これだけではなく、鳥居はミャオ族の銅鼓に関する研究が、(36) 西日本に出土する銅鐸が西南中国の民族移動と関連していたのではないかと考え、その仮説を立証するために、西南中国の調査計画を立て、坪井正五郎はその調査を了承したので、調査を実行することができた。

西南中国の調査は、一九〇二年七月に東京を出発し、上海に上陸して揚子江を遡上し、湖南省から貴州省へ入り、ミャオ族の調査をした。そこから雲南省でイ族の調査をして、四川を経由し、一九〇三年三月に帰国するという大旅行であった。この時の旅行記は、のちに『人類学より見たる西南支那』(一九二六年)として出版されたが、義和団事変後の対日感情が悪いなかを、偽の辮髪を付け、中国服を身に着けて馬で移動する、苦労の多い調査旅行だった。

帰国後に出版した『苗族調査報告』(一九〇七年)は、それまでのフィールドワークや旅行記中の記録から民族誌を書く手法に加えて、『書経』『史記』『漢書』『後漢書』などの漢籍資料、さらに西南中国の『府志』『県志』

『庁志』など地方誌を多数引用している。『苗族調査報告』は、それまでの日本周辺の少数民族の民族誌とは異なり、漢籍資料を多用して民族の分類や民族のルーツを考察したもので、ヨーロッパの人類学研究というよりは、シノロジーの伝統に近い研究スタイルになった。漢籍の古典を用いて、中国文化を社会学的に分析したのは、シャヴァンヌやマスペロなどを代表とするフランスのシノロジーの伝統でもあり、鳥居はこうした文献学とフィールドを結合して分析する独特な研究スタイルを確立した。報告書中に漢文資料を多用していることもあり、鳥居の報告書は中国国内からの反響は大きく、その後、ミャオ族の民族分類にも影響を与えた[37]。

鳥居は、西南中国の研究動機が、台湾原住民の文様と、西南中国、とりわけミャオ族、イ族の文様との類似性を指摘した論文[38]にあったので、この報告書にも、文様を取りあげている。鳥居は、民族精神の発現は、神話、伝説、詩歌、彫刻、音楽、絵画等で表現されるが、ミャオ族の民族精神は、伝統的紋様によって現れるとして、銅鼓、服飾の紋様を詳しく分析している[39]。

台湾原住民研究からの発展で、西南中国のミャオ族を調査したが、調査の過程で、鳥居は仲家族（現在のプイ族）の女性の上衣・長裙にある連続紋様が渦紋や雷紋であり、渦紋は日本の銅鐸、雷紋は古代中国の古銅器の紋様と同一だと気付いている[40]。さらに、日本から出土する銅鐸がインドシナ系民族の銅鼓に関係しているとする論考を『有史以前の日本』の出版前から発表している[41]。

『有史以前の日本』では、「我が国の銅鐸は何民族の残した物か」と問いを立て、日本古代の遺物として解釈に苦しむのが銅鐸であるとして、日本では奈良朝前から、日本人のあいだで疑問になっていた銅鐸を検証している。銅鐸が九州からは出土せず、太平洋側は遠江付近、日本海側は越中以西と限られ、銅鐸の紋様に甲（幾何学的紋様）と乙（渦巻き紋様）の二種類があり、図画に表れている風俗は農耕者であり、大きな弓矢で狩猟も行っていた。これらを総合して、鳥居は、銅鐸使用者を南中国大陸と推測している。銅鐸を楽器に使用していたと推測するのは、ミャオ族の銅鼓と対比したからである。日本の銅鐸に類似するものは、南中国、インドシナの特色がある銅鼓であると断定している。銅鼓には時代を経てA・B・C・Dの四種類を分けて、Aが最も古く、Dは漢族の太鼓の形に似ており漢字まで書かれているが、Aは銅鐸と同じように図画が描かれ、銅鼓が土から掘り出される状態は、複数重なり合うか並列であり、銅鐸と同じである。銅鼓と銅鐸に描かれている図画には、人物が木杵と臼で穀物をつく様子や高床倉庫、草屋根の家屋、船、楯、鳥類なども共通の風俗が描かれていることから、ミャオ族が日本に渡来したものと、踏み込んだ想定をしている。(42)

銅鼓に関しては、ドイツのヘーゲルの研究が、東南アジアの銅鼓を総括的かつ詳細に分析して分類している。(43)鳥居は銅鐸、稲作、麻草鞋、横穴墓、高床家屋、文身などの文化要素を、ミャオ族のようなインドシナ系民族に求める仮説を立てた。(44)

### (5)　蒙古

鳥居の研究は、西南中国研究から、さらに別の方向に展開していく。『ある老学徒の手記』では、蒙古行きを「私の歴史中、最も記念すべく、一大変化をきたした」と書いている。それは、学問的関心ばかりではなく、鳥居の東京帝国大学内での立場からも影響があった。一九〇六年二月に、東洋史の市村瓚次郎から内蒙古ハラチン王府の女教師を求める話があり、鳥居は夫婦で行くことに決めた。その時、鳥居は西南中国の調査から帰って『苗族調査報告』を執筆中で、白鳥庫吉や市村瓚次郎の東洋史の授業を聴講しており、さらに白鳥庫吉が企画した東洋学会の創立のための事務的な仕事を手伝ったりした。しかし鳥居は理科大学講師の身分であったので、鳥居が文科大学の白鳥に多大な助力をしたことで、人類学の主任教授である坪井正五郎とのあいだに溝ができてしまった。こうした事情から、鳥居は蒙古行きを決断したときに、坪井に辞表を出したのだが、最終的に濱尾新大学総長から宥められて辞表を取り下げ、理科大学講師の身分のまま蒙古へ行くことになった[45]。

西南中国の民族を研究するため、中国の歴史資料を扱う必要性から白鳥庫吉の東洋史を聴講したのだが、鳥居は、そもそも小学校時代から学校教育を外れて、独学により学問形成をしたので、アカデミズムの枠におさまるものではなかった。鳥居は理科大学の人類学教室に所属しながら、師弟関係と学問の成果は別物と考え、コロボックル論争で、坪井の主張とは異なる結果を発表して、人類学教室の主任教授である坪井との関係が悪くなったのである[46]。鳥居のミャオ族研究は、漢籍資料を多用して民族の分類やルーツを考察したもので、ヨーロッパの人類学研究にない研究スタイルを確立することになった。また、漢籍の古典を社会学的に分析するのは、シャヴァンヌやマスペロなどを代表とするフランスのシノロジーの伝統でもあり、鳥居の文献学とフィールドを結合して、フランス語で発表するというスタイルは、誰にもまねのできないオリジナリティを確立した。

鳥居夫婦の蒙古滞在のきっかけは、ハラチン王府に女性の日本語教師、河原操子が赴任しており、彼女の存在は日露戦争の情報工作と密接に関係しているところにある。満洲の利権をめぐって日本とロシアとの軍事的緊張が高まっていたころ、ロシアとの戦闘を想定して、陸軍では満洲、蒙古の地誌を研究し、ロシア軍の後方支援の交通網などを調べていた。ハラチン王府は、東蒙古における交通の要所で、物資の交易と同時に情報面でも重要な場所であった。

日本語教師を招聘したハラチン王のグンサンノルプは、チンギス・ハンの功臣ジェルメの末裔で、内蒙古で教育・産業振興に多大な貢献をなした有力な王侯貴族であった。ハラチン王府では、一九〇三年の女子学堂の前に武備学堂が創設され[47]、日本陸軍の軍人が教官として赴任しており、日本軍の情報機関が交通の要所として熱河・赤峰・ハラチンに設置された。軍事教官の派遣に次いで、日本語教師として河原操子が派遣されたのであるが、それは日露戦争の準備のための要員という役割が課されていた[48]。

鳥居きみ子は、河原操子の後任として、女学堂で教鞭をとり、鳥居一家はハラチン旗の盆地で一年近くを過ごした。鳥居龍蔵は男子学生を教える学校の顧問という名目で滞在し、交換授業で日本語を教えながらモンゴル語を習得し、騎馬を練習して赤峰周辺の遼代の遺跡を訪ね歩いた。任期終了後、一年間半かけて牛車に乗ってモンゴル平原を踏破して、雑誌『世界』に旅行記を発表し、それを増補改訂して『蒙古旅行』（博文館、一九一一年）を発表した。鳥居きみ子は、新聞に連載した記事をまとめた『蒙古行』（読売新聞社、一九〇六年）を発表し、それに大幅に加筆した『土俗学から見た蒙古』（大鐙閣、一九二七年）という大著を出版した(49)。

これだけ、鳥居にとって蒙古は自らの研究で大きな意味を持ち、かつ晩年は蒙古研究の延長である遼代契丹の研究に没頭するのであるが、『有史以前の日本』ではとくに蒙古は独立の項目として論じられておらず、満洲の有史以前との関連で東蒙古との関連を若干言及するにとどまっている。

## （6）朝鮮

朝鮮調査は、上述の雑誌『世界』の編集長、二宮徳次郎から寺内正毅総督を紹介してもらい、嘱託となって一九一〇年から一九一六年まで六回の調査を行った。調査地域は朝鮮全体におよび、古蹟調査、石器時代の調査、および生体測定を行った。

朝鮮総督府は、教科書編纂に要する資料蒐集のため、鳥居に形質人類学・民俗学・考古学の調査を委嘱した(50)。鳥居は、第一回の調査から元山の石塚を発掘し、満洲の旅順老鉄山頂でみた石塚と同一形式であることに気づき、かつ清津で女真文の石碑も発見し、高麗と金の両朝の相互接触と戦争の遺跡を確認した。また、当時朝鮮には石器時代の遺跡はないと言われていたが、豆満江畔で大量の石器、土器を発掘して石器時代の存在を明らかにした。さらに咸鏡道で土俗、身体測定をした(51)。第二回以降も、満洲と朝鮮を往復しつつ、調査を進め、第三回の朝鮮南部調査で、至るところに巨石で石柱を支えているドルメンを発見した。一九一五年に平安南道を調査し、平壌の大同江対岸の大古墳群を、満洲の発掘経験と『漢書』『魏志』の記述により、これらを楽浪郡時代の漢墓とみなした。当時、古墳調査は関野貞が担当しており、朝鮮史の今西龍や萩野由之なども高句麗説を唱えて、激しく対立した。鳥居の学説に対して、関野の弟子たちから朝鮮研究の権威に対し無礼であると詰責され、論文は『史学雑誌』にも掲載されなかった。その後、鳥居の学説が証明された後も、鳥居は朝鮮での古墳発掘から排除され、最終的に調査もできなくなった。しかしその後さらに古墳の発掘が進み、漢墓が証明された(52)。

一九一五年には総督府博物館が開館し、一九一六年にかけて古蹟調査の体制が整備された。同年に「古蹟及遺物保存規則」が発布され、古蹟調査委員会の事業は、調査、保存、登録、出版から構成され、総督府支出の臨時費で実施された。しかし、先史時代が古蹟調査の本計画に組み込まれなかったので、鳥居が石器時代調査を独占することになった(53)。鳥居は、満洲と日本の出土物の類似性を指摘していて、当然朝鮮と日本の結びつきは、さらに密接なものと想定して調査をしていたのであり、一九一〇年の第一回調査を皮切りに一九一六年まで調査を六回繰り返している。唯一の報告書である『平安南道黄海古蹟調査報告書』からは、地表採集と簡単な試掘を基本とし、平壌美林里遺跡の層序を把握しているが、遺物収集に集中している。鳥居は土器方式部族説に立脚し、縄文時代中期・後期・晩期の土器に、圧手式・薄手式・出奥式を部族の違いとみる方法で、磨製石器の類似を根拠に朝鮮の石器時代を弥生式土器の使用者と結びつけた。これは「固有日本人説」に重要な意味を持っている(54)。

鳥居の朝鮮での業績が、歴史学や考古学で、不当に等閑視されていたのは、美術・建築史家の関野貞との対立が、その後の内蒙古の慶陵の王墓をめぐる論争にも影響を与えたからである。鳥居は朝鮮半島全体を調査し、かつ満洲、日本と比較したにもかかわらず、第五回の『平安南道黄海古蹟調査報告書』と写真帖を発表するにとどまり、発掘品は総督府博物館に納入して、最終報告は出していない。鳥居の朝鮮での研究成果が個別論文のみに終わったのは、当時のアカデミズムの軛轢からであった。

有光教一は、鳥居の調査を、次のように評価している。鳥居の一三年に及ぶ調査は、できる限り広い範囲で、多くの遺跡を確認する狙いがあり、「未知の地域を探検する開拓的性質のもの」で、一つ一つの遺跡を徹底的に発掘することはしなかったと記している。[55] また別の論考で、有光は鳥居の発掘品については、出土状態や採集時の所見についての記録を伴わない、遺跡から遊離したものだったので、考古学的には価値が低く残念だと述べている。[56]

有光教一は、第二次世界大戦中に鳥居の収集した遺物を朝鮮総督府博物館で詳細に研究した。有光は、鳥居が一九一四年に慶尚南道昌寧の調査で発見した真興王拓境碑を認知し、朝鮮における朝鮮人の最古の石碑であることを学会に発表したことには極めて大きな意義があると、考古学上の鳥居の貢献を高く評価している。[57] また一九二〇年代後半から石器時代研究の中心となった藤田亮策は、朝鮮石器時代について、鳥居の研究を踏襲している。[58] 『有史以前の日本』の朝鮮の有史以前を見ると、朝鮮にはアイヌの遺跡が存在しないと断言している。そして朝鮮の遺物は、「固有日本人」のものと非常に似ており、朝鮮の石器時代の遺跡・異物を残したのがアイヌではなく、南満洲・沿海州と関連があり、「固有日本人」が、これらの地方から南下してきたとしている。[59] ラファエル・アバは、鳥居が「日鮮同祖論」であったという批判があることを前提に、『有史以前の日本』には記紀神話を正当化する解釈や評価に結びつけられない知的要素がふくまれていると指摘している。朝鮮半島だけではなく、さらに大きな文化の共通性を主張していた鳥居の説は、「日鮮同祖論」に収まらないことを示している。[60]

## 四．鳥居にとってのフランス人類学

### （1）パリ人類学会

鳥居龍蔵は、日本周辺の民族誌を、東京帝国大学理科大学の紀要にフランス語で公表した。そのため、一九二一年にパリで世界の代表的な人類学者を組織した国際学会である万国連盟人類学院が発足した時に、日本人として初めて鳥居を正会員に指名した。さらにその人類学院の日本代表委員にも推薦され、フランス・パリ学士院から、パルム・アカデミー勲章と勲記が与えられた。これはとりもなおさず、国際的にも鳥居の業績が高く評価されたことを意味している(61)。

鳥居は、何度も海外の大学から招聘を受けたが、彼は最終的にそれらを受諾せず、アジアのフィールドワークを継続する道を選んだので海外留学の経験はなかった(62)。しかし、欧米の、とくにフランスの人類学および東洋学の研究業績を、いち早く自らの研究にとりいれており、いわゆる極東の民族学、人類学、考古学の先行研究がないなかで、日本が明治以降に獲得した植民地の民族誌をフランス語で出版したことは、鳥居がこの分野のパイオニアとしての地位を築いたことを意味している(63)。鳥居は、英語、ドイツ語、ロシア語の文献も参考にしているが、人類学の理論的枠組みとしては、とりわけフランスからの強い影響を受けている。そこで、フランス人類学の概況を見ておこう。

パリ人類学会（Société d'anthropologie de Paris）は、一八五九年に結成された。その結成の中心人物が一八二四年生まれのポール・ブロカであった。彼はパリ大学医学部で解剖学・病理学の教授で、第一回総会で終身事務局長に選ばれ、一八八〇年に亡くなるまで、この学会をリードした。学会の成立には、当時のフランスの政治状況が反映しており、ブロカは熱烈な共和主義者として保守派と対峙していた。ブロカは一八五九年、六〇年に発表

**表2**　パリ人類学会の19世紀後半の時期の問題構成

| 生物系 | 人類学の系 | 実践、政治の系 |
|---|---|---|
| ①　種の概念 | 人種の観念<br>→多元論と単元論 | 奴隷制の評価 |
| ②　種の差異 | 人種の差異<br>→混血の問題<br>ケルト人種と他人種の差異<br>ユダヤ人種の位置づけ<br>黒人種の位置づけ | 差異の観察測定法<br>nationの主体の規程<br>排除の対象の規程 |
| ③　種の再生産 | 人口問題<br>→混血、「変質」の問題<br>→フランスの人口停滞の問題 | 人口統計、国勢調査<br>軍隊および徴兵制度 |

出典：渡辺公三『司法的同一性の誕生――市民社会における個体識別と登録』（言叢社、2003年）226頁

した「人類における混血をめぐって」の論文では、その前に発表されたゴビノーの混血によって形質を劣化させる人間退化論を展開した『人種不平等論』に反論を展開し、フランス国民が複数の人種集団の混血から生まれ、混血が決して形質の劣化や生殖力の減退をもたらさないと主張している。この論文で、彼は「人種（race）」の概念を検討し、人種とは遺伝的で固定的な特徴で区分される人間集団で、集団起源を区別する通俗的な人種理解では、人間集団を細分化できるが、学問的には特徴によって捉えられる「類型（type）」が重要なのであり、「人種」は現存しない、と主張している。人類学会の成立の背景には、人種における混血をめぐる貴族主義と共和主義、人類起源をめぐる単元論と多元論の論争があり、人類生物として単一性を根拠とする奴隷制反対の陣営と、黒人の劣等性を根拠に、奴隷制を擁護する陣営の対立があった(64)。

ブロカは、多才な外科医として、若くして知名人であった。ブロカは、解剖・病理・外科の領域で顕微鏡導入の先駆者として有名であり、がん研究、動脈瘤の研究に生かした。神経学の領域で、大脳皮質機能局在と脳の比較解剖の開拓者として知られている。そして人類学では、前述の人類学会の創設に貢献したが、頭蓋の研究について計測機器を考案し、そのいくつかは改良されて現在でも利用さ

れている。皮膚と瞳孔の色基準は改訂されて原理も通用している。また『ケルト族とは何か』（一八六四年）『ヨーロッパ民族の起源について』（一八六四年）『低地ブルターニュの人種学』（一八六四〜一八六六年）などの人種学で著作を発表し、一八六八年南フランスのクロマニヨン洞窟から発見された人骨の研究でも注目を浴びた。

次に雑種の研究で、ノウザキとイエウサギを掛け合わせた雑種の事例から、種が永続的だとする見解にいたり、一八五八年に「雑種化について」の論文を生物学会で発表するなどしていたが、演説を中断され、生物学会誌に掲載を拒否されたので、前述の人類学会を立ち上げたという経緯があった。一八五九年にロンドンでダーウィンの『種の起源』が公刊されたが、同時代に種に固定性はなく、進化思想の着想を得ていた一人として評価されている。[65]当時のロンドンの人類学界では、ブロカの影響下に「ロンドン人類学協会」が一八六三年に設立され、その勢力は科学団体としては英国一と言われたが、[66]当時の人類学はイギリスよりもフランスが研究を牽引していたのである。

ブロカの形質人類学の集大成は、一八七五年に発表された「頭蓋学および頭蓋計測学の指示」であり、頭蓋の細部にいたる特異点の命名と、計測と比率の記述法が、ブロカ考案の器具の説明と共に詳しく記述されている。[67]

鳥居は、世界の諸民族をまとめた大学のテキストとして『人種学』（大日本図書、一九〇四年）を出版している。この書籍は、教科書として編纂されており、当時の英独仏の人類学入門書を参照して執筆されている。世界の諸民族の概況をまとめているが、直接フランス人類学に言及しているのは、ヨーロッパの諸民族の起源論である。鳥居は、日本固有の民族起源論に、直接フランス人類学の論考を引用してはいないが、フランスの民族複合論の起源論からは、間接的な影響が見てとれる。

鳥居龍蔵の日本人起源論に関して、一九世紀のフランスで、人類学者たちが追及していたフランス人のルーツ論の影響を間接的に受けていると思われるが、フランス人類学の直接的な引用はなく、大森貝塚を発見したモースや地質学者で北海道の石器・遺跡を調査したジョン・ミルンのアイヌ研究[68]、そして鳥居の師である坪井正五郎のコロボックル説など、日本における民族起源論の流れを継承している。それは、当時の人類学の論調が、ヨーロッパのように、起源論に関する議論が盛んになっており、ヨーロッパも日本も、民族起源論が人種学研究の趨勢になっていたからである。

（2）台湾の形質人類学研究

形質人類学は、一九世紀から二〇世紀初頭の人類学にとって、基調となる学問であった。坪井正五郎は、人文科学的な多くの業績があるにも関わらず、本質的に理学的人類学であり、鳥居もその影響で、西南中国調査までは自然科学としての人類学を目指していた[69]。この傾向が顕著に出ているのは、台湾原住民調査である。

鳥居が台湾調査を依頼された時期、台湾では原住民の民族分類に着手されていた。台湾総督府の嘱託として原住民の民族分類の仕事をしていた伊能嘉矩は、台湾へ渡る前に坪井正五郎の授業を聴講し、台湾の民族分類に、当時の人類学の方法を用いていた[70]。また前述したように、この時期の鳥居は坪井のもとで、理学的な人類学の手法を修得しようと努力し、生物学などの授業も聴講していた。

台湾総督府が鳥居に委託した調査は、台湾原住民の民族系統や民族分類を「科学的に」研究することであった。つまり、当時の人類学で主流ともいえる計測による数値化された種族研究を期待されていたのである。その期待に応えたのが、Etudes Anthropogiques, Les Aborigènes de Formose（一九一二年）である。これは、当時フランス人類学の主流ともいえる身体の数値化による種族の系統研究の系列である。

鳥居は、ヤミ族調査で、身体の計測を中心とする研究を行った。皮膚の色彩調査は、ブロカの色調の表を参考にしている[71]。そして身体的特徴については、被験者八八名に対して、外面的観察だけでなく、頭部や顔面、身長や四肢、足の大きさなどを実際に測量している。これは、ブロカの方法論で身体計測を行っている。ブロカは、『人類学の調査と観察のための一般概論』のなかで、[72] 身体測定の具体的な道具を紹介し、どの部位を測定したかを明示し、他の民族との比較が「科学的に」できるように措定している。

台湾の報告書は、シャヴァンヌから高い評価を受け、フランス語で書評も出ている。台湾の調査を、外国語で出版するのは、岡松参太郎の前例があった。台湾の植民地統治の成果を海外に宣伝するため、一八九九年一二月に台湾総督府は岡松参太郎と愛久沢直哉に台湾旧慣調査の事業を委託し、その結果として岡松参太郎が、『台湾旧慣制度調査一斑』を英文で出版したことがあった。[73] 鳥居も、台湾調査の成果をフランス語で出版する意義を見出し、かつ反響もあったことから、その後もフランス語での民族誌の発表を続けている。

しかし、ブロカが確立した身体計測の形質人類学の研究は、急速にすたれていっている。科学史家のスティーヴィン・グルードは、一九世紀を代表する頭蓋計量学、および二〇世紀を代表する知能テストの古典的データを分析しなおし、適切なデータから無意味な結論を科学者に出させたり、データの収集をゆがめさせたりする偏見があることを突き止めた、としている。ブロカの偏見とは、人種が知的価値という直線的物差しでランクづけで

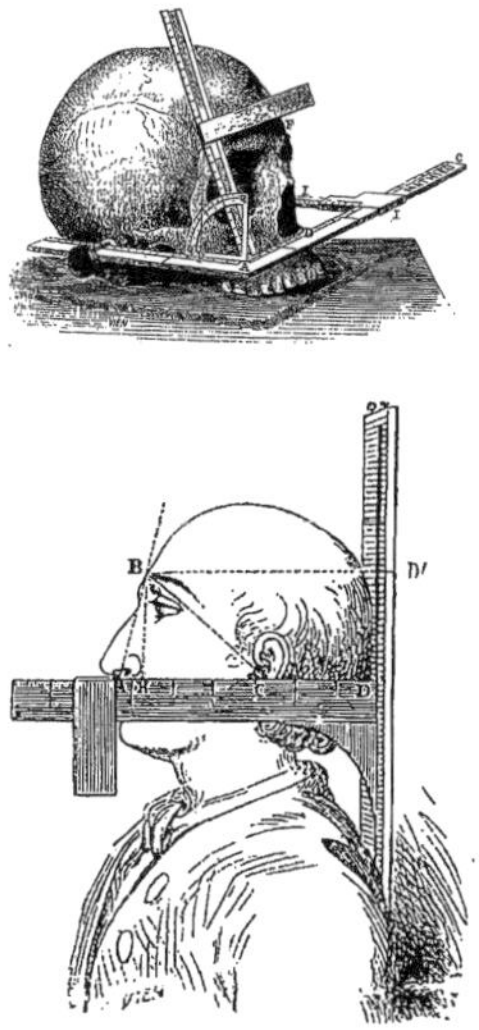

図1　ブロカの測定

（M.P. Broca, Instructions générales pour les recherches anthropologiques à faire sur le vivant, G. Masson, 1865、p28, 88）

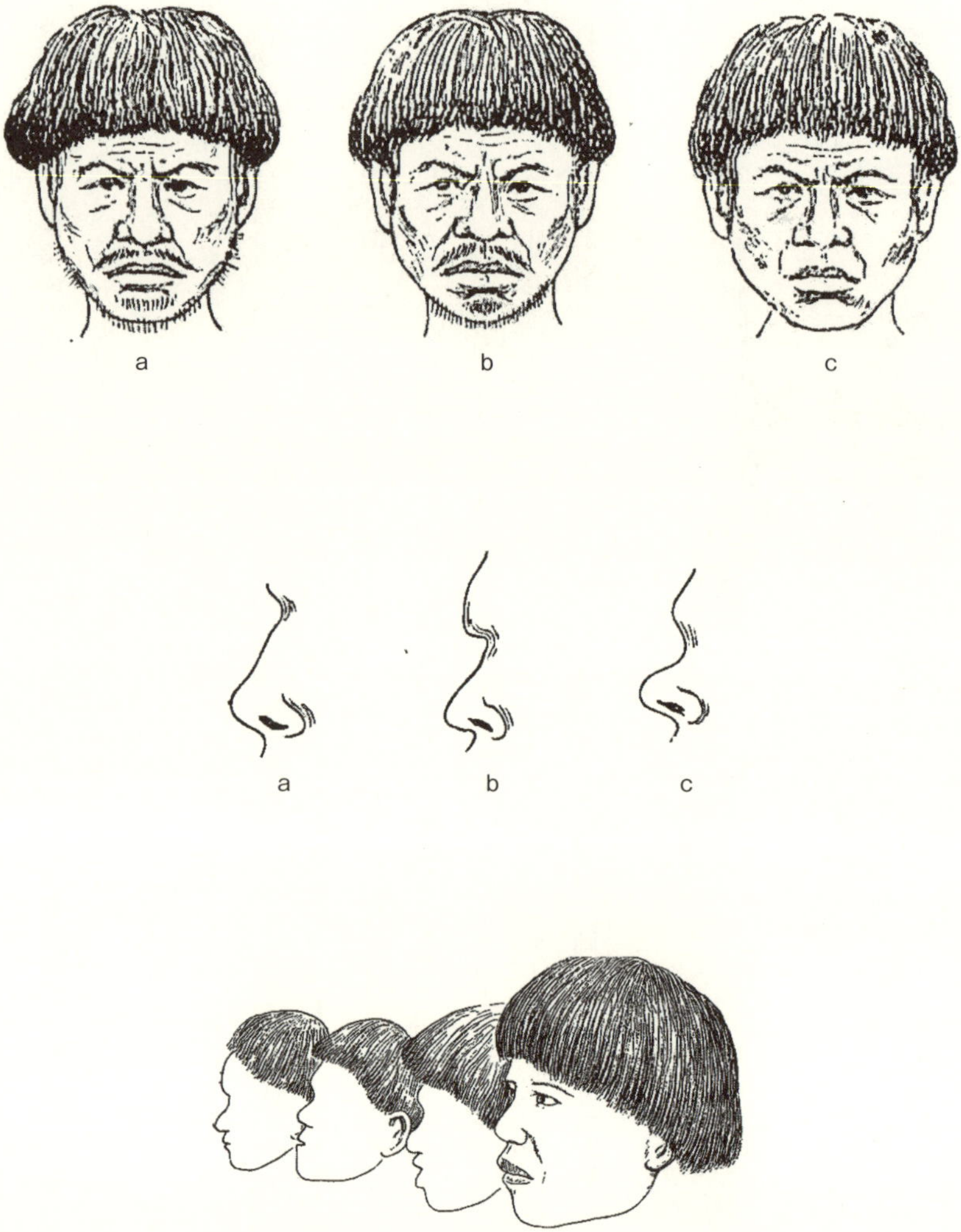


図２　鳥居龍蔵のスケッチによるヤミ族の身体的特徴

（R.Torii, Etudes Anthropogiques, Les Aborigenes de Formose, *Journal of the College of Science, Tokyo Imperial University,* Vol. XXXXII, Article, 4. P. 10, 11, 14）

きるという前提だった。彼は人種のランクづけの順序にしたがって人体測定の特徴を決めていた。たとえば、有意な特徴として上腕骨に対する下腕骨の比率で、その比が大きいことは前腕がながくサルの特徴としたが、この基準だと白人が皮膚の黒っぽいグループより低い位置になるので、その基準を放棄した。また脳の大きさの基本基準を放棄したのは、劣等な黄色人種が非常に良好な数値を示したからである。ブロカは、数値をごまかさなかったが、数字を選び出し、自分に好都合な結論に合わせて解釈したに過ぎなかった(74)。

台湾における鳥居龍蔵の評価は、写真、調査日誌であり、いわば探検の記録の部分が現在価値を見出されている(75)。つまり、鳥居が調査した当時、台湾総督府や東京帝国大学から期待された「科学的人種研究」は、数値をちりばめた「科学的研究」であった。身体計測研究の基礎となる身体比率が不変であるとする理論自体が、現在では否定されたので、身体測定の研究が最も意味のない研究と見なされている。現在、鳥居の写真と調査日誌は、彼が残した資料として価値のあるものとみなされている。

鳥居の台湾調査日誌を翻訳した楊南郡は、鳥居が中国大陸の研究に関心を向け、台湾の比較研究の結論を出す時間がなかったことが残念だと述べている(76)。しかし、こうした見解は、鳥居の研究を地域研究に腑分けして、鳥居のアジア研究の一部だけを取り出し、全体を見ていない。鳥居にとって台湾研究は、自らの研究の基礎を築いた一つのステップに過ぎず、晩年の契丹研究こそが鳥居の集大成ともいうべき研究テーマであり、台湾研究は、鳥居にとって一過程でしかすぎなかった。

ただ、台湾研究の経験は、他の地域での民族の見方の基礎になっており、民族の在り方について、具体的なイメージとなっている。たとえば、アイヌについて、「今日台湾生蕃が、等しくマレー系といわれながらも実はタイヤル・ブヌン・パイワンなど幾多の区別が存在すると同じように、群もしくは部族の相違があったものと思う(77)」と述べて、民族のイメージを台湾原住民の調査経験を敷衍して過去のアイヌ像を構築している。台湾での実体験は、他の地域の民族を見るイメージの基礎となっている。鳥居にとって台湾は、自ら人類学の研究方法を確立した場所であり、他の地域でのフィールドワークや、有史以前の社会を構想する場合も、台湾での経験は、民族の見方の基礎として鳥居の研究に生かされている。

### (3) ドイツ民族学

鳥居がドイツの民族学に依拠したのは、西南中国の銅鼓に関するヘーゲルの研究資料である。ヘーゲルは、東南アジアの銅鼓を総括的に分類して、詳細な分析を行った。ドイツは、一九世紀後半から南西アフリカ、ニューギニア、オセアニアに植民地を設けた。ドイツの海外植民地拡大と同じ時期の一八七三年に王立民族学博物館が設立された。一八七六年、アドルフ・バスティアンが館長に任命され、博物館から八つの調査団をヨーロッパの外側に送って物質文化の収集にあたり、可能な限り完全に記録することを目的とした[78]。バスティアンは、アジア、南洋、アフリカを旅して旅行記を著し、彼自身は大学で民族学の職位を得た人物で、イギリスのタイラーにも影響を与えた[79]。しかしドイツの人類学も、フランスと同様に、大学ではなく、博物館が人類学的研究の基礎を作っていった。鳥居が言及していたヘーゲルの銅鼓の研究は、博物館が収蔵していた銅鼓ではなく、個人が収集した実物を分析したものであるが、ヘーゲルが参照した資料には、ドレスデン博物館の出版物もあり、この著作も、広い意味でドイツ民族学博物館の研究の一環といえる。

鳥居が西南中国の研究で関心を持った銅鼓について、吉開将人は、西欧東洋学の新しい傾向として、興味深い分析をしている。つまり銅鼓についての前近代の中国と日本で、伝統的読書人が漢籍の考証の補助材料として銅鼓を研究していたが、西欧では東南アジアの植民地化が進むなかで、現地から銅鼓の情報ばかりでなく、銅鼓の実物が博物館や博覧会に招来されて、博物学者、東洋学者の関心を引きつけた。そこで、近代西欧の銅鼓研究が東南アジア島嶼部に始まり、ドイツ・オーストリア・オランダの研究者がしのぎを削り、その後フランスがインドシナを植民地にしたので、フランスの研究者が参加してきた。鳥居が影響を受けたのが、漢籍の分析だけではなく、こうした現物に基づく、新しい形の西欧東洋学である(80)。

## おわりに

鳥居龍蔵は、東京帝国大学で、人類学教室に所属していたことから、日本が帝国の領土を拡張した初期にフィールドワークを敢行し、貴重な資料を残した。とくに、台湾調査からガラス乾板の写真機を持ち込んで撮影し、その後の調査にも写真を利用した。鳥居が東京帝国大学に在職したということは、一方で国家の要請として、植民地の「科学的研究」としての側面を有している。フランスの形質人類学の手法で体質を計測して、民族の体質的特徴の数値を加えると同時に、この報告書をフランス語の民族誌として公刊した。これは、留学により海外の学知の輸入だけでなく、海外の学問の方法論をうけいれて、海外基準での「科学的」数値に日本の植民地の調査データを提供する、学知のアウトプットも行っていた。これはこの時期の日本人研究者として、極めて特殊であったといえる。

鳥居が、東京帝国大学紀要という媒体で、フランス人の手を借りてフランス語に翻訳した民族誌を出版していたことは、彼がフランスの学術界を意識していたことを意味する。そして鳥居が所属していた東京帝国大学理科大学人類学教室には、海外の人類学、東洋学の文献、雑誌が系統的に収蔵され、それを自由に閲覧して研究の基礎とできる環境があったことが、鳥居の海外の人類学研究の受容を容易にしていた。

もしも鳥居が坪井の教えを守り、理学的な人類学の方法論を墨守して東京帝国大学理学大学の教授として最後まで在籍したならば、彼の研究は現在残らなかったであろう。フィールドワークは、人類学の重要な手法であり、またフィールドを理解するための基礎知識として西南中国研究から、積極的に文献史学を取り入れたことが、自然科学的人類学から人文系人類学への転換点となった。それによって、形質測定を中心とする形質人類学の凋落の被害を最小限にとどめる結果となった。

鳥居は、一九二四年に東京帝国大学を退職し、自宅に鳥居人類学研究所を作って、個人で研究をつづけたが、一九二八年から東方文化学院東京研究所の研究員になると、研究テーマを契丹、および遼代の歴史研究に移していく。鳥居が、帝国日本の領土拡張の最前線で、東京帝国大学からの派遣という形で日本周辺地域のフィールドワークを行ったことは、この時代の特色ともいえる。領土や植民地の拡張にともない、その地での探検、調査を行った人々は多くいた。鳥居の研究が、他の調査者と異なる点は、彼の研究成果を、西欧の人類学と東洋学を基礎とした調査資料の整理と知見の展開をフランス語で公表し、海外の人類学との対話を積み重ねたことにある。自ら現地に赴いて試作を重ねながら、独自の人類学を切り開いたことが、他の追随を許さない鳥居の学知の特色と言える。

（1）　寺田和夫『日本の人類学』（角川書店、一九八一年、初版思索社、一九七五年）八〇頁。

（2）　中川徳治「鳥居先生と東方文化学院」（『鳥居龍蔵博士の思い出　鳥居記念博物館紀要』四号、一九七〇年）四五～四七頁。

（3）　『有史以前の日本』は、同じ出版社から一九一八年に初版が出ている。初版は『有史以前乃日本』として九版まで出版したが、火災で紙型を焼失したので、鳥居は新たに改稿加筆を加えて、書名も変更し、第一版として出版したと説明している。鳥居龍蔵全集にも、初版ではなく、加筆修正をした一九二五年版を採録しているので、本稿も後出の版に基づいた記述にしている。（鳥居龍蔵「有史以前の日本」『鳥居龍蔵全集』一巻、朝日新聞社、一九七五年、一六九頁。以下鳥居著作ａとする）。

（4）　鳥居自身も、日本内地より周辺地域の人類学・先史考古学を調査していたが、日本周辺と同時に内地の調査もしなければいけなくなり、畿内調査から着手したと述べている（同上書、一七八頁）。

（5）寺田、前掲書、七七頁。

（6）寺田、前掲書、八〇頁

（7）徳島県立鳥居龍蔵記念博物館・鳥居龍蔵を語る会編『鳥居龍蔵の学問と世界』（思文閣出版、二〇二〇年）。

（8）年号は著作集の修正に従った。鳥居龍蔵「ある老学徒の手記」（『鳥居龍蔵全集』一二巻、朝日新聞社、一九七六年）三〇七頁。以下鳥居著作bとする。

（9）鳥居著作a、一六九～一七〇頁。

（10）同上書、八八頁。

（11）同上書、九〇頁。

（12）ラファエル・アバ「「固有日本人」説を中心として」（『北大史学』四九号、二〇〇九年）。

（13）鳥居著作b、一八三頁。

（14）鳥居龍蔵「南満洲調査報告」（『鳥居龍蔵全集』一〇巻、朝日新聞社、一九七六年）四三、四七頁。以下、鳥居著作cとする。

（15）鳥居龍蔵「南満洲の先史時代人」（『鳥居龍蔵全集』五巻、朝日新聞社、一九七六年）、二五四～二五七頁。以下鳥居著作dとする。

（16）鳥居著作c、二二～二五頁。

（17）同上書、四七～四八頁。

（18）ラファエル・アバ、前掲論文、八八頁。

（19）鳥居の台湾調査での写真については、順益台湾原住民博物館から写真集が出版されている（『鳥居龍蔵眼中的台湾原住民　跨越世紀的映像』順益台湾原住民博物館、一九九四年）。また、東京大学総合研究資料館がウエッブ上で公開している「人類先史学部門／東アジア・ミクロネシア古写真資料画像データベース」には鳥居が撮影した映像が公開されており、それに基づいた研究として次のものがある。清水純『画像が語る台湾原住民の歴史と文化――鳥居龍蔵・浅井恵倫撮影写真の探究』（風響社、二〇一四年）。Ju-Ling Lee, *Imaginer l'indigène: la photographie coloniale à Taiwan (1895-1945)*, Maisonneuve & larose; Hémisphères, 2020.

(20) 鳥居著作b、一九〇頁。
(21) 鳥居龍蔵「人類学研究・台湾の原住民（一）」序論、鳥居著作d、五〜八頁。
(22) 藤崎済之助『台湾の蕃族』（南天書局、一九八八年、初版、国史刊行会、一九三〇年）五三七頁。
(23) この報告書の内容は次の通り。第一章　頭髪附身体装飾、第二章　衣服、第三章　家屋、第四章　食物、第五章　食べ物調理及び食器、第六章　土器土偶及ビ土物、第七章　彫刻及ビ船、第八章　発火法、第九章　農業及農具、第一〇章　漁梁業及漁具、第一一章　利器附鍛冶術、第一二章　武器、第一三章　銀及ビ冶銀術、第一四章　宗教、第一五章　雑部
(24) 鳥居は、ヤミ族の民族系統を、体質、言語ではマレー系、風俗上は台湾、フィリピン、マレー諸島に類似し、伝承（本文は口碑）はバタン諸島と関係があり、総じてマレー系種族と判断している。（鳥居龍蔵「紅頭嶼の土人は如何なる種族より成る乎」『鳥居龍蔵著作集』一一巻、朝日新聞社、一九七六年、五八四頁）。
(25) Otti scheere, "Ein Ethnographischer bericht uber die Isel-Botel Tobago, *Mitteilungen der Deutschen Gesellschaft für Natur- und Völkerkunde Ostasiens.*, Band, 1906.
(26) 鳥居著作b、一八二頁。
(27) 同上書、二〇六〜二〇七頁。
(28) 鳥居龍蔵「考古学民族学的研究・千島アイヌ」鳥居著作d、三一七頁。
(29) 鳥居著作d、二〇七〜二〇八頁。
(30) 同上書、二一一〜二一四頁。
(31) 鳥居著作d、四〇九〜四六九頁。
(32) 鳥居著作b、二一四頁。
(33) 鳥居著作d、五〇九〜五一〇頁。
(34) 鳥居著作a、三七七〜三七八頁。
(35) Terrien de Lacouperie and E. Colborne Baber, "Formosa Notes on MSS., Races and Languages," *The Journal of the Royal Asiatic Society of Great Britain and Ireland*, New Series, Vol. 19, No. 3 (Jul., 1887), pp. 413〜494.
(36) Franz Heger, *Alte Metalltrommeln aus Südost-Asien: mit Unterstützung der Gesellschaft zur Förderung Deutscher*

*Wissenschaft, Kunst und Literatur*, K.W. Hiersemann, 1902.

(37) 佐藤若菜「鳥居龍蔵の西南中国調査にみる二つの民族観と中国への影響——中国民族学界からの評価に着目して」（中生勝美・飯田卓編『ファシズム期の人類学』風響社、二〇二五年四月刊行予定）。

(38) Terrien de, Lacouperie 前掲論文。

(39) 鳥居龍蔵「苗族調査報告」（『鳥居龍蔵全集』一一巻、朝日新聞社、一九七六年）一五四～一六五頁。

(40) 鳥居龍蔵「苗族は現今如何なる状態にて存在する乎」同上書、三八八頁。

(41) 鳥居龍蔵「銅鐸考」（鳥居著作a）五七五頁。

(42) 鳥居著作a、二六五～二七六頁。

(43) Franz Heger 前掲書。西南中国研究を通じて、鳥居の学問関心が歴史学・文献学に大きく傾いた転機となった。とくに銅鼓への関心から中国民族史論としての漢族西来／ミャオ族先住説、その発展として銅鼓の紋様論、さらに先住民族アイヌを、インドネシアンと「固有日本人」が征服したとする、独自の日本民族史を展開させた。鳥居の銅鼓研究が展開する過程を詳細に検討した論文として、次のものを参照。吉開将人「鳥居龍蔵と銅鼓研究——鳥居を「民族学者」へと導いたもの」（『徳島県立鳥居龍蔵記念博物館研究報告』一号、二〇一三年）。

(44) ラファエル・アバ、前掲書、八三頁。

(45) 鳥居著作b、二三五～二三七頁。

(46) 末成道男は、鳥居のミャオ族調査が転換点となり、それまでの理学系人類学から文化人類学に重点を変えたと評価している。それが当時の閉鎖的な大学の講座独立性とは相いれなかったとして、その後の鳥居の大学での冷遇につながるとみている（末成道男「鳥居龍蔵——東アジア人類学の先駆者」綾部恒雄編著『文化人類学群像 三〈日本編〉』アカデミア出版会、一九八八年、五六頁）。

(47) 河原の著作では、彼女が勤務した学校の名前を「女子学堂」としているが、『赤峰文史資料選輯』四輯（一九八六年）では、「毓正女学堂」となっている。同様に、「武備学堂」も「守正武学堂」となっている。また河原の著作には、男子学生の通った学校名が記されていないが、上述資料では「崇正文学堂」と記されている。これが、鳥居龍蔵も男子学生に教えていた学校だと思われる。

(48) 河原操子『カラチン王妃と私 モンゴル民族の心に生きた女性教師』（芙蓉書房、一九六九年、初版『蒙古土産』実業之日本社、一九〇九年）三五、四四頁。
(49) 蒙古調査の詳細は、別稿で論じている。中生勝美「鳥居龍蔵の満蒙調査――慶陵研究の系譜」（『鳥居龍蔵研究』五号、二〇二二年）。
(50) 有光教一「鳥居龍蔵博士と朝鮮考古学」（『鳥居龍蔵全集付録月報六』朝日新聞社、一九七六年）一頁。以下有光論文aとする。
(51) 鳥居著作b、二六三～二六七頁。
(52) 同上書、二七六～二七七頁。
(53) 宮里修「戦前の朝鮮における石器時代の調査研究について」（『朝鮮史研究会論文集』四二号、二〇〇四年）八一～八二頁。
(54) 前掲論文、八四頁。
(55) 有光教一「朝鮮半島に埋もれた古代文化交流の謎を掘る」（『有光教一著作集』二巻、同朋舎出版、一九九二年）七六頁。以下有光論文bとする。
(56) 有光教一「序言」（『有光教一著作集』一巻、同朋舎出版、一九九二年）五頁。
(57) 有光論文a、三頁。また有光は、輯安の遺跡にある広開土王（好太王）碑の実地調査を最初に行ったのが鳥居龍蔵であることも指摘している（有光論文b、九八頁）。
(58) 同上論文、八六～八七頁。藤田亮策は、朝鮮研究について、戦後まとめている。藤田亮策『朝鮮学論考』（藤田先生記念事業会刊行、一九五三年）。
(59) 鳥居著作a、二九七～二九八頁。
(60) ラファエル・アバ、前掲論文、九八頁。
(61) 中薗英助『鳥居龍蔵伝――アジアを走破した人類学者』（岩波書店、二〇〇五年〔初版一九九五年〕）三一二頁。ただし、勲章と勲記は東京帝国大学理学部事務室に送られたが、原因不明の紛失事件が起きて、鳥居の手には渡らなかった。
(62) 鳥居の師である坪井正五郎は、イギリスに留学しているが、タイラーの講義に出たものの、テキストを棒読みにする授業に聴講する意義を見出さず、もっぱら大英博物館で資料を見ていた。当時の授業は、教授が原稿を読み上げ、それを学生が筆写するかたちで講義を進めていたが、タイラーの場合は、すでに著作として出版されたものを読み上げていたので、坪井は授業に出る意味を見出さなかった。鳥居も、そうした話を聞いていたので、留学をして学ぶ意義を見出さず、フィールドワークを継続することを選んだのであろう。

(63) 鳥居の著作、論文の出版年と、引用している欧文の出版年を比較してみたが、鳥居がいかに最新の情報に精通していたのかがわかる。また鳥居自身、ヨーロッパの先行研究を調べ、極東に関する情報が少ないことを確認し、自ら調べる必要性を自覚している。また東部シベリア調査で各地の博物館には石器時代の遺物の展示もあり、また石器時代の遺跡もあるけれど、ヨーロッパの研究書には、ロシアの研究がほとんど参照されていないことに注意を向けている（鳥居著作a、三六九、三七三～三七四頁）。

(64) 渡辺公三「パリ人類学会」『批判的人類学のために』（言叢社、二〇一八年）一四三～一五〇頁。竹沢尚一郎の整理によると、ブロカが組織したパリ人類学派は、一八五五年に自然史博物館に人類学講座を設置し、一八五九年に前述したパリ人類学協会を設置し、一八六六年に第一回国際人類学会を開催、一八六八年に高等研究院に人類学研究室を設置、一八七二年に人類学雑誌創刊、一八七六年にパリ人類学学校を設置と、矢継ぎ早に人類学を制度化した。とくに最後のパリ人類学学校は、私立学校で卒業証書を発行しない、公開講義を行うだけの組織だったが、聴講生は毎年一万人近くにのぼった。これだけ人気を博したのは、そこで教えられたのが、医学や形質人類学だけでなく、歴史学、考古学、言語学、民族学の諸学であり、いわば新しい時代の新しい学問だったからだ（竹沢尚一郎『表象の植民地帝国――近代フランスと人文諸科学』世界思想社、二〇〇一年、七七頁）。

(65) 萬年甫・岩田誠訳篇『神経学の源流（三）ブロカ』（東京大学出版会、一九九二年）三一～四九頁。ちなみに、ブロカの報告は、生物学会を分裂させかねない多元論の視点が明確だったことが理由で、発表を差し止められたのだという（渡辺公三『司法的同一性の誕生――市民社会における個体識別と登録』言叢社、二〇〇三年、二三〇頁）。

(66) 竹沢尚一郎「タイラー」（岸上伸啓編著『はじめて学ぶ文化人類学』ミネルヴァ書房、二〇一八年）六頁。

(67) この論文は『頭蓋学の手引き』として渡辺公三が詳細に紹介している（渡辺、前掲書、一九八～二〇八頁）。

(68) 鳥居龍蔵「大森貝塚積成人に就て　ジョン・ミルン氏の考察」（『鳥居龍蔵全集』二巻、朝日新聞社、一九七五年）六〇二頁。

(69) 寺田、前掲書、七七頁。

(70) 陳偉智「自然史、人類學與臺灣近代「種族」知識的建構――一個全球概念的地方歴史分析」（『台湾史研究』一六

（四）、二〇〇九年）。

（71）鳥居が参照したイギリス人類学会の提要は、次のもの。John George Garson and Charles Hercules Read, *Notes and queries on anthropology*: edited for the Anthropological Institute, Anthropological Institute, 1892, 2nd ed.

（72）M. P. Broca, Instructions générales pour les recherches anthropologiques à faire sur le vivant, G. Masson, 1865.

（73）臨時臺灣土地調査局『台湾旧慣制度調査一斑』（臨時臺灣土地調査局、一九〇一年）。Okamatsu Santaro, *Provisional Report on Investigation of Law and Customs in the Island of Formosa*, Kobe: Herald Office, 1902.

（74）グールド、スティーヴン・J著、鈴木善次・森脇靖子訳『人間の測り間違い――差別の科学史』（河出書房新社、一九八九年）二一―二二、九七―九九頁。頭蓋計測の議論は、二〇世紀の初めには根拠を失い、知能テストへと方向転換した。さらに、フランツ・ボアズが単一グループの成人間での、個人の一生の間で大きな幅で変動し、移民の両親とアメリカ生まれのその子供の間で頭蓋指数に有意な差があることを公表し、頭蓋示数の「科学的根拠」を根底から覆した（同上書、一二五頁）。

（75）鳥居は四回の台湾調査を終えた一〇年後の一九一〇年に、台湾総督府の招聘で、台湾原住民の調査のため台湾を訪れている。当時は、台湾総督の佐久間左馬太による「五個年理蕃事業」が始まり、原住民に対して武力鎮圧が始まった殺伐とした時代だったが、鳥居は四回の調査で未完成だったタイヤル族の調査を補充するために招聘を受諾した。一九一〇年末に台湾に到着し、宜蘭方面に調査し、石器時代の遺物を発見してはいるが、調査は途中で中断され、研究成果などは報告されなかった（楊南郡「学術探検家鳥居龍蔵」鳥居龍蔵原著、楊南郡訳注『探検台湾――鳥居龍蔵的台湾人類学之旅』、遠流出版公司、一九九六年、一六～一八頁）。

（76）楊南郡、前掲書、三六頁。

（77）鳥居著作a、二二八～二二九頁。

（78）H. Glenn Penn, *Objects of culture: ethnology and ethnographic museums in imperial Germany*, University of North Carolina Press, 2002, pp. 19–20.

（79）前掲書、p. 23.

（80）吉開、前掲論文、一五三～一五四頁。

# 帝国の藻類学——岡村金太郎の朝鮮産海藻研究

石川亮太

## はじめに

岡村金太郎（一八六七～一九三五）は日本最初の藻類学者とされ、日本産海藻の分類学的研究を中心として約二五〇篇の論文を発表し、数多の新種を記載した。岡村の後継者である山田幸男（一九〇〇～七五）は、師の略伝で次のように述べている。「今日我邦より知らるゝ海藻はその数一千を超ゆるも先生が始めて海藻学の研究を始められし当時は僅々数十種が我邦より知られ居りしに過ぎず。即ち此等千余の種類は大部分先生によりて調査研究せられしものに外ならず、然かも此等の中には先生の創設にかゝる新属十に達し又新種にいたりては其の数甚だ多し」(1)。日本近海に分布する海藻の全体構成、すなわち海藻相（flora）は、岡村によって初めて明らかにされたと言える。

また岡村は、水産技術者を育成する農商務省水産講習所の教員として長く在職し、海苔をはじめとする水産養殖の試験・指導に尽力したことでも知られる。彼自身が和名を与えたアサクサノリについて、生物学だけでなく経済的・文化的な側面もあわせて豊かに描いた啓蒙書『浅草海苔』（一九〇九年）は広く一般に親しまれた。

岡村は朝鮮における藻類学のスタートとも深いかかわりを持っていた。山田幸男の指導により学位を取得しソウル大学校教授を長く務めた李仁圭は、「韓国産海藻に関する分類学的研究は日本海藻分類学の開拓者である岡村金太郎博士が一八九二年「朝鮮釜山浦の海藻」と題する論文を発表した事から始まった」と言う(2)。朝鮮で見られる海藻を同定し学名を与える作業は、岡村によって着手されたのである。

近代日本の生物学者は、リンネを祖とする分類体系のなかで朝鮮の生物相を理解しようとし、その成果を学術論文の形で世界に発信した。そうした科学者たちの業績は、日本帝国の崩壊後もリンネの分類体系とともに現代まで引き継がれ、新しい研究がその上に紡がれ続けている。近代朝鮮の生物学についての歴史的研究は、朝鮮について現在も共有される自然地理的な認識がどのような条件の下で形成されたかを知るうえで欠かせない作業といえる。そうした作業は、陸上の動植物についてはある程度進められているものの、海洋についてはほとんど着手されておらず、基礎的な整理を待つ状態である(3)。

一方で生物学には資源開発に資する実学的な側面もあった。岡村金太郎が日本における藻類分類学の祖であるのと同時に海苔養殖の振興に大きな役割を果たしたことはこれを端的に示している。後述するように岡村は朝鮮でも海苔養殖の指導にあたっており、彼が帝国の水産業や産業政策とどのように関わったかは重要な課題である。

本稿の主な目的は、岡村による朝鮮産海藻の研究がどのように行われたかを跡づけ、彼の関心のありかとその研究を支えた制度的・社会的条件を明らかにすることである。具体的には、朝鮮産海藻について岡村が著した分類学的な論文に注目し、それぞれの成立の背景を探るというアプローチをとる。養殖指導については紙幅の関係から限定的に述べるに止め、詳しくは別稿を準備したい。史料としては公刊された研究文献のほか、岡村が残した海藻標本や遺品類を参照した(4)。

## 一．岡村金太郎の藻類学研究

### （1）経歴について

岡村金太郎は一八六七年に江戸芝新幸町に生まれ、攻玉塾を経て一八八二年東京大学予備門、一八八五年七月東京大学理学部に入学した。一八八九年七月に帝国大学（一八八六年に東京大学から改称）理科大学植物学科を卒業し、大学院に入学した。(5)

岡村の指導教員は矢田部良吉（一八五一～九九）であった。英語を学び外務省に出仕した矢田部は、米国滞在中にコーネル大学の留学生に転じ、一八七六年に卒業・帰国、一八七七年から東京大学理学部の初代教授として植物学を担当することになった。帰国後の矢田部は海藻についての論文を発表していないが、海藻と無関係だったわけではない。コーネル大学での卒業論文は「ニューイングランド産海藻の一般的な特徴（The general character of the marine algae of New England）」であった。コーネル大学に在学中の一八七五年には、ハーバード大学の夏季学校で隠花植物学者のファロー（W. G. Farlow，一八四四～一九一九）から海藻研究の手ほどきをうけ、帰国の際は海藻標本を贈られている。(6)菌類学者として知られる宮部金吾（一八六〇～一九五一）は、一八八一年に札幌農学校を卒業した後、八三年まで矢田部の下で学んだが、当時の東大の植物学教室には「菌類に関する書籍としては殆ど見るべきものがなかったが、海藻類に関する文献は、当時としては比較的好く蒐集されていた」と回想する。宮部は一八八六年から八九年にかけてハーバード大学に留学し、矢田部に海藻研究を教えたファローに師事して菌類とともに海藻について学ぶことになった。(7)

岡村の回想によれば、矢田部は放任主義で指導らしい指導は受けなかったというが、(8)矢田部が持ち帰った近代的な藻類学の方法と文献は岡村に大きな影響を与えたであろう。岡村は大学院に進学した一八八九年から、矢田部が主宰する東京植物学会（現在の日本植物学会）の機関誌『植物学雑誌』（一八八七年創刊）を舞台として活発な論文発表を開始した。山田幸男はこの年をもって「日本に於て海藻学なるものが始まつた」とする。[9]そして岡村は一八九一年四月、大学院に在学のまま大日本水産会が水産指導者を養成する目的で設けた水産伝習所の教師を委嘱され、九二年七月に第四高等学校教授となって金沢に赴任した。四高在任中の一八九五年二月には理学博士の学位を授与されている。

ところが岡村は一八九六年一二月に四高を非職となって東京に戻り、翌九七年四月から水産伝習所を引き継ぐ形で新設された農商務省水産講習所（現東京海洋大学）の講師を嘱託された。一九〇六年一〇月ようやく正式に任官して水産講習所の教授となり、一九二九年から三一年の退官まで所長を務めた。また一九一三年からは東京帝国大学農科大学水産学科、二二年から同理学部植物学科の講師を嘱託された。退官後も水産講習所と東大で講義を持つほか、自宅に若い研究者を呼び寄せて研究会を催すなど、[10]精力的に教育・研究に従事したが、一九三五年八月に病気で死去した。

このように岡村は生物学の研究者としての訓練を受けながら、長く水産講習所にあって水産技術者の育成指導にあたった。結果として岡村は、狭義のアカデミアに止まらず、現場の水産技術者にも幅広い人的ネットワークを持つことになった。一方で岡村が東京帝大で講師として指導した学生からは多くの藻類学研究者が生まれた。その筆頭が冒頭で触れた山田幸男であり、山田は一九三〇年に設置された北海道帝国大学理学部の初代教授となって日本の藻類学界を牽引することになった。

### （2）岡村の海藻分類学と欧米学界

岡村は分類学者として日本産海藻を収集・同定し、未知の種に学名を与えていった。個別の論文を発表するのと並行して、日本産海藻を網羅した書籍の刊行を企て、『日本藻類名彙』（一九〇二年、一九一六年再版）、『日本藻類図説』（全六集、一九〇〇～〇二年）、『日本藻類図譜』（全一〇集、一九〇七～三七年）などを順次刊行した。日本産海藻の総目録である『日本海藻誌』は岡村の没後、山田幸男の校正によって一九三六年に刊行され、長く学界の基礎的な財産となった(11)。

岡村は一九一六年に発表した「本邦海藻学発達ノ歴史」で、日本の海藻学は「KAEMPFER（ケンペル）氏の来朝に基因す」とし、以後、ヨーロッパ人の標本採集と新種記載によって日本産海藻が紹介されていったことを述べる。「邦人」の研究については「予が此学に従事したる以前に在りては特に記すべきもの」なし、との自負を示す一方、江戸時代の本草学については「力を和名と漢名の対照に尽したるに過ぎず」と述べて一瞥も与えていない(12)。岡村が和漢の学芸に造詣の深かったことは先述の『浅草海苔』など一般向けの書籍からも窺われるが、自身の学問的系譜は欧米から輸入された植物学のなかに位置づけていた。

これは岡村だけの傾向ではなく、師の矢田部良吉も米国留学中に初めて植物を研究対象と定めた人物であり、本草学との関わりは薄かった。矢田部の下で助教授（のち教授）を務めた松村任三（一八五六～一九二八）は、矢田部が「本草家とは其交を同ふするを欲せざる所」だったとまで言う(13)。このような矢田部の下で東京大学植物学教室が発足したことで、日本の植物学は本草学と断絶した道を歩むことになった(14)。

矢田部の念願は、日本の学界が欧米を中心とする植物学のアリーナに身を置きつつ、そのなかで自立することであった。東京大学の設置までに欧米研究者による日本産植物の研究はある程度蓄積されていたが、彼らが分類標準とした標本（タイプ標本）は日本に残されていなかったから、矢田部らは標本を収集してもその同定と公表には欧米研究者の手を借りなければならないことが多かった。東京大学の設置から一〇年以上を経た一八九〇年、矢田部は『植物学雑誌』に英文の「泰西植物学者諸氏ニ告グ」を載せ、大学の標本や文献がようやく充実してきた今、欧米人研究者に依存してきた日本産植物の同定と記載をこれからは本誌で行うと宣言した[15]。それは「東京大学における研究水準がようやく植物学といえる状態になったという自己評価」（大場秀章）であった[16]。

こうした矢田部の姿勢は岡村にも影響を与えたであろう。「泰西植物学者諸氏ニ告グ」と同じ頃、矢田部は岡村ら受業生に英語での執筆を促し校正を手伝ってもいる[17]。岡村は一八九二年、最初の英文論文"*Ecklonia radicosa*"を『植物学雑誌』に発表した[18]。これはスウェーデンの藻類学者シェルマン（F. R. Kjellman, 一八四六〜一九〇七）が一八七九年に日本で採取し新種記載した海藻（和名アントクメ）について、コンブ属（*Laminaria*）とするシェルマンの同定に疑義を呈し、カジメ属（*Ecklonia*）であることを明らかにした論文であった。

こうした欧文論文の発表を契機に岡村は欧米研究者と直接交流するようになった。岡村によれば、最も早かったのはイタリアの藻類学者デ・トニ（G. B. de Toni, 一八六四〜一九二四）との交流であり、『植物学雑誌』の論文を読んだデ・トニから著書を贈られたのをきっかけに文通が始まった。デ・トニは一八九二年に岡村が見出したヘラヤハズほかの新種を共著でドイツの雑誌に発表したり、岡村の提供した標本をもとに日本産海藻の目録を発表したりした。またシュミッツ（F. Schmitz, 一八五〇〜九五）も一八九四年にヒラクサを岡村による新種としてドイツで発表した[19]。

こうしたエピソードは、矢田部の「泰西植物学者諸氏ニ告グ」での言明に関わらず、岡村が日本にいて独力で新種記載するのはまだ困難であったことを物語る。一方で欧米の研究者から見て、欧米の学問状況を理解しつつ日本の情報を提供してくれる岡村は貴重な存在だったはずであり、積極的な交流を通じて岡村の藻類学者としての成長を支えたと言えよう。その後の欧米学界との交流について詳しく述べる準備はないが、宮部金吾は岡村の遺著『日本海藻誌』に寄せた序で、「君は遂に欧米遊学の宿望を果す機を得なかったが」、その研究は欧米の研究者に注目されて「世界に於ける諸大家と肩を並べ」、「幼稚なりし本邦海藻学を世界の水平線に引きあげた」と評価している。[20]

### （3）　標本収集と帝国の地理イメージ

分類学の基礎は標本であり、岡村は日本各地で活発な採集活動を行ったが、それだけで必要な研究材料を入手できたわけではない。大学院在学中の一八九〇年には「地方植物学有志者に望む」と題した一文を『植物学雑誌』に発表し、「何属何種本邦に産するやなどは少しも知られ居らざりし」状況を訴え、「地方有志の諸士」に標本提供を呼びかけた。[21]これは大学院生である岡村の一存によるというより、帝国大学の植物標本の充実を図る矢田部の意向を受けたものであろう。矢田部自身も同じ年の『植物学雑誌』に「地方の植物学教員に望む」を寄せ、各地からの標本を帝国大学に送るよう求めている。[22]

岡村が一八九二年に『植物学雑誌』で発表した「日本海藻ノ分布」は、「本邦の海藻は或は亜米利加のものと同じきあり、或は南洋のものと等しきありと雖も、又本邦別に特殊の発達をなしたるもの頗る多し」、「只本邦にのみ固有なるもの其数尚ほ多し」とし、日本の海藻相の独自性や固有性を強調すると同時に、国内の海藻分布について、海流の影響を主な要因とした地域区分を試みている。[23]研究者としてのキャリアを踏み出したばかりの岡村が、日本の海藻相の全体的なイメージを世界の他の地域と比較しながら描くような作業ができたのも、帝国大学で欧米の研究成果に触れることができたのと同時に、右のような標本収集の体制があったからと言える。

その後も岡村のもとには各地からの標本が集まるようになった。岡村が一八九七年に水産講習所の講師を嘱託された後、一九〇〇年に上梓した『海藻学汎論』では、多くの協力者からの標本提供によって研究が可能になったとし、「黒岩氏の琉球にあるあり、郡司大尉の千島にあるあり、松本医士は小笠原所産の海藻を余に送られ、北原多作氏は千島の海藻を恵与せられ、其他或は樺太の所産、対馬・琉球等遠隔の地の標品も幸に余の所蔵に係

るもの尠しとせず」と、遠方の協力者には名を挙げて謝意を示している。(24)

筆頭に挙げられている「黒岩氏」とは、沖縄で教員として勤務する傍ら生物標本の採集に熱中した黒岩恒（一八五八～一九三〇）のことである。黒岩は専門家にさまざまな標本を提供するなかで、岡村にも八重山諸島の海藻標本を提供していた。(25)また「郡司大尉」は一八九三年から一九〇四年にかけて千島列島の探検と拓殖を試みた元海軍軍人の郡司成忠（一八六〇～一九二四）を指す。岡村との関係は不明だが、郡司が千島で採集した陸上植物の標本を札幌農学校に送っていたことが確認でき、(26)岡村に海藻標本を送付したのも不自然ではない。北原多作（一八七〇～一九二二）は水産学者で、帝国大学理科大学選科を卒業後、一八九五年に農商務省水産調査所の技手となって千島の調査に従事した。(27)岡村は水産講習所講師となるのと同時に水産調査所の業務も委嘱されており、(28)北原とは直接の接点があったと見てよい。「松本医士」については不詳だが、小笠原で医師として活動しながら、博物学の愛好家として採集した標本を岡村に提供したようである。(29)

このように日本の版図の辺縁に属する地域でも、官民さまざまな主体による自然科学的な調査が行われるようになり、岡村はその成果を手にできる立場にあったことで、日本の海藻相の輪郭を描くことができたと言える。その後も岡村は、自他の採集にかかる膨大な標本のコレクションに基づいて、(30)「日本海藻ノ分布」で示した海藻相の地域区分モデルをブラッシュアップし、一九三一年の「海産植物の地理的分布」では、これを根室半島・金華山沖・九州南部・津軽海峡を境界とする五つの地域に区分するに至った。(31)

同時に岡村は、これも「日本海藻ノ分布」で早くに示したように、固有種を多く含んでいる日本の海藻相が、世界の他の地域とは区別されるユニークなまとまりを形成しているという確信を深めていった。右の「海産植物の地理的分布」で岡村は次のように述べている。日本産海藻のうち「邦内に特に産出して他の海にないもの、数三〇三は全体の数、六六六の略《ほ》ぼ半分である。〔中略〕現在の研究の程度でも一地方のフロラの半分以上が其地方に特有の海藻で出来て居る様な所は他の海とは特別の地方だと云へると思ふ。此故に余は我海藻フロラを日本海藻相（Japan Flora）と云はうと思ふ」[32]。岡村は翌一九三二年の英文論文でも、“The Japanese Region”の海藻相が固有種を多く含み、特徴的なまとまりを形成することを強調している[33]。欧米の学界と密接な交流を持ちながら、日本の海藻相を構成する種の解明に取り組み続けた岡村の到達点であった。

ここで岡村がいう「日本」の範囲が日本列島に限定されていたわけではないことが注意される。岡村は「海産植物の地理的分布」で続けて次のように言う。「此『日本』と云ふ意味は政治地理的の日本ではなく北支那、朝鮮、九州、琉球、台湾、小笠原島、本州、北海道、千島及樺太を含んだ区域を云ふのである。千島、樺太及露領沿海州も亦日本海藻フロラの一部を形成するものと云へよう[34]」。遺著『日本海藻誌』でも、その対象地域には千島や南樺太、朝鮮や台湾などの植民地が含まれている。

岡村自身が「政治地理的の日本ではなく」と言っているように、海藻の分布を政治的領域と重ね合わせる意図が岡村にあったと即断することはできない。しかし日清戦争前の一八九二年に発表された「日本海藻ノ分布」が当時の日本の版図である千島から沖縄までの空間を対象としていたのと比較すれば、その後の日本帝国の拡大が岡村のもとに集まる標本の産地にも反映することで[35]、結果として彼の言う「日本海藻相」の範囲を条件づけた可能性は否定できない。そのような意味で岡村金太郎の藻類学には「帝国の藻類学」というべき一面があったのである。

## 二　岡村金太郎の朝鮮産海藻研究とその背景

### （1）岡村金太郎の朝鮮関係著作

岡村金太郎の著作リストは、その没後に山田幸男が作成したものが『植物学雑誌』に掲載されている[36]。ここか

**表1　岡村金太郎の朝鮮関係著作**

①　岡村金太郎「朝鮮釜山浦ノ海藻」『植物学雑誌』第六巻第六一号、一八九二年三月、一一七～一一九頁
②　岡村「つんぶく、黄藿又黄角に就て」『水産研究誌』第五巻第九号、一九一〇年九月、三一～三三頁
③　岡村金太郎「朝鮮慶尚南道養苔業等視察意見」『水産研究誌』第七巻第三号、一九一二年三月、一～一〇頁
④　岡村教授「朝鮮土産」『水産研究誌』第七巻第三号、一九一二年三月、二三～二四頁
⑤　漁翁「朝鮮漫録」『水産研究誌』第七巻第三号、一九一二年三月、八四～一〇一頁
⑥　岡村金太郎「朝鮮慶尚南道ニ於ケル養苔業等視察意見」『朝鮮海水産組合月報』第三四号、一九一二年四月、一～五頁
⑦　岡村金太郎「朝鮮慶尚南道に於ける養苔業等視察意見（承前）」『朝鮮水産組合月報』第三五号、一九一二年六月、一～三頁
⑧　岡村金太郎『朝鮮全羅南北両道養殖調査報告書』謄写版、［一九一三年カ］、［無丁、本文三九頁］　※韓国国立中央図書館蔵
⑨　岡村金太郎「朝鮮全羅南北両道養殖調査報告書」『水産研究誌』第八巻第二号、一九一三年二月、一～一八頁
⑩　岡村金太郎「朝鮮全羅南北両道養殖調査報告」『朝鮮水産組合月報』第四一号、一九一三年二月、九～一二頁
⑪　岡村金太郎「朝鮮全羅南北両道養殖調査」『大日本水産会報』第三六五号、一九一三年二月、二五～三一頁
⑫　岡村金太郎「朝鮮全羅南北両道養殖調査（承前）」『大日本水産会報』第三六六号、一九一三年三月、二四～二六頁
⑬　岡村金太郎「朝鮮全羅南北両道養殖調査（承前）」『大日本水産会報』第三六七号、一九一三年四月、一三～一七頁
⑭　岡村金太郎「朝鮮沿岸ニ於ケル海藻ノ分布ニ就テ」『漁業基本調査報告』第三冊、農商務省水産局、一九一三年一一月、一一四～一二七頁
⑮　K. Okamura, "On the Marine Algae of Chosen," *Report of Imperial Bureau of Fisheries, Scientific Investigation*, Vol. II, 1913, pp. 17-30.
⑯　岡村金太郎「海藻雑記」『植物学雑誌』第二八巻第三二八号、一九一四年四月、一八三～一八五頁
⑰　岡村金太郎「朝鮮東海岸ノ海藻」『植物学雑誌』第二九巻第三三七号、一九一五年一月、二八～二九頁
⑱　岡村金太郎「朝鮮東海岸ノ海藻第二」『植物学雑誌』第二九巻第三四二号、一九一五年六月、二〇五～二〇七頁

⑲　岡村金太郎「朝鮮東海岸之海藻第三」『植物学雑誌』第三一巻第三六三号、一九一七年三月、七六～七八頁
⑳　［岡村金太郎］『岡村博士海苔漁場調査書』朝鮮乾海苔商組合、一九二四年一月、［無丁、本文九頁］
㉑　岡村金太郎「朝鮮沿岸海藻の分布区域に就て」『朝鮮之水産』第六号、一九二四年九月、一八～二〇頁

ら朝鮮関係のものを抜き出して補訂した著作リストが【表1】である。全部で二一点確認できる朝鮮関係の著作は、大きく二つに分けられる。

第一のグループは朝鮮産海藻に関する分類学的研究で、①②⑭～⑲㉑の九本がそれにあたる。そのうち①および⑭～⑲の七本は現地で採集された標本に基づいてその学名を示し、海藻相についての考察を加えたものである。これに当てはまらない②は鑑定依頼に対する短評、㉑は朝鮮の海藻相を地域区分した総説的な文章である。実際の標本に即して書かれた七本の論文は、発表時期と媒体からさらに三つに分けられる。第一は一八九二年に発表された①、第二は一九一三年の⑭とその英文版⑮、第三は一九一四年から一七年にかけて発表された⑯～⑲である。このうち⑭と⑮は後述する漁業基本調査の報告書であるが、他はすべて『植物学雑誌』に掲載されている。

第二のグループは朝鮮での養殖調査に関するもので、③～⑬、⑳の一二本がそれにあたる。このうち③～⑦は一九一一年に慶尚南道の委嘱により行った同道沿岸の調査に関わるものだが、『朝鮮（海）水産組合月報』所掲の⑥⑦は、水産講習所『水産研究誌』に掲載された③を再録したものである。また⑧～⑬は全羅南道の委嘱により一九一二年に行った養殖調査に関するもので、[37] 謄写版の報告書⑧と『水産研究誌』の⑨はほぼ同内容であり、『朝鮮水産組合月報』の⑩と『大日本水産会報』の⑪～⑬はこれらの要約である。最後の⑳は一九二三年に朝鮮総督府水産試験場の嘱託として朝鮮南部を視察した際、木浦の乾海苔商組合の求めによって書かれたものである。[38]

このように岡村による現地調査の報告書は、分類学的研究の成果とは異なる媒体を通じて発表・流布され、現場

の水産関係者のあいだで広く読まれたと考えられる。
以下本節では第一のグループにあたる分類学的研究の著作に焦点を絞り、それぞれの成立背景や岡村の関心について検討しよう。

## （2）「朝鮮釜山浦ノ海藻」（一八九二年）

帝国大学理科大学の大学院生だった岡村が発表した「朝鮮釜山浦ノ海藻」【表1】①は、本稿の「はじめに」で引いた李仁圭が言うように、朝鮮の海藻相について分類学的な視点から取りあげた世界最初の論文と言うことができる(39)。

この論文は前年の一八九一年八月五日、金田楢太郎が釜山で採集した標本をもとに書かれたもので、紅藻類一一種、褐藻類三種、緑藻類三種の計一七種について学名を明らかにするほか、それぞれ日本での分布状況を注記している。それによれば一七種の海藻はすべて日本でも確認できるもので、うち一三種については産地を限定しないで「本邦各地に産す」としている。全体として岡村は、採集された標本は「概ね本邦のものと大差なく敢て奇なるものなし」と結論づけ、さらに「嘗て外人の同陸上植物を調査したる処及び教授松村任三が同国の植物に就て研究したる成績等を以て見るに、朝鮮の植物の景況は本邦のものと大差あることなし」と敷衍している。岡村はこの論文の直前、前述した「日本海藻ノ分布」で日本の海藻相の特徴を明らかにしており、朝鮮の海藻相もその延長線上で考えようとしていたことが窺われる。

次に岡村に標本を提供した金田楢太郎について見ておこう。金田は一八八九年七月に帝国大学理科大学の地質学科を卒業しており、岡村とは学科は違うものの同学年である(40)。卒業後は農商務省技師補を短期間務めた後(41)、一八九一年四月に「地理学攻究」を目的として大学院に入学している(42)。そして同年七月二〇日に神戸を出発した後、一二月二〇日に大阪に帰着するまで約五か月にわたり釜山からソウルまでの経路および平安道・咸鏡道を踏査した[43]。これは朝鮮での日本人の地質調査として最も早い時期のものであった[44]。

金田の調査は、同年五月に設立された東邦協会の支援を受けて実施されたものであった。福本日南らの発起により副島種臣を副会頭（のち会頭）に戴いて発足した東邦協会は、その設置趣旨に「東洋の先進を以て自任する日本帝国は近隣諸邦の近状を詳かにして実力を外部に張り、以て泰西諸邦と均衡を東洋に保つの計を講せさる可らす」と謳い、予定事業の筆頭に「東洋諸邦及ひ南洋群島」の地理・商況や軍事、殖民事情などの調査を掲げていた[45]。その機関誌である『東邦協会報告』の記事から、金田が会員として「探撿員」に任じられていたことが分かる。調査の目的は「地質略査・岩石鉱物採集・鉱山略査」にあったが、あわせて「地形図幷地質図」、「風色、人物、建築、美術の写真」、「気象一般」など、広範な地誌的調査が企図されていた[46]。帰国後の一八九二年一月、東邦協会の講話会に登壇した金田は、専門である地質や気候に加え、政治や風俗など広範な話題についての知見を披露した[47]。

先述のように岡村は早くから標本収集の協力者を募っており、金田以外にもさまざまな人物から標本の提供を受けていた。そのなかで金田は岡村に国外の標本を提供した最初期の人物であり、岡村が東アジアに視野を拡大するきっかけを作ったといえる。

### （3）「朝鮮沿岸ニ於ケル海藻ノ分布ニ就テ」（一九一三年）

岡村が朝鮮産海藻を取りあげた二本目の論文である「朝鮮沿岸ニ於ケル海藻ノ分布ニ就テ」（【表1】⑭）およびその英文版である“On the Marine Algae of Chosen”（⑮）は、「朝鮮釜山浦ノ海藻」から二〇年余を経た一九一三年に発表された。岡村はこの間、第四高等学校を経て水産講習所の講師に転じ、さらに教授に任官していた。

以下では日本語版の「朝鮮沿岸ニ於ケル海藻ノ分布ニ就テ」に基づいて検討しよう。(48) この論文は『漁業基本調査報告』に掲載されている。一九〇九年に開始された漁業基本調査は、農商務省水産局が主宰し、水産講習所や道府県の水産試験場、さらに東京帝大や中央気象台、海軍水路部などが連携して実施したもので、狭義の漁業に止まらず、プランクトンなどの生物学的調査、海洋気象や海水の成分組成、海流の物理化学的調査など、海洋に関する総合的調査を目指すものであった。この調査は、一九〇一年から欧米諸国の研究機関の連携によって開始された国際海洋調査会議に範をとったもので、岡村金太郎が先述の北原多作とともに、水産課長の道家斉に働きかけて実現させたという。(49)

この論文は、それまでに朝鮮で確認された海藻全体の目録を作成し、あわせて朝鮮沿岸における海藻の分布について論じることを目的としたものであった。ただし執筆の時点で朝鮮産海藻に関する既発表論文は、岡村自身の「朝鮮釜山浦ノ海藻」のほか、イギリス・キュー植物園のコットン（A. D. Cotton）が一九〇六年に発表した“Marine Algae from Corea”しかなかった。(50)「朝鮮沿岸ニ於ケル海藻ノ分布ニ就テ」には一三四種の海藻が挙げられているが、右の二本の既発表論文に挙げられた三二種以外は、朝鮮産海藻としては初めて学術論文上に紹介されたものであった。

【表2】は、「朝鮮沿岸ニ於ケル海藻ノ分布ニ就テ」および次項で見る論文⑯〜⑲に挙げられた海藻について、標本の採集地・提供者ごとに示したものである。複数の場所で採集された標本もあるので、数字の合計は紹介された種の数とは一致しない。「朝鮮沿岸ニ於ケル海藻ノ分布ニ就テ」で紹介された標本については、提供者別に、既発表論文からの引用である「金田楢太郎」「Cotton」、岡村自身の採集にかかる「岡村金太郎」、そのほかの協力者から提供された「木村廣太郎」「内山富太郎」「矢部長克」「小島省吾」「脇谷洋次郎」「関郁郎」および「詳細不明」に分けて示した（ただし「詳細不明」中に石森敬治が提供した一点がある。＊印、表注参照）。

先述のように岡村は一九一一年と一二年に養殖調査のため朝鮮に渡航しており、「岡村金太郎」採集とされる標本はこの時のものであろう。他の協力者については、木村廣太郎と内山富太郎を除く五名のプロフィールが明らかになる。

脇谷洋次郎（一八七三〜?）は愛媛県に生まれ、一八九八年に東京帝国大学理科大学の動植物学科選科を修了した。島根県立水産学校長などを経て、一九一〇年七月に東京帝国大学の農科大学助手に着任した脇谷は、(51)助手在任中の一九一一年から一二年にかけて、朝鮮総督府が東京帝大に委嘱した東海岸一帯の水産資源調査を担当した。(52)正確な行程は不明だが、「朝鮮沿岸ニ於ケル海藻ノ分布ニ就テ」に見える脇谷提供の標本二九点は東海岸の慶尚北道浦項から咸鏡北道慶興までにわたっており、採集時期（一九一一年一〇月）から見ても、その調査の際に採集されたと見てよい。なお脇谷はその後、第五高等学校を経て一九二二年から朝鮮総督府水産試験場の初代場長を務めた。(53)

関郁郎（?〜一九一八）は一八九一年に海軍兵学校を一八期生として卒業した。(54)この論文には一九一二年六月に採集された四二点の標本が紹介されているが、当時の関は海軍中佐として水路部測量科に所属していた。(55)水路部では同年、「朝鮮南岸済州島楸子島及三島（＝巨文島）ヲ包括スル未測海面」を軍艦葛城により測量しており、(56)関が提供した標本の採集地もほぼその地域にあたることから、その時に採集されたと見てよい。

矢部長克（一八七八〜一九六九）は古生物・地質学者であり、一九〇一年に東京帝国大学理科大学の地質学科を卒業、一九一一年に新設の東北帝国大学理科大学教授に就任した。矢部は大学院在学中から指導教官の小藤文次郎に朝鮮での調査を指示されており、(57)一九〇三年九〜一一月に朝鮮の南東部を踏査している。(58)この論文には一九〇三年一一月に釜山で採集した標本一九点が用いられており、時期・場所ともに符合する。(59)

一九〇九年六月に咸鏡北道城津で一点を採集した小島省吾は、一九〇二年に水産講習所本科漁撈科を卒業した。

| | | | | | 論文⑯ | 論文⑰ | 論文⑱ | 論文⑲ |
|---|---|---|---|---|---|---|---|---|
| 小島省吾（1909/06） | 脇谷洋次郎（1911/10） | 岡村金太郎（1911/12、1912/11） | 関郁郎（1912/06） | 詳細不明 | 脇谷洋次郎 | 松野二平 | 小金丸汎愛 | 松野二平 |
| | | | | | | | | 4 |
| | | | | | | | | 8 |
| | | | | | | | | 7 |
| | | | | | | | | 1 |
| | | | | | | | | 6 |
| | 2 | | | | | | | 6 |
| | | | | | | | | 17 |
| | 2 | | | | | | | |
| | | | | | | | | 1 |
| | | | | | | | | 14 |
| | | | | 1 | | | | 10 |
| | | | | | | | | 5 |
| | 9 | | 1 | | | | | |
| 1 | 3 | | | | | | | |
| | 12 | | | | | | | |
| | | | | | | 2 | | |
| | | | | | | | | |
| | | | | | | | 1 | |
| | | | | | | | 5 | |
| | | | | | | | 6 | |
| | | | | | | 16 | 3 | |
| | | | | | | 6 | 5 | |
| | 1 | | | | | | | |
| | | | | | | 17 | | |
| | | | | | | | 13 | |
| | | 2 | | | | | | |
| | | 21 | 1 | | | 2 | | |
| | | 1 | | | | | | |
| | | 4 | | | | | | |
| | | | 7 | | | | | |
| | | | 3 | | | | | |
| | | 1 | | | | | | |
| | | 6 | | | | | | |
| | | 3 | | | | | | |
| | | | 20 | | | | | |
| | | | 1 | | | | | |
| | | | | 1（＊） | | | | |
| | | 1 | | | | | | |
| | | 1 | | | | | | |
| | | | | | 3 | | | |
| | | | | | 1 | | | |
| | | | | | 1 | | | |
| | | | | | 4 | | | |
| | | | | | | | | 2 |
| | | | 1 | | | | | |
| | | | | 1 | | | | |
| | | | 6 | | | | | |
| | | | 2 | | | | | |
| | | 1 | | | | | | |

表2　岡村金太郎が論文中に紹介した標本の採集地・提供者

| | | | | 論文⑭ | | | | |
|---|---|---|---|---|---|---|---|---|
| 採集地（府郡別） | | 点数（府郡別） | 提供者／地名 | 金田楢太郎（1892/08） | 木村廣太郎（1900/09） | 内山富太郎（1900/11） | 矢部長克（1903/11） | A.D.Cotton（1906） |
| 咸鏡北道 | 慶興郡 | 79 | 西水羅 | | | | | |
| | | | 草島 | | | | | |
| | | | 大草島 | | | | | |
| | | | 小草島 | | | | | |
| | | | 新津 | | | | | |
| | | | 赤島 | | | | | |
| | | | 大津 | | | | | |
| | | | 雄基 | | | | | |
| | | | 羅津湾 | | | | | |
| | | | 楡津湾 | | | | | |
| | | | 卵島 | | | | | |
| | 富寧郡 | 5 | 洛山湾 | | | | | |
| | 清津府 | 10 | 清津 | | | | | |
| | 城津郡 | 5 | 城津 | | 1 | | | |
| 咸鏡南道 | 咸興郡 | 12 | 西湖津 | | | | | |
| | 永興郡 | 2 | 会沙島 | | | | | |
| | 元山府 | 4 | 元山 | | | | | 3 |
| | | | 元山税関前阜頭 | | | | | |
| 江原道 | 通川郡 | 5 | 致弓 | | | | | |
| | 襄陽郡 | 6 | 東津 | | | | | |
| | 江陵郡 | 19 | 注文津 | | | | | |
| | 蔚珍郡 | 11 | 竹辺 | | | | | |
| 慶尚北道 | 迎日郡 | 32 | 浦項 | | | | | |
| | | | 九龍浦 | | 1 | | | |
| | | | 迎日湾 | | | | | |
| 慶尚南道 | 蔚山郡 | 2 | 蔚山 | | | | | |
| | 釜山府 | 83 | 釜山 | 13 | | 6 | 19 | 17 |
| | | | 絶影島 | | 1 | 2 | | |
| | 統営郡 | 4 | 葛島 | | | | | |
| 全羅南道 | 麗水郡 | 10 | 巨文島 | | | | | |
| | | | 大三夫島 | | | | | |
| | 高興郡 | 1 | 示山島 | | | | | |
| | 珍島郡 | 6 | 珍島 | | | | | |
| | 木浦府 | 3 | 木浦 | | | 4 | | |
| | 済州郡 | 21 | 済州島 | | | | | |
| | | | 獐水島 | | | | | |
| | 務安郡 | 3 | 黒山島 | | | | | |
| | | | 智島郡 | | | | | |
| | | | 咸平湾口道理浦 | | | | | |
| 黄海道 | 長淵郡 | 5 | 長山串 | | | | | |
| | | | 白鴒島 | | | | | |
| | | | 夢金浦 | | | | | |
| 平安北道 | 龍川郡 | 4 | 龍岩浦 | | | | | |
| （不明・その他） | | 13 | （不記） | | | | | |
| | | | 太郎島 | | | | | |
| | | | 半城浦 | | | | | |
| | | | 亘理島 | | | | | |
| | | | 獐子島 | | | | | |
| | | | 釜山～莞島の間 | | | | | |

出所：表1論文⑭、⑯～⑲。本表第1行の数字もこれに対応している。

注：第2行の提供者名の下に示した年月は採集時を示す（既発表論文からの引用である「金田楢太郎」「Cotton」については論文発表年）。

論文⑭「詳細不明」列のうち（＊）には「石森敬治」と注記されており提供者を示すと思われる。

一九一〇年六月時点で統監府技手として城津理事庁に在勤しており[60]、標本もこの時に採集したとみられる。また時期不明の一点を採集した石森敬治は一八九一年に水産伝習所を卒業した。一九二七年当時は全羅南道木浦に居住し、全羅南道水産会副会長を務めていたことが確認できる[61]。石森が官途に就いた形跡はないが、農商務省技師を長く務めた下啓助は朝鮮の有力な水産業者の一人に石森の名を挙げている[62]。

このうち水産伝習所・講習所の卒業生である小島や石森は、岡村との個人的な関係に基づいて協力した可能性がある。一方でこの論文が『漁業基本調査報告』に掲載されたことを考えると、一九〇九年以後に脇谷と関が採集した標本七一点については、漁業基本調査の枠組みを通じて岡村の手もとに届いた可能性がある。水産講習所教授である岡村は、農商務省の政策と水産業界の人的ネットワークの交点にいたと言うことができ、そのことが標本の入手においても意味を持ったと考えられる。

さて岡村はこの論文で、海藻一〇二種の学名と採集地をリストアップし、さらにその水平分布について日本列島との比較表を提示したうえで、次のようにコメントしている。「読者は釜山より北方なる朝鮮東岸の大部分、幷に釜山より西方群山に至る間の沿岸に産する海藻全体の状況は、本洲の太平洋沿岸金華山より九州南端に至る間、幷に九州南端より其西岸を経て日本海沿岸に亘る各地のものと同様なることを見るべし」（一二六頁）。群山以北の西海岸の標本が未入手であるという留保付きながら、岡村はかつて「朝鮮釜山浦ノ海藻」で自ら示した、朝鮮の海藻相は「概ね本邦のものと大差」がないという見通しを実際の標本に基づいて確認したと言える。そこで用いられている日本の海藻相の地域区分も一八九二年の「日本海藻ノ分布」で打ち出したものであり、岡村が日本についての知見を延長する形で朝鮮の海藻相を理解していたことが分かる。

さらに岡村は、右の引用に続けて、朝鮮半島の東北端にまで暖流性の海藻が分布していること、同時に寒流性の海藻も半島の南西端にまで至っていることに注意している。岡村はその理由として、暖流である対馬海流と寒流であるリマン海流の双方が季節ごとに消長しつつ半島の東海岸から南海岸にかけて広く影響を与えていると想定した。そして日本の太平洋岸では親潮の影響下にある寒流性の海藻が金華山および犬吠埼を境界として段階的に消滅することを念頭に、朝鮮において金華山に相当するのは咸興湾であろうとし、犬吠埼に相当するのがどこかはまだ明らかでないと述べて分析を終えている。

### （4）「海藻雑記」（一九一四年）から「朝鮮東海岸之海藻第三」（一九一七年）まで

岡村は「朝鮮沿岸ニ於ケル海藻ノ分布ニ就テ」を発表した後、一九一四年から一七年にかけて、朝鮮産海藻を扱った論文を四本発表した（【表1】⑯～⑲）。このうち「海藻雑記」が朝鮮西海岸で採集された九種九点を挙げているのを除けば[63]、他はいずれも釜山以北の東海岸の標本に基づいて執筆されている。

これらの論文が利用した標本は、【表2】が示すように、いずれも岡村自身が採集したものではなかった。まず「海藻雑記」⑯の標本は、先述の脇谷洋次郎が一九一三年秋に採集し岡村に提供したものであった。ついで「朝鮮東海岸ノ海藻」⑰と「朝鮮東海岸ノ海藻第三」⑲の標本は、いずれも朝鮮総督府技手の松野二平が東京帝国大学農科大学に送付したとされている。松野は一九一三年に同農科大学水産学科を第一期生として卒業し、一九一四年から朝鮮総督府雇、さらに技手となった[64]。この論文の時点で岡村と松野に面識があったかは明らかでないが[65]、この論文に利用されて現存する標本に「農科大学腊葉」のラベルが貼付されていることから[66]、標本は岡村個人ではなく東京帝大に提供されたものと見られる。その背景には先述の漁業基本調査があった可能性を考えてよかろう。一方で「朝鮮東海岸ノ海藻第二」⑱では「元山税関在勤の小金丸汎愛氏」から送られた標本が用いられている。小金丸は一九一二年七月に水産講習所本科養殖科を卒業して朝鮮総督府技手となっており[67]、岡村の直接の教え子である。これら四本の論文についても、公私両様のルートを通じて標本の収集が行われたことが窺われる。

さて岡村は、これらの論文でも朝鮮の海藻相についての見解を述べている。朝鮮西海岸についての「海藻雑記」では、標本数の少なさから積極的な解釈は難しいとしつつも、平安南道の大同江河口附近は「猶本邦の磐城小名浜附近の状態に在り」と述べている。また「朝鮮東海岸ノ海藻」では、収集された海藻が「概ネ日本海ニ産」するもので、日本海固有種も含まれていることを根拠として、朝鮮東海岸は「正ニ本州ノ日本海沿岸の「フロラ」に類スト云フベシ」とする。岡村がこれらの論文でも、日本の海藻相と比較する形で朝鮮のそれを解釈する方法を採ったことが分かる。

さらに岡村は、「朝鮮沿岸ニ於ケル海藻ノ分布ニ就テ」に続き、寒流性の海藻が東海岸に沿ってどこまで南下しているかに注目した。「朝鮮東海岸ノ海藻」では、前作が寒流性海藻の南限を咸興湾としたのをやや南に引き下げ、「永興湾即チ元山附近」が境界であろうとする。「第二」、「第三」でも確認された標本を暖流性・寒流性に分類し、これによって東海岸の海藻相の特徴を論じている。最終的に岡村は、朝鮮の東海岸には寒流性の海藻だけではなく、暖流の影響を受けているものも少なくないとして、対馬海流の影響は最北部まで及ぶという見方を示し、北海道の西岸と概ね類似した状況だと結論づけた(68)。

## 三　学理と実学——岡村にとっての朝鮮産海藻研究

### （1）水産資源研究の一環としての藻類学

岡村は朝鮮産海藻について最初の論文を一八九二年に発表した後、一九一三年から一七年の間に六本の論文を執筆した(69)。その後、朝鮮産海藻の分類学的研究には一九四五年まで大きな進展はなかったとされており、岡村の研究は戦前の研究史上で大きな存在感を放っている。一方で岡村は、自らの研究を狭義の分類学の枠内でのみ位置づけていたわけではない。そのことは、岡村が朝鮮水産会の雑誌『朝鮮之水産』で一九二四年に発表した総説的な論文「朝鮮沿岸海藻の分布区域に就て」（【表1】㉑）から窺われる。やや長くなるが、その冒頭部分を引用しよう。

> 海藻の種類を知ると云ふことは、単に其利用の有無を明にする許りでなく、夫に依て沿岸に於ける海藻の分布して居る状態を知り、随て寒流帯や暖流帯の性質を帯びて居る海藻の分布する区域を明にすることが出来、其れが為め魚類や介類や其他水産生物の棲息区域も明になり、漁業の上にも、養殖の上にも、極めて重大なものである、殊に海藻は主として水温の影響を蒙ることが多いから、其分布の迹を追へば又海流の流域を探ることが出来ると云ふ訳で、最も重要な研究事項である、此意味に於て、自分は従来朝鮮の一般海藻に就ては注意を怠らず、材料を得る毎に之を報告し来つたものがいくつかある、[70]（下略、傍点は原文による）

このように岡村は、海藻の分類学的研究を通じてその分布を知ることは、海藻自体の有用性の有無に関わらず、他の魚介類の分布の手がかりとなる意味で経済的意義を失わないと主張する。そして具体的には、海藻の分布は海流を反映している故に重要だという。

岡村が朝鮮の海藻相を海流と関係づけて解釈していたことは、既に見てきた通りである。この論文でもそれらの知見を前提としつつ、海藻の分布から海流の流路がいかに推測されるかに重点を置いて議論が展開される。たとえば岡村は、朝鮮の東海岸に沿って暖流が影響を与えているというのは「夙に自分が唱道したこと」であるとし、そのことは豆満江の河口附近まで暖流性のワカメが見いだされることで証明されるという。一方で北からの寒流も東海岸から南海岸一帯まで何らかの形で影響を及ぼしており、そのことは寒流性の海藻である朝鮮名「ツンブク」、学名 *Pelvetia wrightii* が釜山や木浦まで分布し、また南海岸の加徳島でタラが捕獲されること等から推測されるという[71]。岡村が朝鮮における暖流・寒流の影響範囲に関心を持っていたことが改めて確認できる。

このように海藻の分布から海流、さらにその水産資源との関係へと展開する岡村の議論は、水産学者の北原多作が海流と魚群の関係について定式化した「北原の法則」を想起させる。この「法則」は一九一〇～一二年の調査をもとに北原が提起したものとされ、「魚群は暖寒両流の混和部又は其の縁辺に密集する」等の指針は、漁業の現場で広く活用された[72]。先述のように岡村は、一八九七年に農商務省水産調査所の嘱託となった頃から北原と親交を持っていたと考えられる。この論文「朝鮮沿岸海藻の分布区域に就て」でも、朝鮮東岸に暖流の影響が及ぶという自身の見解について、「故人となった北原君は之を否定して居ったけれども、今日では先づ確かな様である」と述べており、岡村が北原との議論を通じて自説を練り上げていったことが窺われる。

これも既に述べたように、岡村と北原は、一九〇九年からの漁業基本調査を実質的に主導した。二人の共著『水理生物学要稿』（一九一〇年）は、調査に参加する地方水産試験機関職員の講習教材として自費出版されたものである[73]。この書は「水理生物学」について、物理化学的要因が水中生物に与える影響を考察するため海洋学・生物学・水理学を総合したものであると定義する（第一章）。そして漁業基本調査の方針として、生物学分野では水中生物の分布やその水温・塩分等との関係を通じて潮流の方向や速力などを明らかにする一方、海洋学分野では黒潮・親潮の性格や両海流の接触点などを解明することで漁業に資することを目指すとした（第五章）。岡村と北原は、漁業基本調査の対象を魚種・漁法など狭義の水産業に限定せず、海洋に関する諸科学の連携の場としようとしたのであり、その具体的な焦点を海流の働きの解明に据えていたことが分かる。

岡村が朝鮮産海藻の目録という一見実用からは縁遠い主題の論文を『漁業基本調査報告』に掲載し、その後もこれを補完しつつ朝鮮沿海の海流研究に結び付けようとした理由も、岡村と北原が漁業基本調査に込めた右のような趣旨を踏まえることで理解できる。そのフィールドとして朝鮮が選ばれた理由は明らかでないが、植民地化して間もない朝鮮の水産資源開発という政策的な要請と無関係ではなかっただろう。

## （2） 海藻分布への地史的関心

岡村の朝鮮産海藻研究においてもう一つ特徴的なのは、【表1】から見て取れるように、対象が圧倒的に東海岸に偏っていたことである。標本入手を協力者に仰いでいた以上、偶然であった可能性も否定できないが、以下に述べるように、岡村は朝鮮産海藻の研究に着手する前から日本海の海藻相に強い関心を持っていた。そしてその関心は、水産資源の解明という実学的な動機よりも、むしろ海藻分布が日本海の地史的な成り立ちを反映しているのではないかという学理上の疑問に裏打ちされたものだった。

岡村は一九〇〇年の『海藻学汎論』において、日本海沿岸と太平洋沿岸とでは海水温や気候に大きな違いがないにも関わらず、日本海側の海藻種が著しく少ないことを指摘し、これは日本海の成立年代が太平洋よりもはるかに新しいためだとした(74)。一九一七年には『地学雑誌』上の「日本海の成立年代と海藻の分布」でもこの説を披歴し、門外漢の独り善がりかもしれないが藻類学の研究を通じて信じるところを述べたとする(75)。岡村は終生この仮説に愛着を持っていたようで、一九三一年の「海産植物の地理的分布」においても、日本の海藻種は『海藻学汎論』当時の二五五種から六六六種にまで増えたが、日本海についての「結論は矢張り同じである」とした(76)。

岡村は日本海の成立年代に関する着想の経緯を詳しくは述べていない。しかし「海産植物の地理的分布」では「地質学時代の関係」と題した一節を設け、大西洋と太平洋やインド洋のあいだで見られる藻類の隔離分布について、氷河の影響を指摘した藻類学者シェルマンの説など、地史的な観点からアプローチした西欧の研究を丹念に紹介している(77)。欧米の生物学界では、ダーウィンによる『種の起源』（一八五九年）の発表と前後して、生物の空間的分布を地質や気象などの地史的な変化のなかで理解しようとする視点が提起されていた(78)。第一節で触れたように、シェルマンは岡村が最初の欧文論文で批判の対象とした研究者であり、『海藻学汎論』でもシェルマンの *The Algae of the Arctic Sea*（1883）を参考文献に挙げている(79)。岡村が自身の学問を形成する過程で同時代的に影響を受けていたことは間違いない。岡村は自らが明らかにした日本の海藻相について、シェルマンらの方法論を援用して解釈を試みるなかで、日本海の地史的な成立過程にも関心を持つに至ったのであろう。[80]

こうした関心を早くから持っていた岡村にとって、日本海の対岸にあたる朝鮮東海岸の海藻相は大きな関心事だったはずである。北海道大学の岡村コレクションに含まれるツルアラメ標本には、「〔明治〕廿六年三月採取／朝鮮釜山港口絶影島産／飛島ニ之ト同一ノモノアリト宮部氏教示」との付箋がある。[81] 山形県酒田市沖に位置する飛島は日本海岸における海藻採集の適地として知られている。採集者は不明だが、釜山で採集されたツルアラメが飛島でも見られることを岡村に教えたのは宮部金吾である。米国留学から戻り札幌農学校教授となった宮部は、北方のコンブ類の研究をテーマの一つとしていた。[82] ツルアラメは日本海固有種であるが、この標本が採集された一八九三年当時にはまだ学名が与えられていなかった。岡村はコンブ類に詳しい宮部に見解を求め、[83] それが日本海を挟んで両岸に分布することに関心を持ってとくに注記したのだろう。なおツルアラメは一九一三年、岡村自身が「朝鮮沿岸ニ於ケル海藻ノ分布ニ就テ」（【表1】⑭）で新種記載することになった。[84]

先述のように岡村は一九一五年、「朝鮮東海岸ノ海藻」（【表1】⑰）のなかで朝鮮東海岸は「正に本州の日本海沿岸の「フロラ」に類すと云ふべし」と述べた。これは日本海の海藻相の一体性を確認したということでもある。岡村が日本海の海藻相を明らかにするにあたって、朝鮮東海岸についての情報は不可欠のピースであっただろう。このように考えれば、岡村が朝鮮の東海岸に集中して標本を収集したのも偶然とは言えまい。

岡村の朝鮮に関する分類学的研究は、総説的な「朝鮮沿岸海藻の分布区域に就て」（【表1】㉑）を除いて一九一七年までで終わっている。だが東京帝大水産学科で岡村の指導を受けた水産植物学者の國枝溥（一八八八～一九五四）は、[85] 一九三五年四月に岡村と面会した際、岡村から「今年の夏は北は樺太西海岸、南は朝鮮の東海岸に至る日本海沿岸の海藻採集に出かける予定である」と聞かされている。[86] 岡村が晩年まで朝鮮東海岸を含む日本海の海藻相の解明に思いを残していたことが分かる。しかし既に病を得ていた岡村はその年八月に死去し、朝鮮を再訪することはなかった。

## おわりに

本稿では岡村金太郎による朝鮮産海藻の研究のうち、分類学的な著作に絞って研究の背景や意図について検討した。岡村の膨大な研究業績のなかで、朝鮮産海藻の分類学的研究は一部を占めたに過ぎない。しかし岡村にとって朝鮮は、漁業基本調査を通じて海藻分類学を水産学に結び付けるフィールドとなり、日本の海藻相を東アジア全体のなかで位置づける足掛かりともなった。学理と実学の双方に跨る岡村の学問において、朝鮮は無視できない役割を果たしたと言える。本稿では扱えなかった海苔養殖に関する調査・指導について併せて検討することで、岡村の学問に朝鮮が占めた位置をより鮮明にできるだろう。

最後に、岡村以後の朝鮮産海藻の分類学的研究について一瞥しておこう。岡村がこの主題についての研究を発表しなくなった後、岡村の東京帝大での受業生の一人である殖田三郎が朝鮮産アマノリを研究する等の進展はあったものの(87)、目立った成果は発表されなかった。一九四二年に朝鮮総督府水産試験場の山本孝治と川本留之助が、岡村と殖田の業績に自分たちの採集標本を加えた「朝鮮産海藻目録」を発表しているが(88)、そこに挙げられたのは一五八種である。岡村が一九一三年に発表した「朝鮮沿岸ニ於ケル海藻ノ分布ニ就テ」（【表1】⑭）が既に一三四種を紹介していたことを考えると、岡村以後、植民地下の研究には大きな進展がなかったと言わざるを得ない。

さらに下って解放後の一九五五年、韓国で『韓国海藻類目録』が発表された(89)。著者の一人である鄭文基（一八九八～一九九五）は東京帝大水産学科を卒業した魚類学者で、京畿道水産試験場長として解放を迎え、大韓民国では水産官僚としても活躍した。この目録には三六六種が掲載されており、朝鮮の分断と内戦の下でも研究が急ピッチで進められたことが窺われる。一方で解放前の岡村らの成果はそのまま踏襲しており、これについて釜山水産大学の姜悌源（一九二六～一九九三）は、岡村の研究には種名が不確実のものも含まれ、検証なく依拠すべきではないと批判した[90]。岡村自身も、提供者から送付された標本は「海中より取出したるまゝ無雑作に新聞紙に包み」、「水中に浸すに当りて壊頽し」といった状態で、十分な鑑定ができない場合があったと吐露している[91]。岡村の研究が非専門家を含む協力者からの標本に依拠していたことがこのような形で影響したのである。

韓国の研究者が岡村の成果を継承するにあたり、もう一つ苦慮しなければならなかったのは海藻の名づけであった。岡村が基本としたのはラテン語の学名であり、和名があれば併記したが、朝鮮名についてはごく一部の例外を除き記していない[92]。第四節では岡村がツルアラメを新種記載したことに触れたが、そこでも「岡村新称」である「つるあらめ」のほか「青森方言ががめ」が付記されるのみで、朝鮮名は言及されていない。こうした状況を前提として、解放後の韓国人研究者は自国語の標準名を定めるところから始めなければならなかった。たとえば鄭文基は『韓国海藻類目録』の序で、「標準名には海務庁水産局および水産検査所で現在使用されている名称と京畿道方言、多産地の方言等をこれに活用し、今日まで方言が調査できていない種においては学名の種・属名の頭音を新韓語として紹介した」と述べ、苦慮のあとをにじませている[93]。

海藻の標準和名は岡村の遺著である『日本海藻誌』（一九三六年）によって「劇的な安定をみた」とされる[94]。しかし「帝国の藻類学」の結晶と言える『日本海藻誌』がもたらした名づけの安定とは、朝鮮をはじめとする植民地の海藻をも日本語による名づけの秩序に取り込むことにほかならなかった。その帝国が崩壊した後、現地の人々は改めて自国語による名づけを構築しなおさなければならなかったのである[95]。

一方で韓国の研究者が、岡村の形作った帝国の地理イメージをすべて否定したわけではない。たとえば先の姜悌源は、一九六六年に提出した博士論文のなかで朝鮮半島の海藻相を検証し、それが岡村のいう"the Japanese

Region"の一部に含まれることを認めている。[96] 岡村が日本列島の海藻相を東アジアに押し広げる形で描いた「日本海藻相」の考え方が、戦後の東アジア各地でどのように継承されたかはなお解明を待つ問題である。

(1) 山田幸男「故岡村金太郎先生略伝」(『植物学雑誌』第四九巻第五八七号、一九三五年)八一五頁。以下史料の引用にあたっては、カタカナ書きの場合はひらがな書きに改め、句読点を補っている。岡村については他にも追悼文・小伝類が多数残されている。本稿で参照した主要なものを列記しておく。「故岡村金太郎博士追悼の記(特集)」(『楽水』第三〇巻第九号、一九三五年)、金子政之助「岡村先生と三十年の思出」(『楽水』第三〇巻第一二号、一九三五年)、小林義雄「岡村金太郎先生回想録」(『植物研究雑誌』第五八巻第二号、一九八三年)、岡村家親族一同『岡村金太郎博士五拾周年回想録』(私家版、一九八五年)、黒沼勝造「岡村金太郎先生」(『採集と飼育』第四七巻第四号、一九八五年)、同「岡村金太郎」(木原均・篠遠喜人・磯野直秀『近代日本生物学者小伝』平河出版社、一九八八年)、北山太樹「岡村金太郎――海藻標本採集者列伝(一)」(『海洋と生物』第三五巻第一号、二〇一三年)。

(2) 李仁圭「韓国海藻分類学研究の概観」(『高崎経済大学論集』第三二巻第四号、一九九〇年)三三頁。李仁圭の経歴については、이인규「해양식물 분류학의 길을 개척하며」(서울대학교 명예교수협의회(編・発行)『나의 학문、나의 삶――학문 후속 세대를 위한』1(철학、경영학、생물학、수의학、법학)、二〇二〇年)。

(3) 昆虫学の石宙明など著名な研究者個人に焦点を絞った評伝的文献を除けば、朝鮮における生物学の形成過程について歴史的に検討した業績は多くないが、植物学について、이정「식민지 조선의 식물 연구(1910〜1945)――조일 연구자의 상호 작용을 통한 상이한 근대 식물학의 형성」(ソウル大学校博士学位論文、二〇一三年)がある。また魚類学について、이기복「일제강점기 内田恵太郎의 朝鮮産魚類調査와 '바다식민'의 잔재」『歴史民俗学』第一九号、二〇〇四年)がある。이정の博士論文については東京理科大学愼蒼健教授のご教示をいただいた。

(4) 北海道大学小亀一弘教授・阿部剛史准教授のご高配を得て二〇二三年九月に同大学総合博物館の大型藻類標本庫(略称SAP)に収蔵される岡村金太郎旧蔵海藻標本(岡村コレクション)および岡村のフィールド・ノートほか遺品類の調査を行った。また国立科学博物館植物研究部北山太樹博士のご高配を得て二〇二三年一二月に同館海藻標本庫の調査を行った。また北山博士には『楽水』所掲の追悼記事(註1)についてもご教示いただいた。東京海洋大学附属図書館では岡村文庫の書籍・論文抜刷の調査の便宜を図っていただいた。そのほか右の各位には藻類学全般について懇切なご教示を得た。なお本稿で取り上げるに至らなかった岡村のフィールド・ノートについては別稿で改めて紹介したい。

(5) 山田幸男「故岡村金太郎先生略伝」(前掲)。ただし同略伝は出生地を芝新光町とするが、北海道大総合博物館の岡村金太郎遺品に含まれる履歴書により芝新幸町とした。以下、岡村の経歴について特記しないものはこれによる。

(6) 太田由佳・有賀暢迪「矢田部良吉年譜考」(『国立科学博物館研究報告』E類(理工学)第三九号、二〇一六年)三〇～三三頁、北山太樹「矢田部良吉――海藻標本採集者列伝(四一)」(『海洋と生物』第四一巻第六号、二〇一九年)。矢田部がハーバード大学の夏季学校に参加した年については北山の推測に従った(五三五頁)。

(7) 宮部金吾「序」(岡村金太郎『日本海藻誌』内田老鶴圃、一九三六年)一～三頁

(8) 岡村金太郎「海藻漫談」(『科学知識』第六巻第一一号、一九二六年)。

(9) 山田幸男「我国に於ける海藻学発達の経過」(日本植物学会編『植物学選集――宮部金吾博士九十賀記念』養賢堂、一九五〇年)九九頁。

(10) 退官後の岡村の様子は、石川茂雄「岡村先生に惚れこんだ私だが」(『岡村金太郎博士五拾周年回想録』前掲)など受業生の回想から窺われる。

(11) 山田「我国に於ける海藻学発達の経過」(前掲)九九～一〇一頁。

(12) 岡村金太郎「本邦海藻学発達ノ歴史」(『植物学雑誌』第三〇巻第三四九号、一九一六年)一頁、一三頁。

(13) 松村任三「故理学博士矢田部良吉君ノ略伝」(『植物学雑誌』第一四巻第一五五号、一九〇〇年)三頁。

(14) 大場秀章・秋山忍「東京大学植物標本室に関係した人々」(大場編『日本植物研究の歴史――小石川植物園三〇〇年の歩み』東京大学出版会、一九九六年)八五頁、北山「矢田部良吉」(前掲)五三四頁。

(15) Yatabe, Ryokichi, "A few Words of Explanation to European Botanists" (『植物学雑誌』第四巻第四四号、一八九〇年)。本文に示した和文標題は目次による。

(16) 大場・秋山「東京大学植物標本室に関係した人々」(前掲)八八～八九頁。

(17) 太田・有賀「矢田部良吉年譜稿」(前掲)四九頁。

(18) Okamura, Kintaro, "*Ecklonia radicosa*" (『植物学雑誌』第六巻第五九号、一八九二年)。

(19) 岡村「本邦海藻学発達ノ歴史」(前掲)一〇～一一頁。

(20) 宮部「序」（前掲）四頁。

(21) 岡村金太郎「地方植物学有志者に望む」（『植物学雑誌』第四巻第三八号、一八九〇年）。

(22) 矢田部良吉「地方の植物学教員に望む」（『植物学雑誌』第四巻第四五号、一八九〇年）。

(23) 岡村金太郎「日本海藻ノ分布」（『植物学雑誌』第六巻第六〇号、一八九二年）。

(24) 岡村金太郎『海藻学汎論』（敬業社、一九〇〇年）一一頁。

(25) 北山太樹「黒岩恒――海藻標本採集者列伝（一五）」（『海洋と生物』第三七巻第三号、二〇一五年）、岡村金太郎「琉球産ノ海藻ニ就テ」（『植物学雑誌』第七巻第八二号、一八九三年）。

(26) 矢部吉禎・遠藤吉三郎「千島占守島ノ植物」（『植物学雑誌』第一八巻第二一二号、一九〇四年）。

(27) 宇田道隆「海洋調査の大先達北原多作先生のこと」（『科学』第六巻第六号、一九三六年）、農商務省水産調査所『明治二十八年度水産調査所事業報告』（一八九六年）一四二頁。

(28) 岡村金太郎履歴書（前掲）。北原が陸上植物の標本を多数持ち帰ったことは、松平斉「北原多作氏採集ノ千島植物目録」（『植物学雑誌』第九巻第一〇六号、一八九五年）。

(29) Okamura, K., "On the Algae from Ogasawara-jima (Bonin Islands)"（『植物学雑誌』第一一巻第一一九号、一八九七年）。また弘貞「南島雑話十件」（『動物学雑誌』第六巻第七二号、一八九四年）には「小笠原島医士兼博物嗜好家松本氏」が所有するアオウミガメ標本が紹介されている。

(30) 岡村金太郎コレクション（前掲註4）は岡村の没後その手元にあった標本約一五、〇〇〇点で構成され、山田幸男の手を経て北海道大学に収蔵された。このうちナンバリング済みのものは一三、四七九点であり、採集者が岡村金太郎（K.Okamura）と確認できるのは九一二八点であった（ただしコレクションのうちタイプ標本はナンバリングされておらず、ここに含まれない）。岡村のもとに多くの協力者から標本が寄せられていたことが推測できる。データ抽出にあたっては小亀一弘教授・阿部剛史准教授のご高配を得た。

(31) 岡村金太郎「海産植物の地理的分布」（『岩波講座地理学』第二、岩波書店、一九三一年）六八〜八一頁。日本の海藻相を五区分する岡村のモデルは現在まで基本的に継承されている。渡邉信監修『藻類ハンドブック』（エヌ・ティー・エス、二〇一二年）一四五頁。

(32) 岡村「海産植物の地理的分布」（前掲）七六頁。

(33) Okamura, Kintaro, "The Distribution of Marine Algae in Pacific Waters," (*Records of Oceanographic Works in Japan*, Vol. IV, No. 1, 1932) pp. 31-32.
(34) 岡村「海産植物の地理的分布」（前掲）七六頁。
(35) 岡村コレクションのうちナンバリングされた一三、四七九点（前掲註30参照）の採集地を見ると、帝国「内地」に属するものが一二、三二四点（千島を除く）、「外地」に属するもの六九三点（朝鮮四一点、樺太二一八点、千島一八一点、台湾二一三点、パラオ二一点、ミクロネシア一五点、マーシャル四点）、国外一三九点、不明三二三点であった。
(36) 山田「故岡村金太郎先生略伝」（前掲）。このリストは『日本海藻誌』および東京海洋大学附属図書館のホームページ〈コレクション〉岡村文庫〉に修正のうえ再録されている。
(37) 全羅南道の委嘱によることは「海苔改良調査」（『毎日申報』一九一二年一〇月一二日付）を参照。
(38) 東京海洋大学附属図書館岡村文庫蔵。岡村金太郎履歴書（前掲）によれば、岡村は一九二三年七月に朝鮮総督府から海苔養殖に関する事務を嘱託されている。また『朝鮮総督府水産試験場要覧（昭和十二年五月）』によれば、岡村は一九二三年七月〜二五年三月に同場嘱託を務めている（一七頁）。
(39) ただし岡村以前にJ・アガード（J. D. Agardh）が一八八九年、朝鮮沿岸で採取されたヤナギモク（*Sargassum coreanum*）を新種記載している。이용필・강서영『한국산 해조류의 목록――2001』（済州大学校出版部、二〇〇二年）一頁。
(40) 東京帝国大学『東京帝国大学卒業生氏名録』（一九二六年）三〇三頁。
(41) 金田楢太郎は一八八九年八月に技師補として農商務省地質局に勤務を命じられ、一一月に免職となった。『官報』（第一八三一号、一八八九年八月六日、同第一九二四号、一一月二六日）。
(42) 『官報』（第二三四三号、一八九一年四月二五日）。
(43) 行程については金田楢太郎「朝鮮探撿談」（『地質学雑誌』第一巻第四号、一八九四年）。なお帰国後の金田は各地の中学校を経て大阪府立北野中学校長となり、一九一三年三月二二日に休職となった（『官報』第一九五号、一九一三年三月二七日）。
(44) 立岩巖『朝鮮―日本列島地帯地質構造論考――朝鮮地質調査研究史』（東京大学出版会、一九七六年）四五頁。
(45) 安岡昭男「東邦協会についての基礎的研究」（『法政大学文学部紀要』第二二号、一九七六年）。

(46)「探検員派遣」(『東邦協会報告』第四号、一八九一年)。
(47)「朝鮮探検の結果」(『東邦協会報告』第九号、一八九二年)。金田の報告は書籍として発売される予定だったが、金田の病のため果たせなかった(「朝鮮北部紀行・義州紀行」『東邦協会報告』第一八号)。しかし前掲「朝鮮探検の結果」は同会の『朝鮮彙報』(一八九三年)に転載されたほか、情報を追加したうえで『地質学雑誌』第一巻第四号および第五号(一八九四年)に「朝鮮探検談」として連載された(ただし未完結)。
(48)英文版は *Report of Imperial Bureau of Fisheries, Scientific Investigations* のリプリントとする冊子だけが伝わり、この名称の英文雑誌が実際に刊行された形跡はない。東京海洋大学附属図書館岡村文庫所蔵の同論文には「英文版は単独出版されたと推定される」とのアノテーション・カードが付されている(岡村文庫0011/A1.98/98)。
(49)この調査は一九一四年から水産講習所に移管され、一九一八年に海洋調査と改称された。一九二九年からは新設の農林省水産試験場が引き継ぎ、朝鮮や台湾・樺太を含む各地の水産研究機関による連絡調査として継続された。宇田道隆『海に生きて・海洋研究者の回想』(東海大学出版会、一九七一年)二二九〜二三一頁、中野広『近代日本の海洋調査のあゆみと水産振興』(恒星社厚生閣、二〇一一年)一一〜一六頁。
(50)Cotton, A. D., "Marine Algae from Corea," *Bulletin of Miscellaneous Information*, 1906(9), Royal Botanic Gardens, Kew, 1906, pp. 366-373. コットンの論文では、朝鮮在留の愛好者二名が釜山・元山から送ってきた標本二八種とキュー植物園所蔵の巨文島産標本四種が紹介されている。この論文では、朝鮮産海藻についての唯一の先行研究として岡村の「朝鮮釜山浦ノ海藻」が引用されている。
(51)「一号一人――脇谷洋次郎君」(『朝鮮之水産』第一八号、一九二五年)。
(52)朝鮮総督府『朝鮮総督府施政年報』明治四五年・大正元年版、三五〇頁。一九一二年の調査については「農商務省水産講習所の計画と聯絡」して実施したと記されており、本文で触れた漁業基本調査の一環であった可能性がある。
(53)「一号一人――脇谷洋次郎君」(前掲)。
(54)戸髙一成監修『日本海軍士官総覧(復刻版)』(柏書房、二〇〇三年)五九頁。
(55)『職員録』(明治四五年甲、印刷局)四〇九頁、古林亀治郎編『現代人名辞典』(中央通信社、一九一二年)七一〇頁。
(56)水路部『水路部沿革史――自明治十九年至大正十五年(昭和元年)』(一九三五年)一七七頁。
(57)日本地学史編纂委員会・東京地学協会「日本地学の形成(明治二五年〜大正一二年)〈その二〉――「日本地学史」

稿抄」（『地学雑誌』第一〇五巻第二号、一九九六年）二二八頁。
(58) Yabe, H., "Mesozoic Plants from Korea," *The Journal of the College of Science, Imperial University of Tokyo, Japan*, vol. 20, 1905, note 1.
(59) 矢部は東北帝大教授に着任後も、朝鮮総督府の依頼で平安南道の石炭層を調査したり（一九一四年）、東京地学協会による支那地学調査（一九一〇～一九一五年）で古生物化石の鑑定を担当したりするなどアジアの地学調査に深く関与した（「日本地学の形成（明治二五年～大正一二年）〈その二〉」（前掲）二二九～二三一頁）。
(60) 『水産講習所一覧――自明治四十二年七月至明治四十三年六月』一〇七頁。
(61) 楽水会『楽水会会員名簿』（一九二七年）四頁。
(62) 下啓助『明治大正水産回顧録』（東京水産新聞社、一九三二年）三〇四～三〇五頁。
(63) 「海藻雑記」は「朝鮮西海岸ノ海藻」「朝鮮東海岸ニ於ケル海藻ノ分布」「あらめ属トこんぶ属トノ区別」の三節からなる。「朝鮮東海岸ニ於ケル海藻ノ分布」は「朝鮮沿岸ニ於ケル海藻ノ分布ニ就テ」の要約であり、標本に基づく原著論文ではない。
(64) この後は一九一九年から三三年まで朝鮮総督府技師を務めた。「一号一人――松野二平」（『朝鮮之水産』第二四号、一九二六年）、『朝鮮総督府水産試験場要覧』（一九三七年）。
(65) 岡村が東大水産学科で講師を務めるようになるのは、松野卒業後の一九一三年一二月からである。岡村金太郎履歴書（前掲）による。
(66) 国立科学博物館植物研究部には松野が東大に提供した朝鮮産海藻の標本が所蔵されており、種名や採集日・採集場所の一致から、「朝鮮東海岸ノ海藻」「朝鮮東海岸ノ海藻第三」で岡村が利用した標本と同一と見てよい。これらには「農科大学腊葉」のラベルが貼付され、東大の公的なコレクションに属したことが確認できる。
(67) 水産講習所『水産講習所一覧――自大正二年七月至大正三年六月』（一九一四年）一〇四頁。国史編纂委員会（韓国）データベースによれば小金丸は『朝鮮総督府職員録』に一九三四年度まで現れ、最終官歴は平安北道内務部産業課技師である。また『朝鮮銀行会社組合要録』一九四二年版に朝鮮寒天製造業生産組合重役として現れる。著作として「海藻生産調査」『朝鮮彙報』一九一六年一二月号などが確認できる。
(68) 「朝鮮東海岸之海藻　第三」（前掲）七八頁。

(69) 李仁圭「韓国海藻分類学研究の概観」(前掲) 三三頁。
(70) 岡村金太郎「朝鮮沿岸海藻の分布区域に就て」(『朝鮮之水産』第六号、一九二四年九月) 一八頁。
(71) 岡村は *Pelvetia wrightii* に『日本藻類名彙』(一九〇二年) で「ゑぞいしげ」という和名を与えている。現在この学名は *Silvetia babingtonii* の同種異名とされる (AlgaeBase.org, 二〇二四年五月二日閲覧)。なお「ツンブク」は韓国名뜸부기にあたると思われるが、現在これには学名 *Silvetia siliquosa* が与えられている (韓国国立水産科学院水産生命情報センター生物種情報データベース、同日閲覧)。
(72) 宇田道隆「海洋調査の大先達北原多作先生のこと」(『科学』第六巻第六号、一九三六年) 二六二頁。
(73) 中野『近代日本の海洋調査のあゆみと水産振興』(前掲) 一六頁。
(74) 岡村『海藻学汎論』(前掲) 九七頁。日本海の海藻相が太平洋に比して貧弱であることは現在でも認められているが、その原因には異論が提起されている。斎藤譲「日本海沿岸の海藻が貧弱な理由」(『科学』第四〇巻第一〇号、一九七〇年)。
(75) 岡村金太郎「日本海の成立年代と海藻の分布」(『地学雑誌』第三三八号、一九一七年)。岡村はこの説について北原多作に見解を徴したことも記しており (七九頁)、岡村と北原が密接な意見交換を行っていたことが確認できる。
(76) 岡村「海産植物の地理的分布」(前掲) 八〇頁。
(77) 岡村「海産植物の地理的分布」(前掲) 一七～四五頁。
(78) 堀田満『植物の分布と分化 (植物の進化生物学Ⅲ)』(三省堂、一九七四年) 七頁。
(79) 岡村『海藻学汎論』(前掲)「主ナル引用書目」二頁。
(80) 本文で述べたように岡村は矢部長克のような地質学者とも早くから接触があり、そうした経路でも地史的なアプローチと接しえたと思われる。一九三一年の「海産植物の地理的分布」でも、岡村は、東北帝大教授となっていた矢部から私信で寄せられた意見を紹介している (八〇～八一頁)。こうした岡村の見解が他の研究者からどのように受け止められたかも興味深い課題だが、ここでは論じる用意がない。ただし朝鮮半島の陸上植物相の研究に従事した中井猛之進 (一八八二～一九五二) は、植物相から見て鬱陵島がかつて大陸と一体であったことを論じるなかで岡村の所論に言及している (朝鮮総督府『鬱陵島植物調査書』一九一九年、七頁)。この中井の議論は後に寺田寅彦の日本海裂開説にも引用された。T. Terada, "On a Zone of Islands Finding the Japan Sea Coast" (『東京帝国大学地震研究所彙報』第三号、一九二七年）七五頁。

(81) 北大海藻標本（SAP74087）、採集者不明。付箋の解読については三重大学塚本明教授にご教示いただいた。

(82) 川嶋昭二『日本産寒海性コンブ類の形態と分類』（生物研究社、二〇一二年）一三～一七頁、北山太樹「宮部金吾——海藻標本採集者列伝（三二）」（『海洋と生物』第三五巻第三号、二〇一三年）。

(83) 山田幸男によれば岡村はしばしば宮部に標本の同定について意見を求めていたという。山田幸男「宮部先生と藻類」（宮部金吾博士記念出版刊行会編刊『宮部金吾』一九五三年）二九二頁。北海道大学文書館の宮部金吾文書に含まれる岡村金太郎の来信にも朝鮮産コンブについて質問したものが含まれている（岡村金太郎〇一五、一九〇九年六月一六日、同〇一八、一九一三年二月一四日）。

(84) 岡村金太郎「朝鮮沿岸ニ於ケル海藻ノ分布ニ就テ」（前掲）一一七～一一八頁。岡村の与えた学名は *Ecklonia stolonifera* だが、現在は *Ecklonia cava*（カジメ）の亜種とされる（*Ecklonia cava subsp. stolonifera*）。

(85) 北山太樹「國枝溥——海藻標本採集者列伝（三七）」（『海洋と生物』第四一巻第二号、二〇一九年）。

(86) 國枝溥「故岡村先生追憶の記」（『楽水』第三〇巻第九号、一九三五年）一九頁。金子政之助「岡村先生と三十年の思出」でも、三五年一月に金子に会った岡村が、「本年は朝鮮の東海岸を歩く考だ」と述べたことが回想されている。

(87) 殖田三郎「日本産あまのり属ノ分類学的研究」（『水産講習所研究報告』第二八号第一冊、一九三二年）。

(88) 山本孝治・川本留之助「朝鮮産海藻目録」（『朝鮮博物学会雑誌』第九巻第三五号、一九四二年）。

(89) 鄭文基・朴晩相『韓国海藻類目録』（海務庁中央水産検査所、一九五五年）。

(90) 姜悌源「韓国海藻類目録（鄭・朴）의 修正」（『植物学会誌』第七巻第二号、一九六四年）。

(91) 岡村「朝鮮東海岸之海藻第三」（前掲）七七頁。

(92) 例外的に朝鮮名を記したものとして、先述の「ツンブク」（前掲註71）のほか、ワカメにあたる「チャンメギ」（「朝鮮沿岸ニ於ケル海藻ノ分布ニ就テ」〔前掲〕一一八頁）、「メギ」（『日本海藻誌』〔前掲〕二八一頁）がある。

(93) 鄭文基・朴晩相『韓国海藻類目録』（前掲）二頁。なお姜悌源も別に「韓国産海藻類의 国名」を発表し、鄭文基とは異なる原則での命名法を提案した（『釜山水産大学校研究報告——自然科学』第四巻第一・二号、一九六二年）。

(94) 北山太樹「海藻和名の問題」（『海洋と生物』第三九巻第三号、二〇一七年）二三二頁。

(95) 現在でもこの問題は解決されたわけではなく、이용필・강서영『한국산 해조류의 목록——２００１』（前掲）は韓

国名を一つに定めず、主要な参考文献に見える韓国名を併記する方針を採っている。なお오창현「15~20세기 해조류의 구분법에 대한 연구」(『무형유산』第一二号、二〇二二年)は褐藻類とくに日本でいうワカメ、コンブの朝鮮における名づけが中国や日本の影響を受けて変容してきた過程を検討している。

(96) Kang. Jae Won, "On the Geographical Distribution of Marine Algae in Korea," (『釜山水産大学校研究報告――自然科学』第七巻第一・二号、一九六六年)九頁。

【付記】

本稿は本研究班のほか、科学研究費「一九世紀以降の東アジア世界における海藻の生産・流通・消費に関する総合研究」(基盤研究A、22H00018、代表:塚本明)、「帝国史の視点から見た植民地朝鮮の水産・海洋知の形成――朝鮮総督府水産試験場を中心に」(基盤研究C、23K00888、代表:石川亮太)の成果に基づくものである。

# 日本統治期台湾林業と植物学——ドイツ林学とアメリカ・ロシア植物学の交錯を中心に

やまだあつし

## はじめに

台湾林業を知らない人でも、阿里山の名前は聞いたことがあるであろう。今は日の出を眺め、大木を鑑賞する観光地であるが、日本統治期から中華民国期にかけて林業経営が行われていた。日の出を眺める客を運んでいる森林鉄道は、もともとは阿里山で伐採された木材を下界へと搬出する手段として建設された。

阿里山林業は、ヒノキ美林の発見と、木材を搬出する森林鉄道建設から始まった。その指導者が、東京帝国大学教授で台湾総督府の嘱託を兼ねた河合鉥太郎(1)であった。彼はドイツで林学を学び、日本統治下の台湾・阿里山でそれを実践した。合理的(新技術である森林鉄道の導入を含む機械化、そして土地に適合した樹種による造林)、持続可能な経営(計画的な伐採と苗木育成、そして林業教育や林業団体の整備)、森林環境の整備保全(反面では焼き畑や入会地など山の多様な活用の否定につながる)(2)を重視する林業であった(3)。台湾総督府側でも、阿里山林業の経営に、東京帝国大学農科大学林学科(以下、林学科と略)の卒業生が多数採用された。殖産局林業課長の賀田直治(4)は採用後まもなくドイツ語圏の林業を視察し、他の卒業生も、林学科のドイツ留学組の教授陣(河合鉥太郎、本多静六、川瀬善太郎）らの下で、林学を叩き込まれた。当時の台湾林業について、賀田は『台湾林業史』を編纂し（台湾総督府殖産局編、一九一七年）、林学科出身者の成果をうたった。

しかしながら、日本統治期台湾林業を考える際、林学科そしてその学問的背景となっているドイツ林学だけでは、少なくとも統治前半については、見えてこないことがある。たとえば、台湾最南端に墾丁国家森林遊楽区がある。今は観光地としての役割が大きいが、管轄は農業部林業及自然保育署であり、林業試験場恒春研究中心を併設し、植わっている植物も大半が木本類の熱帯林業植物園である。この植物園の開設者は、田代安定である。(5)田代は、植物学者であるとともに、遅れてきた志士とか、人類学前史としての応用博物学者とも表現される多彩な人物であるが、ドイツ林学の系譜には連ならない。阿里山の麓の嘉義にも、農業部林業試験場嘉義研究中心の管轄する植物園があるが、これも元をたどれば台湾総督府のゴム園である。ゴム園の設置にかかわった川上瀧彌は、後述の通りドイツ林学と無縁な植物学者であった。しかるに彼ら植物学者の活躍は、『台湾林業史』からは読みとれない。田代の記述は多くなく、川上は無視されている。後述のように、植物学では川上が（阿里山近辺を含む）台湾の山地で行った有用植物調査事業が評価されているにもかかわらず、同じ山地で行われた林業史の著作では、顧みられないのである。

『台湾林業史』は同時代の著作であり、学閥(6)が存在した当時の台湾の状況を考慮すれば、偏りがあっても止むを得ない。また林学が森林を管理し、収益を上げるという実用の学問であるのに対し、植物学、とくに植物を分類し新種を発見する植物分類学は、必ずしも収益を上げることを目的としていない、という学問の違いも考えなければならない。(7)しかしながら今日に至るまで台湾林業を考える際に、この『台湾林業史』の見解が踏襲され続けるのは、いかがなものか。本論の狙いは『台湾林業史』やそれを踏襲する諸研究(8)を批判し、日本統治期台湾林業に植物学（者）がどうかかわったか、そして植物学者の学問的背景には何があったのかを、川上瀧彌を中心として明らかにするものである。

## 一．統治初期台湾林業

### (1)　林学科と草創期の林業

一八九六年四月、台湾総督府はそれまでの軍政を改め、民政形式による台湾統治を開始した。それと前後して産業政策を司る民政局殖産部は、組織拡大を行い、農商課、拓殖課、林務課、鉱務課の四課体制とし、林業に独立した課を置いた。一八九六年の『職員録』によれば、林務課の陣容は技師五（うち課長一、兼官二）、属三、技手二である。そのうち技師は以下の通り、田代安定以外は林学科の卒業生だった。ただし正確には、四期生までは林学科の前身である東京農林学校林学部もしくは同学校林科の卒業生である。彼らはドイツ林学を日本に導入した鼻祖である松野磵らから教育を受けていた。

課長　有田正盛（一八八六年一〇月卒業：一期生）
　　　八戸道雄（一八九二年七月卒業：五期生）
（兼官）田代安定（本官は、民政局殖産部拓殖課技師）
　　　西田又二（一八九二年七月卒業：五期生）
　　　小西成章（一八八八年七月卒業：三期生）

林務課は何をしようとしていたのか。回想になるが、課長の有田は『明治林業逸史　続編』にて、台湾林野に自生する樟樹を原料とした、樟脳生産への強い関心を以下のように示していた(9)。

今、台湾の割譲を聞いて決心したる所以を述べて、台湾林業の記事に入るべし、即ち台湾の割譲が我林業に世界的進出の素地を与えるものと感じたのは、同島が世界有数の樟脳産地であることであつた。何となれば樟脳は我邦にては九州四国の外、中国辺に僅に之を産出し、其事業も殆ど産業として数ふるに足らず、当時世界樟脳の産地としては、台湾を措て他に匹敵すべきものなきを知りたれば、同島の割譲を幸に樟脳政策を以て外国に誇ることの必要なるを思ひ、率先此任に応らんと志し

同じく林務課技師であった八戸道雄の回顧[10]でも「樟脳専売は、夙に有田技師の主張せし所であった」とある。また有田らが台湾へ渡る前後の『大日本山林会報』を見ると、第一五三号には「台湾の木材」（五八頁）、「台湾の樟脳」（五九～六〇頁）、「樟脳製造法」（六二頁）、第一五四号には「樟脳ニ関スル質問幷ニ答」（四二～四四頁）、「苗栗の樟脳」（五九～六〇頁）、第一五六号には「外人の台湾樟樹伐採に付て」（六一～六二頁）、第一五七号には「紐育樟脳景況竝人造樟脳製造の計画」（一〇一～一〇二頁）、「台湾の樟脳及其将来」（一〇二～一〇九頁）、第一五八号には「台湾の樟樹伐採並に植継に就きて」（五四～五六頁）というように樟脳関係の記事が多数掲載されている。八戸自身も一七一号（一八九七年三月）二九～三五頁と一七二号（一八九七年四月）一七～二五頁に、「在台北 楠蔭」の名義で「台湾之森林第六報」を投稿し、台湾山林の樟樹の総本数を一三二万三〇〇〇本とし、

今百二十年を以て現在の立木を伐り盡さんと欲せは毎年優に三百万斤の樟脳を産出すへく伐るに随て殖林の道を講せは永遠に此の産出額を連続するを得へきなり

として膨大な樟脳が台湾の山林から継続的に産出できる旨を記している。樟脳は無煙火薬や世界初のプラスチックであるセルロイドの原料として重要であったので、それを膨大かつ継続的に産出できることは、台湾総督府が継続的に膨大な利益を獲得できるということである。

有田の意図通り、台湾総督府は一八九九年に樟脳専売制を導入した。専売制導入に際して、有田と八戸は、樟脳専売施行方調査委員会に参加した[11]。専売開始により台湾総督府に樟脳局が開設されると、有田は樟脳局の事務官兼技師になった。

しかしながら有田ら林学科卒業生は、樟脳専売制が軌道に乗るか乗らないかのうちに台湾を去った。『明治林業逸史　続編』で有田は「樟脳専売実行の為、殆ど五ヵ年半、瘴雨蛮煙と戦ひたる結果、八回のマラリア病に罹り、大に健康を害したるを以て、明治三十四年六月、乞うて農商務省山林局に復帰」（二九六頁）、すなわちマラリアに耐えかねたと回顧しているが、原因はそれだけではない。李文良は、台湾総督府が蕃地での警察による武力使用を拡大することで、警察が台湾山地行政の主導権を握るとともに、（他の専売事業と樟脳局とを統合して）専売局を成立させたことを指摘している。これらは、林政の抑制へと繋がり、台湾林業に集結した人員は活躍の場を失って散ることとなった[12]。

### （2）　農学者と植物学者が司った台湾林業

台湾総督府の林業部門から林学科卒業生が散った[13]後の台湾林業は、誰が司ったのであろうか。有田が台湾総督府を去った後、一九〇二年の『職員録』を見よう。当時、産業政策を司っていたのは、新渡戸稲造（殖産局長心得・技師）をトップとする台湾総督府民政部殖産局であった。当時の殖産局には、農商課、拓殖課、権度課が設置され、さらに台南出張所や台北と台中と台南の三か所の農事試験場などの付属機関を置いていた。権度課とは馴染みのない名称だが、度量衡器に関する事項を管轄する課である。同局の技師は、横山壮次郎（農商課長）、青柳定治（農商課技師、台北台中台南の農事試験場長を兼官）、柳本通義（拓殖課長、権度課長を兼官）、田代安定（拓殖課技師）、齋藤精一（拓殖課技師）、山田申吾（権度課技師）、藤根吉春（台南出張所長）が在籍したものの、拓殖課員以外は、制度的にも技術者としても林業と無縁であり、拓殖課でも齋藤は鉱山技術者であった。

林業では樟脳を管轄する台湾総督府専売局脳務課を無視できないが、同課の技師は後藤伊佐之助と小川真一の二名であった。後藤は、東京農林学校林学部乙科卒業（一八九〇年卒業）である[14]。乙科は実地者養成コースであり、卒業しても学士号を得ない。小川は、学校教育を受けない樟脳技術者叩き上げである。[15] 両名とも殖産局の各技師(田代以外は学士号を有し、田代は留学歴があった)より低い扱いであり、総督府の林業全般への口出しは出来なかったと考えて差し支えないだろう。

結局、一九〇二年時点で台湾林業を司っていたのは、樟脳を後藤と小川が司っていたのを除くと、農学者の柳本と植物学者の田代の両名となる。田代については先行研究が論じた通り、フランス語に堪能で、ロシアで東アジア植物学研究者であったマキシモヴィッチ(一八二七~一八九一)の指導を受け、日本に帰国後、幾つかの遍歴を経て台湾総督府に入った。林業については、街路樹について提案の後、[16]「はじめに」でも触れたように、台湾南端の墾丁に恒春熱帯植物殖育場という植物園を設置して場長となった。同場が刊行した『恒春熱帯植物殖育場事業報告』は、同場で各種熱帯植物の台湾移殖の研究を行った結果を報告している。熱帯植物の移植には、田代の熱帯地方での調査経験が活かされた。移殖した植物の多くは樹木であり、林業試験ということができる。田代は、恒春熱帯植物殖育場以外にも紅頭嶼(今の蘭嶼)などで樹木調査を行った。[17]

柳本[18]は林業において、何をしていたのか。柳本は札幌農学校一期生として、アメリカ人のクラークから学んだ後、北海道で殖民地撰定事業、すなわち農業開発可能な原野を測量調査する事業に従事した。それが一段落すると、北海道のトック原野(現在の新十津川村)を測量し区画して、奈良県十津川村の水害被災民からなる入植者へと分譲する事業の責任者となった。台湾でも殖民地撰定事業が計画されたので、柳本は専門家として、一八九六年に北海道庁から台湾総督府へ転じ、殖産部拓殖課長についた。台湾の殖民地撰定事業は短期間で中止されたが、[19] 柳本は台湾に残った。殖産部から殖産課への格下げにともない、柳本も拓殖掛長へ降格するも、一八九八年には殖産課長へと昇格し、台湾総督府の産業行政を統括した。殖産局ができると拓殖課長となり、一九〇一年には兼官として専売局技師にもなっている。[20] 有田と八戸と一緒に、樟脳専売施行方調査委員会にも参加し、[21] 樟脳局事務取扱規程は、柳本の名義で発布されている。[22] このように、柳本は台湾赴任当初こそ拓殖が仕事であった（山地で台湾原住民政策を司る撫墾署の管轄があるので林業と無縁ではない）が、その後は拓殖掛長・殖産課長として、独立した林業掛のない時代の拓殖掛や、殖産課が担当していた林業を統括し続け、さらに樟脳を管轄する専売局にも関与した。柳本は一九〇四年四月から六月まで一時退官の後で恒春庁長に転出するが、一九〇五年三月には、恒春庁長のまま殖産局技師を兼官して（田代が経営していた）恒春熱帯植物殖育場でも勤務した。[23]

アメリカ人から教わった測量の得意な農学者と、ロシア人から教わった植物学者とで、どうやって林業を司るのだろうか。当時の官営林業は、立木販売が原則であり、伐採や加工は民間業者が行っていた。官の事業は、土地を区画し、そこに生えている立木の価値を概算したうえで、立木の伐採権を民間業者に売却するものであった。台湾統治草創期の林業も同様であり、ただ樹木のなかに建築資材だけではなく、樟脳原料の樟樹も含まれていただけである。したがって、伐木や植林や森林環境管理の専門家の統括は不可欠ではない。測量し区画できる者と、樹木を同定できる者の統括であっても、部下に林業関係者がいれば、対応可能なことであった。

柳本の次に台湾総督府の産業行政を統括したのが、新渡戸である。新渡戸は、教育家・思想家と考えられているが、もともとは札幌農学校の卒業生であり、農学者であった。新渡戸が札幌農学校卒業の農学者・植物学者を次々と台湾へ技師として招き寄せたことについては、山本美穂子が指摘している。[24] そのなかで山本が注目しているのが、植物学教室の出身者たち、とくにその最初の渡台者となった川上瀧彌であり、彼が台湾で行った有用植物調査事業である。[25] 次節以降は、川上がどのような学問的背景から、台湾の有用植物調査事業に乗り出し、それが林業にどのような影響を与えたかを、考察する。

## 二　川上瀧彌と彼の学問

### （1）北海道時代の川上の植物学

川上瀧彌は一八七一年に生まれ、一九一五年に台湾総督府技師に在官のまま死去した植物学者である。経歴は川上没後の追悼記事、すなわち星野勇三「故川上瀧彌君小伝」(26)や宮部金吾「故農学士川上瀧彌君略伝」(27)で紹介されている。しかしながら、多彩な活動をした割には、田代安定などと違い、川上の生涯をまとまった形で取りあげた著書を見ない。

川上は、一八九一年に札幌農学校予科に入学、一八九六年に本科へ進み、一九〇〇年に第一八期生として札幌農学校を卒業した。彼は入学前の、山形県の荘内中学校に在学時から植物標本の収集に努めていた。

川上の植物学は、植物病理学と植物分類学（植物地理・分類研究）である。当時は菌やカビ、そして藻類も植物とされていた。病原となる菌を顕微鏡で観察し分類するという意味で、分類学と病理学は当時としては近接する学問であった。札幌農学校での専攻は植物病理学であり、札幌農学校へ提出した卒業論文は、「稲ノいもち病ニ就テノ研究」であった(28)。

一方、フィールドとしての北海道で川上は、植物分類学者として活躍した。札幌農学校在学中の一八九七年、阿寒湖畔で発見した緑藻に「マリモ」と命名したことで有名だが、彼の活動はそれにとどまらない。学術誌に掲載された調査報告だけでも以下の通りである。

「釧路国阿寒地方採集記」……『植物学雑誌』第一三〇号（一八九七年一二月）から第一三八号（一八九八年八月）まで六回連載。雌阿寒岳山頂での北海道庁の気象観測に人夫（原文ママ）として随行、ついでに雄阿寒岳にも登頂しての報告である。マリモ発見はこの時の随行の副産物。

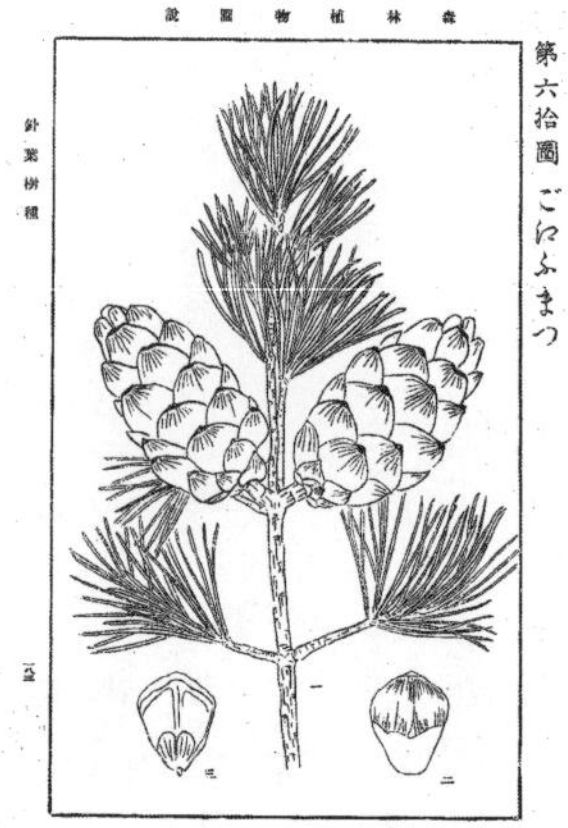


**図1**　ごようまつ（川上瀧彌『北海道森林植物図説』183頁）

「利尻島ニ於ケル植物分布ノ状態」……『植物学雑誌』第一五八号（一九〇〇年四月）と第一五九号（一九〇〇年五月）に連載。こちらも気象観測に人夫として随行しての報告。利尻山に登頂している。

「オプタシケ山の森林植物」……『大日本山林会会報』第二二八号（一九〇一年二月）掲載。オプタシケ（オプタテシケ）山は美瑛町にある。宮部金吾に同行して調査。

「奥尻島の森林植物」……『大日本山林会会報』第二一九号（一九〇一年三月）掲載。北海道庁の委嘱による調査。

「北海道石狩国空知郡富良野　農科大學演習林中の樹種」……『大日本山林会会報』第二二一号（一九〇一年五月）掲載。

「千島植物の新種」……『博物学雑誌』第二七号（一九〇一年六月）掲載。各植物には挿絵が付されている。北海道庁の委嘱による調査。一八九八年に行った。

「択捉嶋ノ森林樹種及其分布」……『植物学雑誌』第一七五号（一九〇一年九月）から第一八六号（一九〇二年八月）まで七回連載。

さらに、北海道の主要樹木の分布や効用識別に関する調査結果を『北海道森林植物図説』(29)として刊行した（図1）。これは北海道産重要樹木の名称、形状、材質、効用、分布を知る最良の著書と評された(30)。また植物の名称には、和名や学名とともに、アイヌ名（ひらがなで表記）を付すことでアイヌ文化の保存やアイヌ人との交渉の便をも図っていた(31)。

（2）宮部金吾を通しての川上へのアメリカ・ロシア植物学の影響

川上の植物学を考える際、恩師の宮部金吾との交友は無視できない。宮部による「故川上瀧彌君小伝」は、宮部との交友が札幌農学校入学前から始まったことを記載している[32]。そして、宮部金吾には、アメリカやロシアの植物学の影響が無視できない。

宮部金吾は、一八六〇年に幕末の江戸で生まれ[33]、一八七七年に第二期生として、札幌農学校に入学した。同期に内村鑑三や新渡戸稲造がいた。クラークは帰国後で教わることは無かったものの、ペンハローやホィーラーらアメリカ人たちの指導を、札幌農学校で宮部は受けた。一八八一年札幌農学校卒業後、東京大学理学部で研究、さらに一八八六年からハーバード大学へ留学した。

宮部はハーバード大学で、エイサ・グレイに学んだ。グレイは、北アメリカの植物分類学の第一人者で、東アジアと北アメリカ東部の植物の形態的類似に関する研究を進めていた。宮部はそこで当初、菌類や藻類の研究をしていた。グレイ没後は、ハーバード大学の植物標本館[34]の学芸員であったワトソンの援助を得て研究を続け、博士論文"The Flora of the Kurile Islands"（一八九〇年、日本語題名『千島列島植物誌』）で学位を得た。口述試験を終えた一八八九年に宮部は帰国し、札幌農学校教授となっている。その後は教育に勤しむとともに、北方植物の分類地理学、菌学の研究に専念した。著書として、『北海道産昆布科植物』（一九〇二年）、三宅勉との共著『樺太植物誌』（一九一五年）、工藤祐舜との共著『北海道主要樹木図譜』などがある。一九四六年文化勲章を受章し、一九四九年には札幌市名誉市民となり、一九五〇年日本学士院会員となった。没年は一九五一年である。

このようにハーバード大学でアメリカの植物学から宮部は大きく影響を受けたが、宮部が受けた欧米の学知はアメリカの植物学だけでは無かった。宮部はハーバードからの帰途、イギリス・ドイツ・フランス・ロシアの研究機関を歴訪した。訪問だけでなく、日本帰国後も書簡で欧米の植物学研究者とのやり取りを続けた。秋月俊幸編『書簡集からみた宮部金吾――ある植物学者の生涯』（北海道大学出版会、二〇一〇年、以下『書簡集』と略記）は、宮部が残し北海道大学大学文書館に保存されている書簡集の総目録であるが、多数の欧米人から差し出された書簡を掲載している。

特筆すべきは、ロシアのマキシモヴィッチ（田代が指導を受けたことは上述）との交流である。高橋英樹[35]は、ハーバード大学で当初は菌類や藻類の研究をしていた宮部が、マキシモヴィッチの書簡とそれに同封された北千島の植物標本リストに励まされて、研究方向を変え、『千島列島植物誌』を博士論文としたことを指摘している。つまり、マキシモヴィッチの影響は、宮部の博士論文のテーマを左右するものであった。宮部は、菌類や藻類の研究を捨てたわけではなく、北海道に戻ってから上述の通り、『北海道産昆布科植物』を刊行しているが、東アジア植物学者のマキシモヴィッチとの交流が、千島列島の研究そして後の樺太の研究など、宮部の植物分類学（植物地理・分類研究）の研究を開花させたことは疑いえない。

宮部が、アメリカのハーバード大学で学んだ菌類や藻類の研究と、マキシモヴィッチに励まされて結実した植物分類学（植物地理・分類研究）とは、それぞれ川上へどのような影響を与えたであろうか。

上述の通り、川上は宮部の調査が及んでいなかった北海道各地を巡回しては、植物を調べた。宮部が千島列島や藻類など、海や島の植物に焦点を当てたのに対し、川上は山に登り、樹木を調べ、顕花植物（花をつける植物）を研究した。つまり宮部を意識しながら、宮部を補完する研究を進めていた。それらの成果は上述の各報告や『北海道森林植物図説』としてまとめられ、北海道林業に貢献した。顕花植物の研究は、『はな』[36]という一般向けの図鑑として結実し、川上の知名度を高めた。台湾総督府に任官してからも、山本が紹介し、本論でも後述するように、台湾の植物調査を推進した。

一方、川上は植物病理学の観点から病原菌を研究した。一九〇一年六月から一九〇三年九月まで熊本県熊本農業学校（校長が札幌農学校の第四期生だった）の教諭を勤めるが[37]、ここでも植物病理学を教え、さらに熊本県の植物病害防除に尽力した。『桐樹天狗巣病原論』（裳華房、一九〇二年）は、桐の病害対策を一般に周知させる小冊子であった。『七島藺鼈甲病』（裳華房、一九〇四年）は、台湾赴任後の刊行であるが、熊本時代の調査を基本としたものであり、これまた病害対策を周知するものであった。

興味深いのは、川上と宮部との書簡のやり取りである。『書簡集』には、川上から宮部へ送られた書簡が、八七通掲載されている。北海道時代が二三通、熊本時代が三六通、台湾時代が二八通である[38]。書簡の内容は多彩であるが、熊本時代の書簡には、菌類が付着した植物を同封し、宮部に鑑定を求めたものが少なくない[39]。『書簡集』の川上書簡に附された書簡番号（以下、番号と略したうえで書かれた日付を記載）で示すと、番号〇二六（一九〇一年七月一七日付）は銹菌、番号〇二九（一九〇一年九月三日付）は稲の菌、番号〇三二（一九〇一年一二月二日付）は稲の寄生菌標本、番号〇四三（一九〇二年六月二二日付）は桐委縮病菌の付着した桐の葉、番号〇四九（一九〇二年一一月二八日付）は菜豆葉病の葉、が同封されていた。このように、川上は熊本時代にも宮部から菌類研究において多々指導を受けており、その影響は病害対策本の出版によって、川上の社会的地位を高めることに繋がった[40]。

## 三　川上の有用植物調査事業

### (1)　一九〇〇年代台湾における川上の立ち位置

川上は、一九〇三年一〇月に台湾に赴任した。九月には台湾総督府嘱託として台中農事試験場長となり、一二月には、台湾総督府民政部殖産局に、植物病理に関する技師として任官した。新渡戸が台湾の産業政策を司っていた時代、台湾総督府をはじめとする台湾の農業関連機関に多数の札幌農学校出身者がおくりこまれたが、『書簡集』の川上から宮部へ送られた書簡には、川上がどのような形で台湾へと赴任したかが、記されている。番号〇四九（日付は前掲）は台湾赴任を宮部に依頼したものである。番号〇五四（一九〇三年二月某日付）は新渡戸が台湾への帰途に立ち寄った門司にて、面会した旨の報告である。番号〇五八（一九〇三年六月五日付）は新渡戸の仲介で台湾赴任について熊本県知事の了解をえた旨の報告である。

川上の台湾総督府での本務は、植物病理学を用いた作物の病害対策であった。その方面での彼の業績は、上述の『七島藺鼈甲病』に加えて、以下の著書から垣間見ることができる。

川上瀧彌編訳『柑橘病害論』（台湾総督府民政部殖産局、一九〇六年）

川上瀧彌編『甘蔗病害論』（台湾総督府臨時台湾糖務局、一九〇八年）

どちらも台湾で収穫できる作物の病害対策本である。とくに甘蔗（サトウキビ）は主要作物であり、病害蔓延は台湾経済を揺るがすものであり、対策は重要事項であった。

台湾総督府民政部殖産局は、行政機関であって研究機関ではない。札幌農学校を卒業した「学者」であっても、行政の方針に従い、実利に繋がる仕事をする必要がある。赴任先が局付属の農事試験場であっても、行政の方針や実利から外れることはできない。一九〇〇年代は、日本本国からの大規模投資が始まる前であった。台湾総督府の事業も、統治の基礎工事となる土地調査、鉄道建設、港湾整備が、本国の台湾事業公債の資金で行われたのを除けば、将来の投資のための基礎調査か、台湾人資本家や早期に渡台した日本人小資本家を勧誘して投資するための小規模事業の計画であった。よって実利といっても、調査的なものであるが、「学者」が自由に研究できないという点では変わりない。

他の「学者」を例にすれば、素木得一（札幌農学校第二三期生、卒業論文「本邦ニ於ケル苹樹害虫ニ就テ」）は、一九〇七年に台湾へ赴任すると、農事試験場の昆虫学の技師となって甘蔗や果樹の害虫防除を担当した。彼は一九二六年に台湾総督府高等農林学校教授となり、一九二八年に台北帝国大学が設置されると教授に就任し、理農学部で昆虫学、養蚕学講座を担当するようになった[41]。これ以降、素木は「学者」としてふるまうことができるようになったが、それは素木の台湾赴任二一年目のことであった。

北海道の山を歩き『北海道森林植物図説』を著した植物分類学者としての川上は、一九〇〇年代の台湾では何をすれば、行政の方針に従い、実利に繋がる仕事であると認められるのだろうか。

## (2) 有用植物調査事業と林業

川上が出した答えは、有用植物調査事業の計画であった。台湾の土着植物から、「有用」な植物を見つけ出す事業である。未知の「有用」植物の発見だけでなく、既知の「有用」植物の群生地発見を狙った。

事業開始を紹介した「有用植物調査」という記事が『台湾協会会報』第九四号(一九〇六年七月二〇日付)一〇頁、および『台湾農友会会報』第三号(一九〇六年)四四頁に、掲載されている。文章は同文で、以下の通りである。


本年度は材料の蒐集に全力を尽すべき方針にて本調査を創め、六月東京帝国大学嘱託中原源治を嘱託に任命し、全島の採集をなさしめ、六月より十月まで、基隆、台北、苗栗、台中、彰化、南投、斗六、嘉義、台南、鳳山、阿緱、蕃薯藔方面の踏査を終り、十一月、川上技師中原嘱託新高山の植物を採集し貴重の材料を蒐集せり、此の如く採集に力を注ぐと共に、一方に於ては大学院学生理学士早田文蔵を本調査に嘱託となし、大学に在りて専ら本島植物の検定に与らしめ、既に北部中部の採集品大部分の検定を終れり、此等の材料は殖産局標本室の自然分科の順序に従ひたる標本函に保存せり、又本年度今後の事業は、南部東部及紅頭嶼の材料を蒐集し、之を整理すべき予定にして、明年度は本年度に着手する能はざりし島中随所の探検を試み、材料の大部分を蒐集し、本調査に取掛る計画なり採集にあたる中原源治の嘱託手当が月四〇円[42]、東京にて植物標本庫にある類似植物の標本と比較しながら、品種の同定にあたる早田文蔵[43]の嘱託手当は月五〇円[44]であった。後に早田が理学博士になると、月一〇〇円に昇給している。一九〇五（明治三八）年に、総督府予算としてついた有用植物調査費の項目は、一年三〇〇〇円で三年間だったので、彼ら両名の嘱託手当と川上以下の台湾総督府職員の出張旅費や諸雑費をまかなう程度であったろうか。

川上はどこで調査したか。それがわかる資料は、東京大学植物標本室[45]と中華民国農業部林業試験所植物標本館[46]に所蔵されている植物標本である。有用植物調査事業では多数の植物が採集された。植物は同定のために東京帝国大学小石川植物園にいた早田へと送られたが、通常は同種の植物を複数本採取し、手元（台湾）にも残して標本とする。台湾に残された標本は後述のように林業試験場（林業試験所）の所蔵となっている。これら植物標本には多くのタイプ標本（学名を定める時に基準となる標本）が含まれており、そのなかには採集者として川上瀧彌の名と採集地・発見日時が記されているものが存在する。東京大学植物標本室を例にすると、Type ID- 02622には「台湾総督府殖産局植物腊葉」というラベルが貼られており、そこには川上瀧彌と森丑之助が、一九〇六年一〇月一八日に、新高山（現在の玉山）九〇〇〇尺にて採集したという情報が記されている[47]。中華民国農業部林業試験所植物標本館でも同様に、館号3549には「台湾総督府殖産局植物腊葉」というラベルが貼られており、そこには川上瀧彌が、一九〇五年一一月三日に、新高山一万三〇〇〇尺にて採集したという情報が記されている[48]。

文献では以下のような記述が残されている。台湾最高峰の新高山については川上自身が「新高山頂の植物」（『台湾教育会雑誌』第四七号と第四八号（一九〇六年二月と三月））や、「台湾新高山採集紀行」（『植物学雑誌』第二二九号（一九〇六年二月））に投稿している。一方で川上が一九〇七年から一九〇八年にかけて、調査成果の一端を連載披露した「台湾有用植物」（『台湾農友会会報』第九号、第一四号、第一五号、第一七号、第一九号）においても、採取場所として、南投庁集集街付近（現在の南投県集集鎮）、蕃薯寮鳳山間の山中（今の高雄市旗山区）、紅頭嶼（今の台東県蘭嶼郷）、鵝鑾鼻（今の屏東県恒春鎮、台湾本島最南端）を挙げているが、これらはいずれも低山や半島、島である。この時期は、佐久間左馬太総督（任期は一九〇六年四月から一九一五年五月）による五箇年理蕃事業の前であり、新高山などの例外を除き、日本人の奥山への入山は安全の保障されない場所が多かった。よって低山中心になったのであろう。

なお、具体的な個所が記載されているわけではないが、熊本農業学校における川上の教え子で、調査に参加した島田弥市も回顧録[49]を著している。この回顧録からも（新高山を含む）高山帯から低山までを含む山林の調査であり、理蕃警察課員を嘱託（護衛と道案内であろう）につけての、予算規模は小さくても本格的な調査事業であったことがわかる。

この調査の林業に関する実用面での成果は以下のようなものであった。山地に自生する野生の護謨（ゴム）ができる樹木が「有用」と総督府に認定され、一九〇六年には「訓令第一四一号　野生護謨試験規程[50]」によって、野生ゴムを民間から買い上げ試験するための規則が制定された。一九〇八年には「護謨苗圃設置ノ件[51]」によって、ゴム園が台湾中部の嘉義に設置され、川上が園の主任となった。そして総督府の予算で民間の試験栽培への奨励費がついた。一九〇九年には、ゴムに関する成果が評価され、「有用」に限定した調査から全島の植物調査事業へと格上げされ、予算も一年九〇〇〇円となった。ゴム以外でも、一九一〇年に台湾総督府民政部殖産局から、川上瀧彌編『台湾植物目録』として出版され、日本本土にも事業が知られるようになった。このように台湾の山林の植物を広く調査することは、台湾の山林の価値を高めることに繋がった。

## 四．林学科の台湾再上陸と川上の遺産

### （1）一九一〇年代における台湾統治の局面移行

日本の台湾統治において、一九〇〇年代（前半と中盤）と一九一〇年代（一部は一九〇〇年代後半から）の違いは大きい。一九〇〇年代は日本本国からの投資は少なく、台湾統治は治安確保と調査と基礎工事の段階にあった。林業や農業においても、現状の調査や病害などの問題点解決、そして島外からの品種導入試験と台湾人資本への投資勧誘が、行政の主課題であった。一九一〇年代は日本本国からの投資が行われるようになった。糖業においては台湾・明治・大日本・塩水港・東洋の日系五大製糖企業が、台湾各地に工場を設置した。コメで言えば、調査と試作と試験移出の段階から、台湾在来米の改良と日本市場での下級米としてのブランド確立の段階への移行であった。すなわち、調査と現地資本への勧誘の段階から、本国資本による収益確保の段階への移行であった。

一九一〇年代において林業界は、伐採加工を民間業者が行う立木販売から、伐採加工を政府が行い、材木にしてから民間業者に販売する官行斫伐への変化が、全国的に起きていた。台湾においても、豊富なヒノキ林が発見されていた阿里山において、多額の費用が必要な森林鉄道の建設を行うことにより（当初は藤田組が建設を始めたが、後に台湾総督府の直営に移った）、政府による伐採と原木運搬、そしてふもとの嘉義での貯木製材が計画された。これにより、台湾でも立木販売から、官行斫伐へ移行した。この移行には、多額の投資だけではなく、伐採技術者と森林鉄道（敷設と保線、運行）技術者が必要であった。さらに森林鉄道の経営を維持するためには、大量の原木を運び続けねばならない。そのためには、森林の再生産が不可欠であり、植林や間伐という森林管理を行う技術者も必要であった。これら技術をパッケージとした、林学が台湾にも不可欠となった。

このような林業の移行は、殖産局内での林業部門の体制変化をもたらした。組織においては、拓殖課林務係か

ら早くも一九〇六年には林務課へと昇格し、一九一一年には林業試験場が設置され[52]、さらに一九一二年には林務課に加えて林野調査課が設置されて二課体制となった。現業（官行斫伐）部門では一九一〇年に阿里山作業所が成立した。人員においても、林学を体系立てて学んでいない札幌農学校系人材や植物学者から、ドイツから輸入された林学を体系立てて学んだ林学科系への転換をもたらした。具体的には、柳本や田代が林業を司っていた時代から、賀田が司る時代への転換であった。

一九一〇年代の川上は、何をしていただろうか。有用植物調査事業の継続とともに、彼の最後の仕事となったのは、台湾総督府民政部殖産局附属博物館（現在の国立台湾博物館）の開館準備であった。一九〇八年に初代館長（今の言葉でいえば開設準備室長か）に就任、外国出張時に立川連（当時、殖産局商工課長）へ館長を譲ったものの、帰国すると館長に復帰し、正式開館直後に死ぬまで、館長の職にあった。植物学については、外国出張の知見を『椰子の葉蔭』（六盟館、一九一五年）という紀行文的な本で刊行したものの、まもなく死亡したためその後の成果を見なかった。

### （2） 金平亮三の役割

川上や田代のような林業に関与した植物学者の知見は、林学科が復帰した後の台湾林業では、阿里山開発が進む以前の出来事、台湾林業の前途が模索中であった頃の出来事として忘れさられたのであろうか。確かに『台湾林業史』では忘れ去られていたが、林学科からは受け継ぐ人物が出現していた。金平亮三である[53]。

金平は、一九〇七年に林学科を卒業後、私費によるドイツを含む欧米への留学を経て、一九〇九年に台湾総督府に技師として採用され、林務課に配属された[54]。一九一一年には新設された林業試験場の主事に任じられ[55]、林務課長の仕事が多忙な場長の賀田に代わって試験場を司った。金平は台湾島外でも活動した。一九一三年には軍艦に便乗して東南アジアや香港などへ出張を命じられた[56]。翌一九一四年には第一次世界大戦で占領したばかりの旧ドイツ領南洋群島への出張を命じられている[57]。

金平の台湾林業での功績として無視できないのは、『台湾樹木誌』（台湾総督府殖産局林業試験場、一九一七年三月）である。同書一頁の「凡例」は冒頭に、

一、本島森林ノ利用ニ関スル調査上一般樹木ノ特徴及ビ効用ヲ概略ニ就キ記述シタルモノニシテ木材ノ性質並ニ利用法ニ就キテハ他日更ニ冊ヲ改メテ記載スル予定ナリ。

と書物の性格を述べている。その後幾つかの説明の後、

一、本書ヲ記スルニ当リ早田理学博士並ニ比律賓学術局長心得イ・デ・メリル博士ノ助言ヲ受クルコト大ナリ茲ニ特記シテ感謝ノ意ヲ表ス。

とくに助言を受けた人物として、フィリピンの学術局長とともに、川上から送られた植物を分類した早田の名をあげている。また、凡例の最後で、

一、本書ヲ記述スルニ当リ参考ニ供シタル主ナル書名左ノ如シ

理学博士　松村任三編著　日本植物名鑑下巻前編
理学博士　松村任三編　改訂植物名彙前編（漢名之部）後編（和名之部）
林学士　諸戸北郎編著　大日本有用樹木効用編
大久保、齋田、染谷氏共編　植物学字彙

と東京帝国大学の教員たちの[58]（台湾に限定されない）樹木の名鑑等を最初に連ねた後、

川上瀧彌氏編　台湾植物目録
理学博士　早田文蔵著　台湾植物総目録

中井宗三氏編　台湾材木誌[59]と台湾に限定した目録を参考文献としてあげているが、その冒頭に川上の目録が記されている。その後に、早田が著したものを含む、欧文の著書が多数並ぶ。

内容については、川上瀧彌の『台湾植物目録』を含め、目録が文字中心だったり欧文だったりして、研究用には良くても、初学者や台湾林業の現場で使うには使い辛いのに対し、金平『台湾樹木誌』は、川上『北海道森林植物図説』同様、詳細な挿絵をつけ、現場の用途でも使いやすくなっている（図2）。また学名と和名だけでなく、台湾での呼び名を有するものは「土名」として、漢字をつけ、カタカナ表記にて発音を記載する形で紹介していることも、現場に便利なものとなっている。地域によって「土名」が異なるものは、地域名をつけてそれぞれの「土名」を表示している。

すなわち、金平は、川上の業績、そして川上から送られた植物を分類した早田の業績を吸収したうえでバージョンアップし、新たな価値を生み出していた。その意味で金平は川上の学知（のうち植物分類学の学知）を受け継ぎ、発展させる者であった。

金平が川上から受け継いだものは他にもあった。上述の通り有用植物調査事業では多数の植物が採集された。植物は同定のために東京の早田へ送られたが、同種の植物が台湾でも標本とされていた。その標本は、川上が博物館長であったこともあり、博物館に収蔵された。しかしながら川上の死後、博物館長は研究と無縁の事務官が続き、標本の管理がおろそかとなっていた。それを救ったのが金平である。一九二〇年に金平は、博物館にあった植物標本を林業試験場へ移し、林業試験場で収集していた植物標本と合わせて整理した[60]。植物標本で同一種の複本がある場合は、他の植物標本収集機関と、お互いにない標本を交換しあうのが通例である。よって金平の行為は、川上の遺産としての植物標本を救出するのに留まらず、その内容をさらに豊かにするものであった。

# おわりに

日本統治期の台湾林業は、同時代の日本本国の林業同様、ドイツ林学の影響を受けた東京帝国大学農科大学林学科の関係者を中心として運営された。最初に開発された阿里山では、大規模な森林鉄道を敷設し（造林や治山を進めながらではあるが）木材を大量に搬出して利益をあげた。その余沢は民間にも及び、ふもと嘉義の民営製材業は、阿里山から運ばれた木材の加工で繁栄した。

しかしながら台湾林業にかかわった学知は、ドイツ林学を源とする学知だけでは無かった。台湾南端に植物園を造成して熱帯地方から新たな品種を導入し、台湾林業に活かす研究を最初に行ったのは、フランス語に堪能でロシア植物学の影響を受けた田代安定であった。台湾の山地で新種を発見し、樹種を同定する作業では、川上瀧彌という植物学者が活躍した。彼の学知の背景には、恩師の宮部金吾の学知があった。宮部金吾の学知は、アメリカとロシアの植物学から影響を受けたものであった。

これら学知はドイツ林学とも無縁なものではなかった。金平亮三は東京帝国大学農科大学林学科を卒業した後、川上らの学知を受け継いで『台湾樹木誌』として発展させたものを出版した（図2）。金平は一九二八年に台湾を去って、九州帝国大学教授となるが、台湾林業や熱帯林学との縁は切れず、一九三三年には『南洋群島植物誌』（南洋庁）を、一九三六年には『台湾樹木誌　増補改版』（台湾総督府中央研究所）を刊行するなど、現在でも高く評価される研究を推し進めた。

図2　たいわんごよう（金平亮三『台湾樹木誌』607頁）

田代や川上、そして金平の学知は、阿里山やその次に開発された太平山など、台湾各地で林業開発が精力的に行われていた時代には、実用的な林学と違い、儲からない（軽視される）学知であったかも知れない。しかしながら材木生産よりも国土保全と自然保護、とくに貴重生物と遺伝子の保護、そして自然に親しむことが林業に関わる業務となっている今日、その価値をあらためて評価する必要があるであろう。

（1） 河合鈰太郎（一八六五～一九三一）と台湾林業そして阿里山鉄道については、蘇昭旭「河合鈰太郎與阿里山森林鐵路的誕生」（『台湾林業』三八巻第三期、二〇一二年）、七四～八一頁を参照されたい。

（2） たとえば、米家泰作「帝国日本の近代林学と森林植物――一九世紀末台湾の調査登山と植生『荒廃』」（中部大学『アリーナ』第二一号、二〇一八年、一三八～一五二頁、竹本太郎との共著）は、林学科の本多静六が斎藤音作（同学科卒業）とともに、台湾の新高山（現・玉山）へ調査登山した際の、台湾原住民の焼畑とその植生「荒廃」への影響についての議論を紹介している。

（3） 日本でドイツ林学が受容され、林政に活かされる過程については、西尾隆『日本森林行政史の研究――環境保全の源流』（東京大学出版会、二〇二一年増補版）がある。

（4） 賀田直治（一八七七～?）は、旧姓市島。台湾総督府からオーストリア他の林業視察へと派遣され、市島直治『ボスニイン・ヘルツイゴヴイナ国拓殖視察復命書』（台湾総督府民政部殖産局、一九〇八年）を著している。当時のボスニイン・ヘルツイゴヴイナ（今のボスニア・ヘルツェゴビナ）は、オーストリア・ハンガリー帝国の委任統治領であった。台湾総督府退職後は、義父の賀田金三郎の朝鮮事業を引き継ぎ、朝鮮で実業家として活躍した。

（5） 田代安定（一八五七～一九二八）に関する先行研究、さらに田代の知的到達点と、それを新世代にどのように伝えようとしたかは、やまだあつし「高等農林学校と植民地の知――鹿児島高等農林学校での田代安定の講義を中心に」（松田利彦編『植民地帝国日本における知と権力』思文閣出版、二〇一九年、二九五～三二五頁）を参照されたい。また近年に出た田代に関する注目すべき研究として、陳偉智『田代安定――博物学、田野技芸与殖民発展論』（国立台湾大学博士論文、二〇二〇年）がある。

（6） 当時の台湾の殖産（産業政策）部門には、東京帝国大学とともに、札幌農学校およびその後継校である東北帝国大学農科大学や北海道帝国大学が、多数の卒業生を送り、学閥を形成していた。札幌農学校から、卒業生がどのように台湾へ送り込まれたかは、山本美穂子「台湾に渡った北大農学部卒業生たち」（『北海道大学 大学文書館年報』第六号、二〇一一年、一五〜四一頁）を参照されたい。

（7）植物分類学自体は、植民地支配の拡大とともに発展した学問であることは否定できない。林学が直接的に植民地山林資源の開発と収益確保を目的とするのに対し、植物学が植民地の山林にどんな資源があるのかを見い出すものの、学問としては収益確保を目的としていない、という意味である。

（8）現代の研究でも台湾林業について、植物学者が注目されることは少ない。注目しても田代に限定される。たとえば以下。

中島弘二「日本帝国における森林の開発と保全――台湾を事例に」（『林業経済研究』第六七巻第一号、二〇二一年、三〜一五頁）

竹本太郎「日本帝国における植民地森林官の思想と行動――齋藤音作の前半期の足跡から」（『林業経済研究』第六七巻第一号、二〇二一年、一六〜三〇頁）

米家泰作「植民地台湾における草創期の林学と田代安定」（『日本地理学会発表要旨集』二〇二〇年度秋季大会、九九頁）

米家泰作・中島弘二「台湾と帝国林業――造林・樟脳・科学的林業」（中島弘二編著『帝国日本と森林――近代東アジアにおける環境保護と資源開発』勁草書房、二〇二三年、二九九〜三三四頁）。

呉明勇「田代安定與近代台湾行道樹理論之建立」（『淡江史学』一九号、二〇〇八年、二七五〜二八九頁）

呉明勇「日治時期台湾総督府阿里山作業所建立之歴史考察（一九一〇〜一九一五）―以官制、分課規程與人事結構為中心」（『人文研究期刊』第九号、二〇一一年、八一〜一三四頁）

日本統治期台湾林業については、洪廣冀や張家綸が、たとえば洪廣冀・張家綸「近代環境治理與地方知識――以台湾的殖民林業為例」（中央研究院台湾史研究所『台湾史研究』第二七巻第二期、二〇二〇年六月、八五〜一四四頁）のように盛んに論じているが、彼らの議論は主として一九三〇年代以降についてであり、本論が検討する時期とはずれがある。

（9）有田正盛「山林学校から台湾在職まで」（大日本山林会編『明治林業逸史 続編』一九三一年、二九一〜二九八頁）の二九四〜二九五頁。

(10) 八戸道雄「台湾の林業」(大日本山林会編『明治林業逸史』一九三一年、四四三～四五八頁)の四五七～四五八頁「樟脳専売」。

(11) 「参事官長石塚英蔵外七名樟脳専売施行方調査委員会委員長以下委員ヲ命ス」(『明治三十二年台湾総督府公文類纂 永久保存進退追加 第九巻官規官職』一八九九年六月一五日、第四五九巻第三五件)。なお末尾にある巻と件は、所蔵機関である国史館台湾文献館の整理番号である。

(12) 李文良『帝國的山林――日治時期台湾山林政策史研究』(台湾大学博士論文、二〇〇一年)の論文要旨 https://ndltd.ncl.edu.tw/cgi-bin/gs32/gsweb.cgi/ccd=JRGxWb/record?r1=1&h1=1を参照されたい(閲覧日は、すべてのURLとも、二〇二四年八月三〇日である)。集結した林業関係者が散ったという指摘は李の独創でなく、『台湾林業史』二六頁に拠っている。

(13) 一九〇〇年代前半に、林学科関係者が台湾林業と無縁だったわけではない。河合鈰太郎は一九〇三年から、嘱託として阿里山に関わっていたことは、「林学博士河合鈰太郎嘱託ニ関スル件」(『明治三十六年台湾総督府公文類纂 永久保存進退追加 第一一巻官規官職』一九〇三年七月一五日、第九一五巻第六四件)に記載されている。市島直治(後の賀田直治)も一九〇三年から林業に関する事務を嘱託され、ドイツ・オーストリア・ハンガリー三ヵ国の林業調査を命じられていたことは、「市島直治台湾総督府林業ニ関スル事務ヲ嘱託シ殖産局勤務ヲ命ス」(『明治三十六年台湾総督府公文類纂 永久保存進退追加 第二巻官規官職』一九〇三年一月二〇日、第九〇六巻第七件)に記載されている。林学科関係者が、林業を掌握していなかったという意味である。林学科関係者が林業を掌握するようになるのは、市島が一九〇六年に帰国し、「総督府技師市島直治ニ民政部殖産局林務課長心得ヲ命ス」(『明治三十九年台湾総督府公文類纂 永久保存進退 第九巻秘書』一九〇六年六月一五日、第一二三〇巻第四六件)の通り、民政部殖産局林務課長心得に任じられてからである。

(14) 「旧東京農林学校卒業生徒人名」(『官報』第二一三〇号、一八九〇年八月五日、五五～五六頁)に、一八九〇年七月卒業者の全氏名が掲載されているが、五六頁「林学部乙科」に後藤伊佐之助の名がみえる。また目録の名前に誤りがあるが、「後藤伊之助」(『自明治三十七年七月至大正十年十一月 高等官元在官者履歴書 専売局』一九二〇年一一月、第一二五六九号第一一件)にて履歴書が掲載されている。

(15) 「小川真一事務ヲ嘱託ス」(『明治三十二年台湾総督府公文類纂 永久保存進退追加 第六巻官規官職』一八九九年四

月三〇日、第四五六巻第四七件）に小川の履歴書がある。

(16) 田代安定『台湾街庄植樹要鑑』（台湾総督府民政部殖産課、一九〇〇年）。なお李瑞宗『沉默的花樹――台湾的外来景観植物』（南天書局、二〇一二年）が、田代らによって日本統治期に台湾へと導入された街路樹について論じていることを紹介しておく。

(17) やまだあつし前掲「高等農林学校と植民地の知」論文は、鹿児島高等農林学校での田代の「熱帯植物学」講義内容を残された講義ノート群から再構成して分析したが、田代は恒春熱帯植物殖育場での研究成果から得た知見だけでなく、紅頭嶼での調査内容から得た知見をも、同学校の農科・林科学生へ講義していた。

(18) 柳本についての研究書は、神埜努『柳本通義の生涯――クラークの直弟子　札幌農学校第一期生』（共同文化社、一九九五年）がある。本の副題にある通り、柳本は札幌農学校（現・北海道大学）の一期生として、アメリカのマサチューセッツ農科大学の校長であったクラークから植物学、農学、そして英語を教授された。

(19) やまだあつし「統治初期の日本人移民計画――「殖民地撰定」事業を中心に」（名古屋市立大学『人間文化研究』第三六号、二〇二一年七月、八五～一一五頁）参照。

(20) 「元恒春庁長柳本通義ニ恩給下賜ノ儀上申該証書交付ノ件」（『明治四十年台湾総督府公文類纂　永久保存　第四巻秘書』一九〇七年一〇月三一日、第一二七四巻第一四件）に柳本通義の履歴が載る。

(21) 前掲「参事官長石塚英蔵外七名樟脳専売施行方調査委員会委員長以下委員ヲ命ス」。

(22) 「樟脳局事務取扱規程」（『明治三十二年台湾総督府専売局公文類纂　庶務永久保存　第一冊』、一八九九年七月七日、第一八九九巻第八件）。

(23) 「柳本通義民政部殖産局拓殖課兼恒春熱帯植物殖育場勤務ノ件」（『明治三十八年台湾総督府公文類纂　永久保存進退第七巻秘書』一九〇五年四月一三日、第一一一九巻第四〇件）。

(24) 山本前掲論文。

(25) 川上瀧彌の有用植物調査事業に注目したのは山本以外に、植物学者の大場秀章が執筆した『早田文蔵』（行政院農業委員会林業試験場、二〇一七年）がある。この本は有用植物調査事業に大きく関わった早田文蔵についての研究書であるが、同書第三章（四七～九四頁）は、「台湾総督府からの委嘱」として早田の側から事業についてまとめている。

(26) 『札幌同窓会報告』第三三回（一九一五年一二月、六～九頁）他に巻頭において遺影が掲載されている。この遺影が、生前の川上を代表する写真として多く使われる。
(27)『札幌博物学会会報』第六巻一号(一九一五年一二月)七〇～七三頁。
(28)川上の卒業論文の題名および何期生であるかについては井上高聡『北海道大学大学文書館資料叢書二』(同文書館、二〇一〇年)に参考資料として付された「札幌農学校本科(農学科・工学科)卒業生一覧」による。後述の素木得一も同様。
(29)川上瀧彌著、宮部金吾閲、裳華房、一九〇二年。
(30)宮部金吾前掲「故農学士川上瀧彌君略伝」七一頁。
(31)同書例言二頁によれば、「「アイヌ」名ハ宮部、神保両博士ノ著書並ニ著者ノ胆振、日高、釧路ノ「アイヌ」ニ就キ親シク聞キシモノヲ録シ」とあり、アイヌ語の記載について、地質鉱物学者でアイヌ語に精通していた神保小虎とともに、宮部金吾の影響が見られる。
(32)宮部の伝記として、宮部金吾博士記念出版刊行会編『宮部金吾』(岩波書店、一九五三年)があり、「第一部　自叙伝」「第二部　自叙伝補遺」「第三部　研究業績」「第四部　人生生活」として、自叙伝および自叙伝が中断した後を補った補遺からなる自伝的記述と、研究業績の整理から宮部の研究人生がまとめられている。なおそれを基にした略伝が、北海道大学総合博物館の「人物紹介(宮部金吾)」のページ https://www.museum.hokudai.ac.jp/miyabe/ に掲載されている。
(33)以下、宮部の生涯は前掲『宮部金吾』に拠る。
(34)https://huh.harvard.edu/
(35)高橋英樹「宮部の博士論文『千島列島植物誌』とマキシモヴィッチ」(高橋英樹編『マキシモヴィッチ・長之助・宮部――「花の日露交流史――幕末の箱館山を見た男」図録』北海道大学総合博物館、二〇一〇年、二五～二八頁)。
(36)森広との共著(裳華房、一九〇二年)。
(37)この時期の熊本農業学校と札幌農学校系教諭との関係、そして川上の渡台後に熊本農業学校卒業生が相次いで台湾へ渡ったことについては、やまだあつし「一九〇〇年代台湾農政への熊本農業学校の関与」(名古屋市立大学人間文化研究科『人間文化研究』第一八号、二〇一二年、二二三～二三四頁)参照。
(38)北海道時代が、番号〇〇一(一八八三年七月二三日付)～〇二四(一九〇〇年一〇月一五日付)。ただし番号〇〇二

は〇〇一に同封された他人の書簡なので、通数としては二三通。熊本時代が、番号〇二五（一九〇一年六月二五日付）～〇六〇（一九〇三年九月二日付）。台湾時代が、番号〇六一（一九〇三年一〇月二三日付）～〇八八（一九一五年七月七日付）。

(39)　同封された植物や菌類は現存しないが、文面や書簡に描かれた胞子画像などから、何が同封されていたかはわかる。宮部の鑑定結果は電報で川上へと伝えられ、川上の書簡には電報での教示への謝意がしばしば記されている。

(40)　台湾時代にも、川上は宮部へと書簡を送っているが、その内容や比重は熊本時代とは異なっている。植物病害虫への分析・対策報告と教示依頼は、甘蔗病害菌が、番号〇六八（一九〇四年七月一六日付）、番号〇六九（一九〇四年一二月三日付）、番号〇七〇（一九〇五年一月一九日付）、番号〇七三（一九〇六年三月一五日付）、番号〇七八（一九一〇年四月三〇日付）の各書簡があり、他にも番号〇六一（日付は前掲）で七嶋藺の病害を、番号〇八一（一九一二年六月一七日付）で稲病視察に赴いた旨をそれぞれ記しているが、それと同等の比重で、後輩の三宅勉採用問題の書簡が、番号〇七四（一九〇八年一二月七日付）～〇七八（日付は前掲）まで、五通ある。
　一方、（有用）植物調査については、番号〇七一（一九〇五年八月一八日付）で言及されている程度であり、予算がついて、複数の嘱託を委嘱・雇用し、川上自身も島内各地へ出張をしているにもかかわらず、宮部へはとくに報告しない。病害についても、「甘蔗病害の研究は初めて」（番号〇六九）である甘蔗病害菌についての教示依頼はしても、殖産局から『柑橘病害論』を川上の責任で刊行しているにもかかわらず、柑橘を含め、他の病害への問い合わせはない。よって、あくまでも現存書簡、それも川上が発した宮部宛の書簡だけからなる推察に過ぎないが、研究自体は宮部の研究（宮部から受け継いだ学知）の延長線上ではあるものの、川上にとっての新天地である台湾で、独自に新たな展開を進めているといって過言ではないであろう。

(41)　『台湾総督府報』第四四七号（一九二八年八月七日付）。

(42)　「中原源治植物調査事務嘱託ノ件」（『明治三十八年台湾総督府公文類纂　永久保存進退　第九巻秘書』一九〇五年五月一〇日、第一一二五巻第二四件）。

(43)　早田文蔵（一八七四～一九三四）については大場前掲書、および呉永華『早田文蔵――台湾植物大命名時代』（国立台湾大学出版中心、二〇一六年）が詳しい。

(44)　「東京帝国大学理科大学助手早田文蔵植物調査事務嘱託採用ノ件」（『明治三十八年台湾総督府公文類纂　永久保存進

退　第八巻秘書』一九〇五年五月二五日、第一一二四巻第七四件）。
(45) https://umdb.um.u-tokyo.ac.jp/DShokubu/TI/jp/index.php
(46) https://taif.tfri.gov.tw/tw/index.php
(47) https://umdb.um.u-tokyo.ac.jp/DImages/Shokubutsu/herbarium/Type/Berberidaceae/02622.jpg
(48) https://taif.tfri.gov.tw/search/type/specimen.php?SpcmID=22505&DupID=1&SeriID=1&DetID=165937&l=Cht
(49) 島田弥市「島田弥市自伝」（日本植物分類学会『植物分類、地理』第二四巻第三号、一九六九年一一月、九〇～一〇四頁）の九六頁。他にも、同じく調査に従事した森丙牛（森丑之助）の「川上農学士と台湾植物調査事業──早田理学博士に邦文台湾植物志の編著を勧む」（『実業之台湾』第一七巻第九号、一九二五年、二三～二七頁）も、調査が台湾山地を広く調べたことを記している。
(50) 「訓令第一四一号　野生護謨試験規程」（『明治三十九年台湾総督府公文類纂　永久保存　第五十二巻殖産』一九〇六年六月一五日、第一二〇八巻一件）。
(51) 「護謨苗圃設置ノ件」（『明治四十一年台湾総督府公文類纂　永久保存追加　第四巻司法教育通信殖産土木』一九〇八年一月二七日、第一四一一巻第六件）。
(52) 林業試験場の開設時、場長に賀田直治、林業試験場主事に金平亮三、嘉義支場主任に川上瀧彌、恒春支場主任に稲村時衛が任じられた（「技師賀田直治命林業試験場長之件」『明治四十四年台湾総督府公文類纂　永久保存進退（高）第四巻秘書』一九一一年五月一五日、第一八七二巻第一八件）。稲村時衛は林学科でなく、東京帝国大学農科大学林学実科の卒業だが、ドイツ語に堪能であった（「稲村時衛林業事務嘱託」『明治四十一年台湾総督府公文類纂　永久保存進退（判）第五巻秘書』一九〇八年五月一五日、第一四三七巻第四〇件）。
(53) 金平亮三（一八八二～一九四八）の台湾時代の経歴については、呉明勇「殖民地林学的舵手──金平亮三與台湾近代林業学術的発展」（国立中央図書館台湾分館『台湾学研究』第一三期、二〇一二年、六五～九二頁）が詳しい。
(54) 「金平亮三府技師ニ任用ノ件」（『明治四十二年台湾総督府公文類纂　永久保存進退（高）第八巻秘書』一九〇九年八月四日、第一五五〇巻第六件）。
(55) 「技師金平亮三命林業試験場主事ノ件」（『明治四十四年台湾総督府公文類纂　永久保存進退（高）第四巻秘書』一九一一年五月二五日、第一八七二巻第一八件）。

(56)「技師金平亮三（爪哇ボルネオ比律賓香港南清及海峡殖民地へ出張）」（『大正二年台湾総督府公文類纂　永久保存進退（高）第四巻秘書』一九一三年五月三一日、第二一七七巻第一八件）。この復命書は、「金平技師南洋林業調査復命書」（『大正三年台湾総督府公文類纂　十五年保存　第六十三巻殖産』一九一四年一月一日、第五八〇五巻第一一件）として提出された後、金平亮三『南洋諸島視察復命書』（台湾総督府、一九一五年）として刊行された。

(57)「台湾総督府技師金平亮三南洋出張ノ件」（『大正三年台湾総督府公文類纂　永久保存進退（高）第十巻秘書』一九一四年一一月二六日、第二三〇四巻第二六号）。この金平の出張については、やまだあつし「植民地台湾から委任統治領南洋群島へ」（浅野豊美編『南洋群島と帝国・国際秩序』慈学社出版、二〇〇七年、一四一～一六三頁）も論じている。

(58)松村は東京帝国大学理科大学教授、大久保（三郎）は一八九一年の出版当時は理科大学助教授で、ともに植物分類学者であった。諸戸は林学科の教授である。

(59)中井宗三『台湾材木誌』（台湾総督府殖産局、一九一四年）。表紙には「殖産局出版第三九号　林業試験場特別報告」の表示もある。中井宗三（一八八三～一九二〇、旧姓加藤）の履歴書は、「中井宗三」（『自明治三十七年七月至大正十年十一月　高等官元在官者履歴書　専売局』一九二〇年一一月、第一二五六九号第四二件）に収録されている。中井は、東京帝国大学農科大学林学実科を一九〇四年に卒業し、一九〇六年から台湾総督府に技手として勤務し、一九一三年に台湾総督府専売局にて技師となっている。

(60)川上の有用植物調査事業で集められた植物標本が、博物館での収蔵を経て、金平が勤務する林業試験場へと移管された事情については、蔡思薇「植物知識、保存與流転――兼論金平亮三與威理森的台湾記憶」（『歴史台湾――国立台湾歴史博物館館刊』第一七期、二〇一九年、一七九～一九八頁）の一八七～一九一頁を参照されたい。この標本の一部は一九二八年に台北帝国大学が設置されるとそこへ移された（一九五頁）。威理森（ウィルソン）は、アメリカ・ハーバード大学のアーノルド植物園に勤務しており、一九一八年に台湾を訪問した。金平とウィルソンとの交流は、三島美佐子「金平亮三と西欧科学者」（『日本地理学会発表要旨集』二〇二〇年度秋季大会、一八七頁）も言及している。

【付記】本報告は、以下の各助成の成果の一部である。
日本学術振興会　科学研究費助成事業　基盤研究（C）「北海道統治と台湾統治との連続と断絶――「殖民地撰定」事業を中心に」（二〇一九年四月～二〇二四年三月）

名古屋市立大学・特別研究奨励費「北海道と台湾の林業における連続と断絶――植物分類学と林業教育の視点から」（二〇二二年四月～二〇二三年三月）
日本学術振興会　科学研究費助成事業　基盤研究（C）「日本統治期台湾林業と植物学――ドイツ林学とアメリカ・ロシア植物学の交錯を中心に」（二〇二三年四月～二〇二六年三月）

# 第Ⅳ部

# 植民地医学の形成と展開

# 蛇毒と寄生虫——北島多一、高木友枝とその周辺

石原あえか

## はじめに

本研究課題を扱ったきっかけは、およそ一〇年前の二〇一三年末に遡る。東京・白金の北里研究所北里柴三郎記念室（現・博物館）に、高木友枝《たかきともえ》[1]（一八五八～一九四三）の直孫・板寺一太郎氏の未亡人・板寺慶子氏から一〇〇〇点以上にのぼる遺品・資料が寄贈されたのが契機だった。高木はドイツに留学していただけでなく、留学先ベルリンで知り合った彼の妻ミ［ン］ナ（Minna, 一八五九～一九四七）[2]がドイツ人だったため、遺品にはドイツ語資料が大量に含まれていた。幸運なことに、マンパワーと空間の制約があって、北里柴三郎（一八五三～一九三一）についてのみ、ささやかな展示を行っていた記念室でも、北里大学創立一〇〇年を機に、門弟たちの業績も含めた展示拡大に踏み切ろうとした時期に重なっていた。ここから寄贈資料の整理・調査をしようという話になり、二〇一五年夏から一年間、サントリー文化財団の補助を受け、同記念室の森孝之博士、大久保美穂子氏、そして慶應義塾大学商学部教授の段瑞聡博士と計四名で小さな研究グループを組織し、研究課題「台湾衛生学の父、高木友枝、日・中・独三言語資料分析に基づく国際人の肖像」に取り組んだ。同年一一月には、段・大久保と一

緒に台湾調査も行い、高木の足跡を辿った。主な研究成果は、二〇一八年三月、巻末に寄贈目録リストを掲載した報告冊子『高木友枝　台湾衛生学の父』（北里研究所刊行・非売品）にまとめ、ひとまず公表できたが、紙幅の都合も、また当時の筆者の知識・情報不足もあって放置した資料群があるのが気にかかっていた。

右と並行して、二〇一五年度から三年間、科研費基盤研究（C）による個人研究課題「近代日本における衛生学の発展　北里柴三郎の門弟を中心に」に取り組んだ。こちらでは北里の門弟たちの主にドイツにおける足跡を辿り、活動内容や人物関係を再構築したのだが、その関連で、二〇一六年にマールブルク大学医学史研究所を訪問し、当時ベーリングの伝記執筆中だったウルリーケ・エンケ博士と北島多一（一八七〇〜一九五六）に関する同大所蔵資料を調査した。これを機に、左記のドイツ語共著論文を二本執筆したが、いずれも日本語では（二〇二五年一月現在）成果を公表していない。

（一）Ein Japaner in Marburg. Aus den Erinnerungen-*Jiden*-des japanischen Bakteriologen. Taichi Kitashima (1870–1956) In: *NTM Zeitschrift für Geschichte der Wissenschaften, Technik und Medizin* / *Journal of the History of Science, Technology and Medicine* (Springer) N. S. 25-2 (2017) S. 237–256.

（二）Über die wissenschaftliche Karriere des Bakteriologen Taichi KITASHIMA. In: *Historia Scientiarum* 27-2 (2018) S. 254–277.

同課題では、二〇一六年春に、北島ゆかりの東京大学医科学研究所奄美病害動物研究施設の調査・見学を行った。しかし事前に同研究所名誉教授の田中寛先生、[3] 現地では同研究所教授で施設長を兼ねる甲斐知惠子先生、服部正策博士（当時、准教授退官後も特別研究員として奄美で勤務）からさまざまな情報や資料の提供を受けながら、それを研究成果に反映できないままだった。本稿では改めて、北里とつながりが深いにもかかわらず、他の門弟たちと比べると地味な印象、言い換えれば参考文献が極端に少ない高木と北島の知的ネットワークを含めた時代背景に注目し、彼らの医学および衛生学の歴史における研究の意義や役割について論じたい。

## 一．北里柴三郎の〈補佐役〉たち　高木と北島およびその周辺

一八六九年、日本政府がドイツ医学の導入を決定したことにより、軍医学校（Medizinisch-Chirurgische Friedrich-Wilhelms-Institut，通称 Pépinière）卒のドイツ軍医レオポルド・ミュラー（ミュルレルと表記されることが多い。Leopold Müller，一八二四～九三）とテオドア・ホフマン（Theodor Hoffmann，一八三七～九四）がお雇い外国人として一八七一年に来日し、大学東校（のちの東京大学医学部）に着任した。

他方、同じ一八六九年には明治政府発行の海外渡航旅券第一号を得て、順天堂の佐藤進（一八四五～一九二一）が渡独し、一八七四年にベルリン大学でアジア人として初の医学士を取得している(4)。この佐藤らをドイツに留学した日本人医学者の第一世代とするならば、「東京医学校」すなわち今でいう医学部を卒業後、ドイツ留学した北里や青山胤通（一八五九～一九一七）は第二世代に属する。北里はベルリンでローベルト・コッホ（Robert Koch，一八四三～一九一〇）に師事、一八八九年から北里は、コッホ伝染病研究所の助手すなわち同僚になったエミール・フォン・ベーリング（Emil von Behring，一八五四～一九一七）と血清療法の共同研究を開始し、ジフテリアと破傷風抗毒素血清の単離・同定に成功した。欧米の複数の大学・研究所からの招聘を断り、一八九二年に北里が帰朝する一方で、ベーリングは自分の名を冠した株式会社を設立し、一八九五年にはマールブルク大学衛生学教授兼同大衛生学研究所長に就任した。結核菌の治療薬としてツベルクリンを創製するも、効果が出せず失敗した元上司のコッホとは対照的に、ベーリングはジフテリア血清療法の功績によって、一九〇一年、単独で初のノーベル生理学・医学賞を受賞した。

ちなみにドイツ国内では、ベーリング没後一〇〇年にあたる二〇一七年、当時のドイツ医学界における複雑な

人間関係や権力抗争について、のちに女医になる設定の架空の看護師のヒロイン視点から描いた連続ドラマ「シャリテ *Charité*」[5]が放映され（北里役には日本人俳優を起用）、医学史的内容にもかかわらず、異例の高視聴率を獲得し、話題になった。またその二年前の二〇一五年は、パウル・エー［ル］リッヒ（Paul Ehrlich, 一八五四～一九一五）の没後一〇〇年にあたり、ベルリン・シャリテ構内の医学史博物館とフランクフルト・アム・マインの歴史博物館両館で記念特別展が開催された。前述したベーリングのジフテリア血清療法の完成には、北里はもとより、一八九一年からコッホ伝染病研究所に入所した化学療法の先駆者・エーリッヒの参加・協力もまた不可欠だった。

実際、この時の人体が病気や感染を防御する仕組み、すなわち免疫の研究により、エーリッヒは一九〇八年にノーベル生理学・医学賞を受賞したのだが、これに先立つ一八九九年にはフランクフルトの国立実験治療研究所（寄付者に因み「シュパイヤー・ハウス」と呼ばれることが多い）所長に就任、「魔法の弾丸」こと人体に入った病原菌だけを狙い撃ちする新薬の開発に従事していた。ベルリンの特別展では、彼が所長時代に共同研究をしたふたりの日本人医学者、すなわち一緒にトリパン・レッドを発見（一九〇四年）した志賀潔（一八七一～一九五七、赤痢菌の発見者でもある）、そして梅毒治療薬である砒素化合物「六〇六号」こと特効薬サルバルサンを発見（一九一〇年）した秦佐八郎（一八七三～一九三八）も写真付きで紹介されていた。

さて、本論の重要な登場人物であるふたり、高木と北島の略歴について確認しておこう。この二人に共通するのは、ともに北里の有能な〈補佐役〉として認識されている点にある。

高木は、現在の福島県いわき市の出身で、一八八五年、東京大学医学部を卒業した。北里とは二年後輩にあたり、在学中から面識があった。高木は大学卒業後、福井県立病院長、鹿児島県立病院長を歴任するが、北里が帰国したと知るや辞職し、自らの希望で、北里を所長とする創設間もない私立伝染病研究所[6]の助手として一八九三年に入所した。ゆえに高木は「北里の一番弟子」と呼ばれることもあるが、実際には北里は高木を「さん」付けで呼ぶ仲であり、また福澤諭吉は北里と高木の二人三脚ぶりを、「北里の団十郎、高木の菊五郎」と当時の歌舞伎スターに譬えた。事実、高木は自分の研究のかたわら、研究所講習会の実技指導や『細菌学雑誌』の主査など、研究・教育の中心的役割を果たしていたが、その名が世間に知られたのは一八九四年、香港のペスト大流行に際して、明治政府が北里と彼の助手で海軍軍医大尉・石神亨（一八五七〜一九一九）、東大医学部の青山胤通と助手・宮本叔（一八六七〜一九一九）を香港に派遣した時である。北里がペスト菌を発見する一方で、青山と石神はペストに罹患した。[7] 北里の支援者・福澤が北里も罹患するのを恐れたので、調査団派遣を提案した高木自らが香港に赴き、北里と交代、青山らの看病と撤収作業を引き受けたのだった。

一八九五年には伝研治療部長に昇任、翌一八九六年には東京芝大門近くに設置された「血清薬院[8]」の院長と内務省技官を兼ねた。前者は、北里とベーリングの共同研究成果である血清療法に端を発し、とくに当時の日本ではジフテリア血清が不可欠だったが、民間でまだなじみのない「血清製造所」という呼称は誤解を招くとの理由から、「血清薬院」との名称で、伝研が運営を任され、北里が顧問、高木が院長に任命された経緯がある。ちなみに血清薬院の主要職員は高木を筆頭に、秦、志賀、照内豊（一八七三〜一九三六）で、全員北里の弟子であり、後述する北島は伝研の兼任技師だった。高木のもう一つの任務・内務省技官については、上司が後藤新平（一八五七〜一九二九）で、日清戦争終結後、広島・似島検疫所で帰還した二三万七〇〇〇余名ものコレラ罹患将兵の隔離・治療に成功した実績が、のちにふたりが台湾で再びタッグを組む布石になった。ちなみに高木が台湾に転出後、伝研に合併される一九〇二年まで、血清薬院の院長は空席のまま、北里が院長心得を務めた。

高木は一八九七年に渡独、ベルリンを拠点にして二年間、研究のかたわら、欧州各国の衛生制度を視察した。一九〇〇年の帰国早々伝研に復帰し、内務省衛生局防疫課長を兼務して阪神地区のペスト撲滅に手腕を発揮した。そして一九〇二年、似島での功績により、第四代台湾総督・児玉源太郎（一八五二〜一九〇六）から台湾総督府民政長官に取り立てられた後藤が、台湾に高木を呼び寄せた。高木は、台湾総督府医院長、同府医学校長、初代研究所長などを歴任するとともに、一九一一年には国際衛生博覧会（Internationale Hygiene Ausstellung Dresden, 略称IHAD）の台湾館責任者としてドイツ・ドレスデンに滞在し、宮島幹之助（一八七二〜一九四四）らと展示の準備をした。ちなみに高木は、香港でペストに罹患した青山を治療したものの、その機嫌を損ね、長らく学位なし状態に甘んじていたが、九州大学教授・宮入慶之助（一八六五〜一九四六）の仲介により、一九一三年にようやく博士号を取得している。なお、台湾での滞在後半は、とくに台湾電力株式会社の創立に関与し、一九二九年の帰国まで、一〇年間にわたって初代社長を務めた。[9]

例外的ポジションにある高木を除くと、北里の門弟は、時に仏教の〈四天王〉になぞらえられる。エーリッヒの共同研究者として言及済みの志賀と秦に宮島幹之助と北島を加えた計四名を指す。前者二名については、現在もシュパイヤー・ハウス（フランクフルト大学こと正式名称ゲーテ大学フランクフルト・アム・マイン所属研究施設）に志賀の胸像と秦の面差しが立体的に刻まれたメタルプレートが飾られており、二〇世紀初頭の日独医学交流の歴史を想起させるよすがとなっている。寄生虫学者の宮島は、政治外交的才能にも秀でており、高木と一九一一年に開催されたドレスデン国際衛生博覧会の責任者として辣腕ぶりを発揮した。

以上三名の高弟たちと比べると、北里研究所所長および慶應義塾大学医学部長ほか、事実上、北里の直接の後継者となったにもかかわらず、北島自身についての参考文献は非常に少ない。この理由は、第一に北島が震災や戦争で何度も焼け出されていることに起因する。第二の理由としては、エッセイストとしても活躍した宮島のように洒脱な文章が書けるタイプでもなく、家族・親族にもそうした役割を担う人材がいなかったことがあるだろう。[10]したがって主な基礎文献として使えるのは、一九五五年に刊行された『北島多一自傳』[11]だが、これは北島の傘寿を祝して、弟子とのロングインタビューを文字起こししたものである。緩やかな一六章に編んだ体裁は、語り口調で読みやすい反面、学術的正確さに欠ける。にもかかわらず、たとえば彼のマールブルク留学中の仕事環境や同僚についてのいきいきとした描写など、ドイツ側資料では読み取れない部分も複数あり、貴重な資料であることは間違いない。次節は、晩年の回想で不正確な部分を修正・補足し、再構築した北島のドイツ留学時代に注目する。

## 二 マールブルクの北島　ベーリングとの関係

北島は金沢出身で一〇歳の時に父の転勤により上京、小学校から成績優秀につき飛び級している。大学予備門から本科改め帝国大学医科大学に一八九〇年、首席で入学した北島は、一八九四年の卒業まで特待生だった。予備門時代からの親友のひとりが、のちにベルリン大学で日本語教師として教鞭も執った独文学者兼児童文学研究者の巌谷小波《さざなみ》（本名は季雄、一八七〇～一九三三）である。エルヴィン・フォン・ベルツ（Erwin von Bälz, 一八四九～一九一三）やユリウス・スクリバ（Julius Scriba, 一八四八～一九〇五）に師事する一方で、隅田川でボートを漕いだり、長期休暇には横手千代之助（一八七一～一九四一、のちの東京帝国大学第二代衛生学教授）と一緒に中山道を徒歩で旅したり、充実した学生生活を送った。内科学教授・青山胤通にも目をかけられ、当然、周囲は大学に残るものと思っていたが、本人は医化学教授の隅川《くまがわ》宗雄（一八五八～一九一八）経由で細菌学を志す若手研究者を探していた北里を紹介され、その研究に興味を抱き、伝研就職を決めた。東大と北里との不協和音は先鋭化していなかったが、すでに顕在化はしていた。北島を呼び出した青山は、北里とは香港ペストの調査に一緒に行ったほどだから、自分は北里とは決して仲違いはしていない、でも世間はそうは思わない、「君がもし北里のところへ行けば君と東大との間は縁が切れることになる」と述べ、「洋行ならばできるだけ早くドイツに留学もさせてあげたいと思っておった」（『自傳』一九頁）と言って説得を試みたが、北島の決意は翻せなかった。北里と「生死を共にする意気込」（『自傳』二二頁）で、あえて前途多難な道を選んだ北島は、まずコレラの研究に取り組む。新入りの北島の世話は高木がしたようだ。それから三年が経過した一八九七年秋、北里はマールブルク大学衛生学教授に就任していたかつての同僚ベーリングのもとに、前途有望な若手同僚・北島を送り込んだ。

北里がベーリングに宛てた推薦状の日付は一八九七年九月二八日、北島自身は同年一〇月三日に横浜を出港し、一一月一三日にマールブルクに到着している。当時の日本人医学者にとってドイツ語は必修とされていた。マールブルクに私費留学し、ルートヴィヒ・アショフ（Ludwig Aschoff, 一八六六～一九四二）に師事した「心臓ペースメーカーの父」と呼ばれる田原淳《たわらすなお》（一八七三～一九五二）は、一高時代、毎日ドイツ語の授業を受け、ゲーテやシラーの作品を講読していた(12)。また高木を筆頭に、化学者の長井長義（一八四五～一九二九）、外交官で「ドイツ翁」の異名をとった青木周蔵（一八四四～一九一四）、物理学者の北尾次郎（一八五三～一九〇七）などはいずれもドイツ人女性を配偶者とした。鷗外こと森林太郎（一八六二～一九二二）は、学会通訳も務め、ドイツ語圏文学作品を翻訳したことで知られるが、義弟である小金井良精《よしきよ》（一八五九～一九四四）は学会発表時にドイツ語発表原稿の代読を依頼しており、当然とはいえ、語学力には個人差があった。

また北島は一八九七年一一月から一九〇一年三月までマールブルクを拠点に欧州研究滞在を行ったが、当時大半の日本人の留学先はプロイセンの首都ベルリンだった。北島を除くとマールブルクに滞在していた日本人は他に三人のみである(13)。しかも彼らはマールブルク大学に通っていたのに対して(14)、北島は当初からベーリングが「城山公園」に持っていた「私設の研究所」、すなわち「ヘツキストの色素会社[Farbwerk《ファルブベルク》 Hoechst《ヘクスト》]が先生のために作った」Schlossberglaboratorium《シュロスベルクラボラトーリウム》で、ベーリングの結核菌研究に協力した。最先端の研究を行う私設研究所で働くことを許されたのは、秘匿義務を守れる、信頼に足る優秀な研究者に限られるのは言うまでもない。日本人どころか外国人は北島ただひとりの特別扱いで、同研究所内に快適な住まいも与えられたのだが、のちに北島自らが回想したように、結果的に「ドイツに行ったといっても、ベーリングのところの仕事の結核のことを手伝いに行ったような形になって、三年間というものはベーリングの研究室で勉強してしまった」(『自傳』三二一～三三頁)。

学生時代から旅行が趣味だった北島は、夏季休暇を利用して、イギリス、スペイン、ハンガリーなどの国々を訪ねた。とくに隣国フランスのパスツール研究所には数回足を運んだ。興味深いのは北島のドイツ滞在期、蛇毒の抗血清が欧州で注目を浴びていた事実である。発見者はBCGに名を残すアルベール・カルメット(Albert Calmette, 一八六三～一九三三)で、一八九〇年以来、パスツール研究所に勤務し、一八九一年からはフランス領インドシナ・サイゴンに新設された同研究所支部の初代所長となり、蛇毒の研究に着手していた(15)。

蛇咬症《だこうしょう》は古代から熱帯・亜熱帯に多発し、地域住民の脅威となっていた。東西の医師や博物学者が蛇咬症への治療法を求めたが、最古で普遍的な手法の「吸引」にわずかばかりの効果が認められる程度で、「焼灼」などは患者をいたずらに苦しめるだけだった。欧州で動物実験が開始されるのは一九世紀半ば以降になる(16)。一八八五年にルイ・パスツール(Louis Pasteur, 一八二二～九五)が狂犬病ワクチンを発明したのを手掛かりに、イギリスの生理学者ヘンリー・スウォール(Henry Sewall, 一八五五～一九三六)がガラガラヘビの毒を少しずつ間隔を置きながら鳩に注射し、毒性を高める「ガラガラヘビ毒の予防接種に関する実験」(Experiments on the Preventive Inoculation

図1　マーブルクに現存する城山研究所ことSchlossberglaboratoriumの建物正面入口(筆者撮影)

of Rattlesnake Venom, 一八八七）を発表したが、当初は注目されなかった。しかしベーリングと北里の破傷風およびジフテリアの抗毒素発見およびセゼール・フィザリクス（Césaire Phisalix, 一八五二～一九〇六）とガブリエル・ベルトラン（Gabriel Bertrand, 一八六七～一九六二）の免疫実験によって、蛇毒に対する免疫が可能であることが判明する。同じ頃、フランスに帰国したカルメットは、まずフィザリクスらと同様に、ウサギやモルモットに微量のインドコブラ毒を繰り返し注射し、抗毒素ができることを確かめたうえで、馬を免疫して、世界初の抗コブラ毒血清を試作した。翌九五年以降、南ベトナムとインドで臨床実験を行い、有効性が確かめられ、日本にも情報が届いた。ただしコブラ毒（ウミヘビ毒も）は六二基のアミノ酸結合から成る、クラーレ様の作用をもつ蛇毒だった。これに対して、ガラガラヘビやアメリカマムシ属の毒は局所作用だという結論を早くも一九〇四年に導いたのが、伝研助手を経て、渡米した野口英世（一八七六～一九二八）だった[17]。

## 三　カルメットのコブラ研究に刺激を受けた北島のハブ毒研究

杜祖健によると、毒蛇はマムシ科、クサリヘビ科、コブラ科、ウミヘビ科、ナミヘビ科の計五科に分類される[18]。世界的に有名な毒蛇と言えば、アメリカ大陸のガラガラヘビとジャララカ、インドのクサリヘビ、アフリカのマンバとビティス、オーストラリアのトゲオヘビとタイガースネイク、東南アジアでは体長五メートルに達するキングコブラやアマガサヘビと並んでハブ（Trimeresurus flavoviridis）が挙げられる。ハブも大きいものでは二メートル、体重二キロを超える。ハブはマムシ科に分類され、奄美大島、加計呂麻島、与路島、請島、久米島、沖縄島、徳之島などに生息する。地理的に近い台湾には同属の台湾ハブや青ハブが棲む。そしてとくに奄美大島の経済産業発展を阻害する原因とされていたのが、台風とハブであった。台風の襲来は九～一一月という周期性があるが、ハブは季節とは無関係に人を恐怖に陥れる。

サーカスの役者よろしく天井裏や便所の梁桁に登る位は朝飯前だし、物干しの女性の着物の袖やモンペの中に昼寝をしていて茶目ッ気を発揮したり、縁先からそっと鎌首をもたげて新婚家庭をのぞき込むような失礼なことも平気でやる。トイレで御用中のご婦人が落としたものに驚いてその禁断の場所に咬みつくという痴漢めいたこともしでかすし、可愛い幼児が明日への夢を結ぶ蚊帳の中に侵入して、一時に兄弟三名をなで斬りにするというテロめいたことをやるかと思えば、密会中のアベックを脅かすチンピラ家業の常習犯でもある。その行動はまさに神出鬼没で、出来ないのは鳥のように空を飛ぶことだけである。(19)

右の文は長年、鹿児島大学医学部熱帯医学研究所でハブ研究に専念した三島章義ならではのユーモラスな描写だ。確かに空は飛ばないが、S字状に曲げた二メートル前後の長い体を瞬時に伸ばして攻撃する。口の中には舌に付着した臭いを嗅ぎ取るセンサー〈ヤコブソン器官〉を、頰には赤外線センサーの役目を果たす〈ピット器官〉を持ち、温度の高い部分（人間ならば露出した手足）を正確に狙う。敏捷かつ凶暴なのがハブの特徴である。その毒の怖さは小林照幸のノンフィクション『毒蛇』冒頭を引用するのが相応しかろう。

ハブに咬まれるとすぐに、脳髄を突き抜ける激痛に苦しめられ、患部は紫色に変色してみるみる二倍にも三倍にも膨れ上がる。時間が経つほど苦しみはひどくなり、苦しみが減ってくればそれは確実に死に近づく証である。手足の指先が紫色に変色していくチアノーゼや、体内の各所で複雑に起こる出血により血圧が下がったり、急性循環器障害により死亡する。死亡するのは大部分、咬まれてから二十四時間以内である。ハブに咬まれたら、血清治療を受けないかぎり、命の保証はない。(20)

奄美のハブ被害は相当古くから知られていたが、全国的に見れば局所的な話にすぎない。そのため行政対応は、明治に至るまで皆無だった。一八八〇（明治一三）年、鹿児島県はハブ撲滅に対する国庫補助申請を行い、内務省から計六年間、毎年四百円の交付を受け、以来ハブ一頭を捕獲したら金一〇銭、その卵一個を採取した者には金五銭を与えて捕獲を奨励した。(21) にもかかわらず一八九八年から九年間、奄美大島では咬傷患者計二〇二八名、うち二六三名の死者を出しており、平均すると毎年二二五人が咬まれ、二九名が命を落とす（死亡比率一二・九％）計算で、琉球［沖縄］も同様であった。(22)

カルメットの抗コブラ毒血清と効果を見聞し、帰国後、血清薬院長に就任した北島は、一九〇二年に自ら奄美大島に赴き、現在の名瀬市街地に血清薬院大島出張所を設置し、ハブ毒の入手手段を確立した。(23) 北島の『自傳』には、次のように記されている。

それから私のやった研究では、蛇毒の研究がある。この研究は明治三十七［一九〇四］年の頃からはじめたもので、例のハブの研究である。この研究のために那覇港に一つの研究室をつくった。（三五頁）

ところで主な蛇毒については、(24)

① 神経と筋肉の接合部に作用し、神経伝達を阻害して筋肉を麻痺させる神経毒　コブラ科とクサリヘビ科の一部

② タンパク質分解酵素などの作用で血管や細胞が破壊され、腫れや出血、組織の壊死を引き起こす出血毒　コブラ科とクサリヘビ科の一部

③ 血液凝固を妨げ、出血を止まらなくさせる血液毒（血液凝固障害）　ナミヘビ科・クサリヘビ科

④ 細胞膜に結合して細胞を破壊する細胞毒　コブラ科

⑤ 心臓に特異的に作用して活動を停止させる心臓毒　コブラ科の一部

があり、通常、一種類の蛇が複数タイプの毒成分を持つ。ハブ毒は唾液腺のひとつである耳下腺で作られ、注射針のような毒牙こと管牙から注入されるが、実はハブ毒は出血・筋壊死など多様かつ多数の毒物質の混合である。言い換えればコブラやウミヘビの毒は単純で、それに有効な抗体さえ作ればよい。当時、蛇毒成分の分離はそも

そも不可能だったが、ハブに致命的毒はない。生のままの毒（粗毒）を使うしかない研究条件下、抗コブラ毒血清製造に成功したカルメットですら、複雑な出血毒性の抗蛇毒血清の生成は不可能と諦めていたという。

　これに対して北島はむしろ大らかな方法で成功を得た。「試験動物が死ななければよい」という指標で、入手しやすい鼠とモルモットを用いて反復実験を執拗に繰り返した。

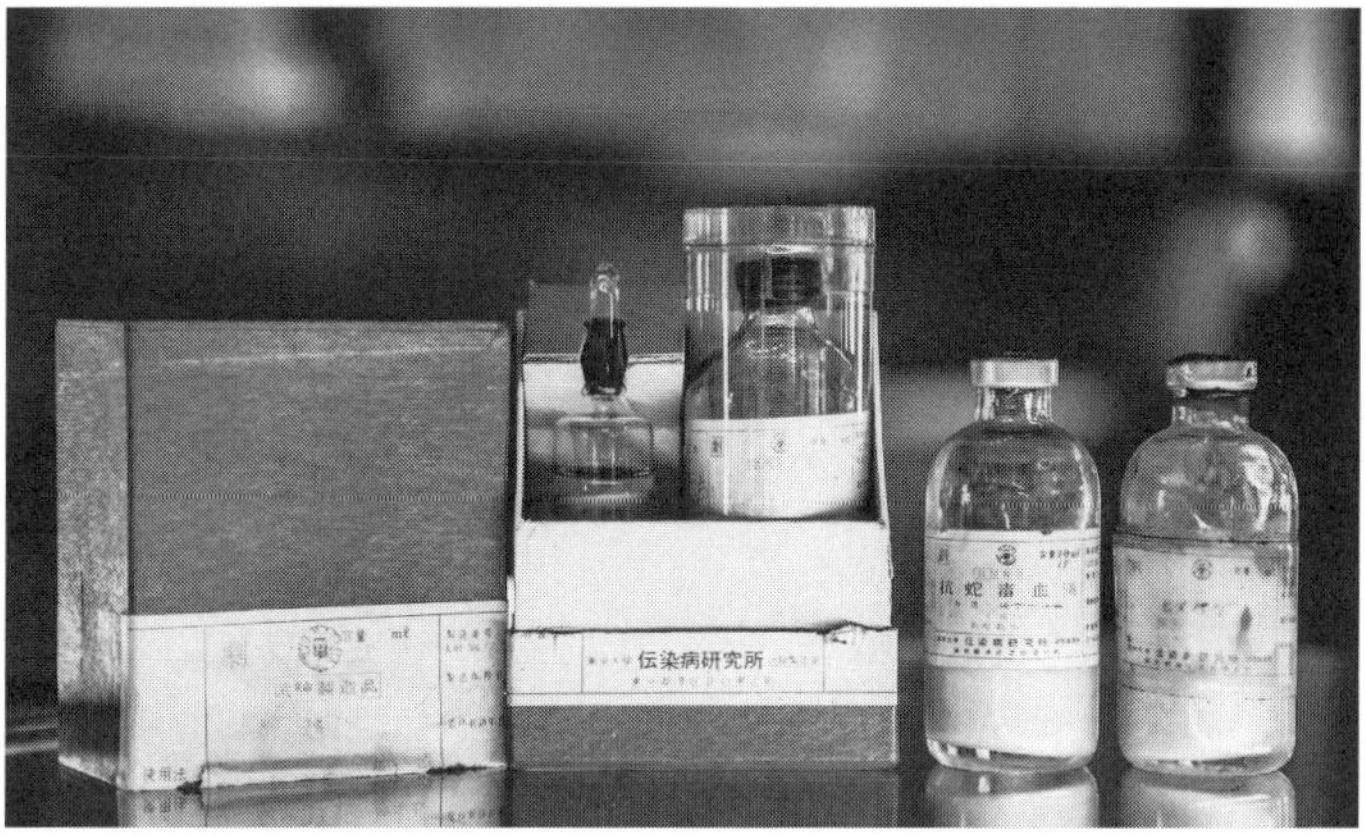

図２　伝染病研究所製抗蛇毒血清（ハブ、ヒメハブ）
東京大学医科学研究所所蔵・近代医科学記念館展示（撮影・大西成明）

それから二年後の一九〇四年、北島は抗ハブ毒血清四〇cc瓶一六〇本を製造、一九〇五年五月、横浜港から奄美・沖縄に向かった。現地で行った臨床試験で、一一八名の咬傷患者のうち死亡者を五名に抑える好成績を収めた(25)。北島の論文には、咬まれた後三時間後から血清投与して「咬傷に壊疽を残して全治」した例が紹介されている。にもかかわらず、北島は「何しろ沖縄や大島は辺鄙なところで、ハブは日本でもあまり賑やかなところには居ないのだから、そのあげた成果は大したものではなかった。だが、此のハブの研究が私の学位論文だった」（『自傳』三五頁）と謙遜する。学位論文となった一九〇七年発表の『ハブ蛇毒の研究およびその血清療法について』は、翌年、第一回浅川賞を受賞し、野口英世も英文著作 *Snake Venoms* で北島の功績を讃えた。

　北島の作った抗ハブ毒血清は要冷蔵の液体で、有効期限は一年間だった。一九〇八年発表の論文の最後で、彼は血清療法の有効性を認めながらも、すでに奄美の持つ地理的ハンディを指摘している。

信頼すべき医師少なく又交通不便にして且つ咬傷さるる家は山間の僻地にあるもの多きが故に医師に就て治療を受くるに時期を失すること多し　之れ我々の最も遺憾とする所なり　若し咬傷後一時間以内に血清治療を受くるを得ば　恐く死亡者を絶無となすことを得るならん。(26)

伝研移管騒動の結果、北里研究所は奄美の採毒施設を失い、血清生産を中止せざるを得なくなった。これと連動して、一九一五年一〇月に伝染病研究所官制改正、翌年三月に廃止され、台湾を含む日本国内では血清やワクチンの製造独占が撤廃された。他方、伝研では東京大学附置（一九一六年四月）以降も、抗ハブ毒血清の生産と販売を一九四六年、すなわちＧＨＱの保険担当部（ＰＨＷ）が停止させるまで継続し、経営を支える財源とした。

## 四　台湾の毒蛇

さて、〈美麗島〉の異名を持つ台湾では、奄美とは異なり、毒蛇よりもマラリア(27)が深刻だった。一八九六年から台湾では民政が布かれ、後藤の提案で一八九七年には台湾総督府台北医院内に日本語のわかる子弟対象に医師養成所（附属土人医学講習所）が開設され、これを基にさらに二年後の一八九九年には台湾総督府医学校が開校した。初代校長は台北医院長の山口秀高（一八六五～一九一六）が兼任した。そして彼が休職した一九〇二年三月に同校第二代校長兼総督府台湾病院長、加えて日本赤十字社台湾支部副支部長、台湾総督府内務局衛生課長に就任したのが高木である。ちなみに同年、マラリア原虫の生活環を明らかにした一連の業績により、イギリス人軍医のロナルド・ロス（Ronald Ross, 一八五七～一九三二）がノーベル医学・生理学賞を受賞している。(28)この背景には、コッホを中心とする病原細菌研究の進歩があった。

他方、コレラやペストのような急性伝染病の封じ込めには経験も自信もあった高木だが、台湾で「寒熱症」と呼ばれたマラリアには悩まされた[29]。ともあれ一九〇四年一一月の台湾医学会において、高木は「マラリア予防法」の根幹となる考えを提示する。それはイギリス流のハマダラカ撲滅に向けた土地の整地や水辺の石油散布、次いでドイツ流の患者に長期間キニーネを投与し、体内の病原体を完全に駆逐すること、そしてイタリア流の蚊帳・除虫菊の利用による防蚊措置という計三種類の組み合わせによって、マラリア克服を目指す方針であった。マラリアについては飯島渉著『マラリアと帝国』をはじめ、複数の先行研究が存在するので、これ以上は割愛する。しかし高木が台湾で支援した寄生虫研究者たちは当然マラリア対策にも与し、台湾のツツガムシ発見者でもある羽鳥重郎（一八七一〜一九五七）をはじめ、台湾の清流に棲む蟹が肺吸虫の幼虫を媒介することを発見した中川幸庵（一八七四〜一九五九）や台湾アユから肝臓ジストマ、すなわち肝吸虫症の原因となる肝吸虫を発見した横川定（一八八三〜一九五六）らがいることは見過ごせない。

一九一一年、ドレスデンで開催された第一回国際衛生博覧会に台湾総督府における衛生博覧会の責任者として高木がドイツに派遣された時、主導した過去一〇年間の台湾における衛生事業の成果報告を兼ねて、彼は全文ドイツ語の二三〇頁余になる展示目録 *Die hyginischen Verhältnisse der Insel Formosa* を責任編纂し、上梓している。この「第一八章　マラリア」では兵舎や住居に蚊が入り込まぬよう、網戸の調達や防虫剤散布が徹底されたことが読み取れる。続く第一九章は肺ジストマやズビニ鉤虫症などの寄生虫を含む風土病、第二〇章はアヘン、第二一章は薬草と毒草の記述が続く。そして第二二章、一八九頁から「毒蛇とその咬傷　Giftschlangen und Giftschlangenbisse」のモノクロ写真付説明が始まる。それによると一九一一年までに台湾で確認された毒蛇は計一三種。海蛇科の五種類、溝牙科の輪紋紅へビ・雨傘へビ・台湾コブラ、鎖蛇科のクサリへビ、マムシ科の百歩蛇・赤尾ハブ・台湾ハブ・ハブ、ただし最後のハブは琉球諸島の脅威で、台湾では二匹しか発見されていない由。一九〇三〜〇九年までの咬傷者は計一七七四名、うち死亡者は一二六名（死亡率七％）というデータが報告されている。

高木の渡台後、一九二〇年以降、台湾では血清薬院の設置が検討・採択された[30]。一九一七年からは台湾でも雨傘ヘビの買い上げが始まる。一九二三年には台湾総督府中央研究所で台湾の毒蛇に対する治療血清が製造されるようになったが、台北帝国大学に熱帯医学研究所が設置されると、血清製造所は台北市郊外の士林支所に移設された。しかし台湾の蛇毒研究が活発化するのは、一九三六年に伝研所員だった細谷省吾（旧姓中村、のち東京帝国大学教授、一八九四～一九五七）が台北帝大教授および台湾総督府中央研究所技師を兼任してからである[31]。細谷は台湾内外から複数の毒蛇を集め、高血清の可能性を検討するとともに、微量連続免疫法を発案し、一九三九年から彼が支所長を務めた士林で、台湾産の五種類の蛇毒を用いて、各蛇毒で馬二二頭、水牛一五頭、牛一頭を免疫する大規模実験を行った。一九四〇年の北里・ベーリングによる血清療法発見五〇周年記念祝典で細谷は「東亜共栄圏内に毒蛇の生息する熱帯地域が包含される以上、有効な毒蛇血清の製造は私どもに課せられた命題である」と論じている。

なお、抗蛇毒血清開発研究は、高木の愛弟子で、京都大学で博士を取得し、のちに台湾初の医学教授となった杜聡明（一八九三～一九八六）[32]のライフワークにもなった。薬理学を専門とする彼はアヘン研究でつとに有名だが、一九三〇年代後半から詳細な被害調査および蛇毒成分研究の両方から積極的なアプローチを試みている。咬傷被害に関する統計調査の結果を発表する一方[33]、蛇毒成分からの鎮痛剤抽出にも成功した。また杜の研究室では、一九三四年から一〇年間で李騰嶽（一八九五～一九七五）含む計一六名が蛇毒に関する論文で学位を取得しており[34]、その蛇毒研究成果も『台湾医学会雑誌』などに掲載されている。

## おわりに――戦後の奄美研究所　ハブとフィラリア症

エピローグは、台湾から再度、奄美に舞台を移そう。一九〇二年、ハブ毒採取のために北島が設置した内務省血清薬院の施設は「伝研大島出張所」（名瀬市、現在の奄美市）として存続したが、戦後、奄美大島はアメリカ軍占領下に入った。一九五三年一二月二五日、いわば〈クリスマスプレゼント〉として奄美諸島が突如返還されたのを受け、翌年、大蔵省から医科研に対して「返還された伝研大島出張所の土地を利用し続けるか否か」との問い合わせがあった。医科研には「大島出張所」を知る者がなく、とにかく現状把握し、利用価値があるか見極めようということになり、一九五五年九月に佐々学（一九一六〜二〇〇六、母方の祖父が緒方正規）と田中寛のふたりが調査出張として名瀬に赴いた。田中によると、同行するはずだった林［滋生］が骨折したので、急遽、代役を務めたのだという[35]。鹿児島まで寝台特急、鹿児島からは名瀬まで夜行客船、沖止まりからは小舟で上陸した[36]。事前に取り寄せた地図で確認した通り、名瀬の「大島出張所」には、やはり鹿児島県立図書館が建っていた。これを取り戻すのが難しいのは明らかだったが、伝研の寄生虫研究部にとって、奄美は熱帯医学研究に理想の地であった。詳しい交渉の経緯は紙幅の都合上省略するが、伝研は「大島出張所」の代替地として島南端の古仁屋の旧軍用地を得た。こうして一九六六年春に同じ敷地内に鹿児島大学熱帯病研究所と「伝研奄美出張所」が開所し、現・東京大学医科学研究所奄美病害動物研究施設に継承されている。

ちなみに当時は「蚊とハエのいない生活促進運動」が、閣議了解のもとに全国展開され、佐々ら伝研の研究者たちは、日本各地で講演を兼ねた調査を活発に行っていた。しかし佐々も田中も、奄美こそ熱帯病研究の重要な舞台と気づく。事実、田中はこの奄美初訪問で「日本には存在しない」と考えられていた糞線虫に出会い、以後一〇年かけて糞線虫の研究を行なった。糞線虫は特殊な生態を持つ線虫で、幼虫が皮膚から人の体内に侵入、肺や胃を経由しながら成長し、腸内で成虫となって寄生する。感染しても半分が無症状だが、発症すると下痢を繰り返し、食欲不振・体重減少・腹部膨満感などを伴い、重症化すれば命を落とす。田中は早速一九五五年一二月から古仁屋に再び赴き、名瀬保健所・古仁屋支所の臨時医師として勤務しながら、糞線虫の研究に着手した。奄美での調査で、田中は住民の一割が罹患しており、うち一％は重症であることも突き止め、自らの身体まで実験台にして、本来は回虫駆除薬として開発されたＤＥＣ（Di-Ethyl-Carbamazine／クエン酸ジエチルカルバマジン、日本では田辺製薬が商品化した「スパトニン」と同義）に治療効果があることも含めて、重要な研究成果を出した。[38] 一九七六年の佐々退官時、田中は次のように回想している。[37]

昭和三〇年頃の奄美は遠い世界に思われた。私の後に行かれた先生で、御餞別をもらって、水盃で出発した方もいたという。ハブは恐ろしいもので、奄美では大きな心の負担である。夜中にゴキブリに手をかじられて、ハブと間違えて悲鳴を上げた大先生もいるし、ハブが床の間に出た夢を見て、私をたたき起こした方もいる。[39]

いかにハブの存在が研究者たちのストレスになっていたかが想像できる。その肝心のハブ毒採取業務は、一九二九年以降、鹿児島県名瀬保健所に移行していた。ハブ毒は、カルメットと同じ方法、すなわち濃硫酸入りガラス製デシケイターで時間をかけて乾燥させ、鹿児島県衛生部に送られていた。

ところで一九五二年以来、日本各地でフィラリアの疫学的研究が行われていた。フィラリアはマラリアと天然痘と並ぶ「世界三大風土病」の一つに数えられ、「不治の病」で通っていた。現代でも愛犬家であれば、犬が呼吸困難・腹水・貧血などを起こして衰弱死する、犬糸状虫が引き起こすフィラリア症はよく知られている。そしてフィラリアもマラリア同様、媒介者は蚊である。蚊は双翅目の昆虫グループに属し、イエカ属（Culex）、ハマダラカ属（Anopheles）など世界に約二五〇〇種が知られている。蚊は雌のみが吸血するが、自らは罹患せず、マラリアやフィラリア症をはじめ、黄熱、デング熱、日本脳炎などさまざまな病原体の媒介者になり得る。マラリアを媒介するのはハマダラカだが、フィラリアを媒介するのはアカイエカや熱帯イエカで、感染者の血液と一緒に幼虫（ミクロフィラリア）を吸う。中間宿主である蚊の体内で第三期幼虫に発育し、蚊が吸血するとき、皮膚からヒトに感染する。つまりヒトを終宿主として寄生するのが、バンクロフト糸状虫やマレー糸状虫である。前者の名は一八九九年の発見者ジョゼフ・バンクロフト（Joseph Bancroft, 一八三六～九四）の名に因むが、後者はそれに先だつ一八七八年に、イギリス領厦門に勤務していたスコットランド出身の医師パトリック・マンソン（Patrick Manson, 一八四四～一九二二）が発見した。マンソン自身は蚊の媒介メカニズムを解明できなかったが、後述する糸状虫の重要な特徴「夜間定期出現性」を指摘した。

前述の糸状虫はいずれもヒトのリンパ管に寄生して破壊し、熱発作を起こすだけでなく、白く濁った乳糜尿が出て、排尿困難を引き起こしたり、鬱滞したリンパ液が皮下に浸透して、皮膚が象のように肥厚する「象皮病」や陰嚢にたまると「陰嚢水腫」、女性の場合は乳房肥大を引き起こしたりする。すでに平安末期の絵巻物『病草紙』に象皮病に罹患した女性が描かれており、「陰嚢水腫」については葛飾北斎の浮世絵にもあるが、何より西郷隆盛が罹患しており[40]、そのため馬に乗れず、また検死時の決定的証拠になったことで知られる。ミクロフィラリアの日本における発見報告は一八七六年、お雇いドイツ人医師ベルツによるものが最初とされるが、とくにバンクロフト糸状虫は、北は青森県から南は沖縄県まで広範囲で確認されていた。戦後一九四〇年代半ばになっても、奄美諸島・沖縄諸島では罹患率が人口の四割と推定され、世界でも稀な流行地になっていた。

日本におけるフィラリアについての本格的な研究[41]は、一九四八年から、伝研の佐々による八丈小島のフィールドワーク、および同島での駆虫薬スパトニンを用いた臨床試験を起点とする。佐々は、東京帝国大学医学部卒業後、一九四〇年に伝研に入所し、寄生虫研究部に配属されたが、すぐに海軍軍医学校に招集、一九四二年のマレーシア・ペナン滞在中、イギリス昆虫学研究を活かしたマラリア対策を含む熱帯医学を実地で学び、マレーやインドネシアの蚊に関する研究文献要旨や「大東亜共栄圏のアノフェレス蚊［ハマダラカ］の鑑別図鑑」作成などに携わった。奇しくも八丈小島のフィラリア症（民間ではバクと呼ばれていた）は、マレー半島など東南アジアで見られることの多いマレー糸状虫による日本国内唯一の流行地だった。一九五六年にはヘリコプターからDDT散布による媒介蚊駆除も実施された。八丈小島でのデータや経験を基礎に、佐々たちはバンクロフト糸状虫によるフィラリア流行地である愛媛県佐田岬半島、九州西海岸（長崎・鹿児島）、沖縄、奄美群島に集団調査・治療範囲を広げていく。一九五五年に伝研大島出張所のために名瀬に赴いた佐々と田中は、むろんすぐに現地での寄生虫調査を行い、上述した通り、糞線虫とバンクロフト糸状虫の被害の深刻さを目の当たりにしたのだった。

さて、翌一九五六年九月、佐々は南西諸島での風土病研究のため、奄美を再訪したのだが、台風で足止めされた名瀬保健所でハブ咬症の記録を見つけたことがきっかけで、再びハブ毒研究が活性化することになる。同僚・沢井の退官時に佐々が送った言葉から引用しよう。

沢井さんは［……］当時たちおくれていたハブ血清の改良とさらに世界でも初めてというハブトキソイドの開発に研究生活の大半をかけたわけでありますが、そのきっかけを作ったのは私にも多少の責任があります。というのは終戦後奄美大島が日本に復帰した後に、丁度昭和三一年に私共は寄生虫病の調査に出かけた折に台風に遭ってしまい、幾日かを島流し同様のうき目をみたのですが、その時たまたま名瀬保健所に古くからのハブ咬症の記録がうず高く積まれているのに気付き、それをもとにしてハブ咬症の疫学をまとめてみましたが、その時に初めて奄美大島におけるハブ咬症の重要性を痛感したのであります。

そこで研究所に帰り、丁度ハブの血清を作っていた沢井さんに会うと「血清を作っているだけではなく実際のハブ咬症を一度みる必要がある」と誘わくしますと、沢井さんも「よし行ってみよう」という事になり次の年に奄美大島に私が案内をしたわけです。それ以来沢井さんは「蛇につかれた男」であるかのように奄美あるいは沖縄のハブ対策にのり出し、毎年患者の調査をくり返すと同時に、その治療対策の改善にまい進して遂にハブトキソイドの野外実験にふみ切るという大仕事をなしとげました。[42]

佐々と同期で伝研に入所した沢井芳男（一九一三～二〇〇四）は、第八研究部の細菌学部門に配属されたが、中国とラバウルで軍医として五年間の勤務を経て、再び伝研に戻り、血清製造に関わっていた。佐々に奄美に誘われた時、沢井は「戦争のない時代の南の島を訪ねたい」という気持ちで応じたらしい。ところが一九五七年七月一〇日の到着早々、午前中には名瀬で初めてハブの採毒を見学、午後には県立大島病院でハブ咬症の壊死に悶絶する患者数名を目の当たりにしたのだった。

当時も奄美における年間のハブ咬症患者は平均三〇〇件、死亡率は一八九〇年が一八・五％だったが、北島が血清を発明した後の一九一四年には五・五％、戦後は三％以下に減少していた。[43] 北島の血清実験は「ハブ毒をマウスに注射した場合、そのマウスを死なせない点」のみに注目していたので、当然のことながら伝研も死亡率の低下を確認し、すべて解決したと考えていた。

しかし生存者にとって深刻な問題は咬傷部を中心として起きる壊死で、局所切開では済まず、腕や足の切断は日常茶飯事で、その後のＱＯＬを著しく低下させる状況に陥ることが少なくなかった。しかも冷蔵保管が必須のハブ血清（液体）は、都市部はともかく、停電も多く、それこそハブが居るので電線が行き届かない村落では各一本ずつ、大切に神棚や床の間に祀られており、常温保存状態で果たして効果が発揮できたかも疑問だった。しかも中身が有効であったとしても、一本使った後は、保健所からの補給待ちになるし、複数名が運悪く咬まれたら一本では足りない。逆に使われなかった期限切れの血清は、毎年約三〇〇本ずつ廃棄されていた。むろんそんな実情を、東京の伝研で血清を製造している技術者は知る由もなく、予想もしていなかった。

北島の開発した抗ハブ毒血清の扱い難さを改良すべく、沢井は直ちに冷蔵不要で有効期限の長い凍結乾燥血清ハブトキソイドの開発に専念した[44]。その後、血清注射法の改善やハブ毒中和剤の発見、治療法改善（アドレナリンや強心剤の投与でショック症状に対応）にも取り組む。沢井の詳しい取り組みについては戦後で時代的にも新しく、紙幅に制約があるため割愛するが、この関連で興味深いのが、一九七九年三月二二日の退官記念講演会で沢井自身が自らの研究を振り返り、ハブ毒予防トキソイド着手への経緯に触れた部分である。

本稿第二節で言及したが、すでに一八八七年にスウォールはパスツールにならって「ガラガラヘビ毒の予防接種実験」を行っていた。にもかかわらず、当時まだ「蛇毒のトキソイド化の概念がなかったので予防接種にはつながらずに、カルメットの治療血清への橋渡しをしたに過ぎなかった[45]」と沢井は指摘する。注目すべきは、この続きである。

その後ラモンによりジフテリア毒素などにホルマリンを加えて毒性をなくしたものが、トキソイドとして有効であることがわかり、破傷風、あるいは少し意味が異なるがブドー球菌トキソイド等に発展し、毒素性疾患の予防の実際に応用されるようになりましたが、蛇毒の研究者達は、これを蛇毒に対する予防トキソイドの研究に向けなかったのはむしろ不思議な位であります。またラモン以後蛇毒のトキソイド化の研究がいろいろな研究者によって行われましたが、それは毒性を弱めた抗原を馬に注射して、馬を損耗させずにいかにして高力価の血清をうるかに目標がおかれたに過ぎませんでした。この事はまた同時にいかにベーリング、北里の血清療法の研究が大きな影響を与えていたかを物語っており、多くの学者はこれさえあれば蛇咬症の治療は完璧であると考えていたので、予防というような考えはほとんど頭の中には浮かんでこなかったのでありましょう[46]。

つまり沢井にとっても、北島と同様、ベーリングと北里の影響が強く、無意識にブレイクスルーを阻んでいたのだ。しかも現地調査の機会がなければ、ハブ咬症患者の悲惨な実態を見ることができず、予防対策など考えつかなかった、との回想は興味深い。結果的に、沢井は東南アジアやインドも含めた蛇咬症まで研究範囲を拡大したが、台湾の蛇毒については前節に登場した杜聡明にコンタクトし、日台次世代の蛇毒共同研究も実現・促進したのだった。

最後に奄美で佐々と田中が着手した寄生虫研究のその後について補足しておく。医科研奄美研究施設が一九七〇年に新設されると、抗血清の野外評価とハブ咬傷の疫学を調査する沢井・三島らとハブの生態・駆除を研究する佐々・田中寛らとの共同研究が開始された。佐々や田中はハブの生息密度を調べ、行動を追跡したが[47]、これに先立つ六〇年代は、奄美のフィラリア駆除を鹿児島大学と共同で行っていた。とくに鹿児島大学の佐藤八郎（一九一〇〜九三）は、九大卒業後、台北帝国大学医学部長・森於菟（一八九〇〜一九六七）のもとで熱帯風土病の内科疾患治療に従事し、台湾省政府に〈留用〉され、一九四六年末帰国したという経歴の持ち主で、鹿児島医専［現・鹿児島大］で「輸入マラリア」（戦争帰還者）に対応する過程で、象皮病患者に遭遇したのが、彼のフィラリア研究の始まりだった。ちなみに佐藤は一九五四年、伝研の佐々・田中に先んじて、戦後初の奄美での調査を行っている。

一九五七年から東大医科研と鹿児島大は、共同でスパトニンの投薬とフィラリア駆除に着手したが、一九六二年に厚生省の全国フィラリア防圧事業が本格的にスタートし、奄美群島でも住民の検査や治療が積極的に行われた。ここで注目すべきは、「ミクロフィラリアの定時出現性」ゆえに採血検査は常に夜遅く行われたという事実である。ちなみにスパトニン投与は日本のみで功を奏した。患者がスパトニンを服用すると、血中のミクロフィラリアが急激に殺され、抗原が急増するため、高熱発作が副作用として起こる。日本では予め丁寧な説明をして、住民の理解・協力を得たが、日本以外の感染地では根強い反発があって成功しなかった[48]。

奄美では一九六〇年代にフィラリア陽性者数が激減、一九八〇年には鹿児島で、一九八八年には沖縄でも根絶が宣言され、日本は「世界初のフィラリア清浄国」になった。他方、WHOは一年に一回で済むアルベンダゾールとイベルメクチンの経口投与法を選択・促進し、世界のヒト・フィラリアの絶滅を目標に掲げる。そして現在も医科研奄美病害動物研究施設では、住民にハブ講習会を開催しつつ、ハブ毒成分や抗毒素の改良の研究を続けている。

（1）飯島渉『マラリアと帝国』（東京大学出版会、二〇〇五年）では、高木友枝の名が初出する三六頁に「たかぎ・ともき」とルビが振られているが、著者は高木が自身の公用パスポートで「Dr. Tomoe Takaki」と署名していることを確認した。なお厳密にはパスポートで「高木」が使われていたが（日本語署名は崩し字で高か髙かの判別不明）、本論では便宜上「高木」を使う。※なお高木資料を快くご提供下さった板寺慶子氏は校閲作業中の二〇二四年一一月に永眠された。生前のご高配に心から感謝申し上げる。

（2）旧姓Ballerstedt《バラーシュテット》. ベルリン留学から結婚までの経緯については拙論「高木友枝がベルリンに送った二〇通の未公開書簡――欧州出張、第一次阪神ペスト流行、台湾での新生活とミンナ夫人」（『言語・情報・テクスト』第二八巻、二〇二一年、一～一五頁）。

（3）前述の北里研究所刊行『高木友枝』冊子（以下、『高木』冊子と呼ぶ）巻末付録（コラム4）としてインタビュー（聞き手・鷹田洸平）を掲載「南の島の科学者たち　東大名誉教授・田中寛先生［当時八七歳］に聞く　奄美大島での東大伝研・医科研の活動」、八五～九二頁。二〇一四年四月付で頂いた「ハブ毒採取所から奄美研究施設設立へ」の覚書原稿などもあわせて参照した。

（4）詳しくは拙著『ドクトルたちの奮闘記』（慶應義塾大学出版会、二〇一二年）を参照。

（5）プロイセン王フリードリヒ一世の命で、もともとはペスト収容施設として一七〇九年創設、のちにベルリン大学教育病院として重要な役割を果たした。現在もフンボルト大学およびベルリン自由大学と連携する欧州最大級の大学病院。

（6）福澤諭吉など財界の協力を得て、芝公園に設立された大日本私立衛生会運営のごく小規模な研究所。以下、「伝研」

と略記する。

（7）北里が緒方の〈脚気菌説〉を否定したことに対して、森林太郎（鷗外）が北里を学術的ではなく、情緒的に「恩知らず」と批判し、陸軍対海軍および東大の緒方・青山対北里の確執になったことはよく知られているが、ここで「ペスト菌問題」が浮上し、文部省対内務省、帝大対伝研、青山・緒方・森対北里・高木という複雑な対立関係が生まれ、禍根を残した。つまり北里がペスト菌をグラム陽性桿菌とする一方、イェルザンはグラム陰性桿菌としたのだが、緒方と森は後者を「真のペスト菌」と主張、北里菌を否定した。野村節三『北里柴三郎と後藤新平』（東海新報社、二〇一四年）七九頁以降ほか参照。

（8）東京白金の土筆ヶ岡養生園隣には飼畜放牧場（動物飼育場）を備えた白金支所が設けられた。抗血清の製造のため、実験用の小動物だけでなく、羊や馬の飼育も必要になったためだが、よって東大医科研敷地内の雑草は「どれも動物の飼料になる」と田中寛氏からご教示いただいた。

（9）一九一三年、鈴木稔とともに当時深刻な風土病だった日本住血吸虫の中間宿主である巻き貝（ミヤイリ貝、別の研究者名を冠するカタヤマ貝との呼称も併用される）を発見したことで知られる寄生虫学者兼衛生学者。高木の学位請求論文をめぐっては『高木』冊子コラム3、七七～八四頁掲載の拙文を参照されたい。ちなみに日本住血吸虫症撲滅の経緯については、小林照幸『死の貝』（文藝春秋、一九九八年）に詳しい。

（10）たとえば秦の場合は娘・八千代が伝記を上梓している。

（11）北島多一『北島多一自傳』（慶應義塾病院内、北島先生記念事業会、一九五五年）以下、『自傳』と略し、本文に組み込む。

（12）『田原淳の一高青春日記』須磨幸蔵・倉本宗剛・村山暁編注（考古堂書店、二〇〇八年）参照。

（13）都築甚之助（一八六九～一九三三）ほか。冒頭で提示したエンケとの共著論文二点参照。

（14）ベーリングは衛生学講座の講義や実習を助教授のウェルニッケに任せ、自身は私設研究所での研究に従事し、特別講義のためにごくまれに大学に顔を出す程度だった。

（15）以下、蛇毒研究史については、沢井芳男「毒蛇咬症の諸問題」（*The SNAKE*, Vol. 5, 日本蛇族学術研究所、一九七三年）一五～二七頁を参考にした。

（16）R&D・モリス、藤野邦夫訳『人間とヘビ　かくも深き不思議な関係』（平凡社ライブラリー、二〇〇六年、原書は一九六五年）の第四章に詳しい。なお訳者・藤野はSewallを「シューウォル」と訳している（一一七頁参照）。

(17)　野口は一九〇九年に世界初の蛇毒に関する英文研究書『蛇毒　毒蛇の調査、特にその毒の作用』を刊行している。Noguchi, Hideyo, *Snake Venoms: An Investigation of Venomous Snakes with Special Reference to the Phenomena of their Venoms*. Washington, D. C.（Carnegie Institution of Washington）1909.

(18)　杜祖健『毒蛇の博物誌』（講談社、一九八四年）参照。

(19)　三浦章義『ハブとその被害及び対策』（鹿児島県衛生部・鹿児島県名瀬保健所、一九六一年）一四頁より引用。

(20)　小林照幸『完本　毒蛇』（文春文庫、二〇〇〇年）一〇頁より引用。

(21)　三浦『ハブとその被害及び対策』三四頁以降。明治政府からの補助が打ち切られても町村買い上げは継続された。また大正一一年から鹿児島県は町村が支出したハブ買い上げ費に対して三分の一までの負担援助を決め、卵一個あるいは撲殺ハブ一頭につき二〇銭、生け捕りのハブ一頭三〇銭で買い上げた。大正四年から昭和三年までの一四年間で毎年平均三五〇四匹のハブと卵一一三個を買い上げた表が三五頁に掲載されている。

(22)　北島多一「飯匙蛇毒ノ研究及其血清療法ニ就テ」（『細菌學雜誌』第一五四号、一九〇八年）五四一〜五五六頁（フィリピン医学会総会講演内容）。

(23)　最初短期間は鹿児島県大島郡伊津部村、次いで金久村字井禰に移った（『医科研八〇年の歩み　年表で見る沿革史』東京大学医科学研究所、一九七四年、八九頁）。なお通常、医学史の記述では実際にハブを捕獲した影の功労者は割愛されてしまうが、例外的に七〇年以上、ハブを採取し続けた浦田亀熊氏らに言及しているのが、三浦の『ハブとその被害及び対策』三五頁および小林のノンフィクション小説『完本　毒蛇』である。

(24)　二〇二二年一一月一日〜翌年二月一九日まで上野の国立科学博物館で開催された『毒』特別展での分類を参考にした。

(25)　北島「飯匙蛇毒ノ研究及其血清療法ニ就テ」一五頁参照。これに比べて被害の少ないマムシの抗毒血清は一九四九年にようやく実用化された。

(26)　前掲論文、一六頁より引用。カタカナや旧漢字は読みやすいよう現代表記に変えた。

(27)　マラリアについては、目黒寄生虫館の常設展示およびガイドブックはもとより、同館監修『寄生蟲図鑑　ふしぎな世界の住人たち』（飛鳥新社、二〇一三年）、嘉糠洋陸「蚊と病気のお話　身近なバンパイア」（目黒寄生虫館『むしはむしでもはらのむし通信』一九五号、二〇一五年）ほか参照。また目黒寄生虫館から刊行された『日本における寄生虫学の研究』全七巻、一九六一〜九九年も適宜参照した（現在、同館ウェブサイトでオープンアクセス化されている）。
(28) ただし最初にマラリア原虫を発見したのは、一八八〇年、フランスの医師アルフォンス・ラヴェラン（Alphonse Laveran, 一八四五〜一九二二）で、アルジェリアでマラリア罹患兵の血液を顕微鏡で観察した時、三日月形の動くものを視野に捉えてスケッチし、それをマラリアの病原とする論文を発表した（一九〇七年にノーベル賞受賞）。当初、彼の説は顧みられなかったが、一八九七年にロスが、マラリアに罹った患者の血を吸わせたハマダラカの中腸から「成長する大きな細胞状のもの」を発見、鳥に感染するマラリア原虫を使った実験で、マラリア原虫を体内に宿した蚊の吸血によって健康な鳥が発症することを明らかにした。
(29) 『高木』冊子、とくに森孝之による第一章「北里門下における高木友枝の位置づけ」二九〜三〇頁および段瑞聡による第三章「台湾衛生医学における高木の役割」四八〜四九頁をあわせて参照されたい。
(30) 『高木』冊子、とくに拙論「初代血清薬院長としての高木」三七頁以降参照。
(31) 以下、細谷については、沢井「毒蛇咬症の諸問題」の一九頁以降をとくに参照した。
(32) 前掲書、段瑞聡によるコラム1「高木の弟子・杜聡明」五〇〜五九頁もあわせて参照されたい。沢井との共同研究は、小林の『完本　毒蛇』第二部に詳しい。
(33) 杜聡明「台湾における蛇毒咬傷被害に関する統計的調査」（『台湾医学雑誌』第四〇巻第九号、一四七七〜一五〇二頁、および一〇号、一七九五〜一八二四頁）。この調査については沢井芳男「アジアにおける毒蛇咬症の現状」（*The SNAKE*, Vol. 5, 一九七三年）の六四頁以降でも紹介されている。
(34) 歐素瑛（王莞晗訳）「台北帝国大学と台湾学研究」（酒井哲哉・松田利彦編『帝国と高等教育　東アジアの文脈から』国際日本文化研究センター、二〇一三年）三五頁。
(35) 『佐々先生と三〇年　佐々学教授退職記念文集』（佐々学教授退職記念事業会・東大医科研寄生虫研究部、一九七六年）九六頁、田中寛の直筆文からの引用。
(36) 以下は、主に田中寛のインタビューおよび覚書による。なお医科研奄美病害動物研究施設については、甲斐知恵子施設長（当時）の許可を得て見学させていただいた。あわせて『東京大学医科学研究所創立一二五年・改組五〇周年記念誌』（二〇一七年）二一〇〜二一一頁を参照した。
(37) 『寄生虫症薬物治療の手引き』（熱帯病治療薬物班、改訂第6.0、二〇〇七年）五八頁、「現在ではイベルメクチンが第一選択」とのこと。小林照幸「日本におけるリンパ系フィラリア症の根絶」（『薬史学雑誌』五四巻第二号、二〇一九）八三～八八頁も参照した。
(38) 注(37)のインタビュー参照、同じ内容が小林照幸『フィラリア』（TBSブリタニカ、一九九四年）一三八頁以降にも認められる。
(39) 引用は注(35)に同じ。
(40) 西郷は奄美と縁があり、一八五九（安政六）年から一八六一（文久元）年まで潜居を命ぜられ、奄美大島・龍郷町に約三年間暮らしていた。西郷南洲謫居跡が残る。
(41) 詳しくは佐々学「日本に於けるバンクロフト糸状虫症の分布」（『日本における寄生虫学の研究』第二巻、一九六二年）一～三四頁などを参照のこと。
(42) 佐々学「あいさつ」（*The SNAKE*, Vol. 5, 一九七三年）一三頁より引用。
(43) たとえば三浦『ハブとその被害及び対策』二二一～二五頁および沢井「アジアにおける毒蛇咬症の現状」、年代別咬症発生数についてはとくに三二頁以降参照。
(44) 詳しくは昭和四二（一九六七）年度『奄美大島におけるハブ咬症の治療対策の研究報告書』（研究代表者・東京大学医科学研究所　試験製造室主任・沢井芳男）ほか参照。
(45) 沢井「毒蛇咬症の諸問題」二三頁より引用。
(46) 前掲論文の同箇所より引用。
(47) 昭和四五年度報告書『奄美大島におけるハブの生態に関する研究』（研究代表者・東京大学医科学研究所・東大教授佐々学）および田中寛「ハブの行動と生態」（*The SNAKE*, Vol. 5, 一九七三年）一一六～一三二頁ほか参照。
(48) 小林は『フィラリア』三五〇頁以降で、一八七〇～七二年に韓国・済州島で日本とソウル大学と共同で行ったフィラリア調査でもDECすなわちスパトニンが適用された事例を紹介している。マレー糸状虫はバンクロフト糸状虫より副作用の発熱が激しいことをソウル大学から住民に事前広報したにもかかわらず、住民は「毒を飲まされた」と激怒し、宿舎が包囲され、投石されるなど、日本とは異なる反応が顕著であったという。

# 帝国日本と脚気研究——植民地朝鮮における軍医・佐藤恒丸の研究を中心に

松田利彦

## はじめに

本稿は、植民地朝鮮で行われた脚気研究を、一九一〇年代に京城衛戍病院長、朝鮮駐劄軍軍医部長をつとめた陸軍軍医・佐藤恒丸を軸に検討する。このテーマは、「植民地医学」[1]をどのように捉えるかという問題と深く関わる。

二一世紀に入ってからの新興感染症の流行により世界的に高まった医学史への関心は、植民地史研究者によってつとに提唱されてきた「帝国史」研究と呼応しながら、日本植民地全体を俯瞰しながら医療衛生史を描こうとする試みを生みだしている。そして、植民地帝国日本における疾病史を総体として描く研究は、しばしば台湾を中心に置いてきた。たとえば、飯島渉『マラリアと帝国』（註（1）参照）は、植民地台湾のマラリア対策を主軸としながら、近代日本の植民地医学が広く台湾・「満洲」（以下、カッコを省略）・八重山などで果たした役割を検討した画期的成果としてしばしば参照されている。それ以外にも、寄生虫病・蛇毒などの熱帯医学研究が植民地医学としての台湾医学を描く素材として重視されてきた[2]。

しかし、韓国の研究者・文明基が指摘するように、台湾を前面に取りあげる従来の植民地医学史研究は、多くの場合、朝鮮を検討対象から欠落させてきた[3]。地理的条件や気候帯の異なる植民地朝鮮においては、マラリアをはじめとする熱帯病は、社会的脅威を及ぼすほどの感染症ではなかったためである。

このことはひいては、西欧帝国主義国の植民地医学モデルを日本植民地に簡単に適用できないことも示している。すなわち、ヨーロッパ人は、アフリカ・アジア植民地で未経験の感染症（マラリア、眠り病、黄熱病など）と接触した結果、植民活動を支えるために熱帯病に関する学知を構築していった[4]。植民地医学＝熱帯病研究と捉えるこのようなヨーロッパ―アフリカ・アジアの植民地医学モデルは、台湾には適用可能だとしても、朝鮮についてては当てはめにくい。

それでは、植民地帝国日本において「内地」（以下、「内地（人）」のカッコを省略）と台湾・朝鮮を包括して問題化した疾病はなかったのだろうか。少数ではあるが、いずれの地でも医学者の関心対象となり、かつ、植民地と内地で異なる研究が生みだされた疾病もある。それが本稿で扱う脚気である。

脚気は、ビタミン$B_1$の不足によって末梢神経障害と心不全をきたす栄養障害疾患である。明治日本では、精白米――玄米からビタミン$B_1$を含有する糠を取り除いたもの――の食事が広まるとともに脚気患者も増加し、「国民病」と称された。とくに陸軍では日清戦争で四万人以上、日露戦争で二五万人以上の患者を出した[5]。第一次世界大戦後にビタミン欠乏が原因と確定するまで、脚気の病因については、栄養障害説以外に伝染病説、中毒説などさまざまな説が唱えられ長く論争がくり広げられた。

植民地医学史研究の文脈で脚気が注目されるのは、マラリアのように植民地特有の疾病ではなく、逆にもっぱら本国で大量の症例が見られ、植民地（台湾・朝鮮等）の現地住民には稀だったという点である。このため脚気研究は、新領土で未知の病に遭遇したことで植民地医学が発達したヨーロッパ―アフリカモデルとは異なるありようも示すだろう。新領土に脚気がほとんど見られないという事実を発見した日本人医学者が脚気研究の射程に植民地を取りこんだことで、いわば「帝国の脚気研究」が形成されたのである。

さて、このような「帝国の脚気研究」という問題設定は、管見の限りこれまでの歴史学研究ではまったく試みられたことがない。そこには従来の脚気論争史研究の一国史的な枠組みが関わっているように思われる。明治・大正期の脚気病因論をめぐる論争自体については、多くの著作がしばしばドラマティックに語ってきた。すなわち、海軍が高木兼寛（一八八三年、海軍省初代医務局長に就任）による兵食改革によって早期に脚気を克服したのに対し、陸軍とその背後の東京帝国大学医科大学は脚気を伝染病と考え、米食に固執した。陸軍が戦時に米食を兵食とすることにこだわり麦食を推奨しなかったのは森林太郎（森鷗外）の兵食論（一八八五年）と兵食試験（一八八九年）の強い影響があった。これらの言説――その当否はここでは問わない――は小説や評論でも繰り返し説かれ、明治期の脚気論争のステレオタイプ的なイメージを形づくっている。(6)

しかし、海軍・陸軍・東京帝国大学といった特定の集団や高木や森のような著名人を軸に脚気論争史は把握されてきたために、脚気論争はもっぱら内地における諸集団の対立、あるいは日本人医学者の模索と苦闘というナショナルヒストリーとして描かれてきた。(7)このような一国史的枠組みにおいては、脚気論争のかまびすしかった日清・日露戦争期が、日本が植民地帝国を築きつつあった時期にほかならなかったという事実が忘れ去られてしまうだろう。実際には、日本が新たに領有した植民地では、日本人医学者が独自の脚気研究を営んでいた。このことを明らかにする作業は、たんに脚気論争史の空白を埋めるだけでなく、脚気研究を通じて植民地がいわば医学の帝国の構成パーツとして組みこまれていく過程を示してくれるだろう。

以下、第一節で、台湾や関東州などの脚気研究を概観する。第二節では、佐藤恒丸が日露戦争時およびその後のドイツ留学時代に脚気に対して示していた関心を跡づける。第三節では、日露戦後の日本の脚気研究の状況を確認した後に、佐藤が植民地朝鮮で行った数次の脚気調査および志賀潔による後続の調査を跡づける。この作業を通じて、近代日本の脚気研究が植民地を取りこみながら展開し、「帝国の脚気研究」を形成したことが明らかになるだろう。

## 一．植民地における脚気研究

植民地朝鮮における脚気研究を論ずるに先立ち、朝鮮以外の日本帝国圏における脚気研究を概観しておく[8]。

植民地における脚気研究に先鞭をつけたのは台湾だった。台湾医学会（一九〇二年創設）の機関誌『台湾医学会雑誌』には、一九〇八年から一二年頃にかけ二〇篇以上の論文が発表され、内地の医学雑誌への転載や抄録掲載なども含めると論文数は六〇篇を超える。この中心となったのは、一九〇七年から二一年まで台湾総督府管下の台北医院で医長をつとめた稲垣長次郎（一八七五〜一九四四）だった[9]。稲垣の脚気研究はたんなる個人研究ではなく、台北医院の内地人・台湾人医師を組みこんだ大規模な共同研究プロジェクトというべきものだった。台北医院は帝大出身者―内地の医学専門学校出身者―内務省医術開業試験及第者―台湾総督府医学校出身の台湾人という学歴主義的・民族差別的階層構造を内包していた。この階層構造の頂点に位置した稲垣は、台北医院内科・小児科を中心とした多くの研究者を脚気研究に参入させたのである。

稲垣が台湾で脚気研究に着手した背景には、内地人と台湾人の脚気発症率に違いがあることに気づいたことがある。稲垣は、一九一二年二月、臨時脚気病調査会（後述）において、「台湾ニ於ケル脚気患者ノ統計的観察ハ其内地人及ヒ本島人（台湾人――原注）ノ生活状態及ヒ食物ニ差異アル点」が「脚気発生ノ原因ヲ探究スルニ一ノ曙光」となると述べている[10]。

新領土に「脚気の不在」を見出し、原因を内地人と現地住民の食生活の違いに求めた点は、後述の朝鮮あるいは北海道[11]・沖縄[12]でも同様である。ただし、これらの脚気研究・調査が、脚気の病因に栄養素が関係しているという仮説に到達したのに対して、台湾ではそうではなかった。稲垣（と台北医院グループの研究者）は「脚気中毒説」という今日から見ると誤った学説の証明に精力を費やし、失敗に終わった。

関東州の場合、系統的な脚気研究が現れるのは遅く、一九二〇年代半ば以降になってようやく、南満医学堂（一九一一年に南満洲鉄道株式会社〔満鉄〕によって創設、二二年満洲医科大学に昇格）の卒業生から、研究者が何人か出ている。城野寛（一九二二年卒。満洲医科大学内科教室）によるビタミンB欠乏食による動物実験の論文や、千賀春吉（一九一八年卒。大連医院）・安富義広（一九一八年卒。同前）による脚気患者の臨床観察レポートが継続的に『満洲医学雑誌』に発表されている。これらのなかには、「満洲ニ在住セル日本人ガ脚気ヲ病ムコト多キニ不拘在満土着中国人ノ之レニ罹ルモノナキ」こと、このような差異が「主食物ノ異ナルニヨル」という指摘も見られる[13]。ただ、これらはすでに脚気病因論争に決着がついて以降の時期の研究であり、脚気病因の解明に貢献したわけではない。

このように、台湾・関東州・内国植民地のいずれの地でも、内地と食生活が異なっていることに日本人脚気研究者の関心が向けられ、脚気病因研究への動因となったケースも多かった。ただ、それによって脚気栄養障害説という正解に近づけたかどうかは区々だった。いずれにせよ、日露戦争後の脚気研究史を見るとき、帝国レベルに視野を広げる必要は十分に理解されよう。

では、植民地朝鮮の脚気研究はどうだったのか。朝鮮では、関連論文の公刊数こそ台湾より少なかったとはいえ、大規模な現地調査が複数回行われたという特徴がある。また、一九一〇年代に脚気研究をした佐藤恒丸および続く二〇年代初期に研究を行った志賀潔（朝鮮総督府医院長）は、いずれも――台湾とは異なり――脚気の病因に栄養障害が関係しているという正しい理解に到達している。

## 二　佐藤恒丸の脚気研究（一）——朝鮮赴任以前

### (1)　佐藤の経歴

佐藤恒丸（一八七二～一九五四）は、明治から昭和戦前期にかけて活躍した軍医・医学研究者である[14]。

佐藤は愛知県で生まれ、一八九二年、帝国大学医科大学[15]に入学し、陸軍依託学生となる。依託学生とは、一八七七年、文部省と陸軍省のあいだの取り決めにより設けられた給費制度である。東京帝大医科大学の生徒に陸軍省から学資を支給し、卒業後に軍医に採用したのである。佐藤も一八九六年、首席で卒業すると三等軍医に任官した。一八九八～一九〇〇年には陸軍衛生部から東京帝大医科大学大学院に派遣され、青山胤通教授（内科学第二講座）の指導を受けた。この後、清国駐屯軍司令部附（一九〇三～〇四年）などを経て、一九〇七年一〇月～一九一〇年三月に陸軍官費留学生としてドイツに留学した。

帰国後、佐藤は朝鮮に転属となった。韓国併合直前の一九一〇年七月に京城衛戍病院長として赴任、一九一六年には朝鮮駐劄軍軍医部長に転じ、一九二〇年まで一〇年間にわたり壮年期を朝鮮で過した。その後、本国で一九二〇～二七年に日本赤十字社病院長をつとめた。一九二二年に陸軍軍医として最高位の軍医総監（中将相当）となり、二三年に予備役に編入されている。一九二七～三七年、侍医頭（宮内省侍医寮の長官）をつとめた後はほぼ隠居生活に入り、一九五四年に八一歳で没した。

### (2)　朝鮮赴任以前の脚気研究

佐藤恒丸の脚気に対する関心は、軍医としての駆け出しの時期にさかのぼる。先述のように、佐藤は一八九八年に陸軍衛生部から東京帝大医科大学大学院に派遣された。佐藤の回顧によれば、指導教授の青山に対し、脚気は「欧米人にはなくて、日本人とか支那人とか米食の国民のみに脚気が起るといふ事実から、どうも米食と関係が深い」と思うと話し、叱責されたという。[16] 青山は、脚気伝染病説のもっとも強力な信奉者であり、白米食が脚気に関係があるという考えを強固に否定していたためである。東京帝大医科大学には、青魚による中毒が原因だとする三浦守治（病理学）もおり、学生時代の佐藤はその説にも接していた。[17] しかし、佐藤は早くから伝染病説や中毒説ではなく、栄養素に目を向けていた。

日露戦争期においては、一九〇五年一月に、小池正直陸軍省医務局長（大本営陸軍部野戦衛生長官）の命により、陥落直後の旅順に派遣され、四月末に帰国した。主目的は、ロシア兵捕虜のスコルブート病（壊血病）の調査だったが、[18] 旅順攻囲戦にあたった日本陸軍第三軍には一万人を超える脚気患者が出ており、[19] 佐藤は脚気の研究も進めた。第一師団衛生隊からは脚気入院患者一二例のデータを入手している。[20] また、奉天にいた小池は、佐藤宛書簡で、佐藤が進めているスコルブート病と脚気の研究という「此二大事案成効（ママ）候はば我戦勝と共に世界に名誉を輝し得る可愉快の極」と激励している。[21]

ただし、小池は、佐藤の脚気研究が栄養学的アプローチに向かうことを牽制してもいる。佐藤は、小池に「俘虜になつた多数の露兵を純日本食で養ふて見たい」と進言したが、「ソンナ事は出来ないよ」と一蹴された。[22] にもかかわらず、佐藤は、日本兵の脚気治療にパンを使用し、効果があることを検証したという。[23] 日露戦争時の佐藤の脚気研究の結果は公表されていないため、内容は不明だが、陸軍衛生部首脳で支配的だった脚気伝染病説とは合致しないものだったろうと推測される。

小池医務局長は、日露戦争中の陸軍における脚気患者の大量発生に対する責任も問われるなか、一九〇七年一一月に辞任する。後任の森林太郎医務局長が、かねてから陸軍の白米兵食を理論的に支える役割をしていたこと、脚気病因については伝染病説に固執していたこと、局長就任後の一九〇八年七月に臨時脚気病調査会を新設し同調査会会長となったことはよく知られている。森に対する評価については第三節第(2)項で検討するが、ここでは、森が、小池同様、脚気に対する佐藤の医学的関心に注目していたことを指摘しておきたい。

佐藤は、森局長時代最初の官費外国留学生に選ばれた。一九〇八年三月、森は、留学中の佐藤に書簡を送っている。「脚気調査会」を勅令で設置することがほぼ決まり、陸軍大臣のもと陸海軍軍医、大学教員、伝染病研究所職員、開業医などを集めたいと思っているが「御考付アラバ御報被下度候」[24]と述べている。臨時脚気病調査会の構成についてアドヴァイスを求めたのである。また、同年七月には、佐藤に、「脚気ハ Infection ナリトノ Koch 先生ノ説ニテ余程思想界ノ動揺ヲ来シ候」と知らせている[25]。来日中のコッホ Robert Koch が慎重な言い回しながら脚気伝染病説を示唆したことに、同説の信奉者だった森が興奮を隠せず、佐藤に一報を入れているのである。

さて、佐藤は、二年半にわたるドイツ留学の大半をベルリンで送っているが、留学末期の一九〇九年一〇～一一月はベルリンを離れ、ハンブルク熱帯病研究所の講義を聴講した。

当時のドイツでは植民地統治のための熱帯医学研究が制度化されつつあり、一九〇〇年から一九一〇年頃にかけ研究施設・学会の創設、学会誌の創刊などが急速に進みつつあった。そのなかで一九〇〇年に創設されたハンブルク熱帯病研究所は、ドイツ植民省の後援を受けて、ドイツ人医師に熱帯医学のトレーニングを提供する中心的機関となっていた[26]。『佐藤恒丸関係文書』に残された授業計画では、マラリア、黄熱病、脚気などの熱帯病をそれぞれ一～三日間ずつで学ぶというハードなスケジュールをこなしている[27]。かねてより関心を抱いていた脚気を含め、このときの勉学は印象深いものだったに違いない。佐藤は以下のような報告を『軍医団雑誌』（陸軍衛生部を母体とする陸軍軍医学会の機関誌）に送っている。

ハンブルク熱帯病研究所における講義は、「恰モ身自ラ熱帯ニ行キテ親シク研究シ居ルヤノ感有之［中略］台湾ナトニハ此方面ニ於テ大ニ研究スヘキ余地」がある。脚気に関してはシャウマンHugo Schaumannの講演を聴いた。しかし、シャウマンの実験結果をもって「直ニ我国ノ脚気ヲ解釈シ得ルヤ否ヤハ決シカタキ問題」である(28)。シャウマンの説とは、脚気の病因を有機結合燐酸の不足によって引き起こされる代謝疾患と考える説（一九〇八年発表）のことである。栄養障害説の一種であり、日本にも紹介されつつあった。ちなみに、『軍医団雑誌』には、海外留学中の軍医によるレポートが毎号掲載され、ときに森医務局長もコメントを書き添えている。佐藤のこのレポートも、森が目にしていたことは間違いない。

このように佐藤恒丸は、東京帝大大学院時代から脚気に関心を持ち、早い時期から白米に関わる栄養素の問題に着目していたことが分かる。留学中は、ドイツにおける植民地医学研究のメッカたるハンブルク熱帯医学研究所で脚気について学び、栄養障害に着目するシャウマンの説に刺激を受けたが、ただちにそれを全面的に受け入れたわけではなかった。

## 三．佐藤恒丸の脚気研究（二）——朝鮮赴任期を中心に

### (1) 佐藤の朝鮮転属

ドイツ留学からの帰国後、佐藤のキャリアに大きな変化が生じた。一九一〇年七月、京城衛戍病院長に補されたのである。佐藤の朝鮮配属は当時陸軍省医務局長だった森林太郎の意向によるものだった。寺内正毅陸相が韓国統監として赴任（一九一〇年五月）するにあたり、良医をそばに置こうという考えからだったという(29)。

しかし、より大きな文脈からいえば、日露戦争後の日本の対外領土拡張にともない、高級軍医の「外地」配属を強化する流れが生まれており、佐藤の朝鮮配属もその一環だったと考えられる。森医務局長期における帝大出身高級軍医の配属先を分析すると、一九〇九～一〇年にかけ、韓国・朝鮮や関東州などへの配属が急増している。

すなわち、小池前局長期の一九〇六年と森局長期の一九一一年を比較してみると、関東州に配属された軍医将校相当官のうち帝大出身者の比率は五・九％から三二・四％へ、朝鮮では三・五％から一〇・三％へと大きな伸びが見られる(30)。また、これらの「外地」配属エリート軍医の赴任期間は長期にわたる傾向が見られた。佐藤の場合も足かけ一〇年を朝鮮の地で過ごしている。その間、階級も、陸軍二等軍医正（一九〇八～一二年）→一等軍医正（～一七年）→軍医監（～二二年）にあがっている。

さて、佐藤は「学者人物たるの典型(31)」とされ、朝鮮赴任時代の医学研究も、ペスト、軍隊胸膜炎、腸チフス、赤痢、ジフテリアなど広範囲に及ぶ。軍医として得た臨床データにもとづく症例報告が中心である。そうしたなか、比較的一貫して追究したテーマが脚気だった。佐藤の研究が、近代日本の脚気研究史のなかで言及されることは稀だが、序節で述べた脚気研究と植民地の関係を考えるとき、看過できない質・量の研究を朝鮮で残している。植民地朝鮮でこのように継続的に脚気研究を行った医学者は、佐藤と後述の志賀潔以外は皆無であり(32)、佐藤の研究は独自の位置を占める。

### （2）日露戦後における脚気研究

時を同じくして日本の脚気研究は転機を迎えていた。

一つは臨時脚気病調査会が公に設けられ、脚気を専門的に議論する場が制度化された。一九〇八年に設けられ二四年まで継続した同調査会は、東京・京都帝国大学等の教授、北里研究所の研究者、陸海軍軍医など延べ五二人を委員とし（臨時委員を含む）、二九回にわたる総会で計一六八本の報告がなされている(33)。佐藤恒丸も一九一五年三月～二四年一一月に委員をつとめた（一九二三年三月の一時期、委員を外れている）。

同調査会に対する評価は、脚気問題に対する森林太郎の責任論と関わって、大きく分かれている。山下政三

『鷗外　森林太郎と脚気紛争』は、「森の創設した臨時脚気病調査会が、脚気の原因はビタミンBの欠乏にあること、脚気はビタミンBによって防止できることを解明したのは、救世主的な医学功績と称賛すべき」とする。[34]しかし、病因解明の功罪は、調査会総会で一度も公式報告を行ったことのない森ではなく、医学研究に携わり調査会で発表した医学者たちが負うべきものであろう。

他方、板倉聖宣『模倣の時代』は、同調査会に対し、（陸軍軍医を含め）東京帝大出身エリートのみを集め、森会長は、脚気予防に米糠や麦飯が有効とする研究を随所で牽制しようとしていた、とする。[35]また、ベイ氏の研究も、東京帝国大学と陸軍衛生部主流、なかんずく森会長が「反麦飯派が臨時脚気病調査会を指揮し、伝染病説に沿って研究を方向づけた」とする。[36]しかし、調査会の諸報告が脚気伝染病説に偏っているとは言いがたい。栄養障害説に立つ佐藤恒丸や脚気毒素説を主張した先述の稲垣長次郎をはじめ、多くの反証は容易に見いだせる。臨時脚気病調査会は、当時の医学者に脚気病因をめぐるさまざまな議論の場を提供したと見るべきだと考える。

当該期のもう一つの重要な変化は、欧米の植民地医学・熱帯医学の成果が流入し、脚気病因をめぐる議論が新たな段階を迎えつつあったことである。明治以降、西洋医学を修得した日本人医学者が唱えた脚気原因説は大別すると三種類ある。[37]一つは脚気伝染病説である。ベルツ Erwin von Bälz（東京医学校）やショイベ Heinrich Botho Scheube（京都医学校）らドイツからの「お雇い外国人」教師に端を発し、東京帝大医科大学の権力者・青山胤通、軍医制度の基盤を整備した石黒忠悳（陸軍省医務局長、軍医総監）らが同説の信奉者となった。しかし、脚気原因菌の存在が証明されることはなかった。これに対して、細菌ないし食物の毒素による中毒を原因と考えたのが脚気中毒説だが、これも結局脚気毒素を特定できずに終わる。

真の病原である未知栄養素に光を当てる契機となったのは、欧米の植民地医学だった。すなわち、一八八九年オランダ領東インドのバタヴィア（現ジャカルタ）の研究所で、オランダ医エイクマン Christiaan Eijkman が鶏

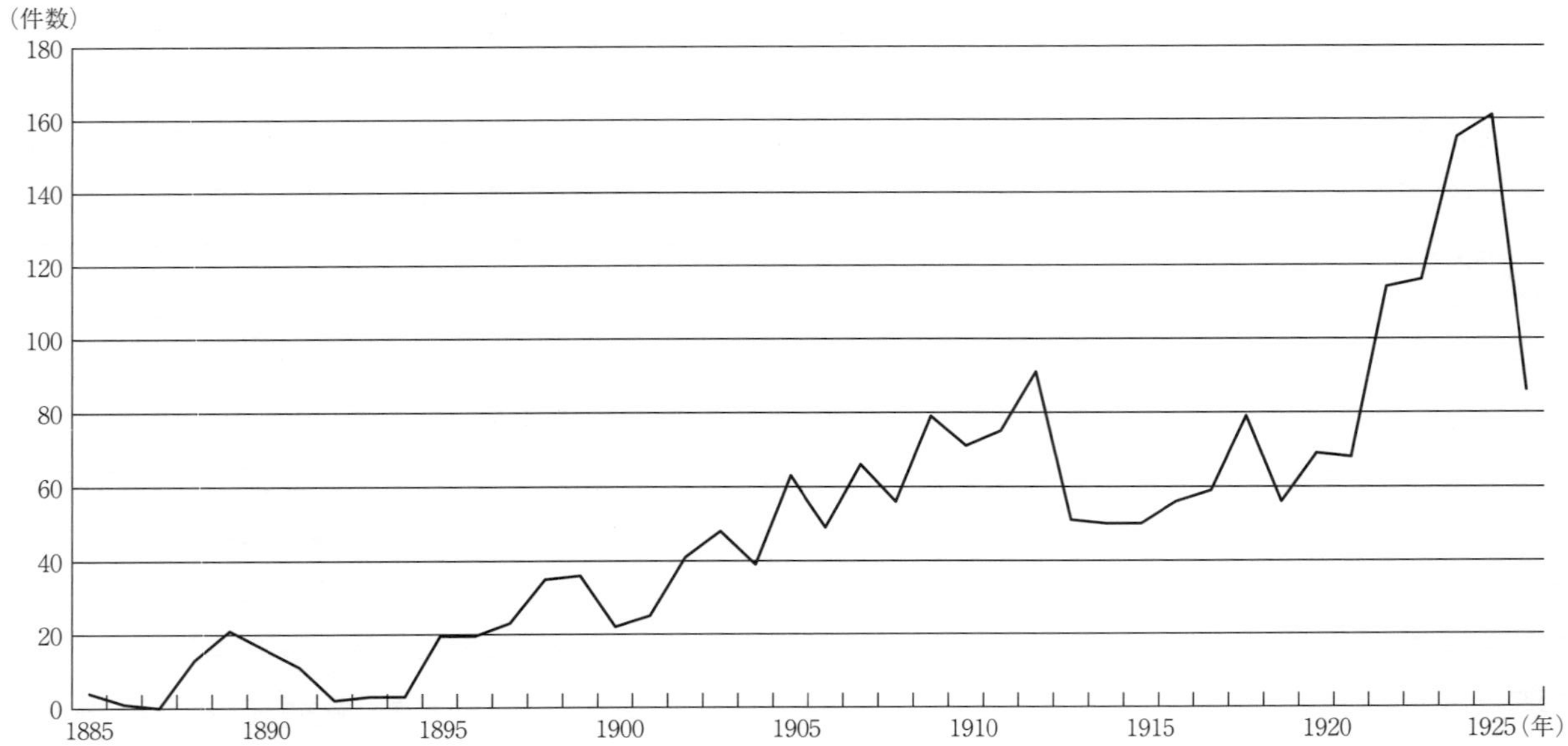


図１　脚気研究関連文献の件数推移（1885～1926年）

出典：島薗順次郎『脚気』（克誠堂、1927年）217～283頁「脚気文献」より算出。

註１：出典資料には次の註記がある。「本文献ニハ脚気及「ヴィタミン」Ｂニ関係セルモノニテ日本人ガ日本語ニテ記シタル論文ヲ主トシ又本邦人ガ欧文ニテ発表セルモノ及欧米人ノ論文ニシテ本邦雑誌ニ登載セルモノヲモ輯集セリ。外国人ガ外国雑誌ニ発表セルモノハ一モ採録セズ。」

２：出典資料に掲載の文献のうち1927年分については年度の途中までしか採録されていないので本表では除いた。

に脚気に類似した多発性神経炎の症状（鳥類白米病）を見いだし、糠には存在するが白米には欠如している未知の物質が脚気の原因と考えた。オランダ領東インドの熱帯医学史に関する研究によれば、これは、一九世紀末における同地の細菌学・寄生虫学・栄養学研究の発展にともなう熱帯医学の確立過程の一環と位置づけられている。(38)伝染病説が「医学界の支配的思想」(39)だった明治日本の脚気研究は、日露戦争後、西欧の植民地医学からもたらされた知によって転換期を迎えることになったのである。そして日本では、鳥類白米病とヒト脚気の異同、鳥類白米病を防止する有効成分の抽出といった新たな争点がうまれ、研究も活発化した（図1）。

さらに一九一〇年代には、日本の鈴木梅太郎によるオリザニンの発見、イギリスのフンク Casimir Funk によるビタミンの抽出がなされた（いずれもビタミン$B_1$の不純結晶であり、純粋単離は一九二六年になってヤンセン Barend Coenraad Petras Jansen とドナート Willem Frederick Donath により成功）。ビタミン研究の進展にともない、日本では一九一九年に島薗順次郎（京都帝大医科大学教授）が日本内科学会で伝染病説と中毒説を否定し、ビタミン欠乏説を主張した。一九二〇年代には大森憲太（慶應義塾大学医科大学講師）らによって人間によるビタミンB欠乏食試験が行われ、ビタミンB欠乏が脚気の原因であることが確定した。日露戦争後の時期は、脚気伝染病説と中毒説に対して次第に栄養欠如説（脚気が未知栄養素の欠如によってもたらされるとする説）が優位に立つようになっていく転換期でもあった。

### （3）朝鮮赴任期における脚気研究

#### ①永登浦監獄調査（一九一一年）

佐藤は植民地期初期朝鮮で五度にわたって脚気に関する実地調査を行い、表1にあげた関連論文を発表している。

**表1　佐藤恒丸の脚気関連の医学論文**

| 番号 | 刊行年月 | 著者 | タイトル・刊行元・収録雑誌 | 備考 |
|---|---|---|---|---|
| ❶ | 一九一一年一一月 | 佐藤恒丸・岩淵友次・矢崎豊久 | 『永登浦分監獄ニ暴発シタル脚気様疾患調査報告』（臨時脚気病調査会） | |
| ❷ | 一九一二年二月 | 佐藤恒丸 | 『鎮海湾漁夫脚気病調査報告』（臨時脚気病調査会） | |
| ❸ | 一九一六年八月 | 佐藤恒丸 | 『再ヒ朝鮮人ノ脚気ニ就テ』（臨時脚気病調査会） | 『中外医事新報』第八七四号（一九一六年八月）、『医海時報』第一一五二号（一九一六年七月二二日）、『東京顕微鏡学会雑誌』第二三巻第四号（一九一六年九月）に抄録掲載。 |
| ❹ | 一九二〇年一〇月 | 佐藤恒丸 | 『鳥類白米病ニ関スル二三ノ実験』（臨時脚気病調査会） | |
| ❺ | ［一九二五年六月報告］ | 佐藤恒丸・曾我祐元・青柳正興・船曳立雄・日浦幸助・神崎三益・峯秀樹 | 「人体「ヴィタミン」B欠乏食試験成績」 | 一九二五年六月に元臨時脚気病調査会委員の報告会で報告され、抄録は陸軍省医務局編刊『元臨時脚気病調査会委員報告会抄録集』（一九二五年）に収録。 |
| ❻ | 一九二五年一〇月 | 佐藤恒丸 | 「腸窒扶斯脚気併発症の療法」（『最近之診療』第一巻第三号） | |
| ❼ | 一九二六年二月 | 佐藤恒丸 | 「臨床講義　脚気」（『東京医事新誌』第二四五七号） | |
| ❽ | 一九二六年一〇月 | 佐藤恒丸 | 「腸「チフス」患者ノ脚気ニ就キテ」（『日本伝染病学会雑誌』第一巻第一号） | 『日本医事新報』第二二七号（一九二六年一二月）、『治療薬報』第二六五号（一九二六年一二月）にも同タイトルの論文あり。 |
| ❾ | 一九二九年一月 | 佐藤恒丸 | 「腸「チフス」に於ける腓骨神経の神経炎」（『実験医報』第一五巻第一七一号） | |

注：臨時脚気病調査会で刊行された報告および医学雑誌に掲載された論文をあげた。

最初は、一九一一年七月の永登浦監獄の脚気調査である。同年四月以来、京城（現ソウル）にある内地人用監獄の永登浦監獄で脚気患者が大量に発生した。同年六月には九七名が罹患し、囚人約二五〇名の四〇％近くが脚気にかかっていた。臨時脚気病調査会では、佐藤恒丸および、志賀潔（伝染病研究所部長）、森安連吉（朝鮮総督府医院内科長）を派遣し、それぞれに調査報告を提出させた。

佐藤はさまざまな脚気病因の可能性を考えた。七月に永登浦看守長に提出させたデータには、月別患者数、患者の在監期間、患者の年齢、就業の有無と症状発生の関係、監房の気温など多様な項目が含まれている(40)。同年一一月に佐藤恒丸・岩淵友次（二等軍医）・矢崎豊久（二等軍医）が調査会に提出した報告書（表1❶）でも結論は総花的である。すなわち、「衛生上不利ノ状態殊ニ衆人密居ニ基ツク各人気容《ママ》ノ減少、空気ノ変敗、食物中養素ノ欠乏及ヒ之ニ伴フ発温量ノ不足、蛋白質ノ欠乏、鉱質物ノ過小ト食塩ノ過剰、個人運動ノ不足若クハ欠如」（❶六三頁。以下、本項①〜⑤節では、各報告書の頁数を括弧書きで示す）を脚気発症に関係のある要因と認定した。単一の脚気病因の特定には慎重な立場をとっていたのである。

ただし、報告書でもっとも力を入れているのは明らかに栄養との関連である。「鉱質物［無機質］ノ過小ト食塩ノ過剰」にとくに注目し、ドイツのシャウマン（先述）のように食物中の「鉱質物ノ関係」に注目すべきだと訴えている（四八〜四九頁）。栄養面に注目しながら、必ずしも未知栄養素（ビタミンB）の欠如という正確な理解にまでは至っていない。とはいえ、報告書では細菌の可能性には言及がないことから、佐藤が陸軍衛生部主流の脚気伝染病説に与していなかったことも確認できる。

他方、佐藤とは別に永登浦監獄の脚気を調査した志賀は、「脚気ハ伝染病ト認ムヘキ事実ヲ発見スル能ハス」と、より明確に脚気伝染病説を否定した(41)。志賀は、わざわざ佐藤に書簡を送って、自らの報告の主意は脚気伝染病説の否定にある、佐藤の報告とは重複も衝突もせぬよう簡略にした、と述べている(42)。

このような佐藤や志賀の調査は、脚気伝染病説を否定する追い風の一つとなった。内地の医学情報誌『医海時報』は、脚気の原因が「伝染病に非らざる事も過般志賀博士及佐藤二等軍医正の朝鮮に於ける調査により稍々得る所ありたり」と伝える(43)。

さて、永登浦監獄には朝鮮人の囚人は収容されていなかったので、佐藤のこの最初の調査は朝鮮人・朝鮮社会における脚気の実態を明らかにするものではなかった。調査では、「此ノ地ノ住民ニハ従来脚気ノ流行ヲ見タルコトナク〔中略〕脚気患者ノ有無ヲ詳ニスルコトヲ得ス(44)」と述べている。しかし、この調査が佐藤に朝鮮（人）における「脚気の不在」という問題を意識させる重要なきっかけとなったことは間違いない。佐藤は、内地人監獄の永登浦監獄を調査するにあたって、対照例として朝鮮人専用監獄だった京城監獄（脚気患者は皆無だった）も調べ、随所で比較参照している。

朝鮮における脚気について探究する必要を感じた佐藤は、陸軍衛生部における庇護者たる小池正直（前医務局長）がかつて朝鮮釜山で勤務していたこと（一八八三〜八五年）を思い起こした。佐藤は、小池が著した『鶏林医事』（一八八七年(45)）を送ってくれるよう頼み、あわせて朝鮮在来の医書に脚気の記述がないか教示を請うた。

一九一一年一〇月、小池は佐藤に『鶏林医事』を郵送し、佐藤の手で不備を改めてほしいと依頼した。朝鮮の医書については、中国の古典的医籍に拠りつつも独自の見解が少なくないとして、朝鮮中期の御医・許俊による『東医宝鑑』（一六一二年）と朝鮮後期の医官・康命吉の『済衆新編』（一七九九年）を紹介している(46)。

小池の『鶏林医事』においては、脚気病は「朝鮮ニ少シ」とされ、一八七九〜八四年における済生医院（註(45)参照）の治療実績では脚気患者はわずか五名だったと記している。脚気の病因については、「「ミアスマ(47)」性病ニシテ毒素発育ノ状態「マラリア」毒ニ類スルモノ」と把握している。また、米食との関連については、「韓人モ亦固ヨリ米飯ヲ主食スト雖トモ其国本ト米産豊饒ナラサルヲ以テ中人以下ハ必ス之ニ麦若ハ豆ヲ混シテ炊

**表 2　朝鮮総督府医院・道慈恵医院における内地人・朝鮮人の脚気患者**

| 医院 | 区分 | 民族 | 1912 | 1913 | 1914 | 1915 | 1916 | 1917 | 1918 | 1919 | 1920 |
|---|---|---|---|---|---|---|---|---|---|---|---|
| 朝鮮総督府医院 | 総患者数 | 内地人 | 24,601 | 21,603 | 22,139 | 24,307 | 21,310 | 21,132 | 22,111 | | |
| | | 朝鮮人 | 23,872 | 22,165 | 20,538 | 18,032 | 14,191 | 16,356 | 16,576 | | |
| | 脚気患者数 | 内地人 | 443 | 356 | 472 | 506 | 844 | 483 | 496 | 410 | 708 |
| | | 朝鮮人 | 19 | 38 | 82 | 28 | 92 | 48 | 53 | 23 | 0 |
| | 千分率（‰） | 内地人 | 18.0 | 16.5 | 21.3 | 20.8 | 39.6 | 22.9 | 22.4 | | |
| | | 朝鮮人 | 0.8 | 1.7 | 4.0 | 1.6 | 6.5 | 2.9 | 3.2 | | |
| 道慈恵医院 | 総患者数 | 内地人 | 54,583 | 67,362 | 59,282 | 61,054 | 65,129 | 71,702 | 70,785 | | |
| | | 朝鮮人 | 174,751 | 188,895 | 278,859 | 112,615 | 293,873 | 306,192 | 286,240 | | |
| | 脚気患者数 | 内地人 | 101 | 123 | 369 | 367 | 602 | 419 | 553 | 435 | 441 |
| | | 朝鮮人 | 26 | 66 | 63 | 6 | 43 | 46 | 102 | 38 | 151 |
| | 千分率（‰） | 内地人 | 1.9 | 1.8 | 6.2 | 6.0 | 9.2 | 5.8 | 7.8 | | |
| | | 朝鮮人 | 0.1 | 0.3 | 0.2 | 0.1 | 0.1 | 0.2 | 0.4 | | |
| 合計 | 総患者数 | 内地人 | 79,184 | 88,965 | 81,421 | 85,361 | 86,439 | 92,834 | 92,896 | 95,520 | 104,701 |
| | | 朝鮮人 | 198,623 | 211,060 | 299,397 | 130,647 | 308,064 | 322,548 | 302,816 | 264,546 | 171,285 |
| | 脚気患者数 | 内地人 | 544 | 479 | 841 | 873 | 1,446 | 902 | 1,049 | 845 | 1,149 |
| | | 朝鮮人 | 45 | 104 | 145 | 34 | 135 | 94 | 155 | 61 | 151 |
| | 千分率（‰） | 内地人 | 6.9 | 5.4 | 10.3 | 10.2 | 16.7 | 9.7 | 11.3 | 8.8 | 11.0 |
| | | 朝鮮人 | 0.2 | 0.5 | 0.5 | 0.3 | 0.4 | 0.3 | 0.5 | 0.2 | 0.9 |

出典：山本順市「朝鮮ニ於ケル脚気ニ就テ」（『軍医団雑誌』第157号、1926年）。朝鮮総督府編刊『朝鮮総督府統計年報』各年版。ただし、『朝鮮総督府統計年報』で「朝鮮総督府医院患者病類別」「道慈恵医院患者病類別」が掲載されるようになるのは1914年版から。

注1：各医院とも入院患者（普通患者・施療患者）と外来患者（普通患者・施療患者）の合計人数である。

2：空欄は数値不明。

ク」と記している。(48)

このようにして、佐藤は一九一一年の永登浦監獄調査によって、朝鮮における「脚気の不在」に目を向け、脚気病因研究の手がかりになるのではないかという着想を得た。ちなみに、実際のところ朝鮮にはどの程度の脚気患者がいたのか。朝鮮全体における脚気発生状況についての統計はないが、官立病院（朝鮮総督府医院、道慈恵医院）での患者数については部分的に数字を確認できる（表2）。これによれば、内地人の患者数中の脚気患者の比率（千分比）は五〜一七‰、朝鮮人は〇・二〜〇・九‰であり、佐藤が観察したとおり顕著な差があったことは間違いない。

**②鎮海湾漁夫調査（一九一一年）**

永登浦監獄調査からまもない一九一一年九月末から一〇月初にかけ、佐藤は、臨時脚気病調査会の委嘱を受け、慶尚南道鎮海湾の漁夫（主に内地人）を調査した。朝鮮海水産組合馬山支部医師の池邊保を通じて、一九〇八〜一〇年における内地人定着村および漁場一七箇所の脚気患者八四名（うち二名は朝鮮人）のデータを入手している。臨時脚気病調査会に提出した報告書『鎮海湾漁夫脚気病調査報告』（一九一二年二月。表1❷）では、患者の居住地・年齢・食事・漁夫以前の職業・脚気の既往歴、当地の気温などのデータをあげている。先の永登浦監獄調査と同じくさまざまな病因の可能性を探ったと見られる。ただ、重点はやはり栄養素の問題におかれ、「評判悪シキ米飯ト各養素摂取量ノ不権衡トハ殆ド脚気ノ発生ヲ説明シ得ヘキカ如シ」（四二頁）としていた。食物中の「鉱質物」が少ないこと、食塩が過剰なことに注目している（二九頁）のも永登浦監獄調査と同じである。

もっとも、栄養素以外の原因が関係している可能性も排除していなかった。その理由の一つが、同じ船中に起居する漁夫でも「内地人ハ盛ニ脚気ニ罹リ鮮人ハ罹ラサルコトアリ」（四三頁）という点にあった。朝鮮人の「脚気の不在」は依然大きな疑問として佐藤の胸中に残っており、それが朝鮮人についての調査につながった。

### ③官立病院の朝鮮人脚気患者調査および朝鮮人からの情報収集（一九一一年）

佐藤の作成した先述の『鎮海湾漁夫脚気病調査報告』には、附録として「朝鮮人ノ脚気」が収録されている。時期的には鎮海湾漁夫調査と同じ時期に実施した調査だが、調査対象はまったく異なるので、本稿では別個の調査として取りあげる。

一九一一年一〇月、佐藤は、朝鮮総督府医院と全道の慈恵医院に対し、同年一～一〇月の朝鮮人脚気患者数を照会している。佐藤にとって朝鮮人を対象とした初の脚気調査であり、総督府でも前例のない調査である。この結果、総督府医院では朝鮮人患者総数約一万三七〇〇名中、脚気患者は一三名、慈恵医院では全道合計七名と「極メテ少数」だったことを確認した（表1❷、六一～六三頁）。

さらにこの調査では、古文献の調査や朝鮮人からの聞き取りも行っている。先述の小池正直『鶏林医事』から、朝鮮人脚気患者が従来から少なかったという記述を引用し、また小池の紹介した『東医宝鑑』を自ら調べ、朝鮮の伝統医学では脚気の原因が湿気と考えられていることを指摘した（六四～六五頁）。朝鮮人から聞き取った情報としては、趙重應（朝鮮貴族）から、朝鮮では「幾千年来脚気アリ」、「飯稲、羨魚」を原因と考えていたこと、治療に尾蔘・牛膝・蒼木が用いられることを聞いている。朴宗桓（一九〇五年千葉医学専門学校卒業、京城で開業医）からは、開業医として診察した二人の朝鮮人脚気患者について聞いた。朴は『東医宝鑑』同様、脚気の原因が湿気と主張したが、佐藤は朴に対し朝鮮人の主食・副食について尋ねており、むしろ食物との関係を疑っていた（六五～六七頁）。また、これとは別に、趙重應に教示された牛膝・蒼木等の伝統薬の効能について、朴宗桓と書簡をやり取りして情報を得ている(49)。

こうした朝鮮人からの情報収集が注目されるのは、まず佐藤が、朝鮮の伝統医学（韓医学）の知見も参照していたという事実である。そもそも臨時脚気病調査会では伝統医学は冷遇されていた。内地の漢方医は委員に加えられず、まして植民地で「周辺化」されつつあった伝統医学に目を向ける委員も皆無だった。植民地朝鮮で伝統的韓薬に対して西洋医学の立場から利用しようという観点が登場するのは、一九二〇年代後半の京城帝国大学薬理学第二講座の設立以降と考えられてきた。[50] しかし、佐藤は、明らかに朝鮮の伝統医学の知見から脚気の病因解明や治療への応用を探っている。植民地期初期から、近代医学を基盤とした植民地伝統医学の利用という発想をもつ日本人医学者がいたことを示している点で佐藤の事例は重要である。

また、佐藤の調査からは、朝鮮人・朝鮮社会における脚気の様相もうかがわれる。佐藤によれば、朝鮮人患者は少数だったとはいえ、京城師範学校寄宿舎の生徒、光武学校（一九〇五年に一進会が設立した日語学校）の生徒などに見られたとされている（六四～六六頁）。いわば日本的生活に接触し、日本式の食事を取りいれたと思われる朝鮮人が脚気を発症していることが示唆されており、佐藤自身も後にそのような主張を明確に唱えるようになっていく。

かくして佐藤は、朝鮮人の脚気という新たな切り口からこの病にアプローチすることが脚気病因の解明の鍵となると確信した。『鎮海湾漁夫脚気病調査報告』では、「日本内地ト風土及ヒ生活ノ状態ヲ異ニセル朝鮮ニ於ケル原因的調査カ脚気ノ本態ヲ明ニスルニ当リ有力ノ根拠トナリ得ヘキハ疑ヲ容レス」と書いている（六七頁）。こうした考えは内地医学界でも多少なりとも認められたとみられる。稲田龍吉（京都帝国大学福岡医科大学教授）は、一九一二年四月、第二回日本病理学会で、宿題報告「脚気」において、佐藤の調査報告を引きながら、朝鮮には脚気が稀だという事実が「脚気ノ原因探求上ニハ少カラザル根拠ヲ与フルモノナルベシ」と賛意を示した。[51] また、佐藤は、これまでも臨時脚気病調査会の委嘱で調査を行っていたが、一九一五年三月に正式に同調査会委員に任じられた。これも佐藤の脚気研究が一定の評価を得たことを物語っている。

④朝鮮全道における朝鮮人脚気調査（一九一五年）

一九一五年、佐藤は、朝鮮人に焦点を合わせた脚気調査を行った。後年の回顧では、この調査の動機について、「朝鮮に在勤中［中略］併合後邦人の移住頓に増加すると共に、脚気も亦鮮人の間に著しく増加の傾向を示したのを見て脚気病調査の好機と考へ」たと述べている。(52) 韓国併合後に脚気患者が増加していたかどうかは、必ずしも前掲表2や本調査から統計的に読みとれるわけではないのだが、佐藤はそのような確信を抱いていた。ともあれ本調査には、全道の公医・警察医二〇〇余名からのデータ、全道の監獄からの報告書、総督府医院・道慈恵医院の記録が収められている。一九一六年七月、臨時脚気病調査会総会で報告され、八月、『再ヒ朝鮮人ノ脚気ニ就テ』として調査会から刊行された（表1❸）。佐藤は、これらのデータ入手のために立花小一郎警務総長や国分三亥司法部長官に照会している。すなわち、朝鮮総督府の医療部門のみならず警察・司法機関も協力した、植民地期を通じて他に例を見ない大規模な脚気実態調査だったといえる。

公医・警察医調査では、佐藤は、全道で一一八名の脚気患者（一九一三〜一五年累計）を確認した（三〜四頁）。全道一九箇所の監獄では、朝鮮人在監者総計二万二二〇八名（一九〇九〜一五年累計）のうち脚気患者はわずか三一名だった（二二頁）。官立病院については、五一名（一九一五年各月累計）の脚気患者が確認された（三一頁）。この時点での朝鮮における脚気の実態を知るうえで貴重な資料ではあろう。ただし、いずれの調査も疫学的統計調査としては不十分であり、調査対象地域ごとの朝鮮人・内地人の人口や、脚気以外の患者も含む総患者数などのデータはとられていない。そのため、朝鮮人の脚気発症率やその地域差を算出したり、内地人との発症率の比較をしたりすることはできない。佐藤は、公医・警察医調査をもとに、単純に各道患者数から、朝鮮人脚気患者は京畿道・全羅南北道・慶尚北道・黄海道に多く、僻地より都会地によく見られるという指摘をしているのみである（四〜五頁）。

統計よりもむしろ興味深いのは口述資料だろう。公医・警察医調査では、佐藤が設問を用意して、公医・警察医に回答を求め、さらに朝鮮人医生にも聞き取りをさせている。朝鮮人の伝統医療を脚気研究のための情報源として活用しようとした姿勢は、一九一一年の脚気研究（第③項参照）から引き継がれている。医生の証言から、湿気が脚気の原因だと広く信じられていることを見いだし（この知見は報告書の結論〔三六頁〕にも取りいれられている）、脚気に対する韓医学の治療法と民間療法も詳述している（八〜九、一九〜二三頁）。

また、日本式の食生活の流入によって朝鮮人が脚気に罹患していることを明らかにしている点も重要である。朝鮮人患者八三名から、内地人との関係や主食の内容、米食以前の食事などについて（公医・警察医を通じて間接的に）聞き取っているが、佐藤によれば、「鮮人カ内地人ニ雇ハレ寄宿舎ニ入リ或ハ監獄ニ入ルカ若ハ其ノ他ノ関係ニ因リテ米食ヲ始メタル後脚気ニ罹ル者甚タ多シ」（一六頁）とされている。結論では、内地人と接触し精白米を食することによって朝鮮人に脚気患者が増えていることを踏まえると「精白米ト脚気トノ関係ハ疑フヘカラス」と言明した（三六頁）。ただし、脚気の原因は複合的であるとも述べ、先述のように、朝鮮人医生が主張する湿気もその一因である可能性を記している。

**⑤鳥類の食餌実験と朝鮮人の食生活調査（一九一八〜二〇年）**

佐藤は、一九一六年に京城衛戍病院長から朝鮮駐箚軍軍医部長（一八年朝鮮軍軍医部長と改称）になった。この時期も脚気研究を続けており、一九一八年以降、鳩・鶏を用いた食餌実験および咸鏡南北道の朝鮮人の食生活調査を行っている。

まず、鳥類の食餌実験から見よう。一九一八年五月から二〇年一月にかけ行った実験である。第三節第(2)項で述べたように、一八八九年バタヴィアの研究所で鶏の脚気類似の症状（鳥類白米病）が報告された。この発見により栄養欠如説が浮上し、日本でも一八九〇年代末から鳥類脚気の実験が行われるようになっていた。佐藤の実験は、鳩・鶏（二〇～三〇羽）に白米・燕麦・粟・挽割麦・半搗米を順序を変えながら与えたり、混合比率を変えた食餌を与えたりして、体重の変化や発症の有無を見るものだった。実際の実験は、京城衛戍病院の堀内清正（二等軍医）・末永代四郎（一等軍医）によって行われた。報告書は、佐藤の朝鮮離任後の一九二〇年一〇月に臨時脚気病調査会から『鳥類白米病ニ関スル二三ノ実験』として刊行された（表1❹）。鳥類白米病に対する治効は、遅速はあるが、粟・燕麦・挽割麦・半搗米のいずれでも確認されたとしている。

この実験で佐藤は、朝鮮で食用されていた燕麦（オート麦）に注目していた。「燕麦ヲ主食トスルコトハ我国ニ於テ未タ多ク聞カサル」ためだった（一四四頁）[53]。脚気に燕麦食が有効かどうかを確認するため、佐藤は、朝鮮人の食生活に対する大規模な調査も並行して行った。咸鏡南北道の憲兵警察ネットワークを使って同地域の朝鮮人の食生活を調べたのである。

同年一〇月一一日付で咸鏡南道警務部長・大橋又三が佐藤に提出した「燕麦食用ニ関スル調査書」[54]によれば、管内憲兵分隊・分遣所・警察署を動員して調査を行い、各管内での燕麦食用地域、年間の燕麦食用期間、燕麦を食する階層、調理法などが調べられている。また、一〇月二二日には、咸鏡北道警務部長・浦野丈蔵が朝鮮軍軍医部長（佐藤）宛てに、同様の項目を調査した報告書を提出している[55]。より詳細な咸鏡南道の調査報告を見ると、以下のようなことが明らかにされている。管内住民すべてが燕麦を常食とする地域もあるが（甲山憲兵分隊、豊山憲兵分遣所、中坪場憲兵分遣所）、細民・貧困者のみ主食とする地域が多い（長津憲兵分隊、恵山鎮憲兵分隊、高原憲兵分遣所）。食用期は年中という地域もあるが、麦のできない端境期（北青憲兵分隊、永興警察署）や火田生活をしていて収穫物少なき時期（洪原警察署）などに食するのが一般的だった。貧困者は一年中食すが、中流以上は年に数ヶ月しか食べないなど、階層による差異も見られた（文川憲兵分遣所、定平憲兵分遣所、利原憲兵分遣所）。内地人の米食者は燕麦を食すと腹痛を起こすが（新乫坡鎮憲兵分遣所）、内地人が食せば脚気に効力があることが知られている地域（甲山憲兵分隊）もあった。

燕麦が端境期などに食いつなぐ食糧、あるいは貧困階層にとっての米・麦等の代替食となっていたことが分かる。当時の朝鮮人の食生活の具体的な様子が分かり興味深いが、公式報告書『鳥類白米病ニ関スル二三ノ実験』では、末尾に「附記」としてごく簡単に言及されているに過ぎない（一四四～一四五頁）。

さらに佐藤は、内地人の白米食と朝鮮人の燕麦食という違いが、両者の脚気発生率の違いをもたらしていると見当をつけた。それを確認するために、栄養学的な研究にも踏みこんだ。一九一八年六月、佐藤剛蔵（京城医学専門学校教授）に依頼して、小麦麩、裸麦麩、燕麦等のオリザニン含有量についてのデータを入手している。[56]

以上のように一九一一年以来一〇年近くにわたり朝鮮で行われた佐藤の脚気研究は、他に類例のない実態研究として、内地の研究書等でも取りあげられた。朝鮮に勤務する軍人のためのハンドブック（一九一六年）では、朝鮮における脚気の記述は、佐藤の調査（前記②③調査）にほぼ依拠している。[57] また、遠山椿吉、青山胤通、大森憲太、入沢達吉ら錚々たる内地の医学研究者がまとめた脚気研究においても、佐藤の調査が参照されている。[58]

### （4）引き継がれる朝鮮人の脚気に対する研究

佐藤恒丸は、一九二〇年一月に東京の赤十字社病院長となり、一〇年ぶりに内地に帰任した。内地帰任後も佐藤は脚気研究を続けている。第一次世界大戦後、日本の医学界ではようやくビタミンB欠乏が脚気の原因であるとの共通認識が形成されつつあった。これを決定づけたのは、臨時脚気病調査会によるビタミンB欠乏食人体試験（一九二四年）であった。先述の大森憲太による同試験（一九二一年発表）の追試である。京都帝国大学・島薗順次郎内科、東京帝国大学・入沢達吉内科などとともに、佐藤の主導で日本赤十字社病院も試験に加わった。同病院の入院患者三名に一九二四年二月から八六日間、ビタミンB欠乏食を与え、脚気の発症を確認した後、糠エキスによって治療できることを確認した。

この間、日露戦後以降脚気研究の中心となってきた臨時脚気病調査会は、脚気病因を確定する任務をほぼ完了したため解散にいたった（一九二四年一一月）。赤十字社病院の実験報告は、一九二五年六月、陸軍省医務局長主催による元調査会委員の報告会でなされた（表1❺）。

一方、佐藤とは別個に、朝鮮での脚気研究も続いていた。

その担い手は北里柴三郎の伝染病研究所出身の志賀潔だった。志賀は奇しくも佐藤とは東京帝大同期（一八九七年度卒）であり、生涯にわたって交遊する間柄だった。また、志賀は、英領インドのボンベイで開かれた熱帯医学会（一九〇九年）で刺激を受け、鳥類白米病の動物実験を行い、一九一〇～一一年に発表していた[59]。志賀が一九一一年の永登浦監獄脚気調査においても、伝染病説を否定する見解を示したことは前述した。このとき志賀は、佐藤同様、朝鮮人社会には脚気が見られないことに関心を抱くようになった。翌一九一二年、大西亀次郎（朝鮮駐劄軍軍医部長）に書簡を送り、朝鮮人の食生活調査を依頼している。翌年『朝鮮総督府月報』に掲載された大西の調査報告は、「朝鮮人ノ食ヲ調査スルコトハ朝鮮人ノ脚気研究上必要ナルノミナラス其ノ他ノ疾病ノ原因的関係ヲ考フルニ資スル所多カルヘシ[60]」と、朝鮮人の脚気研究の必要性を訴えている。

志賀は、この後しばらく朝鮮の脚気問題から遠ざかった。ところが、一九二〇年一〇月、志賀は朝鮮総督府医院長兼京城医学専門学校長に任じられる。当時、「文化政治」を掲げていた朝鮮総督府が、医療部門の改革のため北里柴三郎に打診した結果、志賀に白羽の矢が立ったのだった[61]。志賀はちょうど佐藤と入れ替わるように、朝鮮に赴任した。

朝鮮で志賀は、一九二三年六月に京城師範学校寄宿舎学生（内地人）の脚気の調査を行っている。一九二四年四月には、朝鮮総督府医院精神科科長・水津信治らの名で「朝鮮人ノ実験的「ヴィタミン」B欠乏症」が臨時脚気病調査会で発表された[62]。共著者に志賀の名はないが、報告書中にはこの実験が志賀の提議によることが記されている（一頁）。一九二三年七～九月と同年一〇月～一九二四年二月の二回にわたり、朝鮮総督府医院精神科の朝鮮人患者四～五名ずつを被験者とした。精神病患者を被験者としたのは「感情鈍麻ノ襲来早キガ為メ［中略］苦痛ヲ感ゼシメズシテ比較的容易ニ所定ノ実験ヲ遂行」できるからだとしている（二三頁）。実験内容は、ビタミンB欠乏食を与え脚気発症を確認したうえで、オリザニンまたは麦食によって治療するというもので、赤十字社病院における佐藤の実験と同内容である。

次いで一九二四年四月、志賀は、「朝鮮人ノ脚気及震災時ノ脚気発生ニ就テ」を臨時脚気病調査会で発表し、一一月報告書を刊行した[63]。志賀は、ここで二つの事実を提示している。一つは、朝鮮人脚気患者が増加傾向にあるという点である。朝鮮総督府医院および道慈恵医院の患者統計からそれが確認されるとし（ただし報告では精神科の脚気患者数が示されているのみで、全体の患者数は不明）、具体的には「地方ヨリ出デテ京城ノ中学校又ハ専門学校ニ入リ寄宿舎ニ住ムモノ又ハ内地人ノ経営スル下宿屋ニ生活スルモノ」に脚気が広まっているとした（四頁）。内地に渡った朝鮮人の鉱夫・土工・学生が「内地風ノ食物ニ親シメバ忽チ「ヴイタミン」欠乏ニ陥ル」とも述べられている（七～八頁）。佐藤と同じく、内地人の食生活に感化された朝鮮人に脚気が拡大していることを指摘したのである。

志賀報告のもう一つの論点は、一九二三年の関東大震災時に朝鮮人に「爆発性」（八頁）ともいうべき多数の脚気患者が発生したことである。青山朝鮮人収容所（東京）での日本赤十字社朝鮮本部救護班の治療患者二九名、金丸原陸軍演習厩舎（栃木）に収容された朝鮮人中の患者一六八名[64]、警視庁の調査した都内各救護所の診療患者一六〇名などの数字をあげ、震災時の食料の窮乏が引き金となったのだろうと推測している。

志賀は、一九二五年には、「朝鮮漬物きみち材料ノ「ヴィタミンB」調査」を発表した[65]。「鮮人ノ脚気罹病率ハ内地人ノ夫レニ比シテ極メテ僅少」な原因を探るために、朝鮮人の常食するキムチを調査しようと考えたのである。キムチ材料（唐辛子粉、せり乾粉、松の実粉等）の配合を変えて鳩に与え、脚気様症状が現れるかどうかで、各材料のビタミンB含有量を間接的に測定しようとした。実際の実験を行ったのは水津信治（先述）と高永珣である。高永珣は一九二一年大阪医科大学卒、当時朝鮮総督府医院医員であり、朝鮮における一連の脚気研究・調査に関わった朝鮮人医学者としてはほぼ唯一の人物である。

この後、日本全体で脚気研究が下火になり、志賀も脚気研究をとくに発表していないが、ビタミンB欠乏食人体試験を日本で最初に行った大森憲太（前述）を一九二六年九月に朝鮮総督府医院に招き、脚気病因についての講演会を開催したという[66]。

## おわりに

近代日本の脚気研究は、日露戦争前後、オランダ領東インドの熱帯医学研究の知見に刺激を受け、新たな学問的争点が形成された。また、この時期、日本は新領土を獲得して植民地帝国化しつつあったが、脚気研究にはこうした「外地」の日本人医学者も参入した。一九〇八年に発足した臨時脚気病調査会は、こうした新たな研究の受け皿となった。

台湾・関東州・朝鮮などの植民地における脚気研究では、日本本国に比べ現地住民の脚気患者がきわめて少ないことに日本人医学者が注意を向けた。新領土における「脚気の不在」を発見した日本人医学者が、脚気研究の射程に植民地を取りこむことによって「帝国の脚気研究」が形成されたのである。

本稿では、こうした「帝国の脚気研究」の一環として、高級軍医・佐藤恒丸の脚気研究を跡づけた。日露戦争以前から脚気に関心をもっていた佐藤は、植民地期初期の朝鮮において数次にわたる調査を行った。初期の永登浦監獄調査や鎮海湾漁業調査が在朝日本人を対象としたのに対し、官立病院や監獄・警察機関の協力のもと実施されたそれ以降の大規模現地調査では、明らかに関心を朝鮮人の脚気にシフトさせている。佐藤の脚気研究は、他の植民地の脚気研究のような実験医学ではなく、フィールド調査を主としていたことが特徴だが、そこには、佐藤の軍医としての実践的関心が反映しているのかもしれない。ともあれ、朝鮮における「脚気の不在」は佐藤恒丸によって医学的に見いだされ、内地との対比で意味を付与されたといってよい。

このようにして、日露戦争後から第一次世界大戦後にかけ、日本の脚気研究には、佐藤恒丸や志賀潔のような植民地朝鮮の日本人医学者の脚気研究が伴走し、朝鮮（人）の脚気についての学知を提供し続けたのである。またその結果、植民地期における朝鮮人の脚気の疫学的様相がいくらか明らかにされたことも指摘しておきたい。佐藤も志賀も、日本人との接触による食生活の変化が朝鮮人住民にも脚気を浸透させつつあることを観察していた。同様の傾向は、台湾における稲垣長次郎の研究でも指摘されている。植民地における「脚気の不在」に着目して始まった彼らの脚気研究・調査は、脚気が次第に「帝国の病」となりつつある兆候を見てとったのである。

以上の考察から、脚気研究が植民地において独自の展開を遂げていたこと、また、それによって日本帝国に脚気が拡散しつつあった事実が確認されたことが分かるだろう。このような意味で、「帝国の脚気研究」は植民地医学の一環をなしていたと筆者は考える。さらにそのことは、日本植民地帝国における植民地医学が、ヨーロッパ帝国主義国の植民地医学モデル――植民地医学＝熱帯医学ととらえるモデル――とは異なる面をもっていたことを示唆している。この点の追究は、今後、日本植民地医学史の研究における課題として意識されるべきだろう。

（1）飯島渉『マラリアと帝国――植民地医学と東アジアの広域秩序』（東京大学出版会、二〇〇五年）にしたがって、「一九世紀半ば以降の近代的な帝国主義のもとで、植民地において蓄積された医学・衛生学の体系」という定義を採用する（九頁）。

（2）代表的研究として、范燕秋『日本帝國発展下殖民地臺灣的人種衛生（一八九五―一九四五）』（国立政治大学歴史学系博士論文、二〇〇一年）。

（3）文明基「日帝下台湾・朝鮮公医制度의 比較研究――制度運用과 그 効果」（『医史學』第二三巻第二号、二〇一四年）一八六頁。

（4）Michael Worboys, "The Emergence of Tropical Medicine: a Study in the Establishment of a Scientific Speciality," Gerard Lemaine et al. eds., *Perspectives on the Emergence of Scientific Disciplines*, De Gruyten Mouton, 1976、磯部裕幸『アフリカ眠り病とドイツ植民地主義――熱帯医学による感染症制圧の夢と現実』（みすず書房、二〇一八年）など。

（5）山下政三『鷗外 森林太郎と脚気紛争』（日本評論社、二〇〇八年）一一二～一一五、三〇二頁。

（6）脚気論争史については多くの著作があるが、重要な研究書として、前註の山下本のほか、板倉聖宣『模倣の時代』上・下巻（仮説社、一九八八年）、Alexander R. Bay, *Beriberi in Modern Japan: the Making of a National Disease*, University of Rochester Press, 2012をあげられる。これらはたとえば森林太郎や臨時脚気病調査会に対する評価について対立しつつも（第三節第二項で後述）、脚気病因論争を描く枠組みとしてはいずれも本文で述べた海軍―高木兼寛、陸軍―東京帝国大学―森林太郎の対立に重点を置く。

（7）板倉、前掲書（上巻、九頁）の以下の記述は、こうした認識を典型的に示す。「脚気ばかりはどうしても日本人自らその予防と治療の方法をさぐり、その病源をつきとめなければならなかった」疾病であり、その克服は欧米医学の「模倣の枠を乗り越えて創造的に解決していくことが問題になった歴史」だった。

（8）大森憲太『脚気――日本食餌の欠陥に関する研究』（吐鳳堂書店、一九二七年）三〇～三二頁には、「外地」の脚気についての当時の医学研究が簡単に整理されている。

（9）以下、松田「帝國日本與腳氣病研究――以臺北醫院醫長稲垣長次郎為中心」（『師大臺灣史學報』第一六―一七期、二〇二四年）および范燕秋「在帝國醫學與殖民醫學的夾縫之中――日治時期臺灣人腳氣病問題」（『臺灣史研究』第二五巻第四期、二〇一八年）。

（10）稲垣長次郎『台湾ニ於ケル脚気』（臨時脚気病調査会、一九一二年）一頁。

（11）一九一二年七月、谷口元次郎（陸軍二等軍医正、旭川衛戍病院長）は北海道北見で脚気を調査した。報告書『北見釧路方面鉄道従事員脚気患者調査報告』（臨時脚気病調査会、一九一二年）によると、一八九八年屯田兵が入植した村では「脚気ナカリシ」状況だったが、一九一一年に鉄道工事が始まると東京近辺から来た土工夫に脚気が流行した。従来からの定住者と移住労働者の住居や衣服には大差なく「唯々其ノ著シク異ナル点ハ食物」にあるとされている（三頁）。

（12）牧田太（一等軍医正、大阪衛戍病院長、臨時脚気病調査会委員）は、沖縄監獄・那覇県立病院・久場島銅山などの資料に基づき、甘藷を常食とする沖縄県人に脚気が見られないとし、甘藷に脚気の予防・治療効果があると結論づけた。牧田『沖縄県那覇区及久場島ニ於ケル脚気病調査報告　甘藷並ニ麦ヲ以テスル鳩ノ飼養試験成績ニ就テ　糠X《エキス》及甘蔗X中ノ蛙心ニ及ボス物質ニ就テ（予報）』（臨時脚気病調査委員会、一九一八年、四七頁）。

（13）城野寛「満洲産ノ二、三主要穀類ノ「ヴイタミン」B含有量ニ就テ」（『満洲医学雑誌』第六巻第五号、一九二七年）四八一頁。同様の指摘は、野田九郎（日本赤十字社奉天病院）「満洲ニ於ケル脚気（第一回報告）」（同前、第一九巻第一号、一九三三年）にも見られる。

（14）佐藤の生涯については、「佐藤恒丸と森鷗外」（石川肇・林正子・松田利彦編『新発見書簡で読み解く 軍医森鷗外 後輩軍医佐藤恒丸に問う海外情勢』法藏館、二〇二四年）を参照。

（15）今日の東京大学医学部の前身は名前がたびたび変わった。本稿の扱う年代においては、一八七七年～東京大学→一八八六年～帝国大学→一八九七年～東京帝国大学、と変遷しているが、煩雑を避けるため、以下では東京帝国大学（または東京帝大、東大）と表記する。

（16）佐藤恒丸「さま〴〵の追懐」（佐藤恒丸ほか編刊『男爵小池正直伝』陸軍軍医団、一九四〇年）一一六四頁。

（17）佐藤恒丸「学生時代の思出」（『東京医事新誌』第六五巻第三号、一九四八年）四一頁。

（18）佐藤恒丸「旅順の思出」（『東京医事新誌』第二五五四～二五五六号、一九二八年）。このときの報告は佐藤恒丸・南部孝一「第一回「スコルブート」病調査報告」（『陸軍軍医学会雑誌』第一四四号、一九〇五年）、同「第二回「スコルブート」病調査報告」（同前、第一六四号、一九〇七年）として発表された。

（19）陸軍省編刊『明治三七八年戦役陸軍衛生史』第二巻（一九二四年）二四～二五頁より算出。

（20）佐藤宛山田鶴造書簡、一九〇五年五月一六日付（『佐藤恒丸関係文書』七六―四二）。

(21) 佐藤宛小池正直書簡、一九〇五年六月二八日付（同前、七四―一〇）。
(22) 佐藤、前掲「さま〴〵の追懐」一一六四頁。
(23) 佐藤恒丸「臨床講義 脚気」（『東京医事新誌』第二四五七号、一九二六年）六六頁。
(24) 佐藤宛森書簡、一九〇八年三月一一日付（『鷗外全集』第三六巻、岩波書店、一九七五年）三〇三頁。
(25) 佐藤宛森書簡、一九〇八年七月二〇日付（同前、三〇六頁）。
(26) Margrit Davies, *Public Health and Colonialism: the Case of German New Guinea 1884-1914*, Harrassowitz, 2002, pp. 16-20.
(27) "Plan für Kursus vom 18. Oktober bis 27. November 1909"（『佐藤恒丸関係文書』書類の部七九―三―一「伯林大学ハンブルヒ熱帯病研究所ブダペスト萬国医学会書類」所収）。
(28) 「海外通信 ハムブルク 四十二年十一月十五日 佐藤軍医正」（『軍医団雑誌』第一一号、一九一〇年）二〇九～二一〇頁。
(29) 佐藤宛小池正直書簡、一九一〇年六月一六日付（『佐藤恒丸関係文書』七四―一七）。
(30) 松田「森林太郎陸軍省医務局長の人事政策」（一）（二）（『鷗外』第一一三号、第一一四号、二〇二三年、二〇二四年）参照。
(31) 井関九郎編『批判研究博士人物（医科篇）』（発展社出版部、一九二五年）一二三頁。
(32) 朝鮮医学会（一九一一年に設立された朝鮮総督府系の学会）機関誌の『朝鮮医学会雑誌』を見ても、脚気をテーマとした論文は、森安連吉「朝鮮ニ於ケル脚気症ニ就テ」（第三号、一九一三年）、金溶埰「脚気ノ一例ニ就テ」（第二二号、一九一八年）など少数である。
(33) 臨時脚気病調査会編刊『臨時脚気病調査会刊行報告抄録集』（一九四二年）二一五～二四五頁。
(34) 山下、前掲『鷗外 森林太郎と脚気紛争』四三三頁。
(35) 板倉、前掲書、下巻、二三八、三〇四、五三〇頁など。
(36) Bay, op. cit., p. 88. ベイ氏による山下本への書評も参照。Alexander Bay, "Yamashita Seizō 山下政三, *Ōgai Mori rintaro to kakkefunsō* 鴎《（ママ）》外森林太郎と脚気紛争 [*Mori Ogai and the Beriberi Dispute*]", *East Asian Science, Technology and Society: An International Journal*, vol. 5, 2011.

(37) 以下、山下政三『脚気の歴史――ビタミンの発見』（思文閣出版、一九九五年）八～一一頁。
(38) A. de Knecht-van Eekelen, "The Interaction of Western and Tropical Medicine", A.M. Luyendijk-Elshout et al. eds., *Dutch Medicine in the Malay Archipelago, 1816-1942*, Rodopi, 1989, pp.59-64.
(39) 大森憲太「近代の脚気原因研究のあゆみ」（高田亮平・桂英輔編『ビタミン研究五十年』第一出版、一九六一年）二頁。
(40) 佐藤宛永登浦分営長看守長則近喜代熊、永監発第三四九号（一九一一年七月一四日付。『永登浦監獄脚気調査書類』『佐藤恒丸関係文書』書類七九―五、所収）。
(41) 志賀潔『永登浦分監獄ニ発生セル脚気病調査報告』（臨時脚気病調査会、一九一一年）二五頁。
(42) 佐藤宛志賀潔書簡、一九一一年九月七日付（『佐藤恒丸関係文書』六八―四）。
(43) 『医海時報』第八九八号（一九一一年九月九日）一四〇九頁。
(44) 佐藤恒丸か「京城監獄永登浦分監脚気病発生概況」（一九一一年か。前掲『永登浦監獄脚気調査書類』所収）。
(45) 『鶏林医事』は、小池が釜山の済生医院（一八七七年に在釜山日本領事館が設けた病院）の院長として派遣された際の見聞をもとに書いた朝鮮の風俗や医事に関する記録。朝鮮の衛生について明治期に日本人が著した最も早い時期の書物である。崔在喆「明治日本の知識人・文学者の朝鮮認識――小池正直の『鶏林医事』を中心に」（『比較文学研究』第六五号、一九九四年）参照。
(46) 佐藤宛小池書簡、一九一一年一〇月二七日付（『佐藤恒丸関係文書』七四―一五）。
(47) ミアスマ（ミアズマ、瘴気）は、沼や腐敗物から発せられ伝染病を引き起こすと考えられていた気体。一九世紀末にコッホによって細菌説が確立されたことで否定された。
(48) 小池正直『鶏林医事』下篇（非売品、一八八七年）二三～二七頁。
(49) 佐藤宛朴宗桓書簡、一九一二年一二月二八日付（『佐藤恒丸関係文書』未整理分）。
(50) 愼蒼健「フィールドワークと実験室科学の接合――京城における薬理学研究」（坂野徹編『帝国を調べる――植民地フィールドワークの科学史』勁草書房、二〇一六年）。
(51) 稲田龍吉「宿題　脚気　第一　脚気臨床的方面」（『日本病理学会会誌』第二年、一九一三年）四頁。
(52) 佐藤、前掲「臨床講義　脚気」六六頁。

(53) 燕麦は、日本内地では牧畜・軍馬の飼料としてもっぱら使われてきたが、朝鮮では古来より食用とされていた(草野清茂「朝鮮産燕麦ニ就テ」『陸軍獣医団報』第二五二号、一九三〇年)。なお、燕麦による脚気予防というアイディアは必ずしも佐藤の独創ではなかった。バタヴィアにおけるモルモット食餌実験で燕麦が用いられた例がある(山下、前掲『脚気の歴史――ビタミンの発見』二五九頁)。朝鮮に駐屯する日本軍でも経験的に燕麦が効果があることは知られており、脚気予防のため憲兵に供給する地域があった(「医務課担任事項ニ付島崎軍医正口演」一九一四年五月一五日付。『朝鮮駐箚憲兵隊資料』法政大学図書館多摩分館所蔵)。

(54) 佐藤軍医部長宛咸鏡南道警務部長大橋又三「燕麦食用ニ関スル調査書」(一九一八年一〇月一一日付。前掲『佐藤恒丸閣下来信出入 脚気病調査』所収)。

(55) 朝鮮軍軍医部長宛咸鏡北道警務部長「収三四六七 脚気病理調査ニ関スル件」(一九一八年一〇月二二日付。『佐藤恒丸閣下来信出入 脚気病調査』『佐藤恒丸関係文書』書類の部七九―六所収)。

(56) 佐藤恒丸宛佐藤剛蔵書簡、一九一八年六月一〇日付(前掲『佐藤恒丸閣下来信出入 脚気病調査』所収)。

(57) 鴨江生『朝鮮の研究:軍人必読 附・朝鮮赴任者心得』(厚生堂、一九一六年)二二三~二二九頁。

(58) 以下のような例が確認される。
・遠山椿吉『遠山博士脚気病原因之研究』(東京顕微鏡創立満三十年記念出版会、一九二一年)→佐藤の①調査を参照(一四四、三〇五頁)。
・青山胤通述『日本内科全書』巻八(別録 脚気)(吐鳳堂書店、一九一四年)→①調査を参照(二、四頁)。
・大森憲太、前掲『脚気――日本食餌の欠陥に関する研究』(一九二七年)→①②調査を参照(三〇~三一、八九~九〇、一二九~一三〇頁)。
・廖温仁『東洋脚気病研究――一名東洋脚気病史』(カニヤ書店、一九三六年)→④⑤調査を参照(一八〇~一八二頁)。
・入沢達吉ほか共著『内科学』別巻(脚気篇)(南山堂、一九三六年)→佐藤の研究によるとして朝鮮に脚気が少ないことを指摘(八四頁)。

(59) 山下、前掲『脚気の歴史――ビタミンの発見』二七八~二八二頁。

(60) 大西「朝鮮人ノ食ニ就テ」(『朝鮮総督府月報』第三巻第一号、一九一三年)一頁。

(61) 松田「志賀潔と植民地朝鮮」(『翰林日本学』第二五輯、二〇一四年)一一~一二頁。
(62) 発表者は臨時脚気病調査会委員だった呉健九州帝大教授。報告書は、一九二四年一一月に水津信治・北村庸人・原振緒『朝鮮人ノ実験的「ヴイタミン」B欠乏症(第一及第二報告)』(臨時脚気病調査会)として刊行された。
(63) 志賀『朝鮮人ノ脚気及震災時ノ脚気発生ニ就テ』(臨時脚気病調査会、一九二四年)。
(64) 臨時脚気病調査会では、平川恒治(陸軍三等軍医正)『金丸原陸軍演習廠舎収容ノ保護朝鮮人脚気病調査報告』(一九二四年)を既に刊行しており、志賀の報告も金丸原陸軍演習廠舎のデータについてはこれに依拠している。
(65) 陸軍省医務局、前掲『元臨時脚気病調査会委員報告会抄録集』三~二二頁。
(66) 大森憲太「志賀先生と脚気研究」(『日本医事新報』第一七二九号、一九五七年)六九頁。

# 日本帝国における血液型と指紋をめぐる人類学的関心
## ——法医学者・古畑種基による研究を手がかりに

高野麻子

## はじめに

「血液型」と「指紋」、と言われても、両者には一見何のつながりもないと思うかもしれない。しかし、二〇世紀前半に、日本帝国内の人びとの差異を特徴づけ、分類する手法として、血液型と指紋はともに調査・研究の対象となっていた。

現在では、「人種」は生物学的根拠に基づくものではなく、社会的な構築物であることが明らかになっているが、当時はヨーロッパ諸国を中心に、植民地統治と帝国形成を推し進めるなかで、帝国内の人種的ヒエラルキーを根拠づける手法に注目が集まっていた。一九世紀後半に、ポール・ブロカによって人種の分類に使用されてきた頭骨計測と人体計測法が、成果を上げられずにいるなかで、一九〇一年にウィーン大学病理学研究室のカール・ラントシュタイナーによって発見された血液型を、人類学的に応用する試みが一九二〇年代頃から始まった。キャロル・レノー＝パリゴは、フランスにおける形質人類学の歴史的変遷を辿るなかで、「一九二〇年から三〇年代は、新しくできた分野である血清学と遺伝学から人体計測法の新しい知見が取り入れられるだろうという期待が増していく時期」であり、さらに「血液型を決定する手法は、それまでの頭骨計測などよりははるかに簡便なため、ある時期、血液型による区分は大変な人気を得ることになった[1]」と指摘している。

そしてこの流行は、後発の帝国である日本にも訪れた。当時、日本で血液型研究の中心にいた人物に、金沢医科大学・法医学教室の教授であった古畑種基（一八九一〜一九七五）がいた。一九二四年に金沢医大に着任すると、古畑は研究室のメンバーとともに血液型の人類学的研究に着手する。その際に興味深いのは、血液型だけでなく、指紋も同様の関心のもとで、研究対象としたことである。そして、血液型と指紋にもとづく人種（民族）分類は、日本内地だけでなく植民地朝鮮や台湾、傀儡国家「満洲国[2]」へと広がり、現地の住民たちを調査することで、日本人のルーツ探しや、帝国内の人種的ヒエラルキーをめぐる言説の構築へと利用されていった。血液型と指紋は、アジア地域に支配を拡大していく日本にとって、外見的な差異に乏しい人びとのあいだに、目には見えない差異を見つけ出す道具として取り入れられたのだった。

そこで本章では、血液型と指紋をめぐる関心を通じて、日本が欧米諸国から移入した知識や技術を取り込みながらも、日本帝国の特殊な事情に合わせて、新たな統治の技法を模索していく試みの一端を見ていきたい。以下では、まず、日本において、血液型と指紋に向けられた関心と、本章で扱う論点を整理する（第一節）。そのうえで、法医学者である古畑が血液型と指紋の人類学的応用に関心を抱いたきっかけ（第二節）、古畑研究室内で行われた調査・研究（第三節）、さらに日本の植民地へと展開していく血液型と指紋の調査と、そこから生み出される言説を分析していく（第四節）。

## 一．血液型と指紋に向けられた関心

### （1）日本の人類学と血液型

血液型による人種分類が日本にもたらされた理由は、欧米での流行や手法の簡便さだけではなかった。欧米諸国が植民地獲得の過程で人類学を発展させてきたように、後発の日本帝国もまた、アジア地域に支配を拡大するなかで人類学の制度化を進めてきた(3)。ところが、日本が植民地獲得を通じて出会った「他者」は、外見的に共通点の多い人びとであり、髪の色や肌の色といった身体的特徴から差異を明らかにすることは難しかった。楊海英は、帝国日本の人類学者による人骨収集の歴史を辿るなかで、「顕著な『人種』的異同よりも共通性や親和性の方が大きく、帝国範囲内で『人種』を発見するのはもはや不可能だと悟るにつれ、新しい概念としての『民族』が愛用されるように(4)」なったと指摘する。そして、日本は領土を拡大するなかで、日本列島に住む「日本人」だけでなく、新たに帝国内に編入された「異民族」を含む「日本民族」の起源を再検討する必要性に迫られていった(5)。楊はこの日本人のルーツ探しが、「欧米の人類学と日本の人類学との大きな差異の一つである」としたうえで、「骨に続いて人類学において重視されたのは血液で、血液に続いたのが遺伝子分析である(6)」と述べている。目には見えない差異を求めて、身体の内奥へと関心が向けられていったのである。

そして、日本帝国内の人びとへの人類学的調査は、日本の植民地主義が推し進めた同化政策と矛盾するものではなかった。鄭駿永は植民地朝鮮での血液型調査を取りあげるなかで、「同化主義と背馳しない限りで、日本民族の現状の特権的地位を『自然なもの＝当然のもの』として正当化しうる人種主義の論理は、依然として植民地支配のためには必要だった(7)」と指摘する。そのうえで、血液型人類学について、「『人種的近親性』を公式的に植民地統治の根拠としてかかげていた帝国日本が、その近親性故に抱いていた『不安』を解消し、『非可視的に』

日本人の人種的優越性を確認しうる科学的装置となり得た[8]」という。

本章で明らかにするように、植民地や傀儡国家で行われた血液型調査からは、日本帝国内の人びととの近似性や連続性が導き出されると同時に、内地の日本人を頂点とした民族的ヒエラルキーを正当化する言説が生み出された。それは、指紋調査においても同様だった。

### (2) 血液型と指紋の人類学的応用

血液型を人類学に応用した最初の試みは、一九一九年にセルビア陸軍の中央細菌検査所に勤務していたルドウィック・ヒルシュフェルトとハンナ・ヒルシュフェルトが発表した研究であり、第一次世界大戦中にマケドニアの大平原に集まった一六カ国の兵士を対象に八五〇〇人の血液型を調べ、人種の相違と血液型の分布に着目したものであった。ヒルシュフェルトは、A型とB型の出現率から「生化学的民族示数」を算出し、その数値によって「欧州型」、「中間型」（トルコ人、ユダヤ人、アラビア人、ロシア人）」、「アジア・アフリカ型」の三種類に分類した。これをきっかけに、世界中でヒルシュフェルトの分類による血液型の調査が進められるとともに、一九二五年にはアメリカで医師をしていたルーベン・オッテンバーグが、O型の割合も考慮にいれて、人種分類を六種類に増やすなど、分類方法に関する研究も進められた。

そして当時、日本で血液型研究の中心にいたのが古畑であった。古畑といえば、ABO式血液型を日本に広めた人物として、さらに国鉄三大ミステリー事件の一つとされる一九四九年の下山事件の際に、轢死体となった国鉄総裁・下山定則の遺体解剖を担当した人物としても知られている。古畑は、一九二四年から血液型の遺伝を研究するなかで、血液型の人類学的応用にも関心を寄せていく。そこで興味深いのは、古畑が指紋も血液型と同様に人種の分類に応用できると考え、ヒルシュフェルトの生化学的民族示数からヒントを得て、一九二六年には指紋の紋様の出現率から「指紋示数」を算出する方法を提起したことである。各国の指紋示数によって、「満洲人型」、「日本人型」、「伊太利人型」、「印度人型」、「西欧人型」に分類する手法は、まさに血液型のそれと重なり合う。

そして、古畑の関心を共有しながら、研究室のメンバーは血液型と指紋を個別に研究するだけでなく、両者の相関関係の有無、さらには血液型と気質に関する研究も行った。ただし、期待する成果が得られたとは言い難い状況であった。それでも共通の関心は、さまざまな分野の研究者や医師たちに引き継がれ、その後、血液型と指紋による人類学的調査は、日本の植民地、さらに満洲国へと展開した。そして、それらのほとんどが、ヒルシュフェルトの生化学的民族示数と古畑の指紋示数をもとに分析されたのだった。

### (3) 血液型と指紋の共通点

血液型と指紋には、いくつかの共通点が存在する。両者ともに、生涯その特徴が変化することがないという「終生不変」の特徴を持つとともに、血液型と指紋の紋様は大きく四種類に分類が可能である。

血液型は一九〇一年にラントシュタイナーによってA型、B型、O型が発見され、翌年には彼の弟子たちによってAB型が発見された。血液型の発見は、外科手術における安全な輸血への道を開くとともに、ABO式血液型の分類によって、人間の血液はA、B、O、AB型と大きく四つに分けられることになった。一方で指紋は、一八九七年にイギリスの植民地インドにおいて、「犯罪部族」と呼ばれる移動を繰り返しながら生活する原住民を、管理するための個人識別法として実用化された。一〇本の指の指紋を写し取り、その紋様を記号や数字に変換して検索可能な状態にするための分類方式を構築するうえで、指紋もまた渦状紋、蹄状紋(甲種蹄状紋、乙種蹄状紋)、弓状紋(図1)と大きく四つに分けられた。ちなみに、甲種蹄状紋と乙種蹄状紋の違いは、隆線(指紋を

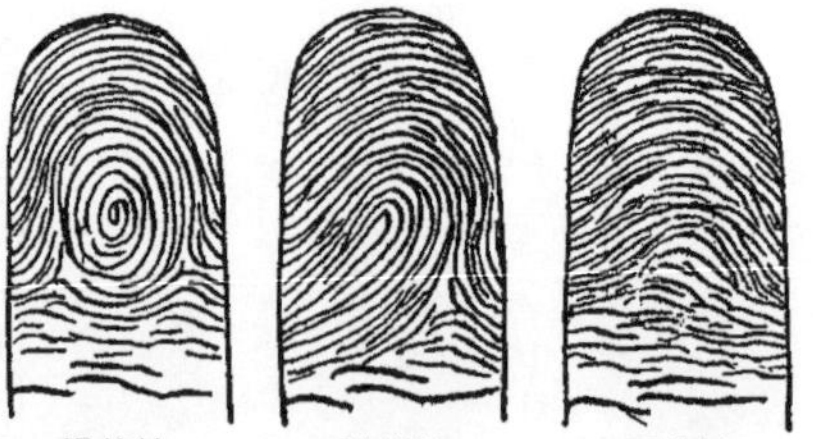


図１　指紋の種類（長谷川滔浦『新修 指紋と性格運命』東洋書院、2009年、29頁）

形成する皮膚上の線）の流れる方向にあり、親指側から親指側に流れているものは甲種蹄状紋、小指側から小指側に流れているものは乙種蹄状紋と呼ばれている。

同時期に実用化が始まった血液型と指紋は、その後、遺伝（親子鑑定）、人類学的関心（人種分類）、気質や性格分析、犯罪現場での捜査、さらにそこから派生して、探偵小説のトリックや謎解き[9]に至るまで、共通した問題関心が向けられていった。そもそも優生学の父としても有名なイギリスのフランシス・ゴルトンが、指紋の紋様から人間の才能を読み取ろうとしていたように、さらにイタリアのチェーザレ・ロンブローゾが犯罪人類学のもとで、犯罪者の身体的特徴から「生まれつきの犯罪者」を見つけ出そうとしたように[10]、血液型と指紋から気質や性格、さらには犯罪傾向を読み取ろうとする試みが、日本においても人種分類の延長線上に登場する。そして、本章で考察するように、古畑はこれらのほとんどにかかわっており、一九三〇年に優生学の普及を目指して、日本民族衛生学会が設立された際には、理事を務めていた。それは古畑が、多様な分野に興味・関心を持つ人物だったと言うこともできるが、それと同時に、法医学という学問の性質がこれらの関心を相互に結びつけていたとも言えるだろう。

物言わぬ遺体の身元や死因を特定するという法医学の基本は、まさに、個人の身体を個体（もの）として客観化し、数値化し、そして他者がその身体に意味づけをする行為である。本人が語る「私とは誰か」ではなく、他者によって意味づけられる「私」という身体観の創出である。村上宏昭が言う「可読的（readable）身体」、つまり「視覚によって見られるのではなく、情報として読まれる身体が現出」[11]したのだった。こうした身体の客観化は、法医学に限らず、植民地に住まう言葉や生活習慣が異なる人びとを判読し意味づけるうえで、さらに植民地統治を正当化する「科学的」根拠を模索するなかで、必要とされていった。

そして、それを可能にするための手段として、血液型と指紋に多様な関心が集まったのである。血液型や指紋の各型の出現率から、人種という指標で集団を分類して等級化し、個人に対しては性格や気質を客観的な指標で意味づけし、さらに個人識別によって他者に判別される個体としての身体を作り出す。集団から個を貫く「可読的」実践のなかで、血液型と指紋は発見されたのである。

## 二 金沢医科大学における血液型と指紋の研究

### (1) 血液型と指紋の研究を開始したきっかけ

古畑種基は、一八九一年に三重県に生まれた(図2)。一九一二年に第三高等学校を卒業して東京帝国大学医科大学に入学し、一九一六年一二月に卒業すると、翌年に東京帝大の法医学教室に入り、三田定則の指導のもとで研究を開始した。三田とは、法医学研究室の二代目教授であり、抗原抗体反応や補体結合反応といった当時の血清学研究の最先端を担う人物であった[12]。三田のもとで古畑は、新陳代謝の病理について研究し、その年の一一月には助手となった。当時の様子について、「助手の仕事は、主として殺人事件などの死体の法医解剖をすることであったが、解剖は一ヵ月に五、六体くらいしかなかったので、それ以外の日は研究室で血清化学の実験を続けていた[13]」と述べている。その後、金沢医大の初代法医学教授候補として、一九二一年一二月から約二年間、おもにドイツに留学し、ベルリン大学の病理学教室や病理解剖室で法医学を学んだ。

一九二四年三月に留学を終えて帰国するとすぐに、金沢医大の初代法医学教授に着任した。そしてこの地で血液型と指紋の研究を開始する。古畑自身も「金沢にまいた種のうち、実を結んだものとして、血液型の研究と指

図2　古畑種基（1891-1975）（『広報きほう』vol. 111、2015年4月、2頁、https://www.town.kiho.lg.jp/wp-content/uploads/koho/2015/pdf/kiho1504.pdf）

紋の研究がある」[14]と追想しているように、金沢医大時代に研究室のメンバーとともに、多数の研究成果を発表している。そして、血液型と指紋の人類学的研究を開始したのもこの時期であった。

血液型と指紋の研究を開始するきっかけについて、古畑は金沢医大に赴任してまもなく起きたある事件を挙げている。その事件とは、石川県七尾市の近くの山中で、二一歳になる女性が同村の妻のある男性に暴行された結果、妊娠して男児を分娩するというものであった。加害者の男性は妊娠の責任を取ろうとしないので、ついに被害者の知人が、七尾裁判所の民事部にその子を認知するよう訴え出たという[15]。そこで、古畑は裁判所から親子関係を科学的に証明する方法はないかとの相談を受けた。その際、古畑は「これは、将来の法医学上の大事な問題になると思うから、研究させてくれ。できるかどうかは分らないが、とにかくやってみましょう[16]」と返事をしたという。

これをきっかけに、古畑は血液型の遺伝について調査を実施することになった。まず、一〇〇家族程度の血液を調べると、これまでの説では、親に一人でもAB型がいると、すべての血液型の子どもが生まれるとされていたが、古畑の調査ではO型の子どもは生まれないこと、さらにAB型とO型の間に、AB型とO型の子どもが生まれないことがわかってきた。その調査結果をもとに、一九二五年一一月に東京で開催された第一回日本学術協会にて、古畑をはじめ、法医学教室の創設メンバーである市田賢吉と岸孝義の連名で、AB型とO型には絶対親子関係がないという血液型の新遺伝説（三複対立遺伝子説）を発表した。その後も古畑研究室のメンバーは調査を続け、一九二七年の第三回国際人類学会（アムステルダム）、第五回国際遺伝学会（ベルリン）でも、この新説を発表した。

ちなみに、先の七尾市の事件では、被害者女性の家族はすべてO型、子どももO型、加害者の男性はB型であった。BでもBB型かBO型かの判断が必要なため、彼の妻と子どもとの関係で見たところ、BO型であったことから、親子関係の可能性が認められた。さらに、古畑はこの件に関して、血液型だけでなく、関係者の指紋と掌紋も調査していた。子どもの指紋には、左右の人差し指に甲種蹄状紋があったが、それは子の母親とその両親にはなかった。一方で加害者の左右の人差し指を見ると、甲種蹄状紋があった。この指紋は加害者の妻にもないが、二人の間に生まれた子どもにもあったため、加害者からの遺伝であると判断したという。また、加害者と子どもの掌紋が非常に似ていることを確認し、最後に人相を調べて、眉毛、目、鼻、口、耳が非常に似ていることを指摘したうえで、古畑は親子関係があると判断したという[17]。

このように、古畑は血液型と指紋を親子関係の調査に使用し、両者の遺伝的特徴に着目していた。そして、遺伝への注目は、次第に人類学的関心へとつながっていくことになる。

### （2） 古畑考案の「指紋示数」の登場

古畑は一九二六年六月の金沢犯罪学会にて、「個人識別法に就て」と題した発表をした。冒頭で、一九世紀末までは個人の異同識別ができず、替え玉事件や身代わり事件など、他人の空似を利用した事件が各国で起きていたが、現在は「科学的個人識別法」が発展していると述べたうえで、次の一〇項目について解説をしている。すなわち、①ベルチヨン氏の人身測定法、②指紋法の発見、③指紋の分類、④指紋と手指との関係、⑤指紋の男女別に因る相違、⑥年齢と指紋との関係、⑦現場指紋採取可能時期に就て、⑧指紋の人種的特異性に就て、⑨双胎児の指紋、⑩指紋の応用に就て、である。個人識別法である人体測定法（ベルティヨン方式）と指紋法が誕生した歴史的経緯を概説することにはじまり、最後には指紋の応用として、銀行や会社における使用人、移民、軍人等の指紋を登録することで、犯罪の防止や身代わりの予防になるという内容である。

以上の一〇項目を見ただけでも、古畑が一九二六年の段階で指紋に関して多様な関心を持っていたことがわかるが、とくに注目したいのは、「③指紋の分類」と、「⑧指紋の人種的特異性に就て」の項目である。前者は、指紋の種類である弓状紋、蹄状紋、渦状紋の説明の後、「欧州人」、「東洋人」、「日本人」に多く／少なく出現する指紋の種類が述べられており、ここに指紋の人類学的関心が示されている。さらに後者では、指紋の出現率と人種のあいだには密接な関係があるとして、渦状紋と蹄状紋の割合から「指紋示数（係数）[18]」を算出する数式を提示している。

$$\text{指紋示数}=\frac{\text{渦状紋の\%}}{\text{蹄状紋の\%（甲種蹄状紋\%＋乙種蹄状紋\%）}}\times 100$$

ここで古畑は、主に世界各国の囚人たちの指紋記録をこの数式に当てはめ、「指紋系数は欧州人は少さく東洋に来るに従って大きくなり、同一民族の指紋系数は殆ど一定して居るのである」と述べたうえで、次のように指摘している。

斯くの如く指紋の出現率は各国民によりて相違して居るが同一国民の指紋系数は殆ど一定して居る事は生物学上広大なる意味を持って居るものであって、指紋が遺伝する性質なる事を確実に物語って居るものである。指紋が遺伝すると決定すれば、其のもたらす影響は甚だ大きいものであって、今後指紋学は各方面に発展する事を余は信じて疑はない。私はこゝに指紋は遺伝するものであると云ふ事を特に申上げて置き度い[19]。

古畑が七尾の事件で親子鑑定の項目に指紋を加えたように、親から子へ指紋の特徴が遺伝するならば、人類学的に応用できるのではないかと考えたのである。

指紋の出現率を人種分類に使用する構想は、金沢犯罪学会で報告した四ヶ月後の一〇月一〇日に開催された北陸医学会で、より具体化される。「指紋人種特異性並に「指紋係数」に就いて」と題した発表の冒頭で、ヒルシュフェルトをはじめとした血液型による人種分類の研究を参照しながら、次のように述べている。「私の教室に於ても血液型の研究と共に指紋の研究にも手をそめて居るのであるが、指紋も亦血液型の如く人種によって其出現率が一定して居る事を注目するに至ったので『指紋の人種特異性』と云ふ事に関し卑見を述べて皆様の御批判を仰ぐ次第である[20]」。そのうえで、ヒルシュフェルトが考案したA型とB型の出現頻度から、生化学的民族示数を算出する数式と非常に類似した指紋示数を求める数式を、改めて紹介している。

さらに、ヒルシュフェルトが生化学的民族示数によって、示数二以上を「欧州型」、示数一〜二のあいだを「中間型（トルコ人、ユダヤ人、アラビア人、ロシア人）」、示数一以下を「アジア・アフリカ型」に分類したのと同様に、古畑は主に世界各国の囚人たちの指紋記録を利用して、各国の指紋示数によって、九〇以上を「満洲人型」、九〇〜七〇を「日本人型」、七〇〜六〇を「伊太利人型」、六〇〜五〇を「印度人型」、五〇以下を「西欧人型」とした[21]。

古畑が血液型による人種分類に影響を受けて、指紋示数を考案したことは明らかだが、さらに興味深いのは、血液型と指紋の相互の関係性にも着目していた点である。古畑は北陸医学会で、「今後人種の研究に頭型、血液型、指紋係数を同時に並行して検査することは有意義な事ではないかと思はれる[22]」と発言している。また、一九二八年の論文「指紋の遺伝とその人類学的応用」では、血液型と指紋の分布率の関係について、次のような仮説を立てている。

欧州に於ては血液型のA型が多く指紋では蹄状紋が多い。之に反して東洋ではB型血液型所有者が多く指紋は渦状紋が多い。これに依と一見A型血液型と蹄状紋、B型血液型と渦状紋とが密接な関係に立って居る様に見える。私は血液型と指紋とは無関係に然し大体に於て並行して遺伝して行く性質であるだろうと考へて居る。[23]

そして、同論文の最後で古畑は「日本民族」のルーツについて、次のように述べている。

日本民族を構成するものは単一なものでなく、多元的のものである事は其他の研究と同じく、血液型の調査によるも指紋の調査によるも想像せらるゝのであるが多元的の構成分子が日本島に於て血液に於ても、文化に於ても思想に於ても全く融和混淆してこゝに統一せられたる大家族的新民族が生れ出たものであると信ずる。私は、日本民族は日本島に於て創生せられた独立の新民族であると考へて居る次第である。[24]

古畑は、「日本民族」が長い時間をかけて混血を繰り返すなかで生み出されたものだとしている。ちなみに、血液型と指紋の研究は、その後、日本の植民地へと広がっていくが、そこで収集されたデータを分析する際にも、古畑の関心はあくまでも列島に住む日本民族の起源にあり、帝国内での民族的ヒエラルキーについては言及していない。

## 三　古畑研究室での調査と研究

一九二四年に古畑が金沢医大の教授に着任して以降、古畑の研究室では血液型と指紋の研究が同時に進められた。そこで、主に古畑が金沢医大を去る一九三九年一月までに発表された血液型と指紋の人類学的研究を整理しておく。[25]その際、指紋研究のなかに、血液型との関連性を論じたものが多数存在するため、まずは指紋研究をまとめることから始めたい。

### （1） 指紋の調査と研究

古畑の研究室内では、指紋の遺伝とその人類学的応用に関連する研究成果が多数発表されている。たとえば初期のものとして、助手の岸孝義が、一九二六年一一月の金沢医学会にて、双胎児の指紋について報告し、翌年にこの内容を論文にまとめている。岸は指紋が遺伝するものだとしても、その「遺伝の様式」はまだ何も明らかになっていないとして、「指紋ノ遺伝ト云フ大問題ヲ解決スベキ秘鑰トモ成リ得ルカモ知レナイ」と考え、双胎児の研究を開始したという[26]。

その後、一九二八年からは「日本人指紋ノ研究」（全三八編）が、研究室内の助手や学生たちによって次々と発表されていく。ここで調査の対象となっている「日本人」とは、基本的に内地の日本人である。三八編のうちの三四編が金沢医大の紀要である『金沢医科大学十全会雑誌』（以下、十全会雑誌）に掲載され、二編が『犯罪学雑誌』、二編が『人類学雑誌』で発表されている。

そこで、「日本人指紋ノ研究」の内容を大きく四つに分けて整理をしてみたい。一つ目は、古畑の関心である血液型と指紋の関係性についての初期の論文であり、一九二八年に発表された「第二編：指紋係数ノ人類学的応用ニ就テ」（平井純麿）と、「第六編：指紋ト血液型トノ関係ニ就テ」（岸孝義・正木信夫）がある。前者は、司法省指紋部に保管されている指紋原紙をもとに作成された統計表を用いて、四七都道府県の総数一七、二二〇人分の指紋示数を調査している。この調査によれば、指紋示数は地域的差異があるものの、おおむね各県で一致しており、古畑の言う日本人型に当てはまるという。また平井は、血液型の生化学的民族示数から見た内地の日本人の傾向を分析し、指紋と血液型の分布における密接な関係性を示唆したうえで、指紋、血液型、頭型、身長の分布にも密接な関係があるのではと推論を述べている。

後者は古畑と平井の研究成果を踏まえて、指紋と血液型の人類学的関係に焦点を当てた内容である。岸と正木は、九五〇人分（調査地不明）の血液型と指紋を調査・分類したうえで、やはり「A型血液と蹄状紋」、「B型血液と渦状紋」とのあいだには、何か密接な関係があるのではと推察している。しかし同時に、岸と正木は、指紋の遺伝学的研究において、指紋の原型や遺伝因子等の問題が「全ク不明」で、「一縷ノ光明サヘモ見出シ得ザル現状」[27]であることも指摘しており、指紋の遺伝法則の解明には至っていない。

二つ目は、指紋の種類とそこに出現する隆線の数の分析であり、全体の三分の一程度を占めている。たとえば、一九二八年に発表された「第一編：乙種蹄状紋ノ隆線数ニ関スル研究」（正木信夫）では、乙種蹄状紋の隆線の数が、人種によって相違するのかをテーマにしている。指紋示数は、あくまでも各紋様の出現率を対象にしているが、正木はより微細な差異に着目し、同じ乙種蹄状紋であっても、それを形成する隆線の数から人種的特徴を導き出そうとしたのである。

三つ目は、特定の民族の指紋を分析したもので、一九三五年から一九三六年のあいだに五編ほど発表されている。具体的には、「第一七・二二編：琉球人指紋ノ研究」（日比野勝、一九三五年）、「第一九編：アイヌノ指紋ノ研究」（岸孝義・粢島直樹、一九三五年）、「第一六編：生蕃人（ツォー族）ノ指紋ニ就テ」（伊藤鎭雄、一九三五年）、「第三〇編：生蕃人（パイワン族）指紋ニ就テ」（鈴木壽六、一九三六年）がそれに当たる。古畑研究室では日本内地での調査が主流であり、日本の植民地や他国に出向いて、大規模な調査を実施した形跡はない。そのため、台湾での調査においても、ツォウ族の男性一六名、女性一〇名、パイワン族の男性一二名、女性二一名を対象とした小規模なものに留まっていた。

四つ目は、金沢医大の学生をはじめ、石川県や富山県の住民（主に小中学生）を対象とした調査報告が、一九三三年から一九三七年までに八編ほど掲載されている。そのうち三編は、指紋と血液型を同時に調査し、これまで懸案だった両者の関係性に再び着目している。というのも、一つ目の内容で見たように、初期の頃からA型と蹄状紋、B型と渦状紋の相関関係が指摘されてきた一方で、その後、指紋と血液型の間には相関がないと主張する論文も登場していたからである[28]。そこで、越後一雄は石川県の小学生の指紋と血液型の資料（八六六名分）を、男女の別、左右の手別・各指別の指紋の組み合わせから詳細に調査をしている。しかし、その結果は、「指紋ト血液型トハ直接ノ関係ナク遺伝スルモノデアルト考ヘラレル[29]」と記されている通り、ついに両者のあいだに遺伝的法則を見つけることはできなかった。

### （2）血液型の調査と研究

古畑研究室において、血液型に関する研究成果は多数発表されており、それらの多くが血清学や血液型の遺伝に関する内容であるが、一部には、岸を中心に、ヒルシュフェルトによる生化学的民族示数を調査したものも存在する。たとえば、一九二七年に岸は、北は青森県から南は沖縄県に至る、一六地域六〇四四名の血液型調査の結果を発表している。この調査を実施した理由として、未だ同一人が同一の実験法と検査法を用いて、血液型の全国的な調査をしていないことと、調査が実施されていない地方が残存することが挙げられている。そこで、調査が未実施の地域を含め、全国的な調査を同一調査法で実施している。その結果は生化学的民族示数の平均が一・五六であり、中間型にあたることを確認している[30]。

さらに、古畑研究室内での血液型研究において興味深いのは、一九三三年に正木と越後を中心に血液型と気質に関する調査が行われ、『十全会雑誌』に八本の論文が発表されていることである。この背景には、一九二七年に東京女子高等師範学校（現在のお茶の水女子大学）の教授であった古川竹二が、「血液型による気質の研究」を『心理学研究』（第二巻第四号）に発表したことがある。古川は「A型はおとなしくて心配性」、「B型は世話好きで陽気」といった現代にも通じる気質分類を提起した人物である[31]。また古川は、同年の論文「血液型による気質及び民族性の研究」のなかで、「民族性係数」を算出する数式を提唱し、この係数が一・〇〇を超えると、積極的な人が多い民族であり、一・〇〇より少ないと保守的な人が多い民族と特徴づけた。古川が作成した表によると、日本人は〇・八二で保守的な傾向になるという(32)。

古川が論文を発表した翌年の一九二八年九月二三、二四日に東北帝国大学医学部法医学教室講堂内で開催された「日本法医学会第一三次総会」で、古川は「血液型による気質の研究」と題して講演したのだが、これは古畑が便宜を計ったものであった。古畑は当時、古川の血液型と気質の研究に興味を抱いていた。その理由として、「私は古川さんの気質説が出た時に、これが外国人の模倣や復試改造案でなく、全然日本に於て生れた考へであると云ふ事に大きな期待をかけ、出来る事ならば、この日本に於て創めた考へを健全に生長、発展せしめる様援助し度いと希望したのであった(33)」と述べている。古畑は、海外からの輸入学問ではなく、日本生まれの研究であることを高く評価し、応援しようとしたのである。

古川学説の登場によって、血液型と気質の研究が教育学、心理学、医学といったさまざまな学問分野で行われ、ある種のブームになっていくと同時に、この学説の有効性についても議論が巻き起こっていく。こうしたなかで、古畑研究室でも関連する研究が行われたのだった。古川が報告した一九二八年の日本法医学会では、古畑研究室の岸と上道清一もまた、「血液型と気質との関係に就て」という演題で報告をし、自分たちが実施した調査では、古川説に合致する結果とそうでない結果の双方が得られたことを発表している。また一九三二年一二月には、正木が『東京医事新誌』（第二八〇七号）に掲載された「古川氏による気質型と血液型との関係に就いて」で、自身の調査結果のすべてが、平均一致率三〇％内外であり、この数値は偶然の一致率の範囲内であるとして古川説を否定している。

その後、一九三三年に、先に示した正木と越後らによる論文が、『十全会雑誌』に立て続けに発表される。主に石川県の複数の小学校において、そこに通う児童を対象に調査を実施している。児童を対象とする理由は、成人はすでに教育的または社会的な影響を受けて複雑な性格を形成しており、先天的な「気質的基礎」を求めることが困難だからだという[34]。複数の小学校（一校のみ高等女学校）で調査を繰り返すも、ここでも両者の関係を認める結果を得ることはできなかった。そのうえで、七本目の論文となる「金沢市一小学校児童ニ於ケル血液型並ニ血液型ト気質トノ関係ニ就イテ」の緒言では、「血液型ト気質トガ関係アルモノナラバ各方面ニ応用セラレル可能性ハアルガ、若シ関係ナキニモ拘ラズ此ノ説ガ広ク誤信セラル、ニ至ルナラバ、其ノ影響ハ寒心スベキモノガアルデアラウ[35]」と述べている。さらに同年一一月に正木は、小学校の児童の学業成績、操行、栄養、身体検査等と血液型との関係を調査しているが、やはり血液型は学業成績、操行、栄養、身体検査のいずれとも相関関係がないと結論づけている。

また、一九三二年の法医学会（長崎）と一九三三年の法医学会（岡山）で、血液型と気質の関係はほぼ全面的に否定されるのだが、その後も両者の関係に関心を持つ人は絶えなかった。そこで、古畑は一九三七年に雑誌『実験治療』で四回に渡り、「人の気質は血液型に関係があるか」という論文を発表し、血液型と気質の関係を否定した。全四回のなかで、古川学説の検証に関する先行研究を参照しながら、実験の際の注意点を整理したうえで、古畑自身も実験を行い、その結果を示している。実験内容の一部を紹介すると、A群には血液型を検査した後に、被験者にデタラメの血液型を言って、古川の気質表の気質に合うかを問い、B群には実際の血液型を知らせて、気質表とどの程度合うかを問う実験や、血液型を調べて、被験者に最初はO型だったと言って、気質表のO型の気質に合うかを聞いた数日後に、前回の検査は間違いで、あなたはAB型だったと伝え、気質表を確認してもらうといった内容である。

これらの実験を繰り返すうちに、古畑は、人間の判断というものがいかにいい加減なものかに気づいたという。

最終回の最後の部分で、古畑は「血液型と気質の関係は科学的には何等の根拠を見出し得ない謬説であって、か丶る謬説を社会的に応用せんとする事は許すべからざる過ちであると云はなくてはならない[36]」と述べている。

## （3）指紋と気質をめぐる議論

指紋と気質の研究は、血液型と気質ほどの流行にはならず、また古畑研究室でも行われていなかった。しかし、主に犯罪者指紋の管理業務を担う役人たちによって、複数の研究成果が発表されていたので、ここで一部を紹介しておきたい。たとえば、司法省指紋部の主任であった兒島三郎は、一九二一年に『品性研究　指紋上の個人』（竹生英堂）を、一九二六年には『指紋に現はれた個性』（兒島三郎）を出版し、長年に渡って犯罪者指紋を採取・管理するなかで、指紋から個人の個性が読み取れるとの見解を示している。

また、一九三一年には同じく司法省指紋部の仁科正次によって、司法省が保管する犯罪者指紋のなかから、強盗致死傷と偽造犯罪者の指紋を分析した論文[37]に加え、台湾でも南條博和によって台湾の犯罪者指紋から犯罪の種類と指紋の種類との関係を調査した論文が発表されている。南條は論文の後半に、指紋による個性調査という項目を設けており、たとえば、「渦状紋の多数に乙種蹄状紋を混へたる者」は「陽性であって元気旺盛である」、「多数の渦状紋に乙種蹄状紋と甲種蹄状紋を混へたる者」は「敏捷、勤勉、正直であるが、急性で激怒するの欠点がある[38]」といった分析を載せている。ここからも、血液型と指紋に向けられた共通の関心が読み取れる。

## 四．日本の植民地における血液型と指紋の研究

### （1）朝鮮における血液型と指紋の研究

#### ①朝鮮における血液型研究

朝鮮における血液型研究については、一九二二年に二つの論文が発表されている。一つ目は、九州帝国大学医学部法医学教室の深町穂積が朝鮮と満洲に旅行をして、京城で一七九人、平壌で一八四人、さらに奉天で一九九人の血液型を調査したものである。生化学的民族示数から、朝鮮人は中間型の下位に該当し、満洲人はアジア・アフリカ型に該当すると示したうえで、「朝鮮人及満洲人ハ類属的構造ノ比率ニ於テ日本人トノ間ニ共ニ逕庭アルヲ認ム」[39]と結論づけている。もう一つは、朝鮮総督府医院外科の桐原眞一・白麟濟によるもので、朝鮮在住の日本人五〇二名と、朝鮮人九四八名を対象とした調査である。[40]朝鮮半島の北から南にかけての四地域（平北、京畿、忠北、全南）で調査を実施し、南に向かうにつれて生化学的民族示数が高くなり、全南では日本人と同様に中間型に属すると結論づけている。

その後、先行研究が抱える課題、すなわち調査数の少なさや調査対象が移動の多い都市部であったことを踏まえて、大規模な調査を実施したのが、京城帝国大学の法医学研究室であった。一九二六年に医学部が設立され、一九二九年に法医学教室が設置されると、主任教授として着任した佐藤武雄のもとで、本格的な研究が開始される。ちなみに佐藤は東大の法医学研究室において、三田定則のもとで学んだ古畑の後輩であった。佐藤と古畑は研究室で同じ時間を過ごした仲間ではなかったが、佐藤が一九五八年に亡くなり、『犯罪学雑誌』で追悼の特集が組まれた際に、古畑は「佐藤博士の勉強振りには、遠く金沢の空から、たのもしく感じ私が声援をおくっていた」と述べるとともに、「実は佐藤博士の赴任せられる前に、時の京城大学総長志賀潔博士から、わたくしに初

代教授としてくるよう希望せられて三田先生に交渉があった由であるが、三田先生はわたくしの転任に賛成せられず、佐藤博士を押したのであった」(41)というエピソードまで紹介している。

佐藤の研究室では、一九三一年から四年間にわたって、朝鮮人の血液型調査の結果を学会で報告するとともに、一九三五年には、佐藤武雄、國房二三、野村捷一、萩森壽が調査結果を論文にまとめている。朝鮮半島を三つの地方に分け、住民の移動が少ない場所を選んで、総数二四、九二九名（北部一一、〇九三人、中部六四六八人、南部六四六五人、済州島九〇三人）の血液型を調査している。その結果は、北部の生化学的民族示数が〇・九九、中部が一・〇五、南部が一・二五であり、朝鮮半島を南下するに従って高くなっていることがわかる(42)。だいたい、日本人の数値が一・五前後と考えると、朝鮮南部に行くに従い、日本人の値に近づくことになる。この結果について、佐藤らは次のように結論づけている。

南部朝鮮に於ける血液型調査成績が日本人に酷似してゐることは、西日本と南部朝鮮とが古より同一の文化圏であり、又地理的の関係から相互の交渉があった明かな事実に依り、又北部朝鮮の血液型分布状態が満蒙族の夫と酷似してゐるのも、地理的歴史的に緊密な関係にあったことを想到すれば、余等の成績は当然の結果とも思考される。

そのうえで、「本研究は、日本、朝鮮、満洲、蒙古が人類学上緊密不可分離的関係にあることの有力なる科学的一證左を与へ得たる」(43)としている。ちなみに後述するが、佐藤たちは、満洲や内モンゴル地域での調査も実施しており、その結果も踏まえてここではそれらの地域との比較が行われている。

### ②朝鮮における指紋調査

朝鮮人の血液型の調査結果を発表した二年後の一九三七年には、同研究室の國房が「朝鮮人の指紋」を『犯罪学雑誌』に発表している。指紋調査も、血液型の調査メンバーと同様に野村や萩森が実施しており、「指紋資料は、余等が血液型検査の際印像した三千有餘名の選択された朝鮮人、即ち住民の移動なき有名な場所か、然らずんば其地に永住土着せる者に就てのみのものである」[44]との記載があることから、血液型調査の際に、指紋も採取していたことがわかる。正確な調査人数は、男性二八九三名、女性三二八名、合計三二二一名であった。

佐藤研究室では、血液型と同様に「満蒙人（モンゴル族とツングース族）」の指紋調査も実施しており、一九三四年から調査が進んでいたこれらの指紋調査の結果を、朝鮮人のものと比較している。指紋示数を算出すると、朝鮮人男性は九六・七二、日本人男性は八五・六四、満蒙人男性が一一四・三一であり、次のような結論を述べている。

朝鮮人の指紋各型出現頻度と近隣民族たる日本人及び満蒙人の夫等とを対比観察する時、朝鮮人は日本人と満蒙人との中間的位置に介在し、更に余の資料より得た朝鮮人の地方差を考慮するならば、北部に土着せる朝鮮人は満蒙人に近似し、反之南部に永住せるものは日本人に近接してゐることを知る。即ち、指紋各型の出現頻度を基準として考察すれば、蒙古、満洲、朝鮮、日本と、是等民族は互に漸変的に移行混成せることを憶測せしめる。この憶測は既に余等が調査した朝鮮人の血液型研究時に叙述せるところであって、余の指紋調査成績は、如上諸民族が人類学上緊密不可離の関係にあるといふ想察を、更に一層増強せしむるものである。[45]

この記述からも、指紋が血液型と同様の言説を生み出す根拠とされていたことがわかる。さらに、論文の最後には、付録として「指紋と血液型との関係」という項目があり、ここでも両者の相関関係が問題にされている。國房は血液型と指紋の両データがある三〇五三名（男性二七二五名、女性三二八名）を対象に、血液型を基準に各型の指紋の出現頻度を調査している。その結果は、やはり「血液型と指紋とが直接の関係を以て遺伝するものとは考へられない」[46]というものであった。

## （2）満洲・内モンゴル地域における血液型と指紋の研究

### ①京城帝大における血液型と指紋の調査

一九三四年八月以降に、佐藤のグループは調査範囲を満洲や内モンゴル地域へと広げ、血液型と指紋の調査を行っている。その調査結果は、一九三七から一九三九年に、『犯罪学雑誌』に「満蒙人（蒙古族・通古斯族）血液型調査」として五回に渡って掲載されている。血液型調査は、おもに満洲国の北部と東北部で行われ、調査対象は漢族を除き、おもにモンゴル族とツングース族であった。約五年に渡る調査の総数は四〇〇〇名にのぼり、そこで示された生化学的民族示数は、モンゴル族が〇・七五、ツングース族は〇・八九であった[47]。ここでも朝鮮の調査と同様に移動が少なく混血のない「原住民族」を対象として選んでいる点が、この調査の特徴である。

また、佐藤たちは、血液型の調査の際にモンゴル族とツングース族の指紋も調査しており、こちらも総数は約四〇〇〇名である。調査結果は、一九三六年から一九三九年に「満蒙人（蒙古族・通古斯族）指紋ノ研究」として、『人類学雑誌』に二編、『朝鮮医学会雑誌』に三編発表されており、ここでも満洲国内に居住している漢族は調査対象から外している。調査で得られた指紋示数は一一二〜一二六であり、古畑の言う「満洲人型」に当てはまる数値であった。

### ②満洲国における血液型調査

一九三二年以降、満洲国内全域を対象とした組織的な血液型調査は実施されていないようだが、一部地域を対象とした調査結果は発表されている。一九三三年に陸軍軍医の高原武一と佐藤征夫によって「蒙古人の血液型」が『犯罪学雑誌』に掲載され、論文の末尾には、校閲を担当した古畑への謝辞が書かれている。高原と佐藤は、一九三二年一一月から一二月にかけて奉天省の銭家店に駐屯する蒙古軍のモンゴル人四九四名を対象に調査を実施している。その結果を、他地域での先行研究と比較しながら、「蒙古人の各血液型分布状態は、満洲人、北部支那人、及び朝鮮人と酷似してゐる」[48]としたうえで、次のように述べている。「我日本民族構成分子の内の重要な一分子（単に構成分子であって、日本民族そのものでは勿論ない）が蒙古より満洲へ、満洲より朝鮮へ、朝鮮より一葦帯水の我日本島へ南下移行した証跡を認識し得るかの様に思考するのである」[49]。この指摘からは、確固たる「日本民族」なるものを措定したうえで、その優越性は担保しながら、日本民族たらしめる要素の一部に、蒙古、満洲、朝鮮とのつながりを位置づけていることがわかる。

その後、一九三八年には、日本赤十字社奉天病院の寺井武や糸岐元海ら五名によって、「満洲国々籍満洲人の血液型」が同じく『犯罪学雑誌』に発表されている。一九三六年一〇月から翌年の六月にかけて、奉天市の満洲人の小学生五〇〇八名を調査対象とし、その結果を先行研究と比較しながら、「満洲国民」の血液型傾向として分析している。ここで特徴的なのは、「満洲国建国以来民族協和が高調され、日満漢鮮蒙其他幾多の人種自由に入国定住を許されるに及んで、いよ〳〵その人種的複雑さは加速度的に増加するに至った」[50]という認識のもとに、「純血」ではなく「混血」を前提にしている点である。

寺井たちの調査から得られた生化学的民族示数は〇・九九で、満洲人やモンゴル人を対象とした先行研究と比べて高値であり、先の京城帝大の調査結果で言うと、朝鮮北部の値と一致している。その理由について、寺井たちは、「殊に満洲国建国以来、民族示数の高き、即ちA型∨B型の関係にある漢族にして満洲国々籍を名乗る者、或は両者の混血増加したるためと、調査地が住民の移動常なき大都会たる当奉天の如き土地なるためではなかろうか」[51]と推測している。この指摘にさらに解釈を加えるならば、移動の増加によって混血が進むことで、満洲国における生化学的民族示数が上昇し、アジア・アフリカ型から中間型に向かっているとも読めるだろう。こうした五族協和のスローガンにもとづき、各民族のつながりを強調する言説は、次に考察する指紋調査のなかにもあらわれている。

**表１**　山本昇による満洲国での指紋調査

| 「満洲国及ビ近隣諸人種ノ指紋ニ関スル研究」『軍医団雑誌』（1939〜1940） | 「満洲国内在住諸人種ノ指紋ニ就テ」『軍医団雑誌』（1940〜1941） |
|---|---|
| 第一編「河南・湖北・安徽・江蘇・浙江省人ノ指紋ニ就テ」 | （一）龍江省人ノ指紋 |
| 第二編「山東・河北・山西省人ノ指紋ニ就テ」 | （二）濱江省人ノ指紋 |
| 第三編「露西亜人ノ指紋ニ就テ」 | （三）吉林省人ノ指紋ニ就テ |
| 第四編「所謂回々族ノ指紋ニ就テ」 | （四）安東省人ノ指紋 |
| 第五編「蒙古族（喀爾喀）ノ指紋ニ就テ」 | （五）錦州省人ノ指紋 |
| 第六編「蒙古族及ビ通古斯族ノ指紋ニ就テ」 | （六）関東州人、熱河省人ノ指紋 |
| 第七編「通古斯族（満洲族）ノ指紋ニ就テ」 | （七）「ハルハ」族並ニ「ダゴール」族ノ指紋ニ就テ |
| 第八編「奉天省人ノ指紋ニ就テ」 | （八）蒙古人の指紋 |
| 第九編「朝鮮人ノ指紋ニ就テ」 | （九）露西亜人ノ指紋 |
| 第十編「日本人ノ指紋ニ就テ」 | （十）露西亜人ノ指紋 |
| 第十一編「総括編」 | |

（筆者作成）

### ③満洲国における指紋調査

満洲国では、陸軍軍医の山本昇によって大規模な指紋調査が実施されている。その調査結果は『軍医団雑誌』に発表されており、一九三九年から一九四〇年に「満洲国及ビ近隣諸人種ノ指紋ニ関スル研究」（全一一編）、さらに一九四〇年から一九四一年にかけて「満洲国内在住諸人種ノ指紋ニ就テ」（全一〇編）がある。表1からわかるように調査対象は広範囲に渡っており、山本が一人でこれだけの調査を二年間で実施することは不可能である。その不可能を可能にした理由が、満洲国の特別な事情にあった。

それは、個人識別を目的とした膨大な指紋原紙の存在である。一九二四年から南満洲鉄道株式会社の撫順炭鉱で働く炭鉱労働者の管理を目的に、労働者の十指の指紋登録を実施していた経験から、満洲国では建国以前より「全国民」への指紋登録が構想されていた。この計画は頓挫したが、一九三四年には警察指紋が開始され、一九三八年からは労働者に対する十指の指紋登録が開始される。そして翌年には、治安部の外局に指紋管理局が設置され、そこで、警察指紋と労働者指紋が統合されると、二年後には、二七〇万枚の指紋原紙が収集されていたという。採取された一〇本の指紋は、分類方式に従って一〇桁の数字へ変換され、検索可能な状態で管理されていた。登録の対象者は満洲国内に居住する「満洲国人」だけでなく、中国からの移民労働者も半数を占めていた(52)。

山本はこうした個人識別を目的として収集された資料を用いて、大規模な調査を実現したのだった。山本は指紋資料の出所について、「満洲国軍指紋班並ニ満洲国指紋管理局ノ指紋原紙ヲ貸与サル、幸運ニ恵マレ、比較的広範囲ニ亘ル調査ヲスルコトガ出来タ」と述べたうえで、指紋原紙三五万枚のうち適当な指紋原紙を一〇万枚を厳選し、これを各人種民族、地域別に分類したと説明している(53)。

では、この調査を通じて山本はどのような見解に至ったのだろうか。「満洲国及ビ近隣諸人種ノ指紋ニ関スル研究」の総括編で、次のように述べている。

日本ヨリ朝鮮、朝鮮ヨリ満洲、支那、支那ヨリ満洲、蒙古ニ移行スルニ従ヒ、渦状紋ハ漸次ニ増加シ、之ニ反シ蹄状紋ハ漸減スル。換言スレバ指紋係数ハ南方ヨリ北進スルニ伴ヒ漸次増加シ、北方ヨリ南下スルニ伴ヒ逓減シ、支那人ト朝鮮人ハ満蒙人ヨリ日本人ヘノ移行即チ橋（中間型民族）ノ如キ観ヲ呈スル。而テ満蒙人ト支那人トノ差異ハ極ク僅少デアッテ、日本人ト朝鮮人、朝鮮人ト支那人トノ差ヨリ明カニ少デアル。

山本は古畑の指紋示数をもとに、渦状紋と蹄状紋の比率から日本、朝鮮、中国、満洲、モンゴルの順に並べ、相互の連続性と近接性を指摘するとともに、朝鮮人と中国人を、満蒙人と日本人をつなぐ中間型民族として位置づけている。さらに山本はこのことを、「政治的言葉ヲ以テ語ルヲ許サルルナラバ」と前置きをしたうえで、「血ハ水ヨリモ濃シ、日、鮮、満、蒙、支ノ五族之総テ無縁ノ衆生ニ非ズシテ血縁ノ同胞ナリ、東亜現下ノ状勢又コノ科学的信念ヲ根幹トシテ指導原理トナスベシ(54)」と結論づけている。「血ハ水ヨリモ濃シ」という表現からも、指紋を血と同一視していることがわかる。また、建国宣言で掲げられた五族協和のスローガンにもとづき、各民族が血縁関係にあることを明言しながらも、指紋は民族間のヒエラルキーを正当化する「科学的」根拠としても用いられたのだった。

### （3）台湾における血液型と指紋の研究

台湾ではかなり大規模な原住民への血液型調査が行われており、一九二〇年代半ばから調査結果が複数発表されていた。たとえば初期のもとのとしては、台湾総督府台中医院内科の古市虎熊が、一九二四年末頃から台湾在住の内地人四一六名、台中地方在住の福建人四〇四名、台湾の原住民一七〇名の血液型調査を実施したもの(55)や、朝鮮の血液型調査の際にも登場した桐原眞一・白麟濟らが一九二五年に台湾本島人（福建系と広東系）五八六名、原住民（タイヤル族、ツォウ族、アミ族、パイワン族、ヤミ族）一四九二名を対象に行った調査がある。とくに桐原たちのグループは、他地域での調査結果も踏まえて、「朝鮮、支那、沖縄、台湾各地方住民に於ける血液型分布の研究」というタイトルで、一九二八年に『日本学術協会報告』（第四巻）にその内容をまとめている。ここでは、「北支那―朝鮮北部―朝鮮南部―日本」に向かうに従って、B型が減少してA型が増加し、ついに「中間型」に移行する一連の流れが説明されている一方で、南部支那人は北支型と南洋方面の太平洋型の両血液の混淆として捉えられている。そのため、福建省や広東省から移住した台湾本島人も同様の位置づけとなっている。さらに、台湾の原住民については、「台湾蕃族の血型率なるものは、恰も南洋方面全部の血型率の標本陳列場の如き有様を呈してをる(56)」との指摘からわかるように、原住民の個別のルーツを分析する鍵として注目をされていた。

その後、台湾の原住民を対象とした大規模な血液型調査を実施したのは、台湾総督府中央研究所衛生部の丸山芳登と分島俊であった。調査の目的は、桐原たちと同様に、原住民たちのルーツを探ることであった。調査対象は、原住民のうち七族（タイヤル族一一九六名、サイシャット族一二二名、ブヌン族三四〇名、ツォウ族六二八名、アミ族二六九名、パイワン族六四四名、平埔族二一九名）である。調査人数は先行研究も含んでいるが、そのうち調査地が重複しているものは同一人物に複数回調査をした可能性があるため、集計からは外されている。さらに、南洋諸島の先行研究データとの比較や、ツォウ族とパイワン族にO型が多いことから、O型率の高い民族と低い民族をそれぞれ紹介している。

そのうえで、桐原たちが指摘したように南洋から異なる諸種族が数回に渡って台湾に移住したという結論に賛同しつつも、いまだ台湾の原住民の相互関係や南洋各地に居住しているマレー系の原住民との関係など、精査すべき課題は山積しており、的確な判定には至らないとしている。(57)

血液型の調査とは対照的に、台湾における指紋調査は一部の原住民を対象とした小規模なものに留まっている。(58)そのなかでも調査人数が多いものとして、一九二八年に台湾総督府台北医学専門学校病理学教室の久藤實によって発表された調査結果があり、台湾本島の南東にある紅頭嶼（現在の蘭嶼）に住むヤミ族二〇四名、台湾本島のアミ族一三一名、パイワン族一二二名の指紋調査を実施し、それらを比較している。(59)久藤はヤミ族に関して、紅頭嶼の東部と西部では大きな違いがあり、フィリピンのバタン島の原住民との関係を示唆したうえで、ヤミ族とアミ族は指紋に類似性があるが、パイワン族とは異なっていたと結論づけている。

その他の調査としては、一九二九年に金関丈夫がタイヤル族（男性二〇名）の手足の皮膚理紋について調査したもの、(60)さらに前節で指摘した古畑研究室の伊藤鎮雄が一九三三年に行ったツォウ族二六名への調査と、同じく鈴木壽六が一九三六年に発表したパイワン族三三名への調査がある。鈴木は、自身のデータを久藤や金関のものと比較しているが、同じパイワン族の男性であっても、久藤は指紋示数が六一・七六であるのに対して鈴木は一二九・四一となり、数値に大きな開きが生じている。(61)しかしこの数値の開きを検証するための再調査は行われていない。このように、指紋に関しては、一部の原住民を対象とした小規模なものに限られていた。

## おわりに

一九二〇年以降に世界的なブームとなった血液型の人類学的調査は、日本でも注目を集めるとともに、指紋も同様の関心のもとで、日本帝国における民族的関係性を明らかにする手段として用いられた。実際には具体的な政策に利用されるほど、日本の帝国形成に大きなインパクトを与えたとは言えない。しかしながら、たとえば満洲国では、個人識別を目的とした大規模な指紋登録が実施されていたこともあり、これらの指紋原紙が人類学的調査にも利用され、五族協和のスローガンを「科学的」に検討する可能性が模索されていた。

そして、古畑は、日本帝国における血液型と指紋の人類学的調査・研究に大きな影響を与えた。古畑の幅広い関心は、法医学という学問的性質に依拠しながらも、近代的統治が要請した集団から個人を貫く「可読的実践」のなかで展開してきたと言えるだろう。まさに、日本における血液型と指紋の調査への期待には、日本が国民国家形成や帝国形成において、欧米諸国と共通する課題を抱えながらも、日本特有の事情によって独自の知や技術を模索しなければならなかった姿が映し出されている。

(1)　レノー＝パリゴ、キャロル「フランスにおける形質人類学の変遷史――一九世紀末からの人種科学をめぐって」（坂野徹・竹沢泰子編『人種神話を解体する2――科学と社会の知』東京大学出版会、二〇一六年）六七頁。

(2)　「満洲国」は日本の傀儡国家であり、歴史記述の際には、括弧を付して表記する必要があるが、以下本稿では読みやすさを優先し、括弧をはずした表記を用いている。

(3)　中生勝美によれば、「日本の人類学は、台湾を植民地にする以前に始まっている」が、「近代日本で人類学が制度化されたのは、調査研究対象となる異民族の居住する植民地統治が始まってからである」という（中生勝美『近代日本の人

類学史――帝国と植民地の記憶』風響社、二〇一六年）二五頁。
（4）楊海英『人類学と骨――日本人ルーツ探しの学説史』（岩波書店、二〇二三年）八頁。
（5）小熊英二『単一民族神話の起源――〈日本人〉の自画像の系譜』（新曜社、一九九五年）。
（6）楊、前掲書、九頁。
（7）鄭駿永「京城帝大法医学教室の血液型研究と植民地医学」（酒井哲哉・松田利彦編『帝国と高等教育――東アジアの文脈から』国際日本文化研究センター、二〇一三年）一五四頁。
（8）同前、一五五頁。
（9）井上貴翔「指紋と血の交錯――小酒井不木『赦罪』をめぐって」（押野武志・諸岡卓真編著『日本探偵小説を読む――偏光と挑発のミステリ史』北海道大学出版会、二〇一三年）三九～六六頁。
（10）中谷陽二『危険な人間の系譜――選別と排除の思想』（弘文堂、二〇二〇年）。
（11）村上宏昭「バイオメトリクスの身体――個人識別技術と可読的身体の諸相」（『ゲシヒテ』第一三号、二〇二〇年）五〇頁。
（12）東京大学医学部法医学教室ＨＰ〈http://ut-forensic.jp/aboutus/history/〉（閲覧日二〇二四年四月二五日）。
（13）古畑和孝編『追想 古畑種基』（珠真書房、一九七六年）二二七頁。
（14）同前、二三〇頁。
（15）古畑種基『血液型の話』（岩波書店、一九六二年）一八～一九頁。
（16）古畑種基『血液型を考える』（雷鳥社、一九七二年）一二～一三頁。
（17）同前、一五～一七頁。
（18）古畑が考案した「指紋示数」は、「指紋係数」や「指紋系数」と表記される場合もあるが、本稿では引用以外は、指紋示数と表記する。
（19）古畑種基「個人識別法に就て」（『金沢犯罪学会雑誌』第一巻第一号、一九二八年）二八～二九頁。
（20）古畑種基「指紋人種特異性並に『指紋係数』に就いて」（『日本之医界』第一六巻第九三号、一九二六年）五頁。
（21）同前、七頁。
（22）同前、六頁。

(23) 古畑種基「指紋の遺伝とその人類学的応用」(『科学画報』第一一巻第二号、一九二八年)二四〇〜二四一頁。
(24) 同前、二四二頁。
(25) 一九三六年三月に東京帝国大学医学部法医学教室の三代目教授となるが、一九三九年一月までは金沢医大の教授も兼任していた。
(26) 岸孝義「双胎児指紋ノ研究(第一回報告)」(『十全会雑誌』第三二巻第七号、一九二七年)一〇四七頁。
(27) 岸孝義・正木信夫「日本人指紋ノ研究(第六編)指紋ト血液型トノ関係ニ就テ」(『十全会雑誌』第三三巻第一二号、一九二八年)一八八五頁。
(28) 血液型と指紋の関係性を否定した論文として、たとえば次のものがある。角田眞一・永山太郎「指紋ト血液型トノ関係並ニ第九師団管下ニ於ケル指紋ノ地方的分布ノ概況」(『軍医団雑誌』第二〇八号、一九三〇年)一五六五〜一五七四頁。
(29) 越後一雄「日本人指紋ノ研究(第二七編)石川県河北郡一小学児童ニ於ケル指紋調査成績　第三報　指紋ト血液型ノ関係ニ就テ」(『十全会雑誌』第四〇巻第一一号、一九三五年)四三四七頁。
(30) 岸孝義「最近余ノ調査セル本邦各地ノ生物化学的人種系数ニ就テ」(『十全会雑誌』第三二巻第八号、一九二七年)一一六三頁。
(31) 松田薫は現在にも通じる「血液型と性格」をめぐる論争を中心に、日本の血液型研究の系譜を詳細に整理している。松田薫『「血液型と性格」の社会史――血液型人類学の起源と展開』(河出書房新社、一九九一年)。
(32) 古川竹二「血液型による気質及び民族性の研究」(『教育思潮研究』第一巻第一号、一九二七年)二三〇頁。
(33) 古畑種基「人の気質は血液型に関係があるか(一)」(『実験治療』第一八一号、一九三七年)二二一頁。
(34) 正木信夫・越後一雄「金沢市新竪町小学校児童ノ血液型調査並ニ血液型ト気質トノ関係ニ就テ」(『十全会雑誌』第三八巻第五号、一九三三年)一四九〇〜一四九一頁。
(35) 正木信夫・越後一雄「金沢市一小学校児童ニ於ケル血液型並ニ血液型ト気質トノ関係ニ就イテ」(『十全会雑誌』第三八巻第一〇号、一九三三年)三〇〇〇頁。
(36) 古畑種基「人の気質は血液型に関係があるか(四)」(『実験治療』第一八四号、一九三七年)三六〇頁。
(37) 仁科正次「指紋上より観たる強盗致死傷並に偽造犯人に対する調査に就て」(『犯罪学雑誌』第四巻第三号、一九三一年）四五～四八頁。
(38) 南條博和「指紋学上より見たる犯罪指紋」（『犯罪学雑誌』第四巻第四号、一九三一年）四〇～四一頁。
(39) 深町穂積「朝鮮人及満洲人ノ人種学的生物化学的比率ニ於テ」（『国家医学雑誌』第四三〇号、一九二二年）五八一頁。
(40) 桐原眞一・白麟濟「日鮮人間ニ於ケル血液属別百分率ノ差異及血液属別特有性ノ遺伝ニ就テ」（『朝鮮医学会雑誌』第四〇号、一九二二年）二七三～二九五頁。
(41) 古畑種基「佐藤武雄博士の御逝去を悼む」（『犯罪学雑誌』第二四巻第四号、一九五八年）二八頁。
(42) 佐藤武雄・國房二三・野村捷一・萩森壽「朝鮮人の血液型」（『犯罪学雑誌』第九巻第六号、一九三五年）四六頁。
(43) 同前、五二～五三頁。
(44) 國房二三「朝鮮人の指紋」（『犯罪学雑誌』第一一巻第三号、一九三七年）一九頁。
(45) 同前、四四頁。
(46) 同前、四一頁。
(47) 牧野久吉「第五回満蒙人（蒙古族・通古斯族）血液型調査」（『犯罪学雑誌』第一三巻第三号、一九三九年）九三頁。
(48) 高原武一・佐藤征夫「蒙古人の血液型」（『犯罪学雑誌』第七巻第六号、一九三三年）二一頁。
(49) 同前、二四～二五頁。
(50) 寺井武・糸岐元海・杜格林・鄭信章・田島肇「満洲国々籍満洲人の血液型」（『犯罪学雑誌』第一二巻第五号、一九三八年）四二頁。
(51) 同前、四五頁。
(52) 満洲国の労働者への指紋登録については、拙著『指紋と近代――移動する身体の管理と統治の技法』（みすず書房、二〇一六年）の第四章を参照のこと。
(53) 山本昇「満洲国及ビ近隣諸人種ノ指紋ニ関スル研究（第一編：河南・湖北・安徽・江蘇・浙江省人ノ指紋ニ就テ）」（『軍医団雑誌』第二七号、一九三九年）三五頁。
(54) 山本昇「満洲国及ビ近隣諸人種ノ指紋ニ関スル研究（第一一編：総括編）」（『軍医団雑誌』第三二号、一九四〇年）三八頁。
(55) 古市虎熊「同種血球凝集反応ニヨル日本人（内地人）台湾人（福建人）並ニ生蕃人ノ生物化学係数ニ就テ」（『台湾医

学会雑誌』第二四三号、一九二五年）五八一〜五九〇頁。

(56) 桐原眞一「朝鮮、支那、沖縄、台湾各地方住民に於ける血液型分布の研究」（『日本学術協会報告』第四号、一九二八年）六九八頁。

(57) 丸山芳登・分島俊「台湾高砂族ノ血液型ニ就テ（第一報）」（『台湾医学会雑誌』第三〇巻第五号、一九三一年）三六〜三七頁。

(58) 原住民への調査以外のものとしては、東京帝大理学部人類学教室の須田昭義が一九三二年に「台湾本島人女子の指紋」（『人類学雑誌』第四七巻第六号）を発表しているが、調査数はわずか三二名である。須田は、一九三〇年に東京女子医学専門学校（現在の東京女子医科大学）に留学中の女子学生を対象に調査を実施している。

(59) 久藤實「指紋上ヨリ見タル台湾紅頭嶼蕃人（附）アミ族、パイワン族ノ指紋ニ就テ」（『台湾医学会雑誌』第二八一号、一九二八年）八九九〜九二二頁。

(60) 金関丈夫「生蕃人手足皮膚の理紋に就いて（一）」（『人類学雑誌』第四四巻第一一号、一九二九年）五一九〜五四六頁。

(61) 鈴木壽六「日本人指紋ノ研究（第三〇編）生蕃人（パイワン族）指紋ニ就テ」（『十全会雑誌』第四一巻第一号、一九三六年）四七頁。

# 満洲移民と栄養研究——安部淺吉と紫藤貞一郎による主食研究を手がかりに

福士由紀

## はじめに

近代期、欧米や日本が植民地に進出し統治を行う過程で、医療や公衆衛生およびそれを支える学知が一定の役割を果たしたことは、近年多くの研究者によって指摘されてきている(1)。日本は、一九世紀末の台湾の植民地化以降、二〇世紀初めには、遼東半島南部(関東州、満鉄附属地)に支配を広げ、朝鮮半島、南洋諸島、中国東北地域(満洲)へと進出した。この過程において、西洋医療を提供する医療施設の設立や現地で流行する感染症への対策、公衆衛生システムの導入が図られた。こうした諸施策は、植民地へ進出した日本人の健康の保護だけでなく、現地の人びとの身体や健康にも関わるものとなり、日本による統治の正当性を示すと同時に、統治権力の現地社会への浸透を促すものともなった。

飯島渉は、一九世紀半ば以降、近代的な帝国主義のもとで、植民地において蓄積された医学・衛生学の体系を植民地医学と呼び、近代日本のそれを台湾で蓄積された熱帯医学の体系と、満洲などの北東アジアで蓄積された開拓医学・開拓衛生学の体系とに分類した(2)。本章では、開拓衛生学の一部であった満洲における栄養研究に着目する。

開拓医学・開拓衛生学は、関東州における医療・衛生行政および南満洲鉄道株式会社（満鉄）地方部衛生課や大連医院、南満医学堂（一九二二年、満洲医科大学に改組）などの調査研究を基礎としつつ、一九三〇年代になると明確にその姿を現した[3]。その背景として、満洲移民政策の展開があった。開拓医学・開拓衛生学は、日本とは気候風土が異なる満蒙地域へ移住する日本人の「風土馴化力」に関する研究に主眼があり、地方病や伝染病だけでなく衣食住といった課題も含んでいた[4]。

開拓医学・開拓衛生学研究は、満鉄、関東庁（関東局）、満洲国、拓務省、満洲医科大学や日本国内の帝国大学、労働科学研究所など多様な組織によって行われた。飯島渉は、これらの研究組織の特徴やスタッフおよび研究内容を、日本の植民地医学の展開の歴史のなかに位置づけて整理した[5]。開拓医学・開拓衛生学研究を中心的に担った組織の一つであった満洲医科大学に関しては、末永恵子が、医学研究・医療活動の側面から日本の植民地支配との関係を考察しており、趙暁紅は、卒業生の動向、各研究室の研究調査内容などを整理し、植民地医療を担う植民地大学としての性格を指摘している[6]。また江田いずみは、満洲医科大学が担った「開拓衛生」研究を網羅的に整理し、研究者と植民政策との関係についても論じている[7]。

本章で焦点をあてる満洲における栄養研究に関しては、これまで飯島や江田によってその大要が紹介されてきたものの、詳細には検討されてこなかった。しかし、栄養研究は開拓移民の「風土馴化」を求める開拓衛生学の重要な一環をなしており、これを検討することは近代日本の開拓医学・開拓衛生学への理解の深化につながるものと考えられる。また、満洲における栄養研究は、二〇世紀前半の世界および日本における栄養研究と関連しながら展開された。それ故に、満洲の栄養研究の検討を通して、食と栄養、健康に関する学知のグローバルな連関の一端を照射することもできよう。さらに、食と栄養の問題は、一般の人びと、とりわけ農業移民の日常生活と大きく関わる問題であった。満洲における栄養研究の知見が、満洲移民にどのように伝えられ、どう実践されたのか、あるいはされなかったのかの検討を通して、科学と社会との関係の一コマを垣間見ることができると思われる。

以上の問題関心の下、本章では、一九三〇年代、満洲移民の栄養問題の研究において中心的役割を担った安部淺吉と紫藤貞一郎の研究調査を通して、満洲移民の食と栄養をめぐる問題の所在、およびその解決のためにどのような研究が行われたのかを確認し、さらに、それらの研究が、当該時期の世界や日本における栄養研究とどのように関連するものだったのかを主食をめぐる問題を通して考察したい。また、こうした食と栄養に関する研究が、どのように人びとに伝えられ、実践されたのかを、開拓移民の訓練教育を担っていた国民高等学校による出版物および農業移民の食事調査などを通して検討してみたい。

## 一.移民政策と栄養研究

満洲における食と栄養に関しては、一九二〇年前後から満洲医科大学や満鉄人事課労務係などにより、茶、白菜、牛乳、高粱などの現地の食物の成分分析や、中国人の摂取食品および栄養状態の調査が行われていた[8]。一九二五年に満洲医科大学に衛生学教室が開設されると、現地の気候と日本人の生活に関する研究なども進められたが[9]、一九三〇年代以降、日本人、とくに開拓移民の風土馴化をより強く意識した研究が、移民事業の進展とともに展開されていくこととなる。

満洲への移民事業は、日露戦争により日本が遼東半島南部に進出して以降、満鉄初代総裁の後藤新平による一〇年五〇万戸移民論や、一九一〇年の外務大臣小村寿太郎による二〇年一〇〇万戸論が唱えられるなど積極論はあったものの、実態としては現地の社会経済的・環境的・政治的条件により目立った進展はなかった。一九一〇年代後半には、満鉄守備隊除隊兵による満鉄附属地への入植や、関東都督府の奨励に基づく愛川村（関東州大魏家屯）の建設といった事業が行われたが、いずれも成功しなかったとされる[10]。こうしたなかで、一九三二年の満洲国成立以降、対ソ防衛や満洲国支配の安定化、日本国内の農村における人口・土地問題などを背景に、満洲移民事業が本格化された。

移民事業は、一九三二年の第一次移民団の送出以後、一九三五、六年までの試験移民期、広田弘毅内閣による「二十ヵ年百万戸送出計画」の国策化以降の三七年から四一年までの本格的移民期、アジア・太平洋戦争勃発以後の四二年から四五年の崩壊期を通して実施され、数万戸二七万人が満洲へ渡った[11]。こうした移民の送出にともない、日本人農民の入植にあたっての衛生問題に関する調査研究が組織的に開始された。

一九三二年五月、満洲を訪れた京都帝国大学教授で衛生学者の戸田正三は、開拓衛生問題の調査研究の重要性を提唱した。これに呼応した関東庁は満鉄に依頼し、満洲医科大学と満鉄衛生研究所に対し、食、栄養、住居および水に関する研究への補助金を提供した。この時の具体的な研究項目として、北満内蒙古住民の常食物を日本人が摂取した際の消化吸収に関する研究、食物の貯蔵加工の研究、満洲人常食品の分析およびビタミン含有に関する試験、北満内蒙古に現存する家屋についての研究、北満内蒙古の井戸水の調査、簡易浄化法の研究が設けられた[12]。

関東庁はまた、一九三三年六月、移民衛生調査委員会を発足させ、関東庁、関東軍、京都帝国大学、満洲医科大学、満鉄地方部衛生課などの技術官僚、研究者を委員として、移民の衛生に関する調査研究を行った。当初は予算が少なく、委員も少人数であったが、その後、委員を拡充し、移民衛生調査委員会は、地方病や各種伝染病、衣食住および飲用水に関する研究だけでなく、移民入植地や入植予定地の衛生調査、家畜衛生問題など、より広範な調査研究を手がけた。一九三七年には、治外法権撤廃により移民衛生調査委員会は解消され、新たに設けられた満洲国民生部保健司移民衛生股にその事務は継承された[13]。

解消されるまでの期間、食物に関する調査研究として、移民衛生調査委員会は、以下のような項目を手がけていた。すなわち、満洲、とくに開拓地で生産される各種食料品の栄養分析およびその消化吸収率の調査、これらの調査結果に基づいた現地に適した新たな調理法・食物献立の開発、冬期における野菜貯蔵法の研究、開拓地児童の発育と栄養に関する調査、蔬菜・茶類のビタミン含量の研究、大蒜の薬用的および栄養的価値に関する研究などである[14]。

## 二　主食をめぐる栄養研究

初期の試験移民が送出され、移民の衛生問題に関する研究が組織的に行われ始めた当初、満洲産の食料品の栄養分析やその消化吸収率に関する研究を中心的に担ったのが、安部淺吉（満洲医科大学）と紫藤貞一郎（満鉄大連衛生研究所）だった。この頃の調査研究課題の一つとして、日本から送出された移民は、満洲において主食として何をどのように食べるべきか、という問題があった。

### (1) 安部淺吉と移民の主食研究

安部淺吉は一八九八年に北海道で生まれ、南満医学堂への入学を機に満洲へ渡った[15]。南満医学堂は、一九一一年、満鉄が奉天附属地に設立した医学校であり、一九二二年、満洲医科大学として改組された。安部は、この改組の一年前の一九二一年、南満医学堂を卒業し、医学堂附属医院の小児科医局に入った。その後、一九二三年から二五年にかけて、附属医院での食餌療法を担当する栄養部創設準備のため東京へ留学し、国立栄養研究所や帝国ホテルなどで、栄養学と調理法を学んだ[16]。

国立栄養研究所は、佐伯矩が一九一四年に設立した私立栄養研究所を前身とする。佐伯矩は、京都帝国大学医科大学（生化学教室）を卒業後、一九〇二年に内務省伝染病研究所（伝研）に入所し、一九〇五年にはイェール大学に留学した。彼は大学在学時から栄養研究に関心をもっており、伝研在籍時の一九〇四年には大根に含まれる消化酵素を発見し、この研究はヨーロッパでも注目された[17]。佐伯がイェール大学へ留学した当時、アメリカでは栄養科学研究が急速に発展しつつあった。食物と生体との関係を科学的に解明しようという動きは、一八世紀のヨーロッパでの化学研究に端を発する。一九世紀には三大栄養素についての知見が広がり、生体における代謝研究、エネルギー測定法やエネルギー所要量の研究が展開された。一九世紀末以降、栄養科学研究の舞台はアメリカへも広がり、医学と農学を基盤に展開された。また、アメリカでは、一九世紀末には農務省の支援の下、食品成分表や推奨される食のガイドラインが発表されるなど、栄養科学の社会や政策への利用が行われつつあった[18]。

佐伯が一九一二年に帰国し、その二年後に私立栄養研究所を開設したことに、在米経験がどのように影響したのかは定かではない。だが、佐伯が栄養に関する研究だけでなく、学校給食の実施や栄養知識の社会への普及、食生活改善のための活動を重視していたのは、あるいはアメリカにおける栄養科学と政府および社会との関係が念頭にあったためかもしれない。佐伯は栄養研究所の国立化を訴えており、私立栄養研究所は、一九一八年の米騒動を機に、一九二〇年に国立化された[19]。国立栄養研究所は、「国民の栄養の調査研究に関する事項を掌る」[20]ものとされ、米・麦の消費改善に関する研究、日本人の標準食の研究、体格体質改善に関する研究、日本食品成分総覧の作成など多岐にわたる研究項目を掲げていた[21]。佐伯はまた、栄養知識を普及・実践するための栄養士の育成を重視し、一九二四年に佐伯栄養学校を創設している[22]。

国立栄養研究所留学中の安部淺吉の足跡を示すものは少ないが、関東大震災の際に栄養研究所が行った震災救護活動への参加、および国立栄養研究所技師の杉本好一らによる米加工品の消化吸収実験に被験者として参加していることが確認できる。[23]この国立栄養研究所での経験は、その後の安部の研究活動に一定程度影響を与えたものと思われる。一九二五年に満洲医科大学へ戻り栄養部（一九三五年、栄養科に改称）主任となると、杉本の手法を取り入れた消化吸収実験[24]や、満洲医科大学医院に栄養手養成所を設立[25]するなどの活動を行っている。

安部は一九三〇年に「患者食研究」で医学博士号（京都帝国大学）を取得した後、在外研究を経て、満洲移民に関する食と栄養に関する研究調査に本格的に従事するようになる。

農業移民の食は自給自足を目指し、その土地で生産されたものを活用すべきだということは、移民事業および開拓衛生研究の関係者の多くが主張するところであった。だが、安部はそのなかでも比較的強く現地で生産され、現地の人びとの主食とされていた高粱や粟などの穀物の活用を推奨していたように見える。これは、安部が主食問題を中心的に研究していた一九三二〜三四年という時期が、試験移民期にあたり、入植地における米の生産の見通しがたっていなかったことに起因すると思われる。また、それ以外にも、移民の栄養研究に携わる以前から、阿部は満洲産の白高粱を加工した「文化米」を、白米を節約するための補助食品として推奨[26]するなど、米を代替、あるいは補助する主食穀物に関心をもっていたことも関係すると考えられる。

農業移民の主食に関し、安部はまず、南満・北満・蒙古およびその接続地域の農業経営状況と主食物の栄養的価値に関する検討を行った。この検討のなかで、一銭で購入できる量の高粱、粟、玉蜀黍から摂取できるカロリーは、同じく一銭分の米からのものよりも大きいこと、また高粱などの栄養価が米に劣るものではないことを示し、「在満日本人の主食品に適するものとしては高粱、玉蜀黍、粟で、これに大豆を混用するのが良いと思われる。また、所によってはこれに小麦、米などを併用するのもよい」と結論づけた。だが、問題は残った。白米を主食としてきた日本人にとって、高粱、粟といった雑穀は食べ慣れておらず、消化率がよくないと目されていたのだ。[27]

安部は、日本人が高粱・粟・黍などを用いた「満洲食」を食べた際の消化吸収実験を行うことで、農業移民の主食として雑穀を活用できることの科学的根拠を示そうとした。一九三二年から三三年にかけて、安部は、奉天北大営の日本国民高等学校の学生および一燈園農場燈影荘の人びとを被験者として実験を行った。

日本国民高等学校は、一九二七年に、農本主義者で満洲移民推進論者の加藤完治を初代校長として、茨城県友部に農民教育を目的として設立された。奉天北大営の日本国民高等学校はこの分校であり、一九三二年に関東軍からの要請を受けるかたちで満洲移民の中堅人物の養成を目的に創設されたものである[28]。北大営の国民高等学校は全寮制で、米・高粱・粟・玉蜀黍を併用した主食が提供されており、安部の想定する農業移民と「その食事様式が丁度これに該当」していた[29]。一燈園は、一九〇四年、社会事業家の西田天香によって創始された無所有奉仕の生活を行う団体である。一燈園は、一九二八年頃から関東州金州大魏家屯で燈影荘という農場経営を行っており、そこで暮らす人びとは主食として米を用いず、粟を主とし玉蜀黍・小豆・甘藷などを併用した食事を日常的にとっていた[30]。

実験は、「満洲食」未経験の日本国民高等学校の新入生、同校に既に六か月程度在籍し、「満洲食」を経験してきた学生、数年間「満洲食」を経験している一燈園同人に対し、熱量および養素測定された米（国民高等学校学生に対してのみ）・粟・高粱・玉蜀黍を併用した主食および若干の副食を与え、排泄物から窒素出納状況および養素吸収率を算出する方法で行われた[31]。三回の実験でそれぞれ被験者が異なり、献立内容が異なるために直接的対比は差し控えるとしつつも、安部は実験の結論として、以下の三点を指摘した。（一）従来一般に不消化だと思われていた雑穀も、習慣によってその消化吸収率は一定程度まで上昇し得る、（二）満洲産雑穀併用主食と蔬菜を主とした混食を在満日本農民が摂る場合、何ら心配を要しない、（三）満洲農業の本質より考察して、在満日本農民は満洲産食糧を以て生活するよう指導すること[32]。

以上のように安部は、農業移民の主食として、高粱・粟・玉蜀黍といった満洲産雑穀の利用を、その消化吸収率に関する科学的根拠を示しつつ提唱した。安部と同じく、満洲移民の食と栄養に関する研究に従事した紫藤貞一郎もまた、食品栄養分析のアプローチから、現地食品の価値に関する研究を行った。

### （2） 紫藤貞一郎と満洲食品の栄養価に関する研究

紫藤貞一郎は、一八九五年、鹿児島県で生まれた。一九二二年、東京帝国大学医学部を卒業し、東京市養育院での勤務を経て、一九二八年に北海道帝国大学医学部助教授に就任した。紫藤は、この翌年の一九二九年に、満鉄衛生研究所化学科長として渡満し、同年、「両性電解質（ampholyt）の状態化学」により医学博士号（北海道帝国大学）を取得した[33]。

満鉄衛生研究所は、一九二六年に大連に設立され、内部に細菌・血清・痘苗・病理・化学・衛生の六科を擁し、感染症の研究、薬品・食品・水質調査のほか、衛生展覧会の開催や学校給食の指導などを所管していた[34]。一九二九年の着任当初から、紫藤は「満洲における諸民族並びに諸生活階級についての栄養に関する研究」に従事した[35]。

中国人の飲食を栄養学的に研究する意義を、紫藤は以下のように述べている。すなわち、日本人の満洲への進出は、日本内地の食糧生産と人口増殖による食糧問題の解決策の一つであり、満洲において日本の食糧問題を解決する道は三つある。第一は、米・麦などの日本人固有の食糧の生産増殖、第二は、満洲固有の食糧を日本人が取り入れること、第三は、両者の食糧の長短を補って調和することである、と。紫藤は、この三者のうち、おそらく調和の方向へ向かうだろうが、日本人が中国人の食に歩み寄るのではないか、との見方を示す。そして、その意味において、中国の飲食を栄養学的見地から観察しておくことは、民族発展の一つの科学的基礎となる、と述べる[36]。こうした立場から、紫藤は、中国食を栄養学的に評価し、それが日本人に適するかどうかを、「下層中国人」の主食物を対象として検討した。

ここで言う下層中国人とは、苦力などの労働者層であり、当時の日本人には、彼らは粗食であるにもかかわらず、肉体が大きく強壮な労働力を有していると見られていた。紫藤は、彼らの食事が本当に粗食かどうかを科学的に立証する必要があるとし、大連の小崗子（中国人労働者が多く居住する地域）の下級飲食店、露店、屋台から買い集めた饅頭、餅子、包子、餃子、高粱・米・粟の各種粥などの分析を行った。その結果はこうである。下層中国人の主食物は、一定量に含有する栄養素の含量・配合量において米飯に勝り、カロリーも一般に大きい。下層中国人の主食の原料である小麦粉・玉蜀黍・高粱は、日本の精白米に全く欠けているビタミンの各種を多かれ少なかれ含み、中国人の主食は栄養学的に合理的であり、日本人の常食する精白米飯は「不健全な主食」である。栄養経済の観点からも、日本の米飯に比べ著しく安価である。この研究の結論として、紫藤は、日本人が漸次、中国食をとり入れることにより、日本人の主食の欠陥を補い、経済窮乏を自ら救うことができるだろう、と述べている(37)。

このように、一九三〇年代前半の主食をめぐる栄養研究は、高粱や粟といった満洲産穀物の利用を科学的根拠に基づき推奨していた。当時、移民の主食として満洲産の高粱や粟の利用が推奨された背景には、満洲における農業生産条件の問題だけでなく、紫藤の研究に見られるように、日本人の主食である白米の栄養価に関する問題、すなわち脚気の原因としての白米食の問題があった。

## 三　白米と脚気

脚気は、ビタミン$B_1$の欠乏により、抹消神経の障害や心不全を起こす疾患である。発症初期には、食欲の低下や手足のしびれなどの症状があらわれ、進行すると感覚障害が出て歩行が困難になり、更に重症化すると心臓機能の低下をもたらし、心不全によって死に至る場合もある。脚気は、白米食を習慣とする地域に多く見られた。日本では江戸や大阪といった都市での白米食が流行した一八世紀頃から、「江戸わずらい」として知られるようになっていた。脚気の病因については、一八九六年、オランダ人医師のエイクマン（Christiaan Eijkman）が、ジャワでの鶏の飼養実験を通じて、鶏に白米を与えると脚気様の症状を起こし、この症状は糠を与えると治る、という研究成果を発表していた。(38)

日本では、脚気はまず白米を兵食としていた軍隊で問題化した。一八八〇年代、海軍省医務局の高木兼寛は、海軍兵食として麦食を導入することにより、海軍での脚気対策に効果をあげたが、陸軍省医務局や東京帝国大学医学部などの医師や研究者からは疑問の声があがり、脚気の病因をめぐる論争が繰り広げられた。一九〇九年に設立された臨時脚気病調査会はこの論争の場の一つとなった。当時、脚気の病因をめぐっては、細菌説、中毒説、栄養欠乏説といったさまざま説が唱えられていた。

この間、日本だけでなく東南アジアでも、脚気の蔓延は問題視され、その原因や治療・予防をめぐる研究が行われていた。オランダ領インドや英領マレーシアでは、囚人や入院患者に対する給食実験を通して、糠成分の重要性が確認されていた。(39)一九一一年にはポーランド人生化学者のフンク（Casimir Funk）が、鶏の白米病の予防治療成分の抽出に成功し、それを「ビタミン」と命名し、また日本文で発表したために国際的には注目されなかったが、東京帝国大学農学部の鈴木梅太郎もフンクによる成分抽出の前年に、脚気に対する有効成分（後にオリザニンと命名）の抽出に成功していた。こうして栄養欠乏説の側からの科学的根拠は蓄積され、一九一〇年代半ば頃には国際的には、脚気は栄養欠乏によるものとの認識が広まり、タイやフィリピンでは軍隊や警察学校での兵食や給食を精白米から、より搗精度の低い米に代えることが試みられた。だが、細菌学が優勢であった当時の日本国内の医学界では、病因に関する合意はなかなか形成されず、脚気がビタミン欠乏症であることを臨時脚気病調査会が結論づけたのは一九二五年のことだった[40]。この論争が行われていた一九一〇年代から二〇年代の期間、日本国内における脚気による死亡者数はおおむね増加傾向にあった。一九一五年までは年による変動はあるものの全国での死亡者は、四〇〇〇人から九〇〇〇人程度だったが、一九一五年以降は毎年一万人以上を数え、一九二三年には二万六〇〇〇人以上が死亡していた[41]。

日本では、脚気の病因をめぐる論争が一段落すると、今度はいかに脚気を予防するかをめぐっての論争が起きた。胚芽米論争である。この論争は、一九二八年に開催された人口調査問題研究会で始まった。白米の常食が脚気をもたらすのであれば、米の搗精に制限を加えるべきとして、東京帝国大学の島薗順次郎らは、胚芽を残した白米である胚芽米を法定米とすることを主張した。これに反対したのが、国立栄養研究所の佐伯矩だった。佐伯ら国立栄養研究所グループは、玄米糠層を七割剝離した七分搗米を提唱した。両者の議論は、あらゆる品種の米を胚芽米に加工できるかどうかという技術的問題、ビタミンBは胚芽と糠のどちらに多く含まれるのか、胚芽の吸収率はどの程度なのかをめぐって争われた。さらに、こうした技術的、科学的議論と同時に、両者はそれぞれのネットワークを駆使し、それぞれが主張する種類の米の宣伝普及をも行い、マスメディアなどを通して、この論争は社会的に知られるところとなった。胚芽米論争は、一九三九年「米穀搗精制限規則」が公布され、七分搗米が法定米とされたことで幕を閉じた。この背景には、胚芽米加工における技術的限界にくわえ、一九三七年に勃発した日中戦争の長期化により、精米による目減りを少なくして節米する必要が生じていたという状況もあった[42]。

一九三〇年代前半の満洲移民の主食をめぐる調査研究は、脚気と白米食との関係が明確化され、白米という多くの日本人にとっての主食が問題化していた時期に行われた。日本国内における、白米が健康上好ましくないという論調は、満洲移民に対する満洲産穀物の利用の推奨を後押しするものだった。

他方、脚気と白米食との関係が明らかにされるなかで、ヨーロッパ人医師のあいだでは、白米を主食とするアジアの食生活を劣ったものと見做し、白米食と民族的弱さを結びつけた議論も現れるようになっていた[43]。たとえば、インドでは、一九一〇〜二〇年代、インド北部の小麦を主食とする民族が勇猛であるのに比べ、ベンガルやマドラスといった米を主食とする民族は体格的に貧弱で無気力、といった言説が現れた[44]。こうした植民地的言説においては、小麦など白米以外を主食とする民族を優等なものとし、白米食を主とする民族を劣等なものとみなすという構図があった。満洲という植民地的空間においても、このような主食と民族的優劣を結びつけた言説は存在し、それは満洲産穀物の利用を促すためにも使われた。だが、インドのそれと比べ、日本の満洲支配の場合、そこには捻じれがあった。では、そうしたなかで、研究者たちが提唱した満洲産穀物の利用は、満洲移民にどのように伝えられたのだろうか。

## 四 満洲移民の主食をめぐる言説と実践

### （1） 日本国民高等学校「満洲農業植民者の食物」

上述したように、一九三二年に奉天北大営に設立された日本国民高等学校は、満洲移民の中堅的人材の訓練教育を行っていた。この北大営日本国民高等学校の調理担当者が一九三三年頃に記したと思われる「満洲農業植民者の食物」と題する書物が、本校である茨城県友部の日本国民高等学校が刊行した『食物指針』（一九三四年）に組み入れられ、刊行されている。『食物指針』は、一九三六年に再版され、一九四一年には第六版が刊行された。再版および第六版では、本書が「本校職員の覚え書きを生徒の要求するままに印刷に附した」ものであることが記されている[45]。『食物指針』の本編は、友部の国民高等学校で実施していた農村向けの各種料理の調理法、味噌・醤油などの製造法、食品貯蔵法、肉および乳製品の加工法を紹介したものであり、同校生徒や既卒者のみならず、広くレシピ本として活用できそうな内容となっている[46]。

この『食物指針』と合本された「満洲農業植民者の食物」は、緒言でその内容をこう紹介している。

此の書の内容は主として満洲国、奉天、北大営、日本国民高等学校農場開墾第一年度に於ける実地の食物研究を土台とし、栄養その他各方面の学者の説を参考となしてものしたるものであります。換言すれば、日本人が鍬打ち振って満蒙の天地を開拓せんとする場合に如何なる食物を如何なる方法にて摂取すれば愉快なる食事をなしつつ健全なる心身を保ち得るかということを、浅墓ではあるが色々な一年間の経験と各学者の研究とを合せ考へて、その結論を書き誌したものであります[47]。

「満洲農業移民の食物」の著者については署名がなく、詳細は不明である。だが、かつて友部の日本国民高等学校に勤務し、北大営に勤務してからは、中国料理店などで現地の食材・料理を観察、研究し、北大営日本国民高等学校での食事に活かす、といった経験をしていた人物であることは、本文中から察せられる[48]。

満洲農業移民の食について、本書の著者はまず、日本農民の移住者は、農業経営を最も合理的に行おうと努力していれば、おのずと美味かつ栄養価値の豊富な食物を入手することができ、これを加工調理して食卓に供することができるので、粗食とされる中国人の食に倣う必要はない、と述べる。そして、さらに、満洲人一般が栄養価値の低い粗食物を摂取しているとは思わないが、中国人農民が粗食物を摂取しているならば、それは中国人農民が満洲において、粗食に堪え得たのではなく、「立派なる農業組織を営むだけの頭がなく、随ってかかる食事に堪えざるを得なかったというべき」であり、日本農民は、「粗食物を大食して頭脳の働きのにぶくなった支那農民の如き生活を倣ってゆく必要」はない、と続ける[49]。そのうえで著者は、合理的な農業生産を行い、「その土地の與える所の食品を、凡て最も生かして之を摂取同化する大度量」を日本農民はもつべき、だと主張する[50]。

先にも述べたように、同校では現地産の高粱・粟・黍といった雑穀を用いた主食が給食として出されていた。

本書の著者は、一般に日本人には不味いとされている高粱も工夫して調理することにより、「案外うまい」ものとすることができ、また同校で実施された安部の調査研究の成果に触れつつ消化吸収率も意外に良いことを示す。さらに、粟や包米の調理に工夫を加えることで美味しく食べられることを紹介し、「どうも今迄の満洲農民は無智なためか立派なる食物の味を生して食べることが出来なかった様であります」と述べる(51)。本書の後半では、満洲の主要穀物である小麦粉、包米、高粱、粟および黍の米と対比した栄養価、およびこれらを用いた各種料理の調理法が紹介されている(52)。

本書の記述からは、高粱や粟といった満洲産の主要穀物自体の栄養価自体は米に勝るが、満洲農民は無知なためにこれらの食材を十分に活かすことができず、満洲農民の食は粗食でまずい、しかし、植民者である日本農業移民は、賢く創意工夫を凝らして、これらの食材をおいしく調理し、有効利用することが可能である、という主食穀物をめぐる植民地的言説を看取することができる。ただし、本書の著者は必ずしも、現地における雑穀料理や調理法のすべてを否定的に見ていたわけではない。本書後半で紹介される調理法には中国料理も多く含まれており、また、蕎麦や饅頭の作り方について現地人に教えを乞うたエピソードを紹介し、「今までの日本人はあまりに彼らを軽蔑し、お高く止まっていた」ので、現地の知識を借りなかった、と批判している(53)。本書には、こうした日本人批判のみならず、満洲に植民しようとする者が、満洲の食物は粗食で堪えられない、米がなければ生きてゆけないという「迷論」に動かされてまごまごしているのだとすれば、「自らなす所なき劣等民族なりと卑下している様なもの(54)」といった批判も見られる。

このように、農業移民の教育訓練を行う北大営日本国民高等学校では、創意工夫を凝らして高粱や粟、玉蜀黍といった満洲産穀物を利用することが提唱され、そのための調理法の研究も行われていた。この「満洲農業植民者の食物」が、同校の農業移民の教育の場で用いられていたのかどうかは判然としない。しかし、各種料理のレシピのような実践的な情報が多く含まれていることから、農業移民の参考とされることが想定されていたものと推測される。

ところで、この「満洲農業植民者の食物」自体は、満洲産穀物の利用を推奨するものであったが、本書のなかにはしばしば米好きな日本人像が描かれており、そこからは日本人の米志向の強さがうかがえる。たとえば、当時の国民高等学校には山形県出身者が多く、「屑米にしろ、兎に角米の御飯のみを摂取してきた日本人故「高粱飯なんか食うもんか」という悲壮なる覚悟を定めて」いたという[55]。また、金州の満洲移民実習所では、朝昼夕と包米の食事を出していたが、毎月二六日を上陸記念日として、この日に限り、夕食一回だけ米飯をとることにしていたところ、当日はまるでお祭り騒ぎの喜び方で、四、五日も前からこの日の来るのを待ち焦がれていた、という[56]。

科学者は科学的根拠を示しつつ高粱・粟・包米などの満洲産穀物を推奨し、教育機関はそれらをおいしく調理する方法を伝授しようとしていた。だが、果たしてそれは満洲農業移民によって実践されたのだろうか。以下では、いくつかの現地調査記録を手がかりに見てみよう。

### (2)　農業移民の主食

#### ①試験移民の主食

一九三三年七月、安部淺吉と紫藤貞一郎は、満洲医科大学衛生学教室教授の三浦運一および同衛生学教室研究嘱託の田中良太郎とともに、三江省樺川県永豊鎮に入植した第一次移民団の視察へ向かった。一行は、哈爾濱でこれから入植する第二次移民団と合流し、松花江を下って佳木斯へ至り、佳木斯から徒歩で永豊鎮へ向かい、四日間滞在して視察を行った[57]。紫藤貞一郎によるこの視察旅行の記録が、雑誌『新天地』に掲載されている。まずは、この紫藤による記録から、入植一年目の第一次移民団の食の状況を見てみよう。

第一次移民団五〇〇人は、東北六県、茨城・栃木・群馬・新潟・長野の各県の在郷軍人で構成され、一九三二年一〇月、佳木斯へ到着した。彼らはそこで冬を越し、翌二月に先遣隊約一五〇人が永豊鎮へ入った。入植地の土地買収をめぐる現地住民との軋轢から、三月には「匪賊」との衝突があり死者も出たが、四月には全員が永豊鎮入りし、農作業を始めた(58)。

紫藤らが訪れた七月には、野菜類は既に実っており、浅漬けや味噌汁の具として使われていた。食事は各小隊の炊事当番が調理し、主食は、米七分に粟三分を混ぜたもので、これらは外部から購入されたものだった。第一次試験移民団は、佳木斯での越冬の際に、高粱を主食としようとしたが、うまく炊くことができず、味も悪かったので、高粱をやめて米七分粟三分の主食に切り替えていた。また、その一方で、小麦粉七分包米三分から成る「屯墾パン」を作り補助食品としていた。高粱について、紫藤は、「満洲といえば直ぐ高粱を思い、食糧問題といえば直ちに高粱の利用を考えるのが満洲に於ける我々の思惟傾向であり、又実際にその利用に向って努力を払いつつあるのであるが、然し、日本人の主食としての高粱の完全利用は未だ未だ遠い未来に属する。その精白法、炊爨法、消化、吸収、嗜好の点に於いてその利用又は馴致には多くの努力を必要とするものである。此等に関する科学的研究なくして単に精神的感激のみを以て急激に高粱に飛び付くと必ず失敗である(59)」と述べている。

また、米七分粟三分の主食にしても、紫藤自身、当初は「珍しがって「うまいうまい」と言いながら食べて」いたが、三回目あたりから「少々腹の具合が変になって」おり、三日目に出された「白い御飯」に喜んだ。米食について、紫藤はこう述べている。「白い米の飯は矢張りここの移民達の頭から振り払うことは仲々に容易でない様に見えた。今まで粟飯やヒエの飯を食って居た人とか、強い宗教的信念に燃えた人で無い以上、米飯の味をしめて居る日本人が米を離れることは耐え得ざる苦痛であろうと思う」。そして、米の生産が経済的に容易ならば、何も苦しんで不味い高粱など食べる必要はなく、米を生産し米食することに賛成である、と言う。だが、紫藤はこうも付け加えている。「但し米食に際してはそのビタミン欠乏を招く様な精白米を食用とすることに対しては絶対に反対しなければならない。さらでだにビタミン欠乏に悩む満洲の冬期、之に拍車をかけて主食物たる米のビタミンを奪うことは不合理も甚だしい(60)」と。

ここで見られた外部からの購入による米粟混合飯は、一九三四年に浜江省綏稜県に入植した第三次移民団の一年目にも見られた。そこでも、主食は粟三分米七分の混食とされ、副食は主に野菜類、冬期には捕獲した兎や雉などの肉類が出され、これらは本部で作られた献立表に沿って調理されていた(61)。

他方で、一九三六年に入植した第五次移民団では、入植当初の主食購入時期から白米食が行われていた。この第五次移民団入植地の調査団には安部も加わっていた。安部は、「主食に関する心配は大体精白度の問題」だけであり、調査対象の開拓団の献立表には、白米のほか、野菜、小麦粉や豆類などが含まれており、「栄養素には不足はない」としている。その一方で、入植当時の食事は、共同炊事であり食物が一定の基準で統制されているが、個人炊事期に入ると、自家生産食糧の種類は豊富になるにもかかわらず、その質が向上することは少なく、却って低下してしまうことが多いので、主婦に栄養学的知識を注入し、食品の合理的使用を教えることは開拓民の健全な発達上緊要の問題、と述べている(62)。

第五次移民団の入植当初の主食が米だった理由は明確ではないが、満洲での米の生産量の増加が関係していたとも考えられる。一九三二年満洲全域で作付面積は六万ヘクタール余りだったものが、一九三六年には一七・五万ヘクタール、収穫高は、一九三二年に一〇万トン余りだったものが三六年には四四万トン余りに増加している(63)。またあるいは、第一次移民団以降に蓄積された経験、すなわち移民たちの嗜好の問題も関係したのかもしれない。

②農業移民と米食

実際、移民団の主食は、入植地における水稲耕作が軌道に乗るにつれ、白米が主流となっていったようだ。一九三六年、安部淺吉らは、入植四年目の第一次移民団入植地の永豊鎮彌榮村と三年目の第二次移民団入植地の湖南営千振郷の衛生調査を行った。彌榮村では主食は白米で、稲のほか小麦、大豆、粟、各種の野菜を栽培し、それらの加工品を作って日常の食品としていた。また、家畜や蜜蜂も飼われ、食肉、牛乳、鶏卵、蜂蜜が生産され、副食物としてこれらを十分にとることができるので、「内地の農民の食物よりも遥に勝って居ると思われる」ほどだった。また、千振郷でも稲、小麦、大豆、各種野菜が栽培され、これらの加工品も作られていた。こうした段階の地域では、主食の問題よりも、冬場のビタミン摂取が大きな課題であった。安部は言う。

各地共に温暖の候には食物の量は勿論十分であるし、其の種類も多いので内地農民に比して勝るとも劣るとは思われない。只冬の結氷期に於いては新鮮な野菜物に乏しい、乏しいというより寧ろ皆無でヴィタミンCの供給が不十分であろうと思われる。……開拓地のみならず満洲は至る所に於いて冬期の野菜摂取が少ないから之を豊富にすることが出来たならば保健上利する所が多いと思われる。それには冬期に於ける野菜の貯蔵法を研究の上完全な野菜の貯蔵庫を設置しなければならぬ。(64)

こうして、移民の食と栄養をめぐる研究の重心は、主食問題から野菜の貯蔵法や献立、調理法の問題へと移行していく。

満洲、とくに移民の入植地であった北満での米生産の展望が開かれるにつれ、移民の主食に関する移民事業関係者、研究者の発言には変化が見られた。三浦運一は、一九三七年九月、満洲拓殖委員会の主催により開催された第一回移民団長会議での講演において、「満洲何れの所に於きましても、大体米がとれるようでありますから、之を常食と致しますることは非常に宜いのであります」と述べている。ただ、彼はこうも続けている。米がとれない地域では、高粱・粟・小麦・玉蜀黍を用いても「立派に日本人の栄養を維持」することが可能で、消化吸収のうえでも問題はない。また、高粱や粟はビタミンBを含んでいるので、栄養上は白米に勝り、満人にほとんど脚気がないのは、これらを常食しているからである。白米がなければ日本人は生活ができないと考えるのは偏見である、と。(65)

また、一九三九年五月、満洲移民事業の宣伝を目的として拓務省・厚生省の後援により日本赤十字社および東京府が共同で開催した「大陸開発衛生展覧会」における講演会で、満蒙開拓青少年義勇軍栄養課の酒井章平は、次のように述べた。大陸生活において、日本人が米を捨てて高粱・粟・包米を食べなくてはならないかと言うと、多少の雑穀混食に堪えることは必ずしも困難ではないが、満洲の先住民のように雑穀のみでゆくことはできないし、そうする必要もないようだ、と。そのうえで、酒井は、米を用いるのであれば、ビタミンBが欠如した精白米ではなく、胚芽七分搗米程度のものを用いるべき、と述べた。(66)

後に行われた食事調査でも、農業移民が主食として米を主としていたことが示されている。佳木斯医科大学の松本兵三は、一九四〇年八月の夏季と、同年一二月中旬および翌四一年の一二月下旬の冬季に、一四カ所の移民団を対象に食事調査を行った。調査は、夏季は、彌榮、千振のほか、三江省の熊本村・東北村、上久堅村の五カ所九戸、冬季は、彌榮、千振、熊本村、東北村のほか、龍爪（東安省）、老永府（北安省）、三江省の福島村・東海村・東北村・静岡村・韓家・宮城村・中川村・三道留の七五戸に対して行われた。調査方法は、全家族が毎日毎食に消費する総食品を測定し、その栄養素量を算出する、というものであり、調査期間は三日から七日だった。(67)

表1は、夏季および冬季の調査における摂取主食品の種類と使用戸数を示している。松本によると、夏季においては調査対象だった九戸すべてが米（八戸が白米、一戸は七分搗米）を使用していたが、冬季には、白米・七分搗米が主ではあるものの、包米（一四戸）、包米粉（四戸）、高粱（三戸）、粟（九戸）といった「満人の主食品を相

当程度使用して居るのは注目に値する」という。これらの穀物がどのように利用されたのかは定かではないが、冬季には大豆や小豆を白米と一緒に炊く混飯が多く見られ、粟なども同様に調理されたのかもしれない。松本は、こうした混飯が多く見られたのは、一九四一年度調査の際「多少食料規制が強化されていたため」と推測している[68]。

日中戦争の長期化により、満洲においても一九三八年以降、農産物統制政策がとられるようになっていた[69]。一九四一年には、米穀の先銭制度が導入されている。先銭制度は、各村に農産物の出荷目標量が割り当てられ、村長が興農合作社[70]とのあいだで目標量を出荷する契約を結び、合作社が出荷目標量に応じて村長に契約金（先銭）を支払うというものだった。これにより、各村の生産者は出荷目標量を半強制的に供出することとなっていた[71]。松本が言う、一九四一年度の食料規制とはこのことを指すものと考えられる。

以上のように、一九三〇年代の満洲移民の食に関する実態調査の結果からは、当初、研究者や移民幹部教育機関が推奨していた満洲産穀物の日常的利用は、日本人農業移民のあいだではあまり普及していなかったように見える。これは、実態として稲作が一定程度可能だったこと、あるいは米の購入が可能だったことに加え、日本人農業移民の米

**表１**　夏季および冬季の摂取主食品と使用戸数

| 夏季（９戸） | | 冬季（75戸） | | | |
|---|---|---|---|---|---|
| 食品名 | 使用戸数 | 食品名 | 使用戸数 | 食品名 | 使用戸数 |
| 白米 | 8 | 白米 | 56 | 白麵 | 29 |
| 七分搗米 | 1 | 七分搗米 | 20 | パン粉 | 2 |
| 糯米 | 2 | 玄米 | 1 | 干うどん | 1 |
| 麦 | 2 | 米粉 | 1 | 粟 | 9 |
| 押麦 | 1 | 糯米 | 2 | ソーメン | 3 |
| 麦粉 | 1 | 餅 | 9 | 包米 | 14 |
| 白麵 | 2 | かきもち | 1 | 包米粉 | 4 |
| 干うどん | 2 | 大麦 | 5 | 高粱 | 3 |
| | | 押麦 | 5 | そば粉 | 2 |

松本兵三「北満在住民の栄養（I）」（『満洲医学雑誌』第39巻第６号、1943年）918～919頁をもとに作成

への強い志向によるものと考えられる。

ただし、本章で検討した実態調査はごく限られたものであり、入植地によって状況は異なっていた可能性はある。実際、本章でふれた一燈園農場のほか、天照村（東京深川の天照園失業者の移住地）[72]、河東農村（東亜勧業株式会社の経営）[73]など一部の入植地では高粱・玉蜀黍・粟が主食として用いられていたし、一九三〇年代末以降の食糧統制の深化により、雑穀混飯を行う状況も生まれていた。より広範な地域および時期の具体的状況を把握するためには、現地調査記録だけでなく、統計資料や行政文書、元満洲移民への聞き書き調査や証言などの記録も含め、さらなる検討が必要であろう。また、満洲農業移民の食の嗜好は、渡満以前の日本在住時の食のあり方とも関連すると考えられる。満洲移民の出自階層に着目した研究では、試験移民期には上・中層農家の次三男の単独移住の傾向が強く、国策化以後に分村計画が実施されると、下層村民の家族移住が多く見られるようになることが指摘されている[74]。こうした指摘からは、満洲農業移民の食を考える際、農業移民の日本在住時における地域や階層ごとの食のあり方についても注意を払う必要があるように思われる。

## おわりに

本章では、開拓医学・開拓衛生学の一部であった満洲における栄養研究について、農業移民の主食問題を中心に検討してきた。

一九三〇年代はじめ、試験移民が送出され始めた頃、安部淺吉や紫藤貞一郎のような栄養研究者は、科学的根拠を示しつつ高粱や粟といった満洲産穀物の利用を推奨した。この時期、世界および日本の医学界では、脚気の原因としてのビタミン$B_1$の欠如した精白米が問題視されており、このことは満洲産穀物の利用の提唱を後押しした。脚気と白米食との関係の解明はまた、植民地インドなどでは、白米食を主とする民族を劣等視する言説を形成した。こうした主食と民族とを結び付けた言説は、満洲という植民地空間でも現れた。だが、そこでは、白米食＝劣等民族ではなく、「無知なために栄養価の豊富な満洲産穀物をうまく利用できない満洲農民」に対し、「創意工夫を凝らし、満洲産穀物をうまく利用する日本人農民」という構図が見られた。こうした言説を援用しつつ、満洲移民の訓練教育機関は、満洲産穀物の利用を推奨し、それらの調理・加工法の研究を行った。しかし、科学者や教育機関による推奨にもかかわらず、いくつかの移民団の入植地における実地調査の結果からは、一九三〇年代の日本人農業移民のあいだでは、日常の主食としての満洲産穀物の利用はあまり普及していなかったことがうかがえる。これは、実態として満洲において稲作が一定程度可能であったこと、あるいは購入が可能であったことに加え、日本人農業移民の強い米志向によるものと考えられる。

開拓医学・開拓衛生学研究に関しては、移民事業の急速な進展により、研究成果が出る前に、移民たちの現地での生活が始まっており、研究者たちの「提案」が農民の現実に即していなかったとも言われている。[75]本章で検討してきた主食をめぐる栄養研究は、まさに現地の状況と科学的「提案」の乖離を示すものであった。だが、本章の検討を通して、研究者たちが実地調査を繰り返すなかで、現地での問題を発見し、そこへ研究の重点を移行させていくという動きも確認できた。開拓医学・開拓衛生学研究と満洲移民の生活との関係に関しては、更なる検討が必要であろう。

本章では、主として一九三〇年代を中心に、満洲移民の主食問題を検討してきたが、主食をめぐる状況は、日中戦争以後の食糧統制の深化により変化したものと考えられる。本章で検討した一九四〇〜四一年の農業移民の食事調査においても、一部で高粱や粟といった穀物の利用が見られた。日中戦争勃発以後、食糧事情が変化するなかで、研究者たちによって満洲産穀物の利用が再び提唱された形跡も確認できる。一九三九年、安部淺吉は、昨今の米入手の困難さ、満洲における米の需給問題に触れながら、「もし如何にしても米の執着から離れ得ないとするならば大和民族の大陸移動によって打樹てようとする新理想国家の建設も、所詮は空念仏に終わる」として、日本人は米単一主食を精算して、米と高粱、粟、麦等の混食に移行すべきと主張した。[76] 今後は、こうした政治的、社会経済的変化を踏まえつつ、食と栄養をめぐる科学研究と人びとの暮らしの実態との関係の更なる検討が必要であろう。

（1）たとえば、デイヴィッド・アーノルド（見市雅俊訳）『身体の植民地化――一九世紀インドの国家医療と流行病』（みすず書房、二〇一九年）、見市雅俊・斎藤修・脇村孝平・飯島渉編『疾病・開発・帝国医療――アジアにおける病気と医療の歴史学』（東京大学出版会、二〇〇一年）、磯部裕幸『アフリカ眠り病とドイツの植民地主義――熱帯医学による感染症制圧の夢と現実』（みすず書房、二〇一八年）、千葉芳広『帝国主義とパンデミック――医療と経済の東南アジア史』（吉川弘文館、二〇二三年）など。

（2）飯島渉『マラリアと帝国――植民地医学と東アジアの広域秩序』（東京大学出版会、二〇〇五年）八～九頁、一五七頁。

（3）飯島、前掲書、一五九～一七四頁。

（4）小坂隆雄『満洲開拓衛生の基礎』（金原書店、一九四一年）一頁。

（5）飯島、前掲書、一五七～二一八頁。

（6）末永恵子「旧満州医科大学の歴史――医学研究・医療活動・教育」（『一五年戦争と日本の医学医療研究会会誌』第五巻二号、二〇〇五年）二九～四一頁、趙暁紅『帝国、戦争與殖民地医療衛生――偽満時期東北医療衛生事業研究』（中国社会科学出版社、二〇一七年）一二五～一四五頁。また、満洲医科大学については資料集として末永恵子編・解題『外地「いのち」の資料集（二）満洲医科大学』（全四巻、別巻、金沢文圃閣、二〇二〇～二〇二一年）、末永恵子編・解題『外地「いのち」の資料集（七）満洲医科大学：附東京帝大大陸衛生研究会』（全五巻、別巻、金沢文圃閣、二〇二四年）がある。

（7）江田いずみ「満洲医科大学と「開拓衛生」」（『三田学会雑誌』第九七巻第二号、二〇〇四年）二八一～二九三頁。このほか、衣食住に関連する研究調査を扱った歴史研究として、開拓科学研究所の民族調査、満洲国立開拓研究所による農家経済調査などに言及した研究もある。大出尚子「満鉄開拓科学研究所設立の経緯と調査研究活動」(『満族史研究』第四号、二〇〇五年)一九七～二〇九頁、小都晶子『「満洲国」の日本人移民政策』(汲古書院、二〇一九年)一一六～一五四頁。

(8) 「満洲医科大学業績集」(満洲医科大学輔仁同窓会『満洲医科大学四十周年記念誌』満洲医科大学輔仁同窓会、一九五二年)一二九～一六四頁、南満洲鉄道株式会社社長室人事課『大連市中に於ける下層中国人の飲食物調(昭和二年五月)』(沈潔・永岡正巳監修『植民地社会事業関係資料集「満洲・満洲国」編』二〇、近現代資料刊行会、二〇〇五年所収)五～二七頁。

(9) 三浦運一・川人定男「衛生学教室」(輔仁会満洲医科大学史編集委員会『柳絮地に舞ふ――満洲医科大学史』輔仁会満洲医科大学編集委員会、一九七八年)六九～七〇頁。

(10) 加藤聖文『満蒙開拓団――国策の虜囚』(岩波書店、二〇二三年)四～三六頁、関東州庁土木課編『関東州愛川村邦人満洲移民ノ魁』(関東州庁土木課、一九三五年)四～六頁。

(11) 細谷亨『日本帝国の膨張・崩壊と満蒙開拓団』(有志舎、二〇一九年)二〇～二一頁、二九一頁。

(12) 小坂、前掲書、一～一二頁、「満洲風土衛生学の研究」(『京都医事衛生誌』第四七二号、一九三二年)二五頁。

(13) 小坂、前掲書、一～一一頁。

(14) 小坂、前掲書、七～八頁。

(15) 安部ねり『安部公房伝』(新潮社、二〇一一年)一五～一七頁。作家の安部公房は、安部浅吉の長男である。

(16) 武井右馬之輔、宮本田守「栄養科」(輔仁会満洲医科大学史編集委員会、前掲書、一九七八年)二七九頁。

(17) 並松信久「栄養学の形成と佐伯矩」(『京都産業大学論集 社会科学系列』第三四巻、二〇一七年)二五～二八頁、Jing Sun, "Saiki Tadasu and the Making of the Global Science of Nutrition, 1900-1927", *Rockefeller Archive Center Research Reports*, 2020, pp. 3-4.

(18) 吉田昭「境界分野からみた栄養学――農学、医学の接点として」(『化学と生物』第九巻第六号、一九七一年)四〇五頁、Phylls J. Stumbo, "Origins and Evolution of the National Nutrient Databank Conference", *Procedia Food Science*, Vol. 4, 2015, pp. 13-17; United States Department of Agriculture, *America's Eating Habits: Changes and Consequences*,

USDA, 1999, pp. 34-35.
(19) 佐伯芳子『栄養学者佐伯矩伝』(玄同社、一九八六年)一九～二八頁、財団法人国民栄養協会編『日本栄養学史』(秀潤社、一九八一年)三五～五三頁。
(20)「栄養研究所官制」(御署名原本、大正九年〔一九二〇年〕、勅令第四〇七号)。
(21)「緒言」『栄養研究所報告』(第二巻第一号第二号合冊、一九二八年)五～六頁。
(22) 財団法人国民栄養協会、前掲書、七九～八四頁。
(23) 栄養研究所編『栄養研究所彙報』(栄養研究所、一九二四年)一九三頁、杉本好一・樋口正規・百枝茂・保多義正・田中修三「米の調理法と其の消化吸収との関係　其の八　餅と「おこは」との消化吸収率」(『栄養研究所報告』第一巻第二号、一九二五年)三〇一～三一八頁。
(24) 安部浅吉「白高粱加工品「文化米」ノ消化吸収ニ就テ」(『満洲医学雑誌』第六巻第三号、一九二七年)二三九～二六一頁。
(25) 安部の提案により、一九二八年に設立。中等学校卒業者を対象に二年の教育が行われ、修了者は各医院に配属された。南満洲鉄道株式会社地方部『地方経営梗概』(南満洲鉄道株式会社、一九三八年)一七〇～一七一頁。
(26) 安部、前掲論文、一九二七年。
(27) 安部浅吉・武井右馬之輔・上野音末・海老原将成・横田明「在満日本農業移民ノ栄養　第一篇　緒論(満洲農業ノ本質就中主要糧食作物ノ農業経営学的並ニ栄養学的考察)」(『満洲医学雑誌』第一九巻第四号、一九三三年)六五九～六六九頁。
(28) 加藤、前掲書、二〇二三年、一二～一八頁、中丸禎子「国民高等学校と満蒙開拓——加藤完治と賀川豊彦のデンマーク受容」(『比較日本学教育研究部門研究年報』第一八号、二〇二二年)二九～三一頁。
(29) 安部浅吉・武井右馬之輔・上野音末・海老原将成・横田明「在満日本農業移民ノ栄養　第二篇　奉天北大営ニ於ケル日本国民高等学校生徒ノ新陳代謝実験(其一)」(『満洲医学雑誌』第一九巻第六号、一九三三年)一九三〇頁。
(30)「一燈園」(https://www.ittoen.or.jp/)、読売新聞社編『宗教大観　第三巻』(読売新聞社、一九三一年)一三三五頁。安部浅吉・武井右馬之輔・上野音末・海老原将成・横田明「在満日本農業移民ノ栄養　第四篇　金州大魏屯ニ於ケル一燈園農場燈影荘同人ノ新陳代謝試験」(『満洲医学雑誌』第二〇巻第三号、一九三四年)三三一～三三二頁。

(31) 安部ほか、前掲「在満日本農業移民ノ栄養　第二篇」一〇二九～一〇四九頁、安部淺吉・武井右馬之輔・上野音末・海老原将成・横田明「在満日本農業移民ノ栄養　第三篇　奉天北大営ニ於ケル日本国民高等学校生徒ノ新陳代謝試験(其二)」(『満洲医学雑誌』第二〇巻第二号、一九三四年)一九七～二〇五頁、安部ほか、前掲「在満日本農業移民ノ栄養　第四篇」三三一～三四一頁。

(32) 安部ほか、前掲「在満日本農業移民ノ栄養　第四篇」三四一頁。

(33) 紫藤貞一郎『愛の論理』(竹内書店、一九六四年)二一八頁。同書は、紫藤の死去(一九六四年)の後、遺族によりまとめられたエッセイ集である。

(34) 飯島、前掲書、一六二頁。

(35) 紫藤貞一郎・小林正二・安孫子篤・岡本正人「受刑者食ノ研究」(『満洲医学雑誌』第一三巻第三号、一九三〇年)三一五頁。

(36) 紫藤貞一郎「下層中国人主食物の栄養価値」(『満蒙』第一一年第一〇号、一九三〇年)五五～五七頁。

(37) 紫藤貞一郎、前掲「下層中国人主食物の栄養価値」、一九三〇年、五五～六八頁、紫藤貞一郎・渡辺正夫・安孫子篤「下層中国人主食物(及類似品)ノ食品科学的研究(支那食研究其二)」(『満洲医学雑誌』第一六巻第四号、一九三二年)五〇七～五一六頁。

(38) 財団法人国民栄養協会、前掲書、一五～一七頁。

(39) Kenneth J. Carpenter, *Beriberi, White Rice, and Vitamin B*, University of California Press, 2000, pp. 46–51, 70–79.

(40) 財団法人国民栄養協会、前掲書、一七～二八頁、Alexander R. Bay, *Beriberi in Modern Japan: The Making of a National Disease*, University of Rochester Press, 2012, pp. 30–127; Carpenter, *Ibid*, pp. 90–93, 168–170.

(41) 「都道府県別死因別死亡者統計データベース」(http://www.rekishow.org/CSDS/index.php)。

(42) 財団法人国民栄養協会、前掲書、一二〇～一二六頁、Bay, *Ibid*, pp. 128–151.

(43) Angela Ki Che Leung, "Weak Men and Barren Women: Framing Beriberi/Jiaoqi/Kakke in Modern East Asia, ca. 1830–1940," in Angela Ki Che Leung and Izumi Nakayama eds. *Gender, Health and History in Modern East Asia*, Hong Kong University Press, 2017, pp. 195–215.

(44) David Arnold, "The Good, the Bad, and the Toxic: Moral Foods in British India," in Angela Ki Che Leung and Me-

lissa L. Caldwell eds., *Moral Foods: The Construction of Nutrition and Health in Modern Asia*, University of Hawaii Press, 2020, pp.111-129.

(45)「食物指針を再発行するに就て」（日本国民高等学校『食物指針』日本国民高等学校、一九三六年）七頁、「食物指針第六版を発行するに就いて」（日本国民高等学校『食物指針』日本国民高等学校、一九四一年）一頁。

(46) 日本国民高等学校『食物指針』（日本国民高等学校、一九三四年）一〜六二一頁。

(47)「緒言」（「満洲農業植民者の食物」日本国民高等学校『食物指針』一九三四年所収）、頁なし。

(48) 前掲「満洲農業植民者の食物」（一九三四年）三〜五頁、九頁。

(49) 前掲「満洲農業植民者の食物」（一九三四年）二〜三頁。

(50) 前掲「満洲農業植民者の食物」（一九三四年）四頁。

(51) 前掲「満洲農業植民者の食物」（一九三四年）七〜二〇頁。

(52) 前掲「満洲農業植民者の食物」（一九三四年）五八〜一五八頁。蕎麦の紹介もされているが、蕎麦の栄養価に関しては小麦粉との対比表が載せられている。

(53) 前掲「満洲農業植民者の食物」（一九三四年）九頁、一九〜二〇頁。

(54) 前掲「満洲農業植民者の食物」（一九三四年）一八頁。

(55) 前掲「満洲農業移民の食物」（一九三四年）七頁。

(56) 前掲「満洲農業移民の食物」（一九三四年）一一三〜一一四頁。

(57) 紫藤貞一郎「佳木斯への旅」（『新天地』第一三巻第九号、一九三三年）四五頁。

(58) 紫藤貞一郎「永豊鎮の思出」（『新天地』第一四巻第七号、一九三四年）七一〜七二頁、加藤、前掲書、四九〜六五頁。

(59) 紫藤貞一郎「永豊鎮の実生活」（『新天地』第一四巻第八号、一九三四年）七六〜七八頁。

(60) 紫藤貞一郎、前掲「永豊鎮の実生活」七八頁。

(61)「北満開拓地地方衛生調査」（小坂、前掲書所収）四七三頁。

(62)「第六次開拓民入植豫定地及第五次開拓地衛生調査（東部第一班）」（小坂、前掲書所収）五一七〜五二七頁。

(63) 南満洲鉄道調査局『満洲農産統計　昭和一七年』（南満洲鉄道株式会社、一九四三年）二八〇〜二八五頁。

(64)「彌榮村千振郷及河東農村衛生調査」（小坂、前掲書所収）四九一〜四九三頁。

(65) 三浦運一「移民衛生に就て」(満洲拓殖委員会事務局『昭和十二年九月第一回移民団長会議議事録』岡部牧夫解説『満洲移民関係資料集成』第二巻、不二出版、一九九〇年所収)一八二〜一八三頁。
(66) 酒井章平「大陸生活と栄養上の注意」(『日本赤十字社赤十字博物館報』第二二号、一九三九年)三二頁。
(67) 松本兵三「北満在住民の栄養(I)」(『満洲医学雑誌』第三九巻第六号、一九四三年)九一一〜九一二頁。
(68) 松本兵三、前掲「北満在住民の栄養(I)」九一八〜九一九頁。
(69) 玉真之介「満洲国における米穀管理法について」(『農業市場研究』第九巻第二号、二〇〇一年)六八〜七二頁。
(70) 一九四〇年に設立。既存の農民金融機関であった金融合作社と一九三七年に設立された農業指導・農産物の流通・販売・購買事業を担う農事合作社を合併し改組したもの。柴田善雅「「満洲国」における農業金融の展開――合作社を中心に」(『中国研究月報』第四〇一号、一九八一年七月)一二〜一七頁。
(71) 猪股祐介「「満洲移民」の植民地経験――岐阜県郡上村開拓団を事例として」(『相関社会科学』第一二号、二〇〇二年)一一〜一三頁。
(72) 「北満開拓地地方衛生調査」(小坂、前掲書所収)四七六頁。
(73) 前掲「彌榮村、千振郷及河東農村衛生調査」四九二頁。
(74) 細谷、前掲書、三二〜六五頁。
(75) 江田、前掲論文、一一五頁。
(76) 安部淺吉「主食と代用食」(『協和』第一三巻第二三号、一九三九年)一〇〜一一頁。

# 第V部

# 植民地大学における知の生産

# 京城帝国大学予科・ふたりの自然科学者
## ――森為三と竹中要にみる近代日本植物学研究の進展と「帝国」の学知

通堂あゆみ

### はじめに

本稿は京城帝国大学（以下、京城帝大）予科で理科教育を担当した森為三・竹中要に注目し、予科着任までの経歴や彼らの自然科学研究から、帝国日本の拡大と近代日本の植物学の進展とが、「外地」帝国大学の予科教育にいかに影響していたかを検討しようとするものである。

京城帝大は日本統治下の朝鮮半島に唯一設立された大学であり、かつ帝国大学という本国の最高モデルが植民地に移植された(1)という点から、その営為が注目を集めてきた(2)。予科についても大学の予備教育機関としての教育制度や生徒の出身背景が明らかにされてきたものの、研究蓄積は多いとはいえない。教員についても京城帝大の教育を支える重要なスタッフではあっても、大学の研究活動を担う一員として見なされることはほぼない。予科はあくまでも大学の附属施設であるとし、学部本科への接続を前提に研究課題を設定してきたためであろう(3)。

その一方で朝鮮半島における近代自然科学史の叙述においては鄭台鉉（植物）、趙福成（昆虫）、石宙明（昆虫）といった朝鮮人研究者の名前とともに京城帝大予科教授であった森為三の名前は必ずといって良いほど挙げられている。[4] 詳しくは後述するが、森は韓国併合以前から中等教員として朝鮮に暮らした人物であり、京城帝大予科開校当初より教育に関わったほか、朝鮮でのフィールド調査の成果を広く発表し、学外にも広く活動の場を得ていたためである。ここでは理科教育を担当した竹中要というもうひとりの予科教授にも注目する。竹中は戦後に行ったソメイヨシノの起源研究が知られているが、[5] 予科教授時代にも大学内外で研究活動を行っており、近年は京城帝大の満蒙研究における竹中の役割に言及する研究もみられる。[6] 竹中を森の参照軸として設定することで、近代日本の学知形成について植物学研究史を再整理しながら、京城帝大予科教育に従事した人物の教育者・研究者としての背景を明らかにしたいというのが本稿のねらいである。

本論に入るまえに、簡単に大学予科制度について確認しておきたい。大学予科とは高等学校高等科（いわゆる「旧制高校」）に相当する教育機関である。[7] 一九一八年に改正された大学令（大正七年勅令第三八八号）第一二条では「大学ニハ特別ノ必要アル場合ニ於テ予科ヲ置クコトヲ得　大学予科ニ於テハ高等学校高等科ノ程度ニ依リ高等普通教育ヲ為スヘシ」、第一四条では「大学予科ノ設備、編制、教員及教科書ニ付テハ高等学校高等科ニ関スル規定ヲ準用ス」と定められており、高等学校と同様に文科と理科、さらに外国語選択によりクラス分けがなされる。高等学校規定[8]（大正八年文部省令第八号）では次のように学科目が定められていた。

高等科文科ノ学科目ハ修身、国語及漢文、第一外国語、第二外国語、歴史、地理、哲学概説、心理及論理、法制及経済、数学、自然科学、体操トス

理科ノ学科目ハ修身、国語及漢文、第一外国語、第二外国語、羅甸語、数学、物理、化学、植物及動物、鉱物及地質、心理、法制及経済、図画、体操トス

外国語ハ英語、独語又ハ仏語トス

時期により若干の変更はあるが、おおむねこの規定に従い京城帝大予科でも同様の学科目が設置され、授業が

行われた。森と竹中が担当したのは文科の「自然科学」、理科の「植物」「動物」であった[9]。

大学予科と高等学校とで大きく異なるのは、高等学校卒業生が受験先の大学を自由に選べたのに対し、予科卒業生は予科を設置する当該大学にのみ進学することができたという点である。日本統治下の朝鮮では第二次朝鮮教育令（一九二二年）により大学設置の法的根拠が整備されたが、高等学校ではなく予科制度が採用されたのは大学への進学者を確保するためであったとされる[10]。京城帝大は開学当初、法文学部と医学部の二学部であり、予科の文科卒業生は法文学部に、理科卒業生は医学部に進学するしくみとなっていた。

開校時の京城帝大予科職員定員は「教授　専任一五人　奏任」「助教授　専任二人　判任」とされ[11]、このほかにも授業担当者として講師や外国人教師らが採用された。予科教員の経歴を整理した稲葉継雄は、彼らが朝鮮での教歴を持つか、「内地」からの採用かという点に注目しているが[12]、森はとりわけ長い朝鮮経験を持つ「現地採用組」の一人である。京城帝大着任前の一九二一年にはすでに植物相（フロラ）調査の成果を『朝鮮植物名彙』（朝鮮総督府学務局）として発表している。その緒言（一九二一年七月付）冒頭には次のような記述があり、「外地」朝鮮で教職を務めながら、「内地」東京帝国大学の中井猛之進、松村任三の協力を得ていたことがわかる。

本目録ハ小職明治四十二［引用者補：一九〇九］年来鮮以来前京城高等普通学校長岡元輔氏ノ厚意ニヨリ大正八［同：一九一九］年ニ至ルマデ京城附近、済州島、智異山、金剛山、狼林山、冠帽山、白頭山等ニ出張ヲ命ゼラレ該地方ノ植物ヲ採集シ主トシテ其ノ種名ノ検定ヲ理学博士中井猛之進氏ニ乞ヒテ目録トセルモノヲ基礎トシ昨冬東京帝国大学ニ赴キ理学博士松村任三氏、同中井猛之進氏ノ好意ニヨリ大学所蔵朝鮮植物標本ノ縦覧ヲ許可セラレタル植物及朝鮮ニ普通ニ栽培セラレアル植物ヲ加ヘテ完成セシモノナリ[13]

これに対して竹中はとくに朝鮮との接点をもたないまま、「内地」から採用されているが、やはり東京帝国大学で植物学を学んだ人物である。森と竹中、二人の経歴の違いを考察するために、次節では彼らの師にあたる世代の「学知」形成に注目しながら、近代日本植物学の展開を概説的に整理する。

## 一．近代日本植物学の展開

### （1）日本人による「日本」のフロラ研究

日本の植物相調査は、古くはケンペルE. Kampferやツュンベルク C. P. Thunberg、シーボルトP. F. v. Sieboldらによって行われていた。開港以降はさらに多くの欧米各国の植物学者やプラントハンターが来日し、その調査や研究の成果は海外で発表されていた。東アジアにおいては長い本草学の伝統があり、江戸期に伊藤圭介のような医師・本草学者がヨーロッパの研究に接触したことでリンネC. v. Linneの植物分類法が紹介され、本草学から近代植物学への移行をうながしていくが[14]、日本人による日本植物の研究が本格化するにはまだ時間が必要であった。

一八七七（明治一〇）年に東京大学が設立されると理学部生物学科において植物学研究と教育が開始されたが[15]、帝国大学への改編期までは短期で招聘されたいわゆる「御雇外国人」による授業が多かった。生物学科においても動物学はモースE. S. Morse、ホイットマンC. O. Whitmanと交代したのち、八二年末になり箕作佳吉が着任したが、植物学ではコーネル大学に学んだ矢田部良吉が教授として着任し、開校当初より日本人による教育が行われた。また、員外教授として伊藤圭介も植物調査を担当している。矢田部に師事し、御用掛を経て八三年に助教授に任ぜられたのが大久保三郎と松村任三である[16]。

矢田部らは日本植物の分類学的研究をすすめたが、それは先行する欧米の研究者による調査をまず学び、採集した標本の鑑定を彼らに依頼しながらというものであり、欧米の研究者の協力なしには行えないものであった。日本の植物について研究を蓄積していたロシア科学アカデミーのマキシモヴィッチC. J. Maximowiczはロシアの南下政策が極東から中央アジアに向かうと、その関心も移動してしまい、協力を得づらくなるということもあったという。研究を自分たちだけでは進めることができず、その進展が他「帝国」の政策動向に左右される側面もあったのである。(17)

矢田部や松村らは大学での教育の傍ら、日本全国で植物採集を行い、欧米の研究者や諸学会と交流しながら東京大学の標本を充実させていった。標本室は植物相研究の基盤となる、欠くべからざるものである。早くも一八八六年には松村が中心となり『帝國大學理科大學植物標品目錄』を発表しており、原産地にかかわらず国内採集のものを第一区分、中国で採集されたものを第二区分、朝鮮で採集されたものを第三区分としている。第二区分の標本は「英国人フォルブス氏」と寄贈交換したもの、第三区分の標本は花房義質が採集したものであった。(18)フオルブズ（フォーブズ）とはF. B. Forbesのことであり、ヘムズリー W. B. Hemsleyとともにイギリス王立協会からの資金援助により中国植物相調査を行い、Enumeration of all Plants known from Chinaを発表した人物であるが、花房義質は日朝修好条規締結後に派遣された駐朝鮮公使（当初は代理公使）である。採集地は朝鮮各地にわたっており、すべてが花房の採集したものとは考えにくいが、公務の傍らに自らの手で採集したものも相当数含まれるのであろう。(19)中井猛之進は「恩師松村教授ガ未ダ今日ノ如ク朝鮮ノ日本ニ関係ナカリシ日清戦役前既ニ朝鮮植物ノ調査ガ興味アリ且有益ナルコトヲ注意セラル、ニ至リシ一動機ハ即チ時ノ同地行使タリシ花房子爵ガ同地駐箚中手ヅカラ多数ノ植物ヲ採収シテ之レヲ理科大学植物学教室ニ寄贈セラレシニ起因スルナリ」と伝えている。(20)

一八八九年に矢田部が『植物學雜誌』に掲載したA few Words of Explanation to European Botanists（泰西植物学者諸氏に告ぐ）(21)は日本の植物研究は日本の学者によって行われると宣言する。大学の植物学教室を拠点に日本の植物相の分類学的研究が進められてゆくが、やがてその「日本」は膨張し、調査の範囲を広げていくことになる。

東京帝国大学が一八九三年に講座制を導入した際、植物学教室にはただひとつ植物学講座が設置され、矢田部の後任として教授となっていた松村が担当した。先に中井猛之進は朝鮮植物研究で知られると述べたが、これは松村の指導のもとでの「分担」の結果でもある。松村は弟子である中井には朝鮮植物相、そして早田文蔵には台湾（およびインドシナの）植物相の調査研究を行わせている。[22] 日本の植物研究のためにも近隣地域の植物相調査は不可欠ではあったが、日清戦争～台湾割譲、日露戦争～朝鮮半島の保護国化・併合という帝国日本の膨脹は植物学者にとっては研究活動の円滑化にもつながり、中井も早田もそれぞれ朝鮮・台湾総督府の支援を受けることができた。[23] 彼らは「外地」における植物相調査を中心とする論文の提出[24]によりそれぞれ理学博士学位を得ている。また中国については矢部吉禎が調査を進めた。矢部は東京帝国大学理学部助手を経て一九〇四年八月に助教授となったが、同年に京師大学堂（現・北京大学の前身）師範館教習として中国に渡り、〇九年一月まで勤務を続けた。この間、北京・直隷省北部地域において植物調査を行い、やはりその成果で学位を取得している。[25]

中井は出版された『朝鮮植物　上』[26]の自序において「今合邦ノ暁ニ当リ朝鮮ニ如何ナル草木アルカヲ知ラントスルハ皆人ノ望ム所ナルベシ」と述べており、「帝国」の一部たる朝鮮への人々の関心を前提にした表現であることが確認できる。

近代朝鮮における日本人・朝鮮人植物学者の営為を明らかにし、近代植物学の形成過程を論じた이정[27]は中井猛之進を議論の中心に据え、中井が西欧近代の植物学を朝鮮に持ち込み、学問の普遍性と帝国の権威のもとで朝鮮植物研究を確立していったことを述べる。中井はかつて欧米人が独占した植物学の「知」、普遍的学問の権威を朝鮮において自分のものにしえたのである。[28] 森為三は『朝鮮植物名彙』を発表した理由について、こうした朝鮮における調査研究の進展を踏まえてなお「未タ朝鮮植物ニ関シテ纏リタル目録ノ発表ナク朝鮮植物採集者及研究者ノ不便トスル所多キニヨリ此ニ不敏ヲモ顧ミス之ヲ編シタル所以ナリ[29]」と述べている。

中井や森が発表したこうした朝鮮植物相に関する成果は、矢田部・松村以来すなわち東京大学創設以来の分類学的な研究の系譜に位置づけられる。しかし、竹中要が専攻した細胞遺伝学はこれとは異なるものであった。

### （2）遺伝学講座設置——専門分化と日本植物研究の自立

東京帝国大学では一八九三年の講座制導入時には単一の植物学講座のみが設置されたが、翌々年の九五年には専門が分化し、第一講座が分類学（担当教授：松村）、第二講座が生理学（同：三好學）を扱うこととなり、植物学研究の進展に応じて一九〇六年には形態学を扱う第三講座が増設された。この講座を担当したのが竹中の師・藤井健次郎であった。

藤井は形態学を専門とする講座新設のために留学を命じられ、ドイツではストラスブルガー Eduard Adolf Strasburger に細胞学を、ゲーベル Karl Eberhardt von Goebel に形態学を、そしてイギリスではオリーヴァー Francis Wall Oliver、スコット Dukinfield Henry Scott、ワイス Frederick Ernest Weiss に解剖学・植物化石学を学んだという[30]。

帰国後、藤井は第三講座担当教授として自身の研究と学生への指導を行ったが、もとは形態学で扱われていた細胞学研究が発展・分離するかたちで一九一八年にはさらに遺伝学講座が開設された。遺伝学講座が設置されると藤井は担当教授となり（第三講座は柴田桂太と分担）、中井猛之進も講師として研究に従事したほか、桑田義備（講師）、高嶺昇（嘱託）、保井コノ（嘱託）が同講座に所属することとなった。

遺伝学講座は野村徳七（野村財閥創設者）兄弟の寄付金[31]によって設置されたもので、講座開設の経緯[32]と藤井の研究の意義について桑田義備は次のように述べている。

以上述べ来リタルガ如ク先生ハ化石方面ノ研究ニ没頭サレツヽ、アリシ間ニモ亦ソノ第二ノ研究方針タル現代植物ヲ材料トスル実験的研究即チ実験遺伝学的並ニ細胞学的方面ノ研究ニ多大ノ注意ヲ払ヒ、学生門人ハ先生ノ指導ニヨリテ行動シ、先生ノ理想ハ着々トシテ実現セラレツ、アリタリ。恰モ彼ノ**メンデル**（ゴシックは原文ママ）ノ遺伝法則ノ再発見ノ後ヲ受ケテ漸ク勃興シツヽアリシ遺伝学ノ研究ガ最高潮ニ達シ、動植物両界ヲ通ジテ世界ノ学者ハ競ツテ此ノ研究ニ専念シツヽアリシ時ニ当リテ、大阪ノ富豪野村徳七氏兄弟ガ、本邦ニ於ケル斯学ノ発達ノ必要ナルコトヲ痛感シテ我ガ東京帝国大学ニ主トシテ細胞学ヲ基礎トスル遺伝学講座ヲ設置スルノ目的ヲ以テ巨資ヲ寄附セラルヽアリ、（以下略）(33)

ここにみられるように遺伝学への注目や研究の急速な進展の背景には、一九〇〇年のいわゆる〝メンデルG. J. Mendel の遺伝法則の再発見(34)〟があった。これはヨーロッパ発のうごきであったが、細胞学研究の進展により一九一〇年にはアメリカでモーガン T. H. Morgan がショウジョウバエを使った実験により遺伝における染色体の関連性を発表し、以後、遺伝染色体説が実証されて各国の研究を刺激していたのである。日本では外山亀太郎ら農学系の研究者が早い段階で論文を発表しており、田中義麿により最初に遺伝学が独立の科目として教授されたのも一九一三年、東北帝国大学農科大学においてであった(35)。

東京帝国大学理学部における一九一八年の遺伝学講座設置はこの延長線上に位置づけられるが、とくに植物学研究史においては欧米研究の後追いから自立へのメルクマールとしてその意義は重要である。湯浅光朝『科学史（日本現代史大系）』では「第七章　日本科学の展開——移植から自主独立へ」において、二〇世紀の生物学について「リンネ的、シーボルト的な分類学の時代を、とっくに過ぎていた」と述べ、佐藤七郎の研究を引用しながら日本生物学の自立の時代を一九一四〜二九年として、そのピークを東京帝国大学への遺伝学講座開設とみなしている(36)。

竹中が藤井の指導下に入ったのは大学三年次、一九二六年であった。藤井はこの年度末、つまり二七年三月に退官したため、竹中らの学年が最後の学生となった[37]。退官後も藤井は門下生らとともに研究活動を続け、一九二九年には国際学術雑誌として『Cytologia（キトロギア）』を創刊しており、遺伝学の講義・講座は弟子の篠遠喜人が引き継いだ[38]。先に挙げた湯浅は『Cytologia』の刊行は「日本の生物学がようやく自立したことを示す現象ということができよう」と評している[39]。

なお、日本で二番目に設立された遺伝学講座は京都帝国大学農学部農林生物学科の実験遺伝学講座（一九二三年農学部設置、二四年講座設置）であり、木原均が担当した[40]。これは農林生物学科の講座が一講座から三講座に増設された際に設けられたもので、第一講座が植物病理、第二講座が昆虫学、そして第三講座が実験遺伝学であった[41]。理学部においては生物学科の講座として植物学講座が開設（一九一九年七月）されており、翌二〇年八月に三好學に学んだ郡場寛が東北帝国大学より異動し、担当した。のち生物学科が動物学科と植物学科に分離（一九二一年四月）すると植物学科は二講座体制となり、第一講座は郡場が生理学を中心に、第二講座は藤井の遺伝学講座で講師を務めた桑田義備（一九一九年一〇月より京都帝国大学理学部助教授、二二年一月教授）が形態学・細胞学を中心に扱った。遺伝学という名称ではないものの、「本講座に於ては、その研究開始以来今日まで凡て遺伝学に目標を置いた細胞学の研究が行はれ、殊に細胞学上諸種問題の研究基礎となる染色体の構造の問題は研究過程の全期を通じて常に直接の対象であつた[42]」ことから、やはり植物学の新しい研究分野として遺伝学が重視されていたことがわかる。

一九二九年一二月には第三講座が設置され、ここでは松村任三に学んだ小泉源一[43]（一九一九年九月助教授、三〇年一月より講座担当、三六年三月教授）のもとで植物分類学・植物地理学が扱われた。植物学研究の進展からは第三講座で原点に回帰したように見えるが、分類学の講義と実習は一九二一年の植物学科設置当初より助教授時代の小泉によって行われていた。フランス人植物学者フォーリー Urbain Faurie が明治期から大正期にかけて日本本土のみならず朝鮮・台湾・樺太で蒐集した標本[44]や書籍が実業家・岡崎忠雄により寄贈されていたことが研究環境を大きく充実させたこと、小泉が講座担当以前の一九二五～二七年にかけて欧米の大学・博物館の腊葉室を訪ねてツュンベルクやシーボルト、マキシモヴィッチらが蒐集した日本植物の原標本を調査し、学名修正を行ったことからは、この分野における先駆者としての外国人研究者の影響力を改めて感じさせられる[45]。

## 二．学校歴と研究歴――教員資格をいかにして得たか

すでに述べたように、森為三は予科着任以前に朝鮮で教育歴を持つ「現地採用組」であり、竹中要は「内地」からの採用であった。また両名は予科教授着任時期の差こそ五年しかないが、生年は森が一八八四年、竹中は一九〇三年であり歳の差は約二〇年開いており、この差のなかには近代日本の高等教育拡充のうごきや植物学研究の進展も如実に確認できる。本節では彼らの予科着任までの経歴を詳述し、彼ら自身の学問的背景を明らかにする。

### （1）　森為三の経歴

森為三は一八八四年に兵庫県姫路市に生まれた。姫路中学校を卒業後、東京帝国大学内に設置された第一臨時教員養成所博物科に一期生（一九〇二年四月開設）として入学した。

臨時教員養成所は中等教員養成のため、中学卒業程度の試験を経て入学できる二年制の教育機関であり、東京帝国大学のほか各地の高等学校等文部省直轄学校にも設けられていた[46]。一八九九年の中学校令（第二次中学校令、明治三二年勅令第二八号）により、各府県に中学校設置が義務づけられるなど中等教育の普及・振興がはかられて急速に学校数が増えていった時期であり、中等教員の養成・増員が求められていたのである。臨時教員養成所は

文字通り「臨時」の機関として、一九四九年の官制廃止まで設置数や規模は中等教員需要に応じて調整がくりかえされており[47]、第一臨時教員養成所の場合、東京帝国大学附設機関は一九〇八年三月に廃止されたが[48]、一九二二年に東京高等師範学校内に再設置されている[49]。

森は一九〇四年に第一臨時教員養成所を卒業し、師範学校中学校「博物科」[50]および高等女学校理科の「動物」「生理」「植物」「鉱物」の教員免許を得たが、すぐには就職しなかったらしい[51]。しばらく東京帝国大学理科大学動物学教室で研究生活をおくったと伝えられるが、どのような身分での在籍であったかは不明である。卒業から約一年近くたった一九〇五年二月に佐賀県立鹿島中学校で中等教員としての経歴をスタートさせる。日露戦争への召集をはさんで同年一二月には福井県立福井中学校教諭となり、同校在職中の一九〇九年四月に大韓帝国政府の招聘に応じて[52]漢城高等学校教授に任ぜられ、韓国併合後も引き続きその職にあった。漢城高等学校は一九一一年一一月に京城高等普通学校と改称したが、森はやはりこの学校での勤務を続けている。博物学を担当する教員として植物や昆虫の採集に努めたり、在朝鮮の日本人教員らと研究・情報交換などをすすめたりしていたことは同時代の研究誌でも紹介されており[53]、調査の成果を『朝鮮植物名彙』として発表したことは先に述べたとおりである。

森は『朝鮮植物名彙』の冒頭部で松村任三、中井猛之進に謝意を示しているが、末尾においては「本書ヲ編纂スルニ至ラシメシハ全ク中井理学博士ノ好意ニヨルモノ」と中井への謝意を強調しており、また、序文も中井猛之進によって書かれている。すでに何度も名前を挙げているように、中井は一九〇〇年代初に朝鮮における植物分類を本格的に始めた研究者であり[54]、韓国併合後は朝鮮総督府の嘱託として調査研究にあたった。이정は日本統治下という状況において中井ら日本人研究者と朝鮮人研究者とが「相互依存的協力関係」を結んでいたことを指摘する一方、鄭台鉉や都逢渉に代表される朝鮮人研究者らは現地を熟知する専門家として協力しつつも対抗する

側面があったことを明らかにしている。こうした関係は朝鮮人研究者とのあいだだけではなく、在朝鮮の日本人とのあいだにも見られるとし、とくに石戸谷勉を事例に詳しく論じている(55)。森為三についても「中井の弟子」として言及し、森は学歴をもたないために帝国大学出身者と競合する日本ではなく朝鮮で研究活動を行うことで研究者として成長し、その立場を確立するほうが都合が良かったのだろうと評している(56)。

たしかに森は高等学校や帝国大学での教育を受けておらず、教員としても中等学校での教育経験しかないため、学校歴にのみ注目すると予科教員たる資格は不十分であった(57)。実際に予科開校初年度は教授ではなく定員外の講師として任命されている。学歴や資格の不足を補ったのが植物採集の豊富な実践であり、植物誌の記述であったのであろう。森は京城第一高等普通学校教諭の身分で「博物館並名勝天然記念物ニ関スル事務調査研究」を目的に、朝鮮総督府から一九二二〜二三年の二年間、欧米に派遣されてもいる(58)。

ただし、森を中井の弟子と呼べるかどうかは疑問である。当の中井は森との交誼のはじまりについて「明治四十四年［引用者補：一九一一年］八月ニ至リ京城高等普通学校教諭森為三氏ハ李王家博物館在勤ノ下郡山誠一氏ト同島［同：済州島］ニ採収ニ赴キ約五〇〇種ヲ採収セシカ彼カ嘗テ親シク教ヲ受ケシ理学士矢部吉禎氏ヲ介シテ余ニ其鑑定ヲ求メラル之実ニ明治四十五年ノ春ナリキ(59)」とし、森が教えを受けたのは矢部吉禎であると述べているのである。森と中井が協力関係にあったことは間違いないが、学問上の子弟関係とはいえないのではないか。中井との関係のみに注目してしまうと、かえって「内地」の研究者との交流の実態が見えなくなってしまいそうである。なお矢部は東京帝国大学理学部植物学教室を一九〇〇年七月に卒業しており、中井の七年上の先輩にあたる。矢部は卒業後は大学院に学び、植物園助手を務めているため、このころに第一臨時教員養成所に学んでいた森と交流があったものと推測される。

森は採用当初は講師であったが、翌二五年度には教授に任じられた(60)。中等教育機関でしか教育経験をもたないままに予科に着任した教授は森以外にも確認できるが、彼らは大学卒業資格者＝学士として高等学校教員資格も認められていた[61]。「学士」ではない教授は森のみであり、森は学歴ではなく教育と学問の実践によって教授となった人物であるといえよう。

## （2） 竹中要の経歴

森とは対照的に、竹中は戦前の学歴エリート・研究者としていわば王道のルートを歩み、京城帝大予科に着任している。竹中は一九〇三年に森と同じ兵庫県に生まれた[62]。とはいえ竹中の生家は鳥取県に隣接する美方郡八田村（現・新温泉町）にあり、竹中は県境を越えて鳥取中学校に進学している[63]。この鳥取中学校で木梨延太郎という博物学教諭に出会ったことがその後の進路に大きく影響したようである。

木梨延太郎は一八七一年に和歌山県に生まれ、一八九三年に帝国大学理科大学簡易講習科第二部[64]で中学校および高等女学校の「博物」「地理」の教員免許を取得し[65]、徳島・山梨・青森で中学校・師範学校教諭として勤務したのち、一九一三年に鳥取中学校に着任した。理科大学簡易講習科とは「理学ニ通セル者ノ急要ヲ充サンカタメ」に一八八九年に設けられた中等教員養成機関であり、森が通った臨時教員養成所と同様に修学年限は二年、試験により中学卒業程度の生徒を入学させていた[66]。第一部が数学・化学・物理学（天文含む）、第二部が動物学・植物学・地学専攻であった。

第二部を選んで入学していることから、木梨はもともと動植物分野に関心があったのであろうが、青森県尋常師範学校在籍時にパリ外国宣教会宣教師・植物学者であるフォーリーと出会い親交を結んだことで、植物学の知識をさらに深めていったらしい[67]。このフォーリーとは、前節でも言及したフランス人植物学者である。木梨とフォーリーの交流は鳥取中学校の生徒たちにも周知のことであり、植物学に造詣の深い木梨の指導のもとで自然観察が奨励されていたこと、日曜日ごとに生徒をつれて植物採集に出かけていた（もちろんそのなかに竹中もいたこと、木梨から竹中が大きく影響を受けていたであろうことを中学校時代の同級生らは回想している。なお木梨は一九二〇年に鳥取中学校を依願退職し、京都帝国大学で嘱託としてフォーリーが残した標本整理にあたった。

さて、竹中はいわゆる「四修」[68]で一九二一年、松江高等学校理科甲類に第一期生として入学した。高校でも植物採集と標本作りにいそしむ竹中の様子をみた理科の同級生が、理甲の学生は大学では将来有望な電気工学系を専攻したり、そうした方面で就職したりすることが多いのに「君は植物を研究して中学校の先生になる気か」と尋ねたところ、「自分は植物が好きだ、一生植物を研究するのだ」と答え、同級生は「自分の浅はかない（原文ママ）気持を恥じた」という。[69]とはいえ、竹中の高校生活は植物採集にのみ捧げられたのではなく、旅行部委員をつとめたり陸上や柔道、弓道をたしなみ部活動でも活躍したりするなど、高校生活を存分に愉しんだようである。

高校卒業後は友人に宣言した通りに一九二四年に東京帝国大学理学部に進学し、植物学を学んだ。当時の植物学教室の教員スタッフについて、竹中は次のように回顧している（引用文中、固有名詞も新字で表記されている）。

このころの諸先生の配置は今とは大分違い、松村任三名誉教授（めったに来られなかった）、三好学名誉教授（1週に2～3回は定期的にこられた）、藤井健次郎名誉教授（毎日こられた）、柴田桂太教授、早田文三教授、中井猛之進教授（はじめ講師、助教授、まもなく教授）、中野治房助教授、小倉謙助教授（はじめ講師、まもなく助教授）、篠遠［引用者補：喜人］講師（はじめ助手）、本田［同：正次］講師（はじめ助手）、牧野富太郎講師、服部広太郎講師、岡村金太郎講師、保井コノ嘱託というような顔ぶれであったように記憶する。[70]

教室での講義に留まらず、竹中は三好學が取り組んでいた天然記念物調査保護事業のため、中井猛之進らとともに各地に調査に赴いていたという。旅行や登山が好きで、高山植物の撮影技術も相当のものであったらしいが、竹中の一年先輩は「彼の卒論のテーマは忘れたが、卒論実験のシャーレが机上にならべてあったが、御本人は旅烏でどこを飛んでいるのやら、シャーレの中のひからびた材料が彼の帰る日を待っていた」(71)と心配していたことを回顧している。卒業後も内務省・文部省天然記念物調査嘱託として協力し、日本各地の植生を調査し、報告書を執筆していることが確認できる。(72)

このように大学内外において植物学を広く学んだが、そのなかでも竹中が選んだ専門分野は細胞遺伝学であった。理学部植物学教室では大学三年の修学期間一年目を前期・二年目を中期・三年目を後期と呼んでおり、前期・中期ではそれぞれ必修科目・選択科目が配置された時間表が示されて、順序だてて学習が進められるよう設計されていた。(73)後期には卒業研究に専念することとなっており、竹中は藤井健次郎に師事し遺伝学講座に籍をおいた。卒業後は大学院にも二年在籍したのち、一九二九年三月、京城帝大予科講師として朝鮮に赴任し、五月には教授に任じられた。卒業研究をもとに、この間の研究成果として同年 Karyological studies in *Hemerocallis*（萱草属植物についての細胞学的研究）(74)が発表されている。

かつて竹中に「中学校の先生になる気か」と問うた高校時代の同級生は、帝国大学を出たとしても「中学校の先生」にしかなれないだろうから惜しい、という気持ちを含んでいたのであろうが、植物学教室を志望する学生も、また植物学を学んだ学生の就職先も少なかったことは事実であった。東京帝国大学理学部植物学教室の沿革では、一九二〇年代に各帝国大学の理学部や農学部に生物学科や植物学教室が創設されるとそこに教室員が多く関わったこと、「これより先高等学校の新設試みられて大正八年以降続々設置せられ、それらの植物学教員は多く当教室出身者たりしを以て卒業者の開拓の途一時大いに開け」(75)たこと、志望者が定員を超えて選抜試験を行うようになったことが記されている。中学校はともかく、高等学校教員という就職は決して珍しいものではなかったのである。

（3）予科に求められる教育の専門性

実は竹中の着任以前に京城帝大予科では矢澤浩という人物が植物学を教えている。矢澤は一九〇〇年生まれで松本中学校・松本高等学校を経て東京帝国大学を二六年三月に卒業し[76]、おそらくは卒業直後に朝鮮に渡った。京城帝大予科では一九二六年度に教員嘱託[77]として「植物」の授業を初めて担当し、翌二七年四月五日付で教授となったことが確認できる[78]。しかしながら二八年に急に病を得て、入院療養の甲斐なく九月に息を引き取った[79]。在職は短期間であったが、この矢澤も東京帝国大学植物学教室の遺伝学講座出身であり、藤井の指導を受けていた植物細胞学者であった。その研究成果は藤井が主催する『Cytologia』第二号（一九三一年）に「On the Spermatogenesis in *Makinoa crispata*, (ST.) MIYAKE」として掲載されているが、さらに彼の死後に父の手による和文論文「牧野苔の精虫發生に就て」が『信濃教育』第五四〇号（一九三一年）に掲載された[80]。論文冒頭部での藤井の説明によると一九二六年三月に提出されていたものだが、「種々の事情」で掲載が遅れていたものだという。矢澤の死後に発表されたものであるため、藤井が研究に使われた「顕微鏡標本を検閲」し、保井コノが「故著者の標本中から、其説明に必要な二面の写真を選出贈与」したという。

あくまでも推測の域を出ないが、竹中は矢澤の急逝後、植物学研究室で同じく細胞学・遺伝学を研究する研究者として期待されて声がかけられ、朝鮮に渡ることになったのではないか。京城帝大予科開設から矢澤が予科に赴任するまでの二年間、森為三とともに授業を担当していたのは講師の石戸谷勉であった。朝鮮総督府林業試験場の技師である石戸谷は、一九〇六年に札幌農学校林学科を第五期生として卒業し[81]、林学得業士ではあるものの「学士」ではなく、大学での専門教育を受けた経験は持たない。勤務の傍ら中井猛之進の指導をうけ植物調査を行い、やがて薬用植物に関心を定めて実績を挙げていったという点では森の経歴と似通っている[82]。

高等学校理科の場合、卒業生の大学での専攻選択は医学・理学・農学・工学などかなり幅があるが、京城帝大予科理科卒業生は医学部にしか進学しない(83)。このため、植物を担当する教員も森や石戸谷のようなフィールドワークを行う調査者ではなく、顕微鏡や試薬類など実験器具を必要とする研究室での実験的研究を行う研究者、とりわけ医学分野とも親和性の高い細胞学や遺伝学といった分野の専門研究者を選び、予科教育を担当させようとしていたのではないだろうか。少なくとも、予科開設時に教授として自然科学を担当した津田榮は化学分野、山邊曉之は物理分野を専門とする、大学で教育を受けた「学士」たちであった。

文科生徒が履修する「自然科学(84)」は予科開設初期には津田・山邊・森が担当した。のちに小西英一（化学）が加わったり、山邊の死去により阿部欣二（物理）に交代したりしているし、竹中も担当するなど多分野の教員が関わった。一方、理科生徒が履修するより専門性の高い科目(85)である「動物」は森が一貫して担当し、「植物」を森が単独で担当したのは矢澤の着任まで（矢澤が嘱託時には森とともに受け持っている）、矢澤の後は竹中が担当した(86)。中等教員として森と活動をともにしていた上田常一は「先生は植物研究のかたわら動物研究にも興味を持たれ、植物と動物が相半ばしたかの時代があり、次第に動物の研究に専念された」と述べ、趙福成との昆虫研究を紹介する(87)。이정は森が中井猛之進の専門である植物を避けて動物分野に転向したと説明する(88)が、趙福成が博物学教室助手（雇）となるのも竹中が着任したのとほぼ同時期の一九三〇年度であり、中井との関係よりは予科における植物専門教員の着任すなわち矢澤や竹中の存在の方が影響したのではないかと推測できる。

参考までに一九四一年に予科を設置した台北帝国大学では「植物、自然科学」担当の講師として吉川涼を着任させているが、この吉川もやはり東京帝国大学理学部の遺伝学講座出身であることを紹介しておきたい。予科時代の授業について「吉川先生のあの学者らしい遺伝生物学の講義は何とも爽やかなものであった(89)」との卒業生の回顧が確認できる。

吉川は第一高等学校理科乙類を経て一九二七年に東京帝国大学理学部に入学し、藤井健次郎から講座担当を継承していた篠遠喜人の指導を受け、三〇年の卒業後は大学院に二年間学んだ。一九三三年に台北帝国大学理農学部助手となり台湾に赴任し経験を積んだうえで四一年四月三〇日付で予科教授に任じられたのである[90]。台北帝国大学では「理農」という複合学部が設置されたが比重は農学系におかれたこと、「南支南洋」研究の拠点として熱帯農学や農芸化学研究が進められたことなどが先行研究[91]により明らかにされている。理学系の植物学については開校当初は一講座のみで工藤祐舜が担当し[92]、助教授の山本由松がこれを支えた。第二講座が増設[93]されると日比野信一が担当した。工藤は松村任三に、山本は早田文蔵に分類学を学び、日比野は三好學に生理学を学んだ植物学者であった。工藤死去後はやはり早田に師事した正宗巌敬が講座を担当した。

一九四三年に理農学部が理学部・農学部に分離すると理学部植物学科の講座はさらに一講座増設となり[94]、予科教授を務めていた吉川がふたたび大学所属となって助教授に任じられ、第三講座を担当した[95]（予科でも講師として吉川が授業を継続した[96]）。第一講座が分類学、第二講座が生理学、第三講座が遺伝学という講座構成は東京帝国大学理学部に類似し、講座増設の過程は日本植物学研究の進展と分化のうごきにも対応するものであった。

なお、一九二二年設立の台北高等学校に着任した教員で植物学を専門としたのは神谷辰三郎（在任：一九二六〜二八年）、河南宏（同：二八〜四一年）、福山伯明（同：四一〜四四年）の三名である。神谷は三好學に、河南は柴田桂太に師事し生理学を専門とした。台北高等学校・台北帝国大学出身の福山は正宗巌敬に分類学を学び、とくに蘭科の新種記載を多数行ったことが知られている[97]。

## 三　「広がる」研究と「深まる」研究

冒頭でも紹介したように、森は朝鮮の自然誌学者として比較的知られている人物である。帝国日本の朝鮮統治とも密接に関わるかたちで当時から活動の場は広く、朝鮮総督府から委託された調査（一九三三年〜朝鮮総督府宝物古蹟名勝天然記念物保存会委員、三七年~金剛山探勝施設調査委員等）や第一次満蒙学術調査団への参加（一九三三年七~一〇月）等に加えて各種研究費の支援を受けながら私的にも旺盛に調査研究を行い、極めて多数の報告を残している(98)。調査対象とした地域は濟州島や鬱陵島といった島嶼部も含む朝鮮半島全域から「満洲」国、「蒙疆」にまで及ぶ。動植物の調査のみならず、やや異色のものとしては古生物の化石発掘も行っている(99)が、帝国日本およびその周辺の植物相（フロラ）・動物相（ファウナ）をたんねんに明らかにし、新種の記載を進めてゆく森の調査活動は基本的には水平方向に「広がる」性格、あるいは記述を「厚くする」傾向を持ったといえよう。森は専門研究者としての訓練を大学では受けなかったが、フィールドでの調査を実践し続けることで学位も取得し(100)、予科教授として十分な資格があることを示し続けたのである。

朝鮮における中等教育に関する活動も同様である。森が在朝鮮・満洲の中等学校のための教科書執筆(101)のほか、朝鮮総督府の視学委員として、そして中等教員の自主的な研究と勉強の場として朝鮮博物学会や京城博物教員会の運営に関わり、フィールドワークの実践や理科教育の充実をはかってゆく(102)ことは学知を「広める」活動であった。かつては欧米研究者のみが、そして日本の帝国大学教授らが、朝鮮の外部から行っていた各種調査や知識の共有を、朝鮮で生活する「自分たち」で行えるようにしていったのである。

しかしながら、これらの活動のなかには真理の探究のみを目的とするのではなく、日本の朝鮮統治ひいては帝国の膨張が必要とする科学や教育を提供しようとするものもあったことを確認できる(103)。京城帝大においても教員らが時局に応じて戦争協力を行った例は見られ、森に限ったことではない。ただし森の場合には併合以前から中等教育に長く携わった経歴、また朝鮮半島唯一の大学の予科教授として、とくに中等学校理科教育界への影響力を強くもっていたという点には注意を促したい。

竹中もまた、フィールドに出ての活動が目立つ。「内地」では三好學の天然記念物調査保護事業や植物調査に協力するほか『日本高山植物概論』（春陽堂、一九三四年）等を発表した。「外地」では京城帝大・大学予科学友会の山岳部・スキー山岳会の活動を顧問として支え、一九三八年には蒙疆学術探検隊の登山班班長として参加すると同時に学術調査班の植物学班にも所属して調査にあたった。なお植物学班の班長は医学部講師の石戸谷勉で、森為三は動物学班の班長であった(104)。朝鮮をフィールドとする活動については竹中要『半島の山と風景』（古今書院、一九三八年）にまとめられている。一九四五年開設の大陸資源科学研究所が七月に始めた満蒙調査にも参加しており、終戦の詔勅は張家口附近で聞いたようである(105)。

とはいえ竹中の場合、こうした活動は余技的なものである。専門分野においては垂直方向に狭く「深まる」研究とでもいうべきか、予科の研究室において、ひっそりと地味に、しかし着実に細胞遺伝学分野の研究を進め、生徒たちが組織した植物研究部でも指導を行っていた。予科の同僚、黒田幹一は次のように竹中の様子を伝えている。

> その頃［引用者補：出会いのときを指す］の竹中さんは、大学を出たばかりの新進気鋭の教授でした。竹中さんはその頃から、校庭の片隅に、ささやかな実験用の植物園を造り、朝顔やその他各種の草花を植えて、地味な研究を始めていました。竹中さんは私に鑑別学は素人向きの植物学で、真の植物学は細胞遺伝学ですと話してくれました(106)。

スイバ（タデ科）を使った性分化や遺伝性の研究を中心に、主には『植物學雑誌』や『遺傳學雑誌』『植物及動物』など「内地」学会の専門誌への発表を続けている。森がフィールド調査により多くの動植物目録を掲載した『朝鮮博物學會雑誌』にも、竹中が発表したのは「不稔性植物ノ細胞学的研究」や「めうがの染色体」「スイバの細胞学的並に遺伝学的研究」などといった研究室における実験結果をもとにした論文であり、著者の所属を隠してしまえば朝鮮で行われた研究とはまったくわからないような普遍性の高い研究であった。これらは実験施設や試薬類を十分に用意できなければ進められない研究でもあり、朝鮮固有の自然や社会からは切り離された「象牙の塔」で行われるかなり特別な活動であったともいえよう。竹中は学位取得の準備も進めていたようだが、理学博士となったのは戦後のことであった[107]。

先にも述べたように京城帝大には理学部が置かれなかったため、竹中に植物学を学び、関心を持った学生もみな医学部に進学し医者になっていった。しかし「私に生物学に対する興味をあたえ、細胞を研究するよろこびを知らせてくれたのは、やはり竹中先生以外の誰でもなかったからである[108]」という卒業生の述懐からは、医学部教授以外の専門研究者の指導に触れられた予科での経験が有意義であったことがうかがえるのである。

## おわりに

以上見てきたように、森為三と竹中要というふたりの予科教授の朝鮮における自然科学研究のありかたには、近代日本の教育機会の変化や、大学専門教育（とりわけ植物学）の深化が対照的に影響していた。森の「広がる／広める」研究、竹中の「深まる／深める」研究は、戦後の活動にも当てはまるため、最後に、ごく簡単にそれぞれの戦後の活動を紹介しておきたい。

森は引揚後、故郷兵庫に戻った。一九四六年には兵庫県立医科大学予科長兼教授となり、四九年には兵庫県立農科大学に移り副学長を経験し、定年を迎えている。その後も武庫川女子大学で教育を続けたという。大学教育のかたわら、一九四七年には兵庫県生物学会の創立に関わり初代会長に就任している。兵庫県生物学会の会員はほとんどが学校の教員であったというので[109]、まさに京城時代の活動の延長といえよう。

竹中は華北からの苛酷な引揚の後、一九四七年から東京大学理学部での研究嘱託・財団法人遺伝学研究所員・農林省農事試験場の研究員などを兼務した。同時に日本遺伝学会を中心とする国立研究所設立のための運動や交渉にとりくみ、四九年に国立遺伝学研究所（三島市、初代所長は小熊捍）が設立されると第二部（細胞遺伝部）副部長となった。大学から学生を受け入れての指導や、自身も非常勤講師として大学に出講することはあったが、研究所において自身の「深める」研究を継続し、サクラやタバコ、アサガオについての実験的研究を発表しつづけたのである。

（1）馬越徹『韓国近代大学の成立と展開――大学モデルの伝播研究』（名古屋大学出版会、一九九五年）。

（2）京城帝大（と台北帝国大学）の研究史整理、学知への評価については松田利彦「植民地大学比較史研究の可能性と課題――京城帝国大学と台北帝国大学の比較を軸として」（酒井哲哉・松田利彦『帝国日本と植民地大学』ゆまに書房、二〇一四年）を参照されたい。

（3）予科の専論として馬越徹「京城帝国大学予科に関する一考察」（『大学論集』五、一九七七年。馬越、前掲書に一部収録）、稲葉継雄「京城帝国大学予科について――「朝鮮的要素」と「内地的要素」を中心に」（『大学院教育学研究紀要（九州大学大学院人間環境学研究院教育学部門）』第七号、二〇〇五年。同『旧韓国～朝鮮の「内地人」教育』九州大学出版会、二〇〇五年に収録）が挙げられる。このほか、許智香『philosophy から「哲＋學」へ』文理閣、二〇一九年）が第二部第二章で「修身・哲学概論」を担当した横山將三郎をとりあげて論じる。

（4）とくに森為三の「助手」であった趙福成に関する研究では必ず言及される。김성원「식민지시기 조선인 박물학자 성장의 맥락――곤충학자 조복성의 사례」（『한국과학사학회지』三〇―二、二〇〇八年）、김진일「한국 곤충학의 선구자 관정 조복성（觀庭趙福成）박사의 생애와 업적」（『곤충연구지』第二六号、二〇一〇年）等。理科教育史の側面から森らの営為を扱った研究として宋珉煐「韓国理科教育の成立と展開」（博士論文〔東京都立大学大学院〕、一九九七年）がある。

（5）梅原欣二・小出剛・木村暁「遺伝研のサクラ――収集、研究、そして遺伝資源としての維持」（『遺伝――生物の科学』第七三巻第二号、二〇一九年）。

（6）永島広紀「蒙彊の「探検」と京城帝国大学――京城帝大「大陸自然科学研究所」設置に関する予備的考察」（『韓国朝

鮮文化研究』第一九号、二〇一九年）。

(7) 大学令では大学予科の修業年限は三年または二年とされ、京城帝大予科も設立当初は二年制であったが、一九三四年に三年制に移行した（昭和九年朝鮮総督府令第三五号「京城帝国大学予科規定中左ノ通改正ス」）。高等学校令（大正七年勅令第三八九号）では「第七条　高等学校ノ修業年限ハ七年トシ高等科三年尋常科四年トス　高等学校ハ高等科ノミヲ置クコトヲ得」と原則としては七年制をとること、三年制の高等科のみの設置も可能とされていた。

(8) 昭和一八年文部省令第二七号により全改正された。

(9) 『京城帝國大學豫科一覽』各年度で授業担当者を確認することができる。

(10) 朝鮮と同じく帝国日本の「外地」たる台湾の場合、一九二八年の台北帝国大学設置に先駆けて二二年に高等学校（台湾総督府高等学校→二七年に台北高等学校と改称）が設立されたが、高等学校卒業生で大学進学者を十分に充たすことができず専門学校卒業生など「傍系」学生を受け入れており、四一年には予科が設けられることとなった。所澤潤「専門学校卒業者と台北帝国大学――もう一つの大学受験世界」（『年報・近代日本研究　第一九巻　地域史の可能性――地域・日本・世界』山川出版社、一九九七年）。京城帝大における「傍系」入学については拙稿「「選科」学生の受け入れからみる京城帝国大学法文学部の傍系的入学」（『お茶の水史学』第六〇号、二〇一六年）参照。なお、「内地」の帝国大学では北海道帝国大学に予科（理科のみ）が設置されていた。

(11) 「京城帝国大学官制」大正一三（一九二四）年勅令第一〇三号。

(12) 稲葉、前掲「京城帝国大学予科について」。

(13) 森為三『朝鮮植物名彙』（朝鮮総督府学務局、一九二四年）八頁。

(14) 白井光太郎編『日本博物學年表　改訂増補版』（大岡山書店、一九四一年）、大場秀章『大場秀章著作選　Ⅰ植物学史・植物文化史』（矢坂書房、二〇〇六年）等。伊藤については伊藤篤太郎「理學博士伊藤圭介翁小傳」（『東洋學藝雜誌』第一五巻第二〇〇号、一八九八年）、吉川芳秋『日本最初の理学博士尾張医科学文化の恩人――伊藤圭介先生顕彰会、一九五七年）等。

(15) 植物学教室を中心とする東京大学・東京帝国大学の歴史については小倉謙編『東京帝國大學理學部植物學教室沿革　附　理學部附屬植物園沿革』（東京帝國大學理學部植物學教室、一九四〇年）を参照。

(16) 東京大学（のち東京帝国大学）理学部植物学教室に関係する人物については大場秀章「東京大学植物標本室に関係し

た人々」（大場、前掲書）に詳しい。

(17)　大場、前掲書、二五八頁。

(18)　松村任三による「緒言」。帝國大學編『帝國大學理科大學植物標本目錄』（丸善、一八八六年）。

(19)　花房が日本国内、北欧で採集しメモ書きを残した腊葉標本も発見されている（小林義雄「ハナブササウと花房義質翁」『植物研究雑誌』第五四巻第六号、一九七九年）。花房は一八八九年創立の日本園芸会初代会長も務めている。

(20)　中井猛之進「朝鮮桔梗科植物ノ新属ニ就テ（予報）」（『植物學雜誌』第二五巻二九一号、一九一一年）。中井は花房にちなみ新属新種を「ハナブササウ」と名づけ、属名を *Hanabusaya* とした。

(21)　Ryokichi Yatabe「A few Words of Explanation to European Botanists」（『植物學雜誌』第四巻四四号、一八八九年）。

(22)　樺太についても中原源治（植物学教室嘱託）や宮部金吾・三宅勉らが調査している（小倉編、前掲書、一五二～一五三頁）。

(23)　中井は一九一三～四三年に朝鮮総督府嘱託、早田は一九〇五～二四年に台湾総督府嘱託を務めた（大場、前掲書、二四七頁）。

(24)　中井は「朝鮮ニ産スル顕花竝ニ高等隠花植物ニ属スル種類ノ分類的及地理分布的研究」論文（大要は「朝鮮植物種類ノ網羅」「朝鮮産蓼科植物詳論」「朝鮮産玄参科植物中「ママコナ」属詳論」「朝鮮及日本産牻牛児科植物中「フウロサウ」属詳論」「朝鮮及日本産ヲ合セテ莎草科中莎草亜科ノ分類」「日本及朝鮮産菊科植物中薊屬ノ分類」）を（『官報』第五三五号〔一九一四年五月一三日〕、第五三六号〔一九一四年五月一四日〕）、早田は「台湾キク科植物（ラテン文）」「日本大戟科竝ニ黄楊科植物考（ラテン文）」「臺灣植物誌（英文・ラテン文）」「臺灣産松柏科植物ノ一新屬「タイワニヤ」ニ就テ（英文・ラテン文）」「臺灣松柏科植物ノ分布ニ就キテ（英文）」を提出した（『官報』第七三一〇号〔一九〇七年一一月八日〕）。

(25)　論文は「北京植物誌」と題されている（『官報』第一二四一号〔一九一六年九月一八日〕）。帰国後は東京女子高等師範学校・東京文理科大学教授等を歴任し、中国・満蒙地域の植生研究を継続している。

(26)　中井猛之進『朝鮮植物　上巻』（成美堂書店、一九一四年）。

(27)　이정『식민지 조선의 식물 연구（一九一〇―一九四五）―조일 연구자의 상호 작용을 통한 상이한 근대 식물학의 형성』（서울대학교 대학원 학위논문、二〇一二年）。

(28) 森為三は『朝鮮植物名彙』緒言において、朝鮮における植物調査の先行例を次のようにまとめている。原文は漢字カナ交じり文であるが、欧米人名との区別をつけやすくするために引用に際してはひらがなに直してある。なお、原文では欧米人名がゴシック体で示されている。「従来朝鮮の研究印刷物として中井理学博士の朝鮮植物誌 Flora Koreana を最としパリビン氏の朝鮮植物管見 Conspectus Florae Koreana 及びコマロフ氏の満洲植物誌 Flora Manshuriae（同書には北朝鮮の植物多く記載せらる）之に次き其の他フオブス、ベムズレー、マクスモウキツチ、キユーケンタール、クリスト、フツカー、レヴエイエ、フランシエー、ミケル、ハツケル、シユナイデル、スカン、ヴオルフ、コオネー、矢部吉禎等の諸氏は雑誌に或は報告書に或は著書に朝鮮植物記載の一端を載せたるもの等なり、然し是等は何れも併合前の編著にかかり其の研究材料を送付せし人はシュリツペンバツハ男爵、ウイルフオルト、カーペンター、オルドハム、カーレス、ゴツシユ、コマロフ、ブンゲ、カリノウスキー、ソンタツハ、フオーリー、タケー、内山富次郎、子爵花房義質、市河三喜、今井半次郎、三島愛之助、今川唯市等の諸氏にしてコマロフ、内山富次郎等の二三氏を除くの外は専門に採集せし人少く且つ文化も現時の如く進歩せさりしを以て採集上非常なる困難あり従つて深く地方に入り高山に登るを得さりしを以て多くの種類且つ珍稀なるものを得る能はさりしなり」（森、前掲書、七〜八頁）。

(29) 森、前掲書、八〜九頁。

(30) 藤井については桑田義備「理學博士藤井健次郎先生植物學上ノ業績ノ概略」（『植物學雜誌』第四一巻第四八三号、一九二七年）、保井コノ「理學博士　藤井健次郎先生」（『植物學雜誌』第六五巻第七六三〜七六四号、一九五二年）参照。

(31) 一九一七年六月一二日に野村徳七（野村財閥創設者）・實三郎・元五郎の兄弟が寄附した九州電燈鉄道株式会社債金五万円・現金一万円が「細胞学ヲ基礎トスル遺伝学講座新設費」に充てられた。「理科大學植物學科遺傳學講座設置奨學資金」『東京帝國大學一覧　従大正六年至大正七年』（一九一八年）四六五〜四六六頁、『時事年鑑　大正七〜八年版』（時事通信社、一九一八年）一六六頁。

(32) 「東大理科大学植物学科ニ於ケル遺傳學講座ノ新設——野村家の美挙」（『植物學雜誌』第三二巻第三八一号、一九一八年）。藤井自身も野村實三郎の追悼集「序」において「その独立講座を置きたる大学は、現に先進欧米諸国を通じて、尚僅かに指を屈するに過ぎず然るに日本に早くこの講座の創設を見たるは、実に我が学界の面目とも称すべし」と述べている（橋本喜作『楓之家主人偲ふ草』一九一九年〔非売品〕）一〜二頁。

(33) 桑田、前掲「理學博士藤井健次郎先生植物學上ノ業績ノ概略」。

(34) メンデルの業績が「再発見」までまったく顧みられていなかったというわけではないが、ド・フリース、コレンス、チェルマクの三名の研究が同時に発表されたことから一九〇〇年が注目を集めたという(「メンデルの法則」命名者)(足立泰二『近代ドイツの自然科学にみられる知的風土――植物遺伝育種学者の足跡を辿りつつ』大阪公立大学共同出版会、二〇〇八年)。

(35) 田中義麿「第Ⅲ部　日本における遺伝学の発展２　日本遺伝学の夜明けＩ」(メンデル遺伝法則一〇〇年記念出版委員会編『遺伝学のあゆみ――メンデル遺伝法則一〇〇年記念』裳華房、一九六七年)三一七～三一八頁。なお、一九二〇年には日本遺伝学会も設立されたが、その前身は日本育種学会(一九一五年設立)であった。

(36) 湯浅光朝『科学史(日本現代史大系)』(東洋経済新報社、一九六一年)二四五頁。

(37) 竹中、前掲「学生時代の思い出」。

(38) 小倉編、前掲書、鈴木善次「篠遠喜人先生と科学史」(『科学史研究』第二八巻第一七二号、一九八九年)。

(39) 湯浅、前掲『科学史(日本現代史大系)』二四五頁。

(40) 『京都大学農学部六十年史』(教育文化出版教育科学研究所、一九八五年)二五八頁。

(41) 前掲『京都大学農学部六十年史』二五四～二六〇頁、メンデル遺伝法則一〇〇年記念出版委員会編『遺伝学のあゆみ――メンデル遺伝法則一〇〇年記念』(裳華房、一九六七年)三八二～三八五頁。

(42) 京都帝國大學編『京都帝國大學史』(京都帝國大學、一九四三年)九一九～九二〇頁。

(43) 久内清孝「小泉源一博士の訃に接して」(『植物研究雑誌』第二九巻第一号、一九五四年)、北村四郎「小泉源一先生(一八八三―一九五三)を思う」(『植物分類、地理』第三三巻、一九八二年)。

(44) フォーリーは一八七三年に宣教師として来日したが、植物採集は植物学者フランセー(フランシェ)A. R. Franchetの依頼によるものであったという。当初はフランセーのための採集にすぎなかったようであるが、やがて自身の関心分野として植物に向き合うようになっていった。日本の植物学者と競合するため「時に珍品を見出した時は之をとりつくし、採りつくせざれば後は踏みにじつて行」くということまでしたという(木梨、前掲論文、三二六頁)。なお牧野富太郎にも同様のエピソードが伝えられている(田中伸幸『牧野富太郎の植物学』ＮＨＫ出版、二〇二三年、二一九頁)。

(45) 前掲『京都帝國大學史』九二〇～九二一頁、京大植物分類地理学研究室「京都帝国大学理学部植物学教室分類研究室史」(『植物分類，地理　小泉博士還暦記念』一九四四年)。岡崎忠雄については白岩卓巳「岡崎忠雄とフォーリーの標本」（『植物分類，地理』第四六巻第二号、一九九五年）を参照。小泉は欧米での調査研究成果を『Florae Symbolae Orientali-Asiaticae（東亜植物考察）』（一九三〇年）としてまとめた。

（46）「臨時教員養成所規定」明治三五年文部省令第八号（一九〇二年）、明治三五年文部省告示第五八号（一九〇二年）。

（47）杉森知也「臨時教員養成所の設立と機能について」（『教育学雑誌』第三一号、一九九七年）。

（48）東京帝国大学附設第一臨時教員養成所には国語漢文科と博物科が設置されていたが、まず一九〇六年三月に国語漢文科が廃止されている。同時に第四（第三高等学校内）・第五（東京外国語学校内）臨時教員養成所も廃止された（明治三九年文部省告示第六八号（一九〇六年））。博物科の廃止が一九〇八年であり、このときは第二臨時教員養成所が同時に廃止されている。明治四一年文部省告示第一一四号（一九〇八年）。

（49）大正一一年文部省告示第三四四号（一九二二年）。東京高等師範学校内の第一から、第二（広島高等師範学校内）・第三（奈良女子高等師範学校内）・第四（東京音楽学校内）までの臨時教員養成所が設置された。

（50）「博物学」は一般的にはNatural History（自然史／自然誌）を指すが、旧制中等学校では教科科目として博物科（動物、植物、鉱物）が定められていた（「中学校令施行規則」明治三四年文部省令第三号〔一九〇一年〕第一章第一条「中学校ノ学科目ハ修身、国語及漢文、外国語、歴史、地理、数学、博物、物理及化学、法制及経済、図画、唱歌、体操トス（以下略）」。なお一九三一年に理科に変更されている（昭和六年文部省令第二号〔一九三一年〕）。

（51）相坂耕作「森為三博士の御経歴」（『兵庫生物』第一四巻第二号、二〇一一年）。相坂は森家所蔵の資料・私信類を利用して森の経歴を詳しく記述しており、本研究でも基本情報として参考にさせていただいた。

（52）「福井県立福井中学校教諭森為三韓国政府ノ聘用ニ応シ俸給ヲ受クルノ件」（国立公文書館アジア歴史資料センター Ref. A04010201100、公文雑纂・明治四二年・第一七巻・司法省・司法省、文部省・文部省〔国立公文書館〕）。

（53）飯塚啓「朝鮮動物採集談」（『東洋時報』第一六二号、一九一二年）、『動物學雜誌』二八〇（一九一二年）では中等教員や朝鮮総督府職員等とともに研究会を開いていたこと、朝鮮博物学会を組織しようとしていたことが確認できる。朝鮮博物学会は一九二〇年代に入ってから活動を本格化させたようである（「朝鮮博物學會の近況」『動物學雜誌』第四三二号、一九二四年）。

（54）朝鮮における植物相調査について、石戸谷勉は「邦人で最初に朝鮮の地に植物標本の学術的採取を試みられた人は、今は故人となつてゐる東京理科大学植物園の内山富次郎氏」で一九〇四（明治三七）年のことと述べるが、大学関係者としては東京大学御用掛医学部動植物学教場補助兼理学部生物学教場補助の江沼元五郎が一八八四年に調査を行っており（『官報』第三二一号、一八八四年七月一二日）、内山富次郎も一九〇二年には朝鮮で植物採集を行っている（「雑報」『植物學雑誌』第一六巻第一八九号、一九〇二年）。石戸谷勉「朝鮮の植物調査事業の功献者」（『朝鮮』第一〇九号、一九二四年）、矢部吉禎「韓國ノ羊歯類ノ分布」（『植物學雑誌』第一七巻第一九四号、一九〇三年）。

(55) 이정、前掲論文、第四章「식민지 지식교류와 시장――식민지 조선의 약재분류가 이시도야 쓰토무」。石戸谷勉は京城帝大において医学部薬理学第二講座（杉原徳行）スタッフを務めた。

(56) 이정、前掲論文、二〇三頁。なお森とともに土居寛暢の名前が挙げられている。土居（旧姓平井）は韓国統監府中学校（のちの京城中学校）創設時に教員として朝鮮に渡った（土居寛暢「三昔前の博物教員としての思出」（『京城博物教員会誌』第一号、一九三八年）。

(57) 「高等学校教員規定」（大正八年文部省令第一〇号〔一九一九年〕）第一七条では教員数の三分の一までは免許状をもたない者を教員とすることができると定められていた。森が高等学校教員免許（動物）を得たのは一九三三年五月であった（相坂、前掲論文）。高等学校・専門学校またはこれに準ずる学校に五年以上勤務した場合、無試験検定での免許状付与が認められていたため、森は京城帝大予科教授としての経歴により免許を取得したものと考えられる。なお李忠雨『京城帝國大學』（多楽園、一九八〇年）では、森が農林専門学校出身で学士でなかったために当初は講師であったとしているが、これは誤りである。

(58) 「13.朝鮮総督府」アジア歴史資料センター Ref.B16080664000、帝国官吏出張及巡廻雑件／他官庁之部（6-1-6-2_4）〔外務省外交史料館〕。具体的な目的地としてイギリス：ロンドン博物学博物館・トリンク博物館・キュー植物園腊葉庫、ドイツ：ベルリン大学植物学教室、スウェーデン：ウプサラ大学植物学教室、アメリカ：ワシントン国立博物館の名前が挙げられている。森はこの時期にコウライムササビの模式標本、コウライキテンの参考標本をイギリスの自然史博物館に寄贈したことが確認できるという。平田逸俊・下稲葉さやか・川田伸一郎「コウライムササビ（*Petaurista leucogenys hintoni*）とコウライキテン（*Martes melampus coreensis*）の原記載に用いられた標本の再発見」（『哺乳類学』第五七巻第一号、二〇一七年）。

(59) 中井猛之進『濟州島幷莞島植物調査報告』（朝鮮総督府、一九一四年）一四三頁。

(60) 『朝鮮総督府官報』第三八一四号（一九二五年五月五日）では四月三〇日付発令であるが、国立公文書館に残されている任免裁可書では四月二二日付で、前日の日付で高等試験委員が「自然科学担任ノ京城帝国大学予科教授　右本人ノ履歴書ニ依リ銓衡候処頭書相当ノ資格アル者ト認ム」としている。一九二四年度の『京城帝國大學豫科一覧』では講師として森の名前を確認できるものの、一九二四年五月三一日付で朝鮮総督府高等普通学校教諭を病気を理由に依願免本官となっており、実際に授業を担当していたかどうかは不明である（国立公文書館「任免裁可書・大正十三年・任免巻二十八」請求番号　任B01181100）、「任免裁可書・大正十四年・任免巻二十」請求番号　任B01245100）。

(61) たとえば稲葉が予科着任前歴は高等普通学校教諭としながらも朝鮮への渡航時期や具体的な勤務校は不明とした（稲葉、前掲書、三六一頁）児玉才三の場合、一九二三年三月に東京帝国大学文学部英吉利文学科卒業後すぐに咸鏡北道鏡城高等普通学校教諭として朝鮮に渡っており、予科着任まで同校に勤務したことが確認できる（『英語青年』第四九巻第三号〔総号六四六号〕、一九二三年五月、『朝鮮人事興信録（昭和一〇年版）』朝鮮新聞社内朝鮮人事興信録編纂部、一九三五年）。翌二四年五月には予科教授に採用されているため、教歴はわずか一年のみである。朝鮮総督府編輯課職員（編修官）からの採用とされる近藤時司も編修官任官は一九二三年四月であり（『官報』第三二一四号、一九二三年四月二〇日）、それまでは一九一六年七月の東京帝国大学文科大学文学科卒業後大学院を経て翌一七年からは大邱高等普通学校で教鞭を取っていた（『官報』第一二六六号、一九一六年一〇月一九日、『帝國大學出身録』帝國大學出身録編輯所、一九二二年）。彼等は高等教育機関での教歴はもたないが、「学士」を称しうる者はその学歴により無試験検定として免許状が授与されるため、高等学校高等科教員たる有資格者であった。なお稲葉は名越那珂次郎の渡航時期も不明としているが、一九一五年五月に鹿児島県立第二鹿児島中学校から釜山中学校教諭として朝鮮に赴任していることが確認できる（『朝鮮彙報』第五号、一九一五年）。

(62) 竹中の経歴は「竹中　要博士経歴」（『岳花酒仙――竹中　要博士追悼集』一九六九年〔非売品〕）で確認できる。

(63) 当時、美方郡八田村からもっとも近い兵庫県内の中学は豊岡中学校であったはずであるが、多数の生徒が県境を越えて鳥取中学校に進学していたとの同級生の回顧が確認できる（太中貞一「要さんの思い出」、前掲『岳花酒仙』所収）。

(64) 木梨は第三回卒業生にあたり、第二部優等卒業生として名前が確認できる（「理科大學簡易講習科卒業生」『官報』第三〇一一号、一八九三年七月一三日）。

(65) 『明治十八年乃三十六年　師範學校・中學校・高等女學校教員免許台帳抄』（文部省総務局文書課、一九〇三年）。

(66) 「理科大學簡易講習科規則」（『官報』第一八二二号、一八九九年七月二六日）。

(67) 木梨とフォーリーについては以下を参照。木梨延太郎「日本植物大採集家ＵＲＢＡＩＮ ＦＡＵＲＩＥ師」(『植物分類，地理』第一巻第四号、一九三二年)、村田源「タンゴイワガサの type locality と木梨延太郎について」(『植物分類，地理』第三七巻第一〜三号、一九八六年)、白岩、前掲論文。
(68) 一九一八年の高等学校令改正(大正七年勅令第三八九号)により高等学校の修業年限は七年(高等科三年、尋常科四年)を前提に、高等科のみの設置が認められた。七年制の高等学校も新設されたが、従来通りの三年制の高等学校も継続する(また新設された)ため、尋常科の修業年限にあわせて中学四年修了で高等学校を受験できるようになった。
(69) 福本久「高校時代の思い出」(前掲『岳花酒仙』所収)。
(70) 竹中要「学生時代の思い出──若山邦照君をしのんで」(『採集と飼育』第一六巻第一号、一九五四年)。
(71) 島村環「東大生時代の竹中君」(前掲『岳花酒仙』所収)。
(72) 竹中の著作目録は前掲『岳花酒仙』に収録されている。
(73) 小倉編、前掲書、二一八〜二一九頁。
(74) Y.Takenaka, Karyological studies in *Hemerocallis*, Cytologia international journal of cytology vol. 1, no.1. 1929-8. なお和文論文「かんざう屬植物ニ就キテノ細胞學的研究　Cytological Studies in *Hemerocallis*」は『朝鮮博物學會雑誌』第八号(一九二九年)に掲載されている。
(75) 小倉編、前掲書、二三六頁。
(76) 『官報』第四一〇三号(一九二六年四月三〇日)。
(77) 教員嘱託とは「官立及公立学校ノ嘱託教員及講師ニ関スル件」(大正六年七月朝鮮総督府令第四九号改正大正一一年四月第五五号)で規定された「嘱託教員」と同じものと考えられる。第一条で「官立又ハ公立学校ニ於テ一定ノ時間ヲ限リ特定学科ノ教授ニ従事スル者ヲ講師トシ一般教官同様ノ勤務ヲ為ス者ヲ嘱託教員トス」とされていた。
(78) 『朝鮮総督府官報』第八二号(一九二七年四月一一日)。
(79) 死亡広告が『朝鮮新聞』に掲載された(一九二八年九月二七日付)。親戚総代として上野直昭(京城帝大法文学部教授)・藤縄文順(医師。大邱同仁医院〔のちの慈恵医院〕創設に関わる)の名前が確認でき、矢澤が朝鮮に渡った背景が推測される。
(80) 矢澤の父・米三郎も高等師範学校博物学科を卒業(『官報』第二九二四号、一八九三年四月一日)した教育者であり、植物・動物調査報告などを行っていた。

(81)『官報』第六九〇七号(一九〇六年七月九日)。

(82) 石戸谷については이정、前掲論文、第四章。また、木村雄四郎「石戸谷勉氏の逝去を悼む」(『植物研究雑誌』第三三巻第一〇号、一九五八年)を参考にできる。石戸谷は京城帝大医学部では講師(薬理学第二講座)、北京大学医学院生薬学教室教授を務めた。

(83) 一九四一年新設の理工学部に置かれた学科は物理学科・化学科・土木工学科・機械工学科・電気工学科・応用化学科・鉱山冶金学科という工学偏重の構成であり、理学系講座も物理学・化学・数学に限定されていた。「京城帝国大学理工学部規定」(一九四一年三月)。

(84) 高等学校規定(大正八年文部省令第八号)第一三条「自然科学ハ天然物及自然ノ現象ニ関スル知識ヲ与ヘ其ノ法則ヲ理解セシムルヲ以テ要旨トス[改行]自然科学ハ生物、地質、物理、化学等ニ関スル主要ナル事項ヲ授クヘシ」。

(85) 高等学校規定(大正八年文部省令第八号)第一五条「植物及動物、鉱物及地質ハ天然物ニ関スル知識ヲ与ヘ之カ応用ヲ示シ兼テ観察ヲ精確ナラシムルヲ以テ要旨トス[改行]植物及動物ハ生物ノ形態、生理、分類、進化ニ関スル知識ヲ授ケ又主要ナル実験ヲ課スヘシ[以下、鉱物及地質の説明のため省略]」。

(86)『京城帝國大學豫科一覽』各年度。

(87) 上田常一「森為三先生の追憶」(『朝鮮学報』第二六号、一九六三年)。

(88) 이정、前掲論文、脚注六、二〇二~二〇三頁。

(89) 星猛「台大予科のアカデミズム」(台北帝国大学予科五十周年記念誌編集委員会『芝蘭――台北帝国大学予科創立五十周年記念誌』一九九四年)一〇六頁。

(90)『官報』第四一〇三号(一九二六年四月三〇日)、第八二号(一九二七年四月一一日)、第四二九一号(一九四一年五月一日)。一九三二年九月二六日開催の日本植物学会例会では台湾へ向かう吉川の送別会が開かれている(『植物学雑誌』第四七巻第五六四号、一九三三年)。

(91) 台北帝国大学と南進政策については葉碧苓『學術先鋒――臺北帝國大學與日本南進政策之研究』(稻郷出版社、二〇一〇年)を参照。とくに理農学部を対象とする研究は劉書彦「台北帝国大学理農学部における台湾の高等農業教育」(『日本の教育史学』第四四号、二〇〇一年)、陳瑜「台北帝国大学理農学部農芸化学科に関する研究」(『東洋史報』第一三号、二〇〇七年）、同「台北帝国大学理農学部「農学・熱帯農学講座」の研究成果について」（『教育実践学論集』
第九号、二〇〇八年）等がある。

(92)「台北帝国大学講座令」昭和三年勅令第三三号（『官報』第三六四号、一九二八年三月一七日）。

(93)「台北帝國大学講座令中左ノ通改正ス」昭和三勅令第二八七号（『官報』第六〇〇号、一九二八年一二月二七日）。

(94)昭和一八年勅令第二九八号により従来の理農学部が理学部・農学部に改められ、勅令第二九九号により講座令が改正
された（『官報』第四八六三号、一九四三年三月三一日）。

(95)『官報』第四九七一号（一九四三年八月一一日）。

(96)「台北帝国大学予科教職員名簿」（前掲『芝蘭』収録）。

(97)『台北高等學校一覧』各年度、Ken INOUE, Teruo KATSUYAMA, Hideo TAKAHASHI and Mamoru AKIYAMA
「Recently Rediscovered Type Materials of Orchids Described by Dr. Fukuyama and Dr. Masamune」（『植物學雑誌』
第七三巻第四号、一九九八年）、「尋常見不凡——臺北高等學校植物標本特展（国立台湾師範大学図書館、二〇一〇年）」
http://archives.lib.ntnu.edu.tw/exhibitions/taihoku_plant_specimen/academic_01.jsp。

(98)「森為三業績目録」（『兵庫生物』第三巻第五号、一九五九年）。

(99)森為三「豆満江沿岸発掘の洪積世動物化石及人類遺品と認むべきものに就て」（『地質學雑誌』第四二巻第五〇一号、
一九三五年）等。

(100)森は「Studies on the Geographical Distribution of Freshwater Fishes in Eastern Asia（東亜に於ける淡水魚類の地
理的分布に就ての研究）」を京都帝国大学理学部に提出し、理学博士学位を取得した（一九三六年六月）。なお、当該論
文を印刷製本し、国内外の大学に送付するために外務省文化事業部の補助をうけている（アジア歴史資料センター「1.
東亜淡水魚介分布論文出版助成　森為三　自昭和十一年　至昭和十一年」ref. B05015873900［外務省外交史料館］）。

(101)『新修　植物教科書』『新修　動物教科書』の編纂趣意では「従来の教科書が、朝鮮及満洲の中等学校に於て使用する
に不適当なる点多々あるを遺憾とし」て「朝鮮及満洲の自然を正しく認識」させたり「我が国殊に朝鮮及満洲の産業開
発に資する様、人生との関係深き事項を多く記載」したりしたという。『京城博物教員會誌』第一号（一九三八年一月）
掲載。

(102)森は京城博物教員会の会長を務めた。森が中等教員とともに行った活動については이정、前掲論文第六章「조・일

상호작용을 통해 형성된 조선식물 연구 : 조선식물 연구의 독자성을 위한 두 가지 모색」、宋珉煐、前掲論文「韓国理科教育の成立と展開」に詳しい。

(103) 森は京城博物教員会誌創刊にあたり「今我国は挙国一致東洋平和の大使命のために隣邦支那と戦ひつ、ある」「支那も其の中に我国の正義により覚醒すべく将来は日支提携大に世界に躍進せねばならぬ。この飛躍の為には産業の大開発を必要とすべくこの産業の開発には科学の力を俟たねばならぬ。即ち我国は今後一層理科教育振興が必要となるので産業の基礎となる理科殊に博物教育の任にあたる我々は責任の重大なるを自覚し皇軍将士の如く大に緊張し勉励し第二の国民を我が国の発展に適する様大に真の理科的に教育せねばならぬ」と述べた(森為三「發刊の辞」『京城博物教員會誌』第一号、一九二八年)。「科学教育の振興に就いて」(『京城博物教員會誌』第四号、一九四〇年)でも同様の主張を確認できる。

(104) 京城帝国大学大陸文化研究会編『蒙疆の自然と文化——京城帝国大学蒙疆学術探検隊報告書』(古今書院、一九三九年)。

(105) 当時の日記の一部が前掲『岳花酒仙』に収録されている。

(106) 黒田幹一「竹中さんの思い出」(前掲『岳花酒仙』)。

(107) 「倍数体の細胞学的研究」により一九五〇年に東京大学で理学博士学位を取得した。竹中とともに蒙疆調査にも参加していた相馬広明(当時京城帝大医学部学生)は研究のためのプレパラートの一部を助手が壊してしまい「竹中先生は学位論文の完成が遅れたといって概嘆したという話は作り話めいているが、側聞した様に覚えている」と述べている(相馬広明「竹中先生という人」、前掲『岳花酒仙』)。

(108) 黒住一昌「医者の細胞学」(前掲『岳花酒仙』)。

(109) 上田、前掲「森為三先生の追憶」。

**【謝辞】**

本稿執筆にあたり、福田泰二先生(武蔵学園記念室名誉顧問・理学博士)・白井亮久教諭(武蔵高等学校中学校生物科・理学博士)にコメントをいただきました。心よりお礼を申し上げます。

# 戦前・戦時期のアジア社会論と日本社会科学者の植民地経験
## ――京城帝国大学時代の森谷克己を中心に

周　雨　霏

## はじめに

近代以降、「日本」という知的空間のなかで行われた知識の生産は、西欧の近代知からの影響を切り離しては語ることができない。一方、アジアは「自らを代表することができず、代表されなければならない(1)」他者という位置づけを受け入れることにより、「帝国」日本における知識生産において、調査研究の対象、または語られた素材として、受動的な役割を担うことになった。一九〇八年に南満洲鉄道株式会社（満鉄）東京支社内に設立された「満鮮地理歴史調査室」は、その嚆矢として、日本のアジアを見る目が江戸以来の漢学的な思考様式から脱却し、植民地経営を目的としながらも、近代的な学問の営為のなかで鍛えられ始めたことを示している(2)。昭和期に入り、民俗学、経済学、地理学、歴史学、社会学といった社会科学諸分野の著しい発展は、アジアにおける日本の占領地域の拡大と並行して進み、結果として、アジアを対象とする実証的な研究が飛躍的に進化したのである。これらの研究・調査は、各学者の主観的な意図に関わらず、帝国の大陸経営の一環として、「帝国知」の生産に加担したものであるということは、いうまでもない。

アジアの自然（地理、地質、博物など）を客観的把握することを目的とした調査とは異なり、アジアの社会に対する調査・分析・展望（便宜上、「アジア社会論」と呼ぶことにする）が、常に植民地や占領地社会に対する介入と統治を最終目的としていたため、日本の帝国支配の正当性を擁護・加担する論理として機能していたことは周知の通りである。それと同時に、「アジア社会論」の主要な担い手である国策機関の学者や調査マンは、新聞、総合雑誌などのメディアを通じて、広く公共圏においてアジア社会をめぐる大衆イメージを形成するうえで重要な役割を果たしたのである。

日本の敗戦に伴い、植民地帝国大学をはじめ、国策機関や「外地」に設置された民間研究・教育機関が解散し、日本がアジア社会を観察・分析し、客体化するための知的装置が解体された。さらに、冷戦の始まりとともに東西対立が生じ、朝鮮半島や中国での分断・対立の構造が今日に至るまで続いている。この状況が原因となり、日本と大韓民国、中華人民共和国との国交回復には長い年月がかかった。その結果、戦後日本の社会科学は、同時代のアジアが主体としても、研究対象としても参加していない状況で発展してきたと言えるだろう。一方で、戦前・戦時期におけるアジア社会をめぐる言説が完全に忘れ去られたわけではない。とりわけ、アジアの内発的な発展性を否定するような言説（いわゆる「アジア停滞論」）は、戦後の早い時期に批判の対象として俎上に載せられてきた。一九七〇年代末頃、マルクス主義史学が衰退するとともに、唯物史観に基づくアジア停滞論とその戦争責任に対する反省も次第に終わりを迎えつつあった。(3) 一九九〇年前後、植民地研究の多様化を背景に、戦時期のアジア社会論が再び思想史の研究対象として注目されるようになった。浅田喬二『日本知識人の植民地認識』（校倉書房、一九八五年）を嚆矢として、「アジア社会論」は、その内包する帝国性や植民地性が批判の焦点となっている。(4) 近年では、植民地をめぐる「知」の創成に関する歴史研究が盛んに行われており、戦前や戦時期のアジアで行われた社会調査を植民地支配の学術・文化的要素として捉える研究が多数現れている。(5)

本稿の目的は、植民地という空間で構築された知識が植民地支配の一環であるという認識を前提に、日本の社会科学者たちがどのようにして西欧から輸入された理論的枠組みを植民地社会の現実で確認し、修正しながら、さらに現地社会に介入しようとしたのかを探求することである。ここで取りあげる研究対象は、一九二七年から一九四五年にかけて京城帝国大学法文学部に勤務し、二三歳から四一歳までの学問生涯を植民地朝鮮で過ごした森谷克己（一九〇四〜六四）である。森谷は一九三〇年代に激しく戦われた「アジア的生産様式論争」の精力的な論者であり、戦時中には唯物史観に依拠しつつ「東亜共栄」の鼓吹者に転向した人物であるため、これまでの先行研究では主に彼の東洋社会に対する巨視的な分析が注目されてきた(6)。本稿では、これらの研究が見落としている森谷の社会政策に関する発言も考察の対象とし、植民地帝国大学で社会政策学者としての立場を自認する彼が、アジア社会、とくに朝鮮社会にどのように介入しようとしたか、その「大きな物語」と具体的な政策提言との関連を明らかにする。

## 一．京城帝国大学法文学部における経済学者の面々

京城帝国大学（以下、「城大」と略記）は一九二六年に、「朝鮮・東洋研究の重視」という建学理念のもとに、法文学部と医学部の二学部で開設された。法文学部は、文科系の学科（哲学科・史学科・文学科）と法科系の学科（法学科）で構成されていた。法科系には初め六つの講座が設置され、一九二八年には最終的に一四種二二講座が揃った(7)。同じく法文学部を擁する東北帝国大学（六講座）や九州帝国大学（八講座）と比較すると、城大の法科系では経済学関連の講座（経済学二講座、財政学一講座、統計学一講座）が圧倒的に少ない。経済学関係の講座担当者として、四方博（経済学第一）、山田文雄（経済学第二）、三宅鹿之助（財政学）、大内武次（統計学）が初期に着任し、後に鈴木武雄、小田忠夫、静田均、伊藤俊夫らが加わり、城大における経済学の発展に寄与した。これらの経済

学者を含む法学科の教員は、「法律、政治、経済に関する諸学の研究、並びに朝鮮における社会制度及び社会事情の調査」(8)を目的とする京城帝国大学法文学会第一部に所属し、毎月研究会を開催し、法律・政治・経済に関する外国文献の翻訳や年間論集の発行など、多彩な研究活動に携わっていた。

京城帝国大学における法学・政治学関係の研究者コミュニティに関しては、これまで多様な先行研究が行われ、豊富な蓄積が見られる(9)。しかし、同学部の経済学者たちについての考察は比較的少ない(10)。経済学第一講座を担当し、城大における経済学関係の教員人事にも深い影響を与えた四方博の回想によれば、一九二八年の春に法文学部経済研究室に「朝鮮経済研究所」が設置され、経済学関係の教員たちを統合する役割を果たしたという。創立時の所員には大内武次、四方博、鈴木武雄、津曲蔵之丞、森谷克己、三宅鹿之助、山田文雄、金洸鎮がおり、後に小田忠夫、静田均、伊藤俊夫、朴文圭、金漢周、全錫淡らも加わった(11)。

朝鮮経済研究所が法文学部内の経済学研究室とともに設立されたのは、京城帝大が開校してから三年半後のことであった。当時、言論空間において「朝鮮問題」を巡り、流布されていた「ティラニカルな命令論やヒステリカルな独断論やセンチメンタルな希望論」に対して、経済学関係の教員たちは新たなアプローチの必要性を強く感じていた。彼らは、「何よりも先に事実を事実として観察し、朝鮮の真のありの儘の姿を知ること、知らせることが「朝鮮の問題」解決への第一歩でなければならぬ(12)」という信念のもと、個人寄付に基づく研究者アソシエイションを立ち上げた。朝鮮経済研究所の初期活動には、研究資料の収集、学内や道内で朝鮮事情に精通する専門家の招聘、研究座談会の開催、京城および周辺の施設や事業所の視察、そして各方面の学問的権威による特別講義の企画などが含まれていた。

研究所の「創立」の経緯について、四方は次のように述べている。

その間、私が中心になって、朝鮮にいる以上は朝鮮の研究をすべきだというので、第一冊の「あとがき」にある朝鮮経済研究所というものを勝手にこしらえた。ともかく朝鮮のためにしてやろうという気持ちが特に経済関係の人の中では強かったと思います。［……］その初期の仕事として図書目録を一度謄写刷で出したことがあります。時々日本で今でも古本カタログに出てくることがあります。論集の方は大体三～四年に一回まわってきて、その時々全員出動して論文を出したわけです。それから研究室の仕事としていま思い出すのは統計の整理の仕事です。当時までに出ていた総督府から面に至るまでの、公私各種統計資料の総目次と解説とを作ったのです。(13)

ここで言及されている「論集」とは、京城帝国大学法学会論集として刊行された「朝鮮経済の研究」という題の三冊の叢書のことである。それぞれの巻の目次と執筆者は次の通りである。

朝鮮経済の研究（第一）　京城帝国大学法学会論集第二冊　刀江書院、一九二九年
四方博　市場を通じて見た朝鮮の経済
津曲蔵之丞　朝鮮における小作問題の発展過程
山田文雄　朝鮮人労働者問題
鈴木武雄　李朝末期における朝鮮の財政
森谷克己　社会民主主義の民族理論断片
朝鮮経済の研究（第二）――朝鮮社会経済史研究　京城帝国大学法学会論集第六冊　刀江書院、一九三三年
四方博　朝鮮における近代資本主義の成立過程
大内武次　李朝末期の農村
森谷克己　旧来の朝鮮農業社会についての研究のために
朴文圭　農村社会分化の起点としての土地調査事業に就いて

朝鮮経済の研究（第三）　京城帝国大学法学会論集第一〇冊　岩波書店、一九三八年
大内武次　朝鮮における米穀生産
静田均　朝鮮における金融組合
小田忠夫　併合初期における朝鮮総督府財政の発達
鈴木武雄　「北鮮ルート」論
四方博　李朝人口に関する身分階級別的観察

京城帝国大学で一〇年以上を過ごした国語学者の時枝誠記は、「朝鮮に在るといふこと、そして朝鮮について考へなければならない義務を負はされてゐるといふことは、我々の同僚の誰もが恐らくさうであつたのであろうが、非常な重圧であつたのである」(14)と述べ、植民地支配と関わりながら学問を営むうえでの圧力、そして内地に戻った際の解放感を語った。しかし、同じ植民地帝国大学の空間にいた経済学関係の教員たちには、このような「重圧」や葛藤が見られなかった。むしろ彼らは、国家権力を後ろ盾にして「半島的なもの」を創出しようとしていたように見える。四方博や鈴木武雄らの回想によると、彼らは総督府調査課を中心に行われた実態調査に参加し、広範な資料の収集や調査報告の作成が主な業務の一つであったという。戦時下では、総督府、朝鮮銀行、金融組合などの調査部からの報告をまとめ、『朝鮮経済年報』の編集・出版など、時局の要請に応じた活動が非常に盛んに行われていた。(15)同様に、経済学関係の個々の教員も、朝鮮半島の経済産業や金融システムの再編を目指し、官庁関連の実務的な業務を多く担っていた。(16)森谷のアジア社会に関する研究は、当初より、応用性を重んじる知の空間に根差し、たんなる学術的論争を超えて政策形成への影響を強く意識した特有の志向性を有していたことが明らかである。

## 二　朝鮮赴任と「アジア社会」への開眼

森谷克己が京城帝国大学法文学部の助手に着任したのは一九二七年のことであった。彼は一九〇四年に岡山県上房郡北房町上水田で生まれ、第六高等学校文科乙類を卒業後、一九二四年に東京帝国大学法学部に入学した[17]。在学中は、民法を担当していた新任助教授・平野義太郎のもとで学び、平野が主導するマルクス主義文献勉強会「社会科学研究会」や新人会に参加していた。森谷の回想によると、彼は最初から帝国主義論や植民地民族問題に関心を持ち、一九二五年に東京帝国大学学友会社会科学研究会の一分科会として設立された法政研究会で、H・クノー『マルクスの民族、社会、国家観』を輪読テキストとして翻訳した。卒業した一九二七年には、ヨーロッパ洋行を控えた平野から実地で民族問題を学ぶよう勧められ、それが朝鮮赴任の決意に繋がったという[18]。

城大に着任後、森谷は法学関係の助手として船田享二とともに京城法学会の雑誌委員を務めた。商法第一講座の担当者であった竹井廉が主導するソ連「株式会社に関する規程」の邦訳作業に協力したのが、彼の城大での最初の仕事であった[19]。一九二九年に助教授に昇進したが、予定とは異なり、労働法、私法や商法関係の科目ではなく、「社会政策」と「経済学史」を担当することになり、敗戦まで経済学関係の教員として活動していた。同時期には、フランクフルト大学に在外研究中の平野義太郎の斡旋で、同大社会科学研究所叢書の邦訳作業にも携わり、マルクス主義経済学に触れるきっかけを得た。有沢広巳とともに、ヘンリーク・グロースマンの『資本の蓄積並に崩壊の理論』を翻訳し、グロースマンの帝国主義論に魅了されたことがうかがえる。一九三〇年の『中央公論』新年特輯号に「グロースマンの帝国主義論」と題する論文を寄稿し、学問の世界を超えた広範な言論界での初デビューを果たした。

今日において、森谷は「アジア社会論」の精力的な論客として広く知られているが、実際に彼がアジア社会

（東洋社会）について論じ始めたのは、京城帝国大学に着任してから六年後のことであった。一九三三年に森谷が「東洋社会に関するヘーゲルとマルクス」と題する論考を発表し、ヘーゲルからマルクスへの系譜を辿りながら、非資本主義的東洋社会の世界史的位置づけを探究し始めたのである。[20]森谷がアジア社会の歴史的性格に注目し、人類史の発展における自然条件の重要性を認識するようになったのは、おそらくK・A・ウィットフォーゲルの『解体過程にある支那の経済と社会』（一九三一年刊、邦訳一九三四年、以下『支那の経済と社会』と略す）の邦訳作業に触発されたものと思われる。フランクフルト大学でウィットフォーゲルに私淑していた平野義太郎の監訳の下、森谷は太田守道、生沼曹喜、横川次郎とともに、この一〇〇〇頁に及ぶウィットフォーゲル大著の邦訳を分担した。上梓後、森谷は『中央公論』出版部に手紙を寄せて、この著作を中国研究における「科学的研究として、リヒトホーフェン以来の金字塔的労作」、「東洋社会一般の現実的、根本的研究の基本方向を指示するもの」として高く評価した。[21]

ウィットフォーゲルは『支那の経済と社会』において、限られた利用可能な欧文資料を駆使し、中国の農業と商工業における生産諸力をその自然的および社会的歴史的条件から詳細に分析した。[22]彼は、当時欧米で流布していたアジア停滞論とやや異なる立場から、中国社会の太古からの段階的な発展を論じた。彼によると、中国の農業文明は黄河の中下流域の半乾燥地域で発生し、農耕民は生産上と防護上の目的で水を制御すること（灌漑と洪水防止）により、安定した経済生活を築いた。ウィットフォーゲルは、中国の社会経済体制が一貫して同一ではなく、複数の発展段階を経過してきたと理解していた。この認識の基に、彼は「オリエンタル・デスポティズム」という用語を用いて、秦の時代以降の中国社会を、動態的な経済的・政治的悪循環として捉えたのである。[23]

『支那の経済と社会』の邦訳が刊行される以前に、森谷克己はこの著作に深く啓発されたと考えられ、その分析手法を朝鮮の経済と社会への理解に応用しようと試みた。朝鮮経済研究所の叢書第二編に掲載された「旧来の朝鮮農業社会についての研究のために」と題する厖大な論考は、ウィットフォーゲルの理論に深く根差しており、章立てに至るまで、その影響を明らかに受けている。「旧来の朝鮮経済・社会の外的自然諸条件」と題される第一篇では、森谷は朝鮮総督府が行った一連の調査事業――『韓国土地農業調査報告』、『朝鮮河川調査書』、『朝鮮鉱物誌』や『朝鮮総督府観測所年報』を含む――に基づいて、朝鮮の農業生産に影響を与える地理的および天候的条件を詳細に検討している。第二篇「朝鮮の農業の存立条件とこれが確保のための社会の闘争」では、森谷は朝鮮の農業生産の特性を、土地所有、治水、村落共同体、および国家の役割といった複数の側面から詳細に分析している。森谷の結論によれば、李朝末期の朝鮮農村社会では、土地は国王および貴族による私有物とされ、実際に耕作する農民は私有制度から事実上除外されていた。この状況は、村落自治共同体が階級分化を経験しないまま、いまだに原生的な面影を維持している理由の一つとして挙げられる。さらに、森谷は人工的灌漑施設の使用権と治水を巡る争いを、旧来の朝鮮農業の死活問題として指摘している。彼は、無償の賦役労働や治水工事に必要な事業費などを捻出するために、中央政府が主導的な役割を担って介入していたと述べ、これが朝鮮農業社会の特質を形成する重要な要素であると論じている。[24] この論考の結末において、森谷は次のように、ウィットフォーゲルの論点と類似した結論に達している。

叙上の如き共同体が、政治の変遷にも拘わらず、第二〇世紀まで保存され来つたとすれば、それは、また、旧来の朝鮮社会の発達がいかなる特質を有したかを示すものでなければならない。即ち、発展は、弁証法的であるとは言へ、併し、旧来の朝鮮社会の歴史にあつては――東洋一般について、恐らくは、さうであらうが――ヨリ一層高い段階において保存されるという契機が、廃棄される契機よりも遥かに大であつたからであらう。[25]

当時、「科学的な中国研究」として日本の論壇において一世を風靡した『支那の経済と社会』からの強い影響は、誰の目から見ても明らかであろう。たとえば、旗田巍が森谷の論考について「全体が一つにまとまったものではないが、特色のあるもの」と述べ、その特色を「ウィット・フォーゲルの影響寧ろその忠実なる追随によって企てられている」[26]と評している。また、森谷自身も戦後、その時期の学問的な傾向を振り返り、「ウィットフォーゲルの翻訳をやつてみて、こういつた研究の仕方を用いれば朝鮮の歴史の研究についても理解を助けることができるんじゃないかという気がしまして、「旧来の朝鮮農業社会についての研究のために」という表題で、ウィットフォーゲル流の見方あるいは研究の仕方に従つて資料、比較的新しい資料ですが、それを蒐集し分析してまとめてみるというような試みをやりました[27]」と述べている。

これまでの先行研究は、ほぼ例外なく、森谷とウィットフォーゲルのあいだの学説の継承関係に焦点を当て、森谷のアジア社会に対する巨視的な分析を評価してきたのである。しかし、ウィットフォーゲルと異なり、森谷のアジア社会論が時局を踏まえた具体的な政策提言に繋がっているという側面は、従来十分認識されていなかった。たとえば、一九三五年に『中央公論』に寄稿された「朝鮮経済の現段階」では、森谷は「旧来の朝鮮農業社会についての研究のために」で展開された主要な論点を踏襲しながら、李朝末期までの朝鮮農村の停滞状態を再確認している。彼は村落共同体を「外部の政治過程と全く無関係に、小宇宙をなし、内部的階級分化の未発達と原生的な共同体的諸関係[28]」が保存された状態と定義している。しかし、森谷の問題関心は、朝鮮社会の「アジア的」な性格の確認にとどまらず、むしろ、困窮している朝鮮農業社会の社会問題の解決に向けられていた。森谷は、朝鮮における農業生産部門で最も重要な社会問題として、農家、とくに小作農の負債、高率の小作料および小作料の苛酷な徴収方法（罰金制度、高価な肥料代、叺織機を高価に売りつけることなど）を挙げている。行政による小作人の地位改善措置として、一九三三年および一九三四年に公布された「朝鮮小作調停令」と「朝鮮農地令」にとくに注目し、これらの法令に対しては高い期待を寄せていた。しかし、わずか二年後に『朝鮮地方行政』への寄稿「朝鮮農村の窮乏と其の対策」で、森谷は「農地令」が当初の期待を裏切り、地主による小作人追い立ての手段へと変質していることを指摘した。とくに、朝鮮における従来の不定期な小作関係が主流であった状況に対し、小作期間の確定が導入されたことで、契約更新の拒否や小作権の移動を交渉の材料とすることによって小作料を引きあげるなど、小作争議が急増したと強調している(29)。森谷からみると、農業部門の窮乏とともに、工業部門の停滞も大量の潜在的失業者や半失業者を生み出し、社会問題の懸念材料となっていた。過剰人口を問題視した森谷は、「人間の生命力」が社会生産に有効的に動員され得ない現状に警鐘を鳴らし、この「人間の生命力」を能動的に活用するために、朝鮮における工場法の適用を提案した。彼は工場法適用に対する総督府殖産局工商課の「時期尚早論」と対立しながら、労働者の地位改善の重要性を強く訴えたのである(30)。

これら一連の論説を総督府の統治政策の基本方針と関連づけて考察すると、一九三〇年代前半における森谷のアジア社会論が、決してウィットフォーゲルの所論のたんなる反復に留まらず、宇垣一成総督時期に重点的に取り込まれた農村窮迫緩和や工業の誘致などを強く意識していたことが明らかである。この視点は、森谷の京城帝国大学で「社会政策」を教える者としての役割、そして朝鮮半島における社会問題への関心の高揚とも密接に関連している。一九三〇年代前半、朝鮮における社会事業の緊迫性が広く認識されるなか、総督府社会課は朝鮮固有の慣習に基づく社会事業の展開を目指し、一九三三年八月には一〇日間にわたって「社会事業講習会」を開催した。この講習会では、東京帝国大学経済学部で学んだ四方博が「社会問題と社会政策」というカノニカルな論題のもと基調講演を行い、金井延をはじめとする内地の社会政策学者が提唱する古典的な観点からの概説を提供した(31)。総督府学務局長渡邊豊日子による「挨拶」では、救貧事業、農村救済運動、教化運動など社会事業の歴史的・宗教的根源が強調され、現実的な社会の実情に即した社会問題の解決が求められた。そこから見ると、総督府社会課の政策制定方針には、理論を先行させるか内地の模倣ではなく、現場主義的な傾向を強く持っていることがわかる。森谷のこの講習会への具体的な関与は不明ながら、彼が当局の現場主義的な方針に共感していたと推測される。後述するように、森谷が社会政策を理論化する必要性を認識するようになったのは一九四〇年代になってからであり、一九三〇年代前半において、彼は主に社会政策の実務的な側面に注目していた。さらに、森谷は講壇社会主義的な素朴な階級協調論から距離を置き、階級対立の緩和ではなく、社会総資本の合理化に早期から関心を寄せていた点はとくに留意すべきである。(32)

## 三　アジアでの現地調査

一九三〇年代半ばを境に、森谷のアジア社会論は、時代区分や史的唯物論の適用性といった理論的な問題関心から、より個別的で具体的な社会問題への対策に焦点を移していく傾向が顕著になった。(33)この時期、朝鮮、モンゴル、満洲、華北といった地域で実施された多数の視察やフィールドワークが、森谷のアジアに対する理解を具体化し、深めるうえで重要な役割を果たしていたと見られる。彼の著作では、調査旅行についての言及が少ないものの、以下のような調査活動が確認できる。

一九三六年　華北視察
一九四〇年「対支文化工作」の関連調査（北京、南京、上海）
一九四四年　平南の新興工業地帯の視察
一九四五年　総督府企画室調査官・中谷忠治が企画した全羅南道での実態調査

詳細な記録が残されたのは、「支那事変」前年の華北視察のみである。一九三六年秋に森谷は北京大学法学院中国経済史研究室や南開大学経済研究所などを訪れ、多くの学者との交流を果たした。また、国立北平大学法商学院院長の白鵬飛（一八八九―一九四八）の紹介により、北京大学で中国経済史研究室と「食貨」学会を主導している陶希聖とも交流した。陶希聖は一九二〇年代末から論壇で脚光を浴び、中国社会史論戦の精力的な論者として、政界と学界の双方で活躍していた。陶はマルクス主義の理論だけでなく、F・オッペンハイマーの国家の社会形態論やK・ラデックの中国革命分析など、多岐にわたる社会進化の理論を取り入れつつ、秦以降の中国は商業資本に主導される社会であるという独自の見解を展開した。一九二九年には、陶希聖の研究の集大成とも言える『支那社会の史的分析』が東亜経済調査局から、「中国の現状を正しく理解する上で有用である」という理由で、「経済資料」として邦訳され、日本におけるアジア社会の研究者たちによって広く読まれたのである。[34]陶は社会の経済組織を解明するためには経済史料の蒐集などの基礎作業が不可欠であるとの認識の下、一九三四年に、中国社会経済史に関する史料の紹介・分析を目的とした『食貨半月刊』を創刊した。さらに、食貨学会を設立し、北京大学法学部において、助手六名と事務職員数名からなる「中国経済史研究室」を設立し、これが民国期における中国経済史研究の牙城となった。

同時代の中国語圏の社会経済史研究者にとって、森谷は『支那社会経済史』[35]の著者として広く知られており、「社会経済史研究の理論的教養が高く、東京白楊社が出版している『歴史科学』にしばしば寄稿しておられる」[36]と高く評価されていた。それが理由であったのだろうか、白鵬飛は前述した会合に、陶希聖を含む八名の中国社会経済史研究者を招待し、一堂に会した。この会合の参加者については森谷が次のように述べている。

元気の良い劉侃元教授、中国の河上さんと称されている陳啓修（隠豹）教授、フランスに一〇年ばかり留学してフランスのシノロジーにも精しい社会学者許徳珩教授、東大出身の新進鄧伯粋教授、農業経済学を専攻する新進寸樹聲教授、我国でも相当名前の知られている北平大学の李達教授や中国大学の経済學系（科）主任黄松齢教授。[37]

白鵬飛が美濃部達吉のもとで学んだことはよく知られており、李達と劉侃元が一高に長期間在籍したこと、寸樹聲と黄松齢がそれぞれ九州帝国大学と明治大学で教育を受けた経験を持つことも同様である。同席した社会経済史家の大部分が留日経験を持つリベラル派や左翼知識人であることがわかった。一一月二二日に、森谷が陶希聖の招待で食貨学会の事務所（陶の自宅）を訪れ、会員約一〇名に対して日本における中国経済史研究の現状および中国社会経済史の方法論的諸問題について約二時間半にわたり講演を行った。北京を後にした森谷は天津へ向かい、満鉄天津事務所調査課第四係の井上照丸氏の案内のもと、現地の数軒の出版社を見学した。その後、井上を含む前島正道、三輪武、中西功、殿生文男らとともに南開大学経済研究所を訪れ、慶應義塾大学で経済地理を専攻した学長補佐の傅恩齢の通訳を介して、イェール大学出身の産業史家で何廉の代理として所長を務める方顕庭から研究所の現状と沿革に関する詳細な情報を得た(38)。

一九三七年七月、日中戦争が勃発した直後、南開大学は日本軍による天津空襲で校舎が広範囲にわたり焼失し、大陸の奥地へ疎開した。その後、北京大学、清華大学とともに臨時大学が編成された。森谷は大学への空爆に対し「帝国空軍の名誉のためにちよつと首肯できなかつた(39)」と批判しつつ、「こんどは南開大学も綺麗サッパリと抗日意識を捨てゝ、東洋精神に立つ大学として再生」することを期待していた。

このような帝国主義支配に対する無批判な姿勢は、戦争が勃発する前やその直後の森谷の著作に明らかに見てとれる。換言すれば、森谷が戦争の拡大とともに思想統制が強化されていくなか、国粋主義者へと「転向」したというわけではない。むしろ、「京城帝国大学の一職員に安住し戦争に入っていく(40)」というように、無意識のうちに権力側に立ち、ファナティカルな大合唱に流されていったのではないかと考えられる。というものの、森谷の言説に内在する帝国主義性は自明であり、彼の思想の変遷を追跡しそれを検証することは本稿の目的ではない。ここで注目したいのは、一九三六年の華北視察を契機に、森谷が朝鮮半島だけでなく、満洲や華北地方を含む広域圏での農業生産を一元的に管理する考えに至った点である。日本米穀協会の機関誌『米穀日本』（一九三八年に

『食糧経済』へ改題）への寄稿「時局と鮮米の問題」で、森谷は華北視察における一つ決定的な出来事について次のように述べている。

昨年の晩秋北支に旅行したとき、私は天津から北京に向ふ車中、某社の天津事務所農業主任M氏と一緒になつた。氏は長く彼地にある農業専門家で支那農業・農村事情については恐らく邦人中最も精しい人である。私は、車中三時間余に亘つて、移りゆく窓外の農村情景を眼のあたりに見ながらそのM氏から豊富なる知識、経験及び剴切なる意見等を聞くことができた。いま、それらを一々こゝに紹介しようといふのではないが、たゞ一つだけ挙げたいことは、［…］M氏の意見によれば、北支農業は、水の問題を解決して米作に改むべきであり、又先決問題たる水の問題さへ解決されたらば米作に改まり得、しかも二毛作を行つて収穫回数も増しうるといふのであつた(41)。

森谷の提案は、具体的には華北地域の柔らかい黄土を主な土壌条件とし、井戸掘りをはじめとする灌漑施設の整備を通じて、米作りに適した条件を整えることにあった。この計画は日本の過剰人口問題と密接に結びつけられ、陸田栽培に慣れた華北住民を満洲へ移動させる一方で、日本の過剰人口を改造された華北地方へ移住させる案を提案している。さらに、森谷は満洲や華北地方での農業改造の将来の展開を「支那事変」の進展と関連づけ、「東亜の大陸における長期抗争」に備える農業経済政策の実施を提唱している。

総力戦の幕開けとともに、森谷のアジア社会論では三つの中核的な要素が徐々に明瞭化し、相互に交錯していることが明らかになっている。第一の要素は、彼が「アジア的生産様式論争」の時代から一貫して持ち続けていた、歴史の普遍法則への深い信念である。とくに、地理や天候といった契機が人類社会の歴史的発展において決定的な役割を果たしているという確信に基づいている。この点に関しては、ウィットフォーゲルの画期的な論考「東洋的社会の理論」（一九三八年）の邦訳作業を通じて、森谷は地理的唯物論に基づく文明論に大きく啓発され、この理論を戦時下の共栄圏論へと応用したのである。第二の要素として、戦時下の農業政策に関する動向と、それに伴う現場の実情分析が挙げられる。第三に、国民精神総動員の方針および総督府の施政に対する積極的な追随と鼓吹である。これら三つの要素を統合することにより、森谷は戦時期における広域経済圏構築の歴史的必然性を論じ、朝鮮を含むアジア地域における具体的な施政方針について、一連の論考を次々と発表した。その結果、彼は戦時下の論壇において一躍注目される論客としての地位を確立し、その影響力を広げていったのである。

## 四．食糧問題と「東洋的生活圏」

日中戦争の勃発をきっかけに、朝鮮における農業、工業をはじめとする産業全部門は総力戦体制のもとで統制が強められていった。一九三八年九月、日中戦争下の朝鮮経済の基本政策が策定され、直轄植民地である朝鮮は「大陸前進兵站基地」として位置づけられた。この方針に基づき、軍事工業の育成が目標として明確された。農業分野においては、朝鮮が食糧基地としての重要な役割を担うことが期待されていた。ところが、一九三九年に、朝鮮半島南部と西日本が未曾有の大旱魃に見舞われた。内地より灌漑施設の整備が遅れている朝鮮半島では、大不作となり、内地への米の移入が対前年比一〇〇〇万石減となり、内地から安価な米や麦類、およびオーストラリアから大麦を輸入した。それに、農業大不況とともに、米穀流通問題が大きな課題として浮上し、昭和恐慌により一旦中止となった産米増殖計画が、一九四〇年に耕種法の改善と土地改良事業を中心に、新たに策定されたのと同時に、統制機関を通じて食糧の集荷、配給、輸移出入、価格操作、消費規制などが実施されたのである(42)。

食糧統制が一層喫緊な課題となった戦時下、資本主義工業社会の諸理論を系統的に身につけたとは言い難い森谷にとって、論壇において頭角を現す機会があらわれたのかもしれない。一九四〇年初頭、日本米穀協会機関誌

『食糧経済』の編集部が「東亜食糧問題特輯」を企画し、アジア各地で農業問題の研究に従事している有識者を集め、彼らの知見と経験を一堂に紹介することを目的としていた(43)。森谷は「現地—朝鮮の食糧問題」と題する論考を寄稿し、同時期に公刊された大内武次、東畑精一や中川一司の食糧問題研究に全面的に依拠し(44)、朝鮮農業における次の三つの重要な特徴を指摘したのである。まずは、朝鮮農業は「東洋農業」に属しており、治水が決定的な意義を持っている。ところが朝鮮では、水源山地の荒廃が深刻であるため、河防と灌漑事業は局地的ではなく、超地方的な規模で整備される必要がある。次に、半島において、米の生産と分配、消費が内地以上に地主階層に集中しているということである。しかし、このような圧倒的な格差があったからこそ、地主の指導的な職能が担保され、相対的に大量な鮮米の移出が可能となった。最後に、半島住民の食生活慣習は内地と異なるという点である。具体的には、朝鮮では、白米のほか、大麦、裸麦、粟、大豆などの雑穀の消費が高い比重を占めている。上述の諸特徴を考慮に入れた森谷は、大不作後の朝鮮が直面している米の出し渋りや市場硬化といった問題を分析し、集荷配給方式の改善を含む具体的な政策立案を提案した。同時に、彼は朝鮮の食糧政策が内地追随に留まり、戦時下の米穀対策における地方の多様性を無視する傾向に批判を加えた。統制制度における内外地の一元化に対して、森谷は次のように反論を展開している。

統制制度の一元化が、外地の特殊諸事情の全き無視を結果したり、或ひは外地統治の最高政策の遂行に齟齬を来さしめたりするが如きことがあつてはならない。いつたい、われわれをして忌憚なく言はしむれば、外地はつねによく中央の政策に随順し来つてゐるのであつて、若し従来食糧政策に缺くるところがあつたとすれば、それはむしろ外地をも含めての日本の発展と食糧事情の前途に対する充分なる洞察を缺いたことにあると言はざるを得ない。朝鮮の関するかぎり、それが今日の食糧異変を生んだそも〳〵の原因をなしてゐることは否み難いのである。従つて肝要なことは、外地はもちろん内地に充分協力すると共に、中央が又全体

的認識に於いて缺くるところなきやうにする事である。(45)

『朝鮮公論』、『朝鮮地方行政』、『朝鮮』ならびに『食糧経済』などに掲載された森谷の時事評論は、朝鮮の経済および社会実情に基づいて展開され、とくに総督府の施政方針については、その時々の総督によって打ち出されたスローガンを積極的に取り入れつつ、植民地当局への支持を明確に示すことが特徴的である。一方、『アジア問題講座』、『中央公論』、そして京城帝国大学大陸文化研究会が主催する大陸文化講座など、経済学や社会政策学を越えた広範な分野の読者を対象とする場において、森谷は広域経済圏論や東洋文明論などマクロな視点からなされた空疎な東亜共栄圏賛美論を頻繁に展開していた。この二つの次元は一見すると、無関係のように見えるかもしれないが、実際には日本を頂点とした東亜協同体論の一体両面として捉えることができる。つまり、森谷の論述は具体的な政策分析と広範な理論的枠組みを用いた東亜共栄圏の理念の支持という二つの側面が統合されていることが明らかになる。たとえば、一九三九年一月、森谷が「東亜農業に於ける朝鮮農業の地位」と題する論考を『食糧経済』の「東亜農業問題特輯号」に寄稿し、当時、まだ刊行されていない（平野義太郎との）共訳「東洋的社会の理論」に触れ、灌漑農業文明の類型論に基づいて、朝鮮の農業政策についての構想を展開していたのである。

「東洋的社会の理論」（Die Theorie der orientalischen Gesellschaft）はウィットフォーゲルが一九三八年にフランクフルト社会研究所機関誌『社会研究雑誌』（Zeitschrift für Sozialforschung）に寄稿した厖大な論文であり、西洋社会の段階的発展と本質的に異なる「東洋的社会」の存在と停滞的な運動法則を明らかにしたことから、『オリエンタル・デスポティスム』（一九五七年）の骨子をなすものとして知られている。一九三九年に、平野義太郎と森谷によって邦訳が完成され、他の三本の経済史関係の論考とともに、『東洋的社会の理論』の論題のもとで刊行されたのである。東亜の共通的農業生産様式に基づく生活、文化、道徳の親近関係を鼓吹する論客によって、戦時中において広く議論・引用されたのである。この文明論的な色彩を帯びていた論考では、世界の農業社会を水の供給・管理方式に基づいて分類し、「天水農業」、「灌漑農業」、および「遊牧社会」という三つの異なるタイプに区別する。これらはそれぞれ独自の地理的条件、経済社会の組織、国家構造を有し、さらには歴史的発展のメカニズムにおいても差異を示している。西欧が代表する「天水農業」を基礎にして、農業生産と市場が局地的な規模で形成され、封建領主と農奴を主要階級とする分権的封建国家が歴史のなかで構築されたのである。それに対して、乾燥、半乾燥地区に位置するエジプト、インド、中国などの社会においては、農業生産の死活が大型治水・灌漑工事に大きく依存するため、歴史の早い段階から、経済生活の営みと行政が広域範囲で行われたことから、「東洋的」絶対主義的官僚国家が形成されたのである。

森谷は、このウィットフォーゲルの文明類型論を援用し、朝鮮農業における水利の管理・利用が超地方的、国家的な課題であるとの点に着目した。彼は、朝鮮半島の農業が内地米作圏の延長としての特徴を持つ一方で、長い歴史的スパンから見れば、むしろ大陸に近い「東洋的社会」に属していると主張した。さらに、半島の農業現状を単作米作地域という観点からみると、その本質は内地の米作圏に包摂されているものの、畑面積の割合および多様な畑作物の比重が比較的高いという点で、満洲や華北地域と類似する両面性を有していることを指摘する。このような見解に立脚して、森谷は半島農業を東亜協同体の農業生産体系の一環と位置づけ、一九三一年から一九三六年にかけて朝鮮総督を務めた宇垣一成の朝鮮農業振興策「南綿北羊」に関して、その有効性に疑義を呈している。森谷によれば、綿は大豆とともに、半島の畑作物のなかで最も重要な商品化作物であるにもかかわらず、その栽培面積は半島全体の耕地面積のわずか五％に過ぎず、さらに作付面積および収穫量も中国の河北省に比べても著しく低い。したがって、「東亜の新体制——東亜協同体内にあって棉作を選ぶか、米作を選ぶかの二者択一」という問題において、綿畑を米作地に転換する方がより合理的であるとの見解が提示されている。(46)さらに、森谷は「東亜協同体」における農業・食糧政策の統制を統合的に策定する必要性を強調し、その終始一貫した立場を明確にしている。

戦時体制の強化に伴い、一九四〇年一〇月に、朝鮮での新体制運動「国民総力運動」が発足し、これまでの国民精神総動員運動や農村振興運動などが一元化された国民運動に解消された。それに、経済統制が労務統制にまで拡大していくなかで、半島農民を人的資源とする開発活用が新たな課題として浮上している。その直後、森谷は朝鮮総督府企画部の中谷忠男、農政課嘱託を務めていた八尋生男、朝鮮金融組合購買課長の調武男、仁川厚生農場や緑旗農場梧柳洞農生塾の責任者などとともに、日本主義を奉じる社会教化団体「緑旗聯盟」が主催する座談会「半島の農村問題を語る」に参加し、朝鮮の農政に関する問題の再検討が進められた。そこで、朝鮮農村における生産力拡充のために直面している最大の課題とされた地主・小作人階級間格差の拡大とそれによる自作農という中間層の縮小、過小農問題および小作人の借金問題などについて、中谷と八尋は全羅北道での経験を踏まえて、地主層が持っている信用と資本を積極的に生産に動員することを提案した(47)。一方、緑旗農場梧柳洞農生塾の塾長である柳沢七郎は朝鮮農村の窮困と階級間格差を思想的な次元から見直し、農業生産において、「天皇陛下の御手代」としての姿勢を如何に体現しているかを判断基準とし、これを踏まえて朝鮮における農業従事者と農業教育担当者に見られる「農生活に対する愛も悟り」も欠如していると指摘している(48)。

このような「天皇帰一」の思想に基づく精神主義が、一九三〇年代において朝鮮で展開されていた農村振興運動のなかで広がり始め、「農村自治」や「農民道」などの皇国農民化イデオロギーが半島の有識者のあいだで、ある程度共有されていたように思われる(49)。たとえば、八尋は「土地」に対する観念における朝鮮と内地の違いを指摘し、朝鮮において土地はたんなる所持・売買の対象、つまり、「モノ」として認識され、内地に見られる郷土に対する愛着と執念がほとんど見られないと主張したのである。このような共通認識のもと、朝鮮の細農を総力戦の目的に沿った生産にどのように動員するかという問題が、座談会において議論された。参加者たちは土地の国有化、自作農地化および土地の共同管理など、生産関係の再編成を目的とする方策を提案した。これに対して、森谷は比較的に折衷的な立場をとっている。彼は、農業生産機構における土地所有関係の大幅な改革が社会問題の激化と生産性の低下を引き起こすリスクがあるとして、そのような改革に対して慎重な態度を示している。

森谷の観点からは、国家への帰一意識を喚起し、農道精神を発揚する精神論的教育は新体制運動に適応するための革新的手段であるかもしれない。しかし、彼は実用主義的な立場を取り、「適切有効な啓蒙を行うということは、治水・水利の改善や農業生産の技術的改良を指導するとか、肥料の供給確保にも努めるとかして謂わば直接に生産の増進を図るべき方策を講ずることと共に刻下最も緊要のこと[50]」という主張を表明した。さらに、森谷は半島農業に限定されず、「共栄圏」の建設における朝鮮の重要な役割を考慮に入れ、将来的に、未利用地の活用などの措置を通じて産業発展を目指している。この座談会における注目点の一つとして、森谷の発言が他の参加者たちと比較して、半島農政に対する厚生政策的な観点からの考察が顕著に見受けられる点が挙げられる。さらに、森谷の社会福祉に対する高い関心は、農業労働者に限らず、工業労働者まで及んだのである。たとえば、一九四四年に四方、大内とともに平安南道の新興工業地帯を視察した際、森谷は鉱山労働者の福祉施設と労働環境の整備において改善の余地があると指摘した。これは、城大において「社会政策」を担当する教員として、労働問題をはじめとする社会問題の解決への寄与を志向していた姿勢の現れである[51]。

戦時下における総力戦体制への森谷の参与に関しては、全容が完全に明らかではない。しかしながら、総督府の国土計画に関わる事務嘱託、一九四〇年に行われた「対支文化工作」に関連する北京、南京、上海での現地調査、法理学者の尾高朝雄が主導した「大陸文化研究会」や敗戦直前に設立された大陸資源科学研究所への協力など、いくつかの時局に迎合した活動が確認されている。また、戦時期の言論空間で「東洋文化」の代弁者として活躍していた森谷は、治水および灌漑に基づく農業社会とその経済・社会構造に関するウィットフォーゲルの理論を援用し、日本が経済的下部構造の特徴により停滞した東洋世界の典型から逸脱し、列強に支配されるアジアを解放し、指導するという日本の責任を説いたのである(52)。それと同時に、森谷は上記のプロパガンダを根本的な前提として据え、総力戦における社会資源の一元的かつ合理的な動員の重要性を主張した。この枠組みのもと、彼は朝鮮における物的および人的資源を効率的に利用するための政策形成に貢献しようと試みたのである。このようにして、森谷は植民地帝国大学で「社会政策」を教えていたマルキストという、表面上は矛盾しているように映る立場に立っていたとはいえ、彼の論理展開と政策的提案は、唯物史観を根幹とする「東洋的社会の理論」という枠組みを介して、「転向」というべき思想転換や深い内面的葛藤を経ずに、当初から一貫性のある姿勢を示していたと言えるのではないだろうか。

## おわりに

一九三〇年代末から一九四〇年代にかけて、森谷は食糧問題、農村救済、労働立法など時局に関連する諸課題への具体的な提言にとどまらず、労働力の動員を焦点に、朝鮮における社会政策の「尚早論」を論駁し、次のように述べている。

社会政策は朝鮮において尚早であるなどと説く者がなほあるとすれば、それは社会政策を解せざる愚論であるといふばかりでなく、時局を辨識せざる短見であり、「大陸日本」建設戦における朝鮮の役割に盲目なるものである。半島の実状に即した適切有効なる社会政策は、この時局において朝鮮の負荷する役割を支障なく充分果し得しめるために、なかんづく「大陸日本」建設戦に充分役立ちうる人的資材の供給を益々多量にこの半島において確保しうるために、缺くことができないのである(53)。

さらに、森谷は戦時中において、社会政策が総力戦の時代に必要な本質的変革に迫られていると考え、国内外で労務動員を論じる実務官僚や社会政策学者の論説を広く参照しつつ、社会政策の概念の理論化に努めたのである。とくに、森谷は経営を主体とする「経営的社会政策」（betriebliche Sozialpolitik）に注目し、戦時における勤労組織の根本的再編と勤労秩序の総動員に応じて、社会政策の概念と意義を新たに定義することを試みた。彼は、従来の労働環境の整備や物的福利施設の向上に加え、労働力の適正配置や給付の向上など、労働資源の合理化に関わる各種政策も社会政策の対象に含めるべきといった主張を展開している[54]。

この場合、森谷が戦時下での社会政策の経済政策化という重要なパラダイム転換を敏感に読みとっていたと言えよう。戦前の社会政策学は、ドイツの「講壇社会主義」（Kathedersozialismus）から強い影響を受け、資本主義経済体制を国家の手で上から修正し、労使間の協調を目指す学問として定着していたことは周知の通りである。森谷は、この系譜を忠実に受け継いだ河田嗣郎や森耕二郎などの社会政策学者が唱える「分配の正義」を不十分と見なし、戦時下で全国民生活が統一的な理想によって導かれるべき現実に応じることができないと指摘している。それに対し、戦時体制に参画し「生産力理論」で注目を集めた大河内一男の社会政策論を熱烈に支持している。大河内にとって、社会政策は資本主義を内部から打ち破る手段ではなく、「社会の総労働力の順当な再生産とその保全の為に行はれる所の総体としての経済社会の行為である。勿論かかる行為は国家の手を通して且つ国家の行為として遂行せられるが、それは総体として考へられた経済社会が労働力素材に就て行ふ自己保存運動の一方法であると見ることができる[55]」。既に多くの先行研究で指摘されているように、『戦時社会政策論』（一九四〇年）に代表される大河内の所論は、社会改良主義から経済全体の再編による「社会国家」の実現への眼差しの転換を象徴している。これは総力戦という時代背景のなかで、機能主義的な「階級社会」から「システム社会」への移行を伴う社会科学の方法論の本質的変化も示している。すなわち、社会政策を含む社会科学は、社会を外部から客観的に認識する立場から離れ、社会秩序を支える機能の一つとして概念化される必要があった[56]。

戦時の動員体制による日本資本主義の転換に対し、森谷が大河内の指摘を正確に理解したとは言い難い。それにもかかわらず、森谷はナチスの「国民共同体」（Volksgemeinschaft）のプロパガンダに依拠して、戦時期の社会政策の機械的手段から国民共同体の一部への根本的なパラダイム転換を主張した。彼にとって、社会政策は国民的理想に向けて方向づけられるべきであり、国民の確保のためには「適応的な社会政策によってその協同社会化が促進される事を必要とした。かくて階級的摩擦が解消され、諸個人家族、経営等がすべて有機的な国民協同体の細部組織を体現し、その分肢たる実を発揮せねばならない[57]」とした。さらに、森谷は社会政策の機能に関して、「ただ単に国家権力の維持強化にのみ役立つことはできないと述べる。というのは、国家も全国民の一器官（ein Organ）にすぎないからである[58]」と述べ、理性国家が市民社会をコントロールするという近代社会科学の社会構成認識からの脱却を示唆し、「社会的総資本の合理性」への追求が明確に読みとれるのである。とはいうものの、階級社会からシステム社会への移行は主に日本（内地）を含む帝国主義諸国の総力戦下の構造変化であり、植民地社会にその社会科学のパラダイム転換を適用する際、どのような齟齬を生じたのだろうか。それに、戦後に独立した元植民地諸国における学術生産は戦時社会科学から、どのような（負の）遺産を受け継いだのだろうか。それらの問題については、今後の課題として考察する必要があると思われる。

（1）　カール・マルクス著、植村邦彦訳『ルイ・ボナパルトのブリュメール一八日』（太田出版、一九九六年）一八一頁。

（2）　日本の東洋研究における近代的な転換について、Tanaka Stefan, *Japan's Orient: Rendering Pasts into History* (Berkeley etc.: University of California Press, 1993) 参照。

（3）　戦後思想、とりわけ戦後史学における「アジア停滞論」の興隆と終焉について、永井和「戦後マルクス主義史学とアジア認識――「アジア的停滞論」のアポリア」（古屋哲夫編『近代日本のアジア認識』緑蔭書房、一九九四年）参照。

(4) 同じく、「アジア社会論」に潜在する帝国性と暴力性に対する批判を目的とした代表的な研究として、米谷匡史『アジア／日本』（岩波書店、二〇〇六年）などが挙げられる。

(5) 末廣昭編『「帝国」日本の学知』第六巻「地域研究としてのアジア」（岩波書店、二〇〇六年）、松田利彦編『植民地帝国日本の知と権力』（思文閣出版、二〇一九年）が代表的な研究として挙げられる。

(6) 「アジア的生産様式論争」における森谷の言動を取りあげた代表的な先行研究として、Joshua A. Fogel, "The Debates over the Asiatic Mode of Production in Soviet Russia, China and Japan," *The American Historical Review* 93, no. 1 (1988): 56–79、福本勝清『アジア的生産様式論争史——日本、中国、西欧における展開』（社会評論社、二〇一五年）および周雨霏「戦前・戦中期日本のアジア社会論における〈アジア的なもの〉——概念の形成と意味の変遷」（『日本思想史学』第四八号、二〇一六年、一七三～一九〇頁）が挙げられる。それに対し、子安宣邦は森谷の戦時下の言論に注目し、森谷はウィットフォーゲルが言及していない村落共同体の強度の保存を「東洋的社会」の特徴として修正的に解釈することで、「東洋的社会」を独自の文化的価値を持つものと位置づけることができ、日本が主導する新しい東亜秩序の論理に到達したと論じている。子安宣邦「昭和〈事変＝戦争〉期における「東洋的社会」の構成——森谷克己「東洋的社会の理論」」（同『日本人は中国をどう語ってきたか』青土社、二〇一二年）参照。なお、Seok-Won Lee, "The 'Korea Problem': Moritani Katsumi and the East Asian Community in Colonial Korea, 1931-1945" (*The Review of Korean Studies* 19, no. 1 (2016): 41-73)は、森谷の社会政策思想を論じる数少ない先行研究の一つとして特筆に値し、とくに一九三〇年代後半の森谷の思想における「転換点」を指摘していることが重要である。しかし、その「転換点」に至る具体的な背景や経緯が明らかにされておらず、戦時下の思想動員の自然な結果として片付けられてしまったことは、やや不十分であると思われる。

(7) 通堂あゆみ「京城帝国大学法文学部の再検討——法科系学科の組織・人事・学生動向を中心に」（『史学雑誌』第一一七巻第二号、二〇〇八年）二二一～二二三頁。

(8) 「京城帝国大学法文学会第一部の組織と事業」（京城帝国大学法文学会編『朝鮮社会経済史研究』刀江書院、一九三三年）付録参照。

(9) たとえば、法学におけるいわゆる「京城学派」の先駆的な意義について、石川健治「コスモス——京城学派公法学の光芒」（酒井哲哉編『「帝国」日本の学知』第一巻「「帝国」編成の系譜」（岩波書店、二〇〇六年）参照。

(10) 城大における経済学者たちの学問的営みを包括的に取りあげる考察が存在していないが、鈴木武雄に焦点を当てた先行研究として、山崎好裕「外地帝国大学における経済学者たち」(八木紀一郎、柳田芳伸編『埋もれし近代日本の経済学者たち』昭和堂、二〇一八年、二四二～二六六頁)が挙げられる。

(11) 京城帝大の経済学者のそれぞれの生涯については、通堂あゆみ「未公開資料　朝鮮総督府関係者録音記録(一三)京城帝国大学時代の回顧　解説」(『東洋文化研究』第一四号、二〇一二年三月)参照。

(12) 「「朝鮮経済研究所」に就いて」(船田享二編『京城帝国大学法文学会第一部論集　第二冊　朝鮮経済の研究』刀江書院、一九二九年)付録参照。

(13) 「連続シンポジウム＝日本における朝鮮研究の蓄積をいかに継承するか　第四回「京城帝大」における社会経済史研究」(前掲『東洋文化研究』第一四号)五三〇～五三一頁。

(14) 時枝誠記『国語研究法』(三省堂、一九四七年)四九頁。石川、前掲論文より引用。

(15) 前掲「連続シンポジウム＝日本における朝鮮研究の蓄積をいかに継承するか　第四回「京城帝大」における社会経済史研究」五三二～五三三頁。

(16) たとえば、鈴木武雄は、殖産局長を務めた穂積真六郎からの依頼により、朝鮮総督府および朝鮮銀行の嘱託として統制経済に深く関与し、朝鮮総督府金融制度準備調査委員、臨時朝鮮米穀調査委員会委員、朝鮮総督府農業計画委員会委員等、複数の要職を務めた(鈴木洋子編『鈴木武雄　経済学の五〇年』(非売品、一九八〇年)、九三～一〇九頁)。

(17) 森谷の生涯について、『中国社会経済史研究――森谷克己遺稿論文集』(子安美知子等出版、一九六五年)付録参照。

(18) 森谷克己「アジア社会経済史研究――朝鮮社会経済史研究を中心に」(『朝鮮月報』第二三号、一九六三年)三頁。

(19) 竹井廉「新ロシア株式会社法について」(船田享二編『京城法学会論集　第一冊』刀江書院、一九二八年、四七三～五二三頁)参照。

(20) 森谷克己「東洋社会に関するヘーゲルとマルクス」(『社会』第二巻第一号、一九三三年)、後に、同『アジア的生産様式論』(育生社、一九三七年)所収。

(21) 森谷より『中央公論』出版部への手紙、『中央公論』第四九巻第三号(一九三四年三月号)一八〇頁。

(22) K. A. Wittfogel, *Wirtschaft und Gesellschaft Chinas: Versuch der wissenschaftlichen Analyse einer grossen asiatischen Agrargesellschaft* (Leipzig: Verlag von C. L. Hirschfeld, 1931). 邦訳はK・A・ウィットフォーゲル著、平野義太郎監

訳『解体過程にある支那の経済と社会』（中央公論社、一九三四年）。

（23）　K. A. Wittfogel, "The Foundations and Stages of Chinese Economic History", *Zeitschrift für Sozialforschung* (Jahrgang IV., 1935, Heft 1). 邦訳は東亜経済調査局訳編『支那経済発展の基礎と段階』（東亜経済調査局、一九三五年）。本論説は、『歴史科学』一九三五年九月号および一一月号に二回わたって連載された。

（24）　森谷克己「旧来の朝鮮農業社会についての研究のために」（『朝鮮社会経済史研究』京城帝国大学法文学会第一部会論集第六冊、刀江書院、一九三三年、二九七～五二〇頁）参照。

（25）　森谷、前掲「旧来の朝鮮農業社会についての研究のために」五二〇頁。

（26）　旗田巍「〈書評〉京城帝大法文学会編『朝鮮社会経済史研究』」（『歴史学研究』第六号、一九三四年）四九八～四九九頁。

（27）　森谷、前掲「アジア社会経済史研究――朝鮮社会経済史研究を中心に」四頁。

（28）　森谷克己「朝鮮経済の現段階」（『中央公論』第五七二号、一九三五年七月）五六頁。

（29）　森谷克己「朝鮮農村の窮乏と其の対策」（『朝鮮地方行政』第一七四号、一九三七年二月）二〇～二一頁。

（30）　一九三〇年代、朝鮮における工場法の適用をめぐる論争について、宣在源『近代朝鮮の雇用システムと日本――制度の移植と生成』（東京大学出版会、二〇〇六年）第五章「法的制度の議論――工場法制定の試みと失敗」を参照。

（31）　四方博「社会問題と社会政策」（朝鮮総督府社会課編『社会事業講習会講演録』朝鮮社会事業協会、一九三四年）一二～八九頁。

（32）　戦前日本における社会政策に関する学説および思想を、主として二つの流れに分類することができる。一つは、人口問題、保険・医療、優生学といった領域で論理を展開する「社会学系」の社会政策論であり、もう一つは、労働政策を重視し、社会政策学会の源流を汲む「経済学系」の社会政策論である。学説史においては、主として後者が中心に取りあげられてきた。本稿における「社会政策学」は経済学系の議論に限定され、それに、活動家や実業家による社会改良の倫理的・実践的側面ではなく、社会政策概念の抽象化および経験的知識体系を構築する側面に焦点を当てる。この意味で、森谷は総力戦の後期において「学」としての社会政策を意識しはじめたが、厳密な意味で社会政策学者であるとは言い難い。

（33）　Seok-Won Lee は森谷の社会政策への「転向」を指摘し、京城帝国大学で「社会政策」を担当したことが、森谷のマルクス主義への信仰を薄れさせていったと主張している（Lee、前掲論文）。

(34) 陶希聖『支那社会の史的分析』（東亜経済調査局、一九二九年）。また、『東洋』誌において、陶の著作『中国封建社会史』（南強書局、一九二九年、田中忠夫訳）が五回にわたって連載され、最終的に野原四郎により単行本として刊行された。陶希聖著、野原四郎訳注『支那封建社会史』（四海書房、一九三一年）を参照。

(35) 一九三〇年代半ば、当該著書は次の三つの中国語版訳で流通していた：王漁邨『中国社会経済史綱』（生活書店、一九三五年）、森谷克己著、孫懐仁訳『中国社会経済史』（中華書局、一九三五年）、森谷克己著、陳昌蔚訳『中国社会経済史』（商務印書館、一九三六年）。

(36) 憶恬「介紹『支那社会経済史』附批評」（『華北日報』一九三五年一〇月一〇日付。本論文の著者である楊纖如（憶恬）は中国左翼作家連盟のメンバーであり、戦後、人民大学マルクス・レーニン主義講座を主宰した人物である。

(37) 森谷克己「陶希聖さんの中国経済史研究室——燕京学界見たままの記の一齣」（『経済評論』第四巻第一号、一九三七年）一一二頁。ここで言及されている「河上さん」は、河上肇を指す。

(38) 華北旅行の詳細については、森谷克己「炎上せる南開大学」（『経済評論』一九三七年九月号）参照。

(39) 森谷、前掲「炎上せる南開大学」九〇頁。

(40) 前掲『中国社会経済史研究——森谷克己遺稿論文集』一五一頁。

(41) 森谷克己「時局と鮮米の問題」（『米穀日本』第三巻第一一号、一九三七年）三〜四頁。

(42) 金洛年『日本帝国主義下の朝鮮経済』（東京大学出版会、二〇〇二年）第四章「産米増殖計画と農業余剰」参照。

(43) 森谷以外の寄稿者には、国立北京大学教授鞍田純、北京日本帝国大使館石井東一、満洲糧穀株式会社常務理事小松孝行、同社の熊谷利一郎、満洲糧友会の竹内敏夫、台北帝国大学助教授の根岸勉治がいる。

(44) 森谷が主に参考にした先行研究は以下の二つである：東畑精一、大川一司『朝鮮米穀経済論』（日本学術振興会学術部第六小委員会報告・第二篇、日本学術振興会、一九三五年）、大内武次「朝鮮における米穀生産」（『朝鮮経済の研究（第三）』京城帝国大学法学会論集第一〇冊、岩波書店、一九三八年）。

(45) 森谷克己「現地——朝鮮の食糧問題」（『食糧経済』第六巻第一号、一九四〇年）六二頁。

(46) 森谷克己「東亜農業に於ける朝鮮農業の地位」（『食糧経済』第五巻第一号、一九三九年）九四頁。

(47) 八尋生男の生涯と政策思想について、本間千景「農村振興運動と八尋生男の政策思想」（松田編、前掲書収録）参照。

(48)「半島の農村問題を語る　座談会」(『緑旗』第六巻第二号、一九四一年)三六三頁。

(49)一九三〇年代前半から朝鮮で展開された農村振興運動において、皇国思想に基づく農本主義を提唱する『農民道』(一九三三年)の著者である山崎延吉は総督府嘱託として起用された背景に、「天皇帰一」に代表される精神主義的な農業観が朝鮮に導入され、農業実践にも繋がっていたことを指摘した。

(50)前掲「半島の農村問題を語る　座談会」三六七～三六八頁。

(51)「現地座談会　鉱工平南を語る」(『朝鮮』第三五〇号、一九四四年)六六～七五頁。

(52)森谷克己「東洋文化」(尾高豊作編『文化の諸相』新文化論講座第二巻、刀江書院、一九四二年)一七五～二四四頁を参照。

(53)森谷克己「東亜新秩序と朝鮮米問題」(『食糧経済』第五巻第九号、一九三九年)二四頁。

(54)森谷克己「社会政策の歴史と概念構成」(『京城帝国大学法学会論集』第一五巻第二号、一九四四年)一～四五頁。

(55)大河内一男「社会政策と福利施設」(同『社会政策の基本問題』日本評論社、一九四〇年)二九一～二九二頁。

(56)山之内靖「戦時期の社会政策論」(同『総力戦体制』筑摩書房、二〇一五年、第四章)参照。

(57)森谷克己「ドイツの戦捷と社会政策――社会政策におけるナチズムの強み」(『社会事業研究』第二八巻第一〇号、一九四〇年)九九頁。

(58)森谷、前掲「ドイツの戦捷と社会政策――社会政策におけるナチズムの強み」九六頁。

# 風土と科学——富士貞吉に見る衛生学と植民地台湾の服装改良

顔　杏如

## はじめに

一九四一年八月、『台湾日日新報』（以下『台日』）に「台湾向きの国民服　工夫の余地多い試作型」と題する記事が掲載された。「熱研富士博士談」とある。当時、台北帝国大学熱帯医学研究所教授の座にあった富士貞吉《ていきち》のインタビュー記事であり、陸軍被服本廠内の被服協会から届けられた熱帯地用新型の国民服の試作品について語っている。富士は「色々な方たちの知恵を拝借し、それによって被服協会に報告、完成したい」と述べている。インタビューでは、富士は従来の国民服をそのまま台湾やその他の熱帯地で用いることは「保健上」良くないと述べ、被服協会の試作品の特徴が半ズボンと半袖、脇に穴あき、生地が麻と綿の混紡という点にあり、実際に着用してみると、従来の国民服より夏向きで涼しいが、「型」の点でまだまだ難点が多く改良の余地があると述べている。(1)富士の談話の重点は「土地にふさわしい」か否かにあり、試作品の「軽快」と「放熱」を評価するとともに、熱帯地における温度調節の重要性を訴えている。

国民服に関する議論は、これにさかのぼる一九三八年一一月、日本本国の国民精神総動員中央連盟が設置した

「服装に関する委員会」から始まっていた。同委員会は、「総動員服」制定を決定したものの、国民精神総動員中央連盟の改組によりいったん活動を中止した。国民服制定の動きは、この後、陸軍の被服協会によって受け継がれ、「国民被服刷新委員会」の議論と公募を経て、一九四〇年一一月、「国民服令」が公布され、甲号と乙号二種類の国民服が制定された(2)。被服協会の「熱帯地用新型国民服」の試作品はその九ヶ月後に誕生し、富士の手元に送られたのである。

さて、この小さな記事は多くの問いを呼び起こす。まず、富士はどのような学問背景を持ち、なぜ被服協会に意見を求められたのだろうか。これまで、富士の研究については、台北帝国大学の南進政策や戦争動員に関する研究で簡単に触れられているのみである(3)。富士の学問的系譜や経歴、とくに衣服に関連する学知についてはいまだ明らかにされていない(4)。

次に、これまでの植民地医学史研究は、公共衛生に関わる伝染病や細菌などを重視する熱帯医学の研究に注目してきたが、富士のつとめた熱帯医学研究所の位置づけという問題がある。熱帯医学研究所は衣服の試作や改良とどのような関わりをもっていたのか。すなわち、衣服の改良問題は、熱帯医学のなかでどのような学問的系譜に位置し発展してきたのだろうか。

最後に、被服協会と国民服の制作をめぐるコンテクストである。被服協会は一九二九年陸軍被服本廠内部に設置されたが、生活改善同盟会（一九二〇年に文部省社会局に設置）に関わったメンバーが被服協会と国民服制作に関わったことや、「保健的」「経済的」「効率的」「合理化」などの言葉が用いられたことから、生活改善同盟会の衣服改善運動の一面を被服協会が継承したと指摘されている(5)。つまり、衣服の改良は戦時期に突然現れた動きではなく、一九二〇年代からの生活改善運動に淵源をもつ。熱帯国民服の試作以前、富士はどのような形で服装の改良に関わっていたのだろうか。

植民地期台湾における服装に関する従来の研究は、主に服装に現れるファッションと権力の関係や台湾人の服装の変化のあゆみに着目してきた(6)。たとえば、呉奇浩は台湾人の服装に「現代性」「本土性」「植民性」の三者の共存、競合と混在（hybridity）を指摘し、洪郁如は戦時期の台湾人女性の服装を検討することで、植民地権力がもたらした身体に対する暴力性と、女性の自主的な選択と表現の可能性を考察している(7)。これらの研究はいずれも植民地権力の構造に着目しながら、台湾人の能動性と主体性を描き出すことに注力している。しかし他方で、「台湾向きの国民服」から浮かび上がってくる問題群が示唆するように、戦時期における衣服の改良は植民地の政治構造と台湾人の主体性との相互関係のみならず、その背後にはより複雑な歴史的文脈が潜み、医学、衛生学などの「学知」も関わっている。熱帯国民服の試作に関わった富士の研究と学問的系譜は、熱帯医学における病気や細菌の研究とは異なり、環境衛生学の発展に関わる。一方、衣服の改善、改良問題は、一九二〇年代から始まった生活改善運動に遡る。戦時期の衣服改良は、一九二〇年代から戦時期にわたる学問の動員という時間軸に関わる問題と、気候の問題という空間軸における問題の双方に関わっている。

本稿は、従来の服装史研究とは異なる切り口から、衛生学と衣服との関係を中心に考察し、富士という人物の経歴と活動を明らかにすることで、衣服の背後に交錯するグローバルな知、日本で形成された環境衛生学の植民地での展開、服装をめぐる議論、といった複数の文脈を追究する。

## 一．富士貞吉の経歴と学問の系譜

富士貞吉は一八九一年大阪生まれ、一九一三年岡山第六高等学校卒業後、京都帝国大学医科大学に入学した。一九一七年に同大学医科大学医学科を卒業後、大学院に進学し、戸田正三の衛生学教室に入り、一九二三年七月に論文「本邦家屋ノ衛生学的研究」により博士号を取得した。台湾に渡る前に、京都帝国大学医科大学助手（一

九一八～一九二〇年）、京城医学専門学校教授（一九二〇年三月～一九二三年二月）、倉敷紡績会社保健課長（一九二三～一九二六年）、京都帝国大学講師、大阪高等医学専門学校教授などを歴任した。

一九三〇年二月、富士は台湾の中央研究所衛生部技師に任ぜられ、熱帯衛生に関する研究調査を担うことになった。高等官四等という好待遇だったが、これは二年近く京城医学専門学校教授・高等官六等の経歴を有し、また退官後相当の経験も積んでいたことが理由だった(8)。渡台後の富士の主たる研究は「日常生活圏内ノ雰囲気」であり、道路の舗装や室内壁の材料と放熱性の関係、防暑家屋の構造、酷熱環境が労働者に与えた影響などの調査だった(9)。なお、ここでいう「雰囲気」は、「空気」のことを指している。衛生学の観点から、空気の流れ、温度、湿度、圧力、化学的性質などを含む「空気の状態」（雰囲気）が人間（生活体）に及ぼす影響に関心を示したのである(10)。

一九三九年、中央研究所が廃止され、所属していた四つの部門が独立した。富士が所属していた衛生部は、日本最初の「熱帯医学研究所」として、台北帝国大学の附属研究所となった。中央研究院の再編と熱帯医学研究所の成立に伴い、富士は台北帝国大学教授に就任し熱帯医学研究所にも勤めた。台北帝大では医学部に所属し「衛生学講座」を分担し、とくに「環境衛生学」に関する授業を担任した(11)。また、熱帯医学研究所では、「熱帯衛生学科」に所属し、科長となった。所員は富士一人だったが、その下に技手四人が置かれていた(12)。

熱帯医学研究所には、創設時の一九三九年に熱帯病学科、熱帯衛生学科、細菌血清学科、化学科が設けられ、一九四一年には厚生医学科が加えられ、計五つの学科が設置された。富士が勤めた「熱帯衛生学科」は熱帯気候が人体の生理、衛生に及ぼす影響や、日本人の熱帯気候への馴化について研究している。この系譜の研究は中央研究所衛生部の「熱帯衛生学研究室」から一貫している(13)。上述した富士の「日常生活圏内ノ雰囲気」をめぐる研究も熱帯気候への馴化に関する研究の一環として理解される。台北帝大で「環境衛生学」の授業を担当し、熱帯医学研究所では「熱帯衛生学科」に所属した富士の学問的系譜については、京大で戸田正三に師事したこととの関連性が注目される。

戸田正三は、一九一〇年に京都帝国大学医科大学を卒業し、ドイツやイギリス、フランス留学を経て、一九一六年に京大の初代衛生学講座の教授となった。一九二三年『国民衛生』を創刊し、風土と生活方法との関連性の問題を提起し、日本の気候風土、生活習慣に即した日本人独自の衛生学の樹立を目指した。『国民衛生』に掲載された論文の特徴は、人間の生活環境と衣食住についての調査にある。戸田は一九三九年に京都帝国大学内に「興亜民族生活科学研究所」を設立し、植民地と占領地の気候風土への日本人の適応を調査した(14)。富士が戸田の研究室に入ったのは、まさに戸田が衛生学講座の教授となった翌年であり、博士論文もそれ以降の研究も風土適応を主軸としながら展開した。

富士は倉敷紡績会社在職中、一九二四年から一九二六年にかけ欧州大陸各国への出張を会社から命じられ、同期間には、内務省社会局に「雰囲気ノ労働者ニ及ホス影響ニ関スル衛生上ノ調査」、大阪市に「欧米各都市ニ於ケル衛生施設調査」も嘱託されていた(15)。帰国後、ドイツのベルリンでの見聞と日常生活の観察を「欧洲より帰りて」に記している。富士の目は、常に下水道、交通機関などのインフラ、または家屋と衣服の衛生、温度調節に向けられていた(16)。このような関心は、戸田の衛生学研究室における学問的トレーニングに由来するものであろう。

富士が台湾に渡ってから着手した「日常生活圏内ノ雰囲気」をめぐる一連の研究も気候風土への適応と関連する内容であり、一九三九年以降、台北帝大で「環境衛生学」の授業を担当したことにも、戸田の研究の方向性が見てとれる。また、『熱帯醫学研究所概要』によると、「熱帯衛生学科」の業務は「熱帯地における衛生保健に関する研究、調査、実験」であり、その狙いは保健衛生の基礎資料と「我国民南方発展」に資する資料を提供することだった。具体的な研究内容としては、熱帯地における衣食住の衛生学、都市衛生、労働衛生、軍陣衛生（防空、防毒など）などが含まれる。「現ニ研究中ノモノ及将来研究予定事項」には「熱地における気候要素、気候馴化並に移住能力に関する研究」、「熱地における気候調節方法（衣、住、その他の生活様式）および食糧に関する衛生学的研究」などが挙げられている[17]。師の戸田がヨーロッパから移入した衛生学を日本に適用し、衣食住をめぐる生活方法と気候風土の関連性を問う環境衛生学を生みだし、弟子の富士は、その延長線上で台湾における研究を展開させた。富士は台湾に渡ってから敗戦に至るまで、環境衛生の面から熱帯衛生の研究に取り組んだ。戦後、富士は自分の熱帯衛生に関する研究を振り返りながら、戸田の業績を「環境衛生学の研究に新分野を開拓された」と称えた[18]。富士は日本で学んだ環境衛生学という新しい学問を植民地台湾で実践したと言えよう。

## 二　服装改良・衛生学・グローバルな知

### （1）「衛生学から見た衣服」と横手千代之助の『衛生学講義』

富士は台湾に渡った一九三〇年に、すでに衛生学の立場から衣服と気候の調節に関する知見と台湾における服装改良についての考えを語っている。台北放送局（ＪＦＡＫ）で放送されたこの談話は、「衛生学から見た衣服」というタイトルで『台湾逓信協会雑誌』に掲載されている[19]。

植民地台湾での服装改良に関連する議論は、実は前史がある。富士の台湾赴任以前の一九二〇年代から、日本本土の生活改善運動と連動してすでに台湾についての議論も現れていた。第一次世界大戦後、日本では好景気にともなう奢侈的傾向への批判や、国際地位の向上に伴う国民への要請、ヨーロッパの戦後改造論の刺激などを背景に、生活改善運動が展開された。一九二〇年一月に、生活改善同盟会が文部省の外郭団体として結成され、その後、住宅、服装、社交儀礼、食事など各部門の改善委員会も組織された[20]。一九二〇年八月、生活改善同盟会は『服装改善の方針』を発行した。同書は服装改善調査委員会の調査結果に基づき、服装改善の方針を示したものである。改善の方針としては主に「風儀」、活動の便利性、経済性、衛生を重視し、「合理性」と「科学性」を基調としている。そのうち、婦人服については、「幅の広い帯を巻いて、胸部を圧すること」が欠点の一つにあげられている。ここで、服装改善調査委員会の委員長が横手千代之助だったことに目を向けたい[21]。

横手千代之助（一八七四〜一九四一）は明治後期から昭和戦前期にかけ、衛生学の研究や衛生思想の普及にたずさわった医学者で、実生活を対象とした衛生学の第一人者と見なされている。一八九四年に帝国大学医科大学を卒業、ドイツ留学を経て、一九〇四年に東京帝国大学で医学博士号を取得、一九〇六年に衛生学第二講座の発足とともに講座担任となった。一九〇八年に同講座教授となり、一九三一年に定年退職して名誉教授となった[22]。東大と京大の初代衛生学教室において、当初、細菌学の比重が大きかった。「衛生学」が分化し、衛生学と細菌学の二講座に分かれることで衛生学講座が独立したのは、東大では一九〇六年であり、横手がその初代教授に就任した。ちなみに、京大では衛生学講座が独立したのは一九一六年のことで、初代教授は前述した戸田である[23]。

野上の研究によると、横手の主著『衛生学講義』はドイツ留学前の著作だが、当時のドイツ、オーストリアの衛生学の書物に見られる主なテーマを網羅し実験データを転用する一方で、日本の衣生活の分析のため独自の実験によるデータを追加していることも確認される。ドイツ衛生学の影響を受けつつ、独自の観点も加えた研究だったのである。一九〇一年に刊行されて以来、一九三七年まで三〇数版を重ね、長きにわたりこの分野のスタンダードな教科書としての地位を占めた[24]。

『衛生学講義』の「衣服の形状」の項目では、形状によっては身体の運動を妨げ、皮膚を圧迫して血行を妨害する衣服があると述べ、その例としてコルセット、帯と洋服の襟をあげている[25]。生活改善同盟会『服装改善の方針』では、和服は活動しにくく帯が胸部を圧迫する点を問題視したが、これは横手の指摘と共通している。

ちなみに、ヨーロッパでは一九世紀後半から、コルセットをはじめ、身体を締めつけることがもたらす悪影響が研究され、それにつれて、女性の服装の改革を主張する声が徐々に強まった。ただし、実際の改革は第一次世界大戦に入ってからである[26]。一九二〇年代日本の服装改良の動きもその波紋の広がりだと言える。

一九二〇年代、こうした日本本土の生活改善運動と連動して、植民地台湾でも関連する議論が現れた。ただし、この時期の論者は主に教育者、ジャーナリスト、弁護士などであった。彼らは生活改善同盟会の言説を援用し、衛生にも言及しているが、その議論は、主に「風紀」や「同化」問題との絡みから日本人の和服の改良を訴えたものだった。また、一九二〇年代後半になると、洋装の普及につれ、逆に和服を支持する世論も現れた[27]。

それに対して、一九三〇年に台湾に渡った富士は、ＪＦＡＫの放送で衛生学の立場から、衣服の素材の性質と汚れ、温度・湿度調節との関係を紹介している。また、生理調節の機能から、「内地人」の夏の服装を「運動の敏活を欠くと同時に軽症の鬱熱症に罹り、又は頭痛を病む」と指摘している。そして、「台湾の暑さ」では「軽やかな洋装又は支那装」が望ましいとし、当時流行っていた「アッパッパ」は外出用としては「不体裁」だが、家庭内で用いるのが「楽で衛生的である」と推奨した[28]。

ところで、富士の研究関心は風土気候への順応とはいえ、一九二〇年代から一九三〇年代の主な研究内容は家屋や建築材料、労働環境の衛生学に集中していた。一九三〇年の時点で、被服については研究していないのである。したがって、このときの放送の内容は主に横手の『衛生学講義』以来の知識を基礎にしたものと考えられる。

横手の『衛生学講義』では、衣服の材料と保温、通気、湿潤、清潔との関係を論述している[29]。富士の放送もほぼこのような流れで語られている。また、放送の最後に「衣服の形態」は、「人体の血行を妨げ又は運動障害を来すが如きものは不可である」と強調しているが、これは、横手の『衛生学講義』とほぼ同じ文言である。さらに、日本人女性従来の「幅広の帯」が「胸腹部を可なり強く圧迫し、非衛生的」だと指摘し、当時若い女性のあいだで流行していた「胸高に、又は帯を乳の上から締める」日本袴の着方が「大切な肺臓を圧迫する」危険性に注意を促している。[30] 富士がラジオ放送で語った服装改良論は、横手の『衛生学講義』以来の知識を継承している。グローバルな知の観点から言えば、服装の改善は生活改善運動の一環として、第一次世界大戦後のヨーロッパの戦後改造の影響を受けただけではなく、ドイツの衛生学に影響されつつ発展してきた側面もある。横手の知識を受け継ぐ富士の談話は、この文脈において考えることも可能だろう。

### （2）富士の植民地での活動と戸田正三

富士が一九三〇年にラジオ放送で語った服装改善論は、横手の『衛生学講義』を継承しているのみならず、戸田研究室の衣服に関する研究成果の影響も受けている。「衛生学から見た衣服」は、衣服を不適当な気候要素（寒暑乾湿）から人体を守る装置として捉え、気候と生理的調節機能から衣服の役割を説明している。富士は放送のはじめに、「個人の身体を包む家屋は衣服であって幾人もの身体を包む衣服は家屋なりと定義を下しているのである」と、衣服を人体の家屋に喩えている。[31] 野上によると、横手はすでに和服の材料や着装の実験により空気の影響を研究していたが、戸田はさらに「衣服」について、人体を取り巻く空気層を含む環境として捉え、「衣服気候」という概念を重視した研究を行っていた。戸田の指導のもと、緒方洪平らは熱の伝導や空気のあり方などに着目しながら、衣服の気候調節作用を研究している。[32] 富士がラジオ放送において、衣服を家屋に喩えたうえで、気候調節の方法、体温の維持と放熱の径路について詳しく説明しているところには、「衣服気候」の概念の影響が見てとれる。

一九三二年、戸田は京都帝国大学医学部長となり、同年には大阪で「胸襟を開け」と題する講演を行い、夏季の開襟シャツ着用を提唱した。開襟シャツの着用という提言は、戸田研究室でそれまで衣服と気候の関連について実験を重ねて研究してきた成果にもとづいている。[33] 同年、『台日』は、戸田が台湾を訪問したのを機に、戸田と富士を招いて開襟運動の講演会を開いた。戸田は気候調節を強調し、衣服と放熱の関係性を論じている[34]。

富士も開襟運動に呼応しながら、台湾の状況に応じたより具体的な着方を提案している。台湾の気候と服装について、「風紀」を乱さない程度に体をなるべく包まないように改良することを提案すると同時に、アッパッパを支持している。「風紀」については、ある程度重視しつつも、「時代によって変わり、決して絶対的なものではない」という比較的寛容な立場をとっている。ここでの「風紀」には、統治初期以来日本人の植民地での体面を重視した「風紀」問題から、一九三〇年代に至ってモダンガールへの視線による「風紀」問題まで延々と続く女性への規範も含まれている。放熱のため部分的に体の露出が必要だという富士の考え方は、当時の「風紀」との衝突の可能性を考慮しながらも、科学的な研究結果をより重視する姿勢を示している。一方、浴衣に対しては「涼しいけれども不便」なので、仕事をするのにはやはり「熱帯性の形に改良された洋服を着用しようというのが開襟主義あるいはノータイ主義さらにノーカラー主義」だと主張している。つまり、富士は衛生、便利、能率などの理由によって、風土気候に順応して改良された「洋服」を着ることを主張したのである[35]。

富士は講演を通じ、生活様式としての住宅や衣服が、科学の見地から風土気候の特異性に順応する必要があるという考え方を常に広めようとしていた。戸田とともに登壇した翌年（一九三三年）には、「耐熱衛生」に関するレクチャーでも男性の服装について、開襟シャツが最も理想的であると述べている。また、女性の服装について、アッパッパのような、耐暑効果のあるものを支持しながら、それを「体裁」「儀礼」も考慮しながら改造し、「合理的な進化」がなされることへの期待を語った[36]。

### （3）富士の服装の分類とシュトラッツの『女性の衣服とその自然な発達』

富士は一九三〇年のラジオ放送冒頭で、「元来衣服は文身、耳飾、鼻飾等と同様に、身体装飾の目的に考案された」と述べている。[37] また、一九三二年には開襟運動での講演において、衣服の装飾、身分識別の意義にも言及し、台湾と日本の服装の系統を分類した。それによると、熱帯地方の衣服は上体は裸で下体は腰の周りに一枚の布をまとっているのが原型である、とされている。他方、「本島人服等は冬国の服装の系統に属し」、日本の浴衣は「脚の部分が開き帯から下は腰巻に似ている点は熱帯性の衣服に属し」、「上部は袖のある点で寒帯性の服装であるため、「寒帯性と熱帯性の特徴をチャンボンしてうまく拵へてあ」ると述べている。[38] 富士の衣服に対する人類学的意味づけや、服の分類の仕方は、ドイツのシュトラッツ（Carl Heinrich Stratz、一八五八～一九二四）の論説に影響を受けている。

前述したように、富士は一九二四年から一九二六年にかけ欧米へ出張した。帰国後、「欧洲より帰りて」を書いたほか、シュトラッツの『女性の衣服とその自然な発達』（一九〇〇年初版）を「婦人服装論」というタイトルで翻訳し『生理学研究』に連載している。[39] この連載は一九二七年一月から一九二八年九月まで一三回にわたる。『生理学研究』は京都帝国大学医学部生理学教室内に置かれた「国民生理学研究会」の機関誌である。会の目的は生理学を中心とする科学的知識を普及させ、「国民生活を基調とした研究の民衆化」を図ることで、「合理的生活と思想」を確立することである。この翻訳論文は『生理学研究』の性格から見るとやや異色であり、最終回には「この論文は人類学中の服装篇でもあり、また衛生学上の服装論の一部でもあ」るとの付記が加えられた。また、「本誌では生命を広義に解釈して居るので人類学もまた生理学の一部分として取り扱って」いるため、論文を「生物学の見地から眺めねばならない」とその意義を説明している。[40]

シュトラッツは婦人科医であり、医療に従事する傍ら、医学や人類学に関する知識と各国で収集した資料を活用して多くの著作を出版した。一九〇〇年にコルセットが有害だとして婦人の衣服改革運動を支持するようになった。今日の日本とドイツでは忘れられた存在だが、ドイツ起源の裸体主義運動が全盛期を迎えつつあった一九世紀末から一九三〇年代にかけ、シュトラッツの著作は人気を博したびたび版を重ねた[41]。

富士がこの論文を翻訳したのはドイツ出張を契機とするが、当時すでに、シュトラッツは日本の医学者のあいだでも知られていた。国会図書館での調査によれば、シュトラッツの著作の最初の日本語版は、安田徳太郎訳による『女性美の研究』（一九二四年）だった。安田は「訳序」で、第一次世界大戦後の世界思潮、社会問題、婦人問題、性問題への関心が翻訳の背景だと記している。また、「シュトラッツ博士の名前は日本では医者や美術家は大抵知っている」とある点も注目されてよい[42]。安田も富士と同じく京大医学部の出身である。富士の翻訳「婦人服装論」は書籍としては刊行されなかったが、安田の二作目の翻訳『女性の身体美化』とほぼ同じ時期に書かれている[43]。

さて、『女性の衣服とその自然な発達』の最後の三章は「現代ヨーロッパの女の衣服」（第一〇章）、「衣服が女の身体に及ぼす影響」（第一一章）、「婦人服の改良」（第一二章）となっており、コルセットが身体に及ぼす悪影響を論じ、婦人服の改良を強く主張している部分でもある[44]。ところが、富士はこの三章を翻訳していない。翻訳の最終回に付言が加えられたことを想起すると、その内容が雑誌の性格に合わないとの疑義が寄せられた可能性もある。

シュトラッツの『女性の衣服とその自然な発達』は当時の文献を参照しながら、諸人種の「身体装飾」を比較研究している。「身体の装飾」を「身体の化粧」と「服装」の二つに大別し、「身体の化粧」は皮膚に絵や文身などを施して人工的に身体の一部を装ったり、装飾品を付けたりすることを指すとした。富士の放送の冒頭に述べた「身体装飾の目的」はここから取ったものであろう。

一方、シュトラッツは「服装」を、「原始的服装（腰部装飾）」、「熱帯地方の服装」、「北極地方の服装」の三種類に分けた。「原始的服装」と「熱帯地方の服装」の特徴はそれぞれ「腰部装飾」と「胸部或は腹部から下部の身体を包むもの」にあると指摘している[45]。富士は開襟運動の講演のなかでこの記述を援用し、しかも、これを台湾と日本の服装の分類に適用した。

歴史学者のスティーヴン・カーンは『女性の衣服とその自然な発達』には、衛生学、道徳、美学などの論理が混在しており、人種的優越を維持しようという人種的国粋主義的要請に沿ったものだったと指摘している[46]。井上薫もシュトラッツの『女性の人種美』(一九〇一年初版)を検証し、シュトラッツが「女体美」の発達段階の「始点」をオーストラリアの原住民に、「終点」を白色人種におく一方、各人種の「美」を認める姿勢も同時に存在していると指摘している[47]。

シュトラッツの『女性の衣服とその自然な発達』は身体の装飾を論じる際に、常に「羞恥感」との関係を重視しながら論述を展開し、裸体を「自然的裸体」、「感覚的裸体」、「芸術的裸体」に分類している。また、北極人が非常に困難な環境で暮らしていることから、生活の最後の発達段階を営む人類とされ、「芸術も感覚主義の最後段階を示している」と位置づけられている[48]。この記述からは、シュトラッツが熱帯から寒帯の文化を進化の階梯と考えていたことが窺われる。前述した「原始的服装」から「北極地方の服装」の分類も衣服の発生と文化の進歩の度合いと関連づけられている。種族、地理的位置、文化の程度によって身体装飾の発達の程度が異なるという考えには、一九世紀にしばしば見られた進化主義人類学の影響が看取されよう。

富士は開襟運動の講演で、「本島人服等は冬国の服装の系統に属し」、日本の浴衣が「寒帯性と熱帯性の特徴をチャンポン」していると述べたが、これはシュトラッツの服装分類を援用したことが明らかである。ただし、富士の講演からは、時間軸に沿った進化の階梯による分類という視点は見いだせず、たんなる平面的な分類と捉えているようである。また、講演の重点は気候と健康の維持の関係に置かれ、放熱性と効率性の観点からアッパッパを支持し、それに基づいて「熱帯性の形に改良された洋服」を推奨している。

シュトラッツの影響は後述するように、富士のその後の著作から影を潜めていったが、戦争期に入ってから意外な形で再び姿を現している。一九四二年、富士は『民俗台湾』に「巻頭語」を寄せた。タイトルは「身体の色彩」であり、その第一段落はかつて翻訳した「婦人服装論」の内容の一部をそのまま採録している。続く段落で取りあげている各民族の好む色彩の例もシュトラッツの著作からとったものである。[49] このようにして、シュトラッツの進化主義人類学の観点に基づく知識は『民俗台湾』に再現されたのである。

## 三　戦時下の活動と衣服改良

一九三〇年代前半、富士は講演や放送、あるいは大衆向けの文章を除いては、衣服に関する研究や論文を公にしたことは全くなかった。しかし、富士は退官の際、自らの研究の歩みについて「衣服類、及び付属品に関する研究」の項目において「日本学術振興会の企画による日本全国の衣服着装状態の調査の一環として、台湾在住日本人の衣服着装状態を調べた」と記していると述べている。[50] これと関連して、一九三五年頃、戸田は日本学術振興会に衣住委員会を設け、そのなかに被服分科会を置き、緒方洪平を始めとした研究者と陸軍被服廠の関係者と共同で被服調査を実施したと回顧している。[51] 富士の「日本学術振興会の企画」による「台湾在住日本人の衣服着装状態」調査は戸田の企画の下で進行したものだと推測される。

すなわち、一九三〇年代後半に入ってから、陸軍および戸田と提携しながら、富士は衣服の調査に着手したのである。また、戦時期に入ってからは、いっそう熱帯地方に適応できる服装を模索するようになる。

### （1）　熱帯被服の研究と「熱帯国民服」試作との関連

富士の公表論文のリストには「被服衛生に関する研究」という項目がある。防暑の帽子、日傘類、兵衣材料の保温的価値などについて書かれた研究室の論文が主であるが、富士自ら執筆したのは、一九三九年の「熱帯被服の基礎的研究」のみである。(52)

同年、戸田は京大内に興亜民族生活科学研究所を設置し、熱帯地方や寒帯地方の衣食住を含む衛生学的調査研究を始め、「東亜」における気候馴化の方策を案出しようとしていた。(53)興亜民族生活科学研究所が出版した『東亜ノ風土ト其ノ服合策ノ調査研究』によれば、研究項目には「被服及ビ類被服ニ関スル研究ノ進捗状況」と「極熱環境ニ於ケル労働能率増進策研究」があり、前者にはさらに「衣服ノ熱衛生学的研究」がある。いずれも富士の研究と深く関わる。しかし、担当者に富士の名は見当たらない。ただし、研究項目の「本邦気候ノ調節策ヨリ観タル衣服並ニ住居ノ調査研究進捗状況」の研究担当者は、戸田以外に、「日本学術振興会第二十七小委員会委員十五名」と記している。(54)この小委員会の任務は衣服着用の調査にあたるため、前述した富士の「台湾在住日本人の衣服着装状態」もその一部であろう。こうしてみると、富士の「熱帯被服の基礎的研究」はおそらく軍の被服協会と関わりながら、戸田の興亜民族生活科学研究所の調査と併走していたのだろう。

富士の論文「熱帯被服の基礎的研究」は現存していないが、退官論文集の「主な論文の内容抄録」によると、富士らは「熱地被服の基礎型を開襟、半袖、半袴とし、これに両肩、両胸、背部、腋下、股間等に隙間を設け、不使用時にはこれを閉鎖できるように考案し」、また、木綿、麻、モスリンなどの服地で各種の基本型服を試作して被験者に着せ、感想を問うとともに、客観的に体温、脈拍などを測定した。実験の結果、隙間が多いほど暑熱の環境では快適だが、「背面、胸部、股間部の窓は実用と体裁上から好ましくなかった」ゆえに、「服型としては開襟、半袖とし、腋下と肩の換気窓、半袴、服地は木綿を選んだ」という。(55)

一九三九年は国民服に関する議論が始まってまもない時期でもある。「熱帯被服の基礎的研究」の着想と実験結果は、冒頭に述べた一九四一年に被服協会が試作した熱帯向き国民服の記事を直ちに連想させる。被服協会の試作品の特徴は半ズボンと半袖、脇に穴あき、麻と綿の混紡の生地である。(56) 富士の考案した「基礎型」にほぼ基づくもので、「体裁」も考慮して肩の換気窓を不採用としたという程度の違いしかない。なお、富士の実験では「麻は発汗後冷却すると極めて不快」という結果が出たため綿を選んだが、一九四一年被服協会の試作品が麻と綿の混紡になったのは、戦時下の綿不足という事情によるものであろう。

富士の実験では「開襟」は「基礎型」の一つで、一九四一年の試作品に関するインタビューでは、「暑い時ネクタイを結ぶことは頸動（脈）を圧迫し、脳の中枢を過熱に導き眠くなるとともに思考力が鈍り頭痛がしてきて、ずうつ《ママ》と能力が低下しますから発汗作用を大にしなければなりません」と説明している。(57) ここでの談話は、富士の一九三〇年代の開襟運動を継承しているのみならず、熱帯医学研究所での「熱帯気候への馴化」を目的とする研究調査とも関わりを持っていた。

もう一つ注目したいのは、被服協会が熱帯国民服の試作品を富士に届け意見を求めたのは、富士が一九三九年から熱帯被服の実験に着手していたことのみならず、軍との関係という背景もあった点である。一九四一年三月、富士は軍の要望により、熱帯医学とマラリア調査のため、森下薫とともにタイへ一ヶ月間出張した。出張の理由書には、「南方方面ノ国際情勢逼迫ニ伴ヒ軍ニ於テハ極秘ノ内ニ其ノ工作ヲ進メ泰国ニ於テマラリヤ其他熱帯伝染病等ノ調査ヲ必要トスル」として、「関係部局協議ノ結果台北帝国大学熱帯医学研究所ヲ主体トスル調査班ヲ組織シ至急派遣ノコトニ決定セル次第」としている。(58)

こうしてみると、被服協会が富士に意見を求めたのは、一九三九年から富士がすでに関連実験に着手していたこと、また、熱帯地の調査で軍との協力関係にあったことが関わっている。被服協会の熱帯用国民服の試作品自体、富士の実験に基づいていたし、富士も引き続き意見を提供したのである。一方、富士の熱帯被服の基礎研究に見られる服地と熱との関係を重視する実験の源流は、材料と空気との関係を実験した横手、また戸田の「衣服気候」と「開襟運動」に遡ることができるだろう。

熱帯向き国民服の試作はその後、有耶無耶のうちに立ち消えとなった。一九四二年六月、台湾や南方熱帯地方の特殊事情を考慮して、「国民服令」に「特例」が設けられ、「暑熱の時期と地方」で半袖や半袴を着用する標準が示された[59]。おそらく「脇に穴あき」のある試作品が「体裁」上「難点」があるため、結局採用されなかったのであろう。なお、「国民服」着用の標準が示されたものの、実際に国民服を着る人は極めて少なかった。一九四二年九月、桔梗倶樂部が行った「街頭の服装調べ」によると、「国民服、標準服」を着る男性の割合は、日本人の多い榮町と台湾人の多い太平町でそれぞれ八・二%と四・二%であり、普及率は低かった[60]。

### (2) 衣生活の指導

熱帯向き国民服の試作以外のかたちでも、富士は戦時下の服装改良に関わっている。一九四〇年七月、第二次近衛内閣が発足し、高度国防国家の構築のため新体制運動が開始された。新体制運動においては、経済や産業のみならず、「国民生活」の刷新も求められ、「生活」が「新体制」の文脈に位置づけられた[61]。一九四〇年一〇月、大政翼賛会が成立し、台湾では一九四一年四月に類似の組織として皇民奉公会が発足した。

一九四二年一一月、皇民奉公会の機関誌『新建設』は「衣食住の新設計」という特輯を組んだ。これは、新体制に応じ、科学的な角度から衣食住を検討し、「簡素」「合理化」「気候風土」に適合するように改善を促す企画である[62]。この特輯では「服装の反省」という座談会も開かれており、富士は台北帝大教授医学博士の肩書きで出席している。他の出席者は皇民奉公会宣傳部長の大澤貞吉と婦人委員二名だった[63]。

この座談会が開かれたのは婦人標準服が制定されてまもない時期である。最初に、どのように手元にある洋服・和服を国民服に仕立て直すかという話から始まり、「国民服は日本独特のもの」という話題に移った。富士は「私共は裁縫屋さんでないから一寸判りませんが、裁ち方などは全部日本式で着物の裁ち方と同じだそうです」と述べ、国民服が「形が洋服に似ているので、洋服を改良したものと考えやすいが、そうではなく、日本服を改良したもの」と述べている(64)。

国民服の制作に際しては、デザイナーたちが「日本的」という概念を込めようとして、また完成に際して国民服が「日本的である」という宣伝がされていたが、実際の服には「日本的」要素は見受けられなかった(65)。にもかかわらず、富士は官の立場から、国民服が「日本服を改良したもの」だと宣伝した。また、「日本の従来の和服は暑くて着られないのが実情だが、洋服では「外国の服」なので「日本は東亜の盟主、指導者として、形の上にピンと来ない」と述べている。この言説は、一九三〇年代前半に、彼が改良「洋服」を推奨していた姿勢とは対照的である。また、かつては浴衣やアッパッパが涼しいと支持していたが、「南の指導者としての日本人が、浴衣やアッパッパのよれよれのものを着て居ては情けない」と態度を変えた。日本軍の南進に伴い、富士は国民服が日本の象徴で「旗の代わりになる」と考えるようになり、三〇年代前半に比べ、文明的な日本人の姿を示し日本人の威厳にも関わる「風紀」をより重視するようになった。

この座談会は「科学的な角度」から新しい衣服を提言しようという狙いから、科学者の富士も招かれたが、むしろ、「科学」より、「日本的」で指導者としての尊厳を保ち、「文明」を象徴する風紀の問題に焦点が当てられる結果となった。

興味深いのは、この座談会にも参加した婦人委員の三松美代子は婦人標準服に対して、美的観点から否定的な態度をとっており、「これを以て東亜の指導者の服装とするのはあまり貧相」、「今まで身に付いた洋服で色々好きなデザインが出来たのが、一定の型になっては貧相に見える様な気」がすると述べている。この不満に対して、富士は婦人標準服の「今の形が最上のものではないが」、専門家の集まった委員会において、十数回の審議を経て決まったものなので、「これ以上良いものは出ないのではないか」と応じた。また、改良の余地があるといっても再検討には時間がかかるので、厚生省で決めた形を方針としてその線に沿って「婦人の標準服は応用が利き、個人の趣向を端的に表せ」、「充分に個性を生かし、美を発揮できる」と述べている。富士は経済性、活動性、美と実用性を兼ねた、台湾に適した服装が望まれるとしながらも、具体的な改良案を提示することはなく、ただ「土地に即したものが自然出てくる」ことに期待をかけるにとどまった(66)。富士は被服協会の試作品以来、熱帯向きの国民服の試作品にせよ、婦人標準服にせよ、「型」に関しては不満を感じながらも、これ以上の改良が難しいとして、個人に任せるという結論に至った。実際、婦人標準服の着用は強制的ではないので、確かに富士のいうように各自で「応用」できる。ただし、洪郁如の研究によると、植民地台湾の国民服、標準服の普及率は日本本土と同様に極めて低い。太平洋戦争期に入っても、人々は洋服、本島服、和服、標準服など、多様な服装で過ごしていた(67)。

富士は学者として、戦時下の服装改良の議論に関わったほか、皇民奉公会の委員として、衣生活の指導に関わっている。皇民奉公会の発足当初から「生活部」は「保健衛生ニ関スル事項」を掌っていたが、一九四二年組織の刷新に伴い、「生活指導ニ関スル事項」、「体育ニ関スル事項」、「常会指導ニ関スル事項」が加えられた(68)。生活部は厚生、婦人の両委員会を設け、戦時生活体制確立に関する調査審議を行った。厚生委員会の調査審議の項目には、「衣生活の改善」がある。「生活科学展覧会」の開催も生活部によるものである(69)。

一九四三年の『皇民奉公会職員録』によると、富士は皇民奉公会の「厚生委員」となっている。「厚生委員会」は中央本部事務局に置かれ、「中央本部本部長の諮問に応じ、健全なる国民生活の確立に関する事項につき調査審議」する役割を任っていた(70)。戦時下の服装問題に関する会議、婦人標準服の協議、衣服に関する打ち合わせ会などではしばしば富士の参加が確認される(71)。一九四三年一月三一日、皇民奉公会臺中支部主催の「生活科学展覧会」では富士も「戦時下衣生活」について講演した[72]。

一九四三年、柳宗悦が台湾に来たことを契機に、生活文化振興会が生まれた。翌年の三月、生活文化振興会と総督府、皇民奉公会が主催する「決戦生活展覧会」が開かれた。展覧会では、衣服については「台湾の気候風土に適する衣生活の再考。防暑服、履物、決戦服。台湾の植物染料への認識。本島産の織物とその利用」などが展示された。展覧会の打ち合わせは皇民奉公会で行われ、衣服の指導は富士が担当した[73]。

このように、富士は台北帝大の教授、医学博士、皇民奉公会の委員といった複数の顔をもちつつ、雑誌メディアや展覧会、講演などを通して、「風土気候」を強調しながら「科学的な生活」を提案し、戦時下の植民地台湾の衣生活を指導していた。

### (3)「科学的生活法」

富士は衣服の調査、研究、指導のほか、一九四〇年代初期以降、日本軍の南方占領地の拡大に伴い、たびたび「熱帯地の生活法」に関連する研究成果を大衆的な文章に著し、日本本土の新聞や雑誌で発信していた。これらの文章には二つの方向性が見てとれる。一つは、熱帯での生活と日本人の体質との関係である。たとえば、汗の量や皮膚の汗腺の数の測定を通して、人種の違いによる気候への馴化に関する研究結果を紹介している。それによって、日本人が訓練と世代交替により、熱帯気候に馴化する体質になれると説明し、日本の南方発展を主張する内容である。もう一つは、どのように衣服や住宅など外的な装置を通して、人体に適する小さな空気環境を作り出し、それによって、熱帯地で能率的に、快適に過ごす方法を紹介する内容である[74]。

熱帯医学研究所の前身たる中央研究所衛生部の成立以来、日本人の熱帯気候への馴化に関する研究には二つの面があった。一つは人種の違いによる熱帯風土への適応力の違いに関する研究である。もう一つは医学・衛生的施策により日本人がどうやって熱帯地方で健康的な生活を保つかという問題に関わるものである。[75]富士が日本内地に発信した大衆的文章はまさにこの二つの面に関わる。前者は当時の研究成果をまとめたもので、後者は富士自身が取り組んだ衣住の研究に由来する。

一方、植民地台湾の民衆に対しては、富士は熱帯生活に関する知識を講座などによって宣伝すると同時に、これまで書いてきた文章を体系化していく。一九四二年九月、皇民奉公会台北市支会は「南方事情講座」を開設し、その内容を『南方事情叢書』として出版した。富士は「熱帯気候ト其ノ対策」の部分を担当したが、その内容は雑誌投稿をとりまとめたものである。それまでの開襟服の主張や、気候馴化の観点も組み込まれている。[76]

一九四三年、台湾総督府官房情報課は、「気候風土は南方地域と相通ずる」台湾における医学衛生の研究成果を「広く南方に進出する人々に頒つべき」と考え、台北帝国大学の教授陣を動員して『南方医学読本』を出版した。富士も執筆者の一人であり、書籍の編纂にあたり「特別な斡旋」の役も果たした。『南方医学読本』は南洋占領地の拡大に伴い、熱帯知識を大衆に広めるために編纂したものである。編纂の背後には、熱帯を「生活に適する地域」に変えられるという「自然を征服する科学」への信念と、将来日本人によって熱帯を開拓し移住を進めたいという狙いがあった。『南方医学読本』では、熱帯地域における衛生上の問題を「疾病」と「環境」という二つに分け、前者については疾病の予防を、後者については気候馴化と「科学的生活法」の必要性が課題だとしている。衣食住の衛生や「合理的生活法」の章も設けられている。

全体は三六章で、前半の三分の二は細菌、昆虫、疾病に重きをおき、後半の三分の一は精神衛生や居住、被服、食の衛生、合理的な生活法などを含む、気候馴化と深く関わる内容である。章ごとの執筆者は明記されていないが、第二三章の「気候と衛生」は日本学術振興会の台湾在住内地人の被服調査や生理的体温調節、熱帯地における風の重要性などに言及しており、富士の今までの実験調査と雑誌投稿の内容が組み込まれている。[77]また、第二

図１　熱帯地用男子国民服（『南方医学読本』339頁）

八章の「被服の衛生」は主に衛生学の観点から体温の調節の大切さを訴え、被服の形、地質、着装の際の注意点を説明しており、富士の執筆と考えられる。「被服の形」について、「詰襟やダブルカラーにネクタイをしめつけることは頸部の血管を圧迫し、脳の血の循環を悪くし、頭痛癖となり、思考力は減退する」としており、一九三二年の開襟運動以来の言説を継承している。また、熱帯地用の国民服について、甲号中衣の半袖と半袴を用いることを写真（図１）と文字で紹介し、「国民服の襟は日本襟であり、裁ち方が日本式だから肩の所が窮屈でなく大変楽である」と述べている。女性の標準服にも言及しているが、東京の被服改良委員会で選定した女子標準服に基づいたものである。「被服地質」について、「被服と肌の間には空気の層が挟まれている。この空気層の温度や湿度が被服衛生上大事なことである」と紹介しており、戸田の衣服気候の概念を援用していることが明確に読みとれる。一方、一九二〇年代に翻訳したシュトラッツの衣服分類法への言及はなく、その代わりに、戸田の衣服の気候層の概念、開襟運動、そして、熱帯被服に関する実験をめぐる知識が盛り込まれている(78)。

以上のように、富士がこの時期大衆向けに書いた文章は、すべて熱帯衛生学に基づく科学的な指導を通して、あるいは「科学的に生活する」ことによって、熱帯気候への馴化を図ろうとしたものである。そこには、科学によって自然を征服できるという一九世紀以来の科学者に共通する信念が潜んでいる。さらに、熱帯気候馴化の研究成果は日本の南方占領地に応用されており、衛生学はまさにその一翼を担っていた。また、「生活科学展覧会」や「科学的生活法」という言葉に象徴されるように、戦時下、「環境衛生」が「生活科学」に変貌したことも見てとれよう。

## おわりに

本稿は、熱帯用の国民服の試作に関わった衛生学者・富士貞吉の経歴と活動を跡づけ、衣服改良との関係に光を当て、その背後にある知識の系譜を考察した。それによって、熱帯医学における環境衛生学の植民地での発展、グローバルな知の連環、さらに、富士と彼の衛生学が戦時下で果たした役割を明らかにした。

一九一七年に京都帝国大学医科大学医学科を卒業した富士は、京大の初代衛生学講座の教授で、風土と生活方法との関連性を提起した戸田正三の衛生学教室に入った。気候と風土適応は富士のその後の研究関心を貫くことになった。一九三〇年、中央研究所衛生部技師として台湾へ赴任した彼は、「環境衛生」の面から熱帯衛生の研究に取り組んだ。台北帝大で「環境衛生学」の授業を担当したことにも、戸田の学問的系譜を引き継いでいたことが窺われる。

富士は植民地台湾において、メデイアを通して、衛生学の立場から衣服の気候調節作用に関する知識を広め、また、開襟運動の講演では、戸田とともに登壇し、放熱性、衛生、利便性、能率などの観点から服装改良を説き、風土気候に順応して改良された「洋服」を着ることを主張した。

一九三〇年代から戦時下に至る富士の植民地台湾での活動を検証すると、生活改善同盟会の服装調査委員会の委員長横手千代之助が展開してきた衣服衛生学、京都帝国大学戸田正三の風土気候への順応を考える環境衛生学の系譜、さらに、熱帯風土馴化に関する植民地台湾における熱帯医学の研究成果が絡み合っている。グローバルな知の観点から言えば、富士の服装に関する言説は、ドイツの衛生学の言説を取り込みつつ、日本での環境衛生学の展開に影響され、植民地では風土馴化に関心が移った。

戦時下、富士は熱帯被服の研究を始め、被服協会の熱帯向け国民服の試作にも関わった。また、皇民奉公会の厚生委員として戦時下の服装を提言したり、展覧会や講演会に関わったりすることで、戦時下の保健衛生、生活指導の役割を担った。

ただし、興味深いのは、「新体制」において科学者たちは「科学的な角度」から衣服を研究しようとしたものの、結局、「科学」より「日本的」精神を重視したという点である。一九四〇年代以降、日本軍の南方占領とともに、富士は日本本土の国民に向け、熱帯地の保健衛生、生活法を指導した。植民地台湾においても、科学者として戦時下の民衆の生活指導の先頭に立った。環境衛生学は戦時下、「生活科学」に変貌し一層重視されるようになった。

国民服を熱帯地に順応させる考えは、結局、民衆の生活に採用されなかったとはいえ、富士の学問的系譜と活動の軌跡を通して、服装改良論の背後に交錯した多様な学知と歴史的文脈、そして、戦時下「知」の動員のあり方に光を当てることができた。

戦時期に入ると、富士の活動は衣服改良以外にも広がっていた。内務局防空課において、防空、防毒、救護、避難に関する事務を担当すると同時に、常にラジオ放送を通して、婦人と栄養常識や防空避難室についての知識を広め、衣食住にまたがり、より合理的、経済的な方向へ戦時下の生活を指導しようとした[79]。これらも環境衛生学が戦時下で果たした役割と関わるが、紙幅の関係で今後の課題としたい。

（1）　熱研富士博士談「台湾向きの国民服　工夫の余地多い試作型」（『台日』一九四一年八月三日付、夕刊三面）。富士貞吉の苗字は戦前の史料では「富士」と「冨士」との二つの表記があるが、本文では「富士」に統一する。

（2）　国民服デザインの過程について、井上雅人『洋服と日本人　国民服というモード』（廣済堂、二〇〇一年）五〇～五二、八八～一三一頁。

(3) 范燕秋「帝國政治與醫學——日本戰時總動員下的臺北帝國大學醫學部」(『師大臺灣史學報』第一期、二〇〇七年一二月)八九～一三六頁。葉碧苓『學術先鋒：臺北帝國大學與日本南進政策之研究』(稻香、二〇一〇年)一四一、一六五～一六六頁。

(4) 吳奇浩は戦時期の服装改良についての論考において富士にも言及し、上記の『台日』の記事を引用しているが、富士が「熱帯向きの新型国民服を創案した」と誤読している。また、富士の経歴や学問の系譜、研究の業績などと服装の改良との関連性を追究していない。吳奇浩「洋風、和風、台灣風：多元雜糅的台灣漢人服裝文化(一六二四—一九四五)」(國立暨南國際大學歷史學系博士論文、二〇一二年)二四三頁。

(5) たとえば、生活改善同盟会の会長の伊藤博邦が被服協会の顧問になったほか、国民服の制定に深く関わった斎藤佳三はかつて生活改善同盟会の服装調査委員であった。ただし、生活改善同盟会と被服協会の衣服改善運動の違いは、前者が生活の向上を掲げたのに対し、後者は資源の確保を目的としていたという点にある(井上、前掲書、三六～五三、一〇一～一一八、一四一～一四七頁)。

(6) 洪郁如「植民地台湾の「モダンガール」現象とファッションの政治化」(伊藤るり、坂元ひろ子、タニ・E・バーロウ編『モダンガールと植民地的近代——東アジアにおける帝国・資本・ジェンダー』岩波書店、二〇一〇年。吳奇浩、前掲「洋風、和風、台灣風——多元雜糅的台灣漢人服裝文化(一六二四—一九四五)」。

(7) 吳奇浩「洋服、和服、臺灣服——日治時期臺灣多元的服裝文化」(『新史學』二〇一五年)七七～一四四頁。洪郁如「旗袍・洋裝・モンペ(燈籠褲)：戰爭時期台灣女性的服裝」(『近代中國婦女史研究』第一七期、二〇〇九年)三一～六六頁。また、これらの研究は戦時期の改良服と女性標準服の制定についても触れているが、具体的な制定過程やその背後に潜む「学知」などについては考察していない。

(8) 「昭和五年一月至三月台湾総督府公文類纂高等官進退原議」(『台湾総督府檔案：進退原議公文類纂』一九三〇年二月一日、國史館臺灣文獻館蔵、典藏號：00010059054)。富士貞吉「私の熱帯環境衛生研究の歩み(一)」(『熱帯』第四巻第一号、一九六九年)四四～五六頁。名前の読みのていきちは履歴書による。

(9) 代表的な論文は以下の通りである。富士貞吉、郭松根、上妻秀雄、增田幸太郎「鋪装道路ノ熱衛生学的研究(第一編)台北市内鋪装路面温ノ測定」(『台湾総督府中央研究所衛生部業績』第一六六号、一九三三年)七四～八一頁。富士貞吉、郭松根、上妻秀雄、增田幸太郎「台湾バガス(Bagasse)チモツテ製セル室壁　材料ARTEXノ衛生学的研究

（第一報）」（『台湾総督府中央研究所衛生部業績』第一七一号、一九三三年）一八～二三頁。富士貞吉、天野一男「熱帯地ニ於ケル特殊労業ガ労業者ノ身体ニ及ボス影響ニ就テ　第一報　製壜工場ノ素地捲作業ガ労業者ノ身体ニ及ボス影響ニ就テ」（『台湾総督府中央研究所衛生部業績』第二七三号、一九三四年）一～一八頁。富士貞吉「防暑家屋の構造に関する諸家の研究　並に余等の研究の総合的資料」（『台湾総督府中央研究所衛生部業績』第三三五号、一九三六年）一～八頁。

（10）富士貞吉「衛生学上より見たるエヤー・コンヂショニング（Air-Conditioning）就中、大気の冷却率に就て（一）」（『台湾建築会誌』第二輯第五號、一九三〇年）四～一一頁。

（11）「台北帝国大学教授富士貞吉外三名任免ノ件」（『任免裁可書任免裁可書・昭和十四年・任免巻六十二』一九三九年四月二八日、国立公文書館蔵）。「昭和十四年三月至五月台湾総督府公文類纂高等官進退原議」（『台湾総督府檔案．進退原議公文類纂』一九三九年四月一日、國史館臺灣文獻館蔵、典藏號：00010097082）。

（12）熱帯医学研究所編『熱帯医学研究所概要』（熱帯医学研究所、一九四〇年）七、一六頁。

（13）范燕秋、前掲「帝國政治與醫學――日本戰時總動員下的臺北帝國大學醫學部」八九～一三六頁。

（14）末永恵子「第一次世界大戦下における日本人衛生学者の軍事研究――戸田正三の欧州留学に注目して」（『日本医史学雑誌』第六八巻第四号、二〇二二年）三二六～三三九頁。同「戸田正三と興亜民族生活科学研究所（上）」（『一五年戦争と日本の医学医療研究会会誌』第一八巻一号、二〇一七年）七～二一頁。

（15）前掲「昭和五年一月至三月台湾総督府公文類纂高等官進退原議」。

（16）富士貞吉「欧洲より帰りて（一）」（『生理学研究』第三巻第一二号、一九二六年一二月）三六～五二頁。同「欧洲より帰りて（二）」（『生理学研究』第四巻第二号、一九二七年）四五～四四頁。同「欧洲より帰りて（三）」（『生理学研究』第四巻第四号、一九二七年）四二～五一頁。

（17）熱帯医学研究所編、前掲書、七～九頁。

（18）富士貞吉教授退官記念会編集『富士貞吉教授退官記念論文集』（富士貞吉教授退官記念会、一九六三年）七頁。

（19）富士貞吉「衛生学から見た衣服」（『台湾逓信協会雑誌』第一〇一号、一九三〇年）二一～二六頁。同「衛生学から見た衣服（二）」（『台湾逓信協会雑誌』第一〇二号、一九三〇年）二七～三三頁。

（20）中嶌邦「大正期における『生活改善運動』」（小和田美智子、長野ひろ子編『日本女性史論集六　女性の暮らしと労

働』吉川弘文館、一九九八年）二三〇～二六三頁。
(21) 生活改善同盟会編『服装改善の方針』（生活改善同盟会、一九二〇年）。
(22) 野上遊夏「近代日本における「衣服衛生学」の成立と展開について——横手千代之助、戸田正三、緒方洪平の研究の系譜」（『日本衣服学会誌』第六三巻第一号）二〇一九年、一一～二五頁。
(23) 末永、前掲「第一次世界大戦下における日本人衛生学者の軍事研究——戸田正三の欧州留学に注目して」三二六～三三九頁。
(24) 野上、前掲論文、一一～二五頁。
(25) 横手千代之助『衛生学講義　増訂七版』（南光堂支店、一九一一年）二六〇頁。
(26) スティーヴン・カーン著、喜多迅鷹、喜多元子訳『肉体の文化史——体構造と宿命（新装版）』）（法政大学出版局、一九九七年）二五～三六頁。
(27) 杉本榮次「公開欄　衣服及住宅の改良」（『台日』一九二〇年五月八日付、八面）。大和撫子女「新らしき　婦人と洋服」（『台日』一九二七年七月二〇日付、夕刊三面）。純日本女「大和撫子へ」（『台日』一九二七年七月二三日付、夕刊三面）。和服禮讃女「純日本女様へ」（『台日』一九二七年八月三日付、夕刊三面）。関連する言説は一九二〇年代の『台日』や女性雑誌『婦人と家庭』でしばしば見られるが、紙幅の都合で詳しい分析は別稿に譲る。
(28) 富士、前掲「衛生学から見た衣服（二）」二七～三三頁。
(29) 横手、前掲書、二六〇頁。
(30) 富士、前掲「衛生学から見た衣服（二）」二七～三三頁。
(31) 富士、前掲「衛生学から見た衣服」二一～二六頁。
(32) 野上、前掲論文、一一～二五頁。
(33) 野上、前掲論文、一一～二五頁。
(34) 「開襟運動講演の要項　戸田正三博士の講演『胸襟を開け』（上）」（『台日』一九三二年八月一九日付、六面）。開襟運動講演の要項　戸田正三博士の講演『胸襟を開け』（下）」（『台日』一九三二年八月二〇日付、六面）
(35) 前掲「開襟運動講演の要項　富士貞吉博士の講演『台湾と服装』（下）」。
(36) 「焦熱地獄に活きる衛生の諸相（一）居住衣服等に関して富士博士は斯く語る」（『台衛新報』一九三三年八月一日付、

三面）、「焦熱地獄に活きる衛生の諸相　（二）居住衣服等に関して富士博士は斯く語る」（『台衛新報』一九三三年九月一日付、三面）。
(37) 富士、前掲「衛生学から見た衣服」二二～二六頁。
(38) 前掲「開襟運動講演の要項　富士貞吉博士の講演『台湾と服装』（上）」。
(39) 富士は「訳者序」では「原著は Die Frauen Kleidung」と記しているが、正確な書名は「Die Frauenkleidung und ihre natuerliche Entwicklung（女性の衣服とその自然な発達）」である。富士貞吉「婦人服装論（一）」（『生理学研究』第四巻第一号、一九二七年）二四～三三頁。
(40) 富士貞吉「婦人服装論（其十一ノ三）」（『生理学研究』第五巻第九号、一九二八年九月）一～四頁。雑誌の性格について、巻頭、奥付の記述に拠った。
(41) スティーヴン・カーン、前掲書、二五～三六頁。井上薫「『上海漫画』における C. H. シュトラッツの受容――ドイツ裸体主義運動と「世界人體之比較」」（『中国研究月報』第五七巻第九号、二〇〇三年九月）一～二〇頁。
(42) シユトラツツ著、安田徳太郎訳『女性美の研究』（アルス、一九二四年）。
(43) シュトラッツ著、安田徳太郎訳『女性の身体美化』上、下巻（アルス、一九二八年）。
(44) 『女性の衣服とその自然な発達』は戦後、一九五四年に高山洋吉により翻訳され、『女体美と衣服』（同光社、一九五四年）というタイトルで「女体美大系　第五巻」に収録され出版された。最後の三章の内容については高山の翻訳を参照されたい。
(45) 富士、前掲「婦人服装論（一）」二四～三三頁。
(46) スティーヴン・カーン、前掲書、二五～三六頁。
(47) 井上、前掲論文、一～二〇頁。
(48) 富士貞吉「婦人服装論（其の十）」（『生理学研究』第五巻第四号、一九二八年）一四～三九頁。
(49) 富士貞吉「身体の色彩」（『民俗台湾』第二巻第三号、一九四二年）一頁。富士貞吉「婦人服装論（四）」（『生理学研究』第四巻第七号、一九二七年）一一～一九頁。
(50) 富士、前掲「私の熱帯環境衛生研究の歩み（一）」四四～五六頁。
(51) 野上、前掲論文、一一～二五頁。

(52) 富士貞吉、上妻秀雄、速水ふみ子「熱地被服の基礎的研究　第一回、第二回、第三回報告」(『台北帝国大学熱帯医学研究所業績』一九三九年)五六〇～五六二頁。ただし、この史料は現存しない。書誌事項は、富士貞吉教授退官記念会編集、前掲書、四一～四二、六三頁、による。

(53) 末永は、『東亜ノ風土ト其ノ服合策ノ調査研究』を通して、研究の内容と戦争遂行との関連性を明らかにしている(末永恵子、前掲「戸田正三と興亜民族生活科学研究所(上)」七～一一頁)。

(54) 戸田正三『東亜ノ風土ト其ノ服合策ノ調査研究』(興亜民族生活科学研究所、一九四三年)。

(55) 富士貞吉教授退官記念会編集、前掲書、六三頁。

(56) 熱研富士博士談「台湾向きの国民服　工夫の余地多い試作型」(『台日』一九四一年八月三日付、夕刊三面)。

(57) 熱研富士博士談、前掲「台湾向きの国民服　工夫の余地多い試作型」。

(58) 「台北帝国大学教授富士貞吉外一名泰国へ出張ノ件」(『任免裁可書・昭和十六年・任免巻三十二』一九四一年三月一〇日付、国立公文書館蔵)。

(59) 「国民服著用に特例　暑熱時期は半袴を着用」(『台日』一九四二年六月二七日付、三面)。安川萬編『厚生叢書　国民服の手引』(皇民奉公会中央本、一九四二年)。

(60) 編集部「皇民奉公会主催「生活科学展」に拾ふ」(『民俗台湾』第二巻第一二号、一九四二年)三六～三七頁。割合は「中年以上」の男と「若い男」の合計人数から筆者が算出。

(61) 大塚英志『「暮し」のファシズム――戦争は「新しい生活様式」の顔をしてやってきた』(筑摩書房、二〇二一年)一二～一七頁。

(62) 「特輯　衣食住の新設計」(『新建設』第一巻第二号、一九四二年)一四～一八頁。

(63) 「【衣食住の新設計】座談会　服装の反省　国民と標準服」(『新建設』第一巻第二号、一九四二年)三二～三五頁。

(64) 前掲「【衣食住の新設計】座談会　服装の反省　国民と標準服」。

(65) 井上、前掲書、八二～八七、一〇九頁。

(66) 前掲「【衣食住の新設計】座談会　服装の反省　国民と標準服」。

(67) 洪郁如「旗袍.洋装.モンペ(燈籠褲):戰爭時期台灣女性的服裝」(『近代中國婦女史研究』第一七期、二〇〇九年一二月)三一～六六頁。

(68)　大澤貞吉編『皇民奉公運動早わかり　皇民奉公叢書　第二輯』（皇民奉公会宣傳部、一九四一年）二六〜三八頁。加藤重喜編『昭和十八年七月一日現在　皇民奉公会職員錄』（皇民奉公会中央本部、一九四三年）一〜二頁。

(69)　皇民奉公会中央本部『第二年に於ける皇民奉公運動の実績』（皇民奉公会中央本部、一九四三年）四七〜五八頁。

(70)　大澤編、前掲書、二六〜三八頁。加藤編、前掲書、八〜一七頁。

(71)　「婦人標準服の趣旨徹底協議」（『台日』一九四三年三月一一日付、三面）。「生活部」（『新建設』第二巻第七号、一九四三年）。

(72)　「科学する生活へ　皇奉臺中州支部の講演会」（『台日』一九四三年一月二八日付、四面）。「臺中の生活科学展覧会」（『台日』一九四三年二月二日付、四面）。

(73)　立石鉄臣「生活文化振興会覚書」（『民俗台湾』第四巻第四号、一九四四年）二六〜二七頁。この題名は「決戦生活展覧会」の誤記である。「編集後記」（『民俗台湾』第四巻第五号、一九四四年）四八頁を参照。

(74)　富士貞吉「台湾の暑さと慣れに就いて」（『家事と衛生』第一六巻第四号、一九四〇年）二四〜二九頁。富士貞吉氏談「熱帯生活と邦人の体質（上・下）」（『大阪毎日新聞』一九四一年二月五日付、神戸大学附属図書館デジタルアーカイブ新聞記事文庫）。富士貞吉「熱地氣候と其生活法（一）」（『家事と衛生』第一八巻第一〇号、一九四二年）九〜一四頁。同「熱地氣候と其生活法（二）」（『家事と衛生』第一八巻第一一号、一九四二年）一〇〜二〇頁。

(75)　范燕秋、前掲「熱帯風土馴化、日本帝國醫學與殖民地人種論」八七〜一三八頁。

(76)　皇民奉公会台北市支会編『南方事情叢書　第五輯』（皇民奉公会台北市支会編、一九四二年）。

(77)　台湾総督府官房情報課『南方医学読本』（台湾時報發行所、一九四三年）二七〇〜二七五頁。

(78)　台湾総督府官房情報課、前掲書、三三三〜三四八頁。

(79)　「昭和十三年四月至六月台湾總督府公文類纂高等官進退原議」（『台湾總督府檔案.進退原議公文類纂』一九三八年四月一日、國史館臺灣文獻館蔵、典藏號：00010093055X001）。富士貞吉「婦人と栄養常識（臺北九・四五）」（『台日』一九三八年五月九日付、四面）。富士貞吉「婦人と栄養常識」（『台湾新民報』一九三八年五月九日付、六面）。同「ラヂオ／講演（臺北・九四一）防空避難室に就て」（『台日』一九三九年三月八日付、四面）。同「講演　防空避難室について」（『台湾新民報』一九三九年三月八日付、四面）。同「通俗科学講座　これからの日本は家庭婦人の科学常識から」（『台湾新民報』一九三九年三月二八日付、四面）。

# 第Ⅵ部

# 植民地現地の知と被支配民族

# 裏面の近代史――日朝における閔妃の伝記

森岡優紀

## はじめに

本稿は、日本と朝鮮の両国において植民地期に作成された李氏朝鮮の高宗の正妃、閔妃（明成皇后）の伝記を取りあげることによって、両国がどのようにして歴史観を形成してきたのかについて考察するものである。植民地における帝国大学は近代的な学知を普及させたが、学知以上により広範な社会階層に影響を与えたのは、「朝鮮通」と呼ばれる民間のジャーナリストやアジア主義者の著作であった。彼らは自らの使命といわんばかりに、日朝両国の一般大衆に向けて歴史書や伝記も含めたさまざまな文献を大量に創作した。彼らの書いた書物は実証性には欠けるものの、読みやすく、多少なりとも学歴や学問の素養のある民間の知識層、もしくは上昇志向の強い青年たちなどに受け入れられた。

本稿では植民地期に民間のジャーナリストが創作した伝記を取りあげるが、伝記は歴史とも文学ともみなせる境界的なジャンルである。民間で活躍した知識人やジャーナリストは史料を使った実証的な評伝も作成しているが、挿絵入りの伝記や子供向けの伝記、または伝記風小説なども創作している。これらの伝記は教養高き知識人よりも、むしろ歴史愛好家、仮名文字中心の文学しか読まない一般大衆や子供まで幅広い読者層をもっていた。このように伝記というジャンルは広い読者層をもっていたがゆえに、民間への影響力も大きかった。ことさら人気のある有名人については、その人物を取りあげた伝記が比較的長い期間において、異なる作者によって幾つも生み出されることも少なくなかった。本稿で取りあげる閔妃の伝記もそのような伝記の一つである。

閔妃の伝記は、日清戦争時期から太平洋戦争終戦までの比較的長い期間、日朝の両国において作成されている。これらの伝記は異なる著者によって書かれていた。しかしそれぞれその一つ一つの伝記が独立し、関連性がないかというと、そうではなく、むしろある一つの伝記が書かれると、次の伝記は前の伝記の影響を大きく受けて作成されることの方が多かった。さらにそれが日本と朝鮮で作成される場合には、お互いに影響を受ける場合がほとんどであった。また、それぞれの伝記は書き方は異なっているものの、そこに含まれる歴史観や政治思想は共通しているので、一連の作品群とみなすことができる。

そこで、本稿では閔妃についての伝記を解読し、さらにそれが普及浸透した過程に焦点を当てて分析を行う。これによって、植民地における歴史観の形成、変容、普及の過程をたどりたいと考えている。さらには、植民地期の日本人によって書かれた伝記が植民地期のみならず、現代にまでどのような影響をもたらしたのかについても考えてみたい。

## 一．朝鮮における近代伝記の始まりと張道斌

朝鮮において一人の人物の誕生から死亡までを時代との関連で描いた、西洋式の近代伝記が生まれたのは、日本による植民地支配が始まる直前の一九〇五年前後の愛国啓蒙運動期からである。近代小説がどのような過程を経て誕生したのかというテーマの研究は、文学の研究者による長年の研究で厚い蓄積を有するが、近代伝記につ

いては、先行研究がほとんど存在していない。そこでまずそこから簡単に説明を始めたい。

東洋において伝記というジャンルは古くから存在しているが、ある一人の人物に対象を絞り、その人物の生涯を時代的な背景のなかで描く長編の伝記は存在していない。このような形式の近代伝記が現れるのは西洋文化の受容と西洋伝記の翻訳を通してである。朝鮮において、愛国啓蒙運動期に翻訳された伝記のなかで、朝鮮の近代伝記を形成するうえで最も重要な伝記は、当時日本に亡命をしていた梁啓超の伝記翻訳である。戊戌政変により日本に亡命した梁啓超は、横浜で啓蒙運動を開始し、多くの雑誌を発刊する。とくに一九〇二年から刊行を開始した『新民叢報』には、梁啓超が翻訳した日本の民友社系の伝記が多く掲載されている。『匈加利愛国者噶蘇士伝』、『意大利建国三傑伝』、『近世第一女傑羅蘭夫人伝』などである。中国では変法運動期にも多くの雑誌が発刊され、そこに政論などの記事が掲載されていたが、伝記というジャンルが注目を浴びることはなく、伝記が雑誌に掲載されることもほとんどなかった。数少ない掲載された伝記は基本的に身近な友人などを追悼する短い伝であり、現在のような伝記とは異なっていた。しかし一九〇二年に梁啓超が「新史学」を提唱するとともに、『新民叢報』に民友社系の伝記の翻訳を掲載すると、伝記に対する認識は一変する。これによって、中国では伝記というジャンルが急速に注目を浴びて社会的に認知されることになる。そのため一九〇二年を契機にして、在日留学生の雑誌や革命派の新聞雑誌に多くの伝記が掲載され始めるのである[(1)]。

また、梁啓超の日本で展開した啓蒙運動が朝鮮の民族運動家たちに影響を与えたことによって、朝鮮においても近代伝記への認識が急速に高まっていく。たとえば、梁啓超の『匈加利愛国者噶蘇士伝』は「梁啓超著、訳者未詳」として、『匈加利愛国者噶蘇士伝』のタイトルで『朝陽報』に連載されている。これはもともと石川安次郎『ルイ、コッスート』を翻訳したものである[(2)]。一九〇七年には、平田久纂訳、梁啓超訳述、申采浩重訳述『伊大利建国三傑伝』が出版されている[(3)]。これは梁啓超が平田久纂訳『伊大利建国三傑伝』にもとづきながらも、松

村介石「カミロ、カヴール」、岸崎昌『ガリバルヂー』も参照として纂訳した『意大利建国三傑伝』を重訳したものである[4]。また、日本語から翻訳翻案した梁啓超の伝記が主に『新民叢報』に掲載されたのと同様に、朝鮮において、伝記は当時申采浩が主筆として論陣を張った『大韓毎日申報』に掲載されている。『大韓毎日申報』には、그레이스原作、坪内雄蔵（春廼屋朧）訳述、梁啓超重訳述、訳者未詳として、『라란부인전』が掲載されている[5]。

韓国の愛国啓蒙運動に対する梁啓超の影響は大きく、梁啓超の著作が理論的根拠となっていた。張志淵、申采浩、朴殷植などの運動家は梁啓超の文章を盛んに翻訳した。また、愛国啓蒙運動のもとで設立された学校では梁啓超の著作が教科書として使われていた[6]。そして伝記に関していえば、伝記の翻訳の次に続いたのは、伝記の創作であった。梁啓超と同様に、申采浩も自国の英雄伝、「（大東四千載第一偉人）乙支文徳伝」、「（水軍第一偉人）李舜臣伝」などを創作している[7]。梁啓超はナショナリズムの観点から多くの建国偉人伝を翻訳や創作したが、その流れが朝鮮の知識人に影響を与えたのである。ただ、これらの自国の英雄伝も、その源をたどれば日本の民友社系の伝記に行きつく。皮肉なことに、「朝鮮民族主義歴史学」は中国を媒介にして、日本の近代国家建設の過程で生み出されたものであったともいえるのである。

その後、このような愛国啓蒙運動の流れを汲んだ伝記の翻訳と創作は、一九一〇年の日本による植民地化によって一旦は中断される。ただ、その流れは途絶えず、武断政治から一九二〇年代の文化政治への転換以後に引き継がれている。一九二〇年代の伝記は愛国文化啓蒙運動の流れを汲んだ文化活動の一環として創作され、再び偉人伝が多く発行されている。そのなかでも愛国文化啓蒙運動の流れを汲んだ、多くの偉人伝を創作したのが張道斌である。

それでは、ここで張道斌について紹介してみよう。張道斌は一八八八年の生まれ。一九〇八年に『大韓毎日申報』に入り、申采浩の後を継いで主筆を務めた。一九二〇年代以後は多数の伝記を翻訳や創作している。以下、張道斌の伝記を挙げてみよう（表1）。

表1　張道斌の主要伝記

| タイトル | 出版社 | 出版年 |
|---|---|---|
| 大政治家乙巴素氏 | 漢城図書 | 1919 |
| 표제／저자사항（十英雄成功談） | 漢城図書 | 1920 |
| 朝鮮十大偉人伝 | 東洋書院 | 1923 |
| 朝鮮英雄伝 | 高麗館 | 1925 |
| 朝鮮偉人伝 | 高麗館 | 1925 |
| 을지문덕전쟁긔（乙支文徳戦争記） | 高麗館 | 1926 |
| 책제목：（甲午）東学乱과全琫準 | 徳興書林 | 1926 |
| 용맹무적：남이장군실긔（勇猛無敵：南怡将軍実記） | 徳興書林 | 1926 |
| 大院君과明成皇后 | 徳興書林 | 1927 |

梁啓超のように、張道斌は多くの伝記を執筆しているが、その大半は偉人伝、英雄伝であるのがわかる。また一九二七年に『大院君과 明成皇后』を執筆している[8]。閔妃については、日本人も伝記を多く書いている。そのため、両者を比較することによって、それぞれの国で作成された伝記がどこが異なっているか、またはどこが影響を受けているのかがより鮮明に浮かび上がると思われる。そこで、本稿では植民地期において愛国主義者として知られる張道斌の『大院君과 明成皇后』と、アジア主義者として民間において活躍した菊池謙譲の『朝鮮最近外交史――大院君伝　附王妃の一生』を中心に比較して考察する。それぞれを分析することによって、両者がどのように関係しており、朝鮮と日本の歴史観がどのように影響しあいながら形成されたのかを具体的に見てみたい。

## 二　張道斌『大院君과明成皇后』

張道斌の『大院君과明成皇后』は一九二七年に徳興書林から出版された。本の扉を開くと、見開きにはまず三枚の写真が掲載されており、朝鮮王高宗（写真のキャプションは「高宗皇帝」）、次に閔妃（「明成皇后」）、最後に興宣大院君（「大院君」）の順で載せられている。ここで閔妃とされている女性

は十代ぐらいの少女に見えるが、その写真の引用元や真偽は不明である[9]。また、伝記が書かれている文体は国漢文である。漢字部分にはハングル文字で総ルビがふってある。日本でもとくに明治期においては漢字に総ルビがふられている本が多いが、これは誰でも読めるように配慮したものと思われる。

内容は大きく三つの章に分かれ、第一「大院君의出世（大院君の出世）」、第二「大院君의摂政時代（大院君の摂政時代）」、第三「閔皇后의専制時代（閔皇后の専制時代）」となっている。ここで興味深いのは、朝鮮王の実父の大院君や閔妃よりも政治の中心であるはずの高宗の章がないことである。各章の内容を簡単に見てみよう。

第一「大院君의出世（大院君の出世）」では、大院君の家系と生立ち、そして権力の座に就く以前のことが書かれている。大院君は王族であったが、傍系であり、豪奢な生活を送れる身分ではなく、むしろ生活に困窮していた。しかし大院君は策略に長けており、神貞王后と懇意になり、次男を王位に就けるために手を結び、成功する。自分の次男が幼くして王位に即位した後には、大院君は王の補佐役として摂政政治を行い、実父という地位を利用して政治を左右するようになる。

第二「大院君의摂政時代（大院君の摂政時代）」では、大院君が摂政政治を行っていた時代に成し遂げた各種の改革について述べられている。大院君は王権を強化し、外戚を排除する方針のもとで各種の改革に取り組んだ。まずは党閥を排除し、各党派の人材を均等に選び、実力のある者を登用した（「党閥을打破」）。そして、腐敗していた書院（儒教の塾）の大半を整理して撤廃した（「書院을撤廃」）。財政を改革したが（「財政을改革」）、本来の王宮であり、焼失して久しい景福宮を再建するために、巨額の資金を税金によって賄った（「景福宮을重建」）。これによって国民の支持を失い、反発を招いた。同時に、大院君は対外的には鎖国政策を支持しており、キリスト教徒を迫害した（「天主教徒을誅戮」）。迫害されたフランスのキリスト教宣教師たちが本国に逃げ帰り、迫害を知らせると、フランスはその報復を行ったが、大院君はフランス軍の撃退に成功した（「仏国兵을撃退」）。これにより鎖

国政策を堅持し続け、朝鮮との通商を求めたアメリカも撃退した（美国兵을撃退）。そして日本との国交をも拒絶した（「日本交通을拒絶」）。このようにして、大院君は摂政役に着いて一時期権力を恣にしたが、やがて大院君は閔妃によって権力の座を奪われる（「閔皇后의運動」）。大院君の妻であり、高宗の母親は閔氏の出身であり、閔妃は大院君の妻の親戚であった。つまり妻と同族の出身から息子の妻を選んだのである。閔妃を選んだ理由の一つは、閔妃の父がすでに亡くなっていたことが挙げられる。これは王の妻の父、つまり外戚へとつながる人物がいないことを意味しており、外戚が大きな権力をもつのを阻止するためであった。しかし閔妃の聡明さや政治的な手腕が際立ってくるにつれて、大院君は閔妃を疎ましく思うようになる。高宗の側室であった李尚宮が息子を生むと、大院君は李尚宮の子を王の後継者にしようと画策した。これが大院君と閔妃二人の争いのきっかけとなる。閔妃は反撃に出て、自らの息子を後継ぎに冊封するために清からの承認を得て、息子の冊封に成功する（「太子冊封」）。これにより、閔妃が権力を握り、大院君を引退に追いやった。伝記では、ここまで事実を淡々と並べて述べるに留まっており、特別に筆者が感想を述べたり、歴史事実に対する何らかの評価を行っていない。しかし、大院君と閔妃の闘争になると、それまでの書き方を翻し、「猛虎のごとき閔妃と猛虎のごとき大院君が出現した」という一言が挟まれる。(10) そして閔妃が権力を握ると、大院君が固持した鎖国政策を一転して開国に踏み切った。筆者はこれに対して、閔妃が何らかの政治的な思想にもとづき行ったのではなく、ただたんに自らの権力を固めるために外交を利用し、日本と清に迎合したに過ぎないと評する。このように基本的には歴史的事実を淡々と述べるに留まっているが、大院君と閔妃の対立に関しては個人的な感想を表している。

次に、第三「閔皇后의専制時代（閔皇后の専制時代）」では、主に閔妃が権力を握った後に行った失政について書かれている。閔妃は豪奢な宴会を繰り広げ、迷信を信じて祈禱などにも莫大な資金をつぎ込んだ（「豪奢宴楽」）。閔妃のそのような様子を見ても、気の弱い高宗は何も言わずにそのまま見すごしていた。またそれだけではなく、

官職の売買、賄賂なども横行し、政治はますます腐敗を極め、民衆の税金によって賄われていた財政は枯渇していった。このような閔妃一族に対して不満が高まり、壬午の軍乱が勃発する（「壬午의軍乱」）。壬午軍乱とは、李氏朝鮮にもともと仕えていた朝鮮軍が、日本による近代的軍隊として創設された別枝軍のために冷遇を受け、軍隊が大院君を担ぎ上げて起こした反乱である。壬午の軍乱では日本公使館が襲撃され、日本公使館員なども殺された。清寄りの穏健改革派の魚允中と金允植は清軍に鎮圧を依頼し、清軍が大院君を拉致して天津へ押送することによって軍乱を鎮圧した。この時、閔妃は命を狙われたが、かろうじて逃げのび、軍乱が収束すると、王宮に帰還した。また、一八八四年に甲申政変が勃発する（「甲申의政変」）。甲申政変とは、急進的な近代化を望む開化党と呼ばれる若いエリート官僚がクーデターを起こすが、清の介入により三日で失敗し、首謀者たちは日本に亡命することで幕を閉じたクーデターのことである。朝鮮で初めての近代改革とも評価されている。張道斌は政変を「革命」と呼ぶなど同情的ではあるが、あまり肩入れをせず冷静に事件の成り行きを記している。ただ、これがきっかけで日本と清の対立を生み、日清戦争への導火線となったことは開化党の不幸であり、朝鮮の不幸でもあったと評している。[11] この開化党によるクーデターの失敗によって、保守派の閔氏外戚がより一層権力を強め、政治の腐敗がさらに激しくなり、これこそが朝鮮が亡国する原因となったとしている。日清戦争後に日本に亡命していたかつての開化党が朝鮮に戻ってきた際も、閔妃は開化党を篭絡し、ロシアに接近して自らの権力を保ち続けた。日本公使の三浦悟は閔妃が日本を疎外して、ロシアに近づくのに憤慨していたとある。

以上、張道斌『大院君과明成皇后』の内容を簡単に紹介した。筆者は大院君と閔妃を次のように評価している。大院君は大胆な各種の改革を試みたという意味で豪傑であるが、党派性という習性を抜け出せずに閔妃と争った。本来両者は一致団結して外国の侵略を防ぐべきであったが、それができずに政争に無駄な労力を費やした。[12] 一方、閔妃の方は近代朝鮮の滅亡を象徴しているような人物である。[13] 閔妃の散財、贅沢、遊興、無知蒙昧、権力闘争、

賄賂の横行などは、まさしく悪徳と腐敗の集大成であったとしている。[14] これは朝鮮民族の民族性からきており、閔妃はその象徴的な存在であったとみなしている。

『大院君과明成皇后』というタイトルが象徴しているように、この伝記の主なテーマは、大院君と閔妃の対立であり、二人の性質を「朝鮮民族の民族性」の帰結としてみなす。また、張道斌は、閔妃は大義に根差した国民のために政を行ったのではなく、私利私欲のために政治を利用したとみなしている。また、朝鮮が日本によって植民地化された原因はそのような宮廷政治にあると考えている。[15] 張道斌は申采浩の後を継いで論陣を張った民族運動家であるが、このような歴史観は実は深く日本の影響を受けているのである。それでは、以下の節で菊池謙譲の『朝鮮最近外交史――大院君伝　附王妃の一生』を見てみよう。

## 三　菊池謙譲『朝鮮最近外交史――大院君伝　附王妃の一生』

この節では、日清戦争前後から朝鮮に渡り、その後も朝鮮で文筆活動を行い、敗戦後の引揚まで朝鮮に滞在した日本人、菊池謙譲の『朝鮮最近外交史――大院君伝　附王妃の一生』について分析してみたい。

菊池謙譲は当時活発な文筆活動を行ったが、現在ではそれほど知られていない人物なので、まず簡単に彼の経歴を紹介してみよう。菊池謙譲は一八七〇年に熊本県八代郡鋭町に生まれた。一八九五年一〇月八日の閔妃暗殺事件（乙未事件）にも参与した。同郷である徳富蘇峰との関わりも強く、民友社の社員となり、『国民新聞』の特派員として朝鮮に渡り、日清戦争中には従軍記者となった。日清戦争後に再びソウルに渡り、安達謙蔵とともに『漢城新報』の発刊に携わり、主筆となった。『漢城日報』は一八九五年から一九〇六年まで発行された新聞であり、日本語と朝鮮語の二言語で書かれており、日朝両国人を読者対象として発行された新聞である。その後も菊池は朝鮮に移住して文筆活動をし続け、日本が敗戦した後に日本へと引き揚げた。彼の主な著作を見てみよう

表2　菊池謙譲の著作

| タイトル | 出版社 | 出版年 | 出版地 |
|---|---|---|---|
| 朝鮮王国 | 民友社 | 1896 | 東京 |
| 朝鮮最近外交史　大院君伝　附王妃の一生 | 日韓書房 | 1910 | 京城 |
| 朝鮮諸国記 | 大陸通信社 | 1925 | 東京 |
| 朝鮮雑記 | 鶏鳴社 | 1931 | 京城 |
| 金剛山記 | 鶏鳴社 | 1931 | 京城 |
| 近代挑戦裏面史 | 朝鮮研究会本部　東亜拓殖公論社 | 1936 | |
| 近代挑戦史 | 鶏鳴社 | 1937 | 京城 |
| 朝鮮人と兵役武装の朝鮮経済 | 実業時代社 | 1937 | 東京 |
| 近代挑戦史 | 大陸研究所 | 1940 | 東京 |

（表2）。

菊池は朝鮮に暮らし、朝鮮と深く関わるなかで、とくに歴史、経済、文化などの広い分野で朝鮮社会について執筆しており、日本の出版社と京城（ソウル）の出版社の両方から本を出版した。ある意味、戦前の日本におけるイデオローグの代表者が徳富蘇峰だとすると、その影響を受けてイデオローグ的な存在として朝鮮で活躍したのが菊池謙譲とみなすことも可能であろう。日清戦争直後から菊池は朝鮮の歴史に強い興味を抱き、民友社から『朝鮮王国』という朝鮮の通史を出版している。[16]この時期には、日本の学術界においても完結した朝鮮の通史が書かれておらず、近代的な視点からの初の通史ともいえる。一九〇〇年に出版された、東京高等師範学校に勤めていた林泰輔『近世朝鮮史』も近代の部分については、菊池の著作と大方同じ流れで朝鮮近代史を描いている。[17]この『朝鮮王国』を敷衍しながら、近代の部分だけをより詳しく描いたのが、『朝鮮最近外交史——大院君伝　附王妃の一生』である。[18]

序には、菊池がこの書を著した事情について詳述している。それによると、一八九四年三月に菊池は佐々友房の紹介で大院君に面会したことがあった。そして、一九〇八年一一月、伊藤博文に朝鮮史を執筆するための資金援助を受けた。菊池は執筆を始めようとするものの、筆が進まず、一旦は辞退する。しかし日本が朝鮮を植民地化する一九一〇年三月から、菊池は本書を一気に書きあげた。彼は本書を伝記というよりも、関係者にインタビューをするなどの実証的な手法を用いて書いたものであり、歴史的事件を中心に朝鮮近代史か朝鮮外交史として執筆したと述べている。

それでは、本書の主題となる、菊池が大院君と閔妃に対してどのような評価を下しているのかについて、それぞれ見てみよう。

朝鮮半島は今や非凡なる英傑の摂政者によりて前朝幾代に見ざる興隆を来たせり、若し此の英傑をして五十年間内憂外患無からしめば、国民的大業の建設成功し、国家をして自強の域に発展せしめなるやも知るべからず、……然れども彼も亦た伝来せる朝鮮人なり、彼は朝鮮人として最大なる人格を有し、最大なる功業を立てたるのみ、彼の血管より流れたる野心は高潔なる名望心に非ず、……彼は三千年間強大に事へたる祖先以来の事大を破る程の英雄にもあらず。幾何か其民衆を統率して強国の班に伍せんと企てたるに過ぎず、故に其事蹟の利害得失を算へ来れば、寧ろ大なる朝鮮人の存在を見るを得べし、朝鮮国民が斯る偉大の政事家によりて獲たるものは功罪相半ばするものあるのみ。[19]

大院君に対しては、党閥の排除などの政治改革について一定の評価をしており、「非凡なる英傑の摂政者」と述べている。しかし、「彼も亦た伝来せる朝鮮人なり」とし、朝鮮の民族性によって彼の行動が規定されていたと評価している。これに対し、閔妃の評価は次のようなものである。

其一旦摂政太公と権を争ふに至るや、柔和にして沈着なる女性は、深刻なる機略となり、残忍なる政略となり、猛勇虎の如き巨人と相撃搏して王権の存在を争ふに至りぬ、大院君不平を懐き、揚州に去るや、此機会に乗じて彼《(ママ)》の政事的手腕は活動し来り、遂に大院君をして摂政を棄てて、城外に閑居せしむるに至れり、彼は此時より王宮の王の上に立ち、王を指揮し、事実の大王となれり、彼は其政敵の手によりて建創したる制度を破り、外戚を以て自己の権威を守護し、両班の弟子を重用し、王宮の栄華を好み、祈禱、燕遊、買位買官、一代の風教も滔々として堕落し去れり、彼は自己の勢力を保持するために、又政敵たる大院君と対抗する為めに、心血を注いで其党與を収攬し、其二十年間は強大勢力を利用し、常に王宮の保護者、自己の後援を得るに巧妙なる手段を尽したり。彼は政治を以て朋党の争具と心得へ、又朝鮮伝来の外交を活動せしめたるに於て、近世の代表的政事家とも謂ふべし。(20)

閔妃は「近世の代表的政事家」ともいえる存在にまでのし上がり、大院君と争い、政治の実権を奪った。大院君が政治の舞台から姿を消すと、閔妃は王よりも上に立ち、王を指示し、事実上の王ともいえる存在にまでのし上がった。大院君が人材の登用に関して実力のある者を取りあげるという政策を行ったのに対し、閔妃は自らの外戚を取りあげて自らの勢力を保持して、政敵と戦った。さらに「祈禱、燕遊、買位買官」なども行った。閔妃にとって、政治は党派による闘争に勝つことで権力を握るものであり、私利私欲を満たすためのものであり、まさに「近世の代表的政事家」であった。

以上のように、菊池は朝鮮の近代史を二人の英雄、つまり大院君と閔妃の闘争史としてとらえている。大院君に対する評価は一定程度は高く、王権強化のために行った各種の内政改革も評価している。しかし大院君は国際情勢を見誤って鎖国政策を堅持し続け、さらに閔妃との権力闘争に敗北することによって失脚する。これに対し、閔妃は聡明にして狡猾であり、政治闘争にも長けていた。同時に、大院君が世界の変化を無視して頑なに鎖国政策を貫き通したのに対し、閔妃は大国を巧みに弄んで操る外交術にも長けており、裏ですべての政治方針を決定した。ただ、二人に共通しているのは朝鮮の民族性である。菊池が朝鮮の民族性として定義するのは、国民のために大義をもって物事を行う性質ではなく、個人の名誉欲や権力欲に駆られて行動する性質を指している。そのため、もし英明な指導者がより早く開国して近代化し、清から独立して国を強くしていれば、植民地にはならなかっただろうとしている。

大院君と閔妃の闘争史として朝鮮の近代史をみなす視座は、まさに『大院君과明成皇后』と共通している。いうまでもなく、後に書かれた『大院君과明成皇后』は菊池の歴史観をそのまま引き継いでいるのである。このような視点は歴史の実証にもとづいているものではなく、むしろ現在から見ると一種の小説的な脚色と感じられる。しかし当時の多くの朝鮮通と呼ばれた民間のジャーナリスト、アジア主義者、時には学者さえもこの視点から朝鮮の近代史を描いているのである。そして、このような歴史観はその後にも脈々と引き継がれていく。細井肇という菊池と同様に朝鮮通のジャーナリストも、植民地期において『女王閔妃』という閔妃の一生に関する小説を書いている。『女王閔妃』は小説であるが、全く同じ歴史観にもとづいて書かれている。[21] このように日本と朝鮮において、同じ歴史観にもとづく文献は多数存在しており、当時如何に広くこの歴史観が普及していたかがうかがわれる。次節ではこの問題についてより深く掘り下げ、その思想的な源について考察してみたい。

## 四．井上角五郎立案、福地桜痴著『張嬪——朝鮮宮中物語』

朝鮮近代史を大院君と閔妃の政治闘争史としてみなし、朝鮮人の民族性を権力欲にとらわれた党派性とし、そこから逃れられないゆえに、日本による植民地化は歴史の必然的な帰結であったとする、このような歴史観の源はどこから来ているのだろうか。その源をたどると、かなり早い時期に形成されていたことを発見する。それはすでに朝鮮の開国からまもない、一八八四年の甲申政変前後にその端緒が形成されつつあったと思われる。そのなかでも井上角五郎は以後の朝鮮認識を形成するうえで大きな影響力をもった人物である。井上角五郎は福沢諭吉の弟子であり、朝鮮が開国した後のかなり早い時期に渡朝し、甲申政変にも関わった。井上はもともと福沢のもとで書生をしており、後に慶應義塾に入学した。その後、壬午の軍乱が起こると、福沢とともに朝鮮の知識人と深く関わるようになる。壬午の軍乱の事後処理のため、後に甲申政変で開化派として知られようになる朴泳孝、金玉均が来日し、福沢は彼らと親交を結ぶ。福沢は金玉均らの世話係となり、やがて彼らが行おうとしている朝鮮の近代改革を手助けするために井上を渡韓させる。渡韓後、井上は朴泳孝、金玉均と密に連絡を取り合い、福沢との仲介役をこなし、甲申政変にも参画した。甲申政変後には、井上は一時日本に帰国するが、また朝鮮に戻り、現地で近代的な新聞の発行などに心血を注いだ。

それでは、ここで井上が立案したという『張嬪——朝鮮宮中物語』について見てみよう[22]。この本には「琢園井上角五郎君立案、櫻癡福地源一郎君手稿、庚寅新誌社主手塚猛昌編纂」とある。序によると、ある日、福地桜痴は庚寅新誌社の手塚猛昌から井上角五郎の手稿を見せてもらう機会を得た。福地はこれを「演義の体」を借りて潤色を加えて出版した。数ページごとに彩色画が挿入されており、また文体も戯作風に書かれている。ジャンルとしては小説であり、伝記ではない。それでは、まず目次から見てみよう。

ここにある張内人（張嬪）とは高宗の側室である。小説の筋は単純であり、閔妃が嫉妬に狂って高宗が寵愛した張嬪を惨殺するという内容である。また、閔妃は大院君が張嬪の長男を世子に擁立しようとしたのを恨んで大院君を陥れ、摂政の座を奪い、引退に追いやった。

然るに今しも大院君の政その宜を失ひて入道の怨府となられたるを見て大に喜ひ、いで此機会を以て大院君を黜けんものをとて王妃を以て大王大妃（趙妃）に説勧め、早く大院君の摂政を罷めて国王殿下の御親政こそあらま欲く候へと言はしめ、また趙秉夏をも初より其一味に加へたりければ内外相応じて頻に其謀計を施したり。(23)

しかしそれだけにとどまらず、閔妃は残酷な方法で張嬪を殺害してしまう。

去程に王妃は今は宮中わが思ふ如くにはなりぬ常からして年頃日頃憎し〱と思ひつる張嬪の婢女め今こそ憂目を見せて我恨をは霽すべしとて、内官内人等に命を下して諸事みな張嬪を酷く取扱ひ、少しにても気に障る事あれば王妃の前に張嬪を引ずり出させて責め罵り容赦も無く呵責の笞を加え、時に触ては雲彩の衣をも剝ぎ取て輠体になし玉の様なる美しき肌に鞭杖を当て、あられも無き恥辱を加へらるゝを屢々に及びたり。国王は此事を知り召さゞるにや、又少々は知し召たりとて素よ柔弱の御性にて王妃を制させ玉ふ御勇気も乏しかりければ、張嬪が身の上哀れなりとは思し召ども救はせ玉ふ御事も成らずして年月を送られけるこそ無慙なれ。(24)

張嬪の殺害後には幽霊に悩まされて祈禱を行い、ついに張嬪の息子を義和君に擁立する。小説の形式で書かれているが、ここには大院君と閔妃の対立という主題、妬み深い閔妃の性格、軟弱な性格で閔妃に抵抗することができない高宗というパターンがすでに現れている。序には「その実は朝鮮今代史」とある。ここには菊池謙譲『朝鮮最近外交史——大院君伝　附王妃の一生』と同じ思想的な原型が表出している。ただ、菊池の作品と比較すると、権力闘争のために、清、露、日を操るといった閔妃の外交的、政治的手腕には言及がなく、あくまで宮廷内の陰謀に満ちた権力闘争に収束している。またこれが出版されたのは日清戦争の最中である。その後、日本のアジア主義者や壮士によって閔妃の暗殺が行われたことを考えると、当時その事件の伏線としてアジア主義者のあいだではこのような歴史観が広く共有されていた様子がうかがわれる。ただ、これは日清戦争前後の状況であり、日清戦争から遡ること一〇年前の状況ではまだそこまで閔妃個人に対する歴史観ができあがってはいなかったと思われる。

先述のように、井上は金玉均らの開化派と親交があり、日清戦争の約一〇年前に起こった甲申政変に深く関与していた。甲申政変の失敗の後、井上は甲申政変について『漢城迺残夢』という本を執筆している[25]。ここでは、朝鮮の宮廷政治において王の外戚（勢道）が権力を握る構造を指摘しているが、閔妃個人に対する言及は少ない。主題は、大院君と王妃の対立よりも、甲申政変の経緯やその背景の朝鮮の政治状況に焦点が当てられている。同時期には、同じく閔妃暗殺に加担した小説家、柴四朗が一八九一年に執筆した『佳人之奇遇』（巻一〇）がある。この『佳人之奇遇』の巻一〇には愛国の志士として金玉均が登場して、自らの生立ちや甲申政変に関して詳しく語っている。小説ではあるが、柴四朗自身が朝鮮から逃れてきた金玉均と東京で実際に会談を行っているので、ある程度は史実に則しているともいえるであろう。会談した際には、柴四朗は金玉均から甲申政変が起こる原因や経緯について詳しく聞いたはずである。『佳人之奇遇』の巻一〇では、大院君と閔妃の対立に関しては記述がない。同時に、近代改革派の穏健派、大院君、閔妃の外戚について書かれており、閔妃個人に対する言及自体がほとんどない。ここでは詳述は避けるが、小説のもととなる歴史観も、上記の大院君と閔妃の闘争史という歴史観とは異なっている。そのため、大院君と王妃を対立させてその闘争史として朝鮮の近代史を描く歴史観は、日清戦争から約一〇年前の甲申政変の時期にはなかったと思われる。外戚の閔氏や外戚による専横という朝鮮政治の特徴に関しては非難が向けられているものの、閔妃個人に対する直接的な攻撃はまだ現れていなかった可能性が高い。

金玉均らの開化派を追い落とした閔氏外戚の専横への批判は、井上などの実際に朝鮮の政治改革に介入しようとした日本人のあいだで、すでに日清戦争の一〇年前あたりに存在していた。ただ、閔妃と大院君の闘争史というかたちで明確に現れてくるのは、日清戦争前後の可能性が高い。先述のように、井上は甲申政変に関与し、金玉均とも深い親交があった。甲申政変後、金玉均は日本に亡命し、日本において彼を支持した多くの壮士やアジア主義者と親交を結ぶ。そして日清戦争直前に、金玉均は朝鮮政府によって送られた刺客によって上海に誘き出され、暗殺される。彼らと親交のあったアジア主義者は金玉均の屍を回収するために上海まで出向いた。しかし清によってすでに朝鮮へと運ばれ、金玉均の遺体は朝鮮政府によって無残に市に晒されていた。そのため、日清戦争の導火線となったのは、親日派として有名だった金玉均の暗殺であるともいわれている(26)。閔妃外戚一派との闘争に敗れることによる金玉均らの甲申政変の失敗、その後の閔妃外戚による清への接近、朝鮮政府による親日派である金玉均の暗殺は、アジア主義者、壮士、ジャーナリストにとって心情的には閔妃への批判と結びついていったのであろう。日清戦争後、菊池は『朝鮮王国』を書いたが、このなかにもすでにこのような歴史観が見られる。日韓併合直後に、菊池は『大院君伝』をソウルで出版し、以降日本と朝鮮の両国において以上のような歴史観は広く普及していった。そして戦後にいたっても最近まで、この歴史観は長い期間、根強く浸透していた。

日清戦争後から生じた閔妃個人に対する攻撃や排除は、当時の現実的な政治の場において、日本による政治改革を行うことで植民地化に向けて地ならしするのに都合がいいように、現実的な手段としての意味をもっていたという指摘がなされている(27)。そこで、当時の現実と歴史観との関係について「おわりに」で述べ、本稿を締めくくりたい。

# おわりに

木村幹の『高宗・閔妃』は、朝鮮の近代史について、実権を握っていたのはやはり高宗であり、朝鮮の近代史を考えるうえで、高宗の近世的な絶対王権と身の安全を守ることを優先する方針を見逃してはならないと指摘している。高宗が成人して大院君の摂政政治から独立し、自らが政治の中枢とならんと欲した時、自らの政治を行うためには、妻である閔妃の実家につながる驪興閔氏に頼り、彼らを抜擢することで自らの政治基盤を固める必要があった。高宗は閔妃と良好な関係を築いており、王妃は王の孤立を防いでくれる信頼できる存在でもあった。高宗は甲申政変においても清からの完全な独立を志向しておらず、むしろ清に依存する小国主義を貫きながら、近代化を推し進めようとした。甲申政変の失敗によって一時期日本の影響力が減退し、清による属国化が進むが、むしろこれは閔妃というよりも高宗の政策であった。実際の政治において、閔妃がすべての権力を掌握していたとする考え方は現実に即しているとはいい難く、権力を握っていたのはやはり高宗であり、高宗は自らの政権基盤を維持するために外戚である閔氏を登用したのであった。しかし日清戦争後に日本が勝利して朝鮮の政治改革を進めようとすると、政治議論の場で高宗の背後を支える閔妃とその外戚の存在に注目がいき、目障りな存在となっていく。日本にとって、高宗を孤立化することは朝鮮の政治に介入しやすくなることを意味していた。日本は高宗の後ろ盾となっている閔妃と外戚一族の存在が近代的改革を阻んでおり、また内宮が政治に口を挟むことが反近代的であると感じていた。閔妃を排除することは外戚一族を排除することにつながり、高宗を孤立化し、傀儡化しやすくする。閔妃の暗殺後には閔氏の台頭は終わるが、高宗は日本による君権の縮小を警戒してロシアに依存し、日本によって排除すべき存在と目されるようになる。このように大院君と閔妃の闘争史という歴史観は、実際の史実に即していない可能性が高いのである。

植民地以後に広く普及することになる大院君と閔妃の闘争史という歴史観は、親日の金玉均と直接的に交流のあった井上角五郎などの一世代前のアジア主義者に源流がある。彼らは藩閥政治によって明治の政治の中枢から疎外されていた。そのため彼らは日本よりも朝鮮や中国などのアジアに活躍の場を見出し、同志として朝鮮の志士と手を結び、彼らからすれば朝鮮のために近代改革を行うことに使命感を抱いていく。愛君愛国の彼らは天皇を批判できないように、朝鮮王も不可侵な存在として公には批判できない。そのため王自身に問題があるわけではなく、金玉均らと対立し、王を惑わす閔妃や外戚こそが覇道政治の元凶であり、朝鮮の近代改革を阻んでいるのだと批判をすり変えていく。菊池よりも一世代前のこういった見方は、アジア主義者のあいだでは共有されていた。そして、日清戦争前後になると、金玉均を暗殺した朝鮮政府への反感は、より直接的な閔妃への批判として置き換わっていくのである。こういった歴史観は壮士やアジア主義者などによる閔妃暗殺という過激な行動へとつながっていくが、それは上記で述べたような朝鮮を植民地化するために日本に有利な政治的基盤を形成していくという現実的な政治の要求とも迎合しているものであった。

しかし時代を経ることによって、これらの見方は現状認識から歴史観へと変貌していく。韓国併合後には、アジア主義者が朝鮮において言論活動を盛んに繰り広げるが、日本の植民地支配という後ろ盾と強制力を得て、彼らの歴史観は初めは親日派の朝鮮知識人に、やがてはより広い層までにも徐々に浸透していく。一九三〇年代になると、民間のアジア主義は政府の「内鮮一体」のイデオロギーと合流しつつも、むしろ自分たちの先覚性、主導的立場を主張するように傾いていく。その過程において、自らの果たした役割や意義、正当性を「歴史」という記述を借りることによって普及させていくのである。

以上のように、植民地期における歴史観の問題点は、もともとはある集団による現象の「解釈」として現在的に存在したものが、時間の経過とともに「解釈する立場」が捨象され、真実として脈々と根づいていくことにある。その過程において、歴史が二つの対立する人物や集団の相克というわかりやすく単純化をされて解釈されることが往々にしてある。ここでは大院君と閔妃の対立といった単純化が行われていた。しかし、その単純化をされた歴史の解釈が後の人に「史実」として継承され、歴史観として定着をしてしまうのである。戦後になると、これらの歴史観の「中身」は検討されるようになり、逆に日本の歴史観を覆すために、暗殺された閔妃はむしろ日本の侵略に抵抗した英雄としてさえ描かれるようになる。[28] 閔妃の英雄視も実はその「中身」への問い直しに過ぎず、高宗よりも閔妃が政治の実権を握っていたという同じ枠組みの歴史観にもとづいている。歴史観の「中身」は検討されても、「枠組み」自体が問い直されることは難しく、長く影響力が継承されてきたのがわかる。そして、上記の木村幹のような実証的な史料にもとづく考察のように、最近になってようやく歴史観の根底にある枠組みへの検討が行われつつある。[29]

以上、本稿では主には閔妃の伝記を通した日朝両国における歴史観の形成、浸透、普及の過程について論じ、植民地期における学知とは異なる、民間における歴史観の広がりについて論じた。[30]

（1）　拙著『近代伝記の形成と東アジア――清末・明治の思想交流』（京都大学学術出版会、二〇二二年）参照。

（2）　梁啓超著、訳者未詳『匈加利愛国者噶蘇士伝』（『朝陽報』第一巻第九号〜、一九〇六年）。この原作となったのが、梁啓超訳『匈加利愛国者噶蘇士伝』（『新民叢報』一九〇二年）である。また梁啓超の『匈加利愛国者噶蘇士伝』は石川安次郎『ルイ、コッスート』（『近世世界十偉人』文武堂、一九〇〇年、七九一〜八八〇頁）を翻訳したものである。

（3）　平田久纂訳、梁啓超訳述、申采浩重訳述『伊大利建国三傑伝』（広学書舗、一九〇七年）。『伊大利建国三傑伝』には国文体で翻訳した版本と、国漢体で翻訳した二種類の版本があり、申采浩は国漢体で翻訳した。

（4）　申采浩が用いた底本は、梁啓超『意大利建国三傑伝』（『新民叢報』一九〇二年）である。イタリア三傑とは、イタリア建国の偉人マッツィーニ、カヴール、ガリバルディの三人である。松尾洋二「梁啓超と史伝――東アジアにおける近代精神史の奔流」（狭間直樹編『梁啓超』みすず書房、一九九九年、二五七〜二九五頁）では、梁啓超の『意大利建国三傑伝』が平田久纂訳『伊太利建国三傑』（民友社、一八九二年）をベースにし、カヴールに関しては松村介石「カミロ、カヴール」（『近世世界十偉人』文武堂、一九〇〇年、一〜一二五頁）も参照したと指摘している。筆者がさらに捜索すると、ガリバルディについて岸崎昌『ガリバルヂー』（博文館、一九〇〇年）も参照としたことを発見した。

（5）原作ユ레이스、坪内雄蔵（春廼屋朧）訳述、梁啓超重訳述、訳者未詳『라란부인전』は、一九〇七年五月二三日から一九〇八年二月一五日まで『大韓毎日申報』に断続的に一六五回に分けて連載された。坪内逍遥が翻訳した『（泰西女丈夫）朗蘭夫人の伝』（帝国印書会社、一八八六年）というローラン夫人伝も存在するが、実際に梁啓超が用いた翻訳の底本は、徳富蘆花の『世界古今名婦伝』（民友社、一八九八年）に掲載された「仏国革命の花」である。朝鮮で重訳された本では、「坪内雄蔵（春廼屋朧）訳述」とあるが、同時に「梁啓超重訳述」となっている。

（6）萩生茂博「伊太利建国三傑伝をめぐって」（日韓文化交流基金編『訪韓学術研究者論文集』第一巻、日韓文化交流基金、二〇〇一年）二二六頁。

（7）申采浩の伝記は『大韓毎日申報』に断続的に掲載された。「（大東四千載第一偉人）乙支文徳伝」（一九〇八年）、「（水軍第一偉人）李舜臣伝」（一九〇八年）、「（東国巨傑）岩都統伝」（一九〇九〜一九一〇年）などがある。

（8）張道斌『大院君과明成皇后』（徳興書林、一九二七年）。

（9）日本において長く閔妃の写真とされてきた、頭にクンモリと簪をつけた女性の写真が偽物であることは既に判明している（三谷憲正「「閔妃」試論――図像をめぐる一考察」『日本研究』第二七号、二〇一一年、九一〜一一〇頁）。『大院君과明成皇后』に掲載されている「明成皇后」の写真は、この写真とは全く異なる写真である。

（10）張道斌、前掲書、四四頁。

（11）張道斌、前掲書、七五頁。「開化党」は現在では、「開化派」という呼称で呼ばれている。本稿では、『大院君과明成皇后』の通りに「開化党」とした。

（12）張道斌、前掲書、九六頁。

（13）張道斌、前掲書、一〇四頁。

（14）張道斌、前掲書、一〇五頁。

（15）このような閔妃と閔氏外戚による不正腐敗、贅沢、無能が植民地化を招いたとする亡国史観は、張道斌の『大院君과

明成皇后』だけでなく、一九一五年の朴殷植『韓国痛史』や、一九二二年の崔南善「朝鮮歴史講話」、一九二五年の『中等朝鮮歴史』にも共通している。このことに関する論考は以下を参照。한승훈「근대 시기 명성황후에 관한 상반된 인식과 담론 형성」(『역사와현실』第一一一号、二〇一九年)八一～一一一頁。金鳳珍「朴殷植におけるナショナリズムの『発明』」(『政治思想研究』第六号、二〇〇六年)一八〇～一九六頁。

(16) 菊池謙譲『朝鮮王国』(民友社、一八九六年)。

(17) 林泰輔『近世朝鮮史』(早稲田大学出版部、一九〇〇年)。

(18) 菊池謙譲『朝鮮最近外交史――大院君伝　附王妃の一生』(日韓書房、一九一〇年)。하지연『기쿠치 겐조、한국사를 유린하다』(서해문집、二〇一五年)において、菊池謙譲の影響力について詳細に論じている。たとえば、菊池の文章が読みやすいものであったがために、当時の日本と朝鮮の言論界に広範囲に影響を及ぼしたこと、また菊池自身が大院君と直接的な交流を有したために彼の著書の信憑性を高めたこと、菊池の歴史観が当時の朝鮮だけではなく、現在に及ぶまでの影響力をもったこと等について論じている。

(19) 伊藤隆、滝沢誠監修『(明治人による近代朝鮮論影印叢書第七巻) 大院君・閔妃二　菊池謙譲著大院君伝』(ぺりかん社、一九九八年)一二～一三頁(総頁数五八～五九頁)。

(20) 伊藤隆、滝沢誠監修、前掲書、二九六～二九七頁(総頁数三四二～三四三頁)。

(21) 細井肇『女王閔妃』(月旦社、一九三一年)。伊藤隆、滝沢誠監修『(明治人による近代朝鮮論影印叢書第九巻) 大院君・閔妃四　細井肇著女王閔妃』(ぺりかん社、二〇〇〇年)の解説で、木村幹は細井の作品について次のように述べている。「朝鮮人の党派性とそれに伴う、国益を度外視した(と細井の考えた)政治闘争であり、そのために巡らされる、陰謀に満ちた宮廷政治である。細井のこのような朝鮮王朝観は、当時のアジア主義者にある程共通のものであり、彼等はそれをもって、当時の朝鮮王朝が明らかな機能不全に陥っていたこと、それ故、朝鮮の改革、そしてその究極的形態として日韓併合が歴史的必然であったこと、そして、そのような嘗ての否定されるべき朝鮮の社会の在り方が、一定の朝鮮の文化に由来しており、それ故、これを一掃し、朝鮮社会を建て直し、真の「アジアの一員」とするためには積極的な改革が必要であることを、主張する。(中略)最後に、この細井の三部作は、菊池謙譲の著作と並んで、戦前、そして戦後の朝鮮観を大きく左右するものであったことを指摘しておくにしよう。近代朝鮮史を大院君と閔妃の間の政治闘争を中心として理解すること、その歴史観自身、細井等が中心となってあみ出して来たものであった。果たして、大院君や閔妃が本当にそれほど大きな影響力を行使していたのか、それとも何か他に重要な点があるのか、我々は細井の歴史観を乗り越えるためにも、もう一度、細井の著作に真摯に取り組む必要があるのではないだろうか。」（四二七頁）。他に、池内敏「細井肇の和訳『海游録』――大正期日本人の朝鮮観分析をめぐる断章」（『超域的日本文化研究』第七号、二〇一六年）六八～七五頁も参照。

(22) 福地源一郎『朝鮮宮中物語――張嬪』（庚寅新誌社、一八九四年）。

(23) 福地、前掲書、三七～三八頁。

(24) 福地、前掲書、四一～四二頁。

(25) 井上角五郎『漢城廼残夢』（井上角五郎、一八九一年）。

(26) 小林瑞乃「日清戦争開戦前夜の思想状況――金玉均暗殺事件をめぐる一考察」（『青山學院女子短期大學紀要』、第六四輯、二〇一〇年、四五頁～六四頁）において、金氏暗殺事件をめぐる新聞報道を詳細に検証している。「金氏暗殺の衝撃的なニュースを各紙は日本を敬慕する亡命者の不遇悲運として報じ、日本人の義挙を呼び掛け盛んに義侠心に訴えた。新聞雑誌の他、浄瑠璃や演劇などでも題材になり、様々な形で老若男女の心情に訴え、善意を引き出す物語となっていた。こうして庶民の同情や善意を背景に日清戦争が断行された。義は我に在りという主張が清への敵愾心を煽り、開戦を国民に受け入れさせていくのに力を発揮し、戦意高揚が図られた」と結論を下している。また、金玉均が甲申政変失敗後に日本に亡命した当時は、国外追放やロシアや清との接触をスパイと騒がれたこともあったと指摘し、その後に次のように続けている。「だが死して一転、「不遇悲運の士」という評価のみとなり、親日派としての経歴が喧伝された。各紙では、金氏は日本の感化を受け日本を敬愛していた志士であり日本人として扱うべきであるとか日本に帰化したも同然であるという主張が当然のように述べられ、腐敗政治の横行、惰弱な風俗、絶えず生じる民乱など朝鮮の現状は亡国に等しいと論じ、しかし自ら改革の力は無いので隣国のために助力するのが善隣の道、文明の先進国日本の天職であり、国政改革を願った金氏の宿願成就でもあるということが繰り返し論じられていた」。

(27) 木村幹『高宗・閔妃――然らば致し方なし』（ミネルヴァ書房、二〇〇七年）。

(28) 下記の論考では、菊池謙譲の『大院君伝』が閔妃の否定的な形象を形成し、これが戦後の韓国にまで影響を与えたとする。最近では、ミュージカル「明成皇后」、テレビドラマ「明成皇后」などの多数のポップカルチャーが日本による歴史の歪曲を糺すために、「日本の侵略に戦った崇高な英雄」として閔妃を描くようになり、これが歴史界にも影響を

与えたと論じている。한승훈「근대 시기 명성황후에 관한 상반된 인식과 담론 형성」『역사와현실』第一一一輯（二〇一九年）八一～一二一頁。

(29)　長く継承されてきた閔妃と大院君の対立という歴史観の枠組み自体を問い直した論考も最近では出てきている。たとえば、「閔妃の聡明だが、妬み深い性格と高い政治的手腕をもち、外交関係にも積極的に関与した」とする歴史観は、優柔不断な高宗のイメージと表と裏の関係にあるとする論考がある。大院君と閔妃の対立という構図の背景には、高宗の王位継承の特殊性に原因があるとする。高宗の王位継承の特殊性とは、前王哲宗に跡継ぎがいなかったため、傍系王族から選ばれて即位したことを指す。そのため孝を尊ぶ儒教的政治システムのなかで、幼く即位した王に代わって後見人の実父大院君が実権を握ることになった。高宗が成人後に、大院君の鎖国政策に対して危機感を感じたことや他の政治政策への批判から、彼自身が政治的実権を握る過程において、味方として王妃の外戚である閔氏の登用が始まる。当時、大院君と閔妃の権力の基盤には高宗の信頼が必然であり、高宗を越える政治権力は存在しなかった。また閔氏のみを優遇したのではなかった。そして閔妃の暗殺後も閔氏の要職登用は継続したとしている。以下を参照。강상규「명성왕후와 대원군의 정치적 관계 연구」（『한국정치학회보』第四〇巻第二号、二〇〇〇年）二七～二九頁。

(30)　田保橋潔『近代日鮮関係の研究』（朝鮮総督府中枢院、一九四〇年）は、戦前において出版された近代朝鮮史に関する代表的な学術書の一つであり、当時の朝鮮近代史についての学知を代表している。この書において、田保橋は朝鮮の政治体制について、外戚、朋党、戚族が非常に大きな影響力を有する、世道政治が特徴であると指摘し、この世道政治の枠組みから大院君と閔妃の関係を論じている。「第二　李太王の即位　大院君の執政」、「第三　癸酉政変　大院君政権の終末」において、大院君の失脚について論じているが、失脚の原因として大院君が戚族を優遇しなかったために戚族の恨みを買い、孤立し、排除されたとしており、閔妃個人との対立によって排除されたとはしていない（一八頁～三三頁）。

【付記】　本論稿はJSPS科研費JP22K00850の助成を受けたものである。

# 「植民地」官僚の統治認識——樺太と南洋

加藤道也

## はじめに

本稿では、戦前期樺太および南洋群島に勤務した植民地官僚の統治認識を検討する。一八九五年にはじめての植民地として台湾を領有して以降、日本は一九〇五年には南樺太および関東州、一九一〇年には朝鮮、一九二二年には南洋群島を植民地・影響圏として獲得してきた。それらの地域には、台湾総督府、樺太庁、関東都督府、朝鮮総督府、南洋庁といった現地行政組織が設置され、いわゆる植民地官僚によって運営された。戦前日本の植民地統治に関しては、その運営のあり方から、下記のように大きく三つの型が存在していたと指摘されている(1)。

第一は、台湾、朝鮮、関東州に見られるものであり、当地の資源と労働力の利用を巡って大多数を占める植民地・影響圏の人々とのあいだにしばしば発生する利害の衝突を調整しつつ円滑な外地行政の運営を求められる植民地・影響圏である。

第二は、当地の資源は利用するものの、そこでの活動はおおむね日本人のみによって行われる南樺太に見られる場合であり、そこでは、日本人以外の人口がほとんど無視しうるほど少なく、現地の人々との摩擦やそれらの人々に対する施策が比較的少ない傾向にある。

第三は、これら二つの型の中間にある南洋群島の場合である。そこでは、日本統治の初期においては、ミクロネシア人の全人口に占める比率が圧倒的であったが、その後の移民による日本人の増加がめざましく、一九三五年には過半数を占めるに至っている。統治初期においてはまず日本人の資本と労働力によって開発が始まり、その誘発効果として現地人の産業活動が行われるという推移をたどった地域である。

樺太については、日本人による「移住型植民地」としての特徴を踏まえた研究が行われてきたが[2]、そうした成果を踏まえて、樺太の境界領域的性格、東アジアのなかでの位置づけ、統治制度の特殊性、樺太を舞台とした人的・物的交流、北海道や東北地方との関係などを視野に入れた包括的研究もなされている[3]。また、開発・産業振興政策、文化・教育政策の推進に関する検討も行われている[4]。近年では、移民社会としての樺太を本格的に再解釈しようとする試みも見られる[5]。

南洋については、軍政期の統治の特徴を明らかにする研究から始まり[6]、軍政期の特徴の民政期への一般化と、より綿密な研究が進められてきた[7]。また、南洋群島の国際的文脈における位置づけ、南洋群島を巡るさまざまな人脈、植民地台湾との関係、移民を通じた沖縄や植民地朝鮮との関係などを広範囲に検討した成果も刊行されている[8]。

日本帝国の植民地や植民地官僚に関しては、「満洲国」を含めた植民地全体やそこで勤務した官僚たちの人的交流の視点からの研究の重要性が提起されており[9]、筆者も、第一の型については、台湾、朝鮮、関東州といった戦前期日本の外地行政機関に勤務した植民地官僚を具体的に取りあげた伝記的研究を通じて、それらのあいだの共通点と相違点を明らかにしてきた[10]。本稿においては、第二の型である樺太と第三の型である南洋についても同様の検討を試みるものである。具体的には、樺太庁と南洋庁に勤務した官僚の経歴と活動を検討し、彼らの統治認識を明らかにし、戦前期日本の植民地・影響圏統治の実態解明に寄与したい。

## 一．樺太「植民地」官僚の統治認識

### （1）樺太の統治機構、在住者、産業

一九〇四年二月に勃発した日露戦争において、日本軍は一九〇五年七月末には樺太全島を占領下に置き軍政を開始した。同年八月には樺太民政署が設置され、軍政下においても行政実務は文官に移管されていった。一九〇七年四月に設置された樺太庁は、長官を武官専任とせず、総合行政機構を有し、特別会計によって運営され、本国現行法令は勅令によって樺太に施行され、樺太対象の法令の制定も可能とされた。特徴としては台湾総督府同様、植民地行政機構としての特徴を有するが、実際の運営は「内地同様」の特徴をも有していた[11]。治安の維持については、軍政時代においては「憲兵隊長」が管掌していたが、民政署時代を経て人口が増加すると「行政機関が発達」し、内務省管轄下の文民警察による「警察権」が確立した。その担当区域が「広大」であること、「交通」が不便であることによって「平素の勤務は実に至難である」ことが指摘されるとともに、「府県に於ける犯罪者の遁入等も多い」ことによって「非常な悪条件」の下に置かれていることが指摘されている[12]。

領有当初の樺太の在住者については、「僅かに四〇六戸、一九九〇人であったが、（調査が行われた一九三六年）現在は六万余戸、三三万余人」と報告されている[13]。一九三六年における居住民の構成は、内地人三一万二九二六人（九七・三％）、朝鮮人六六〇四人（二・〇％）、現地住民一八七六人（〇・六％）、外国人三五九人（〇・一％）の合計三二万一七六五人であった[14]。樺太についても、邦人人口の増加が「植民地経営の基礎的条件」であり、「北方日本の産業発展」にとって重要であると認識されていた[15]。樺太における現地住民としては、「アイヌ・ニクブン（ギリヤーク）・オロッコ・キーリン・サンダー及ヤクートの六種類」と見られていた。彼らは「比較的従順で

あるが其の知能は概して低い」と認識されており、「内地人社会の競争」のなかで「自立」を維持していくことは「到底出来ない」と考えられていた。それゆえ、「農業・漁業・其の他」に関して「特殊の制度」を設けての「指導奨励」を行うことが必要であり、それらを通じて「生活の基礎」を安定させ、「子弟の教養・衛生思想の向上喚起」を重視し、「彼らの風習を毀けぬ範囲」において「自由文明の恵沢に浴させる」ために「保護」政策を展開していくとされた(16)。

樺太の産業は「天然資源が豊富」であることから「非常に恵まれている」と考えられていたが、一方、「気候風土」や「位置」から見ると「自然の恩恵が極めて少ない」とも見られていた。樺太近海は「世界三大漁場の一つ」として「魚介海藻等の水産物が豊富」であり、「全島を覆ふ森林」は「有用樹木が繁茂」しており、さらに地下には数十億トンにも及ぶ「石炭」が埋蔵されており、「油田」の開発も期待されていた。しかし一方で、「気候風土の関係」によって、森林も「人工更新」が困難であり、農産物も「耐寒性」の特殊なものを選定することが必要となり、加えて樺太の地理的位置が「帝国の北水陲」にあるため市場へのアクセスに「多額の運賃と労力」とを必要とするなどの不利な点を抱えているとも考えられていた。

樺太における「工業の勃興」は、「経済的加工の方途」が容易に案出されず、「資金の誘致」も行われなかったため、その「進歩発達」は「極めて遅々たるもの」であったと認識されていた(17)。

## (2)　熊谷喜一郎の経歴と統治認識

樺太に勤務した「植民地」官僚として、本稿では軍政期と民政期をともに幹部として経験した熊谷喜一郎の経歴と活動、統治認識を見ていきたい。

熊谷喜一郎は、一八六六年五月二六日、江戸に生まれた。一八九二年、帝国大学法科大学を卒業後の同年七月、ただちに内務省試補に任ぜられ社寺局に勤務した。翌一八九三年一一月、北海道庁参事官、内務書記官、拓殖務書記官、農商務省参事官、陸軍省参事官などを歴任した。一九〇一年七月、内務省参事官となり衛生局に勤務した後、一九〇二年一〇月、総務局台湾課長に任ぜられた。一九〇三年五月、台湾総督府事務官兼任となった後、一九〇五年七月、樺太民政署民政長官に任ぜられ、軍政下における一般行政を司った。一九〇七年四月一日に樺太庁が設置されると、内務行政を管轄する第一部長として尽力した(18)。しかし、漁業制度をめぐり樺太庁長官楠瀬幸彦との対立が表面化すると、一九〇八年四月、楠瀬長官とともに更迭・休職となった(19)。しかし、同年六月、山梨県知事に任ぜられ、水害対策や御料地の下賜などに尽力した。一九〇三年六月に休職となったが、一九一四年四月、石川県知事に任ぜられた。石川での任期は一年であったが、一九一四年七月に勃発した第一次世界大戦に臨んで「軍備調達」と「米価低落による産業不振」を理由とした「記録なき大節約予算」を提案・実施した。一九一五年四月、依願免本官となった。その後、一九四九年一〇月九日に逝去した(20)。

熊谷喜一郎はどのような統治認識を持っていたのであろうか。彼は実務型の内務官僚であり海外留学経験などはなかったが、同時に彼は内務省総務局台湾課課長として、台湾総督府民政長官後藤新平とのあいだで戸口調査部官制や台湾種痘規則の作成などについて協議することなどを通じて植民地行政の実務にも精通していった(21)。彼は一九〇三年一二月に、イギリス、フランス、ドイツの植民地制度を調査した資料集『欧州各国植民地制度彙纂草案 立法及予算ノ部 巻一（英吉利・仏蘭西・独逸）』をまとめている(22)。また彼は父親が山口県人であり長州閥の人物として認識されており、政党内閣から自律的であろうとする姿勢を有する植民地官僚としての特徴を持っていた(23)。

彼の統治認識を示す資料として一九〇七年四月一五日に行われた銀行倶楽部の晩餐会における演説記録が残っており、これを手掛かりに彼の統治認識を検討してみたい。

韓国統監府総務長官、同財務長官、台湾総督府民政長官、関東都督府民政長官をはじめ各国の公使等を招待して日露戦争後の日本の国際的展開と植民地運営の方針等を共有しようとする意図で開催されたこの晩餐会において、樺太民政長官として出席した熊谷喜一郎は以下のように語っている。

熊谷はまず、「全体世間で韓国、満洲の方には非常に御注意になりまするが、樺太と来ると頓と御注意が無い、是は吾々共に取つては甚だ不平である」と述べ、さまざまな海外植民地・影響圏のなかでの樺太の認知度の低さについて不満を表明している(24)。

彼は、樺太について、「約四国の二倍」に匹敵する「約二千平方里」の広さを有しており、「面積に於てはそれ程狭くはない」と主張する。「気候」については「冬期になりまするど最低の場所が摂氏の零下三十五度まで」低下する寒さであることを認めたうえで、「人口」については、従来居住していた「露西亜人が約四千人」は現在「僅かに三百」人となり、その他に「アイノ」人をはじめ、「ギリヤーク」、「ヲロチヨン」、「トングーヅ」、「ヤングーヅ」といった「もつと劣等なる人種が四つ」居住しており、これらの人々が合わせて「約六百か七百位」の人々が居住していると述べる。「内地人」に関しては、従来「百人足らずの商人が居つたに過ぎない」状態であったが、日露戦争による「占領以降」、続々と「渡航」が行われた結果、「約二千人」から「其六倍」の「一万二千人」に増加したと指摘する。熊谷はこれを、「我大和民族の発展力のどれ程激いかと云ふことを証拠立てる一つの材料」であると考えるとともに、将来的にも「続々増加するであらう」と楽観している(25)。

樺太における「産物」については、まず「水産物は無尽蔵」であるが、陸上においては「寂寞」たるものであり「土地」も痩せており、「始終雪」に覆われていて「陸上は殆ど顧みるに足らぬ」ということが「一般の世論」であると指摘したうえで、それは「事実」に「反対の傾」があると述べる。熊谷は、従来イメージされてきたように「水産の利も豊富」であることに違いなく、事実「鯡」の収穫高が「約十五万石」、その他にも「鮭」、「鱒」、

「鱈」、「昆布」、その他の「雑魚」などの収穫高も加わるため、合計すると「多大の額」となるが、「魚族の高」は自然的に「制限」されるため「無尽蔵と云ふ訳には参りませね」との考えを表明し慎重な姿勢を示していた(26)。

一方で「陸上」に関しては、広大な「森林の面積」があり「豊富」であり、「農業」や「牧畜」などもかなり「有望」であると見ていた。また、「麦類」、「豆類」、「蔬菜類」もかなり有望であると主張し、今後の発展に期待する認識を示していた(27)。

さらに「鉱物」についても、「石炭」は「層」も厚く「面積」も広く「到る処」にあるうえに、質的にも「夕張炭」に匹敵する水準であると自賛する(28)。

このように従来から知られていた「水産」だけでなく、「山林の事業」、「鉱山の経営」、「農業、牧蓄の経営」についても十分に期待できるものであると訴え、「皆様の御考を願ひたい」と喧伝し、最後に、「どうか余り満洲や韓国ばかりに注意を払はれずに樺太に向つても一部分の御注意を払はれんことを願ひます」と述べて人々の注意を喚起したのであった。

熊谷喜一郎の経歴を見ると、経歴の初期に当時「内国植民地」のイメージを有していた北海道に関連する北海道庁参事官、植民地行政に関連する拓務省書記官、台湾総督府事務官などを歴任している。このことは、日露戦後の樺太が日本人移住者によって構成された「内地同様」の性格の強い地域でありながらも、他国と国境を接する「境界の地」であり、少数ではあるものの現地住民や外国人を含む「植民地」であることを反映しているものと考えられる。その後の樺太は、歴代樺太庁長官の経歴から見ると内務省出身者が多いことから、徐々に内地と同様の地であるとの認識が強まっていくものと思われるが、少なくとも初期の段階では「外地」としての認識が相当程度存在していたものと思われる。それは樺太における統治機構が外地同様の部分を多く有していたことからも窺われる。

熊谷喜一郎の演説から読みとれる統治認識には、樺太について、異民族統治を強力に必要とする地であるとの認識は窺われないが、彼が樺太の資源や将来的開発について語る際に、国内の府県ではなく、朝鮮や台湾等の植民地・影響圏を挙げていることから、「外地」であり「植民地」であると認識していたと思われる。

## 二　南洋「植民地」官僚の統治認識

### (1)　南洋群島の統治機構、在住者、産業

一九一四年七月に第一次世界大戦が勃発すると、日本は日英同盟に基づき連合国側に立って参戦し、赤道以北のドイツ領ミクロネシアを占領した。同年一二月には臨時南洋群島防備隊が設置された。一九一九年一月から開催されたヴェルサイユ講和会議において委任統治制度が作られると、日本は一九二〇年一二月に南洋委任統治条項を締結し、一九二二年三月には南洋庁が設置され、南洋群島においてC式委任統治行政が開始された(29)。臨時南洋群島防備隊は撤収し、文官による統治が行われた。

日本による占領統治初期における南洋群島は、「人文発達ノ程度」が「極メテ幼稚」であり、「社会ノ状態」は「簡単」であると見られており、いわゆる「文明社会ノ組織的労働」というものは存在しないと考えられていた(30)。日本の統治は、「土民の利益」や「権利及慣習」を維持する政策を展開し、現地住民の「慣習」を認めつつ現地の「酋長」が従来「普通土民」に対して有していた「或種の権力」を容認して「村長」あるいは「助役」等の名義を付与して「租税徴収の任務」を担当させる等の「一般村政」を行わせ、適宜「村長会議」を招集して彼等の意見を聴取し、「施政の参考」に供しつつ行われたとされる(31)。

さらには、軍政の終了に伴い海軍部隊が撤収すると、南洋群島の「秩序維持」は主として文民の「警察力」によることとなり、「本庁」に「警視一人」および「警部」、「警部補」および「巡査」を若干名置き、各支庁には

「警部」、「警部補」および「巡査」を若干名配置した。そしてその下に、「島民の巡警」を附属せしめてコミュニケーションを維持し、「風紀」の維持と「島民」の「保護」を行い、「島民」を日本帝国化で安定して統治することが目指された(32)。

「島民中優良なる者」を選んで「巡警」として採用し、彼らに一部の「警察労務」を担当させ、さらには「島民学校卒業者中優秀なる者」を「助教員」として採用し、彼らに「島民の初等普通教育」を「補助」させること、また「島民中比較的知能ある者」を可能な限り「官庁の雇人」として「採用」し「漸次之に訓練を加へ」てその「技能の進歩」を待って彼らを「登用」して徐々に「公の事務」に「参与」させる途を開くことが追求された(33)。

産業に関しては、ドイツ時代との比較がなされている。すなわち「独逸時代」においては「ヤルートに於けるコプラ製造」、「アンガウル島に於ける燐鉱採掘」が主であり、「その他の未開な群島」においては「特記すべきもの」はなかった。「貿易」もこれらの物品の取引の他は「原始的島民の需要に供する僅少の雑貨」があるに過ぎなかったとされる。それが、日本軍の「占領後」は、「群島産業の開発」に専心し、「各種産業の指導奨励」を行っていたが、「南洋庁設置」後は、「産業奨励金の制度」や「産業試験場」、「水産資源場」の設置、「農業、畜産、林業、及水産に関する試験調査」、「土地調査」、「椰子林の経営調査」等が行われるようになり、「事業の開発」を促すとともに、「各種の産業」に対する「補助金」、「奨励金」の交付が行われ、さらには「商工団体」に対する「経費」の「補助」、「産業及貿易等の調査」が実施され、「貿易の増進」や「群島産業の発達助成」に努めたとされる(34)。

### (2) 横田郷助の経歴と統治認識

南洋群島で勤務した「植民地」官僚としては、まず、軍政期と民政期をともに幹部として経験した横田郷助の経歴と活動、統治認識を見ていきたい。

横田郷助は、一八八〇年九月二三日、山口県に生まれた。一九〇四年七月、東京帝国大学法科大学独法科を卒業した後、ただちに神奈川県属に任ぜられた。同年一一月、文官高等試験に五四名中の四七位で合格し、翌一九〇五年七月、内務属となり地方局勤務となった。同年八月、樺太民政署事務官に任ぜられ、民政長官であった熊谷喜一郎の下で働くこととなった。一九〇八年一月に徳島県事務官に転じた後、一九〇九年一二月に群馬県事務官、一九一二年一二月、同内務部長に補された。一九一五年七月には三重県内務部長に任ぜられたが一九一六年一月、文官分限令により休職となった。一九一八年九月に賞勲局書記官として復帰すると、一九二三年四月、南洋庁長官に任ぜられ、その後一九三一年一〇月一一日に逝去するまで南洋庁長官として同地の統治に尽力した(35)。山口県に生まれた彼は、植民地トップであった上山満之進、児玉源太郎、湯浅倉平などとともに政党からの自律性を有する「新長州閥」と見られていた(36)。

横田郷助はどのような統治認識を持っていたのであろうか。彼も樺太の熊谷喜一郎と同様、実務型の内務官僚であり海外留学経験などもなく、統治に関する著作等も残していないが、柳田國男の実弟で民族学者・言語学者である松岡静雄の著書『ミクロネシア民族誌』の刊行に際して序文を寄せており、そこに彼の統治認識が明らかにされているので、それを手掛かりに彼の統治認識を検討したい。

序文の冒頭、横田郷助は以下のように自らの任務に関する使命感を述べている。

我々牧民の職にあるものが最必要とするのは其地方の事情に通ずることである。特に異族の統治に任ずるものに在っては外面に顕はれる社会的、経済的事情は勿論、内に潜んだ民族心理の研究をも忽にすることは出来ぬ。我々の観念から推して当然とする所も島民には大なる苦痛であるかも知れず、甚しく不合理に見える事柄でも相当の理由と深い淵源があることも在り得る。私は之を考へる毎に責任の重大なることを感ぜざるを得ぬのである。[37]

彼によれば、日本の任務は「島民の福祉を増進すること」である。それゆえに、「風俗の変改」は必ずしも唯一の目的ではなく、「旧慣古例の保存」も重要な問題ではなく、速やかに「人種的、民族的差別」を消失させ、彼ら島民を「渾然融合した我同胞」たらしめることが最も重要であるとする。そうした「任務遂行」のために「民族誌学的調査」を進めることの意義を強調する。[38]

そして、そうした態度は「軍事占領時代」の「守備隊諸官及我々の先任者」においても絶えず「注意が払われた」点であり「南洋庁」においても「旧慣調査」が「目下進行中である」とする。そして、言語学および民族誌学の専門家で友人である松岡静雄は、「南洋群島とは占領当時から深い関係があり、土語、土俗に通じて居られる人」であり、その「総合的ミクロネシア民族誌編纂」は自分の見地からしても「好都合」であり、「助力」をしたうえに「出来るだけの材料」の「提供」も行ったとする。その内容については、「帝国領土内の異俗」についてはもちろん、「隣接民族の研究」のなかにも、松岡の研究ほど「形式の整うたもの」はないとし、「南洋群島に関する概念を得るには最適切な書物たることを信じて疑はぬのである」と絶賛する。そして、「南洋庁管下の吏員」および「新領土に於て活動せられる諸君」に対して「一読を勧める」と同時に、「島民の社会状態」の「観察」のために活用し、「世界の文化の潮流に後れた憐むべき同胞に対し同情を寄せんことを切望する」のである。[39]

そして最後に、ヴェルサイユ条約によって委託された南洋群島の「福祉」の「増進」に日本は「最善の努力」を行っていると主張し、大海に離散している「小島嶼の住民」に「現代の文化を享受せしめる」ためには更に「多くの歳月を要する」としながら、日本が「国際信義」を重んじて「献身的努力」を惜しまない姿勢であることを「世界列国に認知」させることが重要であると締めくくっている。[40]

南洋庁長官としての横田郷助の姿勢は、彼が逝去した際に出された叙勲の理由書からも窺い知ることができる。すなわち、南洋「群島統治の根本方針は、委任統治条項の精神に則り島民の物質的及精神的福祉増進を図り、益々委任統治地域統治の基礎を確立したるのみならす、国際連盟常設委員統治委員会に於て、各国委員よりは、わが帝国の統治を以て模範的とし、大いに激賞を得て愈我帝国をして国際的信用を高めたること」が、横田郷助の「功績頗る顕著なるもの」とされたのである(41)。

横田郷助の経歴からは、彼が前述の熊谷喜一郎が樺太民政長官であった時期に樺太民政署事務官として「植民地」勤務歴を有する点が興味深い。最北方と最南方に離れた樺太と南洋群島であるが、外地行政の担当者としての経験を考慮に入れた人事であると思われ、彼の八年を超える長期の長官歴からも、横田が外地行政にとって適任者であると考えられていたことが窺われる。

横田郷助の統治認識を見ると、彼が、台湾総督府、朝鮮総督府、関東都督府などの外地行政を担う植民地官僚同様、南洋群島の現地島民の慣習を尊重しつつ統治を行う必要があると認識していたことが分かる。とはいえ、それはあくまで「世界の文明の潮流に後れた憐れむべき同胞」に対して「現代文明を享受せしめる」使命感に基づくものであったと言えよう。

### (3)　堀口満貞の経歴と統治認識

南洋庁については、軍政期と民政期両方の勤務経験があり、前述横田郷助と任期が大きく重なっている官僚に、堀口満貞がいる。堀口満貞は、一八八一年二月二〇日、長野県で生まれた。一九〇八年七月、東京帝国大学法科大学英法科を卒業し、同年一一月、文官高等試験に一〇六名中四九位の成績で合格し和歌山県属となった。翌年七月、和歌山県警視に任ぜられ警察部に勤務した。翌一九一〇年一一月、徳島県事務官、一九一三年には同理事官となった後、一九一五年八月、沖縄県警察部長に任ぜられた。一九一九年四月、文官分限令により休職となったが、同年一一月には海軍事務官となり臨時南洋群島防備隊民政署長に任ぜられた。一九二二年三月には南洋庁財務部長兼拓殖部長となり、一九二四年一二月には勅任官待遇の南洋庁長官官房庶務課長となった。一九三一年一〇月に南洋庁長官に任ぜられるが翌一一月に依願免本官となった(42)。

堀口満貞はどのような統治認識を有していたのだろうか。彼も著作の形では自らの統治認識について語っていないが、雑誌等で自らの統治に対する見解を語っている。当時の「植民地」官僚の統治認識を知るために、彼の認識を以下で参照したい。また、彼も前述熊谷喜一郎や横田郷助同様、海外留学経験を有していない。

堀口は、軍政期の海軍事務官の時代から、統治組織に関してさまざまな見解を持っていた。彼は「速ヤカニ軍政ヲ撤廃」したうえで、「文治」に移行することが「文官全部ノ希望」であると主張していた。その理由として、軍政においては、「島民」に対する「規律」の「強制」が顕著であり、その結果「圧迫ノ風」が生じ、軍人が「帯剣ヲ以テ威圧スルノ外観」を呈することになると指摘する。また、「文武官ノ折合」は思わしくなく、「司令部側武官」は常に「海軍部内ノ文官」に対するのと同様の態度で「民政官」に接し、「習慣的ニ文官ヲ圧シ」、「民政ニ関スルコト」とりわけ「人事関係」について「民政官」に相談することなく「独断」で決定を行い、その結果うまくいかないことがあった場合には、責任を「民政官」に「押シ付クル」ことが「普通一般」となっており、「何事モ一律軍隊的ニ為ス」ために「民政官各個ノ能力」や「手腕」が発揮されることが妨げられることにより「事務ノ渋滞」が発生し、「経理会計」も「民政官」が常に「不利益ノ地位」に置かれ、「人員ノ配置」等も無駄が多い。その結果、「官吏ノ事務」は本来の植民地行政である「牧民行政」よりも、むしろ「軍人文官間」の形式的な「繁文褥体的事務」が主なものになっていると批判していた(43)。

民政初期の南洋群島の状況について、堀口は、内地からの移民と産業振興の可能性について以下のように述べている。

彼は、南洋群島を「開拓」するためには、第一に「内地から移民を送ること」が重要であり、「農民を収容するとすれば約一万七百戸、一戸平均五人家族と見れば人口五万三千五百人を収容することが出来」、この他に「漁業に従事するものや、医者、学校教員、宗教家、商人等を加へれば約十万人の人口は、今後優に収容し得る」と移民先として極めて有望であると主張していた(44)。

一方、現地住民に関しては、「土人の数は約四万八千人、内地人は現在約四千人である」としたうえで、「土人の性質は概ね温順であるが、自然の恩沢は頗る厚く殆ど坐して食ふことが出来ると云ふ状態であるから、勉強するとか働くとか云ふ気風は少しもない」と述べ、産業振興には不向きであると考えていたようである(45)。

現地に移住してきた邦人に関しては、「役人、会社員は別として、其の他の大人数は腕一本で当地に来住し、農業や商業に従事したものであるが、少し金が出来ると旦那様然として自分は働かずに土人を使ふ、また自分の実力も省みないで無暗に事業を拡張して失敗するものが多い」と批判的であり、「南洋の現在の事情から見て望ましい移民は、真面目に自己の力を省みて増長せずに働く人である。南洋は天恵の豊かな処があるから、働きさえすれば金はいくらでも残る、本当に生活難のない理想郷である。要するに投機的心理を去って真面目に働きさへすれば良いのである」と述べ、勤勉な移民の重要性を説いていた(46)。

そして、「南洋諸島は今後優に十万人の移民を収容し得る」と期待したうえで「真面目な移民」が「定着」し、現地の「気候風土」に慣れた結果として、南洋群島を「足場」として「外領南洋方面に移住」や「企業」を行うことによって得られるだろう「南洋当地の利益」は「莫大なものである」と述べていた(47)。

具体的な「重要産物」としては、第一に「砂糖」、さらには「アンガウル島の燐鉱」を挙げていた。さらに彼は、その他「将来重要な産業」となる可能性のある産物として「椰子の栽培」と「漁業」についても指摘していた。[48]

そして、南洋群島の日本人の意義について、「何といっても南洋諸島は我が領内であるだけに、他の移民地に比べては頗る手軽に行くことが出来る」と考えていた。[49]

また、さらに後年になって堀口満貞は、南洋群島の邦人の状況について、以下のように語っている。

彼は、自分が「家族」とともに「十年間の中半分は熱帯に居りました」とし、そこでは「体力」が「消耗」される「記憶力が衰へる」、「刺激がない」ために「どうもぼんやりしてしまふ」といったことが起こるが、こうした厳しい環境に「日本人が割合に労働に耐へる」と述べ、日本人の「熱帯の気候」に対する適応能力を評価した。彼は南洋群島には日本人が「約五万人」居住しているが、その大部分が「労働者」であると指摘し、南洋群島の開発においては「唯資本を投下すると云ふことではなく、多数の労働者が行って働く」ことが有効であると述べる。もし南洋方面において日本人の「智力」、「資本」、「労力」が合わされば、「日本人の独占」になるような状況も可能であると期待する。[50]

そして堀口は「南洋に現在行っている労働者の大部分は沖縄県人です」として、南洋で活躍している邦人移民に占める沖縄県人の割合が多いことを指摘する。沖縄県警察部長を務めた経験のある堀口は、一九二〇年頃から「是は実は私が初めて沖縄移民を入れて見た」と述べ、意識的な政策によるものであると述べる。「それ以前には朝鮮人等を労働者に使っていた」南洋群島において、「沖縄の警察に居た」ことにより「沖縄人が海外に出ることを知ってゐた」堀口は、「労働賃の安いこと」、「朝鮮人を入れて始終事故ばかりするよりは沖縄の移民を入れたらどうか」と「開発会社」に提案したことが契機となり沖縄からの移民が盛況となり、「余り移民募集にも骨が折れぬやうな状況で発達して来た」と語る。南洋群島は沖縄と「気候風土」が似ており、「農業」「甘藷の栽培」で経験を有している者が多かったことも沖縄からの移民を促進したと述べた。[51]

堀口満貞は、南洋群島が日本からの移民者にとって非常に適した場所であると述べるが、かつてさまざまな「我々の先輩等」が「南洋は南西に発展する飛石だ」と述べて「南洋」を「飛石として隣接諸島に発展して行く」といった位置づけにしていた見解に対しては「それは唯精神的の意味」では有効である可能性はあるが、「経済的」観点から見た場合には、「南洋は海外発展、詰り隣接諸島に発展する飛石にはなり難い所だと思ふ」と述べ、否定的に考えていた(52)。

さらに堀口は、南洋庁の統治について、「今の委任統治の所では、土人の福利増進と云ふことで、南洋庁でも随分骨を折って居りますが駄目ですね」と述べ、「教育」の効果は「割合に小さい」ものであり、「環境」の要素が「大きい」と指摘した。その例として彼は、現地人が「内地へ来て教育すると相当出来る」としながらも、日本で「相当永い間教育して、日本人と変わらんやうな立派な人に仕上げた」現地人を「相当の年頃になって、向ふに帰して、向ふの土人の改良に当てやうと云ふ意味で帰した」ところ、「結婚問題」と「昔の生活」とのギャップによって困難に直面したケースを紹介する。当該ケースでは「南洋庁」の「世話」で「病院の看護婦」として勤務することとなったが、「一年二年経つと段々逆戻りして、結局は、日本で教育したのが徒労に帰してしまった」と述べ、現地民の教育による日本化については圧倒的な「環境」の要素に阻まれるとして批判的な認識を有していた(53)。

堀口満貞の経歴からは、南洋群島統治の担当者として、本国のなかでは比較的外地的な特徴を有していた沖縄県での勤務経験と軍政時代からの外地行政経験が重視され、長期にわたる南洋勤務につながったものと考えられる。

彼の統治認識を見ると、現地住民に対する姿勢は、前述横田郷助と同様「憐れみ」と「同情」を基本とし、彼らを保護する対象として見ていたことが分かる。また、彼は南洋群島を日本人の移民地として適合的だと考えていたことも窺われる。さらに、他の植民地・影響圏でも見られるような、統治にあたっての軍人と文官とのあいだの反発と緊張感が窺われる点も興味深い。

## おわりに

本稿では、樺太と南洋群島という最北と最南の外地行政を担当した「植民地」官僚の経歴と統治認識を検討した。それによれば、樺太と南洋群島で統治を担った「植民地」官僚の統治認識には、占領期以降はほとんど邦人のみを統治対象として意識した樺太と、当初は現地島民が圧倒的多数を占めていたために、樺太に比べると異民族統治の要素も存在した南洋群島という相違は見られるものの、現地の慣習や居住民の事情を重視するという植民地官僚に共通の特徴がみられる。

しかし、二つの地域の「植民地」官僚には、台湾、朝鮮、関東洲など植民地官僚の統治認識とは異なる共通点も見られる。それは以下の諸点である。

第一に、彼らが主として移住民である邦人を統治対象として意識していた点であり、それを反映して内務省が主導権を有していたということである。二つの地域における長官を見ると、内務省出身者が多く、またいずれも直接新規採用を行う事例は少なく、内務省からの異動が多く見られた。

第二に、彼らが現地住民を主として保護・啓蒙の対象と見ており、他の植民地・影響圏で見られたように、独立運動などを警戒しながら統治に当たる必要のある異民族であるという意識が弱く、この点の緊張感が少ないという点である。

第三に、現地での産業開発についても、彼らは現地の労働力を用いて開発を行おうという意識は弱く、日本人移住民の労働力を用いた日本人による開発を志向していた点である。

第四に、ここで論じた「植民地」官僚たちが海外留学経験を有していないということである。とはいえ、彼らの示した統治認識は樺太および南洋で共通点を持っており、植民地台湾において後藤新平が推進したイギリスなどのヨーロッパ植民地の調査研究の成果の蓄積と共有が植民地官僚間で進展していたことが窺われる。[54]

本稿で検討した樺太と南洋群島に勤務した「植民地」官僚は、外地行政の担当者としての経験を有した人物たちであったが、現地における異民族統治に伴う緊張感は少なく、多くの点で内地行政と同様の意識が強かったと思われる。彼らは「外地における内地行政」といった一種特異な環境下において統治業務にあたったのであった。

（1）　溝口敏行「日本統治下における『南洋群島』の経済発展――一九二二～三八」（『経済研究』第三一巻第二号、一九八〇年）一二八頁。

（2）　三木理史『移住型植民地樺太の形成』（塙書房、二〇一二年）。同『国境の植民地・樺太』（塙書房、二〇〇六年）。

（3）　原暉之編著『日露戦争とサハリン島』（北海道大学出版会、二〇一一年）所収の諸論文。本稿の作成にあたっては、とりわけ、原暉之「日露戦争期サハリン島史研究の概観と課題」、田村将人「先住民の島・サハリン――樺太アイヌの日露戦争への対処」、塩出浩之「日本領樺太の形成――属領統治と移民社会」、原暉之「日露戦争後ロシア領サハリンの再定義――一九〇五年～一九〇九年」、三木理史「日露戦後の環日本海地域における樺太――新潟県実業視察団と樺太」、白木沢旭児「北海道・樺太地域経済の展開――外地性の経済的意義」を参照、多くの有益な示唆を得た。

（4）　楊素霞「日露戦後における植民地経営と樺太統治機構の成立――日本政府内部の議論から見る」（『社会システム研究』第三二号、二〇一六年）、池田裕子「樺太最初の中学校創設――中川小十郎の役割に着目して」（『社会システム研究』第三三号、二〇一六年）、眞杉侑里「植民地樺太の特質――庁制初期における樺太開発」（『立命館創立者生誕一五〇年記念　中川小十郎研究論文・図録集』第一巻、二〇一七年）、同「樺太庁制初期における入植と産業振興の問題――植民地樺太に対する期待と産業方針」（『立命館史資料センター紀要』第一巻、二〇一八年）、鈴木仁「樺太庁による文化政策の展開――棟居俊一長官と樺太文化振興会」（『北方人文研究』第一四号、二〇二一年）。

（5）　中山大将『亜寒帯植民地樺太の移民社会形成――周縁的ナショナル・アイデンティティと植民地イデオロギー』（京

都大学学術出版会、二〇一四年）。

（6）我部政明「日本のミクロネシア占領と『南進』（一）――軍政期（一九一四年から一九二二年）を中心として」（『法學研究』第五五巻第七号、一九八二年）、同「日本のミクロネシア占領と『南進』――軍政期（一九一四年から一九二二年）を中心として」（『法學研究』第五五巻第八号、一九八二年）。

（7）今泉裕美子「日本の軍政期南洋群島統治（一九一四―二二）」（『国際関係学研究』第一七号別冊、一九九〇年）、同「南洋群島委任統治政策の形成」（『岩波講座　近代日本と植民地四　統合と支配の論理』岩波書店、一九九三年）、同「南洋群島委任統治における『島民ノ福祉』」（『日本植民地研究』第一三号、二〇〇一年）、小野博司「海軍占領期南洋群島の法概論」（『神戸法学雑誌』第六八巻第三号、二〇一八年）。

（8）浅野豊美編『南洋群島と帝国・国際秩序』（慈学社、二〇〇七年）所収の諸論文。本稿の作成にあたっては、とりわけ、等松春男「南洋群島の主権と国際的管理の変遷――ドイツ・日本・そしてアメリカ」、酒井一臣「『文明の使命』としての日本の南洋群島委任統治――過剰統治の背景」、やまだあつし「植民地台湾から委任統治領南洋群島へ――南進構想の虚実」、小林玲子「植民地朝鮮からの朝鮮人移入制限と差別問題」、浅野豊美「南洋群島からの沖縄人引揚と再移住めぐる戦前と戦後」を参照、多くの重要な教示を得た。また、丹野勲「戦前日本企業の南洋群島進出の歴史と戦略――南洋興発、南洋拓殖、南洋貿易を中心として」（『国際経営論集』第四九号、二〇一五年）、マーク・R・ピーティー「日本帝国主義下のミクロネシア」（『岩波講座　近代日本と植民地一　植民地帝国日本』岩波書店、一九九二年）。

（9）マーク・ピーティー著・浅野豊美訳『植民地　二〇世紀日本帝国五〇年の興亡』（慈学社、二〇一二年）、加藤聖文「植民地官僚の形成と交流――関東州・満洲国・拓務省の役割」（松田利彦編『国際シンポジウム第三〇集　日本の朝鮮・台湾支配と植民地官僚』国際日本文化研究センター、二〇〇八年）。

（10）代表的な研究としては、加藤道也「植民地官僚の統治認識――知と権力の観点から」（松田利彦編『植民地帝国日本における知と権力』思文閣出版、二〇一九年）、加藤道也「満洲国と駒井徳三――統治認識を中心に」（『大阪産業大学経済論集』第二三巻第二号、二〇二二年）、を参照されたい。

（11）塩出浩之「日本領樺太の形成――属領統治と移民社会」（原暉之編著『日露戦争とサハリン島』北海道大学出版会、二〇一一年）二二〇頁～二二三頁。

（12）樺太庁編『樺太庁施政三十年史』（樺太庁、一九三六年）一五六七頁。

(13) 同、五六八頁。
(14) 鳥居義太郎『樺太文化と資源』（樺太文化研究会、一九三九年）一一〇頁。
(15) 樺太庁編『樺太庁施政三十年史』（樺太庁、一九三六年）五六八頁。
(16) 同、一九三六年、一六八四頁。
(17) 同、一九三六年、三一一頁〜三一二頁。
(18) 熊谷喜一郎の経歴に関しては、論文末の表1「経歴一覧」を参照されたい。
(19) 樺太における漁業制度をめぐる対立に関しては、塩出浩之「日本領樺太の形成――属領統治と移民社会」（原暉之編著『日露戦争とサハリン島』北海道大学出版会、二〇一一年）二三五頁〜二三七頁、を参照。
(20) 歴代知事編纂会編『日本の歴代知事　第二巻（上）』（歴代知事編纂会）一九七頁、三五六頁。
(21) 「台湾総督府公文類纂」00001059400064-67、同00001165002084。
(22) 熊谷喜一郎『欧州各国植民地制度彙纂草案　立法及予算ノ部　巻一（英吉利・仏蘭西・独逸）』（内務大臣官房台湾課、一九〇三年一二月）。
(23) 茉花野人『後藤新平論』（統一社、一九一九年）二七四頁〜二七五頁。
(24) 熊谷喜一郎「銀行倶楽部第五十七回晩餐会演説（二月二〇日）」（『銀行通信録』第四三巻第二五八号、一九〇七年四月一五日、渋沢栄一伝記資料刊行会編『渋沢栄一伝記資料第七巻』竜門社、一九五五年所収）二五頁。
(25) 同、二五頁〜二六頁。
(26) 同、二六頁。
(27) 同、二六頁〜二七頁。
(28) 同、二七頁。
(29) 等松春男「南洋群島の主権と国際的管理の変遷――ドイツ・日本・そしてアメリカ」（浅野豊美編『南洋群島と帝国・国際秩序』慈学社、二〇〇七年）二三頁〜二五頁。
(30) 外務省編『第一回日本帝国委任統治地域行政年報』（一九二〇年）四頁。
(31) 同、九頁。
(32) 『第一回日本帝国委任統治地域行政年報追録』（一九二〇年）。

(33) 同、一九二〇年。
(34) 南洋庁編『南洋庁施政三十年史』(一九三二年)二八〇頁。
(35) 横田郷助の経歴に関しては、論文末の表2「経歴一覧」を参照されたい。
(36) 李炯植「政党内閣期における植民地統治――植民地長官人事を手掛かりとして」(松田利彦編『国際シンポジウム第三〇集 日本の朝鮮・台湾支配と植民地官僚』国際日本文化研究センター、二〇〇八年)六三頁。
(37) 「南洋庁長官横田郷助序」(松岡静雄『ミクロネシア民族誌』岡書院、一九二七年)一頁。
(38) 同、一頁~二頁。
(39) 同、二頁~四頁。
(40) 同、四頁。
(41) 「故南洋庁長官横田郷助叙勲ノ件」(『叙勲裁可書』国立公文書館所蔵、勲〇〇七〇四一〇〇)。
(42) 堀口満貞の経歴に関しては、論文末の経歴一覧を参照されたい。
(43) 重光参事官・郡司事務官提出「極秘　南洋視察ニ関スル報告(丙号)」一九二一年三月二一日(国立公文書館アジア歴史資料センター、Ref. B15100706900)一六頁~一七頁。
(44) 堀口満貞「我が南洋群島の開発」(『殖民』一九二四年一二月号)一二頁。
(45) 同、一三頁。
(46) 同、一三頁~一四頁。
(47) 同、一四頁。
(48) 同、一四頁~一五頁。
(49) 同、一六頁。
(50) 堀口満貞他「座談会・南洋を語る」(『日本評論』一九三六年八月号)二八八頁~二八九頁。
(51) 同、二八九頁。
(52) 同、二八九頁。
(53) 同、二九二頁。
(54) そうした成果として、台湾総督府民政部文書課『ルーカス氏英国植民誌』(一八九八年)、エチ・キ・エジャートン著・永井柳太郎訳『英国植民発展史』（早稲田大学出版部、一九〇九年）、東郷実『独逸内国植民論』（拓殖局、一九一一年）、などが挙げられる。

【謝辞】本稿はJSPS科研費JP19K00987の助成を受けたものの一部である。記して感謝申し上げる。

表１　熊谷喜一郎経歴一覧

| 辞令等日付 | 辞令内容 | 交付時役職等 | 出典官報日付等 |
|---|---|---|---|
| 1866年５月26日 | 江戸に生まれる | | アジ歴グロッサリー※ |
| 1892年 | 帝国大学法科大学卒業 | | アジ歴グロッサリー |
| 1892年７月16日 | 内務省試補ヲ命ス | | 1892年７月18日 |
| 1892年７月16日 | 社寺局勤務ヲ命ス年俸500円下賜 | 内務省試補 | 1892年７月18日 |
| 1893年11月10日 | 任北海道庁参事官叙高等官７等 | 内務省試補 | 1893年11月11日 |
| | 内務書記官 | | アジ歴グロッサリー |
| | 拓殖務書記官 | | アジ歴グロッサリー |
| | 農商務省参事官 | | アジ歴グロッサリー |
| 1897年９月７日 | 任陸軍省参事官兼農商務省参事官如故叙高等官６等 | 内務事務官兼農商務省参事官正７位 | 1897年９月９日 |
| 1901年７月10日 | 任内務省参事官 | 陸軍省参事官正６位 | 1901年７月11日 |
| 1901年７月10日 | ３級俸下賜 | 内務省参事官 | 1901年７月11日 |
| 1901年７月10日 | 衛生局勤務ヲ命ス | 内務省参事官 | 1901年７月11日 |
| 1902年10月24日 | 総務局台湾課長ヲ命ス | 内務省参事官 | 1902年10月25日 |
| 1902年10月24日 | 衛生局勤務ヲ免ス | 内務省参事官 | 1902年10月25日 |
| 1902年10月24日 | 衛生局保健課長ヲ免ス | 内務省参事官 | 1902年10月25日 |
| 1903年12月７日 | 内務省所管事務政府委員被仰付（内務大臣官房台湾課長） | 内務省参事官 | 1903年12月８日 |
| 1903年５月８日 | 兼任台湾総督府事務官叙高等官３等 | 内務省参事官従５位 | 任 B00333100 |
| 1905年７月28日 | 任樺太民政署民政長官 | 内務省参事官兼台湾総督府事務官従５位 | 任 B 00408100 |
| 1907年４月１日 | 任樺太庁事務官叙高等官２等 | 正５位 | 1907年４月２日 |
| 1907年４月１日 | 補第１部長 | 樺太庁事務官 | 1907年４月２日 |

| | | | |
|---|---|---|---|
| 1907年4月1日 | 2級俸下賜 | 樺太庁事務官 | 1907年4月2日 |
| 1908年4月24日 | 依願免本官 | 樺太庁事務官 | 1908年4月25日 |
| 1908年6月12日 | 任山梨県知事叙高等官2等 | 正5位勲3等 | 1908年6月13日 |
| 1913年6月1日 | 文官分限令第11条第1講第4号ニ依リ休職被仰付 | 山梨県知事 | 1913年6月2日 |
| 1914年4月28日 | 任石川県知事叙高等官1等 | 休職山梨県知事従4位勲2等 | 1914年4月29日 |
| 1915年4月1日 | 依願免本官 | 石川県知事 | 1914年4月2日 |
| 1949年10月9日 | 逝去 | | アジ歴グロッサリー |

※国立公文書館アジア歴史史料センター（https://www.jacar.go.jp/glossary/）

表２　横田郷助経歴一覧

| 辞令等日付 | 辞令内容 | 交付時役職等 | 出典官報日付等 |
|---|---|---|---|
| 1880年９月23日 | 山口県に生まれる（士族） | | 国立公文書館<br>勲00704100 |
| 1904年７月11日 | 東京帝国大学法科大学独法科卒業 | | 国立公文書館<br>勲00704100 |
| 1904年７月21日 | 任神奈川県属 | | 国立公文書館<br>勲00704100 |
| 1904年11月22日 | 文官高等試験合格（54名中47位） | | 国立公文書館<br>勲00704100 |
| 1905年７月３日 | 任内務属 | | 国立公文書館<br>勲00704100 |
| 1905年７月８日 | 任内務省地方局勤務 | | 国立公文書館<br>勲00704100 |
| 1905年８月３日 | 任樺太民政署事務官 | | 国立公文書館<br>勲00704100 |
| 1908年１月27日 | 任徳島県事務官叙高等官６等 | 従７位勲６等 | 1908年１月28日 |
| 1909年12月27日 | 群馬県事務官 | | 国立公文書館<br>勲00704100 |
| 1910年１月17日 | 府県制第65条第３項ニ依リ群馬県参事会員ヲ命ス | 群馬県事務官 | 1910年１月18日 |
| 1912年12月30日 | 補内務部長 | | 国立公文書館<br>勲00704100 |
| 1913年１月22日 | 地方森林会規則第３条第２項第１号ニ依リ群馬県地方森林会議員ヲ命ス | 群馬県事務官 | 1913年１月20日 |

| | | | |
|---|---|---|---|
| 1913年６月13日 | 廃官　任群馬県内務部長 | | 国立公文書館<br>勲00704100 |
| 1915年７月１日 | 任三重県内務部長 | | 国立公文書館<br>勲00704100 |
| 1916年１月14日 | 文官分限令第11条第１項第４号ニ依リ休職ヲ命ス | | 国立公文書館<br>勲00704100 |
| 1918年９月20日 | 任賞勲局書記官 | | 国立公文書館<br>勲00704100 |
| 1918年９月21日 | １級報下賜 | 賞勲局書記官 | 1918年９月20日 |
| 1923年４月４日 | 任南洋庁長官叙高等官２等 | 賞勲局書記官正５位勲４等 | 1923年４月５日 |
| 1926年１月27日 | 陞叙高等官１等 | | 国立公文書館<br>勲00704100 |
| 1931年10月10日 | 年俸600円加賜 | 南洋庁長官 | 1931年10月13日 |
| 1931年10月11日 | 逝去 | 南洋庁長官 | 東京朝日新聞<br>1931年10月13日 |
| 1931年10月11日 | 叙勲２等授瑞宝章 | 正４位勲３等 | 1931年10月21日 |
| 1931年10月11日 | 叙従３位 | 正４位勲２等 | 1931年10月22日 |
| 1931年10月20日 | 特旨ヲ以テ位１級追陞セラル | 故南洋庁長官正４位勲２等 | 1931年10月22日 |

表3　堀口満貞経歴一覧

| 辞令等日付 | 辞令内容 | 交付時役職等 | 出典官報日付等 |
|---|---|---|---|
| 1881年2月20日 | 長野県に生まれる（平民） | | アジ歴グロッサリー |
| 1908年7月 | 東京帝国大学法科大学英法科卒業 | | アジ歴グロッサリー |
| 1908年11月 | 文官高等試験合格（106名中49位） | | アジ歴グロッサリー |
| 1908年 | 和歌山県属 | | アジ歴グロッサリー |
| 1909年7月7日 | 兼任和歌山県警視叙高等官7等 | 和歌山県属 | 1909年7月8日 |
| 1909年7月8日 | 警察部勤務ヲ命ス | 和歌山県警視 | 1909年7月9日 |
| 1910年11月28日 | 任徳島県事務官叙高等官7等 | 和歌山県属兼和歌山県警視従7位 | 1910年11月29日 |
| 1913年6月13日 | 任徳島県理事官叙高等官6等 | 正7位 | 1913年6月14日 |
| 1913年6月13日 | 6級俸下賜 | 徳島県理事官 | 1913年6月14日 |
| 1913年7月9日 | 補徳島県視学官 | 徳島県理事官 | 1913年7月11日 |
| 1915年8月12日 | 任沖縄県警察部長叙高等官5等 | 徳島県理事官従6位 | 1915年8月13日 |
| 1919年4月19日 | 3級俸下賜 | 沖縄県警察部長 | 1919年4月23日 |
| 1919年4月19日 | 文官分限令第11条第1項第4号ニ依リ休職ヲ命ス | 沖縄県警察部長 | 1919年4月23日 |
| 1919年11月28日 | 任海軍事務官叙高等官3等 | 休職沖縄県警察部長従5位 | 1918年11月29日 |
| 1919年11月28日 | 賜4級俸 | 海軍事務官 | 1919年12月1日 |
| 1919年11月28日 | 補臨時南洋群島防備隊民政署長 | 海軍事務官 | 1919年12月1日 |
| 1922年3月31日 | 任南洋庁財務部長兼南洋庁拓殖部長 | 従5位勲6等 | 1922年4月4日 |
| 1922年3月31日 | 叙高等官3等 | 従5位勲6等 | 1922年4月4日 |
| 1924年12月25日 | 任南洋庁書記官（長官官房庶務課長） | 従5位勲6等 | 1924年12月26日 |
| 1924年12月25日 | 勅任官ヲ以テ待遇セラル | 従5位勲6等 | 1924年12月26日 |
| 1931年10月12日 | 任南洋庁長官叙高等官2等 | 南洋庁書記官従4位勲3等 | 1931年10月13日 |
| 1931年11月21日 | 依願免本官 | 南洋庁長官 | 1931年11月24日 |
| 1931年12月1日 | 叙従3位 | 従4位勲3等 | 1931年12月8日 |

# 林茂生における「帝国主義」と「植民地」――言説上の同盟―対抗関係に着目して

駒込　武

## はじめに

本稿の課題は、日本植民地支配下の台湾を代表する知識人である林茂生（一八八七〜一九四七）がコロンビア大学ティーチャーズ・カレッジに提出した博士学位論文「日本統治下台湾の公教育――その発展と文化問題の歴史的・理論的分析」（Mosei Lin, *Public Education in Formosa under the Japanese Administration: A Historical and Analytical Study of the Development and the Cultural Problems*, 1929）における「帝国主義」「植民地」の概念を明確化することである。

林茂生は、イングランド長老教会宣教師が設立した台南長老教中学を卒業後、日本内地に留学して東京帝国大学文科大学を卒業した。一九一六年に帰台して母校台南長老教中学の教務主任に就任、のちに官立台南商業専門学校の教授を兼任した。筆者がかつて論じたように、公立の中学校では日本人中心の同化主義的な体制がつくられるさなか、林茂生は林獻堂ら抗日運動関係者とも連携しながら台南長老教中学を「台湾人の学校」にしていこうとする運動を展開した。この場合の「台湾人の学校」とは、総督府の管理する公立学校や宣教師が実権を握る従来の私立学校とは異なり、台湾人中心の管理運営体制で、台湾人の若者に「台湾人本位」の教育を行う学校であった(1)。

林茂生が台湾総督府在外研究員としてコロンビア大学に留学することになったのは、「台湾人の学校」を実現するための寄付金の呼びかけが大々的に行われている状況においてであった。それは、運動の切り崩し工作であった可能性がある。しかし、林茂生もまた、この機会を逆用した。在外研究員として与えられた任務は英語学・英語教授法の研究だったが、自らの直面していた台湾の教育問題を学位論文のテーマとしてとりあげ、私費による滞在延長を経て学位論文を完成させた。この学位論文において、林茂生はどのような知的世界を意識し、どのような文献を参照していたのだろうか。本稿の課題は林茂生が学位論文において参照した文献を網羅的に確認すると同時に、その広がりの特徴を明確化することである。

学問研究によりつながる知的世界は、現実世界の階層的秩序と地続きである。大英帝国の覇権に対応するように知的世界でも英語が強力な言語である一方、日本語圏では英語圏の研究成果に学び、中国語／台湾語圏では英語圏と日本語圏の研究に学ばねばならないという階層的秩序が存在する。とはいうものの、知的世界で展開される同盟関係や対抗関係は必ずしも現実世界と同じではない。一般的な権力が富を独占しようとするのに対して、知的世界における研究成果は原則的に誰に対しても開かれている。人の移動は海外への渡航制限や旅券管理によりかなりの程度権力的に制限することができるが、知の移動は検閲という手法を駆使したとしても制限が難しい。現実世界においては分断され対立する立場にある人々が、知的世界においては同盟関係を築くこともありえる。逆に、現実世界において協力関係にあるように見えても、知的世界では対立関係が露わになることもある。

ひとことで言うならば、知的世界は現実世界と地続きでありながらも異なる世界であり、状況次第では現実世界よりも自由な主体として独自の同盟・対立関係を築くことができる。そこで構築された関係は必ずしも現実世界を動かす力とはなりえないものの、現実世界を動かすべき方向性を指し示すものとはなりうる。

それでは、林茂生は学位論文でどのような知的世界と直面していたのだろうか。そこでどのような人物・著作・知識と同盟関係あるいは対抗関係を築こうとしたのか。また、この同盟・対抗関係の焦点となる概念はどのようなものであったのか。本稿ではその一つの焦点が「帝国主義」と「植民地」であったのではないかという仮説に立ちながら、どのような文献をどのように参照したのかということについて初歩的な整理を試みることにしたい。

## 一．参考文献目録の特徴

林茂生の学位論文の最後に文献目録（Bibliography）がつけられている。ほとんど書籍であるが、雑誌論文や年鑑の記事も含まれている。

章末の表1はこれらの文献を一覧表にしたものである。表1の作成にあたっては原著によって著者名、表題、発行地、出版社、発行年について確認し、林茂生による誤記と思われる部分は修正した（ただし、No.21についてのみ原著を確認できなかった）。文献目録は英語で記されているが、日本語の文献については原著の日本語表記に復した。台湾総督府が英文で刊行した書籍（No.4、No.12）については著者名・表題は英文のままとして、亀甲括弧内に日本語で注記を加えた。

文献目録は、ⓐ対象に直接かかわる参考文献（Special References）とⓑ一般的な参考文献（General References）に分けられている。前者（No.1からNo.32まで）には三二点、後者（No.33からNo.82まで）には五〇点の文献が含まれている。それぞれの分類のなかでの配列順序は、著者名によるアルファベット順となっている。ⓐには日本植民地支配下における台湾と朝鮮の教育にかかわる文献が多く、ⓑには帝国主義（imperialism）、人種主義（racism）、民族主義（nationalism）、民主主義（democracy）などのトピックについて学者や新聞記者などが書いた文献が多い。この他に、ⓒ文献目録には含まれていないものの、本文の注で参照されている文献が六点ある（No.83からNo.88まで）。これを合わせると、合計で八八点となる。以下の分析では、原著を確認できなかったNo.21を除いて、八七点を分析の対象とする。

出版形態という点では八七点のうちで書籍が六九点、雑誌論文や事典・年鑑類が一八点である。言語という点では英語の文献が六七点、日本語の文献が二〇点である。中国語や台湾語の文献は含まれていない。なお、林茂生は、学位論文のなかで中国福建省にルーツをもつ福佬語（閩南語）を「台湾語」（Formosan Language）として表現しており、「台湾語」の文章を宣教師の開発したローマ字正書法を用いて『台湾教会公報』に寄稿してもいたが、この学位論文ではこれらの文献を参照していない。

表1では林茂生の関心の所在を把握するために、著者の「職業」と「主題」についての分類を試みた。「職業」については次のような区分を設けた。植民当局・植民官僚・政治家／領事／新聞記者／宣教師／学者（政治学者、経済学者、社会学者、歴史学者、地理学者、教育学者、心理学者、人類学者、植物学者、文学者）／被植民者。

「植民当局」とは、台湾を対象とする文脈では台湾総督府とその官僚、およびその統制が強く及ぶ半官半民の団体（たとえば台湾教育会）、中央の政治家を指し、「被植民者」とは台湾人を指す。ひとりの人物が複数の肩書きを兼ね備えることもある。たとえばNo.7の著者であるダビッドソン（Davidson, James W.）はもともと探検家だったが、一八九五年に『ニューヨーク・ヘラルド』の特派員として台湾を訪れ、日本による台湾占領後に開港場たる淡水でビジネスを始め、一八九八年に米国政府から領事に任命された。探検家であり、領事であり、新聞記者でもあるということになる。東郷実（No.25）は、札幌農学校卒業後に台湾総督府の官僚となり、在職中に農学博士の学位を取得、総督府退職後に衆議院議員に当選、東京商科大学などの講師も務めた。植民官僚であり、学者であり、政治家でもある。表1では、著書の表紙に記された情報なども参照して著書を執筆した時点での代表的職業を記したが、おおよその傾向を示すための手がかりに止まる。

表1の「主題」については、特定の地域の植民地政策を対象とするものは地域名を記した。そのうえで、特定の地域に限定しないものについては「植民政策」「帝国主義」「民族主義」「人種主義」「民主主義」「教育問題」というように主題的なトピック別に分類した。相互に密接に関連しあう主題もあるために、これも排他的な分類ではなく、主に書籍の表題を手がかりとした目安に止まる。それでも林茂生の関心の所在がどこにあったのかということはうかがうことができる。

日本の台湾支配に直接かかわるものもあるが、欧米の政治学者や歴史学者の文献なども少なからず含まれている。地域としては、独仏国境地帯のアルザス・ロレーヌ、英領インド、米領フィリピン、そして欧米列強により分割されたアフリカに関する文献が参照されている。こうした事実は、台湾の置かれた状況を見極めるためにも世界各地の状況について知ることが必要と考えていたことを示唆する。

林茂生は、台湾における現実と格闘しながらそこで発見された問題を世界的な知の連関のなかに置き直して問題解決の筋道を探ろうとしていた。カントなどの哲学にも造詣が深かったものの、教育問題への取り組みを中心としたという点では「教育学者」という表現が適切だろう。ただし、この場合の「教育学」は教員養成のための実用的な学問ではない。林茂生の関心は教授法のような方法論の探求に向かうのではなく、教育をめぐる問題のなかに「帝国主義」的な「植民地」支配の問題がいかに表れているのかを考察し、さらに「民主主義」や「民族主義」が「帝国主義」的な「植民地」教育の克服につながるのかを検討した。その点で林茂生にとっての「教育学」は、たぶんに政治学的な性格を備えていた。そのことをあらかじめ確認しておきたい。

## 二 参考文献をめぐる同盟・対抗関係

林茂生は、文献目録に掲げた書籍等にどのような意味で着目していたのか。論文執筆にあたって参考にするということは、もとより必ずしもその内容への共鳴を意味するわけではない。批判により対抗関係を明確にするためにに参照することもありうる。また、主張の当否にかかわりなくただ情報源として利用することもありうるし、著者の主張を自らの立論に取り入れて積極的な同盟関係を築くこともありうる。

林茂生自身も、知的世界における文献参照をめぐるポリティクスに自覚的だった。学位論文の序論で執筆にあたって参照した文献を五つのカテゴリーに分けて、次のようにコメントを記している（七頁。以下林茂生の学位論文について、林茂生愛郷文化基金会が二〇〇〇年に刊行した英文版により本文中に頁数を示す）。

① 「うわべだけしか見ない旅行者」（superficial traveler）：このカテゴリーに含まれるのは「わずか数週間の滞在期間中の個人的な観察と入手できた資料で記したもの」である。「筆達者な人物がふんだんに写真を取り入れて作成した本は旅行ガイドとしては有益だが、学術的ではなく、あまり価値がない」。

② 「当局により嘱託された著者」（authors who have been hired by some authority）：資料として利用する公文書は正確だとしても、「あらかじめ想定された観点」（preconceived viewpoints）を補強するために細部を取捨選択している。「プロパガンダ」として分類し、ただ材料として注意深く利用すべきである。

③ 台湾に居住する領事、商人、植民者：歴史研究の技能を備えた公平な観察者による著書には価値がある。

④ 長期にわたって台湾に居住する宣教師：以前の宣教師が集めた資料を含めて膨大な資料を利用している。「風俗習慣については詳細な記述が見られるが、政治的・社会的状況について述べるところは少ない」。

⑤ 過去および現在の「指導的階層」（leading class）：中国語や日本語に通じており、英語の知識もある著者の

作品は「公正な態度で注意深く選択したならば、思いがけない背景と現実的状況について知るのに役立つ」。

以上のような分類から、林茂生が台湾の歴史と現在の記述をめぐるポリティクスをよく自覚していたことがわかる。一方の極には部分的な現実を誇大に宣伝する不公正な態度があり、他方の極には表層的な観察の根底にある深層的な事態を見抜こうとする「指導的階層」がある。「指導的階層」という言葉は、このような言葉で表現した知識人たちと、これにより「指導」されるべき庶民（たとえば文字を読めない女性）とのあいだに存在する権力関係の問題については自明視していたことを示唆する。林茂生にとっての関心の焦点は知的世界における権力闘争であり、「当局により嘱託された著者」という表現にも表れているように、知的世界における権力闘争は現実世界における権力闘争ともリンクしていることを意識していた。だが、知的世界のなかにすでにある者と、その外側に疎外されている者のあいだの権力闘争については十分に自覚的だったとは言いがたい。

そのことを確認したうえで、具体的にどのような書籍がそれぞれの分類に属するものと考えられていたのかについて、実際の文献目録とつき合わせて検討してみることにしよう。

### （1）「プロパガンダ」としての植民地研究

「①旅行者」としては、竹越與三郎（No.24）を挙げることができる。竹越は、『国民新聞』などに記事を寄稿した新聞記者であるとともに、『新日本史』など多数の著述で知られる歴史家であり、一九〇二年からは衆議院議員でもあった。竹越の執筆した『台湾統治志』（一九〇五年）には台湾総督府民政長官・後藤新平による序文が付されている。竹越自身の序文では本書出版の経緯を次のように記している[2]。

台湾に遊ぶもの前後二回にして、此書を草す。書中に引用したる材料は、主として台湾総督府の贈与したる文書に拠る。茲に記して其確実にして信頼すべきを証し、且つ総督府の好意を感謝す。

この記述から、竹越の著作は台湾に短期間旅行した経験に基づくものであり、その際に総督府が竹越の仕事を援助していたことがわかる。総督府文書には竹越に「台湾統治志編纂事務」を嘱託するにあたって「機密費」から謝礼を支出したことを示す資料が残されている。[3] すなわち、竹越は「①旅行者」だったばかりでなく、「②当局により嘱託された著」でもあった。

竹越『台湾統治誌』は英訳されて *Japanese Rule in Formosa* として一九〇七年にロンドンで刊行された。[4] ここでも後藤新平の序文が付されている。竹越の著作は、日本語版でも欧米人向けに台湾植民地支配の正当性をアピールする性格を強く持っていたわけだが、英訳の事実は総督府が竹越の著作を後押ししたねらいを明確に示している。それは一言でいえば欧米の植民地研究と日本の植民地研究のあいだに同盟関係を築くことであった。たとえば、『台湾統治誌』の序文では、「未開の国土を拓化して、文明の徳沢を及ぼすは、白人が従来久しく其負担なりと信じたる所なりき。今は日本国民は絶東の海表に起ちて、白人の大任を分たんと欲す」と記している。[5]「文明化の使命」という植民地主義的なイデオロギーを称揚したうえで、「白人」と同様に「日本国民」もまたその使命を立派に果たしつつあることをアピールしているわけである。

台湾総督府自身も、竹越の著書の出版を極秘に援助するばかりではなく、欧米人向けのアピールとして *A Review of Educational Work in Formosa*（No.4）や *Progressive Formosa*（No.12）のような英文の著書を刊行している。その内容はもちろん自画自賛である。たとえば後者の序文では日本植民地支配のおかげで台湾は「顕著な進歩」（remarkable progress）を遂げ、「繁栄」（prosperity）を享受していると記している。[6] この自画自賛的な記述の宛先は台湾人ではなく、欧米人であった。宛先が欧米人である以上、台湾人にとって本当に「顕著な進歩」「繁栄」とみなされているかどうかは重要ではなかった。林茂生からするならば、これこそ「あらかじめ想定された

して位置づけられる。

このほかに「②当局により嘱託された著者」と明確に位置づけることはできないものの、これに近い立場として持地六三郎（No.16）と吉野秀公（No.32）がいる。

持地は東京帝国大学法科大学を卒業後、台南県書記官に着任、通信局長などを歴任して一九一〇年に休職、『台湾殖民政策』（一九〇五年）はこの休職中に執筆した。序文によれば、この著書は「一己の私見」に基づくものであり「当局者の意思の迎合」を願ったものではない。ただし、思いかけず「台湾総督府が寧ろ好意を以て迎へられ」たとして、佐久間左馬太総督らへの謝意を記している。(7) 総督府学務課長でもあった持地は、学校教育の普及について消極的であった。(8) 本書のなかでも教育問題について「土人に教育を与ふる如きは政治上の危険を生ずべき誘因にして、之を施設せざるの優れるに如かず」という見解を紹介している。(9) そのうえでただ「本国人の利益」を目指すだけでは対立を深めてしまうので、時勢の進展に応じて「土人の地位を高め、未開土人に文明を宣伝する」必要もあると論じている。(10)

吉野は一九〇八年に総督府国語学校を卒業後、公学校教諭、郡視学などを歴任して二五年に退任した。『台湾教育史』には石黒英彦文教局長による序文が寄せられており、吉野も結語で台湾総督府第五回評議会（一九二七年）における石黒の言葉を引用している。石黒の発言は、「思想に悪影響を及ぼすやうな所謂高等遊民を造らぬやうに気をつけることは刻下の急務」としながら実際的事業に就くための実用的知識の普及を説くものであった。(11) この教育が「思想に悪影響」を及ぼすという言葉は、教育の普及が「政治上の危険」をもたらすという持地六三郎の論の延長線上にある。

これらの著作は、序文から見ても、著者の経歴から見ても、内容から見ても、総督府当局に近い立場で書かれたものといえる。表1では学位論文の脚注で引用している箇所を示したが、皮肉なことに最も引用回数が多いのは吉野秀公『台湾教育史』で一二回、次いで竹越輿三郎『台湾統治志』の一〇回である。情報源としてこれらの著書に大きく依存せざるをえなかったのだろう。だからこそ、あえて冒頭で「プロパガンダ」という厳しい言葉を使って言説上の対抗関係を明確化したとみることもできる。

### （2） 米国の教育研究という希望

それでは、「③台湾に居住する領事、商人、植民者」として想定されているのは、どの著者であろうか。一つには、すでに名前を挙げたダビッドソンが含まれると考えられる。日本による台湾領有までは厦門領事館が台湾を管轄していたので、ダビッドソンは一八九八年に最初の台北駐在米国領事となった[12]。一九〇三年に刊行した書籍は、台湾の歴史、地理、人文から自然資源の分布とその経済的価値に至るまで広範に記述しているほか、日本軍による台湾上陸の直前になされた「台湾民主国」の建国式典（一八九五年五月二五日）を詳細に記述した著書としてよく知られている。

アーノルド（No.1）は第三代の米国領事である。一九〇六年に着任して〇八年に離任した[13]。米国内務省から刊行された著作では内務省教育局長官ブラウン（Elmer Ellsworth Brown）が序文を寄せて、台湾総督府の教育事業は台湾からそれほど遠くないフィリピン諸島において米国政府が担っている教育事業と似たところがあると記している[14]。アーノルド自身による序文では、日本でも米国でも国家形成において教育が枢要な位置を占めてきたので、植民地における教育がとりわけ重要な問題となっていると記している。また、本書の執筆にあたって、宣教師キャンベル（No.5）の著作に多くを負っているほか、総督府学務課長・持地六三郎、およびその属僚である小川尚義から資料取得に際して大きな便宜を受けたと謝辞を記している[15]。

アーノルドは、この書籍において総督府が創設した公学校や国語学校、医学校などは立派な施設を備えていると賞賛し、清代の教育に比して女子教育が拡大したことを評価している。他方で、教育の普及はいまだ不十分な状態であると強調している。たとえば、漢族系住民について学齢児童中の公学校就学者の五・五％であり、米領フィリピンで学齢児童中の公立学校就学者が二〇％（一九〇六年）であるのに比してもだいぶ少ないことを確認したうえで、教員俸給・旅費を別とすれば、地方公共財産からもたらされる収入、寄付金、授業料に依存している財政的貧弱さに就学率の低さの原因を求めている。また漢族系住民向け中等教育機関は不十分であり、台湾先住少数民族に対する教育施設も「征服してから教育」(subjugation must precede education) という方針のため普及していないと論じている[16]。

林茂生は「③台湾に居住する領事、商人、植民者」の著作について公平な観察者による著書には価値があると記述していたが、後述する内容と考えあわせると、学校教育の普及が不十分であり、普及のための予算も欠落しているという指摘を「公平な観察」とみなしていたと考えられる。

次に「④長期にわたって台湾に居住する宣教師」としてはキャンベル（No.5）やマカイ（No.15）を挙げることができる。イングランド長老教会の宣教師・キャンベルは林茂生にとって身近な存在だったはずである。だが、その著書に対して「政治的・社会的状況について述べるところは少ない」とそっけない。そこには教育のあり方をめぐる思惑の違いが介在していたと考えられる。

キャンベルは、一八七一年から一九一七年にいたるまで半世紀近くにわたって宣教事業に従事した。一九一七年の離台時に勲四等の勲章を授けられたことにも象徴されるように、総督府との協力的な姿勢が顕著だった。たとえば、台湾人キリスト教徒は総督府の設立した公学校に子どもを通わせるべきか、教会附設の学校に通わせるべきかという問題をとりあげて、公学校も宗教的に中立なのだからそちらに通わせるのがよいとしたうえで、

「台湾の現地人の中で勤勉で、知性的で、影響力のある人びとは、日本の側にバターが塗られていることに気づきはじめている」と論じている。[17] 利害関係にさとい人物ならば、総督府と協力関係を築こうとするという意味合いである。さらに一九一〇年代前半に非信徒からの寄付金を元手に台南長老教中学を拡張しようとする運動が生じた際には、宣教師会議において強硬な反対論を展開した。反対の理由は、植民地当局が計画を認可しないだろうということや、非信徒がキリスト教主義の教育方針を歪める恐れがあるということだった。[18]

林茂生が台南長老教中学の校友会雑誌に寄せた「本校創立四十周年の回顧」と題する文章では、台湾人としての立場からこの問題を取りあげている。一九一〇年代前半に台南長老教中学の学科程度を高め、「純宗教教育」に代えて「基督教主義的教育」を盛んにすることを自分たちが要求したのに対して、「学校当局」――この場合は総督府ではなく宣教師会議を指す――は「伝統的精神に依る宗教教育主義」を守ろうとしていたために耳を貸さなかったと記している。さらに続けて、自分たちが大規模な新校舎建築のための寄付金募集を始めたので、それまで消極的だった宣教師もようやく新校舎建設に賛成したとも書いている。[19] 林茂生を含む台湾人にとっては「教育」の普及そのものが重要だったのに対して、宣教師は牧師・伝道師を養成するための「宗教教育」を重視していたことがわかる。

もうひとりの宣教師マカイは、一八七一年、当時英国の自治領だったカナダから台湾に派遣された。英国領事館の置かれた淡水を拠点として北部台湾の宣教事業に従事した。一八八二年に牛津学堂（Oxford College）という神学校を創設し、そのなかに神学教育の予備的課程を設けたものの、独立した中学校を設立しようとはしなかった。牛津学堂は現地人の伝道師を育てるための施設であり、「商売に携わる」異教徒を助けるためではないとマカイは考えていたためである。[20] マカイ没後、一九一四年になってようやくカナダ長老教会宣教師は淡水中学校を設立することになるのだが、南部のイングランド長老教会に比しても「純宗教教育」を重視する姿勢が強固であった。

このように台湾で活動していた宣教師は、牧師・伝道師養成のための宗教教育を重視する一方、世俗的な教育の拡張には消極的であった。教派や個人による相違もあるものの、この点ついては英国系宣教師の特徴とみることができる。

二〇世紀初頭、国際政治上では日英同盟の継続する時代であると同時に、東アジアにおいて米国の影響力が増大した時期でもあった。一八九八年のフィリピン植民地化を通じて東アジアに進出した米国は「門戸開放」主義を掲げ、中国大陸において米国系宣教師が積極的な教育事業を展開していた。一九一一年に米国人の社会学者ロス（Edward Alsworth Ross）が出版した著書によれば、中国におけるプロテスタント系高等教育機関のうちで英国人経営のものはわずか一校、ほかの一三校は米国系、あるいは複数の宣教団体による共同経営だった。ロスは、このような事態の背景として、英国人はそもそも教育の効用に懐疑的だったうえに、英領インドで高等教育を受けたヒンズー教徒が反乱を起こした事態への不信感を抱いていたためだと論じている[21]。

こうした英米の相違の背景をさらに遡るならば、英国においては英国国教会（Anglican Chruch）が社会的統合の中心であったのに対して、英国国教会の弾圧を逃れた移民を巡礼始祖（the Pilgrim Fathers）とする米国では世俗的な公教育が統合の基軸だったという違いもある。林茂生が宣教師キャンベルの著作を「政治的・社会的状況について述べるところは少ない」と評しているのは、宗教的信仰が個人の内面的問題であるのに対して、教育は「政治的・社会的」問題であるという意識を表すものだろう。林茂生が在外研究に際して英国ではなく米国を選んだのも、英国には学問としての教育学を独立した専攻として置く大学が少なかったのに対して、米国では大学における教育研究が重視されていたという事情が働いていたと考えられる。そのなかでもコロンビア大学ティーチャーズ・カレッジは、モンロー（No.17）、デューイ（No.42、43）、キルパトリック（No.61）、キャンデル（No.62、63、

64）ら高名な教育研究者がそろっていた。しかも、そこでの教育研究は、「政治的・社会的状況」のなかで教育はどのような役割を果たしているのかを探求する学問であった。林茂生にとって、米国、そのなかでもコロンビア大学ティーチャーズ・カレッジはまさに希望を託すべき場所と意識されていたと考えられる。

### （3） 帝国主義体制下における教育

それでは「⑤指導的階層」とは誰であり、「思いがけない背景と現実の状況について知るのに役立つ」という場合の「背景」「現実」とは何を指しているのか。かつて拙著『世界史のなかの台湾植民地支配』で論じたように、日本の台湾支配が帝国主義的な植民地支配の一類型であることは、林茂生にとって「思いがけない」現実、あるいは認めたくない現実であったとも考えられる。

林茂生は学位論文の序章では台湾は一般的な意味での植民地ではないという趣旨の論を展開した。すなわち、「台湾人」（Formosan People）の大多数は「古い伝統と偉大な文化的遺産」をもつ「漢族」（Chinese）である。同じ文化的起源をもつ「若い国民」（younger people）――新興の「日本国民」を指す――に支配されている点が独特であり、英国のインド支配や米国のフィリピン支配とは異なる。あえて相似した状況を見出すならば、フランス人とドイツ人の混住するアルザス・ロレーヌである（六頁）。

この序章では、「植民地支配」の特徴とは文化的水準の高い人々が文化的水準の低い人々を支配することであり、だとすれば、日本の台湾支配は「植民地支配」ではないと論じているわけである。しかし、結章では、打って変わって次のように記す。台湾における日本の教育行政は、「帝国主義の担い手により選択された通常の経路」にしたがうものであり、一方で本国の経済的利益の獲得を目指しながら、他方で搾取を容易にするために台湾人の近代化と日本化を図ろうとするものでもある、「教育事業の内部に生じた欠点や矛盾は、帝国主義それ自体の欠点や矛盾から生じたという側面がある」（一四二頁）。

ここでは「帝国主義」という言葉が重要なキーワードとして登場する。この文脈で「帝国主義」とは、本国の経済的利益を優先する政治体制である。台湾総督府が台湾人の教育に十分な経費を割こうとしないのは官僚の個人的性向によるものではない、帝国主義列強が相互に角逐する状況のなかで、植民地での教育は「安上がり」で必要にして十分という認識が共有され正当化される。そうした事態が「帝国主義それ自体の欠点や矛盾」として把握されているとみるべきだろう。序章においては「植民地」の特徴を文化的水準という観点から考えていたのに対して、ここでは政治的・経済的観点から捉えているわけである。

林茂生は、このような「帝国主義」「植民地」概念をどのようにして獲得したのだろうか。さしあたり影響力の大きさが明確なのは、東京帝国大学で植民政策学を講じていた矢内原忠雄（No.29、30、31）である。文献目録で三点が挙げられている著者は、矢内原のほか、教育学者キャンデルと政治学者ビュエル（No.37、38、39）だけである。矢内原の論文「帝国主義下の台湾」は、一九二八年五月から八月にかけて『国家学会雑誌』に連載された。二九年一〇月に岩波書店から単行本として刊行されたが、発売わずか三ヶ月で台湾総督府警務局により台湾島内で発禁処分とされた(22)。「帝国主義下の台湾」の引用は、一九二九年中のニューヨークだからこそ可能なことであったといえる。

こうした事実からも、林茂生の学位論文は総督府の検閲的な権力作用にさらされながら執筆されていたことがわかる。ここまで論じてきたように、「①旅行者」、「②当局により嘱託された著」としては主に日本人、「③台湾に居住する領事、商人、植民者」については主に米国人を想定していたと思われる。だが、林茂生自身はどの文献がそれぞれのカテゴリーに含まれるかは明示していない。そこには検閲的な作用に身構える姿勢が透けてみえる。

ただし、たとえ総督府が矢内原の著書を発禁処分にしたとしても、世界的な知のネットワークにおいて同様の主張を展開している英語文献まで発禁処分にできるわけではない。それでは、林茂生はどのような英語文献を参照したのか。ホブソン（No.5）の『帝国主義論』を挙げていることなど注目すべき点は多々あるものの、ここではまずムーン（No.69）に着目することとしたい。四箇所にわたって引用していることから、林茂生がこの著書を精読していたと思われるからである。

ムーンは一八九二年にニューヨークに生まれた。林茂生よりも五歳年下である。コロンビア大学を卒業して一九二〇年に歴史学部の講師となり、二五年に国際関係論の助教授となった。これより早く若くしてウィルソン大統領（Thomas Woodrow Wilson）のブレーンに加わり、第一次世界大戦後の一九一九年のパリ講和会議に米国政府代表団の一員として参加した。林茂生の学位論文でムーンに言及する際には、指導教官であるモンローやキャンデルに言及する時と同様に「Prof.」という言葉をつけているので、直接的な面識のあった可能性もある。

林茂生は学位論文において、ウィルソン大統領の提唱した民族自決主義に次のように言及している。重要な箇所なので原文をあわせて記す（九一頁）。

> 民族的自尊心の感情はこの〔第一次世界大戦後の〕時期にますます高まった。このプライドは、〔日本の〕国内政治に影響されたばかりではなく、ウッドロー・ウィルソン大統領の「自決」の原則にも影響された。この自決の原則は第一次世界大戦のさなか、さらに戦後に広まり、当時の台湾において支配的な政治思想となった。（This feeling of pride in race had been more and more developed during this period. It was undoubtedly influenced by internal political affairs and also by Woodrow Wilson's principle of "self-determination," which had spread in the course of and after the world war, and at this time dominated political thought in Formosa.）

ウィルソン大統領が一九一八年に公表した「一四箇条の平和原則」や、国際連盟の構想がカント『永遠平和のために』（一七九五年）から影響を受けていることはよく知られている。[23] 林茂生もまた"self-determination"という政治的原則の根底にカントの哲学が存在することをよく理解していた。林茂生が台南長老教中学の校友会雑誌に寄せた「カントの生涯」という文章では、「彼が独創にかかる認識論上の自然に対する先験的普通的立法原理は道徳上の人格的自律となり、宗教上の神的理性観となり、芸術上の美的判断となり、政治上の自治的精神となり、又た経済上の品位擁護律となつて居る」と記している。[24] 道徳、宗教、芸術、政治、経済を貫く"self-determination"の重要性に着目していたわけである。

ウィルソン大統領のブレーンのひとりであったムーンの論も、ウィルソン流の理想主義を漂わせていた。『帝国主義と世界政治』と題するムーンの著書はアフリカ、南アジア、東アジアなど地域世界ごとに帝国主義列強の角逐のあり方を論じながら、最後に列強の標榜する「文明化の使命」を真剣に受け取ることができるのだろうかという問いを立てて、それがたぶんに見せかけだけのものだと批判した。

林茂生は、こうしたムーンの指摘を一つ一つ参照して、言説上の同盟関係を結ぼうとしている。たとえば、ムーンが植民地における「教育」とは「読み書き算の初歩と欧米の言語の片言を教えるに過ぎない（the 'education' consists of the rudiments of the 'three R's' with a smattering of the language of the European government.）」と記していることを参照しながら、それは台湾にもあてはまる、とくに農村においてひどいと論じている（一一八頁）。また、ムーンが英領インド、仏領インドシナ、蘭領東インド、日本領朝鮮の就学率は同じように極端に低いと指摘している部分を具体的な数字を挙げて引用しながら、「就学率の低さは台湾についてもあてはまる」としている（一二八頁）。

ムーンは、この就学率の低さは自然なものではなく、宗主国の側で教育にかかわる費用を出し惜しみするからだとして、次のように説明している。[25]

植民地における学校建設には資金を必要とする。一般的には植民地の予算は、たとえ本当に足りないわけではなくても、他の重荷によって抑制されている。学校教育は教師を必要とするが、教師が家と家族を離れて遠く離れた半文明の植民地（semi-civilized colony）に旅行して現地の言葉を習得するには多大な勇気と冒険を必要とする。これらの要素につきまとう重みを考慮に入れるならば、たいていの帝国主義的政府が原材料や関税や鉄道に対するほど教育に費用をかけようとしないのも当然と言わざるを得ない。

ムーンは、要するに、帝国主義的政府にとって、原材料や関税や鉄道の整備を通じて本国の経済的利益を獲得することの方が教育の普及などよりもはるかに重要なのだと論じているわけである。その限りでは、ムーンの著者は帝国主義批判だった。ただし、米領プエルト・リコとフィリピンは海外植民地のなかでずば抜けて就学率が高いとも論じている。そこには米国の帝国的性格をどう捉えるかという問題が横たわることになる。

もうひとり米国の政治学者ビュエルの論にも着目しておくことにしよう。ビュエルは一八九六年シカゴに生まれた。プリンストン大学で博士学位を取得して、ハーバード大学で教鞭をとった。林茂生も参照している『国際関係』（一九二五年、No.37）は三〇歳になる前の著作である。ここでビュエルは“self-determination”という主題に一章を割いて次のように論じている。「民族（nation）が外来の権力の支配下にある限り、一般的には自由になるためにエネルギーを注ぐ。文化的存在を守るために政治的手段を追及する」。国家なき民族がポーランドでもボヘミアでもアイルランドでも「民族的独立」（National Independence）を求めることに対して一定の理解を示しながらも、リアルポリティクスの立場から次のような注釈を付け加える。「従属的な民族にとっての完全なる独立は多民族から構成される帝国の破壊を意味してきた。帝国が武力によってこのような動きに抵抗するのも当然であった」(26)。

ビュエルの論は、地政学的な現実政治を重視する立場から「民族的独立」を求める人びとによる「帝国の破壊」への警戒心を露骨に示している。その論は米国が、旧来の帝国主義を批判しながら新しい型態の帝国を樹立しようとしていた現実にも対応しており、どの程度露骨に表明されるかは別としても、米国の知的世界に通底するモチーフであったとも考えられる[27]。

ムーンの著作が明らかに共感を込めて自らの主張を補強する意味合いで引用されているのに対して、ビュエルの文章については引用箇所も少ないために、林茂生がどのように読んだのかということはわからない。一つの可能性として考えられることは、米国という、帝国主義を批判する新しい帝国にどのように向かいあうべきなのか、頭を抱えていたということである。

時代はくだるが、日本敗戦後に林茂生が米国について語った言葉も、米国への苦々しい思いを物語っている。日本敗戦により帝国日本の植民地支配から解放された台湾人は喜びに沸き立っていたが、ほどなく蔣介石率いる中華民国政府もまた日本と同様に台湾人を「二等国民」扱いして台湾を再植民地化しようとしている事実に直面した。一九四六年の夏、林茂生は息子林宗義に対して「台湾は一日にしてまた二等国民に戻ってしまった」と語り、「不幸なことに、戦争の終結から今に至るまで、台湾はほとんど完全に孤立無援の情況にある」と語った。林宗義が米国人が助けてくれるのではないかと問うたのに対して、林茂生は「助けてはくれないだろう」と返答して、「一個の政治勢力をなす、あるいは武力を持つ外国集団の力を借りるには、前提として相当の空間と時間と財力が必要であり、これらをもって初めて可能となる。しかし、私たちはこのどれも保持していない」と語っている[28]。この場合の「空間と時間と財力」は、独立国となるのにふさわしい地域的広がり、固有の歴史、経済力を指すものと思われる。台湾はそのいずれも欠いている以上、米国が台湾を助けるはずはないというのが、苦渋に満ちた現状認識だった。

その後の現実は、林茂生の予想したとおりに進む。一九四七年二月、中華民国政府に対する反政府叛乱が全島的な広がりをみせた（二・二八事件）。台北では二・二八事件処理委員会が在台北米国領事館に要請書を提出、中華民国政府の圧政を世界に知らしめるとともに、国連による信託統治を経て台湾独立を認めてほしいという趣旨を伝えた。在台北総領事はこのままでは「破局的虐殺」が生じる恐れがあるので米国政府が介入すべきと主張したが、総領事の報告を受け取った駐華大使スチュアートは、米国の官僚として「法的形式をえた権力」（constituted authority）だけを注視すればよいとして介入を否定、その後、南京から派遣された援軍の台湾上陸を皮切りとして実際に「破局的虐殺」が展開され、林茂生を含めて二万人近い台湾人が処刑された(29)。

林茂生は、学位論文執筆過程において米国の知的世界に地政学的な現実主義が埋め込まれていることを認識していたと思われる。したがって、自らが受難者となる事態を含めて、その後の凄惨な事態をある程度まで予測していたことであろう。それでもなお、米国の知的世界に期待をつなごうとしていたともいえる。そうした事態のうちに林茂生の落ち込んだ袋小路の深さをかいまみることができる。

## おわりに

本稿においては林茂生が学位論文でとりあげた参考文献についての情報を整理したうえで、「プロパガンダ」として言説上の対抗関係にあるとみなしたであろう文献と、言説上の同盟関係を築こうとしたであろう文献の例を示した。そのことを通して、林茂生にとっての「帝国主義」「植民地」概念が、当時の米国における帝国主義批判のロジックに沿うものであると指摘した。このロジックの中核に位置していたのが、ウィルソン流の民族自決主義である。ただし、林茂生は、英語圏に身を置いてさまざまな文献に接することができたからこそ、この民族自決主義はいわば「条件つき」のものであり、台湾人に対して適用される可能性が乏しいことも同時に感知せざるをえなかったと思われる。

では、どのような条件が付されていたのか。この点については、今後林茂生が参照した文献の内容をさらに詳細に検討することを通じて、さらに考察すべき問題である。オットー・バウアー（Otto Bauer）とレーニン（Vladimir Ilich Lenin）とウィルソンの民族自決論を比較検討した鈴木是生の研究によれば、ウィルソンの自決論は民主主義と不可分の価値であり、「文明的諸民族」が自己統治の主体となることの意義を重視していた。(30) したがって、自治を実現するためには教育の普及により「文明的」であることを証明してみせると同時に、民主主義のシステムを理解し導入することが必要であった。林茂生の学位論文は、全体としてこのような方向で民族自決の可能性を探ろうとしたものとして理解できる。

他方で、レーニン流の民族自決論、すなわち個々の民族が帝国を離れて分離独立したうえで社会主義の理念に基づいて結合するという方向がどの程度、林茂生の念頭にあったかはわからない。ただ、参考文献のなかに労農派の社会主義者として知られる山川均（No.27）の文献が含まれている点が注目される。学位論文では台湾文化協会と台湾民衆党がリベラルな風潮をもたらしたとしたうえで、「極めてラディカルで挑戦的であり、近代社会主義思想によって影響された第三のグループの勃興」（九二頁）に言及し、階級闘争を重視する社会主義者によって多数の労働組合や農民組合が全島的に結成されたと論じている。とくに否定的な評価を付け加えるわけではないものの、はっきり肯定的に評価しているわけでもない。社会主義の思想と行動、さらにその背後にあるレーニン流の民族自決論をどのように評価していたのか。民主主義の理念や自由を尊重する学位論文の内容から考えて、レーニン主義的な議論には違和感を抱き、だからこそ米国の知的世界に期待をつながざるをえなかったのだとも考えられる。今後さらに検討を要する。

本稿では論及できなかったが、朝鮮総督府当局（No.3）、朝鮮在住宣教師（No.8、26）、キリスト教系学校の朝鮮人教師（No.6）、三・一独立運動を目撃した新聞記者（No.66）の著作を参照していることも着目される。とりわけ宣教師フィッシャー（James Earnest Fisher）がコロンビア大学ティーチャーズ・カレッジに提出した学位論文（No. 8）は、民主主義と教育にかかわるデューイの論に拠りながら植民地教育について批判的に論じている点において林茂生の学位論文に大きな示唆を与えたと考えられる。そこで林茂生がどのように言説上の同盟関係を築こうとしたのかという問題は今後の課題としたい。

（1）駒込武『世界史のなかの台湾植民地支配――台南長老教中学校からの視座』（岩波書店、二〇一五年）。
（2）竹越與三郎『台湾統治志』（一九〇五年、博物館）一頁。
（3）「竹越與三郎總督府編纂事務囑託ノ件」（『明治三十七年臺灣總督府公文類纂永久保存進退第十巻官規官職』一九〇四年）。
（4）Yosaburo Takekoshi, *Japanese Rule in Formosa*, (London: Longman, 1907).
（5）前掲竹越『台湾統治志』一頁。
（6）Government-General of Formosa, *Progressive Formosa*, (Taihoku: Government-General of Formosa, 1926).
（7）持地六三郎『台湾殖民政策』（冨山房、一九一二年）六頁。
（8）駒込武『植民地帝国日本の文化統合』（岩波書店、一九九六年）一頁。
（9）前掲持地『台湾殖民政策』二七九頁。
（10）同前書、二八〇頁。
（11）吉野秀公『台湾教育史』（台湾日日新報社、一九二七年）五七九頁。
（12）Davidson の経歴について、賴大衛・林欣宜『禮密臣臺灣資料選集』（中央研究院臺灣史研究所、二〇一七年）を参照。
（13）林欣宜「美國駐臺領事館檔案（1896–1941）與臺灣史研究」漢珍文法商線上講座、二〇二一年一一月一〇日（https://www.tbmc.com.tw/event/tbmc_webinar/11102021.pdf, 二〇二二年五月一六日確認）
（14）Arnold, Julean H., *Education in Formosa*, (Washington: Department of Interior, Bureau of Education, 1908), p. 5.
（15）Ibid. p. 7.

（16）　Ibid., pp. 59-63.
（17）　W. Campbell, *Formosa under the Japanese: Being Note of a Visit to the Taichu Prefecture*, (Helensburgh: J. Lamont, 1902), pp. 17-18, pp. 28-29.
（18）　前掲駒込『世界史のなかの台湾植民地支配――台南長老教中学校からの視座』第四章参照。
（19）　林茂生「本校創立四十週年の回顧」（『私立台南長老教中学校友会雑誌』第二号、私立台南長老教中学、一九二五年）一～五頁。
（20）　Presbyterian Church in Canada, *Acts and Proceedings of the General Assembly of the Presbyterian Church in Canada*, (Toronto: Presbyterian Printing Office), 1898, p. 185.
（21）　Edward Alsworth Ross, *The Changing Chinese: The Conflict of Oriental and Western Cultures in China*, (London: T. Fisher Unwin, 1911), pp. 226-27.
（22）　台湾総督府警務局保安課図書掛「台湾出版警察報」一九三〇年二月（台湾総督府警務局保安課図書掛編『復刻版　台湾出版警察法』第一巻、不二出版、二〇〇一年、一〇二頁）。
（23）　津守滋「イマヌエル・カントの政治哲学の現代的意義――『永遠平和のために』を中心に」（『東洋英和大学院紀要』第五号、二〇〇九年）。
（24）　林茂生「カントの生涯」（前掲『私立台南長老教中学校友会雑誌』第一号）一二頁。
（25）　Moon, Parker Thomas, *Imperialism and World Politics*, (New York: Macmillan, 1926), pp. 558-559.
（26）　Buell, Raymond Leslie, *International Relations*, (New York: Henry Holt & Co, 1925), pp. 28-29.
（27）　本論では政治学者ビュエルの主張に端的に米国の現実政治の立場が表現されているとみなしたが、高山敬太は林茂生の指導教官だったモンローやキャンデルについても、リベラルでヒューマニスティックな教育学者という評価とは裏腹に、米国が「未開」な人びとに「恩恵」を及ぼしているという帝国的／植民地主義的な主張が埋め込まれていたことを鋭く摘出している（Takayama Keita, "Beyond comforting histories: The colonial/imperial entanglements of the International Institute, Paul Monroe and Isaac L. Kandel at Teachers College, Columbia University," *Comparative Education Review*, 62(4), 2018.）。今後、さらに検討を要する論点といえる。
（28）　林宗義（口述）・胡慧玲（整理）「我的父親林茂生」『島嶼愛戀』（玉山出版社、一九九五年）一六～一九頁。

（29）詳細は前掲拙著『世界史のなかの台湾植民地支配』終章を参照。
（30）鈴木是生「帝国の解体と民族自決論——バウアー、ウィルソン、レーニン（三）」（『名古屋外国語大学外国語学部紀要』第三三集、二〇〇七年）。

【付記】本稿とほぼ重なる内容の論文を、中文において次のように発表している。駒込武（黃柏誠訳）〈林茂生論「帝國主義」與「殖民地」——以語境中的同盟—對抗關係為焦點〉葉亭亭・葉浩・吳冠緯編《林茂生文獻選輯》（臺北：國立臺灣大學出版中心、二〇二四年）。

表1　林茂生学位論文参考文献

| No | 著者 | 表題 | 発行地 | 出版社 | 発行年 | 職業<br>主題 | 引用箇所 | 引用<br>回数 |
|---|---|---|---|---|---|---|---|---|
| 1 | Arnold, Julean H. | *Education in Formosa* | Washington | Government Printing Press | 1908 | 領事<br>台湾事情 | 43d, 64a, 66b, 74a | 4 |
| 2 | Asami, Noboru (淺見登郎) | *Japanese Colonial Government* | New York | Columbia University Thesis | 1924 | 経済学者<br>植民政策 | | |
| 3 | 朝鮮総督府学務局 | 『現行朝鮮教育令並関係法規』 | 京城 | 朝鮮総督府学務局 | 1920 | 植民当局<br>朝鮮統治 | | |
| 4 | Department of Educational Affairs, The Government-General of Formosa〔台湾総督府学務部〕 | *A Review of Educational Work in Formosa* | 東京 | 台湾総督府 | 1916 | 植民当局<br>台湾統治 | | |
| 5 | Campbell, Wiliiam | *Formosa Under the Dutch* | London | Kegan Paul, Trench, Trubner & Co. | 1903 | 宣教師<br>台湾事情 | | |
| 6 | Cynn, Hugh Hueng-Wo〔申興雨〕 | *The Rebirth of Korea* | New York | Abingdon Press | 1920 | 被植民者<br>朝鮮民族主義 | | |
| 7 | Davidson, James W. | *The Island of Formosa Past and Present* | London | Macmillan | 1903 | 領事<br>台湾事情 | 10a, 11b, 11e, 14f | 4 |
| 8 | Fisher, James Earnest | *Democracy and Mission Education in Korea* | New York | Bureau of Publications, Teachers College, Columbia University | 1928 | 宣教師<br>朝鮮事情 | | |

| | | | | | | | | |
|---|---|---|---|---|---|---|---|---|
| 9 | 台湾総督府文教局 | 『学事第23年報』 | 台北 | 台湾総督府文教局 | 1926 | 植民当局<br>台湾統治 | | |
| 10 | 台湾総督府文教局 | 『学事第24年報』 | 台北 | 台湾総督府文教局 | 1927 | 植民当局<br>台湾統治 | | |
| 11 | 台湾総督府文教局 | 『学事第25年報』 | 台北 | 台湾総督府文教局 | 1928 | 植民当局<br>台湾 | 132a | 1 |
| 12 | The Government of Formosa<br>〔台湾総督府〕 | *Progressive Formosa* | 台北 | 台湾総督府 | 1926 | 植民当局<br>台湾統治 | 13a , 13b , 13c , 14a,72a,134b | 6 |
| 13 | Hayden, Ralston | "Japan's New Policy in Korea and Formosa", in *Foreign Affairs* | New York | Vol. II , No.3, March 15,1924 | 1924 | 政治学者<br>台湾統治 | 14b,14e,83b | 3 |
| 14 | 平沼淑郎 | 「台湾人と施政方針」<br>『台湾青年』 | 東京 | 第 2 巻第 1 号 | 1921 | 政治家<br>台湾統治 | 91a | 1 |
| 15 | MacKay, George Leslie | *From Far Formosa* | New York, Chicago, Tronto | Fleming H. Revell Company | 1895 | 宣教師<br>台湾事情 | 17b,19c,20b | 3 |
| 16 | 持地六三郎 | 『台湾殖民政策』 | 東京 | 冨山房 | 1912 | 植民官僚<br>台湾統治 | 116b,117a | 2 |
| 17 | Monroe, Paul | *Essays in Comparative Education* | New York | Teachers College, Columbia University | 1927 | 教育学者<br>植民政策 | 117a,119a | 2 |
| 18 | 王金海 | 「台湾教育に関する私見」<br>『台湾青年』 | 東京 | 第 3 巻第 2 号 | 1921 | 被植民者<br>台湾民族主義 | 91a | 1 |
| 19 | 林呈禄 | 「台湾教育問題に就て　附台湾教育令」『台湾』 | 東京 | 第 3 年第 1 月号 | 1922 | 被植民者<br>台湾民族主義 | 91a | 1 |

| | | | | | | | | |
|---|---|---|---|---|---|---|---|---|
| 20 | 蔡培火 | 「台湾教育に関する根本主張」『台湾青年』 | 東京 | 第3巻第3号 | 1921 | 被植民者<br>台湾民族主義 | 91a | 1 |
| 21 | Taiwan Education Association (台湾教育会) | Modern Formosa with Special Reference to Educational Work | | | 1923 | 植民当局<br>台湾統治 | | |
| 22 | 台湾教育会 | 『台湾学事法規』 | 台北 | 帝国地方行政学会 | 1922 | 植民当局<br>台湾統治 | | |
| 23 | | 「社説　数字上的入学難」『台湾民報』 | 台北 | 第257号，(1929年4月2日) | 1929 | | 132b | 1 |
| 24 | 竹越與三郎 | 『台湾統治志』 | 東京 | 博文館 | 1905 | 新聞記者<br>台湾事情 | 10a, 11a, 11c, 12a, 12c, 16c, 18a, 19a, 19b, 20b | 10 |
| 25 | 東郷実 | 『植民政策と民族心理』 | 東京 | 岩波書店 | 1925 | 政治学者<br>植民政策 | 141a | 1 |
| 26 | Underwood, Horace Horton | *Modern Education in Korea* | New York | International Press | 1926 | 宣教師<br>朝鮮事情 | 100b,101a,101d,101e,107b | 5 |
| 27 | 山川均 | 『殖民政策下の台湾』 | 神戸 | プレブス出版 | 1926 | その他<br>台湾民族主義 | 16a,75a,140a | 3 |
| 28 | 山本美越乃 | 『植民政策研究』 | 京都 | 弘文堂 | 1920 | 経済学者<br>植民政策 | | |
| 29 | 矢内原忠雄 | 『植民及植民政策』 | 東京 | 有斐閣 | 1926 | 経済学者<br>植民政策 | 117b | 1 |
| 30 | 矢内原忠雄 | 「帝国主義下の台湾」『国家学会雑誌』 | 東京 | 第42巻第9号 | 1928 | 経済学者<br>台湾民族主義 | 72b,75a,116a,140a | 4 |

| | | | | | | | | |
|---|---|---|---|---|---|---|---|---|
| 31 | 矢内原忠雄 | 『植民政策の新基調』 | 京都 | 弘文堂 | 1927 | 経済学者<br>植民政策 | 6a | 1 |
| 32 | 吉野秀公 | 『台湾教育史』 | 台北 | 台湾日日新報社 | 1927 | 植民官僚<br>台湾統治 | 37a, 38a, 38b, 46c, 61b, 73a, 80a, 80b, 90a, 99a,99b,111a | 12 |
| 33 | Adams, Henry | *The Education of Henry Adams,an Autobiography* | Boston | Houghton Mifflin | 1918 | 歴史学者<br>民主主義 | 125a | 1 |
| 34 | Aucamp, Anna Jacoba | *Bilingual Education and Nationalism with special Reference to South Africa* | Pretoria | J.L.Vanschaik L+d. | 1926 | 教育学者<br>民族主義 | | |
| 35 | Boas, Franz | *The Mind of Primitive Man* | New York | Macmillan & Co. | 1924 | 人類学者<br>人種主義 | | |
| 36 | Bryce, James | *Modern Democracies* | London | Macmillan & Co. | 1921 | 政治家<br>民主主義 | | |
| 37 | Buell, Raymond Leslie | *International Relations* | New York | Henry Holt & Co | 1925 | 政治学者<br>民族主義 | 6b | 1 |
| 38 | Buell, Raymond Leslie | *The Native Problem in Africa* | New York | Henry Holt & Co | 1928 | 政治学者<br>アフリカ | | |
| 39 | Buell, Raymond Leslie | "What about the Philippines", in *Atlantic Monthly* | Boston | September, 1925 | 1925 | 政治学者<br>フィリピン | | |
| 40 | Corcoran,T. | "The Language Campaigns in Alsace-Lorraine" jn *Studies: an Irish Quarterly* | Dublin | Vol.13, No.50, Jun., 1924 | 1924 | 歴史学者？<br>アルザス | | |

| | | | | | | | | |
|---|---|---|---|---|---|---|---|---|
| 41 | Dominian, Leon | *The Frontiers of Language and Nationality in Europe* | New York | The American Geographical Society of New York | 1917 | 地理学者？<br>民族主義 | | |
| 42 | Dewey, John | *Democracy and Education* | New York | Macmillan Co. | 1916 | 教育学者<br>民主主義 | | |
| 43 | Dewey, John | "Nationalizing Education" in *Journal of Education* | Washington | Volume: 84<br>issue: 16 | 1916 | 教育学者<br>民族主義 | | |
| 44 | Drinkwater, John | *Patriotism in Literature* | London | Williams and Norgate | 1924 | 劇作家<br>民族主義 | | |
| 45 | East, Edward Murray | *Mankind at the Crossroads* | New York | Charles Scribner's Sons | 1923 | 植物学者<br>人種主義 | | |
| 46 | | "Formosa"in *Encyclopedia Britannica* | London | 13th Edition, Vol.29, Encyclopedia Britannica Co., Ltd. | 1926 | | 12e,19c | 2 |
| 47 | Finot, Jean | *Race Prejudice* | New York | Dutton & Co. | 1924 | 人類学者<br>人種主義 | | |
| 48 | Gooch, George Peabody | *Nationalism* | New York | Harcourt Brace & Howe | 1920 | 歴史学者<br>民族主義 | | |
| 49 | Hayes, Carlton Joseph Huntley | *Essays on Nationalism* | New York | Macmillan Co. | 1926 | 歴史学者<br>民族主義 | | |
| 50 | Hazen, Charles Downer | *Alsace-Lorraine Under German Rule* | New York | Henry Holt & Co. | 1917 | 歴史学者<br>アルザス | | |
| 51 | Hertz, Friedrich | *Race and Civilization* | London | Kegan Paul, French,Trubner & Co. | 1928 | 社会学者<br>人種主義 | | |

| | | | | | | | | |
|---|---|---|---|---|---|---|---|---|
| 52 | Hobhouse, Leonard T. | *Social Evolution and Political Theory* | New York | The Columbia university Press | 1911 | 社会学者<br>植民政策 | 126b | 1 |
| 53 | Hobson, John Atkinson | *Imperialism, A Study* | New York | Pott Gorham | 1905 | 政治学者<br>植民政策 | | |
| 54 | Hyndman, Henry Mayers | *The Awakening of Asia* | New York | Cassell and company, Ltd. | 1919 | 新聞記者<br>植民政策 | | |
| 55 | | "Formosa", in *The New iIternational Yearbooks, 1928* | New York | Dodd, Mead & Co. | 1929 | | 12b, 12d, 14d, 17c,18b | 5 |
| 56 | Ireland, Alleyne | *Tropical Colonization* | New York | American Academy of Political Science〔Macmillan & Co.〕 | 1899 | 新聞記者<br>植民政策 | | |
| 57 | Josey, Charles Conant | *Race and National Solidarity* | New York | Charles Scribner's Sons | 1923 | 心理学者<br>人種主義 | | |
| 58 | Johnston, Sir Harry | *The Backward Peoples and Our Relations With Them* | H. Milford | Oxford University Press | 1920 | 植民官僚<br>植民政策 | | |
| 59 | | 『時事年鑑 昭和４年版』 | 東京 | 時事新報社 | 1929 | | 14c,15a,20a | 3 |
| 60 | Keith, Arthur Berriedale | *Imperial Unity and the Dominions* | Oxford | Clarendon Press | 1916 | 植民官僚<br>植民政策 | | |
| 61 | Kilpatrick, William Heard | *Source Book in the Philosophy of Education* | New York | Macmillan Co. | 1923 | 教育学者<br>教育問題 | | |
| 62 | Kandel, Isaac Leon ed. | *Educational Yearbooks,* 1924,1925,1926,1927 | New York | Macmillan Co. | 1924-1927 | 教育学者<br>教育問題 | | |

| | | | | | | | | |
|---|---|---|---|---|---|---|---|---|
| 63 | Kandel, Isaac Leon | "Political Theory and Education", in Teachers College Record | New York | Volume 17 Number 3 | 1916 | 教育学者<br>民族主義 | | |
| 64 | Kandel, Isaac Leon | *Twenty-Five Years of American Education* | New York | Macmillan Co. | 1924 | 教育学者<br>教育問題 | 117a | 1 |
| 65 | Lagden, Sir Godfrey | *The British Empire Series, Vol.9 The Native Races of The Empire* | London | W.Collins Sons & Co. Ltd. | 1924 | 植民官僚<br>アフリカ | | |
| 66 | McKenzie, Frederick Arther | *Korea's Fight for Freedom* | New York | Fleming H. Revell | 1920 | 新聞記者<br>朝鮮民族主義 | | |
| 67 | Malherbe, Ernst Gideon | *Education in South Africa* | Cape Town | Juta & Co. | 1925 | 被植民者<br>アフリカ | | |
| 68 | Millard, Thomas F. | *Democracy and the Eastern Question* | New York | The Century Co. | 1919 | 新聞記者<br>民主主義 | | |
| 69 | Moon,<br>Parker Thomas | *Imperialism and World Politics* | New York | Macmillan Co. | 1926 | 政治学者<br>植民政策 | 118b,127a,128a,129b | 4 |
| 70 | Pearson, Charles Henry | *National Life and Character: a Forecast* | New York | Macmillan Co. | 1894 | 歴史学者<br>民族主義 | | |
| 71 | Phillipson, Coleman | *Alsace-Lorraine: Past, Present, and Future* | London | T. Fisher Unwin | 1918 | 歴史学者<br>アルザス | | |
| 72 | | "Self-Ditermination",<br>in *Encyclopedia Britannica* | London | 13th Edition, Vol.31, Encyclopedia Britannica Co., Ltd. | 1926 | | | |
| 73 | Pillsbury, Walter Bowers | *The Psychology of Nationality and Internationalism* | New York | D. Appleton & Co. | 1919 | 心理学者<br>民族主義 | | |

| | | | | | | | | |
|---|---|---|---|---|---|---|---|---|
| 74 | Rai, Lajpat | *The Problem of National Education in India* | London | George Allen & Unwin Ltd. | 1920 | 被植民者<br>インド | | |
| 75 | Reisner, Edward Hartman | *Nationalism and Education Since 1789* | New York | Macmillan Co. | 1922 | 教育学者<br>民族主義 | | |
| 76 | Scott, Jonathan French | *The Menace of Nationalism in Education* | London | George Allen & Unwin Ltd. | 1926 | 歴史学者？<br>民族主義 | | |
| 77 | Scott, Jonathan French | *Patriots in the Making* | New York | D. Appleton & Co. | 1916 | 歴史学者？<br>民族主義 | | |
| 78 | Gino Charles Speranza | *Race or nation: A conflict of divided loyalties* | Indianapolis | The Bobbs-Merrill Company | 1925 | 新聞記者<br>人種主義 | | |
| 79 | The Board of Educational Survey | *A Survey of the Educational System of the Philippine Islands* | Manila | The Board of Educational Survey, Manila, Bureau of Printing | 1925 | 植民当局<br>フィリピン | | |
| 80 | Tagore, Rabindranath | *Creative Unity* | New York | Macmillan Co. | 1922 | 被植民者<br>インド | | |
| 81 | Thomas, William Isaac | "The Psychology of Race Prejudice", in *American Journal of Sociology* | Chicago | Vol.9, No.5 | 1904 | 社会学者<br>人種主義 | | |
| 82 | Williams, Daniel Roderick | *The United States and the Philippines* | New York | Doubleday, Page & Co. | 1924 | 植民官僚<br>フィリピン | | |
| 83 | Croly, Herbert | *The Promise of American Life* | New York | Macmillan Co. | 1909 | 新聞記者<br>民主主義 | 4a | 1 |
| 84 | Egerton, Hugh Edward | *British Colonial Policy in the XXth Century* | London | Methuen & Co. | 1922 | 歴史学者<br>植民政策 | 117c | 1 |

| | | | | | | | | |
|---|---|---|---|---|---|---|---|---|
| 85 | Dewey, John | "Democracy in Education", in *The Elementary School Teacher* | Chicago | Volume 4, Number 4 | 1903 | 教育学者<br>民主主義 | 125b | 1 |
| 86 | Jefferson, Thomas and Cabell, Joseph C. | *Early history of the University of Virginia* | Richmond | (hitherto unpublished) | 1856 | 政治家<br>民主主義 | 133a | 1 |
| 87 | Jones, Thomas Jesse | *Education in Africa* | New York | Phelps-Stokes Fund | 1922. | 植民官僚<br>アフリカ | 118b | 1 |
| 88 | 和田博 | 「内地移民と蕃人教化」『台湾時報』 | 台北 | 第89号、昭和２年４月号 | 1927 | 植民官僚<br>台湾統治 | 118a | 1 |

# ウイリアム・E・グリフィスの植民地主義と朝鮮
## ――キリスト教ネットワークと知の連関

李　省　展

## はじめに

ウイリアム・E・グリフィス（William Eriot Griffis、一八四三～一九二八）は日本では「お雇い外国人」として広く知られている。ラトガース大学より派遣され日本では福井の藩校・明新館で物理学、化学、英語を教え（一八七〇～七二年）、東京帝国大学の前身である大学南校でも教鞭をとっている（一八七二～七四年）。彼の著書『皇国』（*The Mikado's Empire*, 1876）はアメリカで出版され、一一版を重ね、当時は外国から日本についての知識を得る基本的文献の地位を占めていた。知日派であり、日本についての著書は民話、歴史書、伝記、生活の記録など多岐にわたっており、アメリカにおける日本学の先駆的な学者といってもいい。このような彼の業績は、帝国政府からも評価され、一九〇八年には勲四等旭日小綬章を受賞、一九二六年には勲三等旭日中綬章を受賞している。

福井大学のグリフィス・コレクションは、福井とグリフィスとの関係、また日本との関係を中心にしたコレクションであるが、グリフィスの母校であるニュージャージー州のラトガース大学図書館所収のグリフィス・コレクションは後述するように、たんに日本のみならず東アジアの広がりを明らかに示している。グリフィスの朝鮮に関する代表的な著書『隠者の国　朝鮮』（*The Hermit Nation, Corea*, 1882）は九版を重ね、一九世紀末から二〇世紀にかけてのアメリカにおける朝鮮に関する必読書となっている。(1)また彼の牧師としての二六年間のキャリアからくる、(2)東アジアにおけるプロテスタント宣教に対する関心は高く、日本のヘボン、S・R・ブラウン、フルベッキ宣教師に加え、一八八五年に朝鮮に最初のメソジスト宣教師として赴任した、ヘンリー・アペンゼラー（Henry Appenzeller）の伝記をも記している。またコレクションのボックス資料から見ると、日本、二一ボックス（七五％）、朝鮮、四ボックス（一四％）、中国、三ボックス（一一％）と、彼の関心は日本を中心としながらも東アジア全体へと広がっている。

筆者のラトガース大学でのグリフィス・コレクションでの資料調査は二〇一八年に実施されたが、この調査は二・八独立宣言、三・一独立宣言一〇〇周年を期して実施したものである。アメリカのミネソタ大学のKautz Family CollectionにはYMCA関連資料が収集されているが、そこでは主に在日本朝鮮基督教青年会資料を中心として調査した、その足で、ニュージャージーに赴き、グリフィス・コレクションにおける朝鮮独立運動関連資料を調査した。本稿ではこの資料調査から得られた知見を中心に、グリフィスの植民地主義ならびに三・一独立運動を通じた日本の植民地主義に対する疑念、日本に対する彼の信頼の揺らぎを中心に考察するものである。その揺らぎがどこから生じたのかを、グリフィスとアメリカにおける朝鮮人独立運動家との関係性、ならびにコレクション資料から見えてくる、在朝鮮プロテスタント宣教師との知の連鎖を検証することにより明らかにしたいと考える。また、この資料群における在朝鮮宣教師書簡などを手掛かりとして、当時の宣教師の行動がどのような歴史的文脈からなされたのか、宣教師が主張する「政治的な中立」が政治とのかかわりにおいて如何なるものであったのかも検討したい。

韓国における植民地期を含むグリフィス研究はこの一〇年間に飛躍的な発展を遂げている。その契機となったのが、李映美による一連の研究であると筆者は考える。氏は二〇一五年にグリフィス研究を博士論文(3)に纏めあげ、仁荷大学校大学院に提出している。また、「日本の韓国支配に対するグリフィスの態度」(『韓国史研究』第一六六号、二〇一四年)、「グリフィスの(W. E. Griffis 一八四三〜一九二八)の韓国認識の変化」(『震檀學報』第一二五号、二〇一五年)。「グリフィスの文明観と東アジア認識」(『歴史學報』第二二八輯、二〇一五年)と韓国の歴史学界を代表する研究誌に次々とその成果を発表している。本稿もその研究成果に負うものであるが、グリフィスと朝鮮独立運動に関する李映美の以下のような見解に関しては、首肯できる部分もあるが、これに対する違和感もぬぐえない。

彼は韓国の独立を求める人々と共にした、いくつかの公式な席上で演説し、韓国親友会(The League of Friends of Korea)の会員になり、Korea Review にも何度か執筆している。しかしこれは積極的でも持続的でもなかったのみならず、韓国の独立のためでもなかった。……グリフィスがアメリカ国内の独立運動勢力に応答した理由は、彼自身を「日本の友」はもちろん「韓国の友」と考えたからである。……彼の欧米委員部に関連する活動は、韓国の独立ではなく韓国人を助けるためにしたのである。そしてそれは、あくまでも自身がもっとも親しく感じている日本に傷を与えない範囲で韓国の歴史と文明を紹介する方式で成し遂げられた(「日本の韓国支配に対するグリフィスの態度」二九二〜二九三頁、二〇一四年)。

この見解に対する違和感が何であるかを、このコレクション資料から、さらにグリフィス日記から本論において明らかにしていく。その前に、まずグリフィスの植民地主義的思考を検証し、三・一独立運動を契機とした、彼の日本の植民地主義に対する懐疑ならびに日本への信頼の揺ぎに対する論考へと進めていきたい。最後に晩年におけるグリフィスの変化がなぜ生じたのかを、宣教師資料を手掛かりにして検証する。

## 一．ウイリアム・グリフィスの植民地主義――グリフィスの「韓国併合」観を中心に

日本による「韓国併合」をグリフィスはどのように理解したのだろうか。彼の「併合」直後の一〇月に記された「日本の韓国併呑」(4)の冒頭に彼は、「韓国併合」を朝鮮人と日本人を融合し憲法により保障された権利と特権を朝鮮人に与えようとする日本の実験は歴史上ユニークであり、世界から注目を浴びていると述べる(5)。続けて併合に至る多様な原因と、少なくない日朝間の争いについて指摘し、そのうちの一つとして一八七二年の書契事件(6)を挙げている。この事件をグリフィスは、中国の文明（華夷秩序）を切り捨て、キリスト教世界（西欧）の文明を採用した日本を嘲った、朝鮮政府による日本官吏への侮辱とする。さらに江華島事件に対しては日本の水兵に朝鮮側の砦から最初に発砲があったとし、それにもかかわらず日本は朝鮮のために大陸で中国とロシアとの戦争を行使したとし、日本は文明化の初期においては、平和と自由貿易を固く守り、朝鮮は日朝修好条規を受け入れることにより、初めて独立国として認められたとしている。日本は西欧の古き良きトレジャー・ランドとしての朝鮮を中世精神（古き慣習）から救い出し、冷酷さと数々の栄誉をともなない朝鮮を近代的な国民生活へと促したとしている。朝鮮を自由と近代的生活へと導くために、最高の政治家を派遣し、惜しみなく資金を費やしたのであると述べている。

また日清戦争は朝鮮を自由な独立国家としたと指摘する(7)。ソウルの民衆が最初になしたのは征服による不名誉なモニュメントを撤去することだったと述べ、日本により自由を得た国王が中国の皇帝からの使者を迎えた迎恩門を取り壊し、それに代わり独立門が築かれたことを例証として挙げている。

明成皇后の虐殺は閔氏一族と大院君の扇動により、悪辣な日本人と朝鮮人の「下手人」によってなされたと述べる。その後、高宗の「俄館播遷」によりロシアの影響力が増したとしている。大韓帝国成立（一八九七年）を

皇帝による権力集中と理解し、大韓国国制を非常に馬鹿げた文書と酷評するとともに、大韓国国制は自由を求め旧慣を撤廃する人々の闘争を抑圧するものであると断言する。(8) この大韓帝国期では西洋人によって与えられたパン種は効果を発揮しているが、産業に惜しげもなく投資された資金は、その目標には到底達してはいない。広範な賄賂は慢性的で、地方税のかろうじて半分しか国庫に組み入れられない状態としている。そして改善において目覚ましいものは、日本主導によってなされた私企業が成し遂げたものであると、大韓帝国初期の、日本以外にも開かれた経済政策に対しても否定的な見解を披歴している。

さらに日露戦争については簡潔に記し、ポーツマス条約締結後の日本の対韓政策を高く評価した。それらは日本による初等・中等教育、職業訓練校、商工業、農業専門学校などの実業教育システムの構築、そのほか天然痘や梅毒により多くの人命が失われていく状況にあって日本は、衛生環境向上のための水道施設や病院を創設した。さらに鉄道などの交通網の整備、金本位制の確率、紙幣の発行、農工業の銀行、農業試験場の設置、裁判制度の整備、警察制度の導入、公務員試験の実施などを財政措置を伴った肯定的な政策として高く評価している。

親交のあった伊藤博文に対する評価も著しく高い。(9) 伊藤が安逸を選ばず、困難な労苦を厭わず引き受けたと評価するとともに、彼の暗殺は必然的であるとさえしている。彼は最後の力を振り絞って、生涯の抱負であった朝鮮の救済と、日本への忠誠と同様の奉仕を朝鮮になそうとしたと記す。公の演説でも、また行動においても、絶えずまた執拗に偏ることなく正義を追求した人物とし、日本の軍部からも、また野心に富む朝鮮人からも好かれることは決してなかったが、細部まで注意を払い、実用的な教育、改革、再建に着手したとする。さらに日本は彼の要請で、数百万ドルの財政支出をなしたとし、伊藤を引き継いだ寺内正毅についても長州出身で西欧での留学経験をもつ有能でユーモアを備える政治家と評価しつつも、すでに伊藤によって築かれた基礎のうえにただ積み上げているだけであると述べ、次のように結論する。

「一九〇六年以降（日本により）実際になされた仕事は、朝鮮人が日本人と同様に享受する、憲法上の権利、自由、あらゆる権利が、教育、衛生、経済、行政、法制度など、諸々の面で拡張されている」そして「伊藤の精神は今なお生き続けており、その急進性と行政改革にみられるその精神は、朝鮮人の経験に合うよう生かされている」(10)。

次にグリフィスは、アメリカと日本の植民地主義を比較し、それらを同様なものと理解する。日本の抱える問題はアメリカのフィリピンにおける問題と酷似していると述べ、アメリカと同様に日本は必ずや「アイルランド」を手中に収めるだろうと指摘する。「朝鮮人には内外からのどのような障害、困難、妨害があろうとも、両国による心からの統合への約束がなされたとし、グリフィスは自身の四五年にわたる経験と研究からしても、日本人の成功に確信があるとその胸中を明らかにする。そして論文の締めくくりに、「日本は論議の余地のないアジアにおける近代文明を代表する国であり、東洋と西洋の仲介者である。日本は他の国々とともに、特に最初にして最善の、そして真の友人であるアメリカ合衆国とともに志を高く持ち、正義を行うと信じている」(11)と日本に対して心からの信頼を寄せるのである。

日本の植民地は、沖縄と北海道、日清戦争勝利により割譲された台湾、日露戦争を経て譲り受けたサハリン（「樺太」）の南半分、それらに引き続いての朝鮮の植民地化であることから考えると、「保護国」化以降の一連の日本の動きは、植民地経験の蓄積を踏まえ、迅速かつ計画的に近代的インフラが整備されていったといえよう。

グリフィスのノース・アメリカン・レヴィユーに掲載されたこの論文は、アメリカで日本学の第一人者と考えられていグリフィスによるものから、アメリカの世論形成に少なからぬ影響を与えたものと推察される。しかしグリフィスの前述したこのような手放しの日本の植民地主義礼賛は、次に見るように、独立運動の顕在化により修正を余儀なくされたのであった。

## 二 グリフィスと三・一独立運動

三・一独立運動発生の報道に接したグリフィスの心情は想像に難くない。おそらく彼にとっては驚くべき衝撃であったと思える。なぜなら、グリフィスは日本の朝鮮支配に対して全幅の信頼を寄せており、長きにわたる自身の研究にかけても、日本の成功を確信するとまで言い切ったのである。しかし前節で見たグリフィスの日本の朝鮮支配に関する諸見解は、日本サイドに立った政治外交史的な見解であり、江華島事件や明成皇后の殺害に関しても現代の歴史学の地平からすると批判されるべきである。朝鮮人の主体的な動きに対する目配りは乏しいし、あったとしても朝鮮政府の改革に対しては否定的な評価を下している。朝鮮内部の動きに関して述べると、一八八四年の甲申政変でその対立が極大化された政府内における漸進改革派と急進改革派の存在とその意義に関する考察は不十分である。また独立門を築いた独立協会の動きに関するアメリカ人の関与は指摘するも朝鮮人主導の動きに関しては全くと言っていいほど無関心である。また大韓帝国の樹立、さらには甲午改革の主体に対する評価も低いといえる。さらに保護国化後の制度改革、インフラ整備に関しては、その主体として日本に重きを置いており、他の諸外国と大韓帝国政府との関係性に対しては欠落している。さらに保護国下の、民衆側の動きである愛国啓蒙運動にみられる実力養成論、さらには大韓帝国軍解散により活性化された義兵に関する叙述も欠いている。日本と現地との葛藤は指摘するも、このように朝鮮国内における改革へのエネルギーを過小評価し、日本の統治の正当性を確信する議論を展開したのであるが、大規模な民衆蜂起が起こり朝鮮の独立問題が突如として世界的イシューとなったのである。このような独立運動の活性化はグリフィスをして大いに当惑させる事態であり、彼の日本に対する信頼は揺らがざるを得なかったといえる。とくにグリフィス・コレクションに見られる朝鮮在住宣教師がグリフィスに寄せた証言や現地情報が、グリフィスに多大な影響を与えたものと推察できる。次項において、グリフィスの見解の揺らぎについて考察を加えていく。

### （1）　日本による植民地支配に対する信頼の揺らぎ

グリフィスによる三・一独立運動に関する最初の記事は、クリスチャン・インテリジェンスに投稿されたものである[12]。この記事からグリフィスの日本の朝鮮統治の正当性に対する揺らぎを明瞭に読み取ることができる。それは一九一九年四月二日に出された「朝鮮人の蜂起」（The Corean Uprising）という一頁少々の短い記事である。四月二日という独立運動発生後一ヵ月余りの記事ゆえに、グリフィスも事実が正確に把握できないもどかしさを感じながらも筆を進めているのだが[13]、アメリカの大学留学生が中心となり、ハワイ、中国、さらにシベリアの難民によって組織されている国民協会（Corean National Association）などに言及しながら、短く朝鮮の近代史を紹介したうえで、次のように指摘する。

恐らく行政に携わる軍人、寺内正毅や現在の総督（長谷川好道）は……凶弾に倒れた伊藤のようには融和的でなかったのかもしれない。アメリカがフィリピンにおいて継承する、明白な人道的統治と日本の統治は同様でない。

先に見たように「韓国併合」時にはアメリカのフィリピン統治と日本のフィリピン統治の同質性が強調されていたが、ここでは人道的な統治という面でのアメリカと日本の差異が強調されることとなる[14]。また牧師としての経歴からか、あるいは掲載紙の性格を反映しているのか、アメリカ人宣教師の人道面での働きが高く評価されているのが注目される。彼はミッションが一八八五年以降成し遂げた勝利には驚くべきものがあるとしたうえで、ワシントンからの外交的介入とともに、日本により保護された、アメリカ人の数百の教師、医師、ヘルパーの非政治的な同情と援助が継続されるだろうと述べ、キリスト教的常識によってアメリカは強化され、我が国は世界の希望としてとどまり続けるだろうと記している。最後にグリフィスは次のように締めくくる。

朝鮮での蜂起は我々の時代のすべての政治的、社会的問題を一つの帰結に導く。それは人間の心にどのようにして福音を伝えるかという当然の公理を明らかにすることに尽きる。朝鮮の宣教師はこのことに励んでいる。神の力により我が国が人類愛の希望にあふれるよう尽力しながら、祈りをもって待ち続けよう。

「韓国併合」時にグリフィスは絶大なる自信と信頼をもって「併合」を支持したのであったが、独立運動が生起すると日本の統治を「非人道的」と指摘し、日本に対する信頼が足元から揺らぐこととなった。また人道面での宣教師の働きを高く評価していることも興味深い事実である。これはクリスチャン・インテリジェンスという雑誌の性格からくるものでもあろうが、この宣教師への高評価の背景には何が存在しているのだろうか、次節で資料に基づきながら読み解いていきたい。

### (2) グリフィス・コレクションとアメリカにおける新聞報道

グリフィスが文筆業に専念したのが一九〇三年であった。一九年当時はニューヨーク州イサカ(Ithaka)に居住していた。これはグリフィス・コレクション全般からも言えるのだが、文筆家としての資料収集には目を見張るものがある。三・一独立運動は彼の論議からすれば不都合な真実でもありえたが、彼はこの事実から目を逸らさなかったと断言できる。それは独立運動関連資料収集に一種のプロフェッショナリズムを感じられたからである。とくに筆者の胸を打ったのは、朝鮮独立運動に関する新聞記事収集の多さである。また新聞記事の数の多さからもアメリカ社会における独立運動への関心の高さが読み取れる。それらのなかには、*New York Times Magazine* の KOREA APPEALS to WILLSON for FREEDOM の全面記事、KOREA WOULD BE FREE という表題の全面記事から、大きな写真付きの PROCLAIM KOREA FREE IN INDEPENDENCE HALL という記事、KOREA'S CLAIMS FOR INDEPENDENCE という短いローカル記事などまであり、収集家・グリフィスの執念が垣間見られる。ニューヨーク・タイムズ・マガジンの「朝鮮は果たして自由になるのか」という見出しで始まる数面にわたる特集記事にはじまり李承晩などの独立運動家の動静を伝える記事、地方紙のわずか数行にすぎない記事など数多くの独立関連の記事を切り抜いて収集しており、小さな記事にもグリフィスが付したアンダーラインを見ることができた。

ではグリフィスの人道面での宣教師の働きへの肯定的評価はどこから来るのかを確認していきたい。また宣教師が政治的中立という原則を超えた政治的な書簡をグリフィス宛に送付しているのだが、このような宣教師の変化の意味に関しても併せて考察していきたい。その際に、グリフィスに宛てられた多くの書簡のなかから独立運動と関係するアペンゼンラー二世（Henry Doge Appenzeller）書簡とジョージ・マッキューン（Geroge S. McCune）書簡、宣教師が関わったと推定される女子学生の証言に着目して考察を加えていく。

### （3）　グリフィス・コレクション所収宣教関連資料をめぐって

#### ①アペンゼラー書簡と抗議声明書

先に述べたように、グリフィスは朝鮮初のメソジストの宣教師、ヘンリー・アペンゼラーの伝記を執筆している[15]。このことからアペンゼンラー家との親交が深く、グリフィス・コレクションには多くのアペンゼンラー一族からの書簡が所収されている。そのなかから、独立運動との関係がはっきりと読み取れるアペンゼラーの子息、アペンゼラー二世の一通の書簡（一九一九年三月一八日付）と声明書（一九二〇年三月二日付）にまず着目しよう。

この書簡の冒頭で、検閲から逃れるために人を介在しアメリカにて投函したことを明らかにしたうえで、内容を公にする際は、匿名を条件としたいと述べ、「そうでなければこのやり甲斐のある仕事が終焉を迎えるだろう」

と付言する。そして「沈黙しきれない状況が最近ここで起こっている」としたうえで、私たちがヨーロッパの戦いで勝ち得たのと同じことが、ここ朝鮮で露わになっていると述べる。第一次世界大戦へのアメリカの参戦の「大義」が平和・民主主義・人権であることからすると、この言説は、明らかにアメリカ史の文脈から独立運動を評価するものであり、三・一独立運動を平和・民主主義（民族自決）・人権獲得の延長線上に理解しているといえよう。また「日本人にもよき友がいるが、（朝鮮）総督府は腐りきっている」という直截的な表現が目を引く。さらにかつて、日本の「韓国併合」に公然と賛意を表し、朝鮮人から不評をかっていたゲール（James S. Gale）も過去一〇年の歴史を振り返り、闘う立場へと変化したと結んでいる。

比較的短い書簡ではあるものの、その当時の時代状況を証言し、さらに独立運動をアメリカ史の文脈に位置づけようとする、数少ない貴重な宣教師書簡である。

アペンゼラー二世は、一九二〇年から四〇年まで培材高等普通学校の校長を務めた教育宣教師であったが、次のアペンゼラー二世声明は、独立運動発生後一年の培材のキャンパスの状況を克明に記す貴重な声明書である。三・一独立運動を契機として、朝鮮総督が斎藤実に変わり「文化政治」を標榜したが、政務総監の水野錬太郎は独立運動を絶対阻止することを明言している[16]。このような状況下でメソジストの女子校、培花女学校学生会は独立運動に参加できなかったことをとても恥じ、一年後に学校の裏山に登り、そこで独立万歳を叫ぶことになるのだが、その結果、鐘路警察署に連行された。

この抗議声明では、メソジストの男子校・培材高等普通学校の独立運動一年後の様子を次のように伝えている。三・一独立運動一周年をひかえ、当局から「騒擾」が発生しないようにとの通達が事前にあったと指摘、当日は午後から休講措置を講じた。しかし二日になると総督府学務局の奥山が来校しあらかじめ計算された行動をとった。学生日本人教員二名を含む教職員全員が万歳という叫びは聞こえなかったとするも、万歳騒ぎがあったとしてその捜査許可を要請する。即時の調査を許せばアペンゼラー二世は学生たちに当局の手先と見なされかねないことから、政治不介入原則を持ち出し、捜査への協力を拒否すると、警察がかってに非常線をひき、学生を校内に閉じ込め捜査を開始した。多数の学生が拘束されたが、その内の一四名が午前一時までさらなる調査をうけた。後日警察による虐待、拷問の実態が明らかになる。それらは平手打ち、殴打、蹴り上げ、手指のあいだにものを入れ、血が噴き出すまで握りしめるなどであった。この拷問により一名は、指を骨折したと記している。四日の夕刻、『京城日報』に京畿道知事によるアペンゼラー二世の校長職承認取り消しが大見出しで報じられたと付け加えている。

このような公にされた抗議声明と当時のキャンパスの実態を明らかにする資料は数少なく、その意味でも貴重な資料といえる。

②マッキューン書簡

筆者の研究からしても、マッキューンは朝鮮宣教史上象徴的ともいえる宣教師である。ペンシルベニア州で生まれ、ミズーリ州のパーク・カレッジで学んだマッキューンは「併合」後初の、キリスト教勢力弾圧事件であった一〇五人事件（「寺内総督暗殺未遂事件」）当時、平安南道宣川の信聖学校校長であったが、マッキューンが学生たちに武器（短銃）を供与し、信聖学校の学生たちが寺内正毅の暗殺を企図したとされた捏造事件である。学生、教職員が多数拘束・起訴されたことから、ミッションスクールへの弾圧事件でもあった。三・一独立運動時も同校の校長職にあったが、宣川の独立運動では信聖学校教職員・学生と教会が一体となった運動が展開されており、その現場にいた。マッキューンはその後、ウイリアム・ベアード（William Baird）とサミュエル・モフェット（Samuel Moffett）が開拓した平壌の崇実学校の校長となり、三〇年代には神社参拝の強要に抗議し、校長職を解任された。崇実学校と崇義女学校は閉校を選択せざるを得なかった。このようにマッキューンは神社参拝問題でも象徴的な働きをした教育宣教師であった。その彼の書簡（一九二一年六月二三日付）がグリフィス・コレクションに所収されている。

この書簡では一時帰国中でピッツバーグ滞在中のマッキューンが、Henry Chung著の*The Case of Korea*に対するグリフィスの書評を読み、「文化政治」に対するグリフィスの楽観的見解に対し一点だけ指摘したいとし、「文化政治」批判を以下のように激しく展開する。

「日本が朝鮮に導入した諸改革は本物だと多くの日本、朝鮮、アメリカの友人達は信じているが、一六年間の朝鮮滞在経験と朝鮮の人々との交わりを通していえることは、日本は改革を導入したと強く主張しているが、日本のこの主張は実行を伴っていない。斎藤実総督が着任してからの唯一の変化は、武断が文化（civil）と言い換えられ、憲兵警察の制服が普通警察に変わっただけである」と述べ、「日本の校長等が教室ではもはや帯剣しなくなったのは事実であるが、より厳格で過酷な同化政策を実行している。文化政治（civil administrations）という異なる名称でもって、同じ人物によって同じ残虐な政策でこの国（country）は支配されている」とする。また「私は自分の目で信聖学校の自分の学生の拷問の痕跡を目撃した。……文化政治が朝鮮に導入されて二年近く経とうとしているが専制と抑圧の継続は記憶されねばならない」と指摘し、「斎藤実とは個人的には既知ではあるが、彼が外国人に提案した政策を実行してほしいとは思っている。しかしながら彼のやっていることは言っていることと正反対である」と批判したうえで、「これらすべてのことが、日本が朝鮮に導入したこの不運な地（land）における諸改革は実行のともなわない単なる見せかけであることを示している」と結んでいる。

マッキューンがアメリカ滞在中ということからか、かなり突っ込んだ初期の「文化政治」批判が展開されているのが特徴的である。

③女子学生の証言（一九一九年三月五日〜）(17)

この資料は日本の警察に拘束され拷問を受けた女子学生の証言よりなっているが、この資料がなぜ、グリフィス・コレクションに所収されているのか、その経緯に関しては不明である。ただ内容から判断すると、明らかにミッションスクールの女子学生である。さらに英文であることから、宣教師が翻訳し、送付したものと推察される。また特筆されることはこの文書にグリフィスが赤でもってアンダーラインを随所に付している点である。グリフィスは小さな新聞記事までもアンダーラインを通常黒で入れているが、この資料にのみ赤インキが使われている。これはグリフィスの特別な思いの反映と考えられるが、以下が証言の概要である。

鐘路警察署（ソウル）前で「万歳」を叫んでいたが、突如として後方から髪をつかまれ地面に投げつけられ、靴でけられ、半ば意識を失い警察署に連行された。二〇数名の警察官から挑発、殴打され、蹴られた。部屋は学生たちで溢れていて、男子学生たちには殴打、平手打ち、唾をかけられるなどの激しい拷問が加えられるのを目撃する。

女子学生を売春婦や踊り子（prostitute and dancing girls）と呼び、胸部を露出させ拷問を加える、また股を開かせ棒で突くなどの性的拷問を加えた。この表現しがたい受難の中で女子学生は聖書の中のイエスの受難を思い浮かべる。

この証言から、金マリア（瑪利亞）の性拷問との類似性を指摘したい。

留学中の金マリア（貞信女学校卒業、東京の女子学院留学）は、二・八独立宣言後、宣言書を隠しもち朝鮮に渡り、母校やミッションスクールのネットワークを生かしながら日本での決起を伝え、独立運動を鼓吹したが、母校・貞信女学校にて三月六日に拘束され、「倭城台」（警務総監部）に投獄された。この際に性的拷問を受けたと友人の金綴洙に打ち明けた事実が直近の研究で明らかにされている。(18)

金マリアは、しばらく静養した後、南京・上海で活動した。その後、渡米するのであるが、その際に彼女を出迎えたのが独立運動家・安昌浩の妻・李恵錬であった。パーク大学に留学後、シカゴ大学で社会学を、さらにコロンビア大学、ニューヨークの神学校で学び、一九三五年に朝鮮に戻り元山のマルタウォルスン女子神学院で教える。そして神社参拝の強要には抵抗を試みている。(19)

## 三　宣教師の「政治的中立」と良心

前節で見てきたように、コレクションの宣教師資料には政治との顕著なかかわりを見ることができる。本来、宣教師は宗教活動に専念するのであるが、政治的にならざるを得ない理由が存在するからである。第二代朝鮮総督の長谷川好道は、退任にあたっての「事務引継ぎ意見書」で宣教師について次のように述べている。

米国宣教師の布教は本国に有力なる後援を有し布教方法亦巧妙……布教の教権を外人に掌握せしめるは甚だ危険。(20)

朝鮮における初期プロテスタントは、中国や日本とは大きく異なり、王権との深いかかわりのなかで発展してきた。アメリカ公使館付の医療宣教師アレンは国王の庇護と援助のもとに広恵院（済衆院）を開設した。またメソジストの培材学堂、梨花学堂は王家より扁額を与えられることにより発展してきたといえる。明成皇后の暗殺により国王が暗殺されまいかと極度の不安に陥った時に、食膳管理を担ったのはレイノルズ宣教師の妻であった。また長谷川総督が懸念するように、宣教師は外交官や商人とちがい日常的に民衆との深いつながりを有することから、民衆への影響力も大きいといえよう。このようなことから、大韓帝国末期の保護国下の朝鮮、一九一〇年の「武断統治」期の朝鮮においてキリスト教は、弾圧の対象とならざるを得なかったのである。

植民地期の最初の大規模な弾圧がキリスト教勢力であったことは植民地史のうえでも強調されてしかるべきで

ある。一〇五人事件（「寺内総督暗殺未遂事件」一九一一～一二年）は、発展が目覚ましかった朝鮮の西北地方のキリスト教勢力がターゲットとされた。[21]長老派のミッションスクールであった信聖学校の学生が宣教師から銃を譲り受け、総督暗殺を企てたというプロットに基づく事件であり、新民会会員、信聖学校教職員・学生などが起訴されたが、そのうちの多数がキリスト教徒であった。宣教師のマッキューンがこの事件に関与したとされたことから、この事件は世界のキリスト教界の関心を喚起したのであった。[22]信聖学校の教師陣のうち八名が逮捕拘束されたことから、信聖学校の授業継続が困難となった。[23]

次に、総督府が植民地教育を導入し、競合関係となったミッションスクールを統制するために導入されたのが「改正私立学校規則」（一九一五年）であった。これは日本における「文部省訓令第一二号」（一八九九年）と同等の性格を有するもので、私立学校での宗教教育とキャンパス内での宗教儀式を禁じるものであり、「宗教と教育の分離政策」と称された。一八九〇年代のナショナリズムの高揚を背景に発出された「文部省訓令第一二号」は、上級学校への進学の道も閉ざしたことから、日本のキリスト教界でも大問題となった。青山学院の本多庸一、明治学院のインブリー宣教師、井深梶之介などが政府に働きかけた結果、訓令そのものはその後も存続したが、数年で実質上解決した問題である。「内地」ではすでに実質的な解決を見ていた教育政策を植民地におけるキリスト教系学校を管理・監督下におこうとするこの教育政策は、明らかに植民地主義的な政策であった。

これに対し、メソジスト系ミッションスクールは高等普通学校となり、植民地教育システムに編入されていったが、長老派は、宣教自体の存在理由が喪失されるとして、「信教の自由」にかかわる問題としてあくまでもこれに抵抗していく姿勢を示し、宣川の保聖女学校はキリスト教教育ができないなら閉校せざるをえないと閉校届を出したほどであった。[24]猶予期間が一〇年とされたことから、長老派宣教本部のアーサー・J・ブラウン（Arthur Judson Brown）が総督府との交渉を引き受け、総督府官僚・小松緑と書簡を通じて論争を展開している。[25]交渉開始後四年を経て三・一独立運動が生起するのだが、この独立運動にもキリスト教が深く関与している。

この時期の総督府と宣教師の関係をよく表す資料を紹介したい。これは平壌の崇実学校で物理を教えて、延禧専門学校（Chosen Christian College）創設時に移籍したベッカーの記録をベースにしたベッカー（Arthur L. Becker, メソジスト）とアンダーウッド（H. G. Underwood, 北長老派）の会話である。(26)

植民地支配下において日本の植民地教育と対抗するために超教派で朝鮮に一つの強力なキリスト教大学を設置する運動が一九一〇年代におこるが、その設置場所をソウルにするか平壌にするかを巡る朝鮮ミッション内での論争を経たうえで、延世大学校の前身である延禧専門学校がソウルに設立された。(27)その設立をめぐり総督府の関屋貞三郎と事前相談を重ねている。そのなかで設立の中心を担ったアンダーウッドとアーサー・ベッカーの含蓄のある言説を以下に紹介する（傍線筆者）。

アンダーウッド「日本の政府は自らと異なるさまざまな文化により構成されている帝国において何をするべきか、何をなさざるべきかについてのアイディアは持ち合わせていない。なぜならばアイヌを除いて日本は外国人を支配する経験を欠いているからだ。アイヌに対しては国の周辺に押しやり、社会的に低いレベルに置きとどめられた。総督府はすでにここ朝鮮の地でそれを行おうとしている。しかし彼らは複雑な社会と対面している。われわれはコンスタントな抵抗と摩擦を予見でき、朝鮮はそれに対して有効的にやり返していくだろう（fight back）」。

ベッカー「衝突となれば我々は何ができるのでしょうか」。

アンダーウッド「できることをやろうではないか」。

ベッカー「エジプトやバビロニアにおけるイスラエルの民のように」。

アンダーウッド「我々はローマに支配されている植民地に生きたキリストについて好んで説教をしている。

キリストはカエサルのものはカエサルに、神のものは神にといわれているのでは、そこに示されている革命的な意味を考えてみなさい」。

ベッカー「なるほど、（日本の統治を）破壊するような話がないかと会衆に紛れて聞き耳を立てている日本のスパイの前で、朝鮮人牧師は旧約聖書に基づいた説教を幾度もなし、スパイが何も発見できないでいる理由が分かったような気がします」。

ベッカーとアンダーウッドの会話に「コンスタントな抵抗と摩擦」と述べられているように、一九一〇年代の「武断統治」期は総督府の政策とキリスト教は緊張感の伴う葛藤関係にあったといえよう。

植民地下の一年前の一九〇九年は義兵の動きが活発化し、その帰結が一〇月二六日に生起したカトリック教徒の安重根（義兵中将）による伊藤博文殺害であった。このように朝鮮社会が不安定化するなか、朝鮮ミッション長老派は現実問題としての政治との関係を等閑視することはできず、政治との関わり方は宣教の重要なテーマとして浮上している。宣教二五周年にあたって朝鮮ミッションはニューヨークの宣教本部・セクレタリィのアーサー・J・ブラウンを招き、ブラウンを交えて朝鮮における政治とミッションのありかたをめぐり議論を重ねた。その議論では四つのケースを想定し、①反対（objection）②無関心（aloofness）③協同（cooperation）、④統治権力への認知（Royal recognition）の四つの宣教師の採りえる態度について検討がなされ、①と③は政治介入として退けられ、②は理論的にはありうるが、実質的には政府の存在を無視しての活動は不可能であるとされ、④に関しては、キリストが採った立場、ローマの信徒への手紙第一三章にかなうとした。

キリストは日本よりももっと悪辣な当時の政府にも従うように求めたとブラウンは述べている。親日派で名高いゲールはこの立場を強く支持し、アンダーウッドは、宣教師が不正に対し反対することは日本人と日本政府に反対すると理解されるべきではないという留保事項を付し、全員一致で、この立場「統治権力に対する認知」が承認されている。

ブラウンの一九〇九年の第二次東アジア訪問報告書には次のように記されている。

私は日本に対して如何なる信念も有していない、日本人が朝鮮でおこなったいくつかの事柄を弁護するつもりはとうていない。私は朝鮮人に深く同情する。……それにもかかわらず、私は日本人にも同情の念を示さなければならない。彼等は、彼等の国家の独立を脅かすロシアの占領を防ぐために朝鮮の占領を強いられたのである。……彼等は英国、アメリカが同様の状況におかれたらなすようなことを、不利な条件、限られた財政状況、また朝鮮人、ロシア人、中国人の反対にもかかわらず、なしているのである。日本人が、英国がインドで、アメリカがフィリピンで行っているようにはうまくやっていないと指摘するのは容易である。しかし日本が朝鮮を支配するようになって五年も経過していない。……彼等に機会を与えようではないか。我々は日本を非難することで朝鮮人を助けるのではなく、協力することで助けるのである。[28]

さらに進んで「改正私立学校規則」における小松緑との論争時には「教育と宗教の分離政策」を提唱する小松に対して先の「統治政権の認知」の立場をとりブラウンは一九一六年二月七日に、朝鮮ミッションに書簡をおくっている。そのなかで、当否は別として、朝鮮ミッションは、日本の朝鮮統治に必ずしも同情的でないという印象を持っていると述べ、その印象を払拭するために、日本の朝鮮統治に対する、ブラウンの見解を明らかにしている。[29] その概要は次のとおりである。

世界のどのような政府でも、領域内の合法的権威に関する認知問題には、当然といっていいほど敏感である。特に併合した領土あるいは植民地では、なおさらのことである。日本人は世界でも、最も愛国心が強い民族である。我々は総督府と、その臣民に介入しようとは思っていない。日本人が朝鮮を統治するのは正当である。朝鮮人にとっては、日本人が彼らの支配者である方がはるかにいいのである。朝鮮の独立は不可能であったと確信している。日本が朝鮮を統治しなければロシアがそうしていただろう、日本の統治は、ロシアよりはるかに良いばかりではなく、日本が介入した時の、大韓帝国政府よりはるかに良いものと確信する。[30]

このように植民地主義に対してブラウンは総督府との共犯関係を結ぶのであるが、宣教本部での論議を主導したブラウンは政治と宣教の関係について次のように述べていることにも注意を払いたい。

このような錯綜した政治状況における宣教師と朝鮮人キリスト者は、非常に微妙で困難な立場に置かれているとブラウンは認識するとともに、キリスト教と政治との関係そしてキリスト教のもつ革命的性格について次のように述べている。

福音は過去においても、将来に渉っても腐敗した国家においては必ず革命的力をもつ。福音は人間を不屈の独立、道徳的堅固、不正への大胆不敵な抵抗へと導き、そして福音は英国におけるピューリタン、あるいはアメリカにおける一連の革命のような結果をもたらす。痛みに鈍感で、無感情なアジア的社会ではアングロ・サクソンのようには、早急には事が起こらないであろうが、遅かれ、早かれ、そうなるのは惑星の運動と同様に必然かつ不可避である。キリスト教と不正とが平和裏に共存することはありえない。[31]

ブラウンは、キリスト教の、この革命性ゆえ、かえって「未熟なままでの闘争への参加には最大の注意を払うべきである」と戒めている。さらに教会はすべての政治的策動に対して距離を置くべきであり、教会傘下の諸々の個人が革命を扇動するのは許されるべきでないと一方では述べているが、「革命が教会外から余儀なく起こったときは、どちらの側につくべきか選択する以外に方法は無い」とし、「その際は個々人の良心に従わなければならない」としている。[32]

以上みてきたように、「統治権力への認知」と「政治的中立」をミッションは基底にしつつも、アンダーウッドが主張したように政権の不正への批判が必ずしも日本の批判ではないという見解、またブラウンに見られるような、革命時には宣教師個々人の良心に従うという両義性は、近代帝国主義の二つの顔を如実に表すものであるといえよう。まさにそれはアメリカ、フランス、イギリスにおける近代市民革命の系譜と、市民層の拡大とそれによってなされた富の蓄積により加速された西洋のグローバルな帝国主義的な拡大が交差・交錯する場における「信教の自由」にかかわる問題でもあるといえる。したがってグリフィス・コレクションにみられるアペンゼラー二世の民主主義革命の延長線上に三・一独立運動を位置づけた見解、「総督府は腐りきっている」という言説、二〇年代のアペンゼラー二世報告書やマッキューン書簡にみられる総督府の抑圧政策に対する批判からみると現地朝鮮における宣教師はまさに「民主主義の申し子」といえなくもない。そしてそれらは、グリフィスの日本の朝鮮統治はアメリカのフィリピン当地と比べると人道主義的ではないという言説に影響を与えうる「知の連鎖」として機能したのではなかろうか。

## 四　朝鮮人独立運動家とグリフィスの交流

グリフィス・コレクションには朝鮮人独立運動家との交流に関する書簡類が見られる。それらに、アメリカのみならず中国における独立運動との関係をみることができる。上海臨時政府にグリフィスは自身の著作を献本している。それに対する感謝状が著名な歴史家で『韓国痛史』（一九一五年）を記し、上海臨時政府第二代大統領に就任した朴殷植と、当時上海に滞在していた二・八独立宣言文の起草者の李光洙の署名で送られている。[33] その書簡にはグリフィスの著作の歴史的誤謬・誤記などをも指摘しており、それはリストに纏められ同封されたと記されているが、そのリスト自体はコレクションには存在していない。さらにアメリカでの独立運動指導者で後に大韓民国初代大統領に就任した李承晩との特別な親交が表れる書簡が存在する。李承晩からグリフィスの著書五〇〇冊を購入したいというオファーや、[34] ワシントンで開催される「最初の議会」（The First

Congress）のスピーカへの招聘書簡が送られている。(35)

グリフィスの日本への信頼に対する揺らぎには、独立運動に対する理解の深まりと朝鮮人独立運動家との豊かな交流がその底流に存在していたことは明白であるが、その内実とグリフィスの内面の変化をグリフィス日記から見ていきたい。

グリフィスの三月の日記には朝鮮における独立運動に関する記事の執筆準備について述べられていることから、The Korean Uprising はグリフィスの独立運動関連の最初の記事であったといえる。同記事に示されているように当初は、朝鮮からの発信には誇張がみられるとし、日本から発信される初期情報には宣教師の陰謀とされたことからも明らかなキリスト教に対する偏向を読みとっている。記事の末尾では、在朝鮮宣教師に対する全幅の信頼が見られ、それとともに宣教師らをアメリカの人類愛の模範を示す存在として高く評価している。日本による植民地支配の正当性に疑いを持たなかったグリフィスにとって、アメリカにおける新聞記事やアペンゼラーの書簡などの宣教師情報だけでは、自己の日本に対する信念を払拭できなかったといえる。実際に独立運動を展開している人物との直接的交流を通しての内面的な変化を断片的ではあるが、グリフィス日記から読み取ることができる。

一九年のグリフィス日記で朝鮮に関する記述は三月から七月までに集中しており、それ以降は極端に減少していく。これはアメリカにおける世論が沈静化していったこととも関係していると推察できる。グリフィス日記は、手帳サイズに、一面びっしりと記されており、当日の天候の記述から始まり、解読に困難を覚えるほどの独特な字体でもって記されており、一日の記述内容は通常数行ほどでそれほど長いとは言えない。以下に一九年の日記の記述からその内容を検討していく。

三月八日には Slide for Korea と記されていることから、独立運動の生起に伴って、朝鮮に関するスライド上映があったものと推察される。三月一七日のCorean Uprisingはこの記事の発行日が四月二日であることからも、おそらく記事依頼日であったものと考えられる。Review "Civilization of Korea"（五月二〇日）という記述は、グリフィスの書評を意味するものと推測される。

六月五日にはWashington for Korean Gatheringと記されており、朝鮮の集会のためにワシントンへと旅立ち、翌日の六日の一一時三七分に李承晩らと会合した。At New Trilland Hotel, 8 hours ! Cleared off. Hot Dinner with Dr. Syngman Rhee.という記述はホテルにて八時間の長きにわたって李承晩らと話し合い、辛い夕食（朝鮮料理）を共にしたことが記されている。そしてこのCleared offという表現には注意を払う必要がある。これは李承晩と長時間話し込むことによって、グリフィス自身のわだかまりや疑問が氷解したという意味が込められたものと明らかに推察される。そしてこの六月六日の記述は、普段用いる字の二倍くらいの大きさで書かれている。この字の大きさには、グリフィスの驚きと感激が込められており、この会合がいかに大きな意味をグリフィスにもたらしたのかを如実に物語るものであろう。さらに七日には独立運動家で医師の徐載弼と朝食を共にしている。また六月一六日には集会でのスピーチを書き直して、送付したと記されている。六月二三日は朝鮮のために日本への書簡を書くことに明け暮れたと記している(36)。同月二五日にはセントラル・ポール教会で一五〇名の参加者に朝鮮の文明について話したことが記され、七月に入ってからは一六日に相対立する朝鮮と日本の学生と言葉を交わし、同月の日付不詳ではあるが、朝鮮と日本の関係について話している。八月二〇日には自身の著書についての記述があり、一〇月二〇日には、著書が再販されると伝えている。

以上みてきたように六月六日の会合はグリフィスにとって大きな意味を持ったのであるが、李承晩らにとって朝鮮と日本に関する研究では、アメリカでの第一人者といえるグリフィスとの関係を持ち、独立運動に対する理解を求めることは大きな政治的意味を持っていたと思える。李承晩はメソジストの培材学堂を首席で卒業し、その時のスピーチのタイトルは「朝鮮の独立」であった。宣教師の助力でアメリカへ留学し、政治学博士の学位をジョンズ・ホプキンス大学より授与されている。アメリカにおける独立運動は、主に朝鮮人キリスト者によって担われており、「キリスト教国アメリカ」というキリスト教というコードを十二分に活用しながら展開された。後に延世大学校総長に就任した白樂濬が関わったと推察されるパーク大学における独立宣言書には「キリスト教文明が極東において日本帝国により踏みにじられるのであろうか」と記されている。また最初の朝鮮議会の報告書に所収されている『アメリカへの訴え』では「私たちの目指すものは、軍事的専制支配からの自由であり、目的とするものはアジアの民主主義であり、望むものは普遍的キリスト教である」と記されている。またそれに続く論理は、日本はプロシア型の専制主義と規定し、西欧先進民主主義国とは異なる政体であることを指摘し、日本の後進性を指摘するものである(37)。グリフィスは、おそらくこのような論理展開を八時間の長きに渡る会合のなかで李承晩らから聞かされ、彼の日本の朝鮮統治の正当性への確信が揺らぐのみならず、彼の持つわだかまり、疑問などが氷解されたものと推察される。グリフィスの女子学生の証言に引かれた赤線のアンダーラインと、二倍の文字で記された六月六日の会合の記録に見られるグリフィスのエモーションに考察を加えていくと李映美の、本稿の「はじめに」において引用したグリフィスの独立運動に対する理解は限定的であったとする見解との乖離を指摘せざるを得ない。しかしこのグリフィスの朝鮮独立運動への思い入れは、持続したのであろうか。持続しなかったとすればその理由はどこにあるのだろうか。

## 五．グリフィスの晩年と朝鮮―― The Land of Morning Splendor をめぐって

受勲の翌年の一九二七年三月にグリフィスは最後の日本訪問をなした。そしてその足で、九州を経て、朝鮮にわたっている。彼にとっては生涯初の朝鮮訪問であった。九州では温泉地で静養をしていたが、その宿泊先に情

報を聞きつけた斎藤実総督から、情報収集への全面協力を申し出る郵便がグリフィスに送られている。二七年に出された、「素晴らしい朝の地・朝鮮」はある意味で旅行手記的な性格を有している。そこでは、先祖返りのような植民地主義者への変貌を見せるのである。前述した、マッキューンがグリフィスの書評に対して行った、「文化政治」が、たんなる見せかけであるとの忠告が想起される。グリフィスのこの再変貌は「文化政治」のはじまりとともにやってきたといえよう。

グリフィスはこの手記において、「一九二七年の列車旅行で、日本製の豪華な列車の一等席での移動ではあったが、同行者等が風景を楽しむ一方で、私は現地の人々と侵略者が生み出した、豊かな歴史的つながりを大いに楽しんだ」と述べ、古代史のつながりから、秀吉の侵略、総督府が主張する日本と朝鮮の「同祖論」など多岐にわたる歴史的つながりを論じながら、日本の植民地支配に関して次のように述べている。「日本人と朝鮮人は果たして、好みとマナー、習慣において融合し民族的統合をなしうるだろうか」と疑問を呈し、だれがそれを予見できようかと留保は示しつつも、「内地」と半島の「同祖論」は、かなり肯定しうる歴史的根拠をもっており、二つの国（Country）の指導者が温かい友情を結び、やがて、二つの地の全住民がそれに続くであろうという見込みを示し、北から南までの最近の朝鮮の旅において希望の持てる事柄に接してきたとしている。さらに「先の征服者である日本人は果たして朝鮮人を兄弟とみなし、相互の利益のためにともに働くことができるだろうか」と述べ、この疑問は決定的に重要だとしたうえで、「私の歴史に関する知識と朝鮮での旅の経験に鑑みると、はっきりと肯定せざるを得ない」と結論している。

グリフィスは、斎藤総督は古代史跡をも整備していると、「文化政治」の成果を高く評価し、一六世紀の秀吉の戦争は侵略による征服であったが、二〇世紀はそれと大きく異なり今やそれは、物質的かつ精神的な開発を伴う、教育であり向上である。これは鉄道や学校、法廷における公平な正義にも見られる。これに続けて全土に拡大・整備されていく総督府の教育事業に関しては具体的な統計数字を挙げながら最大限の賛辞を表している。また疑わしい観念をいだいている朝鮮人成人は、いずれ亡くなる運命にあり、近代的な考えを持つ、公教育を受けた新たな世代がその穴を埋めることになる。そしてこの世代は日本政府に忠実なのであると述べている。

これらの言説に加えて宣教師やキリスト教についての言及も注目される。グリフィスは朝鮮のキリスト教を積極果敢なキリスト教（Militant Christianity）と表現し、「隠者の国」はそれにより朝鮮を近代における最も驚くべき宣教の成果を収めた地の一つとしたとしている。ソウルの梨花女学校、平壌の教会、教育機関、大邱のハンセン氏病病院、松都の朝鮮ミッション生地（尹致昊が校長を務めた韓英書院にて製造）、キリスト教文学、聖職者養成の神学校などの宣教事業に対する言及が散見される。

ではなぜ、グリフィスは晩年に至って再び植民地主義者の様相を色濃くしたのであろうか。その一因として挙げられるのが、総督府とミッションの良好な関係である。総督府は英文広報誌で斎藤実を、日本で最も民主主義的で自由主義的な政治家であり、近代日本が産み出した、偉大な政治家のうちの一人であると、大々的に宣伝した。[38]そして宣教師もまた斎藤実を「世界平和の守護者」[39]と称するような関係性が二〇年代には築かれたのであった。

マッキューンの指摘にもあるように外国人（宣教師）は政策変更の要望を総督府に突きつけ、この要望を総督府が受け入れたことによって「文化政治」が成立した側面もある。水野錬太郎政務総監は斎藤総督の命を受け、ミッションの牙城であり「東洋のエルサレム」、「世界最大規模の宣教拠点」、「帝国の中の帝国」[40]と称される平壌にわざわざ乗り込んでいき、宣教師に総督政治に対する協力を呼び掛けている。その際に、宣教師らを説得するためにはっきりと宣教師の要求を政策に組み入れたことを明言している。[41]また懸案事項であった「教育と宗教の分離」政策に関しても、一九二三年四月下旬に斎藤実邸に延禧専門学校のエビソン（Oliver R. Avison）とクーンス（Edwin W. Koons）儆新学校長が呼ばれ、[42]総督府は施設、人員が総督府の基準に達したミッションスクールに対して、指定学校の地位を与えるとの通告がなされた。それはミッションの要求する聖書教育を許可し、また指定学校の卒業生には総督府の学校と同様な上級学校への進学資格を与えるものであった。[43]このようにして同年五月九日に儆新が、朝鮮初の指定学校とされている。

以上みたように二〇年代は総督府とミッションの蜜月時代を迎えたのであった。このような総督府とミッションの親和性が、グリフィスが再び植民地主義的色彩を濃くする背景に存在していたのは確かである。

## おわりに

以上グリフィスと植民地主義との関係性、さらにコレクションから浮かび上がる独立運動や植民地支配の諸相に考察を加えてきたが、グリフィスの植民地主義との関係については、いくつかの点を確認したい。第一にグリフィスは日本の植民地統治を歴史的にユニークな試みとして捉え、それをアメリカのフィリピン統治の延長線上に把握し、その成功を信じて疑わない強固な信念を有していた。第二には三・一独立運動を契機としてその信念は揺らぎを見せた点である。その揺らぎをもたらしたものがコレクションに見られる、朝鮮人独立運動家との交流と宣教師によってもたらされた諸情報であったといえよう。とくに宣教師が伝えた日本の植民統治下における非人道的な様相は、グリフィスをしてアメリカの「人道的なフィリピン統治」と日本のそれとは異なるという認識の転換をもたらした。そしてその認識の転換は、朝鮮での宣教師の人道的働きへの評価と繋がっていく。

またコレクションの宣教師関連資料から見えてくるいくつかの知見に関しても指摘したい。第一は、アペンゼラー二世書簡に見られたように宣教師は朝鮮での独立運動をアメリカ史の文脈でとらえていたという点である。「総督府は腐りきっている」と述べたアペンゼラー二世は、第一次世界大戦でのアメリカの闘いと同様な闘いが植民地朝鮮で展開されていると把握している。またアメリカの独立運動と同質なものを朝鮮の独立運動に見ていたともいえる。アメリカの独立記念日に平壌ではモフェットの家に集まり、独立宣言書を朗読していたという記録が存在する[44]。民主主義対専制という歴史認識をアメリカ人宣教師ははっきりと共有しており、その意味で日本の植民地支配の問題性を皮膚感覚で理解していた。この現場で生起する非人道的状況に対する怒りが第二の点である。アペンゼラーが沈黙を保つことができないと述べるなど、培材高等普通学校における学生に対する拷問への抗議声明や、またマッキューンが、信聖学校の学生への虐待の痕跡を自分の目で見たと証言するなど、不義に対する怒りを資料から読み取ることができる。とくに、朝鮮内での検閲を避ける工夫、あるいは母国アメリカでの書簡の投函などにより、歯に衣着せぬ本音の吐露となっており、マッキューンの激しい初期文化政治に対する批判など、宣教師の議論するところの「政治的中立」の規範を大きく逸脱する言動が顕著にこの時期にはみられるのが特徴的である。女子学生の証言などの直接的な資料とあわせて、このような宣教師の確固とした姿勢がキリスト教ネットワークを基調とする「知の連鎖」によりグリフィスの日本への信頼に揺さぶりをかけ、さらに朝鮮人独立運動家との交流はグリフィスの認識に変化を与えた。この時期の日本の植民地支配を非人道的とする認識に至ったと推察される。しかし二〇年代に入ると総督府とミッションの関係が新たなステージへ移行し、現地朝鮮において比較的良好な関係が築かれたことが、グリフィスをして植民地主義者としての様相を再び色濃くさせていく一つの理由となったと推察される。

グリフィスは二八年二月五日にその生涯を終えるのであるが、三〇年代に入ると日本の統治は徐々に戦時体制へと移行していき統制を強めていった。とくに三五年の平壌での神社参拝の強要をめぐって総督府とミッションの関係は悪化していった。その問題の契機となったのが、「文化政治」の欺瞞をグリフィスに告発したマッキューンによる拒否であった。さらには日米関係も徐々に悪化していき、アジア・太平洋戦争へと突入していく。

グリフィスは、「我々は文明化の犠牲者であり、生まれながらにその虜である」と含蓄のある言葉を残している。[45] 宣教師が主導するアメリカによる「文明化」と日本による「文明化」を同一視し、朝鮮における日本による「文明化」を確固として支持していたグリフィスは、独立運動の生起を契機に日本の植民地支配を非人道的であるという「文明化」に対する異質性を強調する立場に立ち得た。しかしグリフィスは二〇年代に入ると再び変化し、同化を支持する植民地主義者の様相を色濃くしていった。その背景には彼がこよなく信頼を寄せたミッションと総督府の良好な関係が存在した。

これは筆者の全くの想像ではあるが、神社参拝強要による軋轢が端緒となり、ミッションが朝鮮より撤退する局面、さらには日米関係の悪化によるアメリカ人の引き揚げ、これらの事柄を、「アメリカとともに日本は正義を行う」と予見したグリフィスがもし生きていたなら果たしてどう考えただろうか。想像は限りなく膨らむ。しかしながらこれは歴史学の範疇を超える夢想にしか過ぎない。

（1）一九世紀末の全米の学生に広がった宣教熱を背景としたスチューデント・ヴォランティア・ムーヴメントにおける朝鮮関連参考文献は『隠者の国　朝鮮』のみである。また北長老派宣教本部セクレタリーのロバート・スピア（Robert Speer）、アーサー・J・ブラウンの書籍にグリフィスの著作は頻繁に引用されている。

（2）グリフィスの卒業したラトガース大学は現在では公立大学ではあるが、第六番目の植民地大学として創立されたオランダ改革派の大学である。グリフィスはオランダ改革派のニュー・ブランズウィック神学校に在籍し、日本から帰国後、ユニオン神学校に学び、在籍中に『皇国』を書き上げている。卒業後、ニューヨーク州スケネクタディのオランダ改革派教会とボストンの会衆派教会で牧師として奉職した。

（3）이영미「그리피스一八四三―一九二八）의 한국 인식과 동아시아」（인하대학교 대학원 박사학위논문、二〇一五年）。

（4）Japan's Absorption of Korea. *North American Review,* (Vol. 192, Oct.1$^{st}$, 1910).

（5）op. cit., p. 516.

（6）徳川時代と異なり外交文書で、「皇」・「勅」と日本を格上とする文字が使用されていたため朝鮮側が受け取りを拒否した事件。

（7）*op. cit.*, p. 522.

（8）Ibid., p. 523.

（9）伊藤博文に関する評価については次の書籍を参照。小川原宏幸『伊藤博文の韓国併合構想と朝鮮社会――王権論の相克』（岩波書店、二〇一〇年）。

（10）*op. cit.*, p. 525

（11）Ibid., p. 526.

（12）グリフィス日記（三月一七日）に原稿の依頼に関しての記述がある。

（13）*Christian Intelligence*, April $2^{nd}$, 1919.

（14）アメリカのフィリピン統治が人道的であったかは論議の余地がある。西崎文子『アメリカ外交史』（東京大学出版会、二〇二二年）七〇～七一頁。

（15）*A modern pioneer in Korea: the life story of Henry G. Appenzeller*, (Fleming H. Revell, 1912).

（16）水野錬太郎は「統治方針」の第一にて、いかなる事情があっても、朝鮮の独立は許さないことを明確にしている。

（17）The experience of Korean Girl under arrest by Japanese police.

（18）宋連玉「二・八独立宣言に関わった女子留学生」（『未完の独立宣言　二・八独立宣言から一〇〇年』新教出版社、二〇一九年）九七頁。

（19）パーク大学は中西部開拓を意識した労働を重視する長老派の実験的大学である。ベアード、マッキューンなどにより崇実大学にこの教育システムが導入された。白樂濬、金マリアなどが留学。李省展「植民地期朝鮮におけるミッションスクールの抵抗と葛藤――朝鮮北部の長老派ミッションスクールを中心に」（『朝鮮史研究会論文集』第五八集、二〇二〇年一〇月）参照。

（20）長谷川総督の指摘する宣教師の危険性というのは、現地の教会員にとってはむしろ宣教師は、総督府からの弾圧の盾となる存在であることであろう。このことは中国や日本よりも朝鮮で結果的に宣教師が長きにわたって教権を保持しえたことに繋がっている。

(21) 信聖学校が存在していた宣川は、宣教師からホーリー・タウンと呼ばれており、教会・学校・病院という宣教の三位一体構造が見られる。

(22) 李省展「米国北長老派海外宣教本部の東アジア認識と一〇五人事件」（『キリスト教史学』第六七集、二〇一三年）七四～九九頁。

(23) 『創立一〇〇周年　信聖学校史』（信聖学校同窓会、二〇〇六年）一五五頁。

(24) 李省展『アメリカ人宣教師と朝鮮の近代』（社会評論社、二〇〇六年）一一〇頁。

(25) 同書、九三～一〇六頁。

(26) Evelyn Becker McCune and Heather McCune Thompson, *Michigan to Korea: Arthur Lynn. Becker*, (Lulu. Com 2009), p. 151.

(27) このカレッジの創設は朝鮮全土のミッションの教育事業再編の意味をもっていた。初等教育は教会経営で朝鮮人教員が教え、中・高等教育機関は宣教師を中心として運営した。これは長老派とメソジストの超教派的な協力事業であった。

(28) Arthur Judson Brown, *Report on a second visit to China, Japan and Korea 1909 with a discussion of some problems of mission work* (The Board of Foreign Missions of the Presbyterian Church in the U.S.A.), p. 78.

(29) これは、帝国日本の植民地支配に反対する宣教師の存在を示唆するものとして注目される。

(30) Arthur J. Brown to Chosen Mission, Feb 7th, 1916.

(31) Arthur J. Brown, Report of a Visitation of the Korea Mission of Foreign Missions (The Board Foreign Missions of the Presbyterian Church in the U.S.A., 1902) p. 6.

(32) Ibid., p. 6.

(33) June 23, 1920.

(34) April 7, 1919.　グリフィスのこの出版計画は実現しなかった。

(35) May 21, 1919.

(36) Busy on letters to Japan for Korea. このグリフィス書簡は未見であるが、発掘は今後の課題としたい。

(37) 李省展、前掲書、二〇二～二〇四頁。

(38) Administrative Reforms in Korea, *The Seoul Press* (Seoul, Chosen, Japan, 1919), pp. 9–61.

(39) J. G. Holdcroft to Viscount Saito, Dec. 30, 1927.

(40) Rui Yazawa Kohiyama, 'Ambivalent Sympathizer: American Missionaries in Japan facing the Annexation of Korea', Journal of American Studies, Vol. 29 Number 2 Winter 1997 (The American Studies Association of Korea), p. 384, as quoted in Letter of George Fulton: Sep.6$^{th}$, 1912 in the Correspondence file, Japan letters, the Presbyterian Historical Society, Philadelphia, U. S. A.

(41) *Address of Dr. Rentaro Mizuno, Administrative Superintendent of the Government-General at the Tenth Annual Conference of the Federal Council of Protestant Evangelical Missions in Korea* (Sep. 1921), p. 3.

(42) Annual Report of the John D. Wells School, May 31, 1924.

(43) C. A. Clark to Furlo Folks, May 8, 1923.

(44) Evelyn Becker McCune and Heather McCune Thompson, *op. cit.*, p. 151.

(45) "We are the result and the victim of the civilization and  in the mental thrall whereinto we are born," *THE LAND OF MORNIG SPLENDOR*, 1927.

# コロニアリズム教育に対する批判としての民主主義教育?
## ——呉天錫のコロンビア大学博士論文と民主主義教育論のグローバルな連環

鄭　駿　永

### はじめに——米軍政期の教育行政家、呉天錫とその原点

本研究は、植民地期から活動を開始し、冷戦期にかけて活躍した教育学者呉天錫（オ・チョンソク、一九〇二〜一九八七）という人物に注目する。彼は、青年時代に雑誌編集者と翻訳者として名を馳せ、その後、アメリカ留学を通じて博士学位を取得した、訓練された教育学者でもあった。しかし、彼が韓国近現代の歴史的現場において無視できないほどの意味を持つようになったのは、解放直後の米軍政時期における彼の教育行政家としての側面によるものであった。

周知の通り、解放直後の韓国社会はさまざまな社会的課題に直面していた。なかでも、植民地統治と密接に連携しつつ「精神的隷属化」を主導していた学校教育をどのように変えるべきかに関する問題は、最も複雑な問題であった。植民地期を生きた人であれば誰もが、持続的かつ体系的に日本帝国の「臣民＝subject」とされた国家装置から自由であることは難しかったからである。あまりにも多くの問題が絡み合っていたため、「日帝の残滓」との断絶は、最も切実で、かつ至急の課題であった。したがって教育の「脱植民」は、大韓民国政府が発足

する以前、米軍政当時から体系的に進められたが、その方向と方法を決めるにあたって決定的な役割を果たした人物の一人が呉天錫である。(1)

呉は米軍政の文教部で働き、上官である兪億兼（ユ・オクキョム、一八九六～一九四七）が死亡して以降、そのあとを継ぎ文教部長となった。(2)軍人出身のアメリカ人の上官がいたが、呉を含む韓国人職員たちの活動は、彼らを補助する現地人の案内役に留まらなかった。とくに呉は、現地の教育事情に詳しいだけでなく、訓練を受けた教育学者でもあった。彼に教育学の博士学位を授与したコロンビア大学は、当時のアメリカ教育界を主導していた進歩主義教育運動の知的拠点であった。専門性の側面においても、米軍政に参加したアメリカ人のうち、彼に匹敵する者はいなかった。米軍政の文教行政の多くの部分が、呉天錫を筆頭とする韓国人の職員に任ぜられていたと推測することは難しくないだろう。(3)

さらに、当時の米軍政文教部の役割は、たんに新生国家の発足を待つだけの消極的な水準をはるかに超えていた。南北の分断が固着され、理念的な体制競争が徐々に浮上する状況であった。米軍政文教部は、大韓民国という国家が発足する以前から、国家教育体制（state education system）の基盤作りを急いでいた。もちろん、これは冷戦的対立の固着化を意味しうる恐れもあり、大きな社会的反発を引き起こす可能性も大きかった。実際、呉天錫は教育行政家としてこのような過程を主導しており、さまざまな敵対的論争の中心にいた。そのなかで最も深刻だった事態は、既存の高等教育機関全体を日本の「敵産」とみなし、既得権の承認を拒否し、一方的に一つの国立総合大学への統合を試みた、いわゆる「国大案」事態であった。呉は、まだ国家を樹立していない状況のなかで「国立大学」の設立を強行したが、結果的に教授、学生、職員など、大学構成員のあいだに大きな葛藤を生み出してしまったのである。それだけではない。国大案に対する反対デモは、その学校のみならず他の教育機関、社会団体のデモとストライキへと広まった。韓国社会全体が反対デモで沸き立っていたと言っても過言ではなく、冷戦的な分裂と理念葛藤は、もはや取り返しのつかない局面に入っていた。呉天錫自身も「おそらく教育問題に関する最大の米軍政の試練」と表現するほどの深刻な危機であった(4)。

ところで、呉天錫が以上の一連の事態を主導した際に掲げた論理が民主主義であったという事実は、今日の我々には多少逆説的に見えるかもしれない。前述したように、彼が卒業したコロンビア大学は進歩主義教育運動の知的メッカであり、呉天錫にとってジョン・デューイ（John Dewey）を頂点とする民主主義教育論の影響は明らかであった。一九四六年、呉天錫は講演に基づいた「民主主義教育の建設」という小冊子を刊行するが、ここで彼は、日本が立ち去ったからといって「日本的残滓」が一朝にして消えるわけではないと断言する。教育の内容と形式が依然として非民主主義的な状態のままである限り、我々は依然として「日本への隷属状態(5)」である。彼は、脱植民地化の課題は「生き方としての民主主義（Democracy as a way of life）」の確立によって可能になるが、そのためには日本的残滓の一掃が必要であり、その方法はつまり、民主主義教育であるととらえたのだ。このように、彼の観点は当時の教育界から大きな反響を受け、「新教育運動」という具体的な流れを形成した(6)。

しかし、呉天錫は国大案事態において、関連するすべての社会的なエージェンシーたちが反対するような状況のなかでも「非民主的手段」を使うことに躊躇しなかった。このようなことはいかにして可能だったか。まず、第一に浮上するのは、彼の民主主義教育論というのはたんなる名目に過ぎず、実はその背後にある共産主義に対する恐怖と嫌悪を隠すための見せかけに過ぎないという解釈である。しかし、状況はそれほど簡単ではなかった。たしかに、国大案事態において呉天錫が自分の教育理念と背馳する政策を強行したことは事実であるが、それ以外の政策においても「民主主義」がたんなるレトリックにすぎなかったかというと、そうとも言い難いからである。彼は間違いなくアメリカ進歩主義教育運動の革新的な主張を韓国の文教政策に反映しようと努力した。また、未完の課題は呉天錫と彼の支持者たちに新教育運動という形で継承された。見せかけというよりは、「政策上の混線と未熟」[7]ではないかと研究者たちから評価される理由もここにある。

ところで、当事者である呉は、自分の決定を信念に基づく必然の結果であると説明する。[8]やむを得ないことでも、未熟だったせいでもなかったということである。彼は国大案事態の核心を以下のようにまとめた。「どのみち日帝に起源を置いた既存機関を統合しなければならないのなら、それらの機関が新しい社会に深く根を下ろす前に早く実践に移し、根を絶やさなければならない」[9]。彼は、解放以降、日本が残した学校を中心に同門、職員、在学生が集まり「籠城」する事態を深刻な問題として認識し、このような「モンロー主義＝Monroe Doctrine」こそ、固着する前に追放されるべき、最も至急な民主主義の敵とみなした。反民主主義の基盤があまりに根深く、人々が精神的に深刻に隷属された状況において「手続き的民主主義」がかえって「生き方としての民主主義」の建設に障害となったのではないか。そこで、「非民主的な手段ではあるが、文教部が独自的にそれを決行するしかなかった」[10]。民主主義教育論において問題となる、植民地教育の弊害を確実に識別できるという認識的自信、また、自分が正しいと判断した政策を実行できる道徳的自信がなければ不可能な断固さではないだろうか。

ここで分析の対象として浮上するのが、一九三一年に呉がコロンビア大学に提出した博士論文である。『民族同化の手段としての教育：朝鮮における日本の教育政策に関する研究』[11]という題目で提出された本論文は、教育行政家としての呉天錫に関わる疑問を解くためのいくつかの手掛かりを提供する。第一に、本論文は日本留学とアメリカ留学を経て民主主義教育論へと収斂した、植民地知識人呉天錫の「修業時代」の総決算という意味がある。教育行政家の呉天錫が、植民地教育の磁場のなかで成長し教育を受けた他の知識人と非常に異なる次元で日本的なことと民主主義的なことを想定できたのは、このような知的背景の差が大きく関わっている。第二に、本論文は民主主義教育論の観点から植民地教育を批判、克服しようとする学問的志向をあらわしているが、これは解放直後の教育行政家呉天錫の活動をある程度予見させる側面がある。民主主義教育論の信奉者として彼がいかに植民地教育を批判し、それを止揚する教育的な境地がどのようなことだったかを把握する作業は、米軍政期に呉が主導した教育改革を理解するための重要な手掛かりになるととらえられる。第三に、博士論文は解放後の教育学者、呉天錫の学問的軌跡を理解するための出発点であり、母体になる。実際、彼は博士論文のなかで扱ったテーマをモチーフとしつつ、それを補完、変容し、研究論著として発表する作業を進めた。本博士論文は、その変化を通じて植民地的脈絡から作られた彼特有の問題意識と自由主義的な観点が、民族解放と南北分断、朝鮮戦争を経てどのようにして冷戦的に変貌するか、その軌跡を追跡するための有効な資料となる。

以上のことから、呉天錫の博士論文の分析は、呉個人に関する研究に留まらず、植民地期と冷戦期を貫通する韓国自由主義の知的軌跡に関する考察へとつながるだろう。ただ、本研究はその第一段階として、呉天錫が博士論文において志向した、「民主主義を通じてコロニアリズムを批判する」ことが具体的にどのようなことであったかを、執筆動機と目次の構成、記述の戦略、民族という問題設定の次元から検討し、それが解放後に教育行政家呉天錫の活動をいかに貫通しているかを検討することに議論を限定する。呉の博士論文は既存研究においても注目の対象となることが多く、主に呉が日本の植民地教育のなかでどの点を問題視し、批判したかに対する関心が多かった(12)。しかし、彼の植民教育批判が立脚する地点、すなわち、民族主義へは完全に回収されず、むしろ拮抗する余地が少なくないという、特有の民主主義的な観点を考究しようとする試みはあまり行われていない。事実、米軍政期の官僚として呉天錫の状況認識および政策決断は、彼の博士論文を通じて示された立場の延長線上にあり、その政策的実現であるという側面も少なくない。いわゆる「民主主義者」として、彼は植民統治の教育状況を批判し、また、民主主義者として脱植民的状況を認識した。彼が民主主義をどのように認識したかに関する問題は、以降の彼の経歴を理解するうえで重要である。結論では、本研究で扱えなかった問題とその分析的含意を明らかにし、今後の課題を提示する。

## 一．「植民地教育批判」という問題設定

一九三一年の冬、呉はコロンビア大学に哲学博士請求論文を提出し、帰国の途につく。(13) 一九二一年から始まり、一一年間にわたった留学生活だった。すでに触れたように、博士論文は彼の知的遍歴において重要な分岐点であった。波乱の多い思想形成の終着点であり、かつ、解放後の壮年期の活動根拠となる民主主義教育論、新教育運動の核心が胚胎された出発点だったからだ。すでに多くの先行研究において呉の初期の経歴は整理されているので、それを繰り返し述べる必要はないだろう。(14) ここでは、呉が博士論文において「植民地教育」を批判の対象として設定するようになった経緯に関連し、注目すべきいくつかの特徴的な側面に注目する。

呉天錫は平安南道江西郡出身であるが、当時「西北」と呼ばれたこの地域は、儒教的伝統は弱い一方、「キリスト教的な思惟」との選択的親和力（selective affinity）が相対的に強かった。呉も西北出身らしく、非常に非伝統的かつキリスト教的な環境のなかで成長したことが知られている。彼はアメリカ留学生活を回顧しつつ、「私の外国生活は、私から韓国ないし東洋文明の伝統的な遺産に接する機会をはく奪し、したがってそれを理解できる能力を持っていない」(15)と嘆いたことがある。しかし、実のところ、彼は幼年期から朝鮮社会の「伝統」、とくに主流社会の秩序に対する尊敬や郷愁を感じるような成長背景を持っていない。むしろ、彼が論文を通じて、コロニアリズムの弊害と同じくらい伝統主義の弊害も民主主義に反すると非難した背景には、非伝統的な雰囲気が強かったこのような成長の体験が置かれているかもしれない。

一方、呉の父は監理教の牧師になった呉基善（オ・ギソン、一八七七〜一九四六）であった。彼は呉天錫の成長期に該当する一九一〇年代には、平安道、黄海道、京城など、拠点を移しつつ活発な宣教活動を展開した人物である。そのため、彼は幼年期のあいだ、さまざまなミッション系私立学校を転々としながら学ばなければならな

かった。(16)各学校で学んだ時間は長くなく、学年を終えない場合や卒業しない場合が多かった。おそらく、伝道師だった父の頻繁な転勤が原因だったと考えられる。ところで、このような彼の経歴は、予想できなかった結果へとつながることにもなった。私立学校を転々としていたおかげで、彼は成長過程において植民地「公教育」とほとんど関わらずにいることができたのである。もちろん、植民地公教育を受け入れたことが帝国の支配を肯定したことを意味するわけではなく、必ずしも帝国の「臣民」として名指されるとは限らないだろう。その逆のケースが必ずしも「親日賦役」から自由であるとは限らないことと同様である。しかし、呉天錫の立場からすると、このような経歴のおかげで、植民教育に対する負債感を全く持っていなかったことは明白なようだ。植民地と植民本国を行き来しつつ教育的な履歴を積み重ねた周りの知識人たちとは確実に異なる姿であった。

彼が学校をまともに卒業できた初めての経験は一九一六年から一九一九年まで続いた日本留学時代だったというが、それも事情は簡単ではなかった。日本留学の動機からある意味において特別だったからである。一九一六年の呉天錫の日本留学は、彼の父が日本留学生のための教会を担当することになり、東京に赴任したことと関連がある。呉天錫の立場からすれば、それまでとくに変わるところもなく父の任地についていったといってよい(17)。学校は監理教系の私立学校である青山学院の中学部だった。呉の留学生活も以前と変わらなかったようである。彼は公式教育に積極的に参加するような学生ではなく、課程を終えることや卒業することに対してもあまり熱意をみせなかった。一九一九年、父が任期を終え朝鮮に帰ると、呉天錫は未練なく学校を止め、父と同行した。卒業できたことはすべて学校当局の配慮のおかげだった。呉が学校をやめる当時、おおむね教育課程を終えていたことが理由であった。もちろん、彼はその卒業証書に大した感動を受けてはいなかったようである。

日本留学時代、呉天錫にとって卒業証書より重要だったのは、留学生との親交であった。彼は西北出身の留学生のあいだでハブ（hub）の役割をした父の教会で、田榮澤（ジョン・ヨンテク）、金煥（キム・ファン）等と親交を深めた。また、彼らの影響を受け、文芸雑誌『創造』に同人として参加した。日本留学時代、呉天錫と彼の友人たちを魅了した当時の知的風潮、すなわち「大正デモクラシー」と改造思想にも注目する必要がある。実際どの程度関わっていたかについては不明であるが、彼は留学生たちの二・八独立宣言にも一定程度関与したことを自伝で誇らしく語っている。

このような経験は一九一九年に帰国した呉天錫が改造思想の擁護者として積極的な文筆活動を展開する足掛かりとなった。彼は日本留学時代に構築した人的ネットワークを通じ、一躍雑誌『学生界』の主幹として抜擢され、二年足らずのあいだ、論説、小説、詩、翻訳など、ジャンルを選ばず五〇編近く発表した(18)。とくに呉天錫の翻訳は当時植民地朝鮮の文化界において群を抜いて優れていると評価され、早くも巷間には「翻案は方定煥（バン・ジョンファン）、翻訳は呉天錫」というフレーズが広まるほどであった(19)。この時期の文章からは、キリスト教の色がまだ完全に消えてはいないが、大正デモクラシーと改造思想の磁場のなかで個人の修養と改造を積極的に強調する若き呉天錫を確認することができる。

ところで、「修養」と「改造」で代表される呉天錫の関心は、アメリカ留学を経てより具体的、実用的、実践的な方式へと変わっていく。この変貌の過程においてデューイやアメリカの進歩主義教育運動との出会いは決定的だったようにみえる。自伝によると、一九二一年コーネルカレッジ（Cornell College）に入学した呉が、「我が社会により有効に奉仕する人物」となるために教育事業に献身しようと決意したのは一九二三年、三年生の時のことである。彼はノースウェスタン大学（Northwestern University）の大学院を経て、ニューヨークのコロンビア大学に進学した。ジョン・デューイと彼の弟子キルパトリック（W. H. Kilpatrick）がいたからだ。前述したように、当時のコロンビア大学、とくに教育大学（Teachers College）は、デューイを中心に彼の弟子たちが集まる進歩主義教育運動の牙城であった(20)。呉がデューイに接した時期については正確に確認されていないが、教育学を専攻に選んだ呉にとってデューイは圧倒的な存在であったに違いない。

当時、アメリカの教育界においてデューイは、「伝統的な教育を排撃したうえでアメリカ的哲学である『実用主義』を根底とする新しい教育哲学を体系化し、『進歩主義』の大きい影響力を持つ領導者となりアメリカ教育を根本から揺るがし[21]」ていた。とくに、積極的に拡張された「経験」概念を基盤に、それの絶えない「改造としての教育」を提案したが、呉天錫は詰め込み式抑圧教育が中心となっている「我が国の教育実情」を思い浮かべつつ、デューイを通じて「一つの新しい世界」を発見する経験をした。「私は他の学説を顧みることなくこれに魅了されてしまった。いつか我が国でこのような教育を実施する機会が与えられることを切実に望んでいた[22]」。観念的な傾向が強かった改造言説の代わりに、呉はよりプラグマティック（pragmatic）な観点から民主主義を見つめ始めたのだ。そして彼が選んだ教育（学）は、そのような民主主義を実現する道具として中心的な価値を持つ行為となった。彼はノースウェスタン大学で朝鮮の実業教育に関する修士論文を執筆した当時から、デューイをはじめとする進歩主義教育運動の影響を少なからず受けた[23]。彼がいつコロンビア大学へ移ることを決心したか、その詳しい経緯については、呉天錫本人が沈黙しているため、知ることはできない。しかし、当時のアメリカ教育界においてコロンビア大学が占めていた位置を考えるならば、ニューヨークへと移った意味を推測することは可能である。おそらく、呉は植民地の青年としての自覚に基づき、民主主義教育論を積極的に受容し、それを植民地教育に対する批判と代案を模索する契機とするための意図があったのではないだろうか。実際、彼の博士論文のテーマは日本の植民地政策、そのなかでも植民地教育に対する批判であった。ある意味において、必然的のようにも見える意味深長な選択だった。

博士論文の序論で、呉天錫は博士論文の執筆動機を以下のように説明する。「朝鮮の人びとを脱民族化（de-nationalization）させようとする日本の政策」、すなわち、日本の植民地政策は一つの大きな実験であると言える[24]。

ところで、この実験は、当事者でもある筆者、つまり呉を含む植民地朝鮮人のあいだにはよく知られているが、外部者のなかでこれを知る人はあまりいない。このように、本博士論文はアメリカを含め世界各国の人々にこの実験の真相を知らせる意図をもって執筆されたという[25]。

確かに、呉は最初から植民地教育に対する批判を念頭に置き、失敗を確信した。アメリカの大学で発表される博士論文とはいえ、植民地出身の知識人が植民本国の核心政策を正面から扱うことは、当時はあまりみられないことであった。彼は帰国が不可能となる、完全亡命をも覚悟しなければならない状況に置かれていたと言える。しかし、このような状況のなかでも彼は学術的研究としての客観性を維持しようと努力する。そのため、彼は、博士論文は同化教育という大きな実験を外部の人々に知らせることが目的であり、その人たちに仲裁を懇請するわけではないと、頑固な態度を示す。しかし、学位論文であるため事実を公正に扱い偏見を排除しようと努力したが、植民地に生まれた人間である以上、そのような偏見を完全に追い払うことは人間的に不可能だろうと、彼が率直に言及しているところを読むと、国を失い、遠い異国の地で民族の状況を知らせようと苦闘した植民地の青年知識人の鬱憤と気概が感じられる[26]。

しかし、とは言え、この博士論文の執筆動機を単純に民族的な熱情、とくに植民地の知識人青年の民族主義的な立場の吐露として見なすことは早合点になりなりかねない。なぜなら、呉天錫によると、今日の世界は民族主義深化の時代ではあるが、同時に民主主義高揚の時代でもあり、日本の実験は民族主義の次元からみてももちろん無理があるが、より重要なことは、民主主義の時代的な趨勢に逆行しており、これこそ真なる問題であるととらえるからだ[27]。言い換えれば、日本の植民地教育が問題となる地点は、それが反民族的であることではなく、反民主的であるところにある。

呉天錫は、二〇世紀初頭のアメリカ学界で議論されていた民族主義に関する文献を幅広く検討しつつ、この地点を確認する。既存の研究を検討しつつ、彼は日本の植民地政策というものが、総じて第一次世界大戦以前のドイツやロシアにおいて施行された「国内植民地化（internal colonialization）」次元の同化政策に留まっているという事実を発見する。そしてこの政策は、当時の多くの植民政策学の議論、さらには東郷実といった日本の植民政策学者の議論においても指摘されたように、失敗に終わった。民族性の異なる人々の「心理（psychology）」を無理やりに変えようとする政策の試みは、かえって彼らに激しい民族感情（sentiment of nationality）と植民本国に対する敵対感、また、民族（nation）への愛国心を呼び起こすものであり、したがって緩やかな統合さえも不可能にしてしまう危険性が大きいからである。

したがって、二〇世紀に入ると、西洋帝国主義の列強のあいだにおいても総じてこのような「民族主義強化のパラドックス（paradox）」を認めるような様相があらわれる。植民地統治の支配的な形式もまた、直接統治の代わりに保護領統治（protectorate）のような間接統治が浮上し有力になった。このような状況を見る限り、呉天錫は朝鮮人のように歴史的由来が古く同質性の強い、また、人口規模も少なくない民族（nation）を人種的に同化させること（racial assimilation）は現実的にあまりにも無理であると強く主張した(28)。

さらに、呉天錫の観点からすると、強制的同化の問題はそれだけではない。呉は、消そうとすればするほど強くなる民族主義特有の逆説とは別に、強制的同化は基本的に専制政治（autocracy）や独裁主義（despotism）の産物であるととらえた。すなわち、強制的同化は民主主義の精神に逆行する流れであるという指摘である。民主主義という時代精神に立脚するならば、日本の実験は無理であるかないかという問題ではなく、時代に逆行する、反時代的な過ちとなっていることがより大きな問題ということだ。そしてこの地点で呉は、デューイの民主主義教育論を結合させる。強制的同化は教育学の次元からみれば、「注入と洗脳」の精神であり、教育の進歩主義原理に対立する(29)。

このように、呉は博士論文の問題提起において、デューイの進歩主義教育運動が克服の対象として設定した専制政治と独裁主義、その地点に日本の植民地教育を位置づけ、植民統治の克服を民主主義の問題として再規定することができた。呉は博士論文のなかで、進歩主義教育運動の核心であり、かつ自分が師匠としたデューイの著書と論文を引用してはいない。しかし、呉の博士論文が持つ問題意識は明らかにデューイと進歩主義教育運動の磁場のなかに位置しており、その流れは、解放後に教育行政家へと変貌した呉天錫が一九四六年「民主主義教育の建設」で標榜した民主主義教育建設の志向とつながっている。

## 二　コロニアリズム教育の失敗が必然的である理由――博士論文の目次構成と記述戦略

ならば、呉天錫の博士論文は具体的に、どのような問いを提示し、それをどのような方式で解明しただろうか。それを確認するためには、彼が博士論文においてどのような研究上の問い（research question）を設定し、それをどのように組織的に論証、解明したかを綿密に考察する必要がある。ここで有効なのが博士論文の目次構成と記述戦略である。目次構成は、筆者が遂行した研究がどれほど体系的であり、論理的に組織され、当初設定した問いに答えているかについて、その可能性と限界を構造的に把握できるようにする。また、記述戦略は呉の細部的な記述が全体的な研究方向とどのように関連しあっているかを明瞭にする。呉天錫の博士論文に事例を限定するならば、民主主義を通じて植民地教育を批判するという呉の「知の企画」が持つ構造的特性、その可能性と矛盾を明らかにするうえで、目次構成と記述戦略の分析は有効であると言える。そこで、呉の博士論文の目次構成と記述戦略の次元においてあらわれる特徴について論じたい。

まず、呉天錫の博士論文のなかで目次構成ないし研究の構造化という次元で興味深い点の一つは、執筆動機や問題意識とは異なる次元で研究目的を区分したという点である。前節で我々は呉天錫の執筆動機と問題意識について探ったが、博士論文の序文には、それとは別の研究目的が示されているからである。博士論文のなかで呉が提示した四つの研究目的は以下の通りである。第一、植民地朝鮮における日本の学校システムおよび教育方法を概観し（Ⅰ）、第二、日本の同化政策に順機能または逆機能する影響や要因を検討し（Ⅱ）、第三、これを総合し、日本の植民地教育の現地点を明らかにし、未来の成功可能性を予測する（Ⅲ）。最終的に結論を導き出し、植民地朝鮮の教育問題の解決に役立ついくつかの提案を提示する（Ⅳ）[30]。以上の内容からわかるように、研究目的は、この研究の論旨展開を示し、目次構成と各目次の基本的な記述戦略を示している。実際、呉の博士論文の目次は、研究目的と一定の対応関係を形成している。

たとえば、呉天錫の博士論文は大きく二つのパート、すなわち、問題の一般的な背景を説明するパート1と日本の教育政策がどのように朝鮮人を同化する方向へと作用したかを検討するパート2に分けられる。朝鮮人の民族性が持つ特徴的な側面と韓日関係の独特な側面、それまでの朝鮮教育の歴史を概括する部分などの五つの章がパート1に該当する。植民地以降の朝鮮の教育制度と統制方式全般を紹介する八つの章、同化政策の現在と未来を分析し評価する四つの章はパート2に含まれる。また、表1で示されるように、目次の章立ては四つの研究目的と一定の対応関係をもつ。

表1を通じて特徴的な側面をいくつか確認できるが、呉天錫のコロニアリズム教育批判がどのような組織的特性を有し、その構造的可能性や限界は何かについて視覚的に示すという点で興味深い部分が多い。

そのなかでもまず目立つことは、呉天錫の博士論文が、同時期に植民地教育の問題に取り組んだ諸著作とは非常に異なる目次構成や記述戦略を示しているという点である。たとえば、呉天錫が博士論文の執筆にあたって非常に参考になったとしたアンダーウッドの『韓国の近代教育（Modern Education in Korea）』（一九二六年）や、呉天錫の立場からすれば博士論文を通じて克服する必要があった当時の日本人官学者たちの教育史の諸著作、たと

**表1**　呉天錫博士論文の目次構成（章立て）と研究目的との対応関係

| 博士論文（1931）の目次構成（中範疇） | 研究目的 |
|---|---|
| 〈パート1　問題の一般的背景〉<br>序論　問題の所在<br>第1章　民族性の問題<br>第2章　朝鮮の民族性<br>第3章　朝鮮と日本の政治的関係 | − |
| 第4章　昔の韓国政府下における教育<br>第5章　日本政府による教育 | （Ⅰ） |
| 〈パート2　朝鮮人を同化する手段としての教育〉<br>第6章　朝鮮における日本の教育政策<br>第7章　統制の手段としての中央集中的な教育体系<br>第8章　教科課程の統制<br>第9章　歴史教育による忠誠な臣民作り<br>第10章　倫理教育による忠誠な臣民作り<br>第11章　教師の統制<br>第12章　私立学校たちの統制<br>第13章　忠誠な臣民作りの他の手段 | （Ⅰ） |
| 第14章　日本の同化政策に友好的ないくつかの要因<br>第15章　同化政策に抵抗するいくつかの諸力 | （Ⅱ） |
| 第16章　朝鮮における同化の問題 | （Ⅲ） |
| 第17章　結論および提言 | （Ⅳ） |

えば弓削幸太郎『朝鮮の教育』（一九二三年）、小田省吾『朝鮮教育制度史』（一九二四年）、高橋濱吉『朝鮮教育史考』（一九三七年）[31]などの目次構成および記述戦略と比較してみるとその差は明確である。

表2は、ここで言及した著作の目次構成を比較したものである。表からわかるように、日本人の官辺学者たちの著作は共通的に、通史的観点から時代順に、植民地教育の制度変化を羅列する方式をとる。もちろん、それぞれの本は筆者の立場や志向、本が出版された経緯によって大きな違いや特色を有する。[32]

たとえば、学務局の行政官僚だった弓削幸太郎は、政策実務者の観点から、より同時代的な状況に焦点を当てた。植民地以前の朝鮮の状況は朝鮮旧時代、保護政治時代と大雑把に括る一方、植民地化以降の状況に関しては一九二〇年代の文化統治以前と以後に細分する。一九二三年現在の状況をより強調しようとする意図である。他方、同じ学務局の官僚であるが、教科書編纂を専担した小田省吾は、弓削とは対照的に、過去を強調する目次構成と記述戦略を採択した。三国時代以来の朝鮮の教育制度の歴史的変遷を詳細に追跡しつつ、他の著書との差別性をあらわした。歴史学者としての専門性を誇示しようとする隠された意図がうかがえる。小田は植民地教育に至る現在の状況を「最新時代」と分類した。学務局の教学官として学校行政を長らく担当した高橋濱吉は、長いあいだ、第一線で教育現場を扱った自分の専門性を示しつつ、時代別に朝鮮の各級教育機関がどのような変化を経たか、その経緯を詳しく記述する。しかし、このような違いにも関わらず、時代の区別は大体、王朝のような政治的単位が基準となる点、とくに強調せずともこの政治的単位の最終かつ最後の段階は朝鮮総督府の時代になるという点には差がみられなかった。現在の状況を「歴史的必然」として自然化（naturalize）する効果を志向する点で共通していたのだ。

一方、アンダーウッドは、政治的単位による時代区分の代わりに、教育主体を基準に近代教育の歴史的変遷を検討する形式をとる。彼の指す教育主体とは「韓国政府下の教育」、「宣教教育」、「朝鮮人の私立教育」、「一九一

**表2**　同時期の植民地教育関連研究書の目次構成

| 書名 | 著者名 | 目次構成 |
|---|---|---|
| 朝鮮の教育（1923） | 弓削幸太郎 | 第1章　緒論<br>第2章　朝鮮旧時代の教育<br>第3章　保護政治時代の教育<br>第4章　併合第一期の教育<br>第5章　併合第二期の教育<br>第6章　内地人の教育<br>第7章　教科書の編纂<br>第8章　結論 |
| 朝鮮教育制度史（1924） | 小田省吾 | 第1期　三国時代<br>第2期　統一新羅時代<br>第3期　高麗時代<br>第4期　朝鮮時代<br>第5期　最新時代 |
| 朝鮮教育史考（1927） | 高橋濱吉 | 第1篇　李氏朝鮮時代の教育<br>第2篇　旧時代の教育<br>第3篇　過渡時代の教育<br>第4篇　保護時代の教育<br>第5篇　併合後の教育<br>第6篇　我が建国の精神と朝鮮の教育概論 |
| Modern Education in Korea（1926） | アンダーウッド | 1　序論<br>2　韓国政府下の教育<br>3　ミッション教育<br>4　朝鮮人の私立教育<br>5　1910年以降の官立教育<br>6　さまざまな機会 |

**表3**　呉天錫博士論文の第4章〜第5章の細部目次

| |
|---|
| 第4章　昔の朝鮮政府下における教育 |
| 1. 朝鮮の伝統教育（初等／中等／高等） |
| 2. 朝鮮政府の教育改革 |
| 3. 私学の教育的効果 |
| 第5章　日本政府による教育 |
| 1. 歴史的スケッチ（1911〜1922／1922） |
| 2. 現在日本政府の教育作業（初等／中等／職業／師範／教育） |

〇年以降（総督府）の官立教育」であり、時代区分を本の編成にそのまま反映していると解釈することもできる。また、各教育主体は学校の水準と種類によって区別され、アンダーウッドはこの分類に従い、近代教育の歴史的変遷を学校単位で記述する方式を採択した。現実の植民地権力と対立せず、同時に宣教師と植民地権力という韓国近代教育の二つの「発展」経路を歴史的に描写、説明するという意図が含まれていると言えよう。しかし、このように正反対に見える二つの方向のこれらの著作は、全体的にみれば意外にも共通点を持つ。それは、彼らの作業が朝鮮教育の歴史的変遷をどのように説明するかに焦点を当てた歴史学的な企画であるということである。

また、このような共通点は、呉天錫の博士論文と完全に区別される点である。表1からも確認できるように、結論から言うと、呉天錫の博士論文は歴史学的な企図に発した論文ではなかったからだ。朝鮮教育の歴史的変遷をどのように説明するかという問いは、彼の博士論文において副次的な位相を持つ。呉天錫が博士論文で分析対象としたのは、植民地統治二五年にわたる実験、すなわち、強制的同化に立脚したいまのコロニアリズム教育である。そのため、時間的変遷の問題は植民地教育と「その以前」、すなわち二分法的な区分だけで十分である。研究目的Ⅰと対応するパート1の第四章と第五章は、博士論文全体のなかでも植民地教育の歴史的変遷を扱う部分である。[33]「新教育の導入」で区分される第四章と第五章の細部目次は表3の通りである。

実際、呉天錫は第四章で、植民地朝鮮の教育体制が持つ特徴を検討するために、朝鮮王朝時代の教育にまでさかのぼる。しかし、この博士論文においてこのような一連の教育的変遷は、範疇としては「昔の朝鮮政府下における教育」として括られる。[34] 朝鮮時代の教育、近代教育の登場、大韓帝国期の教育など、教育の歴史はすべてパート1の第四章という限定された分量のなかで簡略に扱われるだけである。そのうえ、彼の博士論文の主要な分析対象となる植民地教育に関しても、歴史的な展開過程はパート1第五章がそうであるように、スケッチする程度にとどまる。[35] 第二次朝鮮教育令が公布された一九二二年を基点に植民地時代を二つに区分したが、一九二二年以降の状況の描写はあいまいであった。もちろん、博士論文が提出された時点が一九三一年であったことから考えれば、このあいまいさは当然のことであると言えるかもしれない。しかし、それにもかかわらず、歴史的な接近方式がこの博士論文において確実に副次的な課題であった事実に変わりはないと考えられる。

その意味で、むしろ呉天錫の立場から重要だったことは、時代区分や学校単位ではなく、日本の同化政策において活用された多様な次元の教育手段および非教育的手段を識別することであると言える。表4は、パート2の第六章から第一三章に該当する部分である。

教育学の専攻者らしく、呉天錫は日本の強制的同化――積極的な次元では「日本人化」、消極的な次元では「脱民族化（de-nationalization）」と言える――に使用された多様な手段を体系的にとらえる。教育政策、教育体系、教科課程、学科教育（倫理、歴史）、言語教育、教師統制、私立学校統制など、植民地朝鮮の教育体制を構成するほぼすべての領域において、呉は植民地の教育現場で強制的同化が執拗に試みられたことを綿密に提示する。そのうえ、直接的な手段とは言えないが、朝鮮の人々の「心理」の改変に活用しうる多様な文化的装置、たとえば、儀礼、礼儀作業、祝祭日、修学旅行、移動映画館などに対しても、彼は余すところなく注目する。[36] このような文化的制度、実践、慣行を、どのようにして民族という範疇がまるで太古からそうであったかのように「自然的なもの」として見せかけるか、日常の個々人を特定の「民族」に枠付け国民国家の創出に寄与するかについて、近年興味深い研究が活発だが、呉天錫はすでにこの時期からそのような問題に注目していたのだ。

表4　呉天錫博士論文の第6章～第13章の細部目次

| |
|---|
| 〈パート2　朝鮮人を同化する手段としての教育〉 |
| 第6章　朝鮮における日本の教育政策 |
| 1．日本の教育政策 |
| 2．朝鮮の日本植民政策 |
| 3．日本植民政策の手段としての教育 |
| 第7章　統制の手段としての中央集中的な教育体系 |
| 1．行政政策 |
| 2．行政体系 |
| 第8章　教科課程の統制 |
| 1．教育課程の措置と教科書の準備 |
| 2．カリキュラムにおける日本語の位相 |
| 第9章　歴史教育による忠誠な臣民作り |
| 第10章　倫理教育による忠誠な臣民作り |
| 第11章　教師の統制 |
| 1．教師の養成（養成機関／教育目標／選抜／教育方法） |
| 2．朝鮮人教師の位相（比率／行政力／学生） |
| 第12章　私立学校たちの統制 |
| 1．私立学校に対する総督府の態度 |
| 2．私立学校統制の諸手段 |
| 第13章　忠誠な臣民作りの他の手段 |
| 1．忠誠観 |
| 2．祝祭日と儀礼遵守 |
| 3．神社参拝 |
| 4．学校外での日本語の使用 |
| 5．教師たちの軍服着用 |
| 6．総督府主要人事の応対 |
| 7．日本式礼儀作法の教育 |
| 8．朝鮮人学生の日本留学 |
| 9．日本修学旅行 |
| 10．学生行動の監督 |
| 11．その他の道徳的方便 |
| （日鮮同調論／日鮮語同祖論／日本語拡散の効果／大衆教育書出版／移動上映館／日本旅行） |

表5　呉天錫博士論文の第14章～第15章の細部目次

| |
|---|
| 第14章　日本の同化政策に友好的ないくつかの要因 |
| 1．文化的要素の類似性 |
| 2．朝鮮と日本言語の類似性 |
| 3．日本語の実質的有用性 |
| 4．日本語の学問的、文化的長所 |

5．日本語の経済的長所
6．朝鮮人の適応的属性
7．朝鮮問題に対する表面的な孤立性
8．距離 distance
第15章　同化政策に抵抗するいくつかの諸力
1．朝鮮、日本間の歴史的敵対感
2．朝鮮で成長する民族主義（日帝無断統治が起こした民族意識の覚醒／他の国における民族運動の影響／近代的学びの影響
3．朝鮮文化の発展（ハングルの再活性化／新文化の発展／伝統文化の復活）

いずれにせよ、博士論文はこのように、教育体系全般にかけて同化政策に活用されたさまざまな非教育的道具を概観したうえで、結論部が始まるパート2の第一四章〜第一五章において、呉は同化政策を成功に導きうる要因と、失敗に追い込む要因をそれぞれ提示する。日本政府の立場からすると、朝鮮と日本のあいだにおいて多数確認される同質的な文化要素、地理的に近い距離、また、朝鮮人の民族性（nationality）に由来する特有の諦念的、悲観的な――それ故に支配を受けいれやすい――傾向などは、たしかに同化政策を成功へと導く要因となる。朝鮮人が日本語を使うことによって得られる利益が増えつつあることも、ポジティブな側面である。このように、友好的な要件は植民地朝鮮人たちが置かれていた客観的な状況や条件と関連がある。次に、抵抗要因が列挙されるが、成功を導いた要因とは非常に異なる性格を持つということが興味深い。朝鮮人特有の、遺伝的とまで思われる日本に対する敵対感、よほどのことでは自分の意見を曲げない保守的な性格に加え、民族主義の浮上、自文化の発展を挙げるからだ。互いに水準と次元の合わない諸要因（factor）を並列したことは、青年呉天錫の学問的未熟さが原因だったかもしれない。しかし、呉がこのような論旨を展開したことに何らかの理由があったのではないかと解釈することも可能ではないだろうか。

このような推測が成立するのは、彼が列挙するさまざまな抵抗の要因のなかで「民族主義の浮上」が持つ独特な位相のためである。その他の要因は実のと

ころ、朝鮮人のあいだに「民族意識（national consciousness）」が確固たるものとなってはじめて抵抗的な意味をもつ要因である。たとえば、呉天錫がパート2の第一五章で「朝鮮文化の発展」として括った一連の文化的変化は、もちろん一九一九年の三・一運動のきっかけとなる民族主義の高揚を可能にしたという事実を改めて説明する必要はないだろう。(37)ただ日本に対する敵対的な感情、容易に納得しない頑固で保守的な性格も三・一運動によって変わるはずもなかった。このような「抵抗的」な性向は、実のところ、博士論文の他の部分、他の脈絡からみれば、かえって否定的な性向としての解釈も可能になるからである。

実際、呉天錫は博士論文の前半部、すなわちパート1の第二章でそのような分析を試みた。朝鮮人特有の順応、諦念、悲観、頑固さ、保守性、敵対性などといった否定的な性向は、強大国のあいだに挟まれ、繰り返される悲劇と悲哀を経験しなければならなかった朝鮮社会の歴史的な諸条件や客観的な状況と密接な関連があるということである。ところで、呉天錫によると、このような否定的な民族性（nationality）は、三・一運動によって触発された民族意識の覚醒、また、自発的かつ民主的なデモの経験を契機に、新たな「抵抗的」側面を持つようになる。民族主義の浮上を契機にその他の要因が絡み合い、日本人の立場からすれば、同化政策を押し付ければ押し付けるほど、かえって抵抗感が上昇する悪循環へとつながるようになったのだ。(38)

このように、呉天錫は植民支配に友好的な要因として客観的な条件を列挙する一方、抵抗的な要因としては主観的な状況およびその波及効果を強調する。朝鮮の人々が一つの社会単位（social unit）として民族（nation）を形成したのは歴史的に古くまでさかのぼるが、いまのような民族主義精神が高まるようになったのは最近だというのである。また、このような呉天錫の観点は、後に詳しく述べるが、民族性と民族主義を主観的かつ心理的なものとしてとらえるからこそ可能なことでもあった。たとえ客観的な条件や要因が明確であっても、それが人間の「体験」を通じて主観的要因へと発現しなければ意味がない。デューイを連想させるこのような論理から、彼は

表6　呉天錫博士論文の第16章～第17章の細部目次

| |
|---|
| 第16章　朝鮮における同化の問題 |
| 1．過程の成否に対する測定 |
| 2．同化政策のいくつかの効果（日本語の拡散／日本文化の現前） |
| 3．同化政策に対する一部朝鮮人たちの回答（独立運動／学生騒擾／同盟休学に対する分析） |
| 4．政策の成功に対する外国の世論 |
| 5．他の国の類似経験（ドイツ治下のポーランド／ドイツ治下のアルザス＝ローレーヌ／ドイツ治下のシュレースヴィヒ／オーストリア治下のボヘミア） |
| 6．同化の可能性 |
| 7．朝鮮で同化政策は成功するか？ |
| 第17章　結論および提言 |
| 1．朝鮮総督府に提言する二つの基本原則 |
| 2．朝鮮の教育に関連するいくつかの提言 |

同化政策の功過について、友好的な要因ではなく、抵抗的な要因に軍配を上げる。つまり、同化政策は「功」より「過」が多いと呉は判断した。

また、呉天錫のこのような独特な観点は、これまでの議論をまとめる終盤のパート2第一六章でも続く。ここで彼は「日本の同化政策は果たして朝鮮で成功できるか」という、最初の問いに立ち戻る。彼は客観的条件だけでは朝鮮人たちが絶望的に不利にみえる状況を検討しつつも、同化政策の未来を決して楽観的に展望しない。朝鮮社会において日本語の使用が増加し、日本文化が拡散する傾向は、確かに同化政策の結果である。しかし同時に、三・一運動を基点に一般朝鮮人と知識青年のあいだに日本に対する不満、抵抗、拒否が強まりつつあることも明らかではないか。彼は客観的な劣勢にもかかわらず、主観的な次元から提起される諸々の不満が、結局、強制的同化を失敗へと追い込むだろうと展望する。日本が志向する「同化」ということも、結局は「心理的過程」にほかならず、したがって、それを実現するためには客観的要件をただ充足させるだけでなく、知識と観念、態度と習慣全般を変えなければならないからである(39)。日本が二〇年ものあいだ、朝鮮で同化政策を実施したが、依然として成功が遼遠であるようにみえるのは、このような課題が決して簡単ではないということを実証する。

さらに、呉天錫は類似した外国の事例を検討しつつ、自分が到達した結論が妥当であると主張する。強圧的な同化を追求した国は日本がはじめてではなかったが、他の事例もいままで満足できるほどの成功をおさめたことはあまりない。また、今日のような民族主義の時代にはより大きな抵抗をもたらす余地が大きい。最終的に呉天錫は、強圧的同化政策は民族主義の時代において大方不可能になっており、民主主義の波のなかでは未来がないという結論を下す。厳酷な現実を認めつつも、日本の失敗を楽観できたのだ。「人権を尊重し扶養する傾向が人類の行先を照らしてくれるなら、強圧的同化ははかない希望になるだろう。遅いが確実に、文明社会のより大きな部分が、人民たちの自己決定が不可避であることを認めている(40)」。

以上にみてきたように、呉天錫は日本旅券を持ってアメリカに留学したが、植民地青年の立場に立ち、「危険な」主題に果敢に取り組んだ。また、植民地教育の歴史的変遷を追うという慎重な方法の代わりに、日本植民教育の問題を全面的に取りあげ、同化政策が失敗するほかない理由を論証した。さらに人種的同化は、これまで構築されてきた独特の「民族性」を否定し、彼らの意思と関係なく、自分の民族性を強制的に注入しようとする点で、専制政治（autocracy）、独裁主義（despotism）の産物である。到来する民主主義の時代に立つ場はない。このように、呉天錫の博士論文は、我々の時代の主要な潮流である民族主義や民主主義に立脚してみたとき、日本の同化教育政策は成功が難しいだけでなく、今後は成立もし難いという結論に至る。極東で行われている日本の実験を否定するという点においては、民主主義と民族主義が手を取り合ったと言える。「ニューヨークでオーマンディ（Eugene Ormandy）が指揮するフィラデルフィアシンフォニーオーケストラの交響曲を聴いてどうしようもなく涙を流した」、「外国に行けば誰もが愛国者になるという」植民地出身留学生の呉天錫と、長いアメリカ留学生活を経てアメリカ社会の価値を内面化し、教育学者として「生き方としての民主主義」を志向した実用主義者の呉天錫は[41]、少なくとも博士論文のなかにおいては共存できたのである。

## 三「民族性（nationality）」という問題設定が持つ問題

ところで、呉天錫が「時代の潮流」と呼んでいた民主主義と民族主義の関係は、さほど簡単な問題ではなかった。とくに、デューイに従って「生き方としての民主主義」を志向した呉天錫にとって、民族と民族主義の問題は常に危うさを抱いている課題であったからだ。博士論文でも少しだけ触れたが、近代国家が民族の形態をとることにより、自民族を高めようとする思考は時々国家膨張の手段として悪用される危険性[42]が存在し、それが民族主義の流れと全く無関係であると速断することも難しい。

さらに、呉天錫自身が「保守主義」からかけ離れた人間であった。前述したように、彼は歴史的に非主流意識が強かった西北出身であり、朝鮮社会の伝統的な思想、文化的な価値とはかけ離れていた。また、呉天錫自身が長いアメリカ生活の末、自分が「あまりにアメリカ化ないし西洋化していないか？」と心配したほどだった[43]。彼は、以下のような告白をしたこともある。「私の外国生活は、私から韓国ないし東洋文明の伝統的な遺産に接する機会をはく奪し、したがってそれを理解できる能力を持っていない[44]」。生活するなかで植民地出身の朝鮮人であることを常に自覚するしかなかった留学生であり、実際、留学生の同僚と「民族」という名の下、活発な「運動」を展開したこともある[45]。しかしながら、古い価値や観念から容易に離れられなかった現実の「民族」は、実のところ、彼にとって極めて馴染みのない存在であった。そして彼は、そのような「伝統」的民族に対して責任や負債感をほとんど感じられなかった。過去に囚われ、現在に停滞する点で、「伝統」的民族こそむしろ「新しく登場すべき」民族の敵であるととらえた。異国他郷に在住する外国人学生として誰よりも愛国心が強かったことを自負しつつも、その愛国心が民族の失った過去、消え去った伝統に対する浪漫的郷愁へはつながらなかった

表7　呉天錫博士論文の第1章〜第2章の細部目次

| |
|---|
| 〈パート1　問題の一般的背景〉 |
| 序論　問題の所在 |
| 第1章 民族性の問題 |
| 1．民族性の重要性 |
| 2．民族性の意味 |
| 3．民族性を決定する要因 |
| 4．民族性の力量 |
| 5．望ましい民族性 |
| 第2章 朝鮮の民族性 |
| 1．形成される朝鮮民族性 |
| 2．朝鮮民族性の性格 |
| 3．朝鮮民族性を構成する諸要因 |

ことは、ある意味において当然だと言えるだろう。

そして、このような呉天錫の姿を明確にあらわすのが、「民族性（nationality）」という問題を扱う博士論文パート1の第一章と第二章である。ところで、この部分は博士論文の全体構成において非常に微妙な位置を占める。表1に示したように、序論で言及した四つの研究上の問いに、この部分に関する内容だけが含まれていないからである。論文の他の部分が問いと整合的に対応しているのとは対照的である。もちろん、たんなるミスや、論文を構成する過程において生じた未熟さの産物である可能性もある。しかし、パート1の第一章「民族性の問題」と第二章「朝鮮の民族性」には、当時活動していた植民地朝鮮の知識人たちにはあまり見いだせない独特の姿があらわれているという点で注目する必要がある。「民族の実際性」があまりに当然のようなこととして見なされていた時代――たとえ、それを信じていなくとも沈黙しなければならない――に、彼は民族を当然なる実体として見なすことを拒否するだけでなく、そのうえ教育を通じて積極的に構成されうる何かとして思惟するからだ[46]。

これは、彼が「民族主義（nationalism）」ではなく、「ナショナリティ（nationality）」、すなわち「民族性」の問題を掘り下げていることにも明確にあらわれる。彼は当時のアメリカ学界においても関心事となっていた「民族主義」に関する研究を綿密に追跡した。また、ヘイズ（Carlton Hayes）、ジーマン（Alfred Zimmern）、ミューア（John Muir）などの著名研究者を通じ、なぜ呉天錫自身が民族や民族主義ではなく「民族性」を問題とするかを立証しようとする。専門家たちによると、「民族」が「お互いが一つであると感じ、それのために喜んで犠牲になることや損害を甘受できると感じる、特別な親和の感情を共有する個々人の集合」であるとすれば、「民族性」とは、「彼らをこのようにお互い精神的につなげる無形の価値」を指す。民族が客観的な状況と条件のなかで歴史的に存在する「社会的単位（social unit）」である一方、民族性は民族として括られる人々が共有する主観的感情に近く、「心理的単位（psychological unit）」としてとらえることができるということだ。

しかしこのような区分は、ヨーロッパを超え全世界的に「民族主義の熱情」が急速に波及されていた二〇世紀初頭の状況を説明するために提起されたものでもあった。現実において観察される民族意識は、客観的状況と条件が絶対的に不利であるにも関わらず、それに構わず猛烈に噴出するだけでなく、さらには弾圧と抑圧が深刻になるほど、かえって強くなることもあったからである。これは民族を社会的単位としてとらえるだけでは不十分であり、彼ら民族を「民族感情」で沸き立たせたり冷めさせたりする何か、すなわち、心理的単位としての「民族性」の究明が当然のように重要な問題として浮上する。

また、この「民族性」は一九世紀ヨーロッパのさまざまな主要国家で観察される「民族主義」とも多少差別化される側面があった。ヘイズ（Carlton Hayes）によると、「民族主義」は、民族に対する自負心を通じて人々を結ぶ「民族性」と、国家に対する忠誠心を通じて国民を結ぶ「愛国心（patriotism）」が感情的に交じり合い拡大されたものとして説明できる[47]。言い換えると、「民族性」が「民族主義」という具体的な形態として発現されるためには、「国民国家（nation-state）」の歴史的出現およびそのための忠誠心の確保という実質的な課題が事実上前提されることを意味する。

呉天錫がこのような概念の区別を信頼したとするならば、彼がなぜ民族と民族主義ではなく、民族性を探求の対象として設定したかを推測することが可能になる。客観的には決して有利ではない状況にあった弱小民族であったため、「民族」それ自体よりは「民族性」が重要であり、国を失った被抑圧民族であったがために、「民族主義」ではなく「民族性」の問題が浮上したのだ(48)。彼が設定した図式に従うなら、「民族主義」という用語は植民地朝鮮の場合は成立しえなかった。だからこそ、「民族性」とは、「国家なき民族」から「民族主義的」運動が可能な出発点として見えていたのだ。

さらに、このような国家なき民族の民族主義、すなわち、民族性が主観的、心理的な問題に関係するという事実が、彼にとっては重要であった。呉天錫は特定の民族がこのような民族性を持つ理由を説明するためには、人間的本性、地理、故郷、人種、言語、宗教、伝統、歴史、文化、結束など、関連する客観的要因を追跡する必要があるが、それだけで十分だとは言い難いととらえた。民族性とは基本的に、「心の状態（condition of mind）」や「憑依（spiritual possession）」のようなものであり、感じ、考えて生きる主観的方式に関わるからである。その意味で呉天錫は、民族性は本質的に「霊的な問題」であり、とくに「教育的問題」でもあるというジマーン（Alfred Zimmern）の議論に深く共感する。「民族性」は、客観的状況と要因により決定されるが、本質的には主観的なことであるため、教育のような積極的な努力によって完全に一変する余地が開かれるのである。

このような観点は、呉天錫が非常に批判的な観点から朝鮮民族の民族性を描き出すための可能性を切り開く。前に述べたように、パート1の第二章において呉天錫は、朝鮮民族が長いあいだ、一つの「民族」として存続できたにも関わらず、結果的になぜ日本の植民地に転落してしまったかを辛辣に批判する。興味深いのは、このような批判の論調には、当代の官辺歴史家たちの、いわゆる植民主義歴史観、すなわち、停滞性、他律性、事大性、半島的性格論などの特徴が明瞭に反映されていたということである。彼は朝鮮民族性の本性について議論しつつ、マッケンジー、ハルバート、グリフィス、スコフィールドなど、当時の英米圏で知られていた朝鮮関連文献を引用するに留まらず、歴史認識に関しては朝鮮総督府の資料をも活用したことが確認される。彼は朝鮮半島の脆弱な地政学的地位、それに由来する数多くの征服戦争と侵略戦争、そしてこのような状況を何とかして乗り越え生き残ったが、その過程で経験した痕跡が朝鮮民族性の本性にどのように否定的な影響を及ぼしたかを描写する。儒教と仏教が朝鮮民族性に与えた否定的な影響、抑圧的な朝鮮王朝の国家的性格や両班（ヤンバン）支配秩序の残酷さ、これに対応する従順にみえるが実際にはとぼける朝鮮人たちの盲目的で頑固な性格に関しても余すところなく言及する。

今日の韓国人の観点からすると、このような呉天錫の批判は違和感を感じさせるものであり、それどころか「親日的」であると評価する余地もないとは言えないが、彼は意に介してはいなかったようである。朝鮮民族はむしろ、それらのさまざまな客観的な否定的属性や本質にも関わらず、一九一九年の二・八宣言、三・一運動からみられるように、「民族的意識」を創出することができ、日本の強制的な同化教育に抵抗し、新しい民族性を「創造」する可能性を示したからである。民族性の客観的条件が否定的であればあるほど、その運動の瞬間は劇的になりえ、それを変えていく教育の役割もより鮮明に目立つようになったのだ。彼は民族主義そのものを歴史的現実として否定せず、近代的かつ民主主義的な次元から、民族主義運動の勃興に対しては積極的に支持した。しかし、民族の歴史的由来と伝統に対する愛情や信頼という次元からみれば、彼は徹底的に「近代主義者」であり、そのような愛情や信頼を封建性、反民主主義性という観点の下で否定する様相をあらわす。彼は基本的には近代主義者であり、「民主主義」が容認する限りにおいて民族主義者であったのだ。彼にとって伝統時代の韓国は、植民地期の朝鮮と同じくらい反民主的であり、したがって否定され打開されるべき対象であった。

## おわりに——呉天錫の民主主義的批判が志向したこと

以上、我々は呉天錫の博士論文を問題意識と目次構成、論旨展開の次元から検討した。いままで見てきたように、彼は反民主主義という観点から植民地教育を批判した。民族主義も重要な価値であっただろうが、近代主義と民主主義が容認する限りにおいてのみ意味を持つ。

では、批判の立地点として、呉天錫にとって民主主義とはいかなるものだったか。博士論文において彼は、「朝鮮人全体が何ものからも拘束されない自由な理性として自分の運命を決定すること」を民主主義と規定した。教育は人々が自分たちの「言語」を通じて自分たちの「経験」のなかで世界を体験することにより自由な理性に完成される過程である。ところで、日本の植民地教育は、他の人の言語によって他の民族の「心理」を注入しようとするようなものである。朝鮮人たちが自分をとりまく世界に対する体験を通じて自由な理性を発達させることを妨げ、集団的次元から「文化的な自己決定、すなわち自治」を妨害するのである。だからこそ、彼はそれが反民主的であり、したがって専制的であると批判することが可能であった。

しかし、呉天錫が民主主義の核心を人民の自己決定、すなわち「文化的自治」と規定するという点には注目する必要がある。彼は、政治的独立はこのような文化的自治に比べると副次的であるととらえた。人民たちが自分の運命を決定できるなら、政治的独立の可否は彼らの意志に従えば済むようなものであるということである。このような呉天錫の結論が、権力との妥協のなかで植民統治の現実を受け入れ、「帝国内部からの自治」を模索した「国内」の文化的民族主義者たちの論理と類似することは興味深い地点である。「民主主義＝文化的自治」の確保こそ植民支配からの実質的な脱出を意味し、政治的独立とは、このような「非植民化（decolonization）」の不可逆的な過程に照らしてみると、むしろ副次的な選択の問題に過ぎないという認識を、呉天錫からは発見できる。もちろん、呉天錫は「三・一運動以降、朝鮮人たちに自分の運命を選択するように自治を与えたら、やはり政治的独立を選択するだろう」という見解を加える。

さらに興味深いことは、このように博士論文で表明された「民主主義＝文化的自治」という立場は、解放以降の韓国の状況に対してもそのまま適用されたという事実である。彼が植民地支配の状況において「政治的独立」を副次的な問題としてとらえたことはすでに言及した。しかし彼は、同様の立場から、解放後の韓国社会が日本の支配から解放されたが、依然として植民地的な状態に留まっているという結論を導き出した。韓国人たちは三六年間の日本的専制主義の下の奴隷生活から解放されたが、依然として「私たちの心的生活には日本的な思索方法が深く根付いている」ということである。さらに、四〇〇〇年間続いた朝鮮的専制主義も依然として残っている。呉天錫の観点からすると、「反民主主義＝専制主義」という批判は、日本の政治的支配に限定されない。長い歴史を通じて韓国社会に根付いている封建的専制主義も、「民主主義＝文化的価値」を妨害する強力な障壁である。「反民主主義」という次元からみると、日本的専制主義と同様、朝鮮的専制主義も危険であるということだ。

韓国国民の大多数が、精神的には依然として日本に隷属し、長い専制主義伝統の遺産により民主生活の経験が欠如した状態――このような状態において多数の意見や決定に従うことが、果たして民主主義的なことだろうか。呉天錫は、教育こそ民主主義確立のための最も至急かつ切実な課題であると考えると、それをじっくり見守る余裕はないと考えた。彼が反民主的な手段を動員してまで「国大案」事態に介入しようとした理由を、この点に見いだせるかもしれない。彼は朝鮮的専制主義と日本的専制主義、どちらに対しても全くこだわりがなかった。だからこそ、独善に近い道徳的優越感を基に、その事態に対応したのではないだろうか。

呉天錫のこのような立場は、しかし、大韓民国政府の登場以降になると、非主流的な位置に転落する。激しい左右対立と社会混乱のなかで登場した李承晩政権は、初期から反共主義に加え、民族を絶対的な価値として強調する極端な国粋主義を文教政策の核心イデオロギーとして採択したからである。李承晩政権の公式イデオロギーである「一民主義」は、北朝鮮との対立に立ち向かうためには個人より国家と民族を絶対的な優位に置かなければならず、国家と民族の前では資本主義や共産主義といった経済体制すら副次的な問題であるとみなす。共産主義はもちろん、自由主義もまた南韓の統一を阻害するため、受け入れられないという立場であった。

また、一民主義の理論的基礎を固めた安浩相（アン・ホサン）は「民族主義教育論」を提起した。呉天錫が「民主主義教育論」で批判した専制主義教育が、ここでは民族主体性の確立という名目で、教育の最終目標として登場した。このような状況において、呉天錫の民主主義教育論は疑いの目で見られるようになった。彼は民族主義を、二〇世紀を代表する時代的潮流として重要であるととらえたが、それ自体は近代性の産物であるとみなした。博士論文からも明確にあらわれるように、彼は民族を超越的な歴史的実体としてみなすことは誤謬であると考え、民族主義の登場を民主主義の世界的趨勢と関係する過程として見なした。しかし、そのような呉天錫の観点は、民族主義教育論の観点からすれば「反民族的」であり、したがって、「パルゲンイ」（アカ）と同じくらい危険である。当時の韓国社会は朝鮮戦争を経験し、冷戦的民族主義の威力が強まりつつあった。反共主義者であったが自由主義者であったためにかえって「容共」と疑われる状況のなかで、彼は「民族の絶対性」を一部受容する方向に、自分の立場を修正せざるを得なかった。植民地時期にも頑固だった呉天錫の信念は、かえって「解放された祖国」で屈折し、あいまいな位置に置かれるようになったのだ。彼のこのような経歴は、解放以降、反共的民族主義に完全に回収されないまま拮抗と変容を経験することになる冷戦期韓国自由主義者の屈折した姿を如実にあらわしている。

（1）홍웅선「미군정 초기의 민주주의 교육」（『교육혁신의 반성과 진로』、교육과학사、一九九一年）三二頁。

（2）米軍政文教部という名称は、一九四六年三月、米軍政の軍政法令第六四号により確定した。その以前までは朝鮮総督府学務局を引き継ぐ形態であったため、学務局という名称をそのまま使っていた（韓国法制研究会『美軍政法令総覧：国文版』一七九～一八〇頁）。ちなみに、呉天錫は米軍政がソウルに到着した二日後の一九四五年九月一一日から米文政学務局で活動し、学務局長および文教部長である兪億兼が一九四七年一一月死亡すると、そのあとを継いで文教部長として活動した。

(3) 김상훈「미군정기 교육정책의 수립과 한국인의 역할」(『역사연구』二八号、二〇一五年)一一九～六三頁。

(4) 呉天錫『외로운城主』(光明文化社、一九七五年)一一七頁。

(5) 呉天錫『民主主義教育의 建設』(国際文化公会、一九四六年)二五頁

(6) 解放後の新教育運動の歴史的展開過程およびその特徴に関しては、강일국「해방후 초등학교 현장의 교육과정개혁：새교육운동 주도학교를 중심으로」(『教育課程研究』第二〇巻第三号、二〇〇二年)、강일국「미군정기 교육정책의 수립과 한국인의 역할 역사연구」(『歴史研究』第一九巻第三号、二〇一五年)、김천기「진보주의 교육이 한국 교육정책에 미친 영향에 관한 수정주의적 분석：미군정기를 중심으로」(『教育学研究』第三〇巻第二号、一九九二年)、이상은「진보주의 교육사조에 토대를 둔 한국 교육개혁의 역사적 변천과정 탐색」(『열린교육연구』第三二巻第四号)等の議論を参照。アメリカの進歩主義教育運動は、韓国では呉天錫を媒介にして新教育運動によって活性化された。一九五〇年代に入り頂点に到達したこの教育運動は、勢いは弱くなったものの、一九六〇年代に入っても韓国教育界に一定の志向と流れを代弁しつつ影響力を維持した。一九六〇年代以前まで、呉のように「韓国教育の方向を決めるにあたって最も大きく影響を与えた者」はあまりいなかったという研究者たちの評価は、この面においても誇張ではなかった。

(7) 장규식「미군정하 흥사단계열 지식인의 냉전인식과 국가건설 구상」(『韓国思想史学』第三八集、二〇一一年)二七七頁。

(8) 呉天錫、前掲『외로운城主』一一七頁。

(9) 呉天錫、前掲『외로운城主』一一八頁。

(10) 呉天錫、前掲『외로운城主』一一九頁。

(11) 論文の原題は"Education as an instrument of national assimilation: a study of the educational policy of Japan in Korea"である。コロンビア大学に所蔵された呉天錫の博士論文は、天園呉天錫記念会が入手し、二〇一六年に再び活字化した。本稿で活用する資料も天園呉天錫記念会所蔵のものであるが、再活字化したため、博士論文の原文とはページ数が完全に変わってしまった。原文が入手できなかったため、本研究ではやむを得ず、活字本のページを引用する。快

く資料を提供してくださった天園呉天錫記念会と培材大学のカン・ミョンスク教授に心よりお礼申し上げる。

(12) 이윤미「일제하 미국유학생으로서의 오천석」（『韓国教育史学』第三九巻第三号、二〇一七年）。

(13) 呉天錫、前掲『외로운城主』八四頁。

(14) 강명숙「미국유학 이전 천원오천석의 수학과 사회활동」（『韓国教育史学』第三九巻第三号、二〇一七年）、および이윤미前掲論文。

(15) 呉天錫、前掲『외로운城主』八九頁。

(16) 呉はアメリカ留学当時の一九二四年、興士団に入団することになったが、入団のための質疑応答資料として作成された履歴書が現在も残っている。강명숙前掲論文を参照。呉自身が作成した履歴書によると、幼年期に彼は咸従（サグァン学校）、海州（懿昌（イチャン）学校）、ソウル（培材（ペジェ）学校、儆新（キョンシン）学校）に通った。

(17) 강명숙前掲論文、四～五頁。

(18) 강명숙前掲論文、一一頁。

(19) 강명숙前掲論文、一二頁。

(20) 一九世紀末から二〇世紀半ばまでアメリカ教育界を風靡した進歩主義教育運動の形成背景および展開過程に関しては、양은주「美国의 進歩主義教育運動：教育의人間化、科学化、民主化를 위한 実験」（『연세교육연구』第一六集、二〇〇三年）を参照。

(21) 呉天錫、前掲『외로운城主』六九頁。

(22) 呉天錫、前掲『외로운城主』七〇頁

(23) Paul A. Auh, "A Suggested Plan for Industrial Education in the Schools of Korea." (M. A. thesis, Northwestern University, 1928).

(24) Paul A. Auh, "Education as an instrument of national assimilation: study of the educational policy of Japan in Korea." (Ph.D. dissertation, Columbia University, 1931) p. 8.

(25) Paul A. Auh (1931) p. 10.

(26) Paul A. Auh (1931) p. 10.

(27) Paul A. Auh (1931) p. 11.

(28) Paul A. Auh (1931) pp. 9-10.
(29) Paul A. Auh (1931) p. 8.
(30) Paul A. Auh (1931) p. 9.
(31) ただし、呉天錫が博士論文を執筆した当時は、このような著書には接していなかったようである。参考文献には朝鮮史学会が刊行する『朝鮮史大系』（一九二八年）、高橋亨が執筆したことが知られている『朝鮮人の思想と特性』等が活用されただけである。以降、一九六四年に出版された『朝鮮新教育史』を執筆した当時は、上記に述べた書以外にも一九三〇年代に出版された植民教育政策担当者たちの教育通史類のさまざまな書籍を幅広く活用した。
(32) 表2で検討する植民地教育関連研究書の書誌事項は次の通りである。弓削幸太郎『朝鮮の教育』（自由討究社、一九二三年）、小田省吾『朝鮮教育制度史』（朝鮮史学会、一九二四年）、高橋濱吉『朝鮮教育史考』（帝国地方行政学会朝鮮本部、一九二七年）、Horace H. Underwood, Modern Education in Korea (New York: International press, 1926).
(33) Paul A. Auh (1931) p. 46.
(34) Paul A. Auh (1931) pp. 46-49.
(35) Paul A. Auh (1931) pp. 58-61.
(36) Paul A. Auh (1931) pp. 162-179.
(37) Paul A. Auh (1931) pp. 188-197.
(38) Paul A. Auh (1931) pp. 29-41.
(39) Paul A. Auh (1931) p. 200.
(40) Paul A. Auh (1931) p. 223.
(41) 引用した部分は、呉天錫の自伝の一部である。呉天錫、前掲『외로운城主』八四～九〇頁。
(42) Paul A. Auh (1931) p. 211.
(43) 呉天錫、前掲『외로운城主』八九頁。
(44) 呉天錫、前掲『외로운城主』八九頁。
(45) 이윤미前掲論文を参照。
(46) Paul A. Auh (1931) p. 14.

(47)　Paul A. Auh (1931) p. 14.

(48)　ただし、呉天錫がヘイズの民族性と民族主義の区分を超え、特有の民族主義の概念を採用したかに関しては、疑問の余地がある。博士論文の限定された分量においては、「民族性と愛国心の感情的融合」という民族主義の特徴が十分に説明されていないからだ。むしろ、論文の後半になると、民族主義と民族性を区分せず、混交して使用したような部分が発見される。この問題に関する考察は今後の課題とし、本稿ではとりあえず、民族主義と民族性を概念的に区別せず使用する。

【付記】　本稿は、「민주주의로 식민지교육 비판하기 : 교육행정가 오천석을 해명하는 식민지적 단서들」（『경제와사회』一三三号、二〇二二年）を本書の趣旨に合わせて大幅に修正、補完したものである。

# 共同研究「植民地帝国日本とグローバルな知の連環」報告一覧

**【二〇二〇年度】**

第一回（二〇二〇年一〇月一一日）

松田利彦　共同研究「植民地帝国日本とグローバルな知の連環」の問題意識

第二回（二〇二一年三月一三日）

加藤茂生　［書評］『植民地帝国日本における知と権力』

中生勝美　日本植民地における異民族統治と人類学――西洋植民地との比較から

加藤道也　満洲国と駒井徳三――統治認識を中心に

**【二〇二一年度】**

第一回（二〇二一年六月一九日）

石原あえか　近代日本におけるドイツ林業の受容史から――ゲルマンの森から日本を経て台湾に続く緑のルート

松田利彦　水道と都市空間――大韓帝国期漢城における水道建設とコルブラン・ボストウィック商会（Collbran & Bostwick）

石川亮太　日本人による朝鮮の水産調査について――海藻学者・岡村金太郎（一八六七～一九三五）を中心に

廖　欽彬　植民地台湾の精神病学の探究――中村讓を中心に

第二回（八月二七日）

劉　士永　一九三〇年代日本占領地区における本草の研究

やまだあつし　台湾総督府の林業と欧米諸学

顏　杏如　植民地台湾における「生活改善」の展開

高燕文　『大陸に生きる』――望月百合子の情熱
第三回（一二月一二日）
駒込武　林茂生『日本統治下台湾の公教育』（一九二九年）再読
通堂あゆみ　京城帝国大学理系教授の研究活動――予科を中心に
長沢一恵　近代鉱業の導入と鉱山技術教育――ベルクアカデミー・フライベルクを目指した秋田鉱山専門学校を中心に
愼蒼健　医学論の日本主義的展開――生理学、臨床医学、漢方医学の連関
第四回（二〇二二年三月一一日）
森岡優紀　植民地の伝記史の一例として――閔妃、金玉均の伝記を中心に
光平有希　精神科医療にみる日本近代音楽療法の諸相
香西豊子　近代日本におけるワクチン・血清の流通ネットワーク（の解明に向けて）
朴潤栽　植民地時期 産婆制度의 形成과 展開
鄭駿永　植民主義教育批判としての民主主義――呉天錫のコロンビア大学博士論文と民主主義教育論のグローバルな連環

【二〇二二年度】
第一回（二〇二二年六月一九日）
加藤茂生　日清戦争後の中国・遼東半島における日本人地質学者による調査について
松田利彦　軍医・佐藤恒丸と植民地朝鮮
福士由紀　帝国日本の食と栄養に関する研究に向けて――満洲移民の食と栄養
陳姃湲　島から島へ――大田政作（一九〇四～一九九九）がつなぐ離島アイデンティティと歴史記憶
第二回（九月三日）
通堂あゆみ　京城帝国大学法文学部の再々検討――安倍能成日記を手がかりに
米谷匡史　植民地と帝国の連関をめぐる学知――植民政策学・農業経済学の場合
第三回（一二月一一日）

石川亮太　朝鮮総督府水産試験場について
愼　蒼　健　「日本医学」の世界性について――橋田邦彦にとっての「他」
加藤道也　「植民地」官僚の統治認識――樺太と南洋
石原あえか　蛇毒と寄生虫――北島多一、高木友枝とその周辺
許　佩　賢　戦争末期植民地台湾の国民学校における勤労動員――士林国民学校の『学校日誌』を中心とした考察（一九四三～四五）

第四回（二〇二三年三月二八日）
香西豊子　近代日本における衛生統計的調査の射程
光平有希　近代日本にみる「治療教育」としての音楽――榊保三郎の音楽療法論を中心に
駒　込　武　林茂生における「帝国主義」と「植民地」――言説上の同盟―対抗関係に着目して
周　雨　霏　戦時期のアジア社会論と東アジア社会科学者のネットワーク――森谷克己とその周辺を中心に

**【二〇二三年度】**

第一回（二〇二三年六月一八日）
中生勝美　鳥居龍蔵の台湾調査――植民地間の国境策定と科学調査の利用
やまだあつし　日本統治期台湾林業と植物学――ドイツ林学とアメリカ・ロシア植物学の交錯を中心に
福士由紀　植民と食――安部淺吉の諸研究を手がかりに

第二回（九月一六日）
加藤茂生　小川琢治の東アジア地質・地理研究をめぐって――グローバル・ローカル・伝統的な知の連関を探る
顏　杏　如　風土、科学と美――植民地台湾の生活改善における衣服問題をめぐって

第三回（一二月一〇日）
陳　姃　湲　石黒忠悳の一八九六年台湾巡視と植民地衛生行政――阿片、飲酒、売買春
松田利彦　帝国日本と脚気研究――台北医院医長・稲垣長次郎を中心に
高野麻子　日本帝国における血液型と指紋をめぐる人類学的関心――法医学者・古畑種基による血液型と指紋研究を手が

かりに

第四回（二〇二四年三月九日）

劉　影　満洲間島地方における間島慈恵病院の設立と朝鮮の医療体制形成への影響——一九〇七年～一九〇九年を中心に

李　省　展　ウイリアム・エリオット・グリフィスの「韓国併合」観の転換——東アジアにおけるキリスト教ネットワークと「世界知」の形成

長沢一恵　鉱山技術教育と植民地朝鮮——京城鉱山専門学校の設立を中心に

# あとがき

本書は、国際日本文化研究センター（日文研）において松田利彦教授の主催のもとで二〇二〇年から二〇二四年まで行われた共同研究「植民地帝国日本とグローバルな知の連環」の成果報告書である。同センターにおいて「植民地から帝国日本を考え直す」という問題意識のもとで行った共同研究の報告書としては、これまで『日本の朝鮮・台湾支配と植民地官僚』（松田利彦・やまだあつし編、思文閣出版、二〇〇九年）、『地域社会から見る帝国日本と植民地――朝鮮・台湾・満洲』（松田利彦・陳姃湲編、思文閣出版、二〇一三年）と『植民地帝国日本における知と権力』（松田利彦編、思文閣出版、二〇一九年）の三冊がすでに上梓されており、本書はそれらに続く第四冊目として、はじめて共同研究が発足した二〇〇三年から数えてちょうど二〇年という節目にあわせて企画され、その間の研究蓄積や問題意識の深化をも披露したものである。

帝国史研究が提唱されてまだまもない当時、帝国日本という構造を有機的に捉えなおすために最初の共同研究が注目したのは、母国日本より各植民地に派遣された植民地官僚からなる人的ネットワークであった。しかし、植民地官僚ネットワークという――母国日本を中心とする同心円構造として帝国像を俯瞰する場合、植民地末端の地域社会や人々という視点は往々にして欠落されてしまう。つづく二回目の共同研究が一転して、植民地の地域社会を帝国日本を捉えなおす足場と設定した由縁である。一方、二〇一〇年代になると、植民地に対する「支配」のプロセスには、暴力と収奪、抵抗と反発からなる直接的な力関係だけでなく、文化的にそれを内面化させるもうひとつのヘゲモニーもが作用していたことが認識されるようになる。初回と二回目の問題意識がそれぞれ統治者側と被支配者側に重きを置いていたならば、三回目の共同研究は、その両者をつらぬくもうひとつの関係性として「知」という新たなファクターに注目した。本書は基本的にその問題意識を引き継ぎつつ、「グローバル」な文脈からそのさらなる深化と転換を試みたものであるといえよう。

日本帝国の歴史像を帝国内部に閉じ込めるかわりに、その外縁に広がる関係性をも視野に入れて考え直すという問題設定は、昨今研究の内外から浮上してきた変化に対する反省に影響されている。たとえば、日本帝国史研究と関連しては、日本という単一帝国のバウンダリーに議論を膠着させず、異なる帝国同士の比較や接触、連鎖をも考慮しなければならないという認識が広がったり、台湾史や朝鮮史においても彼らの経験した近代を規定した要素として、植民者となった日本以外に西欧からの影響にも注目する動きが顕著になったりした。歴史研究をとりまく分析視野の拡大の背景に、個別研究者がそれぞれ経験したグローバル化があったことは言うまでもなかろう。

共同研究会ではこれまで通り、「相互参照」の精神のもとで、拠点と専門分野を日本、韓国、そして台湾へと跨いだメンバーたちが集まった。しかし、実際の議論が行われたのは、これまでの三回とはまったく異なる状況のもとであった。記憶に新しいが、本共同研究が始まった二〇二〇年、世界各地は新型コロナウイルス感染症によってちょうど幕開けされた新たな孤立と分断に立ち向かう術を模索する最中であった。メンバーたちは京都で直接顔を合わせて議論を深めるかわりに、オンラインという新たな場に移ってスクリーン越しに坐り、互いに向かって、探り合いともどかしさで議論と理解を形作っていくしかなかった。

誰もがはじめて経験する事態のもとではあったものの、共同研究会での議論が「西洋知」をめぐって互いに異なる歴史経験と認識を学び合う機会となりえた背景にあったのは、松田先生をはじめ、共同研究を続けさせようとしたメンバーたちの強い思いだけではない。毎回の共同研究会には、オフラインであろうとオンラインであろうと、かわらずに心強いサポートを提供してくださった国際日本文化研究センターのスタッフの皆さんがいらっしゃった。そして、その成果をいまさらなる形にして各界の読者にむけて発信するうえでは、田中峰人さんや中原みなみさんをはじめ、思文閣出版の皆さんの後押しがあった。ここであわせて深くお礼を申し上げます。

二〇二五年一月

陳　延　湲

植民地《しょくみんち》帝国《ていこく》日本《にほん》とグローバルな知《ち》の連環《れんかん》
——日本《にほん》の朝鮮《ちょうせん》・台湾《たいわん》・満洲《まんしゅう》統治《とうち》と欧米《おうべい》の知《ち》
〔日文研・共同研究報告書185〕

2025(令和７)年３月21日発行

責任編集　松田利彦・陳姃湲
編集委員　通堂あゆみ・やまだあつし・鄭駿永
発行者　田中　大
発行所　株式会社　思文閣出版
〒605-0089　京都市東山区元町355
電話　075-533-6860(代表)

装　幀　北尾崇（HON DESIGN）
印　刷
製　本　中村印刷株式会社


ISBN978-4-7842-2091-5　C3021

## 執筆者紹介

（収録順，＊は編集委員）

〔責任編集〕

松田利彦（まつだ　としひこ）

京都大学大学院文学研究科現代史学専攻後期博士課程単位取得修了，博士（文学）．国際日本文化研究センター教授，総合研究大学院大学教授．

『日本の朝鮮植民地支配と警察――1905～1945年』（校倉書房，2009年），『東亜聯盟運動と朝鮮・朝鮮人』（有志舎，2015年），『植民地帝国日本における知と権力』（編著，思文閣出版，2019年）．

陳　姃　湲（ジン　ジョンウォン）

東京大学大学院人文社会研究科博士課程修了，博士（文学）．（台湾）中央研究院台湾史研究所副研究員．

『東アジアの良妻賢母』（勁草書房，2007年），『日本殖民統治下的底層社會――臺灣與朝鮮』（編著，中央研究院台湾史研究所，2018年），『從臺灣與朝鮮反思日本的殖民統治』（編著，中央研究院台湾史研究所，2021年）．

---

光平有希（みつひら　ゆうき）

総合研究大学院大学文化科学研究科国際日本学専攻博士後期課程修了，博士（学術）．国際日本文化研究センター総合情報発信室助教．

『いやしとしての音楽――江戸期・明治期の日本音楽療法思想史』（臨川書店，2018年），『ポップなジャポニカ、五線譜に舞う――19～20世紀初頭の西洋音楽で描かれた日本』（編著，臨川書店，2022年）．

香西豊子（こうざい　とよこ）

東京大学大学院総合文化研究科国際社会科学専攻博士課程単位取得退学，博士（学術）．佛教大学社会学部教授．

『流通する「人体」――献体・献血・臓器提供の歴史』（勁草書房，2007年），『種痘という〈衛生〉――近世日本における予防接種の歴史』（東京大学出版会，2019年），『疫病と人文学――あらがい、書きとめ、待ちうける』（編著，岩波書店，2025年）．

中生勝美（なかお　かつみ）

上智大学大学院文学研究科博士後期課程満期退学，京都大学博士（人間・環境学）．桜美林大学リベラルアーツ学群教授．

『近代日本の人類学史――帝国と植民地の記憶』（風響社，2014年），『中国農村社会の生活構造』（風響社，2023年），『異文化からのアプローチ――文化人類学入門』（北樹出版，2023年）．

石川亮太（いしかわ　りょうた）

大阪大学大学院文学研究科文化形態論専攻博士後期課程修了，博士（文学）．立命館大学経営学部教授．

『近代アジア市場と朝鮮――開港・華商・帝国』（名古屋大学出版会，2016年），『交隣と東アジア――近世から近代へ』（共著，岡本隆司編，名古屋大学出版会，2021年）『アジア経済史』上（共著，古田和子・太田淳編，岩波書店，2024年）．

＊やまだあつし

大阪市立大学大学院文学研究科後期博士課程単位修得退学，文学修士．名古屋市立大学大学院人間文化研究科教授．

「高等農林学校と植民地の知——鹿児島高等農林学校での田代安定の講義を中心に」（松田利彦編『植民地帝国日本における知と権力』思文閣出版，2019年），『中国と博覧会——日本・台湾・南洋』［第3版］（共編著，成文堂，2024年），『名古屋、アジアに出会う——文化・歴史・記憶をあるく』（共編著，図書出版みぎわ，2025年）．

石原あえか（いしはら　あえか）

ドイツ・ケルン大学哲学研究科博士課程，Ph.D.（Dr. Phil.）．東京大学大学院総合文化研究科教授．

『近代測量史への旅　ゲーテ時代の自然景観図から明治日本の三角測量まで』（法政大学出版局，2015年），『日本のムラージュ　近代医学と模型技術　皮膚病・キノコ・寄生虫』（写真は大西成明，青弓社，2018年），『教養の近代測地学　メフィストのマントをひろげて』（法政大学出版局，2020年）．

高 野 麻 子（たかの　あさこ）

一橋大学大学院社会学研究科地球社会研究専攻博士課程単位取得退学，博士（社会学）．明治薬科大学薬学部准教授．

『指紋と近代——移動する身体の管理と統治の技法』（みすず書房，2016年），「移動と監視の時代を生きる——身体は何を経験するのか」（伊豫谷登士翁，テッサ・モーリス＝スズキ，吉原直樹編『応答する〈移動と場所〉——21世紀の社会を読み解く』ハーベスト社，2019年），'Biometric Technologies and Mobilities: Controlling Workers and Citizens in Manchukuo', Takahiro Yamamoto (ed.), *Documenting Mobility in the Japanese Empire and Beyond*, Palgrave Macmillan, 2022.

福 士 由 紀（ふくし　ゆき）

一橋大学大学院社会学研究科博士後期課程修了，博士（社会学）．東京都立大学人文社会学部教授．

『近代上海と公衆衛生——防疫の都市社会史』（御茶の水書房，2010年），『暮らしのなかの健康と疾病——東アジア医療社会史』（編著，東京大学出版会，2022年），『公衆衛生と感染症を歴史的に考える』（編著，山川出版社，2023年）．

＊通堂あゆみ（つうどう　あゆみ）

東京大学大学院人文社会系研究科韓国朝鮮文化研究専攻博士課程修了，博士（文学）．武蔵高等学校中学校教諭．

「京城帝国大学法文学部の再検討」（『史学雑誌』117-2，2008年），「京城帝国大学医学部における「医局講座制」の展開」（酒井哲哉・松田利彦編『帝国日本と植民地大学』ゆまに書房，2014年），「満洲医科大学における医学博士学位授与について」（松田利彦編『植民地帝国日本における知と権力』思文閣出版，2019年）．

周　雨　霏（しゅう　うひ）

大阪大学大学院人間科学研究科博士後期課程修了，博士（人間科学）．国際日本文化研究センター特任准教授．

「戦前・戦中期日本のアジア社会論における〈アジア的なもの〉——概念の形成と意味の変遷」（『日本思想史学』第48号，2016年，173～190頁），"The Concept of 'Oriental Despotism' in Modern Japanese Intellectual Discourse." *The International History Review* 45, no. 3 (2022): 462-477. *The Science of Oriental Society: Karl August Wittfogel and the East Asian Intellectuals.* New York & London: Routledge, 2025.

顔　杏　如（がん　きょうじょ）

東京大学大学院総合文化研究科博士課程修了，博士（学術）．国立台湾大学歴史学科准教授．

「俳文学，知識，植民地統治の交錯――『台湾歳時記』の編纂とその植物知識の系譜」（松田利彦編『植民地帝国日本における知と権力』2019年），「同為「改造」，各自表述――殖民地臺灣商業女性雜誌《婦人與家庭》的誕生及其女性論述（1919-1920）」（『新史學』第31巻第2期，2020年），「追求臺灣的「文化生活」――臺灣人新興知識分子與『生活改善』」（許雪姬主編《世界・啟蒙・在地――臺灣文化協會百年紀念（下）》2023年）．

森岡優紀（もりおか　ゆき）

京都大学大学院人間環境学研究科博士後期課程単位取得退学，博士（人間・環境学）．国際日本文化研究センター機関研究員．

『中国近代小説の成立と写実』（京都大学学術出版会，2012年），『近代伝記の形成と東アジア――清末・明治の思想交流』（京都大学学術出版会，2022年），Narrative Form of Realism: Origin and Interactions during the Modernization of the Sinosphere, kyushu University Press, 2024.

加藤道也（かとう　みちや）

英国バーミンガム大学大学院歴史学研究科博士課程経済史専攻修了，PhD in Economic History（経済史博士）．大阪産業大学経済学部教授．

「植民地官僚のアジア認識」（竹内常善・斉藤日出治編『ソーシャル・アジアへの道――市民社会と歴史認識から見据える』ナカニシヤ出版，2012年），『アジアの社会，経済，文化についての学際的研究』（編著，大阪産業大学産業研究所〈産研叢書36〉，2013年），「植民地官僚の統治認識――知と権力の観点から」（松田利彦編『植民地帝国日本における知と権力』思文閣出版，2019年）．

駒込　武（こまごめ　たけし）

東京大学大学院教育学研究科博士課程修了，教育学博士．京都大学大学院教育学研究科教授．

『世界史のなかの台湾植民地支配――台南長老教中学校からの視座』（岩波書店，2015年），『生活綴方で編む「戦後史」――〈冷戦〉と〈越境〉の1950年代』（編著，岩波書店，2021年），『台湾と沖縄　帝国の狭間からの問い』（編著，みすず書房，2024年）．

李　省　展（イ　ソンジョン）

国際基督教大学大学院比較文化研究科博士前期課程修了，立教大学大学院キリスト教学研究科博士（文学）．国際日本文化研究センター客員教授．

『アメリカ人宣教師と朝鮮の近代』（社会評論社，2006年），「植民地朝鮮におけるミッションスクールの抵抗と葛藤――朝鮮北部の長老派ミッションスクールを中心に」（『朝鮮史研究会論文集』第58集，2020年），「*The Japan Evangelist*と日清戦争――ヘンリー・ルーミスの戦争協力を中心として」（『恵泉女学園大学研究紀要』第34-35合併号，2024年）．

＊鄭　駿　永（ジョン　ジュンヨン）

韓国ソウル大学社会学科大学院課程修了，社会学博士．ソウル大学奎章閣韓国学研究院副教授．

「京城帝大における「大学自治」の試みとその限界」（『アジア遊学』138，2010年），「京城帝大法医学教室の血液型研究と植民地医学」（酒井哲哉，松田利彦編『帝国と高等教育――東アジアの文脈から』国際日本文化研究センター，2013年），『경성제국대학 법문학부와 조선연구』（사회평론아카데미，2022年）．

# 索　　引

＊朝鮮人名は韓国語読みを日本語50音順に排列し、台湾人名は漢字の日本語読みで排列した。地名は漢字の日本語読みで排列した。

## 【人　名】

### あ

か

わ



**【事　項】**

あ

ま



や



ら